『十三五』国家重点出版物出版规划项目

长江三峡工程文物保护项目报告 乙种第三十一号

丰都大湾墓群

重庆市文物局 重庆市移民局 编

科学出版社

内 容 简 介

2001～2005年，受重庆市三峡文物保护办公室委托对三峡库区丰都大湾墓群进行抢救性发掘，共发掘墓葬88座，其中东汉至南朝墓87座，清墓1座。本报告以各时期墓葬为单位，全面、详细介绍了大湾墓群的形制结构、埋葬情况、出土器物等所有考古材料，并对各时期墓葬出土器物分期断代和墓葬所反映的埋葬习俗与文化性质等进行了初步研究。该墓群对丰都地区东汉至南朝时期的文化序列的建立和地域文化的研究具有重要意义，为丰都地区乃至整个峡江的汉代—南朝时期考古、历史研究提供了重要资料。

本书可供考古学、历史学、文博界研究人员和高等院校相关专业师生阅读、参考。

图书在版编目(CIP)数据

丰都大湾墓群 / 重庆市文物局，重庆市移民局编. —北京：科学出版社，2017.11

（长江三峡工程文物保护项目报告. 乙种第三十一号）

“十三五”国家重点出版物出版规划项目

ISBN 978-7-03-055247-1

Ⅰ. ①丰…　Ⅱ. ①重…②重…　Ⅲ. ①墓群-发掘报告-丰都县　Ⅳ. ①K878.85

中国版本图书馆CIP数据核字（2017）第274127号

责任编辑：李　茜 / 责任校对：邹慧卿

责任印制：肖　兴 / 封面设计：陈　敬

科学出版社 出版

北京东黄城根北街16号

邮政编码：100717

http：//www.sciencep.com

中国科学院印刷厂 印刷

科学出版社发行　各地新华书店经销

*

2017年11月第　一　版　开本：A4（880×1230）

2017年11月第一次印刷　印张：22　插页：29

字数：640 000

定价：420.00元

（如有印装质量问题，我社负责调换）

"13th Five-Year Plan" National Key Publications Publishing and Planning Project

Reports on the Cultural Relics Conservation
in the Three Gorges Dam Project
B(site report) Vol.31

TGCR

Dawan Cemetery in Fengdu

Cultural Relics and Heritage Bureau of Chongqing
&
Resettlement Bureau of Chongqing

Science Press

长江三峡工程文物保护项目报告
乙种第三十一号

《丰都大湾墓群》编委会

主　　编

刘军社

副 主 编

辛怡华　王　颢

执行主编

王　颢

项目承担单位

重庆市文化遗产研究院

宝鸡市考古研究所

丰都县文物管理所

目　　录

插图目录

图版目录

第一章　概　　述

第一节　地理环境与历史沿革

一、地理环境

丰都县位于重庆市辖区中心位置，水上距离重庆主城区172千米，陆上距离150千米。东依石柱土家族自治县，南接武隆县、彭水县，西靠涪陵区，北邻忠县、垫江县。地理坐标为东经107° 28′ 03″ ～108° 12′ 37″ ，北纬29° 33′ 18″ ～30° 16′ 25″ 之间，呈西北—东南走向分布，南北长87千米，东西宽54千米，辖区面积2900平方千米。地处四川盆地东部边缘平行岭谷与盆周山地过渡地带，由一系列平行褶皱山系构成。县内以山地为主，山区约占全县面积的3/5，丘陵次之，仅在河谷、山间有狭小的平坝。地势东南高，西北低，主要山脉有七曜山、方斗山、蒋家山，黄草山，山脉东北—西南走向，山脉和丘陵、山间槽谷（平坝）相间分布，最低海拔118.5米，最高海拔2000米，呈“四山夹三槽”之势。

县境内有三大地表水系，以长江干流为主，长江南岸有源于石柱的最大支流龙河，长江北岸有源于忠县的渠溪河。县境内长江流程47千米，位于三峡库区位置的中上部。县内耕地类型复杂，种类繁多，有水稻土、潮土、紫色土、黄壤土和黄棕壤土五个土类。属亚热带季风气候，具有气候温和、降水充沛、四季分明、季风明显、立体气候明显等特点。

丰都是著名的旅游名城，以“鬼城”扬名海内外，被誉为东方“神曲之乡”。境内有名山、雪玉洞、南天湖三个景区，其中名山、雪玉洞景区最为著名，属4A级景区。

高家镇，又名高镇，位于丰都县城东北20千米处，居长江之滨，素有“陆上交通之要冲，长江航运之咽喉”的称谓。陆上东出忠州，南经石柱、黔江抵云贵，西达渝川；长江黄金水道上溯重庆，下泊宁沪，是长江沿线少有水港之一，曾是库区唯一停靠长途客轮的镇级码头。高家镇是全国重点小城镇、重庆市级经济百强镇和中心集镇，是丰都、石柱、忠县三县物资集散中心，也是三峡库区全淹迁的移民重镇，全镇辖文昌路、川祖路、祥和路、金刚路、桂花路等5个社区，文溪、石龙、建国、金家坪、太运、方斗山等6个村，79个社，5个居委会、35个居民小组。

20世纪90年代初，长江沿岸文物普查时，确定大湾墓群位于丰都县高家镇大湾村（图一），范围为东北起于高家镇长江导航站，西南止于大湾村，长江南岸一级台地上。中心地理坐标为北纬29° 59′ 29″ ，东经107° 49′ 56″ 。海拔高度160米。面积37500平方米。时代为汉代[①]。

---

① 四川省文物考古研究所：《丰都县三峡工程淹没区调查报告》，《四川省考古报告集》，文物出版社，1998年。

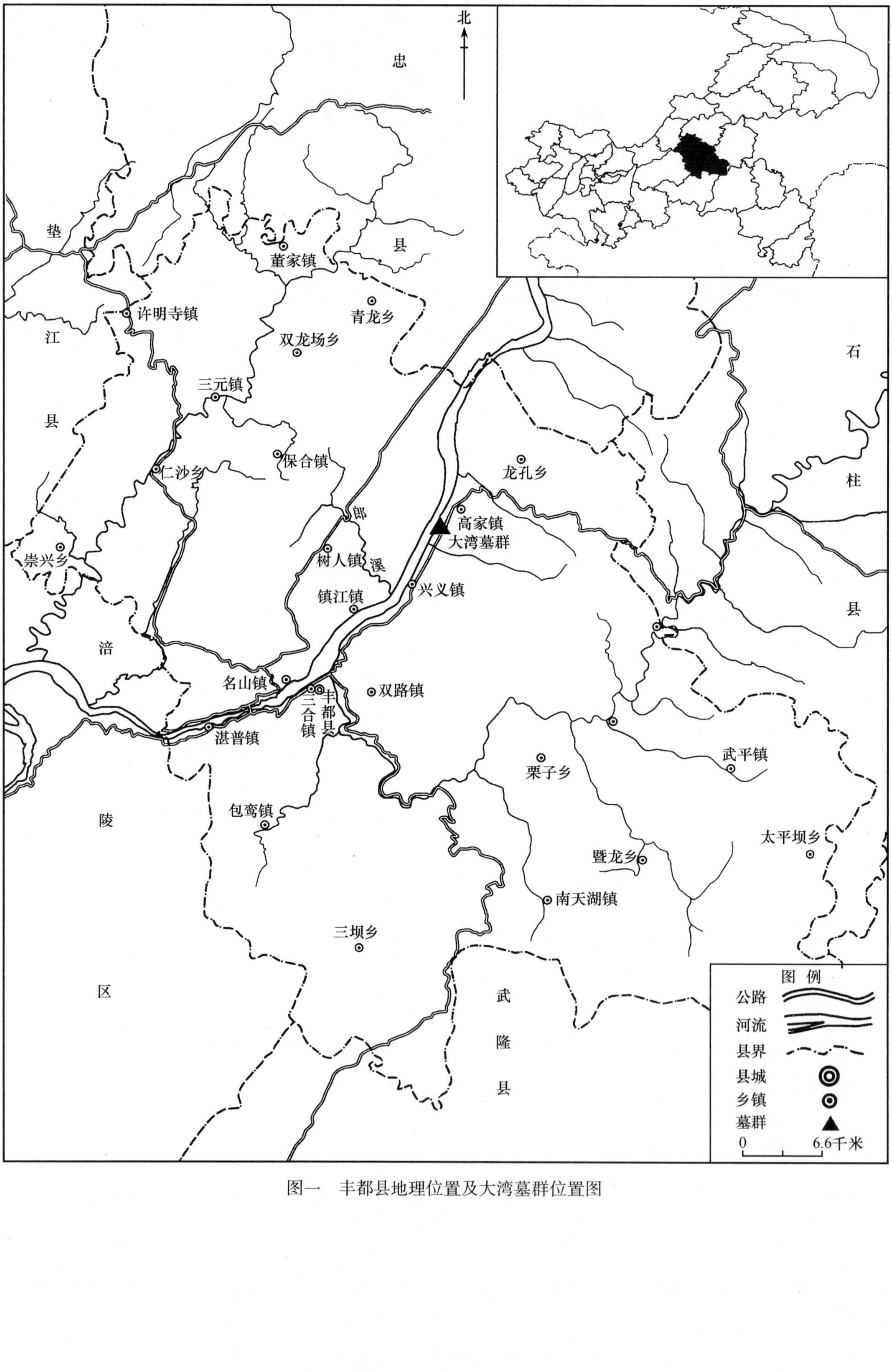

图一　丰都县地理位置及大湾墓群位置图

二、历史沿革

大湾墓群所在地属丰都辖内，距离丰都县城较近，因此丰都县的历史沿革对墓群的研究具有一定参考价值。

丰都历史悠久，文明荟萃。

烟墩堡旧石器遗址出土砍砸器、凹缺器、尖状器、刮削器等石器1000余件，时代为距今10万年以前，这证明早在10万年以前丰都地域内就有人类繁衍生息①。

高家镇旧石器遗址为一处石料采集和就地加工石制品的作坊遗址，处在以粗大的砺石和大石片加工成的石器为代表的南方主工业分布范围内，其石器组合具有中国南方旧石器时代主工业的鲜明特点，距今约14万年②。

商周时丰都属巴国，曾建“巴子别都”。秦属属巴郡枳县（今涪陵）；西汉属益州巴郡枳县。

东汉和帝永元二年（90年），分枳县地置平都县，治所倚平都山（名山），故名。是为丰都建县之始。初置隶属益州巴郡；献帝初平元年至建安五年（190~200年）隶属益州永宁郡。

蜀汉延熙十七年（254年），平都县并入临江县（今忠县），属梁州巴郡；南朝宋初，属益州巴郡；齐，属巴州巴郡；北朝西魏、北周，属临州临江郡。东晋、梁，属楚州临江郡。

隋开皇三年（583年），境属临州临江县；大业三年（607年），属巴东郡临江县。恭帝义宁二年（618年），自临江县分出置酆都县，隶临州。治所酆民洲在平都山下。

唐贞观八年（634年），隶山南道忠州。天宝元年（742年），隶山南东道南宾郡；乾元元年（785年），隶山南东道忠州。至五代前、后蜀，隶忠州。

北宋贞宗时，隶夔州路忠州南宾郡。徽宗政和元年（1111年），复并入临江县。南宋绍兴元年（1131年），酆都县复置。度宗咸淳元年（1265年），隶夔州路咸淳府。至宋时，平都山因苏轼题诗“平都天下古名山”而更名。

元时，隶四川行省重庆路忠州。至元二十一年（1284年），垫江县并入酆都；至正二十二年（1362年），明玉珍大夏政权时，垫江分出。

明洪武十年（1377年），酆都县并入涪州，属四川承宣布政使司重庆府。十三年（1380年）自涪州分出复置县，改名酆都，隶重庆府忠州。

清康熙十三年（1674年），为吴三桂军占领；十九年（1680年）清军故复。雍正十二年（1734年），隶忠州直隶州。

辛亥革命（1911年），酆都县隶重庆军政府；民国元年（1912年），隶四川省忠州；民国二年，隶四川行政公署川东道；民国三年，隶四川巡按使公署东川道；民国十七年，直隶四川

① 中国科学院古脊椎动物和古人类研究所、重庆自然博物馆、丰都县文物管理所：《丰都烟墩堡遗址发掘报告》，《重庆库区考古报告集·1997卷》，科学出版社，2001年。

② 中国科学院古脊椎动物和古人类研究所、重庆自然博物馆、丰都县文物管理所：《丰都高家镇遗址发掘报告》，《重庆库区考古报告集·1997卷》，科学出版社，2001年。

省；民国二十四年，隶四川省第八行政督察区。

中华人民共和国建立后，酆都县隶西南区川东行署区涪陵专区（1950年）。1952年9月，隶四川省涪陵专区。1958年改县名酆都为丰都。1968～1996年，丰都县隶四川省涪陵地区。1997年重庆直辖后，丰都县由重庆市直管。

第二节 发掘经过

大湾墓群在2001年以前无资料显示进行过考古发掘。为配合三峡工程建设，按照有关协议从2001年至2005年历时5个年度进行了共计10000平方米的发掘工作。其中2001年度 1000平方米、2002年度3000平方米、2003年度1500平方米、2004年度1500平方米、2005年度3000平方米。

根据最初资料显示的大湾墓群的位置和区域，2001年我们进行了地面调查和勘探工作。发现大湾墓群保存现状很差，几乎所有墓葬都有被人为破坏的现象，而且墓群内墓葬的分布呈现出局部地区的墓葬密集，大部分地区的墓葬分布稀疏等特点。如果仅仅在原来区域的37500平方米内进行发掘，势必会出现墓葬发掘数量少，空白探方发掘较多，还有后期工作无墓葬发掘的局面。但是调查发现，在大湾墓群以外的西南、东北方向延伸地带有墓葬分布，墓葬性质与大湾墓群一致，为东汉至南朝时期的墓葬。并且在后期未安排这些淹没区的地下文物保护工作。鉴于此，我们与重庆市三峡办、重庆市文化遗产研究院（原重庆市文物考古所）协商，同意大湾墓群发掘在完成最初资料显示的墓群区域工作后，可以向两边延伸进行发掘。这样，既保证了发掘任务，也有利于文物保护工作。

最终经过调查勘探及发掘，确立墓群的范围分布为：从东北起于高家镇文昌路油坊沟（即丰都县二中南附近），西南止于兴义镇镇址北侧，长江南岸的一、二级台地上。呈东北至西南方向，窄长条状分布，绵延长度约4000米，起伏宽度约300米，墓群占地面积约120万平方米。墓群由多条冲沟划分成的若干土包构成，形成了独特的墓地自然环境。

2001年度首次发掘，直奔墓群中心位置，依其自然地理环境，以大湾河为界，将墓群所在区域分为东、西两大区。每区又以各冲沟为界，将每一个相对独立的小丘原划分为一个小区，东区西起大湾河，东到豆芽沟，共分四个小区，由西向东依次编号为2001FGD东Ⅰ～Ⅳ区（以下简称东Ⅰ～Ⅳ区）。西区东自大湾河，西过石坝院子，由东往西分为两个小区，即2001FGD西Ⅰ～Ⅱ区（以下简称西Ⅰ～Ⅱ区）。工作主要集中在东Ⅰ、Ⅱ、Ⅲ区和西Ⅰ区。

2002年度，按照2001年分区方式，西区延伸出现西Ⅲ、Ⅳ区。

2003年度，西区继续延伸，出现西Ⅴ、Ⅵ、Ⅶ、Ⅷ区，工作主要集中在西Ⅶ区（图二）。

2004年度，工作的重点区域是在墓群的东南部豆芽沟（河）两岸，其中右岸当地人俗称“黄泥包”；左岸当地人称“庙儿山”。还有豆芽沟西南部名为“租地包”的坡地上（图三）。

2005年度，工作的重点区域首先是在墓群的北端文昌路油坊沟（河）两岸，北岸当地人俗称“棺包”；南岸当地人称“烟囱包”。其次是在文溪村二社的“苦竹荡”和“杨家包”（图四、图五，图版一、图版二）。

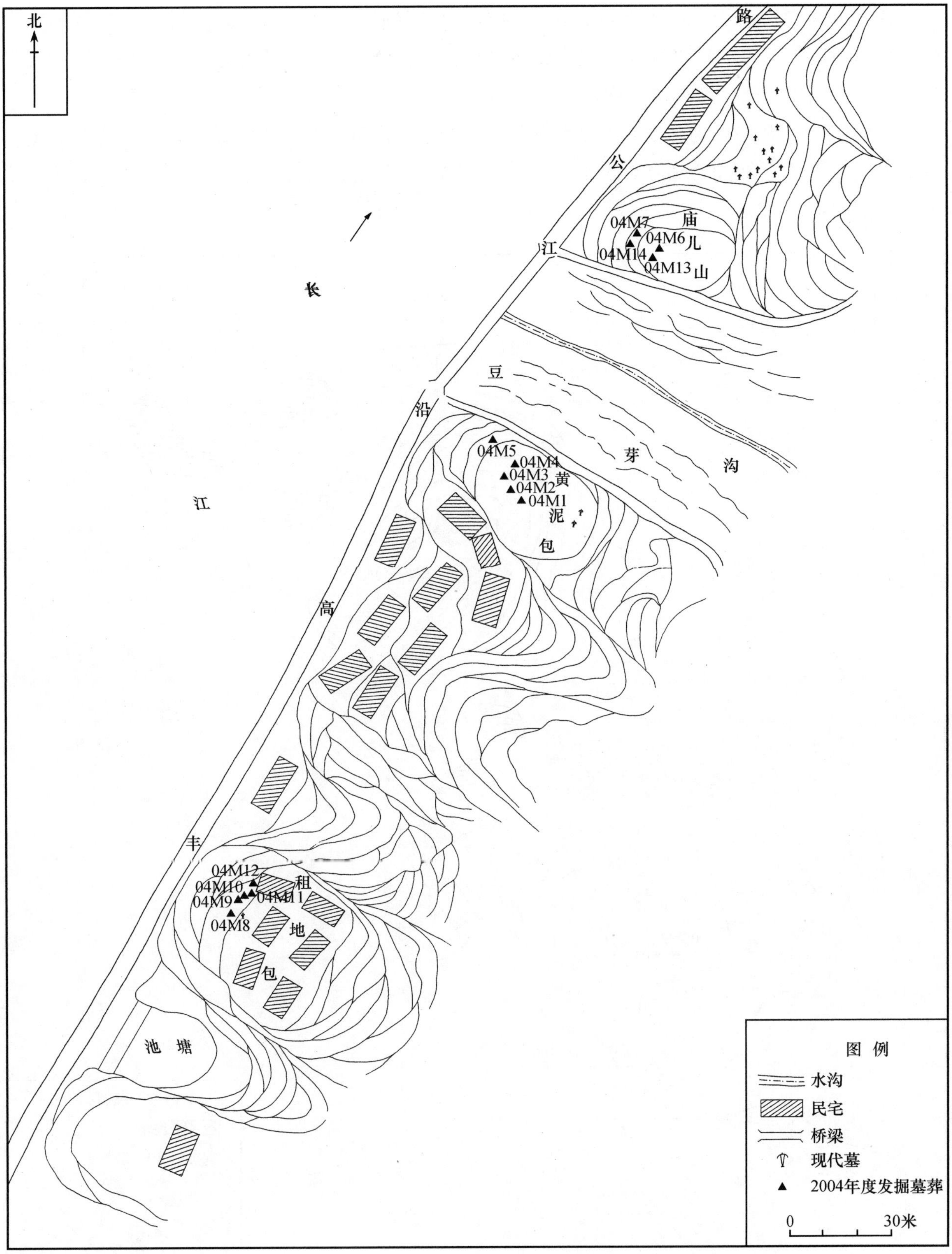

图三 2004年发掘墓葬分布图

另外，2002年由于库区大规模移民，原有行政区划发生了变化，大湾村行政建制不再存在，大湾河以东划入桂花路社区，大湾河以西与文溪村合并。为不发生混乱，发掘和编撰报告时仍继续沿用依据原大湾墓群名称。

发掘期间墓葬编号为：200×（发掘年度）F（丰都县）G（高家镇）D（大湾）M（墓葬）×（墓号），例如2003FGDM2。为了报告行文方便，省略为：0×（年度）M×（墓号），例如：03M2。

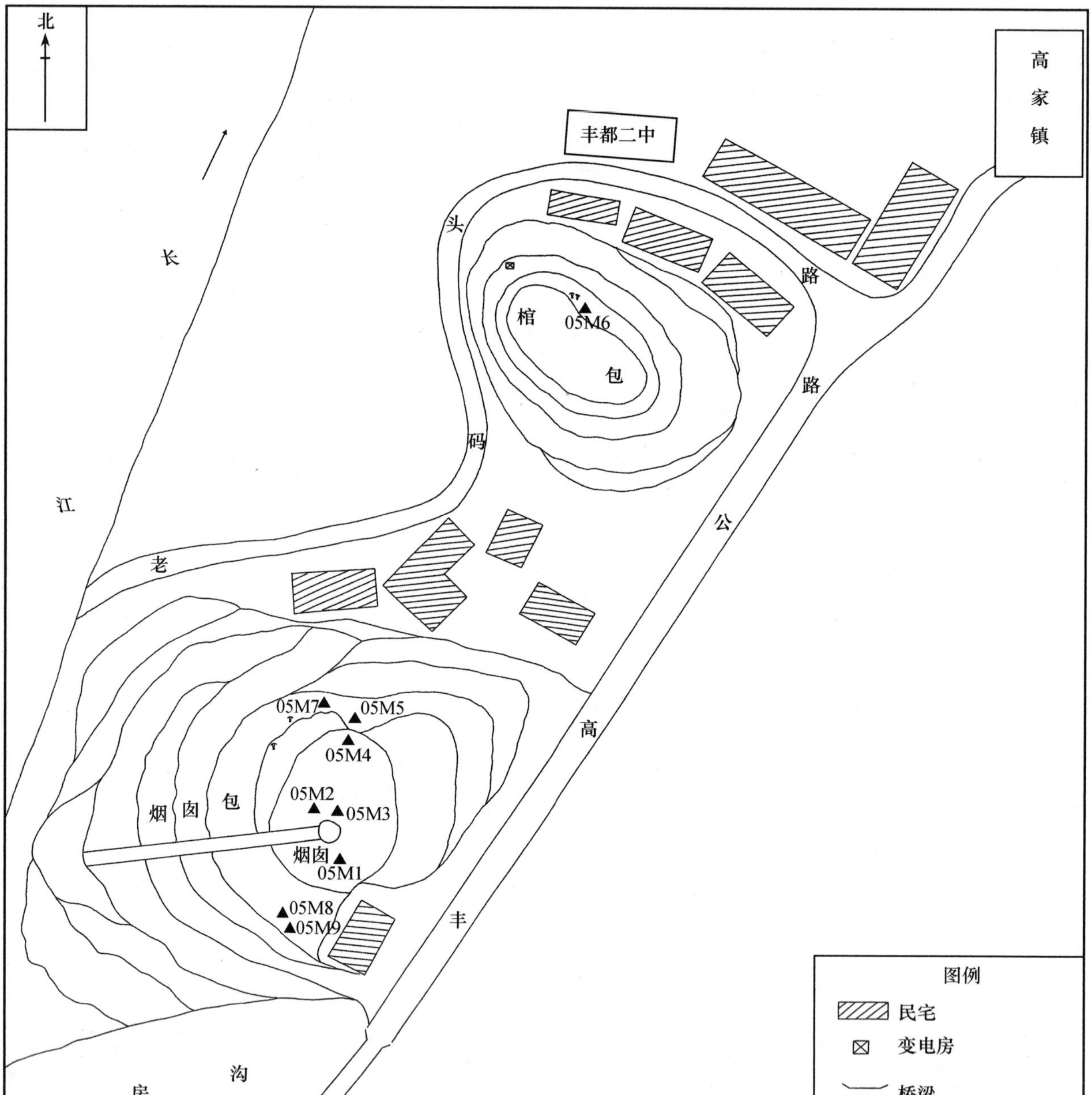

图四　2005年发掘墓葬分布图一

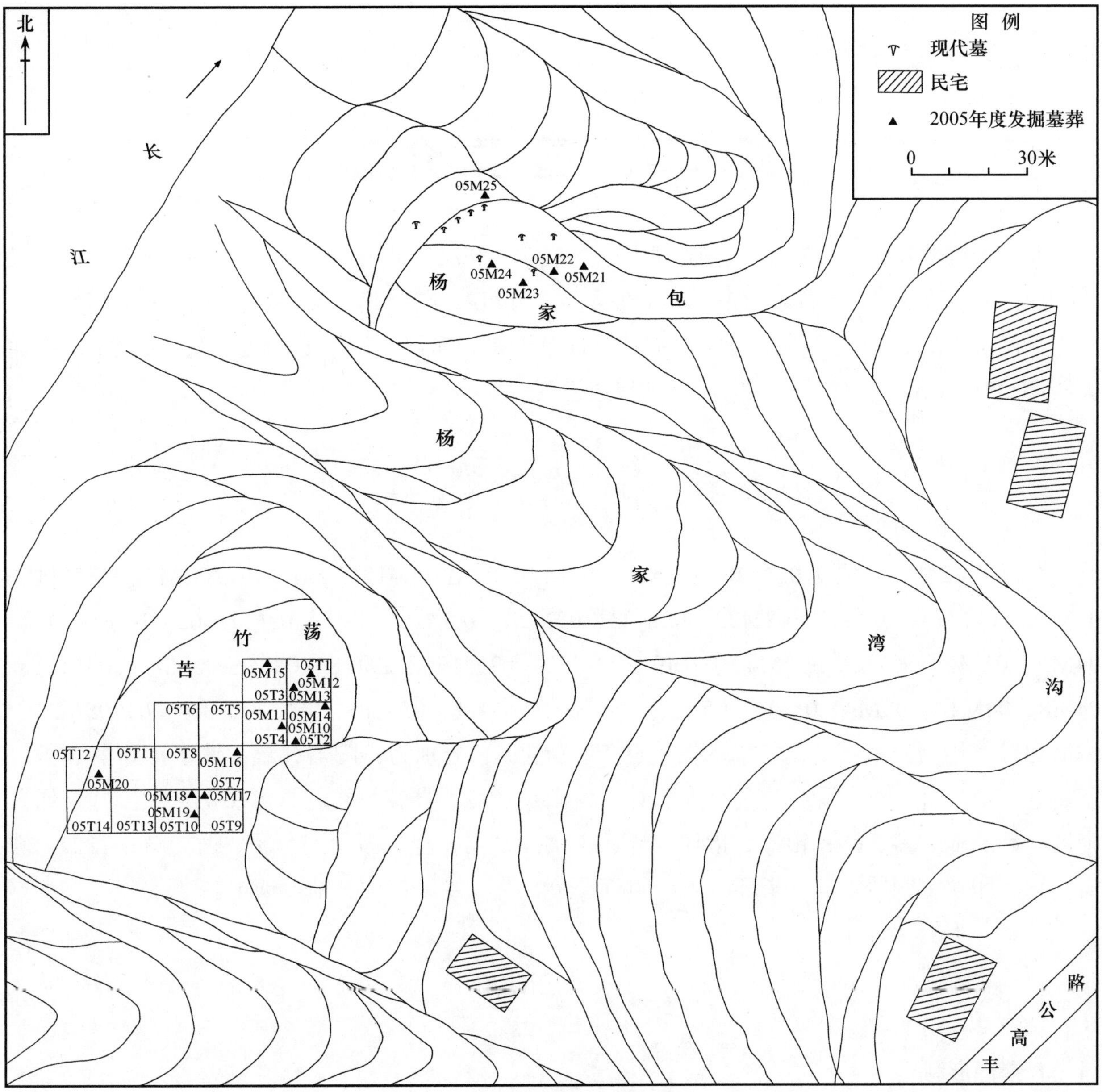

图五　2005年发掘墓葬分布图二

第二章　墓葬介绍

大湾墓群共发掘墓葬88座，按照时代分为东汉、蜀汉、西晋、东晋、南朝和清。其中东汉墓42座、蜀汉墓5座、西晋墓21座、东晋墓4座、南朝墓2座、其他墓葬13座（由于破坏严重，多不见随葬器物，根据墓葬形制可判定其时代范围是在东汉至南朝之间）、清墓1座，出土随葬器物847件（组）。以下按照时代分别叙述说明。

第一节　东　汉　墓

东汉墓42座，分别为02M20、04M1、01M2、01M4、01M5、01M9、02M3、02M11、02M12、02M15、02M21、02M22、02M23、02M24、03M2、03M5、03M7、03M14、04M5、04M9、05M24、01M6、02M4、02M9、02M10、02M17、02M18、03M6、03M8、03M11、04M8、04M14、05M4、05M6、05M8、05M10、05M11、05M16、05M19、05M20、05M22、05M23等，均为砖室墓。出土随葬器物590件（组），分别为：陶器，罐、钵、甑、盆、盂、釜、仓、盘、钟、匜、耳杯、勺、盏、杯、博山炉、灯、器盖、纺轮、塘、房、案、井、俑；瓷器，碗、壶、盏、钵；银器，指环、环、手镯；铁器，釜、刀、剑、矛、凿、钉；石器，砺石、珠、印章；铜器，盆、指环、环、印章、鱼、铃、笄、带钩、锁、钱币。

一、02M20

1. 墓葬形制

02M20位于文溪村（原大湾村九社），当地俗称“卧坡岭”的缓坡上，属长江南岸二级台地，处大湾墓群西Ⅴ区，西南1.5米处相邻02M21。墓葬开口于现代耕土层下，距现地表0.3米。墓葬遭早期盗扰，上部结构不存。其构筑方法为：先下挖刀把形土圹于生土之中，土圹壁经过拍打修整。而后沿土圹壁于底部向上以条砖错缝叠砌墓壁，构成甬道、墓室。墓壁外侧与土圹壁间留有0.1米左右的空隙，空隙间填有红褐色黏土，填土经过夯压，较为坚硬。土圹长5.05、宽2.05～2.85、残深1.54米（图六）。

02M20平面呈刀把形，方向285°。由墓道、甬道和墓室三部分组成。

墓道　斜坡土圹式，平面呈舌形。墓道两侧壁较规整，墓道坡度较大且较短。残长0.5、前端宽1.5米。

甬道　平面呈长方形。在甬道口外有封门，封门与甬道两侧壁顶端平齐，所用条砖与建造墓壁的条砖一致，砖侧面的花纹朝向甬道。封门面宽1.45、残高0.9米。甬道壁以带有菱形几何

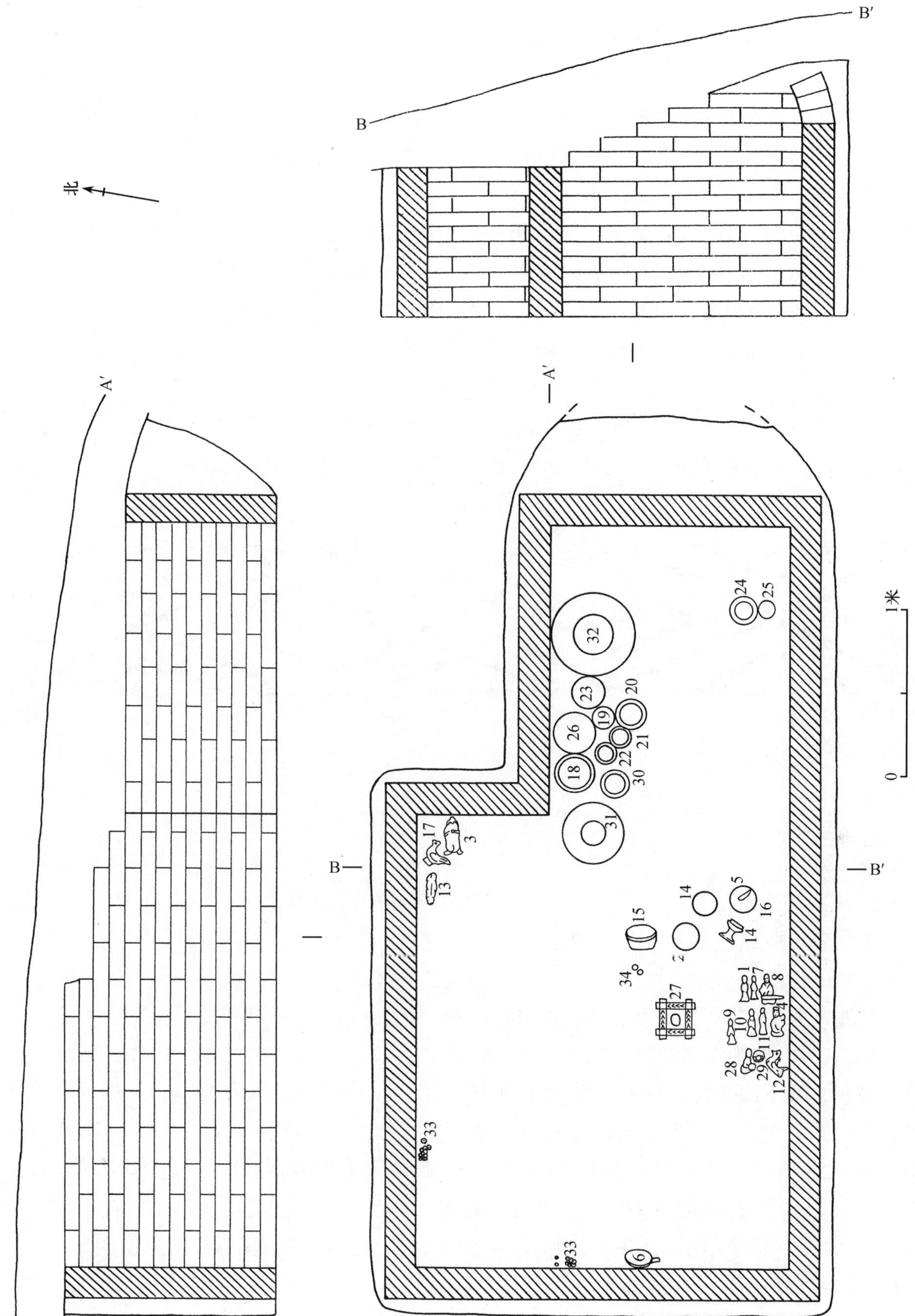

图六　02M20平、剖面图

1、9～11. 立侍俑　2、5. 陶钵　3. 陶狗　4. 吹笙俑　6. 陶匜　7. 抚耳俑　8. 抚琴俑　12. 陶子母鸡　13. 陶猪　14. 陶博山炉　15. 陶盂　16. 陶勺　17. 陶公鸡　18～26. 陶罐　27. 陶水井模型　28. 击鼓俑　29. 舞俑　30. 陶杯　31. 陶钟　32. 陶盆　33. 铜钱　34. 银指环

边纹的条砖错缝叠砌而成，砖间以细泥合缝，花纹一律朝向内侧。直壁砌至第13层砖时，开始起券，构成券顶。券顶砖为带有榫卯结构的楔形砖。生土地面。甬道进深1.75、宽1.45、残高0.9米。

墓室　平面呈长方形。墓室南壁与甬道南壁连续砌通成一直线，自甬道北壁西端向北作90°砌墓室西壁以使墓室扩大，再向西0.8米作90°而砌成墓室北壁。南、北两壁东端砌东壁。上部券顶部分已经坍塌不存，其墓壁及券顶构造方法与甬道相同。地面与甬道地面处同一地平面，生土地面。墓室东西长2.7、南北宽2.25、残高1.54米。

未发现葬具与人骨痕迹，无法判定葬式与头向等。

采集墓砖　1块。标本02M20：01，泥质灰陶。长方形，一长侧面饰菱形几何纹，中填小乳钉，上、下大面饰绳纹，其余素面。青色，烧制温度较高。长43.5、宽19、厚7厘米（图七）。

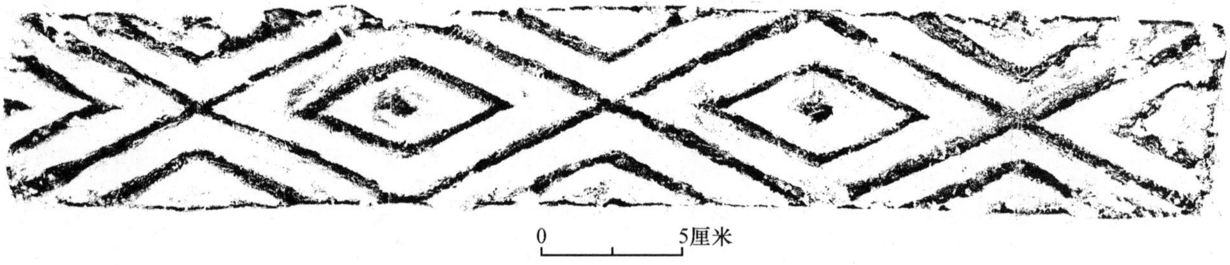

图七　墓砖（02M20：01）拓片

2. 随葬器物

随葬器物主要放置在甬道北侧墙壁、墓室南侧中部以及墓室东北拐角处。共计34件（组），分为陶器、银器、铜器三类。

（1）陶器

32件。主要由罐、钵、盆、杯、匜、盂、钟、勺、博山炉、水井模型、俑等组成。

罐　9件。皆为泥质灰陶，轮制，烧制温度较高。标本02M20：18，敛口，矮领，平折肩，鼓腹，腹下部微收，平底。通高19.2厘米（图八，1）。标本02M20：19，侈口，圆唇，束颈，广肩，鼓腹，平底。肩部饰有戳刺纹。通高11.2、口径10.4厘米（图八，2）。标本02M20：20，侈口，圆唇，束颈，广肩，鼓腹，平底。肩部饰戳刺纹。通高11.8，口径10.8厘米（图八，3）。标本02M20：21，侈口，圆唇，束颈，广肩，鼓腹，平底。肩部饰有戳刺纹。通高11.8、口径10厘米（图八，4）。标本02M20：22，侈口，圆唇，束颈，广肩，鼓腹，平底。肩部饰戳刺纹。通高11.4、口径10厘米（图八，5）。标本02M20：23，侈口，圆唇，束颈，广肩，鼓腹，平底。肩部有二周戳刺纹。通高10.6、口径10.4厘米（图八，6）。标本02M20：24，侈口，圆唇，束颈，广肩，鼓腹，平底。肩部饰有戳刺纹。通高12、口径10.4厘米（图八，7）。标本02M20：25，小口微敛，三角唇，矮领，斜广肩，深弧腹，平底。通高17.2、口径12.8（图八，8）。标本02M20：26，小口微敛，斜圆唇，矮领，斜广肩，弧腹，平底。通高14、口径15.2厘米（图八，9）。

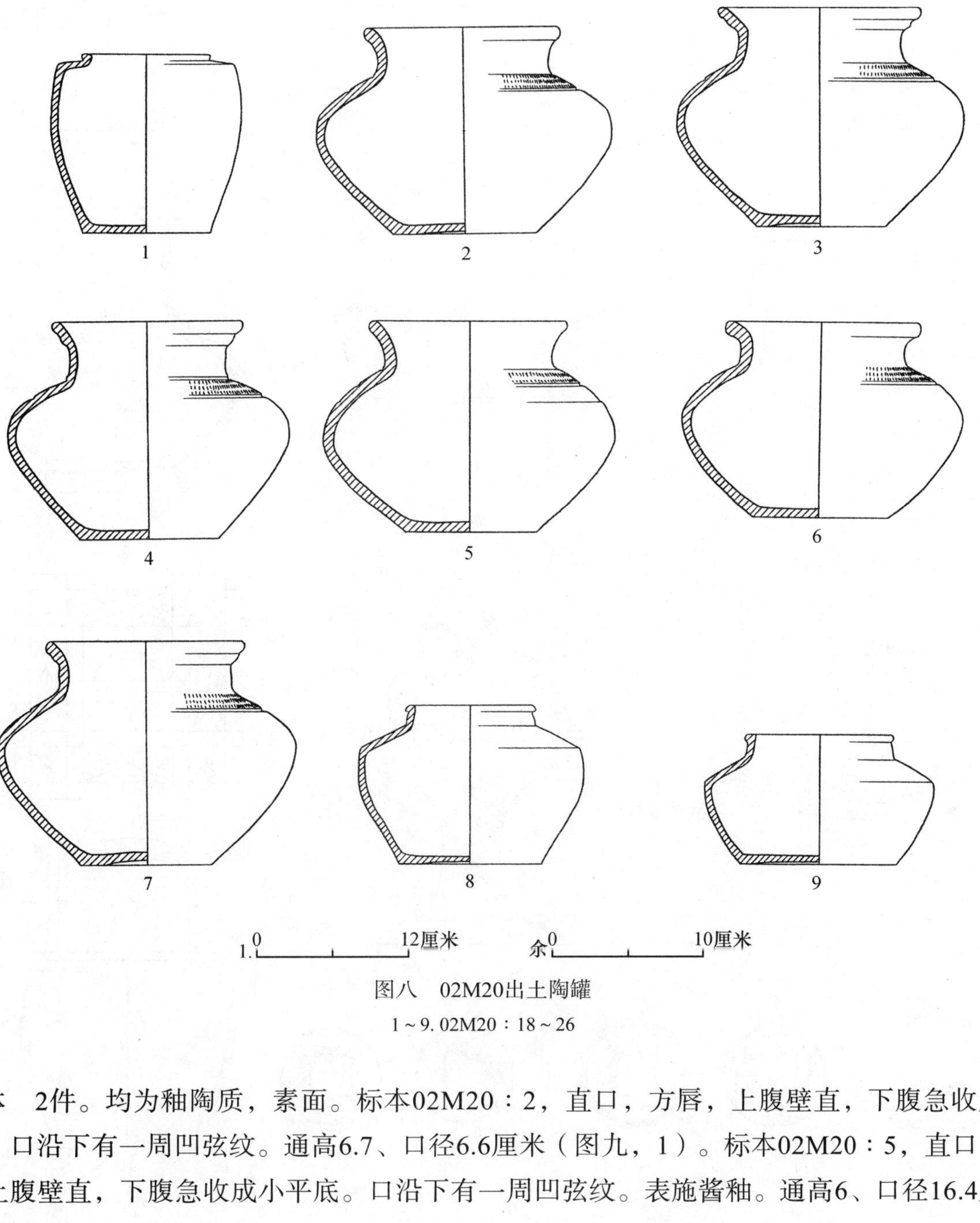

图八　02M20出土陶罐

1～9. 02M20：18～26

钵　2件。均为釉陶质，素面。标本02M20：2，直口，方唇，上腹壁直，下腹急收成小平底。口沿下有一周凹弦纹。通高6.7、口径6.6厘米（图九，1）。标本02M20：5，直口，方唇，上腹壁直，下腹急收成小平底。口沿下有一周凹弦纹。表施酱釉。通高6、口径16.4厘米（图九，2）。

盆　1件。标本02M20：32，泥质灰陶。敞口，沿微卷，弧腹，平底。通高18、口径29.6厘米（图九，3）。

杯　1件。标本02M20：30，泥质红陶。口微敛，方唇，深腹微弧，平底。口沿下有一周凹弦纹。素面。通高7.8、口径9.4厘米（图九，4）。

匜　1件。标本02M20：6，釉陶。直口，方唇，上腹较直，下腹弧收成平底。有龙首直柄。口沿下有一周凹弦纹。表施酱釉。通高6.8、口径15.8厘米（图九，7）。

盂　1件。标本02M20：15，釉陶。侈口，尖圆唇，束颈，鼓腹，平底。肩腹有三周凹弦

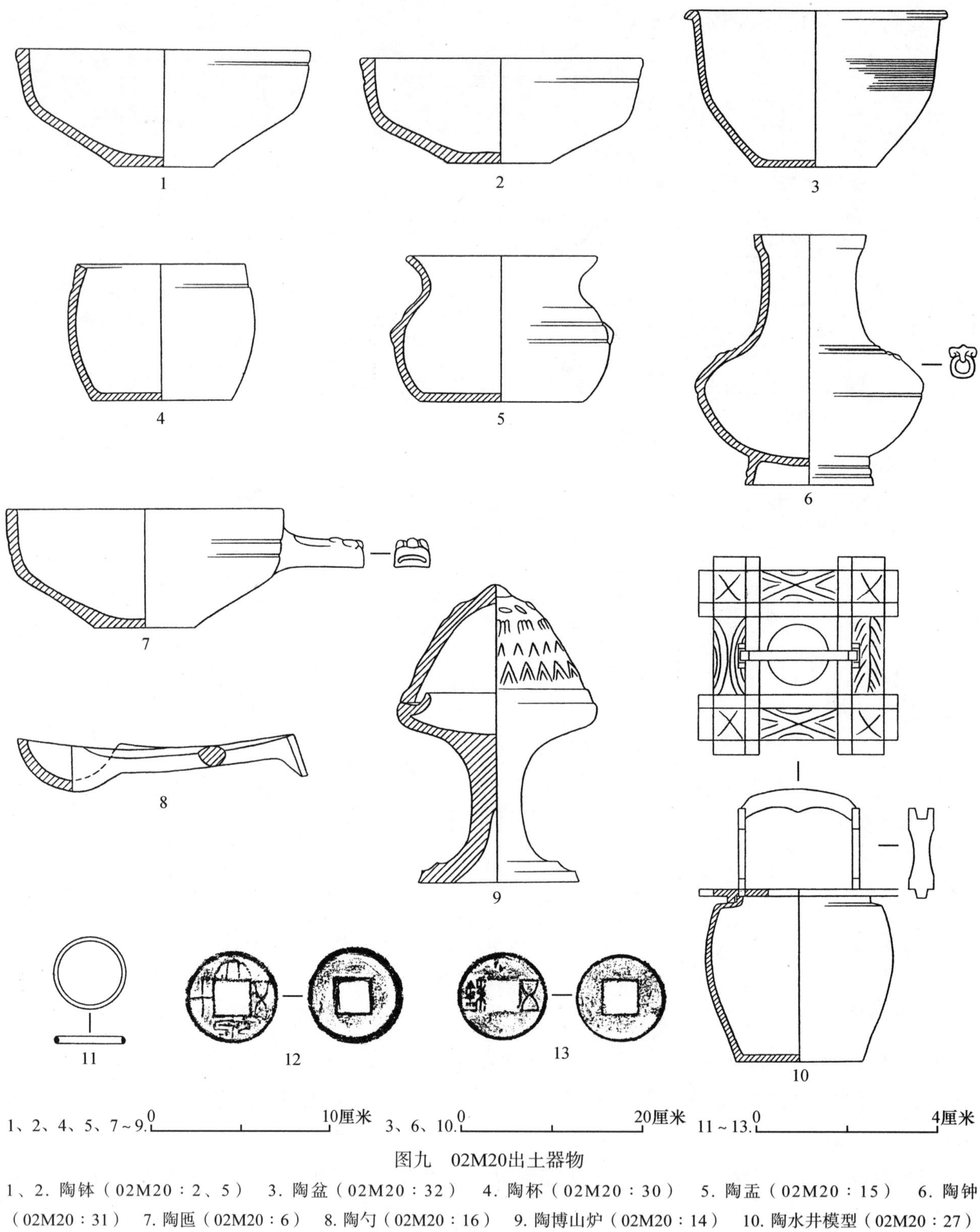

图九　02M20出土器物

1、2. 陶钵（02M20：2、5）　3. 陶盆（02M20：32）　4. 陶杯（02M20：30）　5. 陶盂（02M20：15）　6. 陶钟（02M20：31）　7. 陶匜（02M20：6）　8. 陶勺（02M20：16）　9. 陶博山炉（02M20：14）　10. 陶水井模型（02M20：27）　11. 银指环（02M20：34）　12、13. 铜钱（02M20：33-2、33-1）拓片

纹，有对称的二小鋬。素面，表施酱釉。通高8.4、口径10.8厘米（图九，5）。

钟　1件。标本02M20：31，釉陶。浅盘口，方唇，束高颈，广肩，鼓腹，圜底接高圈足。肩部有浮雕铺首衔环一对，颈肩接合部有凹弦纹二周。表施酱釉。通高28.4、口径12.6厘米（图九，6）。

勺 1件。标本02M20：16，泥质红陶。方唇，浅弧腹，圜底，粗直柄。长16.4厘米（图九，8）。

博山炉 1件。标本02M20：14，釉陶。有盖，浅盘，子母口，圆柱柄，覆盘底座，柄、底中空。表施酱釉。通高17、口径11.2厘米（图九，9）。

水井模型 1件。标本02M20：27，泥质灰陶。以桶形罐为井筒，上覆“井”字形平板形井台。井台正中开圆孔，以为井口，背面起凸圆棱一周为子母口。井口两侧穿有插井架的二方孔，井架为束腰长方形，一端带榫，另一端开叉，架倒“山”字形横梁。井台边沿以阴线刻有花纹。通高31厘米（图九，10）。

立侍俑 4件。皆为泥质红陶，全部采用模制拼接而成，中空。

标本02M20：1，立姿。平冠，脑后梳髻，五官不清。着三重衣，亵衣圆高领，外衣宽袖右衽及地长服，袖胡长垂，束腰，下摆缀边。双手抱拥胸前，身体后仰。通高17.4厘米（图一○，1）。标本02M20：9，立姿。头残少许，冠饰不清。高鼻，眉目不清。着三重衣，亵衣圆高领，外衣宽袖右衽及地长服，袖胡长垂，束腰，下摆缀边。身体微张，双手抱拥胸前。通高17.6厘米（图一○，2）。标本02M20：10，立姿。头戴巾帻，脑后梳髻，面部模糊。着三重衣，深衣式。右脚斜迈，双手抱拥胸前。通高16.8厘米（图一○，3）。标本02M20：11，立姿。头戴巾帻，脑后梳髻，五官不清。着三重衣，深衣式，下摆露履。双手抱拥胸前。通高16.8厘米（图一○，4）。

吹笙俑 1件。标本02M20：4，泥质红陶。跪姿。平冠，脑后梳髻，隆鼻，高颧骨。眉目不清。着三重衣，外衣宽袖右衽长服，束腰，双手抱笙高举，宽袖自然垂滑至肩部。造型生动，衣褶刻画清晰。采用模制拼接而成，中空。通高17.6厘米（图一○，5）。

抚耳俑 1件。标本02M20：7，泥质红陶。跪坐姿。梳“山”字形高髻，五官不清。着宽袖长服，束腰，下摆呈喇叭形后曳。仰面右倾，身体微张。右手抚耳做倾听状；左手下垂抚膝。神态恬静。采用模制拼接而成，中空。通高16.8厘米（图一○，6；图版三，2）。

抚琴俑 1件。标本02M20：8，泥质红陶。跪坐姿。脑后梳髻，高鼻，面含微笑。着三重衣，深衣式。跪坐，臀后露履。股面置长琴，左弹右抚，衣袖高挽，衣褶厚重。采用模制拼接而成，中空。通高15厘米（图一一，1）。

击鼓俑 1件。标本02M20：28，泥质红陶。跪坐姿。戴进贤冠，脑后梳髻。面部残。着三重衣，亵衣圆高领，外衣宽袖右衽长服，束腰。跪坐，臀后露履底。左膝前置一面大鼓，左手抚鼓面；右手高举作击鼓状。袖口衣褶厚重。采用模制拼接而成，中空。通高16厘米（图一一，2）。

舞俑 1件。标本02M20：29，泥质红陶。立姿。戴冠，脑后梳髻，面部模糊。着三重衣，亵衣圆高领，外衣宽袖右衽及地长服，露右足履尖。右手团、高举；左手置腰左际。身体呈“S”状扭动作舞蹈状，衣褶虽厚重，但细部刻画精致，仍有衣带当风之韵味，动感十足。采用模制拼接而成，中空。通高20.8厘米（图一一，3；图版三，1）。

狗 1件。标本02M20：3，泥质红陶。立姿。昂首，耸耳，鼓目，阔嘴露齿。兜肚拴环，

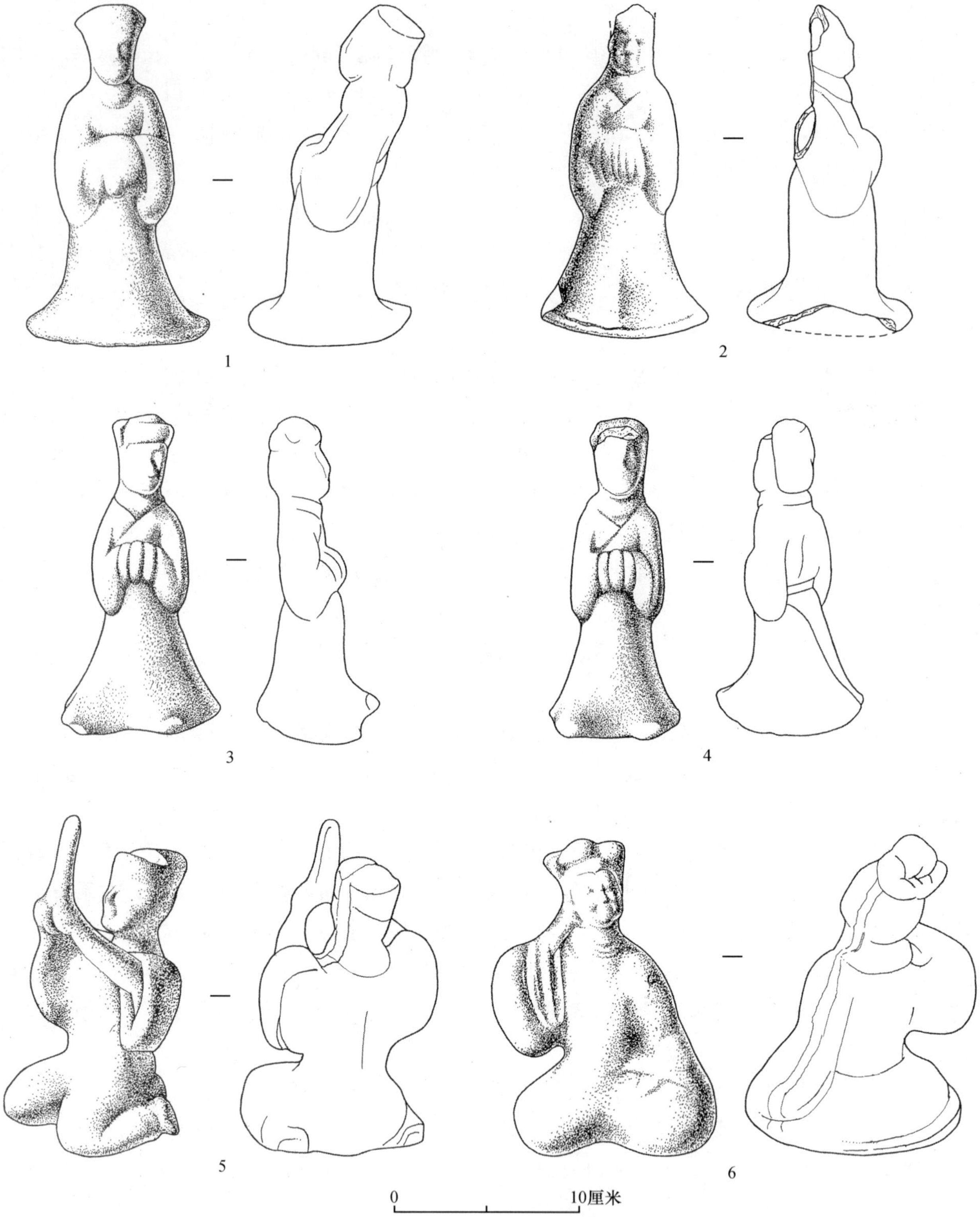

图一〇 02M20出土陶俑

1～4. 立侍俑（02M20：1、9～11） 5. 吹笙俑（02M20：4） 6. 抚耳俑（02M20：7）

图一一　02M20出土陶俑

1. 抚琴俑（02M20：8）　2. 击鼓俑（02M20：28）　3. 舞俑（02M20：29）　4. 子母鸡（02M20：12）　5. 狗（02M20：3）　6. 公鸡（02M20：17）　7. 猪（02M20：13）

粗尾翻卷臀上。四肢直立，肌肉饱满有力，细部刻画清晰。后臀开小孔。采用模制拼接而成，中空。通高21厘米（图一一，5）。

子母鸡　1件。标本02M20：12，泥质红陶。卧姿。无座。昂首，短喙，筒尾上翘。伏卧，背负小鸡一只，双翅前、后各遮伏小鸡一只。母鸡宽肥。表面有酥粉现象。采用模制拼接而成，中空。通高9.4厘米（图一一，4）。

公鸡　1件。标本02M20：17，泥质红陶。昂首，曲颈，高冠，半圆锥尾上翘，粗足直立。采用模制拼接而成，中空。通高18.5厘米（图一一，6；图版三，3）。

猪　1件。标本02M20：13，泥质灰陶。立姿。垂首，鼻唇上翻，鼓目，立耳，背鬃明显，腰背下沉，体宽肥。臀后开有小孔。采用模制拼接而成，中空。通高12.2厘米（图一一，7）。

（2）银器

指环　1组2件。标本02M20：34，圆环状，环体截面呈扁平圆形。内外表光滑。直径2.1厘米（图九，11）。

（3）铜器

钱币　1组45枚，除1枚为大泉五十外，其余均为五铢。

标本02M20：33-2，大泉五十，边郭规整较宽，针篆体，泉字中竖中断。直径2.8、穿径0.9厘米（图九，12）；标本02M20：33-1，五铢钱。边郭规整，字迹清楚。“五”字中间两笔弯曲，形如相对的两个“弹头”；“金”字头呈三角形，字短小，“朱”字长。直径2.6、穿径0.9厘米（图九，13）。

二、04M1

1. 墓葬形制

04M1位于桂花村五社，豆芽沟右岸丰高公路以上的一个叫“黄泥包”的独立而且顶部较为平坦的缓坡台地的西南部。墓葬开口在耕土层下，距现地表0.2米，仅余墓葬底部。墓葬的构筑方法是直接构筑于生土中，先挖刀把形土圹，土圹规整，四壁经过拍打、修整。而后于土圹之内起砖壁，墓壁与土圹壁间留有0.1米的空隙，空隙内填红褐色五花土。土圹残长4.3、宽1.5～2、残深0.7米（图一二）。

04M1平面呈刀把形，方向220°。由墓道、甬道、墓室三部分组成。总长4、高0.7米。

墓道　斜坡土圹式，长0.5、宽1.3、残高0.2米。

甬道　平面呈长方形。长1.1、宽0.9、残高0.4厘米。甬道前端两壁间有砖砌的封门，长0.9、残高0.4米。甬道南壁与墓室南壁连成一体，北壁作90°北拐，形成墓室北壁。甬道南北壁为自地面向上以长方形条砖错缝叠砌而成，砖侧面的菱形几何花纹均朝向甬道内，封门稍混乱。底部为生土，稍作修整。

墓室　平面呈长方形。东西长2.4、南北宽1.4、残高0.7米。墓室各壁亦为长方形条砖错缝

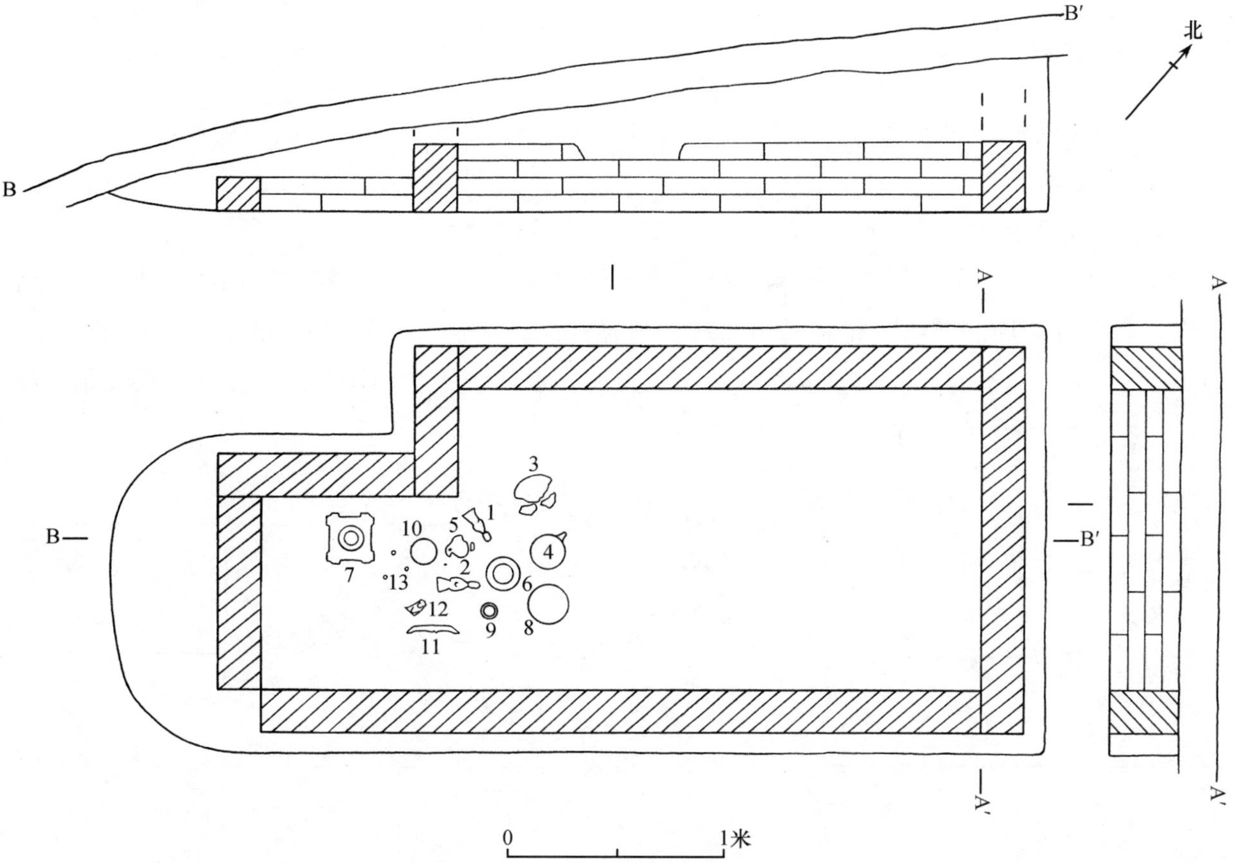

图一二　04M1平、剖面图

1、2. 立侍俑　3、8. 陶钵　4. 陶匜　5. 陶子母鸡　6、9. 陶罐　7. 陶井台模型　10. 陶博山炉盖　11. 陶井架　12. 陶熊足座　13. 铜钱

叠砌而成。砖侧面的菱形几何纹朝向墓室内。砖间有黄褐色黏土。后壁于南北两侧壁顶端外起墙，不与两壁交错咬合。墓室地面与甬道处同一地平，为生土地面。

墓内现填黄褐色黏土、残碎砖块和少量料姜石块。

葬具腐朽无存，尸骨无存，葬式，头向不明。

采集墓砖　1块。标本04M1：01，泥质灰陶。残。长方形条砖，一长侧面饰菱形几何纹，上下面饰绳纹，其余素面。长46、宽20、厚6.5厘米（图一三）。

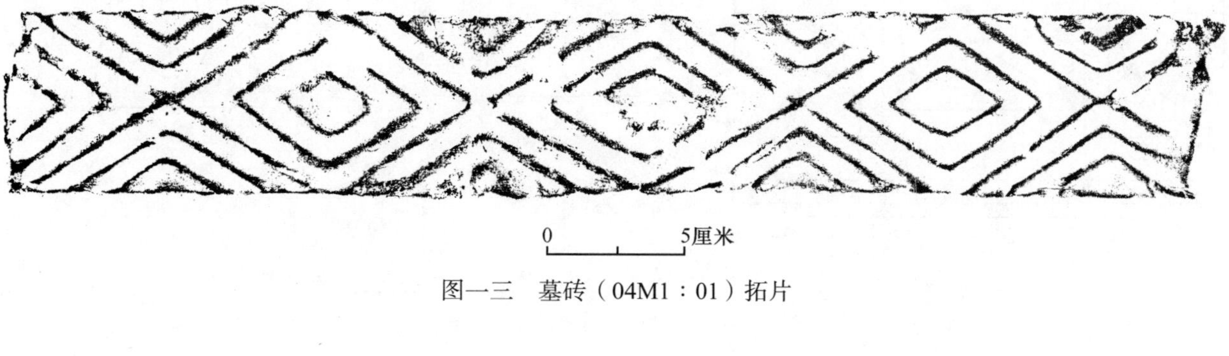

图一三　墓砖（04M1：01）拓片

2. 随葬器物

随葬器物分布在墓室前部和甬道内，共计13件（组），分为陶器、铜器两类。

（1）陶器

12件。分别为罐、钵、匜、博山炉盖、井台、井架、熊足座、俑等。

罐　2件，均为泥质灰陶。标本04M1：6，侈口，圆唇，束颈，溜肩，鼓腹，下腹内收小平底。肩部饰两周凹弦纹。轮制。通高10、口径10.2、底径7.6、腹径15.4厘米（图一四，1；图版三，4）。标本04M1：9，侈口，圆唇，束颈，肩部较平，扁腹外鼓，平底。器形较小，

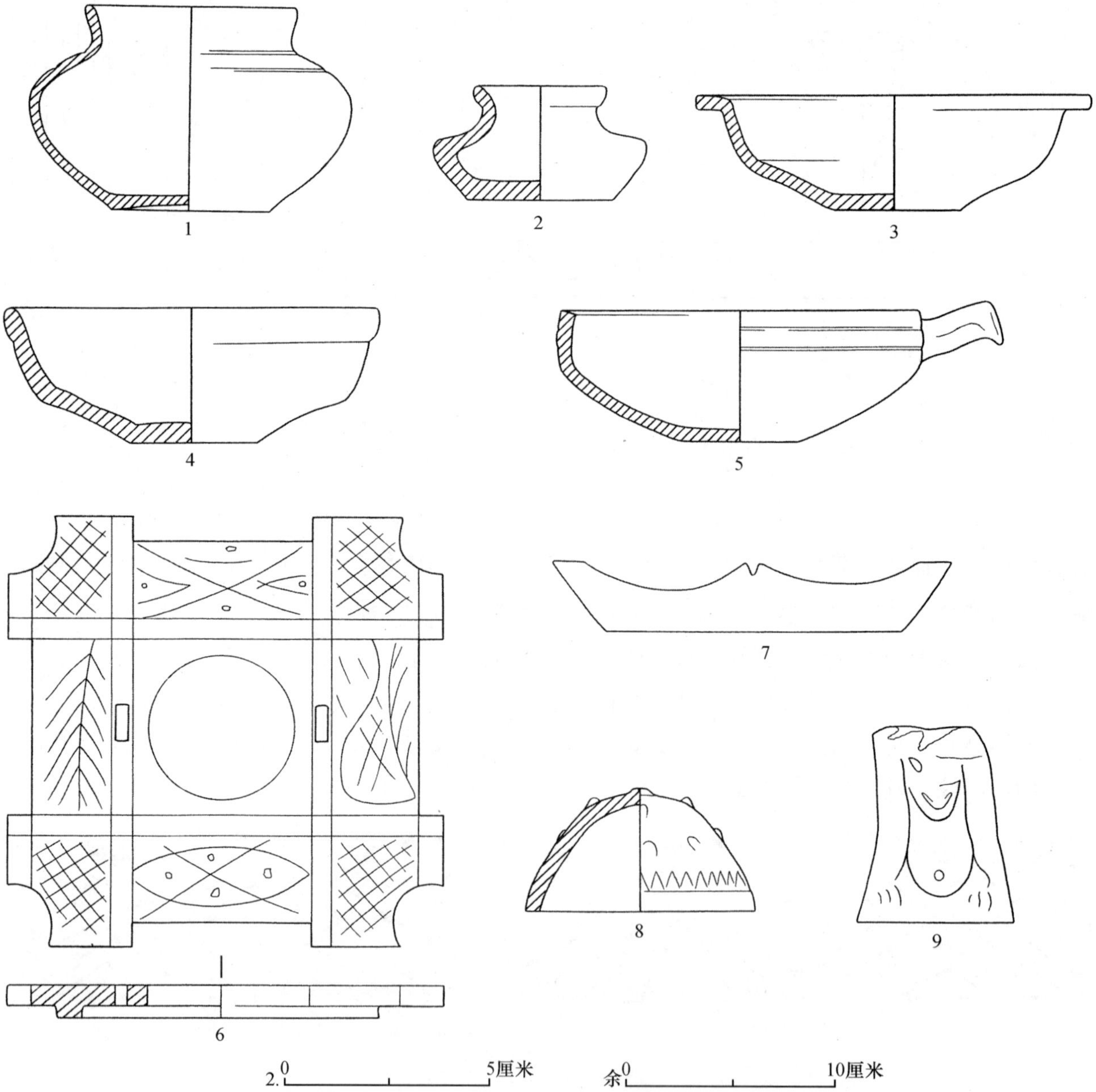

图一四　04M1出土陶器

1、2. 罐（04M1：6、9）　3、4. 钵（04M1：3、8）　5. 匜（04M1：4）　6. 井台模型（04M1：7）　7. 井架（04M1：11）　8. 博山炉盖（04M1：10）　9. 熊足座（04M1：12）

应为水井模型中的水桶罐。轮制。通高2.8，口径3.1、底径3.5、腹径5.7厘米（图一四，2）。

钵　2件。标本04M1：3，釉陶。敞口，圆唇，宽平沿稍斜，上腹外斜，至腹中急折收成小平底。器内表施酱黄色釉，外表釉层脱落，露泥质红陶胎。轮制。口径18.6、通高5.6、底径6厘米（图一四，3）。标本04M1：8，泥质灰陶。敞口，圆唇，口外附沿，斜腹较浅折收成小平底。轮制。通高6.6、口径18、底径6、腹深5.6厘米（图一四，4）。

匜　1件。标本04M1：4，釉陶。敛口，方唇，浅腹外鼓，下腹内收小平底。口沿外附接短拄状柄，柄端下折。口沿下饰两周凹弦纹。内外表施酱黄色釉，釉层有脱落。泥质红陶胎，轮制。口径17、通高6.4、底径5.6厘米（图一四，5；图版三，6）。

博山炉盖　1件。标本04M1：10，釉陶。圆锥乳状，器顶部一小圆乳，器表浮雕山形，三角印纹，盖中部有戳划的细孔。器外表施酱黄色釉，内壁未施釉。模制。通高6、口径10.8厘米（图一四，8）。

井台　1件。标本04M1：7，泥质灰陶。“井”字形，四弧角，圆形井口，两侧有小方孔一对以插井支架。正面四角处刻画小菱形网格，四边刻画鱼纹、水草纹。背面在井口外出一周圆形凸棱。边长21、孔径7、厚1.6厘米（图一四，6；图一五，6）。

井架　1件。标本04M1：11，泥质灰陶。“山”形，两端上翘，中间弧形凸起三角状，正中小三角缺口。应为井架上部的横梁。长19、宽3.4、厚0.8厘米（图一四，7）。

熊足座　1件。标本04M1：12，泥质灰陶，残。熊为蹲坐式，高浮雕，头部大且长，枣圆目，高鼻，圆嘴，圆鼓腹，露脐。背部内凹。应为陶案的底座。模制。通高9.6、宽7.5厘米（图一四，9）。

立侍俑　2件，均为泥质红陶，模制前后两半拼接而成。标本04M1：1，头部残缺。立姿。头戴平顶冠，头部残缺，面目不清。着宽袖及地长袍，下摆呈大喇叭状。双手拥抱于胸前。通高20厘米（图一五，1）。标本04M1：2，发髻残。立姿。头戴平顶冠，脑后发髻残。头部前伸，面目模糊，獻背高凸。内着高圆领亵衣，外着右衽窄袖及地长袍，束腰，长袍下摆呈大喇叭状。双手相拥抱于胸前。通高18厘米（图一五，2）。

子母鸡　1件。标本04M1：5，泥质红陶。母鸡伏卧，昂首，尖喙，宽肥体，筒状尾上翘。背负小鸡一只，胸前伏一只，双翅下各遮伏小鸡一只。母鸡体表以多线条表现羽毛。中空，底有圆形孔。模制左右两半拼接而成。通高9、长13.8厘米（图一五，3；图版三，5）。

（2）铜器

钱币　1组8枚。分别为货泉和五铢，表面锈蚀。五铢，6枚，标本04M1：13-2，边郭规整，字迹清楚。“五”字中间两笔弯曲；“金”字头呈三角形，“朱”字上下端略方折。直径2.5、穿径1厘米（图一五，4）。货泉，2枚，标本04M1：13-1，边郭宽厚，字迹清楚。“货泉”两字为针篆体。“泉”字直竖中断。直径2.2、穿径0.6厘米（图一五，5）。

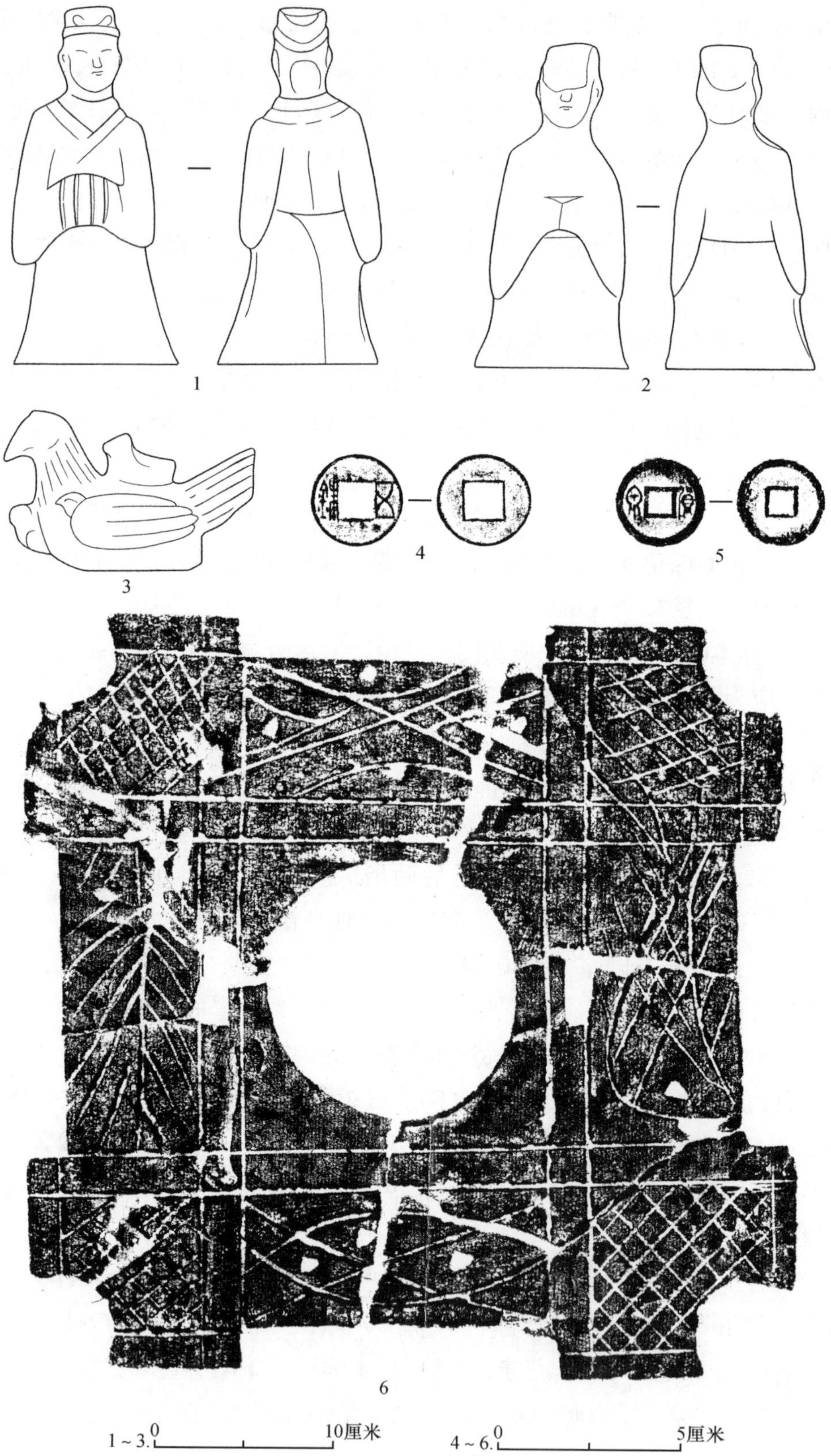

图一五　04M1出土器物

1、2. 立侍俑（04M1：1、2）　3. 陶子母鸡（04M1：5）　4、5. 铜钱（04M1：13-2、13-1）拓片
6. 陶井台模型（04M1：7）拓片

三、01M2

1. 墓葬形制

01M2位于东Ⅲ区01T203内，01M1的南侧，距离01M1约0.8米。墓葬开口在第2层扰土层下，打破生土，距现地表0.4米，早期遭破坏。其叠压打破关系为：①层（耕土层）→②层唐宋以后的扰乱层→01M2→生土。其构造方法为先下挖长方形土圹，再用砖砌成墓壁，土圹壁与墓壁之间有0.1米左右的距离，后填以黄褐色沙土。土圹长4.68、宽1.9、残深0.9～1.2米。

01M2平面呈长方形，方向298°。由墓道、墓室两部分组成（图一六）。

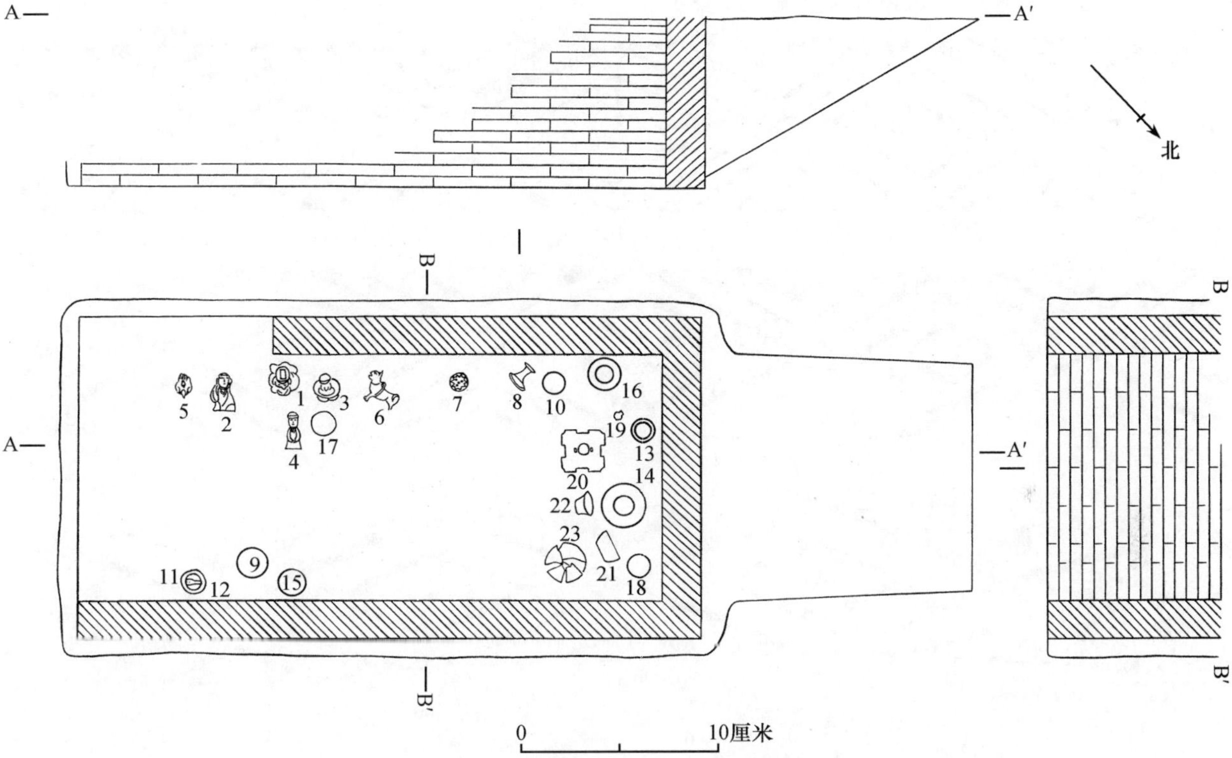

图一六　01M2平、剖面图

1. 击鼓俑　2. 抚耳俑　3. 吹笙俑　4. 立侍俑　5. 陶子母鸡　6. 陶狗　7. 陶博山炉　8. 陶灯　9、10、15、17、18、22、23. 陶钵　11. 陶勺　12、13. 陶盂　14. 陶钟　16. 陶罐　19、20. 陶水井模型　21. 陶盆

墓道　斜坡土圹式，平面呈梯形，头端小，底端大，两侧壁稍经修正，斜坡地面有薄薄的一层踩踏土，坡度30°。残长1.4、宽1.1～1.3米。

墓室　平面呈长方形。墓室口内有封门，外壁与墓室口顶端平齐。应是利用建墓所余条砖及碎砖平铺堆砌而成。封门砖的菱形几何边纹一侧多向墓室内，仅有少量素面一侧内向，较混乱。封门面阔1.3、残高0.9米。墓室所在位置有一高度0.76米的田坎，使墓室前端两侧壁保留较多，后端一侧仅余砖二层，另一侧砖已丧失殆尽，墓室后壁亦不见砖。由墓室前端两侧墓壁上部卷曲程度可判断墓室曾有券顶。墓室各壁均为用砖横叠错缝砌成，而且墓砖的菱形几何纹侧面均向墓室内。只有两侧壁自下而上第13层砖向墓室内素面，应是自此向墓室顶部发券成券顶。墓底为生土地面。墓室内填充黄色黏土夹杂大量砖块。长3、宽1.3、残高1.2米。

未发现葬具痕迹。尸骨腐朽无存，无法判定葬式和头向。

采集墓砖　3块，均为泥质灰陶。01M2：01，长方形条砖，上下两面均为素面，一长侧面饰菱形几何纹，中间菱形纹中填以“十”字纹，上下两面与其余侧面均为素面。砖长44.6、宽21、厚6.4（图一七，1）。01M2：02，楔形砖，有榫头、榫孔，一侧较薄，另一侧较厚。较薄侧面饰菱形几何纹，正中菱形纹中填以圆形车辐纹，上下面饰绳纹，其余侧面均素面。砖长45、宽20、厚6.4～7厘米（图一七，2）。01M2：03，楔形砖，有榫头、榫孔，一侧较薄，另一侧较厚。较薄侧面饰菱形几何纹，正菱形纹中填小乳钉，上下面饰绳纹，其余侧面均素面。砖长42、宽19、厚5.5～6厘米（图一七，3）。

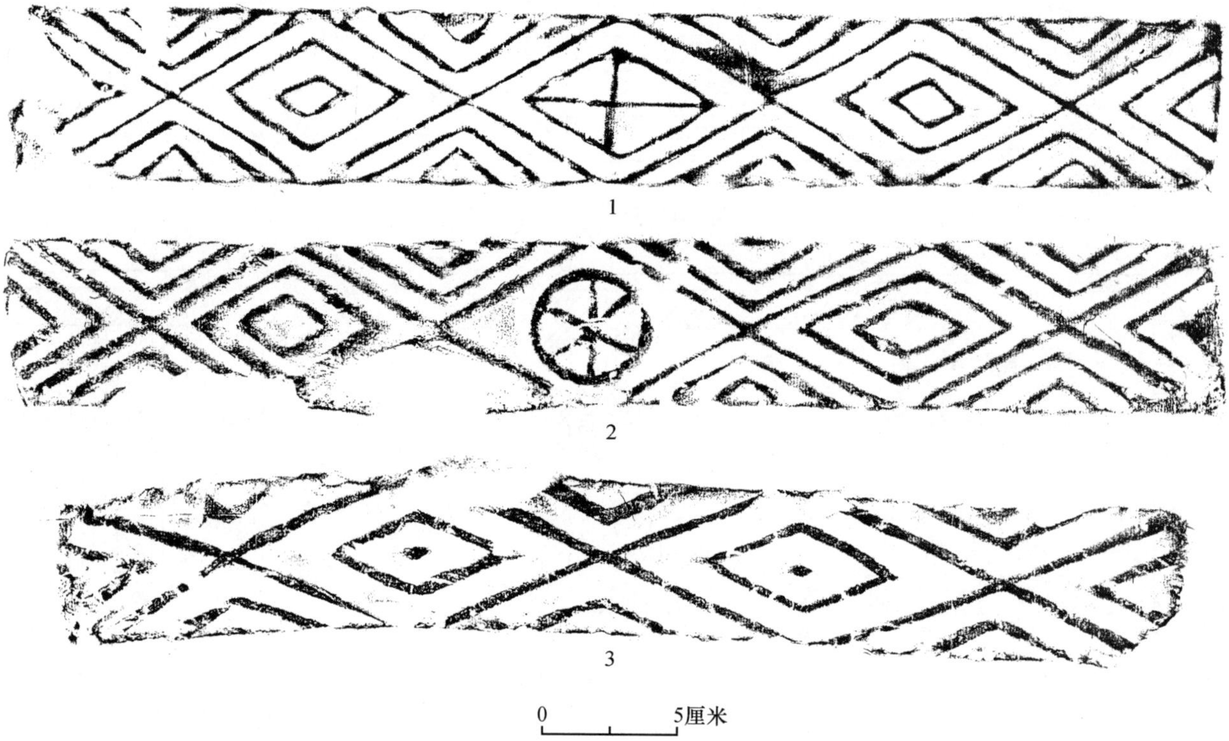

图一七　墓砖拓片

1. 01M2：01　2. 01M2：02　3. 01M2：03

2. 随葬器物

随葬器物主要放置于墓室左侧，共计23件，均为陶器。分别为罐、钵、盆、盂、钟、勺、灯、博山炉、水井模型、俑等。

罐　1件。标本01M2：16，泥质灰陶。敛口，圆唇，矮颈，斜折肩，鼓腹，平底。轮制。高14.2、口径10厘米（图一八，1）。

钵　7件。泥质灰陶1件。标本01M2：22，侈口，尖圆唇，浅腹，腹上部弧内收，下部斜内收成小平底。口沿外有凸出一道圆棱。轮制。高6.6、口径17.0厘米（图一八，2）。釉陶6

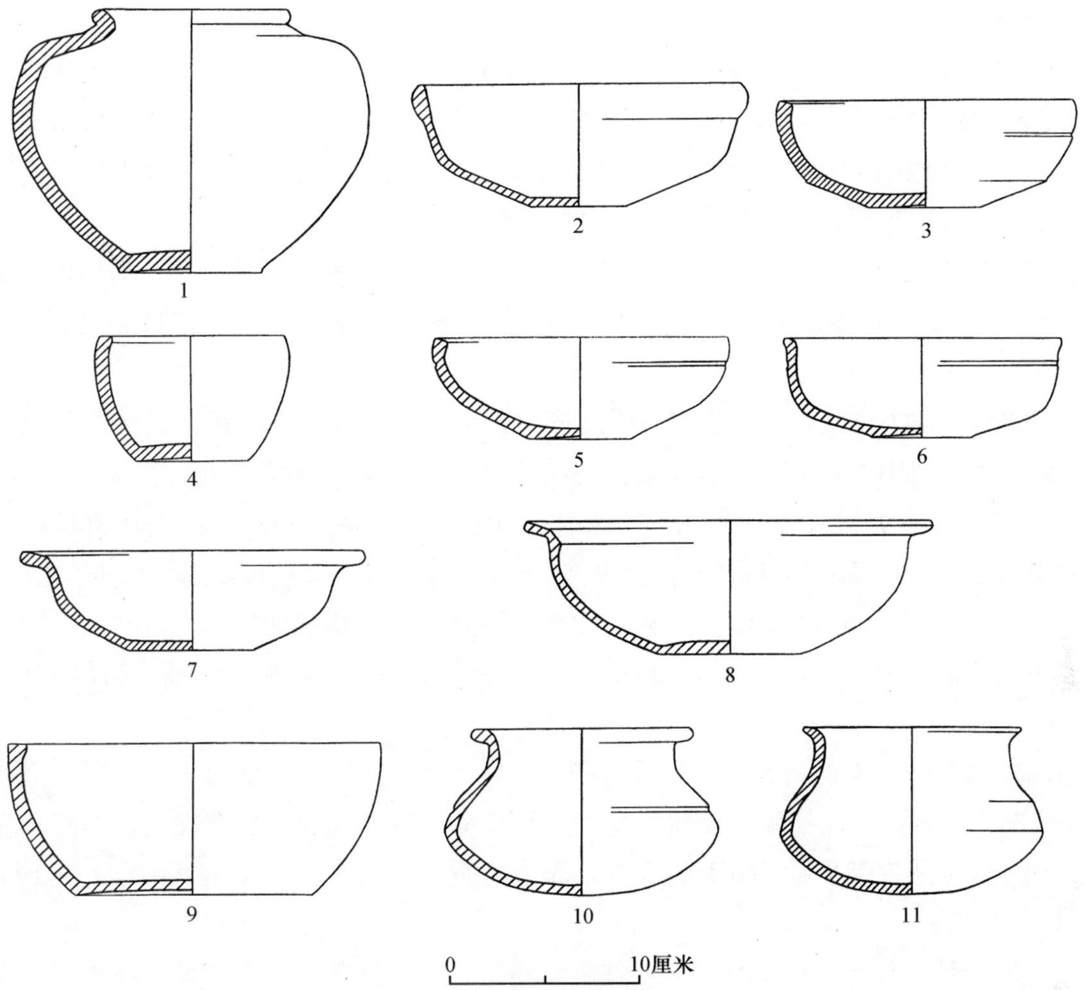

图一八 01M2出土陶器

1. 罐（01M2：16） 2～8. 钵（01M2：22、9、10、15、17、18、23） 9. 盆（01M2：21）
10、11. 盂（01M2：13、12）

件，皆为轮制。标本01M2：9，口微敛，方唇，腹上部弧向内收，下部内收成平底。器表施一层酱色釉。口沿下饰一道凹弦纹。高5.8、口径15.6厘米（图一八，3）。标本01M2：10，口微敛，方唇，鼓腹斜向内收成平底，底中部向内凹。器表施酱色釉。腹下部及底未施釉。器表口沿下饰两道凹弦纹。高6.8、口径9.8厘米（图一八，4）。标本01M2：15，敛口，方唇，弧腹斜内收成平底。器表施酱黄色釉。器表口沿下有一道凹弦纹。火候不高。高5.5、口径15.6厘米（图一八，5）。标本01M2：17，直口，方圆唇，浅腹，腹下部斜向内收成平底。器内施酱黄色釉。器表口沿下饰一道凹弦纹。高5.4、口径14.8厘米（图一八，6）。标本01M2：18，敞口，方唇，宽沿，浅腹，腹部弧向内收成平底。口沿上及器内施酱黄色釉，釉层有脱落。器内腹部有两道凹弦纹。火候不高。高5.4、口径17.8厘米（图一八，7）。标本01M2：23，敛口，平沿，腹上部弧内收，下部斜内收成小平底。内施酱黄色釉。高7.2、口径21.6厘米（图一八，8）。

盆 1件。标本01M2：21，泥质灰陶。口微敛，方唇，浅腹弧向内收成平底。轮制，器表有抹痕。高8.2、口径19.5厘米（图一八，9）。

盂　2件，均为釉陶，轮制，火候不高。标本01M2：12，侈口，圆唇，束颈，鼓腹，圜底。器表及口沿内施酱黄色釉，腹下部及底未施釉，釉层易脱落。高9、口径11.6厘米（图一八，11）。标本01M2：13，侈口，圆唇，束颈，扁圆腹，圜底。腹上部以上口沿内施酱黄色釉。肩部饰一周凹弦纹。高9、口径11.2厘米（图一八，10）。

钟　1件。标本01M2：14，釉陶。盘口，方唇，长弧颈，椭圆腹，圈足。圆拱形盖，有子母口。器表均施酱黄色釉，上腹部有对称的两铺首衔环，肩、圈足饰有三道凹弦纹。通体釉层均匀，釉色光亮，较为精致。高33厘米（图一九，1）。

勺　1件。标本01M2：11，釉陶。椭圆形勺首，敞口，方唇，浅腹，圜底。勺柄正面平齐，背面圆润，半圆柱形向上斜直。内表施酱黄色釉。长8.1厘米（图一九，2）。

灯　1件。标本01M2：8，釉陶。盘状口，方唇，柱状柄，器形较细高，覆盘状底，中空。盘内壁施一层酱色釉，盘口外壁挂流少许。轮制。高12.5、口径10.8厘米（图一九，3）。

博山炉　1件。标本01M2：7，釉陶。山形盖，盘口，柱状粗柄较矮，盘状底，中空。器身如豆状。盖表施一层灰白色衣，器身釉层均匀、光洁。泥质红陶胎。酱釉。高14.4厘米（图一九，4）。

立侍俑　1件。标本01M2：4，泥质红陶。立式。戴扇形巾帽，面目不清，无耳。亵衣圆高领。外衣交领右衽及地长服，长袖极宽大，斜长垂于胯外，背有一直衣棱自领部垂直至腰间，而自腰有一自右而左弧形斜下的衣褶，衣下摆宽大呈喇叭状。模制，中空。高19.4厘米（图二〇，1）。

击鼓俑　1件。标本01M2：1，泥质红陶。跪坐式。戴进贤冠。有两耳，鼻稍高，面颊较圆润，亵衣圆高领，外衣交领右衽宽长服，博袖。右手上举肩部握拳作击鼓状；左手平掌抚鼓面。圆扁状鼓置于两腿间。模制前后两部分拼接而成。中空，火候不高。高18.6厘米（图二〇，2）。

抚耳俑　1件。标本01M2：2，泥质红陶。跪坐式。戴“山”字形冠，头微向右后侧斜，面目模糊，亵衣圆领，外衣宽袖交领右衽长服，腰微束。右手上举抚耳作侧耳倾听状；左手自然下垂。长服下摆宽大，后遮足部，呈喇叭状。模制，中空。火候不高，制作工艺欠佳。高16.2厘米（图二〇，3）。

吹笙俑　1件。标本01M2：3，泥质红陶。跪坐式。戴平巾帻，头微昂，脑后梳髻，亵衣圆领，外衣交领右衽长服，束腰，博袖宽肥，双手上举于面部前端拱手拥笙，原手中所握笙已残。两宽袖下落拥簇在肩部，二小臂赤裸。两足外撇，二足尖向外。手臂造型夸张，神态生动自然。模制前后两部分拼接而成，中空。火候不高。高15.6厘米（图二〇，4）。

水井模型　2件。由小水罐和井台模型组成，出土时二者放置在一起，未发现井筒类遗物。小水罐，标本01M2：19，泥质红陶，侈口，束矮颈，斜肩，折腹，平底。通体素面无饰。形体极小。高3.2、口径3.8厘米（图一九，5）；井台模型，标本01M2：20，泥质灰陶。“井”字形，正中置圆形井口，井口两侧各有一方孔，应是插立井架所用。正面分组以细线

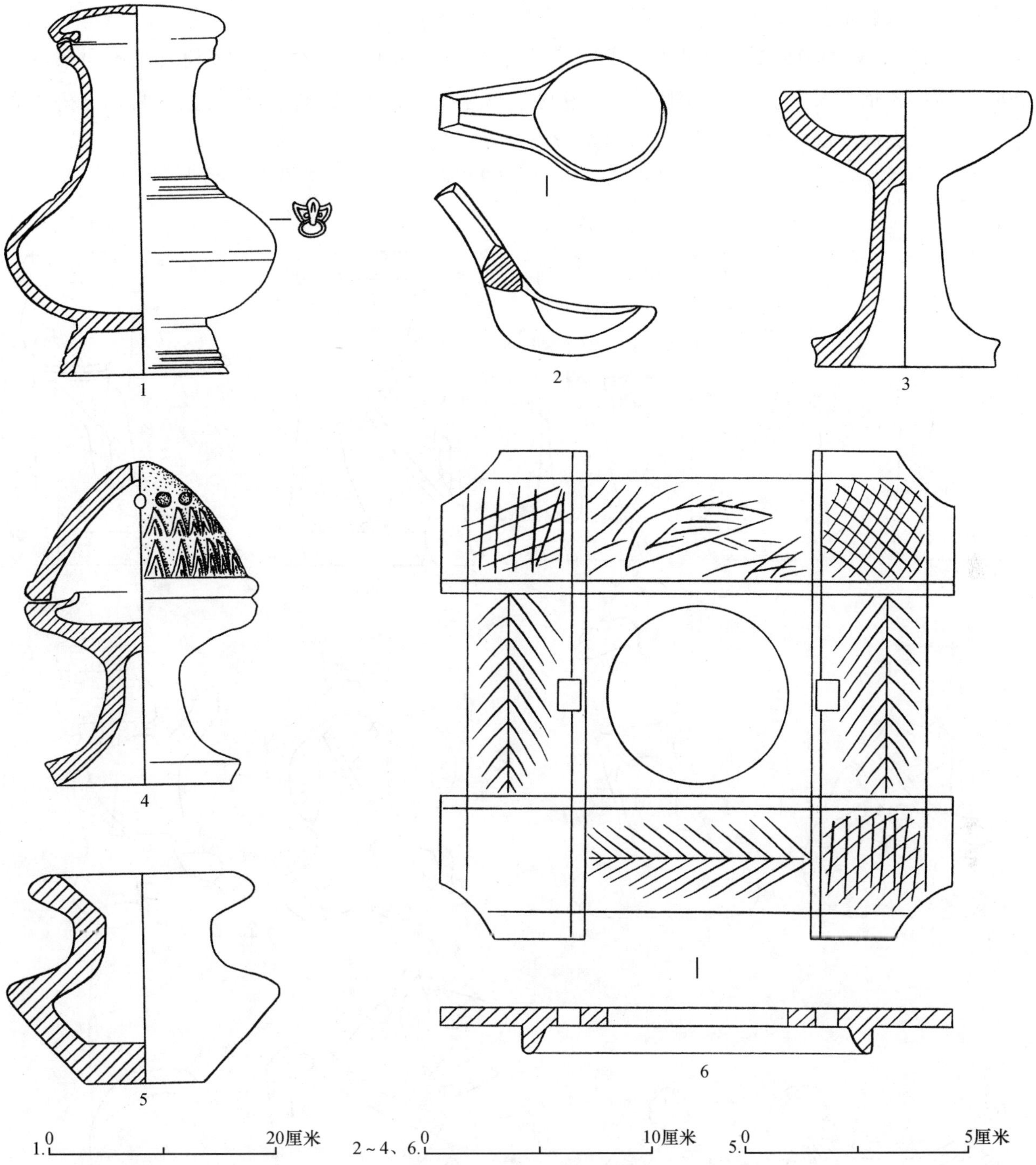

图一九　01M2出土陶器

1. 钟（01M2：14）　2. 勺（01M2：11）　3. 灯（01M2：8）　4. 博山炉（01M2：7）　5. 小罐（01M2：19）
6. 井台模型（01M2：20）

刻划菱形网格纹、鱼纹和水波纹，背面凸起一周圆棱，应是连接井筒罐的子母口。长20.6、宽20.4厘米（图一九，6；图二一）。

子母鸡　1件。标本01M2：5，泥质红陶。昂首，圆目尖喙，宽扇形尾上翘，背负小鸡，两翅和颈下腹前各遮伏小鸡一只。母鸡伏卧不露足。模制两部分拼接而成，中空，下底正中有一大圆孔。火候不高。高8.6厘米（图二〇，5）。

狗　1件。标本01M2：6，泥质红陶。昂头，耸耳，鼓目，嘴微张，露利齿，颈间系铃，兜肚系拴环，前腿叉开直立，后腿微屈，卷尾。形象生动，刻画细腻。模制左右两部分拼接而成，中空。火候不高。高18厘米（图二〇，6）。

图二〇　01M2出土陶俑

1. 立侍俑（01M2：4）　2. 击鼓俑（01M2：1）　3. 抚耳俑（01M2：2）　4. 吹笙俑（01M2：3）　5. 子母鸡（01M2：5）
6. 狗（01M2：6）

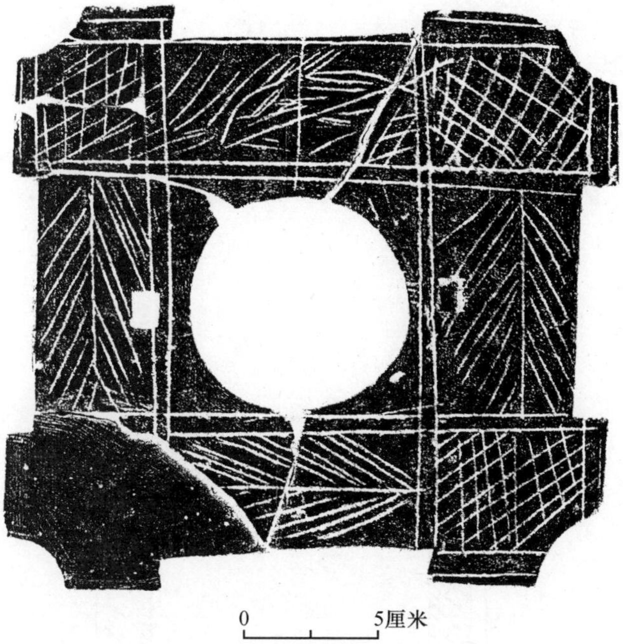

图二一　陶井台模型（01M2：20）拓片

四、01M4

1. 墓葬形制

01M4位于东Ⅲ区01T402、01T403内。墓葬开口在②层扰土层下，打破生土，距现地表0.4米，早期遭破坏。其叠压打破关系为：①层（耕土层）→②层唐宋以后的扰乱层→01M4→生土。其构造方法为先下挖刀把形土圹，再用砖砌成墓壁，土圹壁与墓壁之间有0.06米左右的距离，空隙内填以黄褐色沙土（图二二）。

01M4平面呈刀把形，方向290°。由墓道、甬道、墓室三部分组成。

墓道　斜坡土圹式，平面呈梯形，口端略小，底端稍大，两壁稍经修治，地面为生土。残长1.5、宽1.16～1.34米。

甬道　封门建于甬道前部，外壁与墓室口顶端平齐。利用建墓所余条砖及碎砖平铺堆砌而成。封门砖的菱形几何边纹一侧多向墓室内，仅有少量素面一侧内向，较混乱。封门面阔1.34、残高0.78米。甬道顶部已坍塌，甬道内填满黄褐色黏土及大量的碎砖块。由两侧残存墓壁上部向内卷曲的情况判定，甬道顶部原有券顶。两长侧壁自下而上至第15层砖错缝叠砌为直壁，第15层砖素面内向，与上下菱形边纹花砖形成鲜明对比。自此层起开始发券，券顶用楔形带子母榫口、头的长方形条砖，带花纹的一侧一律向内。甬道长1.96、宽1.34、残高1.01米。

墓室　平面呈长方形。墓室顶部坍塌殆尽，由墓室两侧墓壁上部向内卷曲程度，以及墓室填土内楔形子母榫砖的一定数量的存在，可判断原墓室曾有券顶。墓室各壁均为用砖横叠错缝砌成，而且墓砖的菱形几何纹侧面均向墓室内。只有两侧壁自下而上第15层砖向墓室内一面为素面，与甬道此层砖相接，形成一层素面与菱形花纹相隔的现象。自此层砖往下，墓壁垂直。

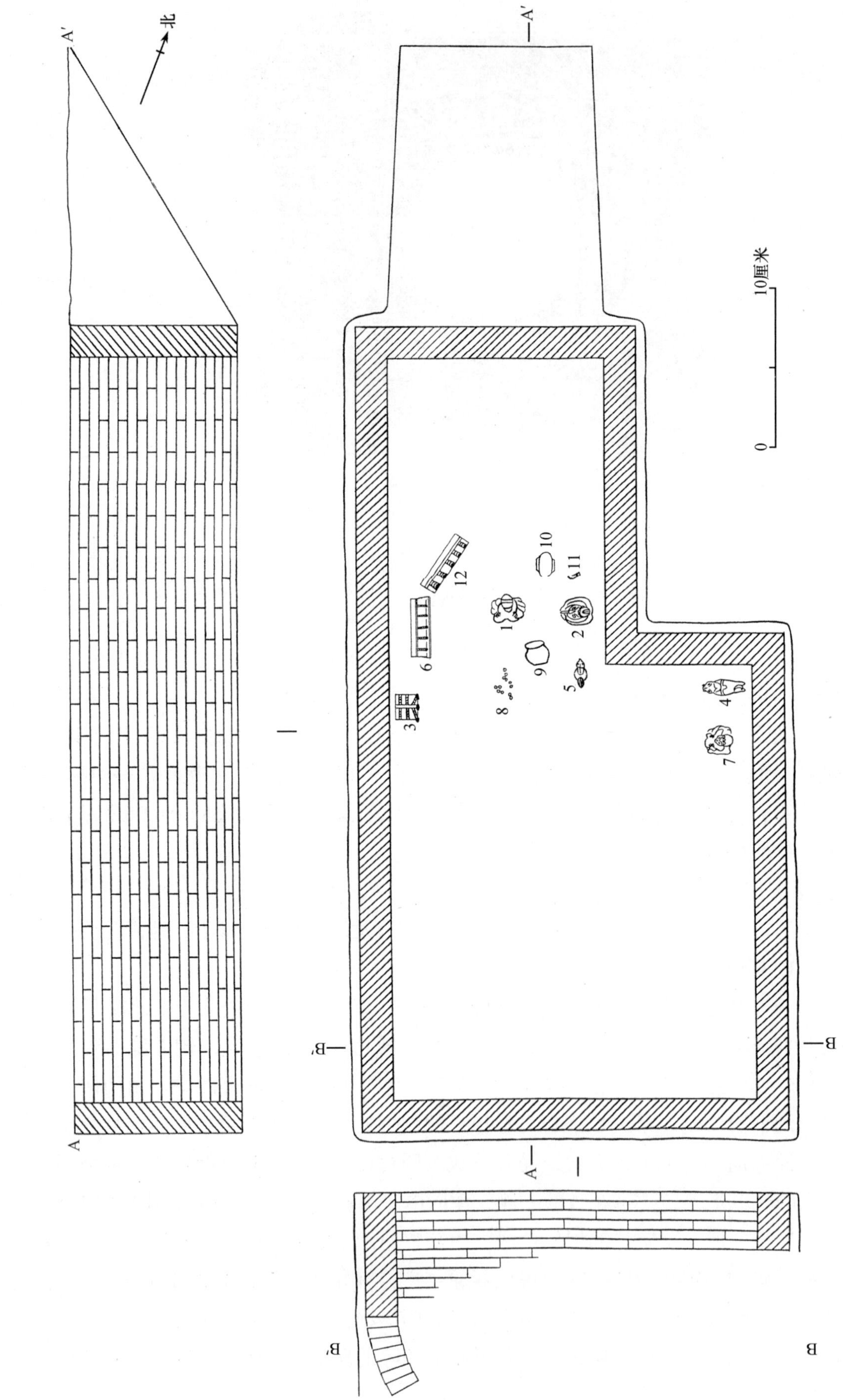

图二二　01M4平、剖面图

1. 抚琴俑　2. 胡人吹箫俑　3. 陶仓　4. 陶狗　5. 陶公鸡　6、12. 陶房屋模型　7. 庖厨俑　8. 铜钱　9. 陶罐　10、11. 陶耳杯

往上，墓壁开始向内卷曲，应是自此向墓室顶部发券成券顶。墓室内填满黄色黏土，质地较硬且夹杂大量碎砖块，应是该墓遭扰所形成。墓底未铺砖，直接构筑在生土之上，墓底平整。长2.76、宽2.24、残深1.01米。

未发现葬具痕迹。尸骨腐朽无存，无法判定葬式和头向。

采集墓砖 2块。01M4：01，长方形条砖，红褐色。上下两面均饰绳纹，一长侧面饰菱形几何纹，中心以乳钉纹补白，其余侧面素面无饰。砖长43.5、宽18.8、厚6.5厘米（图二三，1）。01M4：02，楔形砖，深灰色。长方形，带榫头、榫孔，一侧较厚，另一侧略薄。上、下两面均饰绳纹，略薄侧面饰菱形几何纹，中心以乳钉纹补白，其余侧面素面无饰。砖长42.3、宽18.2、厚6.2～7厘米（图二三，2）。

2. 随葬器物

随葬器物大多集中在甬道与墓室相接处、墓室前部等位置，共计12件（组），分为陶器、铜器。其中陶器出土时残损严重，陶俑酥散剥落较多，完整者不多，有的已成碎片。

（1）陶器

11件。分别为罐、耳杯、仓、房屋模型、俑等。

罐 1件。标本01M4：9，泥质灰陶。敛口，圆唇，矮颈，折肩，鼓腹，平底。通体素面无饰。轮制。高11、口径11.5厘米（图二四，1）。

耳杯 2件。标本01M4：10，泥质红陶。椭圆形敞口，方唇，腹部弧形内收，矮假圈足，平底。两侧为半圆形耳，较厚。轮制。高6、口径17.6厘米（图二四，3）。标本01M4：11，泥质灰陶。椭圆形敞口，方唇，腹部弧形内收成平底。两侧为半圆形厚耳。高3.6、口径11.6厘米（图二四，2）。

仓 1件。标本01M4：3，泥质灰陶。单体。悬山式两面坡顶，出檐，顶部正中施纵脊一条，正面脊端及正面檐角各施一圆形素面瓦当，两坡各施筒瓦三陇，每陇有筒瓦5组。仓面正中施一长方形仓门，两侧正中下部开一对称通风圆孔。四面墙体、顶、底分制后拼接而成。火候较高。高18.2厘米（图二四，4）。

房屋模型 2件，均为泥质灰陶。标本01M4：12，平面呈长方形。平顶，脊中部较平，两端微翘。前施筒瓦。房顶单体制成，盖置房上。房体正面两侧有立柱，柱下设长方形础，柱上施一斗三升斗拱铺作一朵。房体分前后两室，中部以一块墙体垂直分割，正面以细线刻画出小门，小门微启。低台基。各部分均分体制作后拼接而成。高24.6厘米（图二五）。标本01M4：6，悬山顶式双层楼房。顶中有一脊，脊中部较平，两端微翘。脊面斜坡上施五陇筒瓦。上层房檐下中立一柱，柱头施一斗三升柱头铺作一朵，左右分立角柱，柱上施一斗承檐，柱下设栏板。下层房平顶有脊，较平，正面施五陇筒瓦。房檐下中立一柱，柱上施一斗三升斗拱一朵，左右分立角柱，柱上施一斗承檐，长方形柱础，低台基。下层左侧半面中立一隔墙，中刻划一小门，小门微启。各部件模制拼接而成。高55厘米（图二六）。

抚琴俑 1件。标本01M4：1，泥质红陶。跪坐式。戴平巾帻。面容较清晰，高鼻，脑后结髻若“山”形。着三重衣，亵衣圆高领，外衣交领右衽，宽袖及腕。右腿略高，琴置股面，

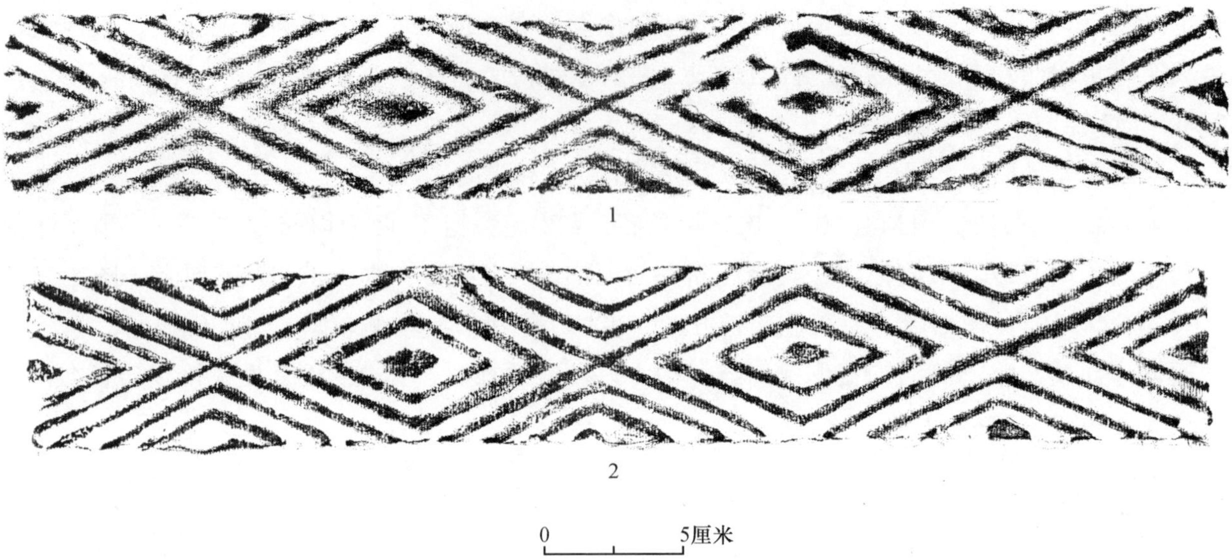

图二三　墓砖拓片

1. 01M4：01　2. 01M4：02

图二四　01M4出土陶器

1. 罐（01M4：9）　2、3. 耳杯（01M4：11、10）　4. 仓（01M4：3）

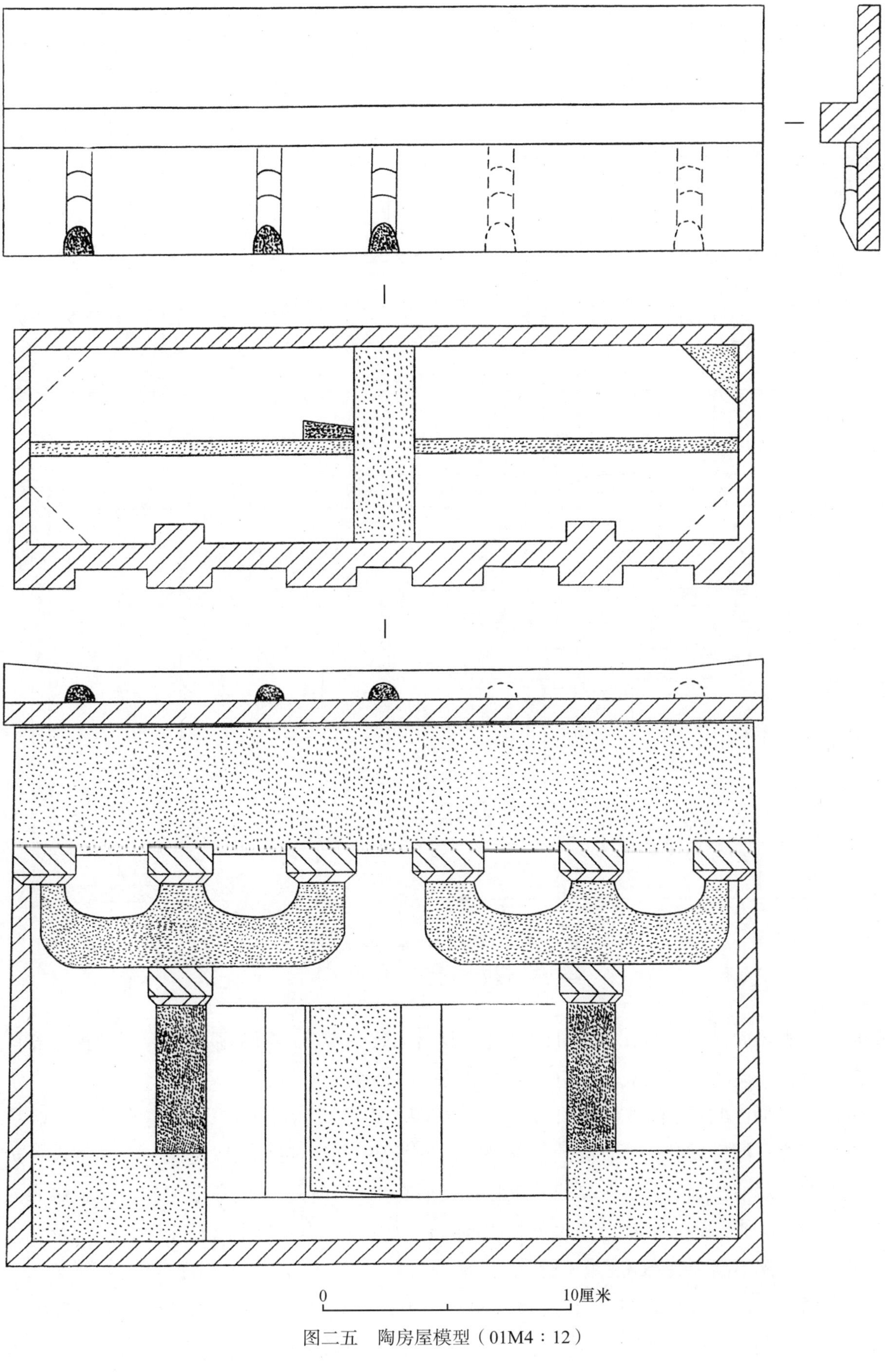

图二五　陶房屋模型（01M4：12）

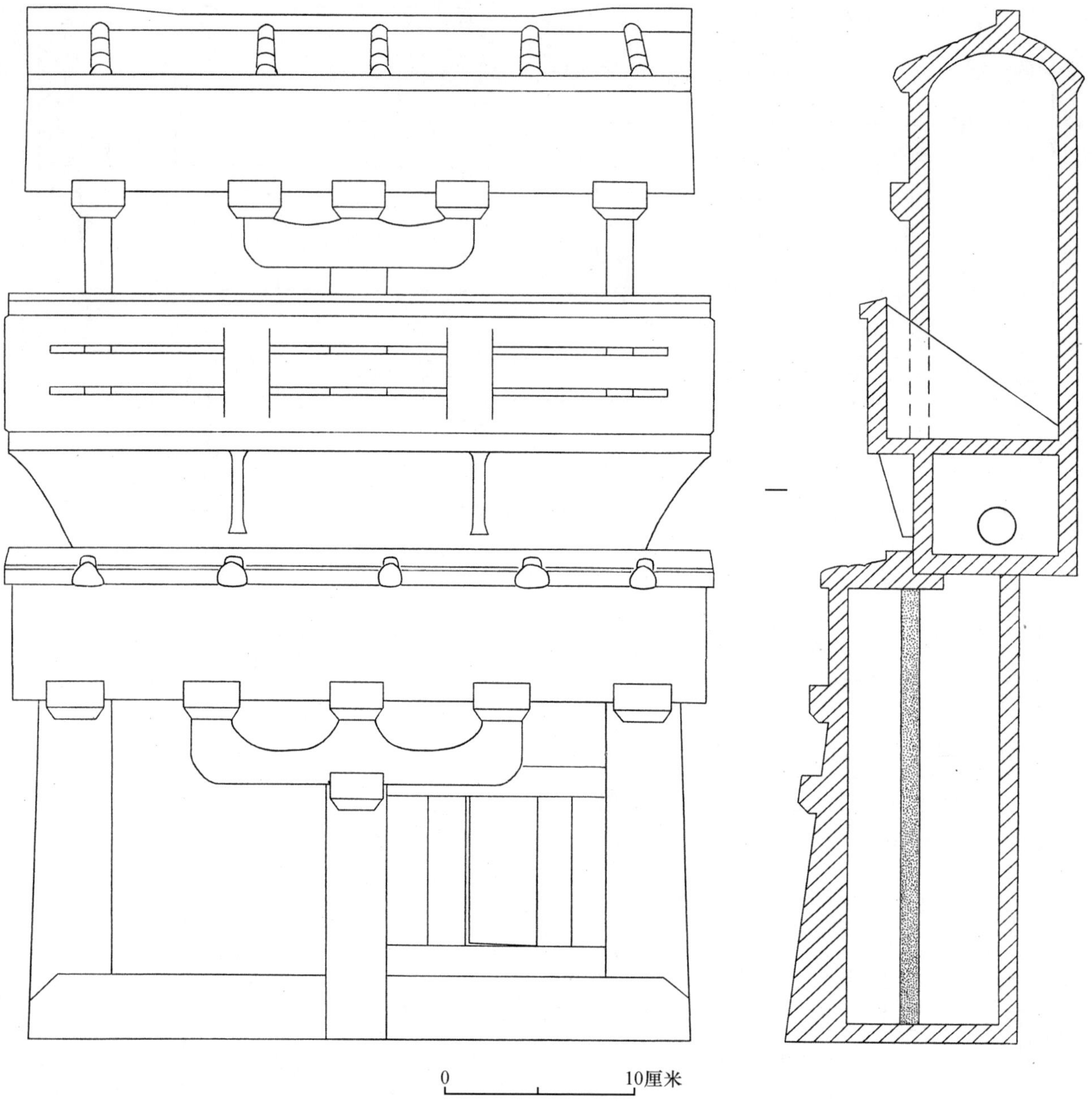

图二六　陶房屋模型（01M4：6）

两手自然搁置琴面做抚琴状，手指纤细灵巧，身后束腰系带，衣褶略显厚重。面部神态安详，动作自然飘逸。模制拼接而成，中空。火候不高。高25厘米（图二七，1）。

胡人吹箫俑　1件。标本01M4：2，泥质红陶。跪坐式。戴尖帽，帽檐外周为连珠状卷毛，眉骨高耸，深目高鼻，颧骨高凸，连鬓有络腮长胡。小口噘起做吹奏状。着二重衣，亵衣圆领，外衣窄短袖于腕后，长服裹腿，束腰，腰后有一自右而左下的弧形裙褶，两腿蜷曲向后分置臀两侧，着履，脚尖向地。双手于胸前握箫，左上右下，长箫上端抵于嘴，下端及地。模制，中空。火候不高。高25.8厘米（图二七，2）。

庖厨俑　1件。标本01M4：7，泥质灰陶。跪坐式。扎巾，两鬓长发后梳，眉目较清晰，鼻隆起，着三重衣，亵衣圆领，外为交领右衽，内衣窄长袖及腕，外衣宽短袖高挽至肘关节处。着袍，束腰。几案置膝前，右手贴身搁于案上，左手于案面按块状食物。面含微笑，若一慈祥中年妇人。模制，中空。色呈浅灰白。高22.2厘米（图二七，3）。

狗　1件。标本01M4：4，泥质红陶。昂首，小立耳，圆目，短吻，阔嘴露齿。颈间系带，兜肚拴环于背上，环实心不对穿。短尾上翻卷，盘于臀上，四肢直立。模制，前后肢腹间有一宽缝隙，整体中空。造型生动，虽显凶猛，却也不失可爱。高18厘米（图二七，5）。

公鸡　1件。标本01M4：5，泥质红陶。昂首，尖喙，有冠、绶，尖翘尾，立足浮雕在筒形座上。翅羽刻画清晰。模制，中空。高17.6厘米（图二七，4）。

图二七　01M4出土器物

1. 抚琴俑（01M4：1）　2. 胡人吹箫俑（01M4：2）　3. 庖厨俑（01M4：7）　4. 陶公鸡（01M4：5）　5. 陶狗（01M4：4）　6. 铜钱（01M4：8）拓片

（2）铜器

钱币　1组30枚，皆为五铢钱，形制、大小均同。边郭整齐，字迹清楚。“五”字中间两笔略弯曲，“金”字头呈三角形，“朱”字上端略方折，下端略圆。标本01M4：8，直径2.6厘米，穿径1厘米×1厘米（图二七，6）。

五、01M5

1. 墓葬形制

01M5位于东Ⅲ区01T302、01T303、01T403内，01M4的南侧，与01M4相距2.4米。墓葬开口在第②层扰土层下，打破生土，距现地表0.4米，早期遭破坏。其叠压打破关系为：①层（耕土层）→②层唐宋以后的扰乱层→01M5→生土。其构造方法为先下挖刀把形土圹，再用砖砌成墓壁，土圹壁与墓壁之间有0.05～0.1米的距离，后填以黄褐色沙土。墓圹长4.6、宽3米（图二八）。

01M5平面呈刀把形，方向292°。由墓道、甬道、墓室三部分组成。

墓道　破坏严重，可知为斜坡土圹式，宽1.48米。

甬道　甬道口内建有封门，封门外壁与甬道口顶端外沿平齐。利用建墓所余条砖及碎砖平铺堆砌而成。封门砖的菱形几何边纹一侧多向墓室内，仅有少量素面一侧内向，较混乱。封门面宽1.48、残高0.24米。由于封门砖在砌建时未与甬道砖压茬构建，故极易向内坍垮，封门处较混乱。甬道顶部坍塌遭破坏，由侧壁砖砌上部的卷曲程度可判定曾有券顶。砖砌层由下至上第11层朝向甬道内壁一侧的墓砖为素面，连向墓室。以上的砖砌层显弯曲，应是自此层起券甬道顶部。甬道与墓室相接拐角处，采取整砖横铺互相压茬垂直砌制，致使拐角两侧的墓砖形成素面与菱形几何纹相隔的现象。甬道长1.74、宽1.48、残高1.2米。

墓室　平面呈长方形。墓室顶部坍塌殆尽，由墓室前端两侧墓壁上部卷曲程度可判断墓室曾有券顶。墓室各壁均为用横砖叠错缝砌成，而且墓砖的菱形几何纹侧面均向墓室内。只有两侧壁自下而上第11层砖向墓室内素面，与甬道此层砖相接，形成一层素面与菱形花纹相隔的现象。往上的墓壁开始向内卷曲，应是自此向墓室顶部发券成券顶。墓室内填满黄色黏土，质地较硬且夹杂大量碎砖块，应是该墓遭扰所形成。墓底未铺砖，直接构筑在生土之上，墓底平整。长2.86、宽2.44、残深1.24米。

未发现葬具痕迹。尸骨腐朽无存，无法判定葬式和头向。

构筑墓壁的砖有两种，为长方形条砖与子母榫卯长方形条砖。砖的上下两面均有绳纹，一长侧面饰有菱形几何纹构成的图案，筑墓时，花纹向内使用。构砌甬道与墓室直壁的砖为条砖，券顶砖则使用楔形砖。砖间以黄细砂质泥合缝。标本01M5：01，楔形砖。深灰色泥质灰陶，长方形。有榫头、榫孔，呈楔形。长45、宽20、厚6～7厘米（图二九，1）；标本01M5：02，条砖。深灰色泥质灰陶，长方形。有榫头、榫孔。砖长40、宽17.5、厚7厘米（图二九，2）。

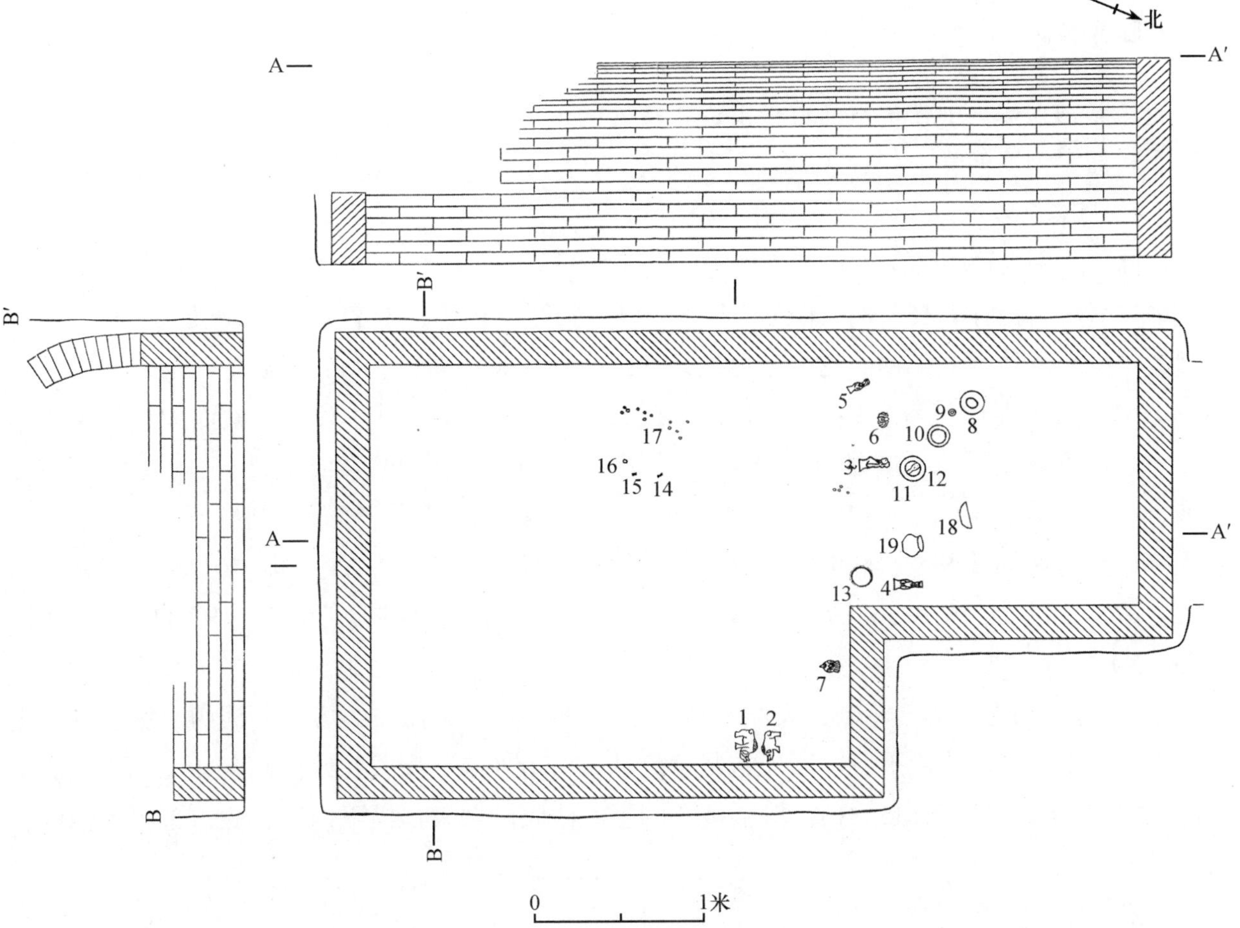

图二八 01M5平、剖面图

1、2. 陶猪 3~6. 立侍俑 7. 陶子母鸡 8~10、19. 陶罐 11. 陶盂 12. 陶勺 13、18. 陶钵 14. 玻璃器 15. 料器 16. 铜环 17. 铜钱

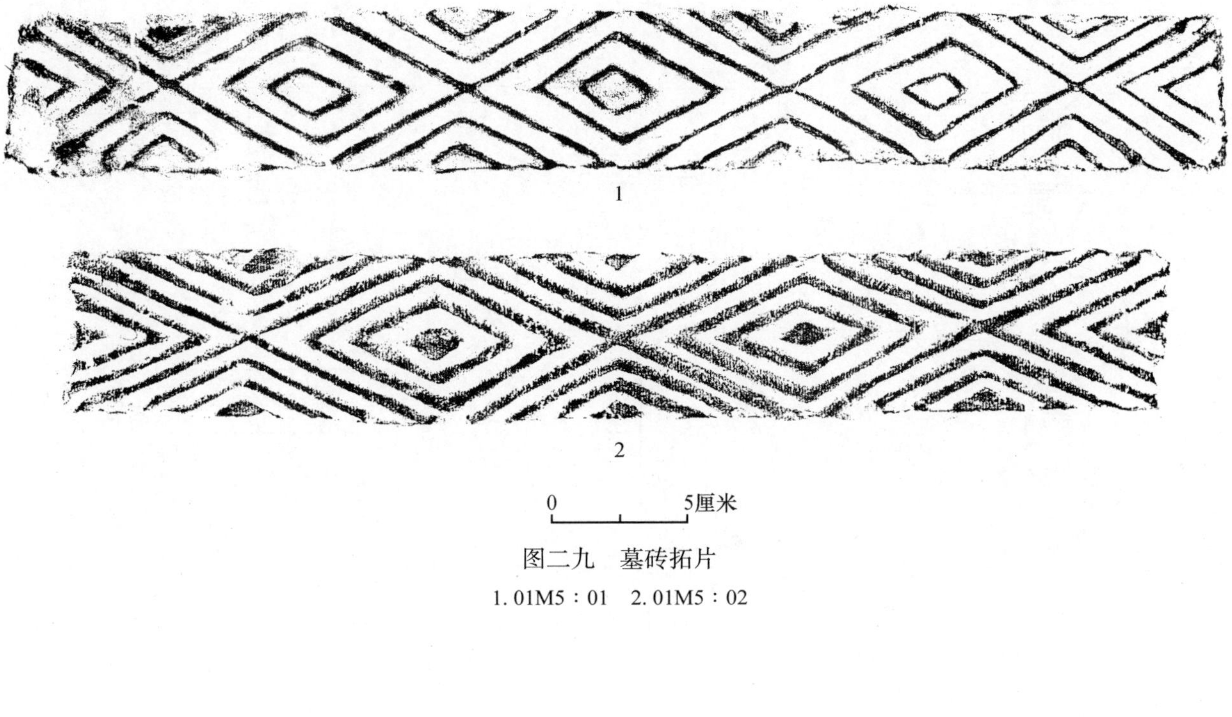

图二九 墓砖拓片

1. 01M5：01 2. 01M5：02

2. 随葬器物

随葬器物大多集中在墓室前端和甬道相接处的甬道一侧，共计19件（组），分为陶器、玻璃器、料器、铜器四类。

（1）陶器

15件。分别为罐、钵、盂、勺、俑等。

罐　4件。标本01M5：8，泥质灰陶。敛口，圆唇，短颈，折肩，鼓腹，最大腹径处于中上部，平底。通体素面无饰。轮制，色呈青灰，火候较高。高17、口径2厘米（图三〇，1）。标本01M5：9，泥质红陶。侈口，圆唇，束颈，折肩，平底。通体较小。素面无饰。出土于01M5：8筒形罐内。二者应是组合成了井的模型，但未发现有井台类遗物出土。高2.5、口径3.2厘米（图三〇，4）。标本01M5：10，泥质灰陶。侈口，圆唇，矮颈，圆肩，下腹斜收成小平底。肩部有两周凹弦纹。轮制。高10.6、口径10厘米（图三〇，2）。标本01M5：19，泥质灰陶。敛口，圆唇，矮颈，斜折肩，鼓腹，平底，中部内凹。轮制。高10、口径11.2厘米（图三〇，3）。

钵　2件。均为釉陶，轮制，火候不高。标本01M5：13，敞口，方唇，浅腹。腹上部突出弧状内收，下部斜内收成平底。器表施酱黄色釉。口沿外施一周凹弦纹。高4.8、口径15.6厘米（图三〇，5）。标本01M5：18，口微敛，圆唇，浅腹。器表口沿下内凹，腹上部弧形内收，

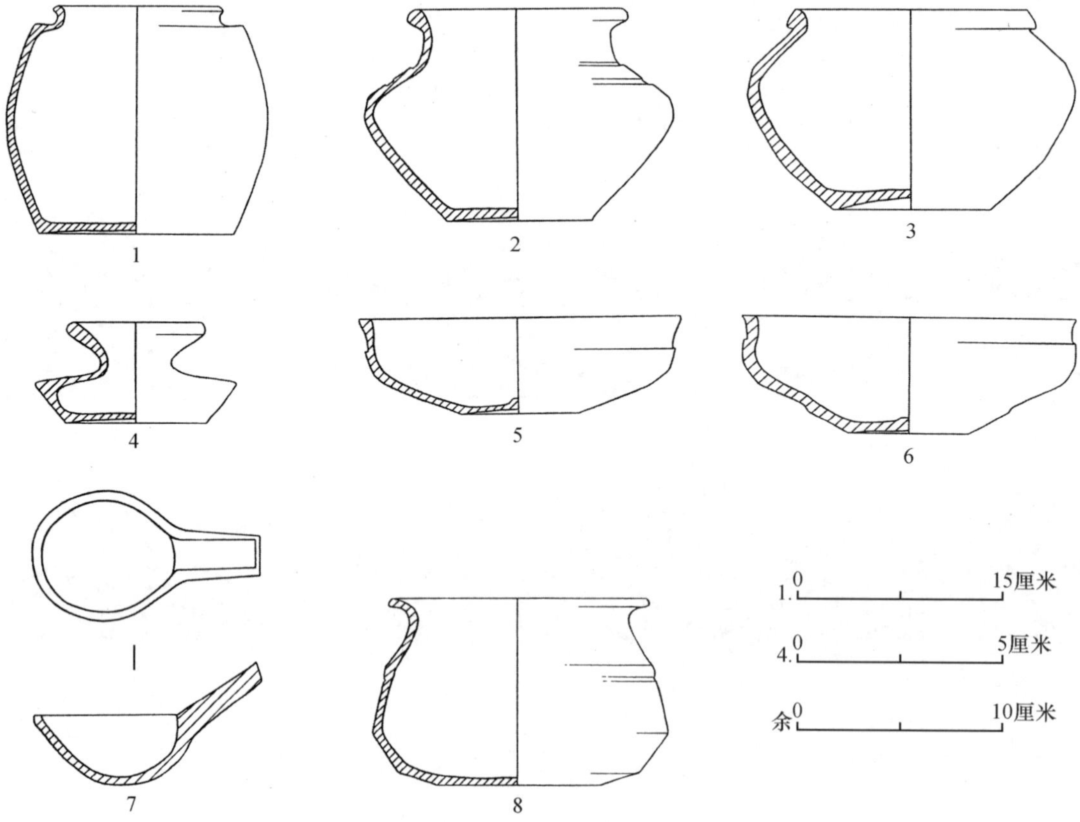

图三〇　01M5出土陶器

1～4. 罐（01M5：8、10、19、9）　5、6. 钵（01M5：13、18）　7. 勺（01M5：12）　8. 盂（01M5：11）

下部斜内收成小平底。腹中部经修正，较平内凹。口沿外下有一道凹弦纹。器表施酱黄色釉，有脱落。高5.8、口径6.0厘米（图三〇，6）。

盂　1件。标本01M5：11，酱黄色釉陶。侈口，圆唇，束颈，鼓腹，腹径最大处在下部，平底。腹下部近底处经修正呈斜平状。高9.3、口径12.4厘米（图三〇，8）。

勺　1件。标本01M5：12，酱黄色釉陶。勺首椭圆形。敞口，方唇，浅腹，腹弧形内收，圜底。勺柄为半圆柱状，斜直向上。勺内及柄上部施酱黄色釉。胎较厚。通长12厘米（图三〇，7）。

立侍俑　4件。标本01M5：3，泥质红陶。立姿。平冠，脑后梳团花髻，面容模糊，无耳。削肩。亵衣高圆领，外着交领右衽宽袖曳地长服，腰微束，下摆呈喇叭状。上身略向后仰，双手于腹前自然相拥。模制前后两部分拼接而成，中空。色呈青灰，制作工艺不高。高17厘米（图三一，1）。标本01M5：4，泥质灰陶。立姿。平冠，脑后梳髻，头部微向右侧斜，面容模糊，肩部宽平，亵衣圆高领，外着交领右衽宽袖长服，腰微束，臀部稍抬，后部自腰间从右而左斜下有一弧形裙褶。侍俑双手相拥上腹前。通体较为矮胖。模制前后两部分拼接而成，中空，火候不高。高16.6厘米（图三一，2）。标本01M5：5，泥质灰陶。立姿。女性。平冠，脑后梳团花髻，面容模糊。亵衣圆高领，领口于颈间高凸，外着交领右衽宽袖长服，长服束腰，下摆宽大呈喇叭状。双手于胸前相拥，模制前后两部分拼接而成，接痕明显。表面粗糙不平，制作工艺欠佳。色呈青灰。高18.4厘米（图三一，3）。标本01M5：6，泥质红陶。立姿。戴平冠。面部瘦长，脑后梳髻。面容模糊，无耳。亵衣圆高领，外着宽袖交领右衽长服，下摆呈喇叭状，足尖前露。上体较肥大，下腹微鼓。双手于胸前相拥。束腰。臀部略翘。身后自腰间有一自左而右斜下的裙褶。模制拼接而成，后半部分在拼接时向左侧错出一些。中空。制作工艺较差，火候不高。高19.4厘米（图三一，6）。

猪　2件。标本01M5：1，泥质灰陶。野猪。立姿。通体瘦长。鼓目，大耳，吻部宽大前突，上唇上翻，獠牙外露，背脊鬃毛高凸。尾翻卷后臀一侧。前肢粗硕，后肢稍细外撇。模制两部分合缝拼接，前后肢间腹部有宽缝隙不接，腹中空。表面呈黑色，十分光滑，造型优美，制作精致。高11.4厘米（图三一，4）。标本01M5：2，泥质红陶。立式。通体较肥硕。鼓目，立耳较大，短尾上翘，背有鬃毛，腰下沉，腹肥大外鼓，短尾后卷，臀后接尾处有一小孔，模制两部分拼接而成，中空，前肢和后肢之间，分别有二圆孔。接缝明显，接痕稍经刮抹。高10厘米（图三一，5）。

子母鸡　1件。标本01M5：7，泥质红陶。昂头。尾呈喇叭状外翻，表面以条条凹槽刻画出尾羽。背负一小鸡，颈下遮伏一小鸡。筒形座。模制，中空，拼接合缝明显。火候不高，表体陶质有剥落。高12厘米（图三一，10）。

（2）玻璃器

玻璃器　1件。标本01M5：14，蓝色，半透明状。竹节状，细高束腰。两端皆为圆形，一端较大，较大的一端中部有一圆形凹陷窝。正中有一细孔洞穿。表面光滑，形体较小，制作精致。高2厘米（图三一，7）。

图三一 01M5出土器物

1~3、6. 立侍俑（01M5：3~6） 4、5. 陶猪（01M5：1、2） 7. 玻璃器（01M5：14） 8. 料器（01M5：15） 9. 铜环（01M5：16） 10. 陶子母鸡（01M5：7） 11~14. 铜钱（01M5：17-1~4）拓片

（3）料器

料器 1件。标本01M5：15，白色。竹节状。两端圆形，一端较大。矮束腰较粗，正中有一细孔洞穿两端。形体较小。高1.7厘米（图三一，8）。

（4）铜器

出土铜器2件（组），分别为环、钱币。

环　1件。标本01M5：16，环状，边缘薄平，环体一小部分较细。直径1.9厘米（图三一，9）。

钱币　1组300枚。有半两、货泉、五铢、剪轮五铢四种。

半两　标本01M5：17-1，外沿规整，轮沿有铸造形成的铸点，肉厚薄均匀，穿正方形，“半两”二字高挺有力。径2.4、穿0.9厘米×0.9厘米（图三一，11）。

货泉　标本01M5：17-2，正背面内外郭较宽，外郭轮沿规整，肉厚薄均匀。“货泉”二字为针篆体。直径2.4、穿径0.8厘米（图三一，12）。

五铢　标本01M5：17-3，外郭规整，字迹清楚。“五”字中间两笔弯曲，“金”字头呈三角形，“朱”字上端方折，下端圆润，中间一横较短，直径2.6、穿径1厘米（图三一，13）。

剪轮五铢　标本01M5：17-4，轮被剪掉，字迹较清楚，“五”字中间两笔弯曲，“金”字头呈三角形，“朱”字上、下两端圆润。直径2.3、穿径1厘米（图三一，14）。

六、01M9

1. 墓葬形制

01M9位于西Ⅰ区01T2内。墓葬开口在②层扰土层下，打破生土，距现地表0.6米，早期遭破坏。其叠压打破关系为：①层（耕土层）→②层唐宋以后的扰乱层→M9→生土。其构造方法为先下挖刀把形土圹，再用砖砌成墓壁，土圹壁与墓壁之间有0.08米左右的距离，后填以黄褐色沙土。墓圹长4.98、宽1.92～2.96米（图三二）。

01M9平面呈为刀把形，方向313°。由墓道、甬道、墓室三部分组成。

墓道　斜坡土圹式。坡度30°，残长1.6、宽1.76米。

甬道　平面呈长方形。甬道前部有封门，外壁与甬道口顶端外沿平齐。应是利用建墓所余条砖及碎砖平铺堆砌而成。封门砖的菱形几何边纹一侧多向墓室内，仅有少量素面一侧内向，较混乱。封门面宽1.36、残高0.42米。甬道建在墓室前部左侧一边，甬道左壁与墓室左壁连成一线，右侧壁与墓室相接拐直角。上部券顶已坍塌。长1.1、宽1.36、残高0.84米。

墓室　平面呈长方形。墓室各壁均用砖横叠错缝砌成，而且墓砖带花纹的侧面均朝向墓室。只有两侧壁自下而上第11层砖向墓室内素面，与甬道此层砖相接，形成一层素面与菱形花纹相隔的现象。往上的墓壁开始向内卷曲，应是自此向墓室顶部发券成券顶，顶部已经坍塌。墓室内填满黄色黏土，质地较硬且夹杂大量碎砖块，应是该墓遭扰所形成。墓底未铺砖，直接构筑在生土之上，墓底平整，有料姜石块。长3.3、宽2.36、残高1.08米。

未发现葬具痕迹。尸骨腐朽无存，无法判定葬式和头向。

采集墓砖　1块。标本01M9：01，浅灰色泥质灰陶。长方形。上下两面均饰绳纹，一长侧面饰菱形几何纹，线条排列整齐，图案规整。余面素面无饰。长40.5、宽19.5、厚8厘米（图三三）。

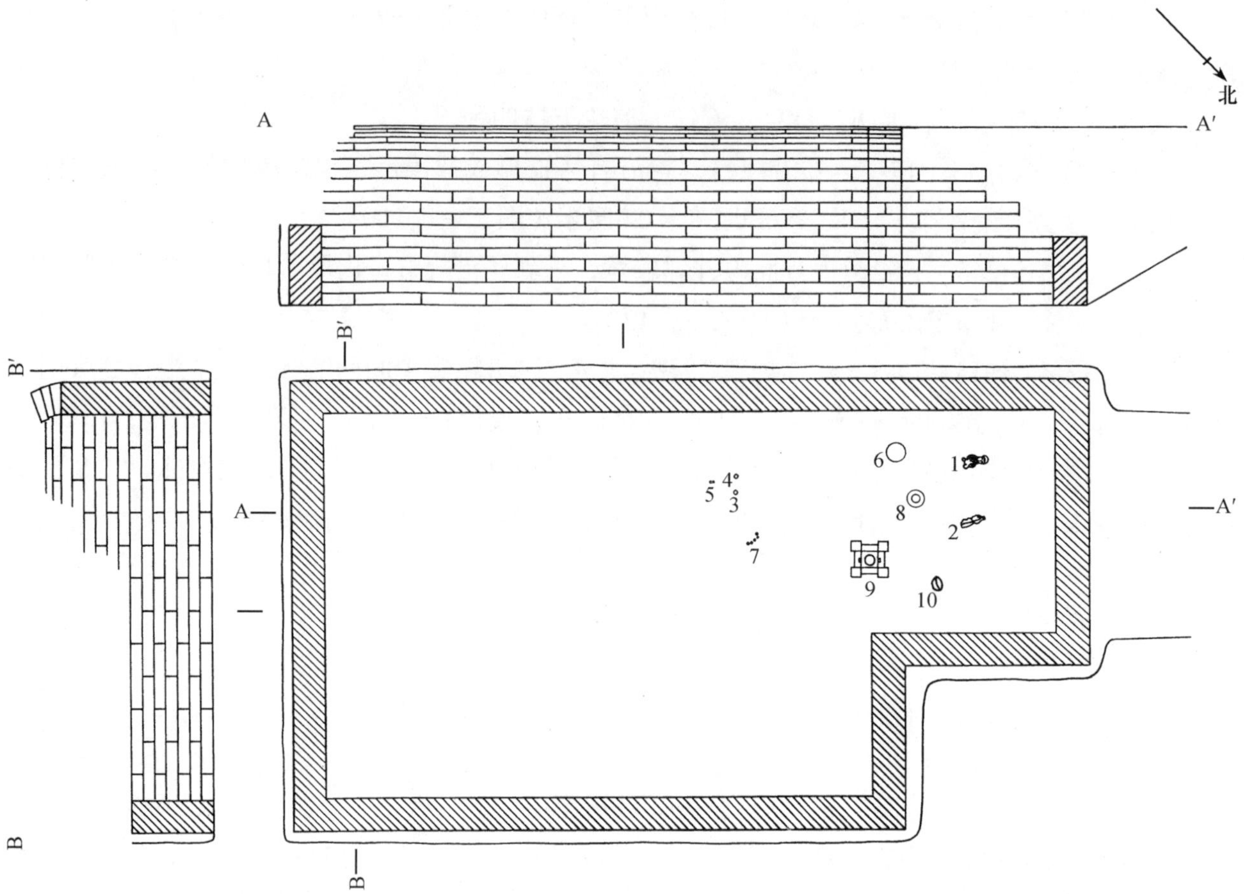

图三二　01M9平、剖面图

1. 吹笙俑　2. 残俑　3、4. 银指环　5. 玻璃器　6. 陶杯　7. 铜钱　8. 陶器盖　9. 陶井台模型　10. 陶钵

图三三　墓砖（01M9：01）拓片

2. 随葬器物

随葬器物大多集中在墓室和甬道相接处的甬道一侧，共计10件（组）。分为陶器、银器、玻璃器和铜器。

（1）陶器

6件。分别为钵、杯、器盖、井台模型和俑等。

钵　1件。标本01M9：10，泥质灰陶。敞口，圆唇，腹上部弧内收，下部斜内收成小平底。口沿外凸出一周半圆形棱。通体素面。高4.6、口径11.6厘米（图三四，1）。

杯　1件。标本01M9：6，釉陶。直口，方唇，深直腹，下部斜收成平底。口沿下有一道弦纹，弦纹处附有一半圆形錾。高8、口径9.8厘米（图三三，2）。

器盖　1件。标本01M9：8，釉陶。覆碟状，盖顶略高，盖下沿内卷呈子母口。盖外施酱黄色釉，绝大部分脱落，露泥质红陶胎。轮制，火候不高。高3.2、最大径11.8厘米（图三四，3）。

井台模型　1件。标本01M9：9，泥质灰陶。“井”字形，正中有圆形井口，井口两侧各有一方孔，应是插立井架所用。上面分组以细线刻画有网纹、鱼纹及草纹。背面凸起半圆形棱一周，应是连接井筒罐的子母口。长21.8、宽21.6厘米（图三四，4；图三五）。

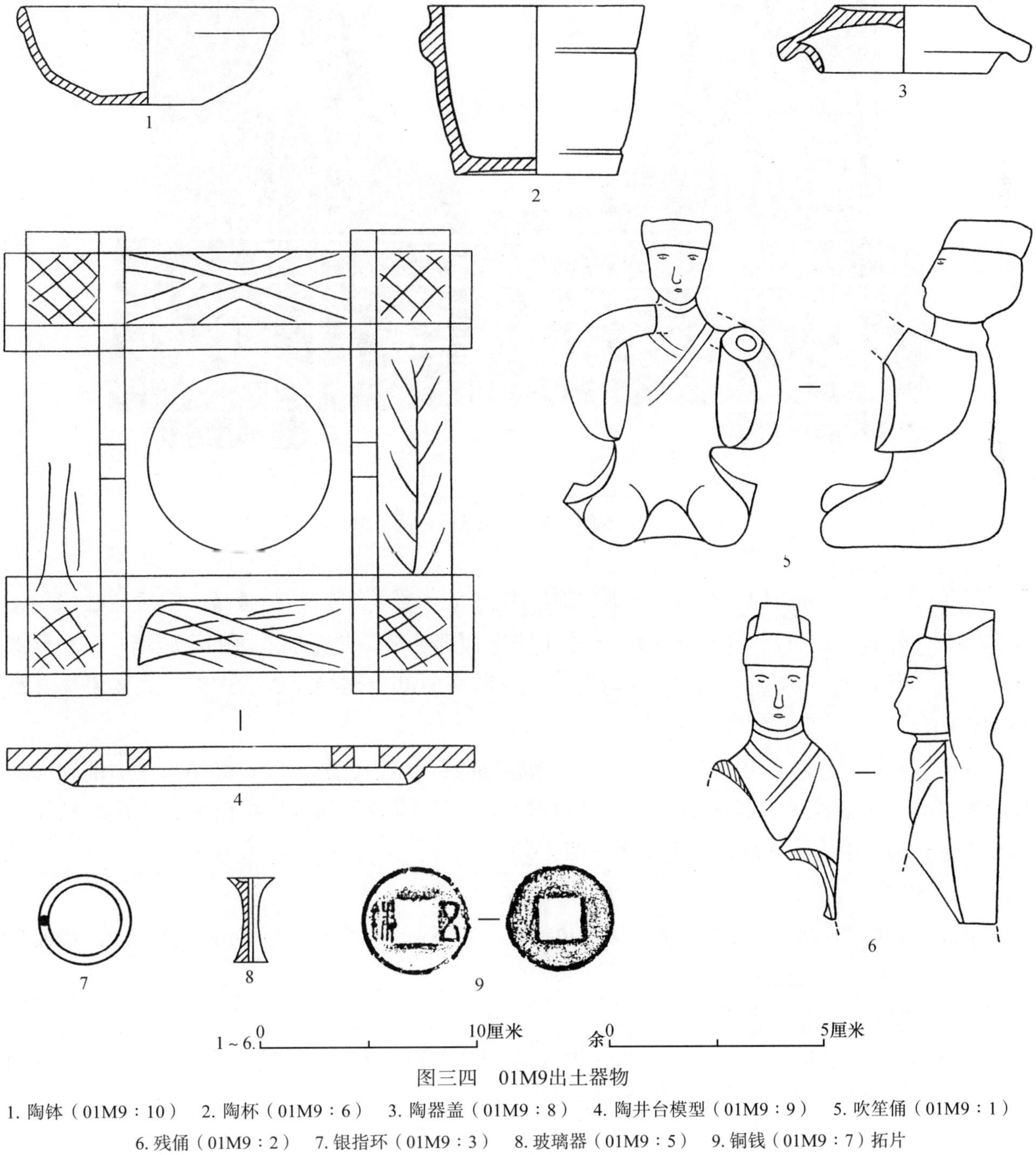

图三四　01M9出土器物

1. 陶钵（01M9：10）　2. 陶杯（01M9：6）　3. 陶器盖（01M9：8）　4. 陶井台模型（01M9：9）　5. 吹笙俑（01M9：1）　6. 残俑（01M9：2）　7. 银指环（01M9：3）　8. 玻璃器（01M9：5）　9. 铜钱（01M9：7）拓片

0 5厘米

图三五 陶井台模型（01M9：9）拓片

吹笙俑 1件。标本01M9：1，泥质红陶。跪坐式。戴平巾帻，头微昂，脑后梳柱状髻，亵衣圆领，外着交领右衽长服，束腰。两手上举至面部前端，两宽袖下落拥至肩部，二小臂裸露。手部及笙已残。两足外撇。面含微笑。模制前后两部分拼接而成。中空，火候不高。高15.4厘米（图三四，5）。

残俑 1件。标本01M9：2，泥质红陶。戴进贤冠，梳髻。方形脸，鼻稍高，面部圆润。亵衣圆高领，外着交领宽袖长服。下半部分残缺。模制前后两部分拼接而成，拼接处稍经刮抹。中空，火候不高。残高15厘米（图三四，6）。

（2）银器

指环 2件。形制、大小均相同。标本01M9：3，环形。外侧表面圆滑，起凸棱，截面呈弧形。直径2.1厘米（图三四，7）。

（3）玻璃器

玻璃器 1件。标本01M9：5，青绿色半透明竹节状，两端圆形，一端较大，中部束细腰，正中有一细孔穿透两端。长2厘米（图三四，8）。

（4）铜器

钱币 1组15枚，均为五铢钱。铸造粗糙，锈蚀严重。标本01M9：7，钱文“五”字中间两笔弯曲，“金”字头呈三角形，“朱”字上、下略圆。边郭较厚。直径2.6、穿径1厘米（图三四，9）。

七、02M3

1. 墓葬形制

02M3位于规划村四社（原大湾村四社），当地俗称“沙溪嘴”的缓坡上，处大湾墓群东Ⅰ区。墓葬开口在紫褐色耕土层下，打破生土。开口距现地表0.35米。其构造方法为：先下挖刀把形土圹，再用砖错缝横砌成墓壁。土圹壁与墓壁间有0.1～0.12米的空隙，内填以黄褐色沙土。墓圹残长4.5、宽2.96～2、残深0.75米（图三六）。

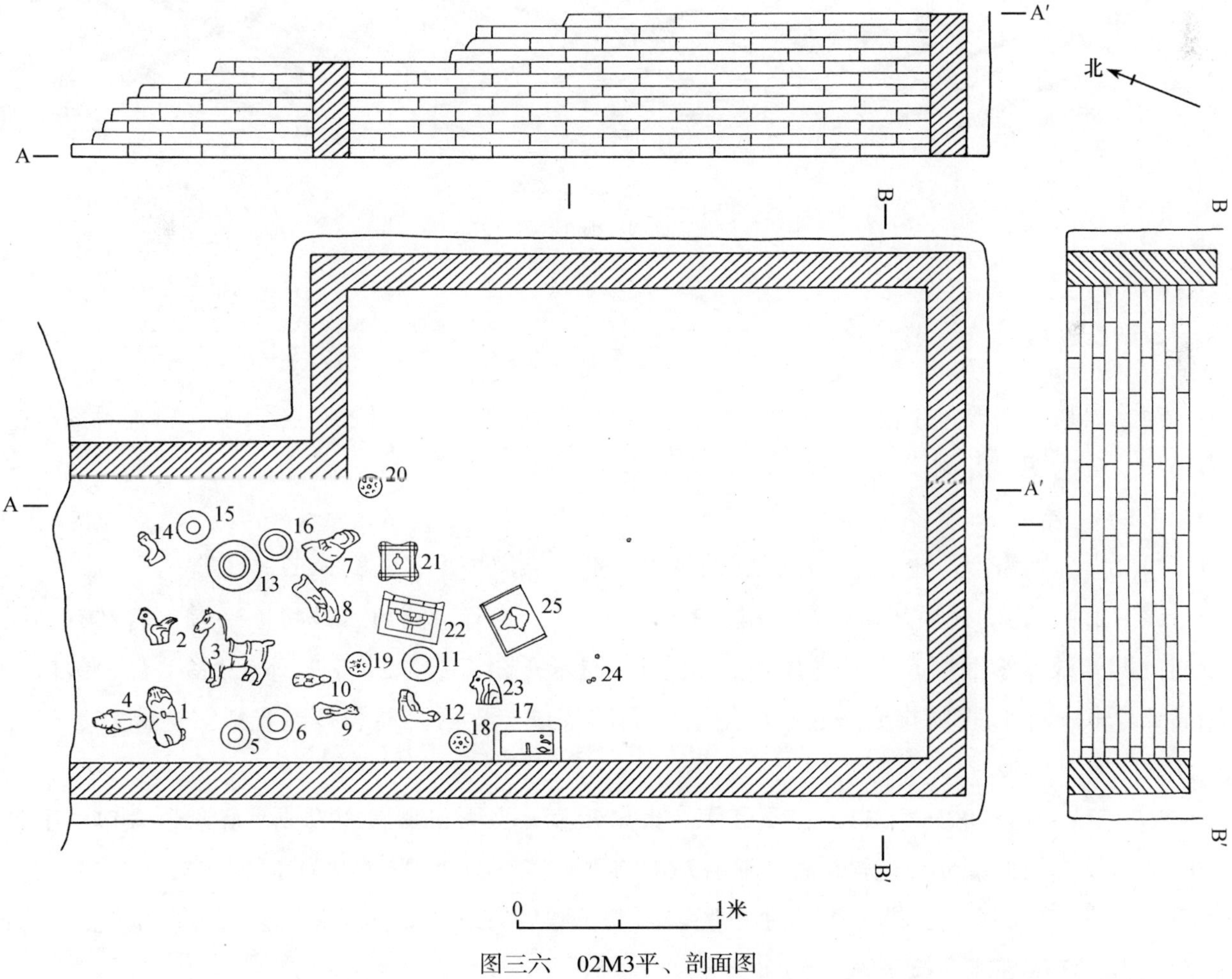

图三六 02M3平、剖面图

1. 陶狗 2. 陶公鸡 3. 陶马 4. 陶猪 5、13. 陶罐 6. 陶盂 7. 胡人吹箫俑 8. 抱袋俑 9. 提罐持锄俑 10. 立侍俑 11、15. 陶钵 12. 击鼓俑 14. 抚琴俑 16. 陶盘 17. 陶塘 18～20. 陶博山炉盖 21. 陶井台模型 22、25. 陶房屋模型 23. 镇墓兽 24. 铜钱

02M3平面呈刀把形，方向293°。墓道及甬道前半部分已被破坏无存，残留甬道后部与墓室的下半部分。

甬道　平面呈长方形。西壁与墓室西壁连成一直壁，东壁作90°东拐形成墓室北壁。两壁以带有菱形几何边纹的条砖错缝叠砌，花纹内向。地面未铺砖，与墓室处同一地平。残长1.35、宽1.45、残高0.48米。

墓室　平面呈长方形。四壁构造方法与甬道相同。后壁建在东西两壁之间，不与两壁作重叠咬合。顶部原有券顶，墓室填土内发现有券顶用带子母榫卯的楔形砖的残块。墓底未铺砖，直接构筑在生土上，整修平坦。南北长2.85、东西宽2.4、残高0.75米。

未发现任何葬具、尸骨痕迹，葬具、葬式不明。

采集墓砖　1块。标本02M3：01，泥质灰陶。长方形条砖，上下两均饰绳纹，一长侧饰菱几何纹，其余素面。色深灰，烧制温度较高。长21、宽18.7、厚6.3厘米（图三七）。

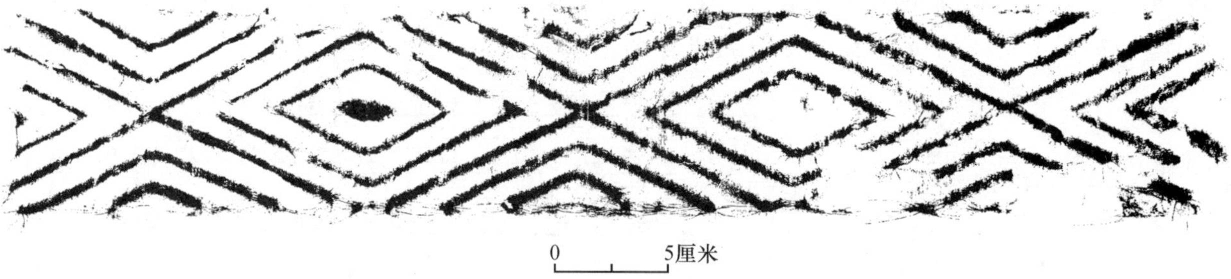

图三七　墓砖（02M3：01）拓片

2. 随葬器物

随葬器物集中放置于甬道与墓室相接处、墓室北部等处，共计25件（组），出土时部分已为碎片。分为陶器、铜器。

（1）陶器

24件。分别为罐、钵、盂、盘、博山炉盖、塘、房屋模型、井台模型、俑等。

罐　2件，均为泥质灰陶。标本02M3：5，侈口，圆唇，圆肩，鼓腹，平底。肩部有二周较粗的凹弦纹。素面磨光。通高10.4、口径10.4厘米（图三八，2）。标本02M3：13，敛口，圆唇，平折肩，弧腹斜收成平底。肩上有一周凹弦纹。素面。器表打磨光滑。通高15、口径13.4厘米（图三八，1）。

钵　2件。标本02M3：11，泥质红陶。大口较直，方唇，弧腹内收成平底。器表口沿下有一周凹弦纹。素面磨光。通高6.5、口径17.6厘米（图三八，4）。标本02M3：15，泥质灰陶。敞口，附沿，尖圆唇，斜腹折收成小平底。内壁折腹处有一周凹槽。素面。器表打磨光滑。通高6.8、口径17.6厘米（图三八，5）。

盂　1件。标本02M3：6，泥质灰陶。侈口，圆唇，束颈，斜肩，鼓腹，平底。腹部有二周较粗的凹弦纹。素面。通高9、口径12厘米（图三八，8）。

盘　1件。标本02M3：16，泥质红陶。敞口，平沿，方唇，浅腹，小平底。器内壁中腹处

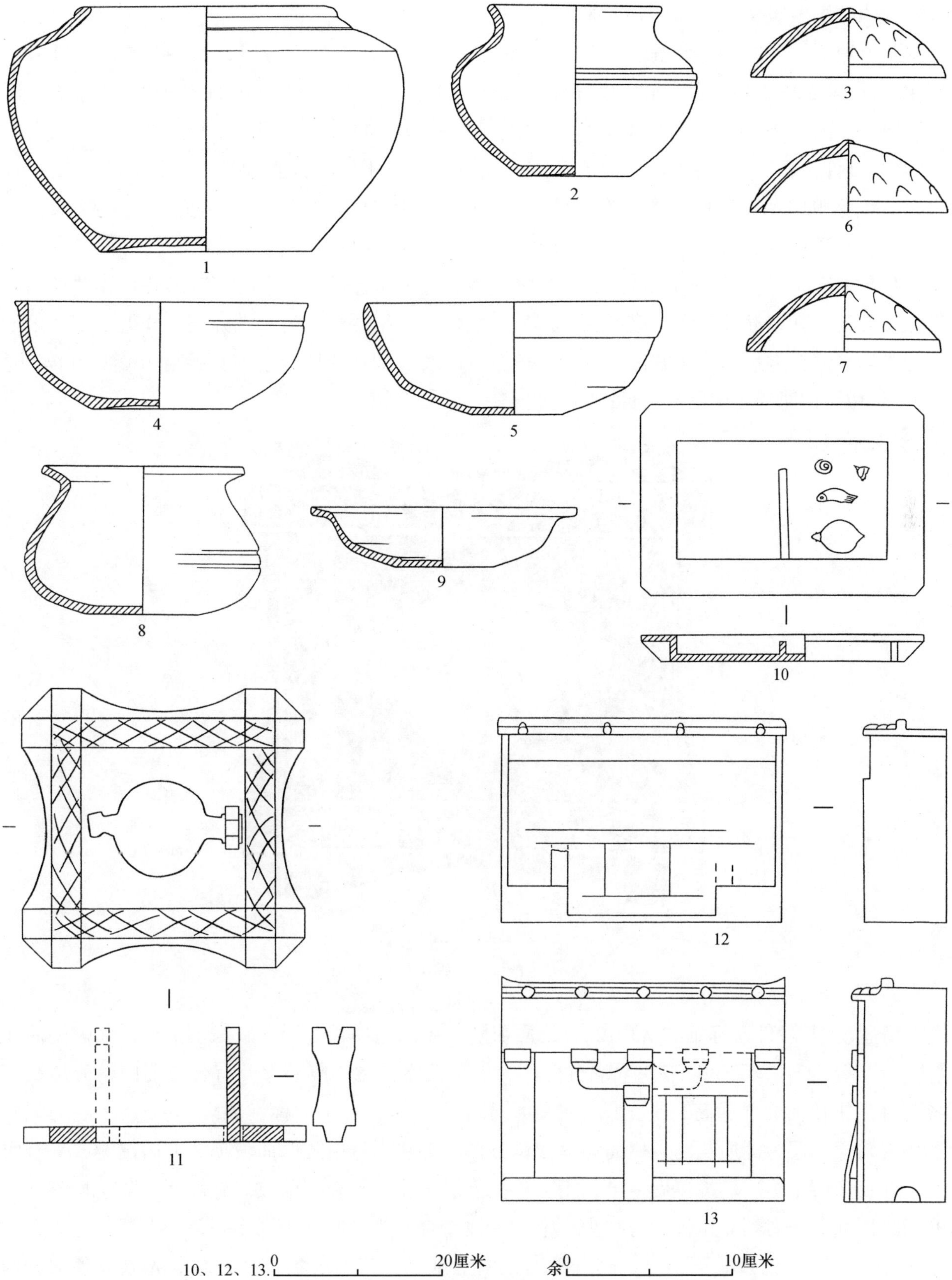

图三八　02M3出土陶器

1、2. 罐（02M3：13、5）　3、6、7. 博山炉盖（02M3：18～20）　4、5. 钵（02M3：11、15）　8. 盂（02M3：6）　9. 盘（02M3：16）　10. 塘（02M3：17）　11. 井台模型（02M3：21）　12、13. 房屋模型（02M3：22、25）

有一周凹弦纹。通高3.6、口径16厘米（图三八，9）。

博山炉盖　3件，均为泥质灰陶，形制相同。半球形。敞口，方唇，器表有凸起的乳钉。模制。标本02M3：18，通高4.2、口径11.8厘米（图三八，3）。标本02M3：19，通高4.4、口径12厘米（图三八，6）。标本02M3：20，通高4.2、口径11.8厘米（图三八，7）。

塘　1件。标本02M3：17，泥质灰陶。长方形，宽平沿，浅直腹。塘中设长埂，埂不封口，一侧浮雕贴塑龟、鱼、螺、雁；另一侧无饰。分体制作各部分后拼接而成。通高3.2、长34.4、宽23厘米（图三八，10）。

井台模型　1件。标本02M3：21，泥质灰陶。钝角弧边方形，中心开圆形井口，井口两侧设二长方形小孔以插井架，井架束腰长形，一端带榫插结井台，另一端开衩承托架上倒“山”字形横梁。井台上表沿各边有以平行双阴线布成的纹饰带，内填网格纹。手制。模型明器。通高7、长17×17厘米（图三八，11；图三九）。

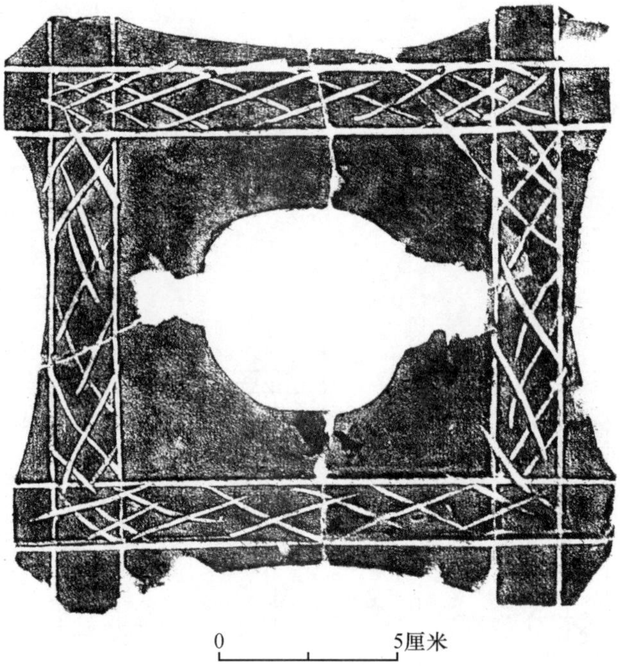

图三九　陶井台模型（02M3：21）拓片

房屋模型　2件。标本02M3：22，泥质灰陶。屋面呈横长方形。平檐，平脊，前檐施筒瓦4陇。平基。四柱三开间。砌有隔墙分房体为前后两室，中屋隔墙上开有长方形门。分体制作各部件后拼接而成。通高25、宽18、厚10厘米（图三八，12）。标本02M3：25，上层为泥质黑皮红陶，下层为泥质灰陶，屋面均呈横长方形。上层为悬山式两面坡顶，前后出檐，平脊两端上翘；下层平檐，后檐仅做一半，用以承托上层房体，平脊。前坡均施筒瓦四陇。均三柱二开间，屋面左、右列立角柱，有柱头。中立一柱，有一斗三升柱头铺作一朵。上层下部设有横条形镂空围栏，已残。下层左室砌有隔墙，墙上刻划有门的形象。高台基。先制成各部分构件后分别拼接而成上、下两层，再垒叠放置。残高27.2、面阔34.4、进深12.4厘米（图三八，13）。

立侍俑 1件。标本02M3：10，泥质红陶。立姿。梳髻，五官不清，着宽袖及地长袍，袖胡下垂，露履。双手抱拥腹间。模制拼接而成，中空。通高16.6厘米（图四〇，1）。

击鼓俑 1件。标本02M3：12，泥质红陶。坐姿。头戴巾帻，脑后梳髻，鼻隆起，两耳外凸，嘴唇紧闭，颧骨微耸，眉目不清。着三重衣，亵衣圆高领，外衣宽袖右衽长袍，腰背束带。跪坐，身后露履底。身前左膝处置大圆鼓一面，左手开掌抚按鼓面；右手持鼓杖弯曲胸前。造型中规中矩。模制拼接而成，中空。通高20.2厘米（图四〇，2；图版四，3）。

抚琴俑 1件。标本02M3：14，泥质红陶。坐姿。头戴巾帻，脑后梳髻，高鼻，厚唇紧闭，两耳外凸，眉目不清。面部较瘦长。着三重衣，亵衣圆高领，外衣宽袖右衽长袍。趺坐，股面横置长方形琴一具。左手开掌，抚按琴面；右手拳起作弹拨状。造型规整，神态祥和。模制拼接而成，中空。通高18.2厘米（图四〇，3；图版四，4）。

抱袋俑 1件。标本02M3：8，泥质红陶。立姿。颈部以上残。着三重衣，亵衣圆高领，外着宽袖右衽长袍，左臂袖胡垂腹，着尖头履。两脚叉分站立。右手垂下攥拳，左手弯曲胸前，小臂上搭空袋，再抱盛物袋。背腰束带，有斜长衣褶。衣褶厚重。模制拼接而成，中空。通高25.4厘米（图四〇，4）。

提罐持锄俑 1件。标本02M3：9，泥质红陶。立姿。戴巾帻于额上扎结，高鼻，两耳外凸，眉目不清，高颧骨，嘴唇紧闭。着三重衣，外衣宽袖右衽及地长袍，下摆喇叭形后曳，束腰，露履。双腿叉分站立。左手提罐，右手持锄。腹微鼓，翘臀。模制拼接而成，中空。通高10厘米（图四〇，5）。

胡人吹箫俑 1件。标本02M3：7，泥质红陶。跪姿。头戴尖帽，眉、鼻隆起，深目，高颧骨，双耳外突，嘬唇接箫做吹奏状。着交领右衽宽袖长服，衣褶厚重。跪坐，身后露履底。双手左上右下于身前持箫，长箫接地。模制拼接而成，中空。通高21.8厘米（图四〇，6；图版四，2）。

镇墓兽 1件。标本02M3：23，泥质红陶。蹲坐姿。垂首，鼓目，矮犄角，宽鼻，阔嘴吐及地长舌，短尾。弓背屈身蹲坐，前肢屈立。模制拼接而成，中空。通高17厘米（图四一，1；图版五，2）。

狗 1件。标本02M3：1，泥质红陶。立姿。昂首，耸耳，圆鼓目，阔嘴露齿。短尾半月形翻卷臀上，四足挺立。颈、腹缰带束于背上拴环内。神态威猛、传神。腹部前后肢间开孔。模制拼接而成，中空。通高17.8厘米（图四一，4；图版五，1）。

公鸡 1件。标本02M3：2，泥质红陶。立姿。昂首，屈颈，有冠、耳垂、绶，圆鼓目，尖喙。半圆锥弧尾上翘。浮雕两足直立于筒形座上。模制拼接而成，中空。通高17.2厘米（图四一，2）。

马 1件。标本02M3：3，泥质红陶。立姿。昂首，屈颈，耸耳，鼓目。鬃毛直立，扬尾。束羁绊，鞍鞯齐备。四蹄肌肉饱满有力，体圆肥。雄壮威猛。前、后肢之间各开有孔。模制拼接而成，中空。通高41.4厘米（图四一，5；图版四，1）。

猪 1件。标本02M3：4，泥质灰陶。立姿。长嘴，鼻部上翘，贴耳，鼓目，背鬃明显，沉腰，卷尾。前后肢间腹部开孔槽。模制拼接而成，中空。通高10.2厘米（图四一，3）。

图四〇　02M3出土陶俑

1. 立侍俑（02M3：10）　2. 击鼓俑（02M3：12）　3. 抚琴俑（02M3：14）　4. 抱袋俑（02M3：8）　5. 提罐持锄俑（02M3：9）　6. 胡人吹箫俑（02M3：7）

图四一　02M3出土器物

1. 镇墓兽（02M3：23）　2. 陶公鸡（02M3：2）　3. 陶猪（02M3：4）　4. 陶狗（02M3：1）　5. 陶马（02M3：3）
6. 铜钱（02M3：24）拓片

（2）铜器

钱币　1组7枚，均为五铢钱，标本02M3：24，其中有一枚为“传形五铢”，边郭规整，郭高宽肉厚。“五”“铢”字左右颠倒，“五”右“铢”左，“金”字头似箭头，“朱”字长，上端不清，下端方折；“五”字中间两笔弯曲。弧度较甚。直径2.6，穿径1厘米（图四一，6）。

八、02M11

1. 墓葬形制

02M11位于规划村四社（原大湾村五社）当地俗称“关山”的一片柑橘林里，处大湾墓群东Ⅱ区。开口在耕土层下，距现地表0.3米。其构造方法：先于地面下挖土圹，土圹壁经过拍打修整。

02M11形制不明，方向290°。曾遭盗扰，仅存墓室后部少许。墓室南北残长2.1米，东西宽1.7米，墓壁残高0.44米。在距土圹壁0.1～0.12米处，以菱形几何边纹条砖错缝叠砌墓壁，墓室后壁建在东西两壁之间，不与两壁咬合交叠，砖的花纹一致向内。墓壁与土圹壁间的空隙内，填以较为纯净的黄色沙土。被盗扰的墓室内，填满黄色黏土，质地较硬，夹杂有大量的碎砖块。生土地面经过修整较平坦（图四二）。

未发现任何葬具与尸骨，葬式与头向不明。

采集墓砖　1块。标本02M11：01，泥质灰陶。长方形。一长侧面饰有菱形几何纹图案，图案分为两组，每组3层同心菱形，中心再以菱形块补白。图案致密规整，线条笔直流畅。其余各面均素面无饰。长42、宽18、厚7厘米（图四三）。

2. 随葬器物

随葬器物放置于靠近墓室西壁，共计陶器6件，均为泥质红陶。出土时均已为碎片。皆采用分体模制拼接而成，中空。

熊座灯　1件。标本02M11：2，底座熊形，熊作蹲姿，垂首，鼓目，贴耳。前肢屈垂，大腹便便。头顶直出竹节形圆柱柄，承托灯盏，盏直口，方唇，浅腹，内底心微凹。通高21.6、口径11.6厘米（图四四，1）。

残俑头　3件。标本02M11：4，头扎巾，巾角于额上交叉扎结。面部丰腴圆润，高颧骨，唇紧闭，面含微笑。颈部以下残。通高15厘米（图四四，2）。标本02M11：5，头梳山形髻，束巾，额顶发髻梳成桃尖状。细眉，闭目，直鼻，高颧骨，唇紧闭。面部较长。通高12.2厘米（图四四，3）。标本02M11：6，梳山形髻，扎巾，宽额，细眉直鼻。通高10厘米（图四四，4）。

子母鸡　1件。标本02M11：1，卧姿。昂首，鼓目，短喙，宽尾上翘，背负小鸡一只，身及两翅下各遮伏小鸡一只。通高12厘米（图四四，5；图版五，3）。

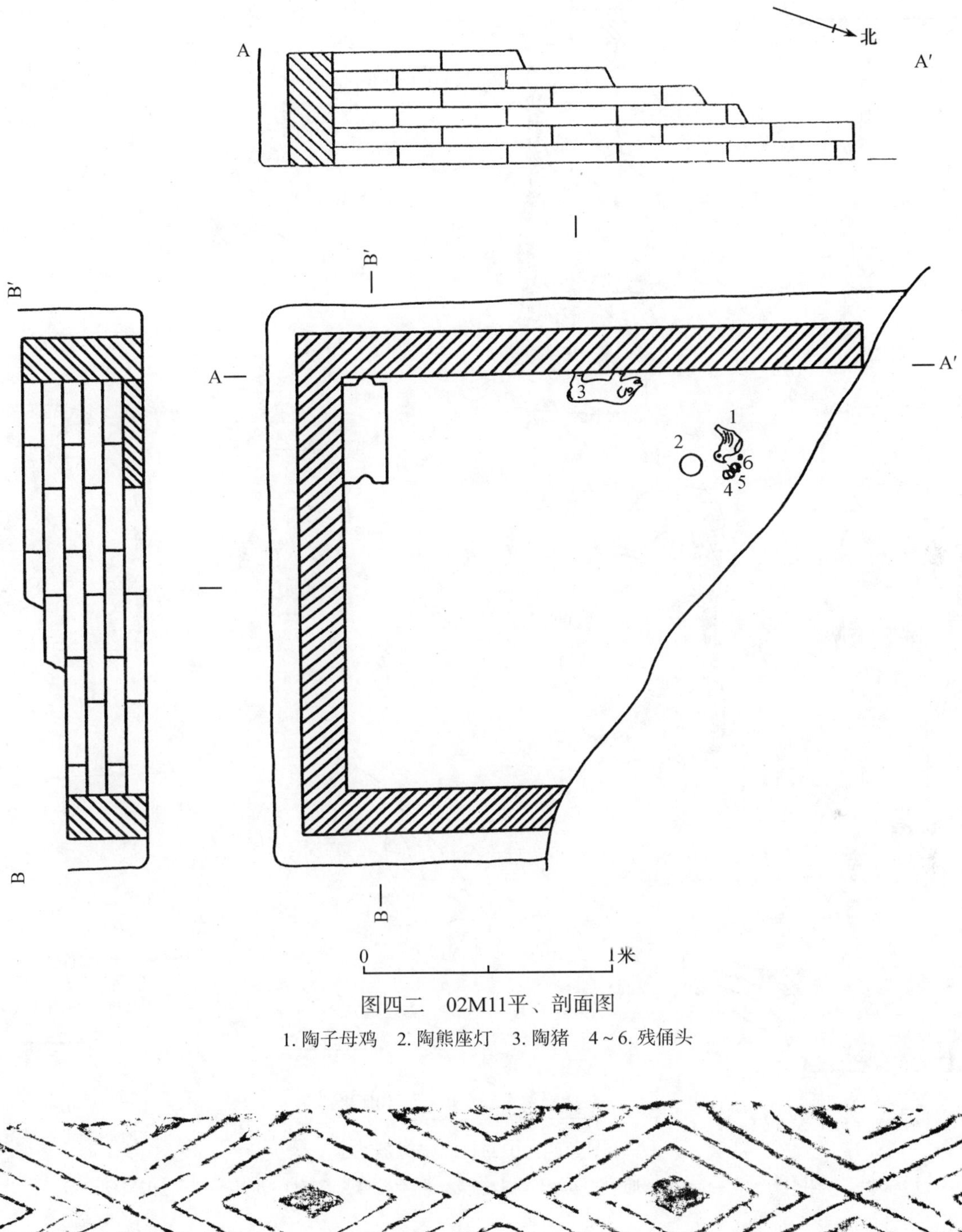

图四二　02M11平、剖面图

1. 陶子母鸡　2. 陶熊座灯　3. 陶猪　4～6. 残俑头

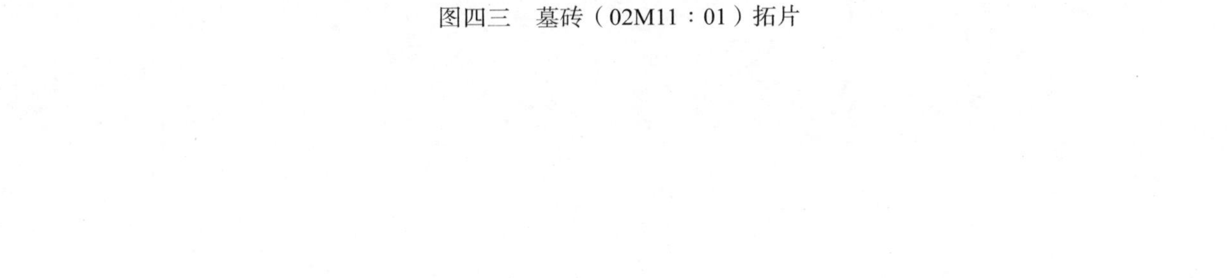

图四三　墓砖（02M11：01）拓片

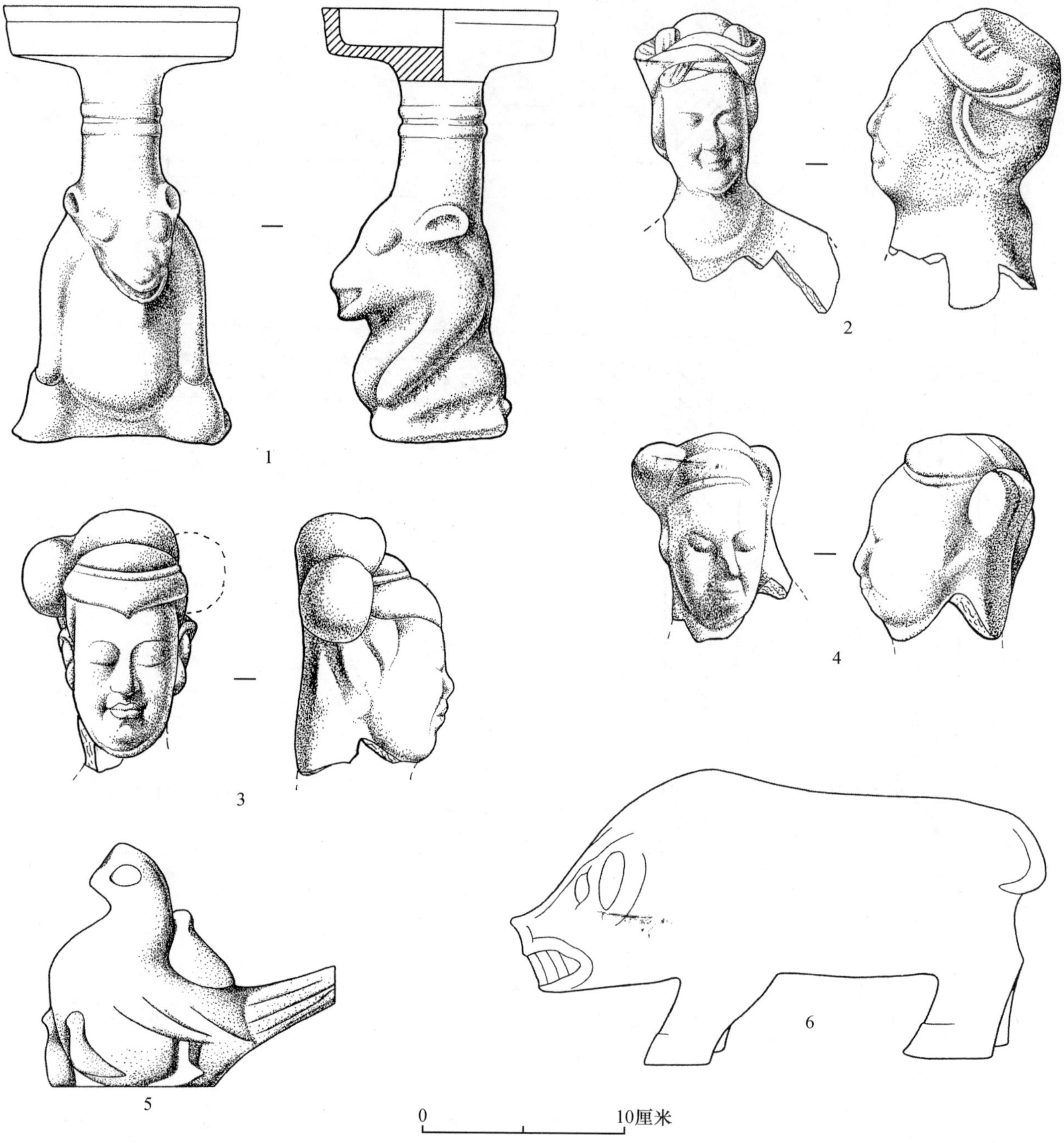

图四四 02M11出土陶器

1. 熊座灯（02M11：2） 2～4. 残俑头（02M11：4～6） 5. 子母鸡（02M11：1） 6. 猪（02M11：3）

猪 1件。标本02M11：3，站姿。鼓目，贴耳，翘鼻，阔嘴露齿。背鬃隆起。短尾斜附左臀。体宽肥，粗立足。前、后肢间各开有孔。通高14.6厘米（图四四，6）。

九、02M12

1. 墓葬形制

02M12位于规划村（原大湾村四社），丰（都）高（镇）公路豆芽沟大桥西端向北50米处，处大湾墓群东Ⅳ区，东邻02M13，距02M13仅0.6米。墓葬开口在耕土层下，直接构筑于紫红色生土中，距现地表0.2米。其构筑方法是：先自地面下挖长方形土圹，土圹开挖规整，四壁修整平滑，而后于土圹之内起墓葬左右两侧及后壁，墓壁与土圹壁间留有0.05～0.08米的空隙，空隙内填土与封土同类。现存封土厚0.1～0.5米。土色黄褐，土质较松软（图四五）。

02M12平面呈长方形，方向300°。由墓道、墓室两部分组成。虽曾遭早期盗掘，但墓葬结构得以完整保留。

墓道　斜坡土圹式，平面呈舌形。墓道极短且坡度很大，坡度达40°，长1.1、宽1米。开口部分做成圆弧形，墓道两侧壁经过修整，较为平整，墓道底部有一层薄薄的踩踏面，墓道内填黄褐色黏土，土质较为松软。

墓室　平面呈长方形。长3.3、宽1、地面至券顶高1.3米。在墓道底端与墓室北端外侧有封门，用砌墓所余长方形条砖和带有榫卯的条砖东西向平铺堆成，完整的条砖不多，封砌时亦不甚讲究，带有菱形几何纹的一面内外纷杂，显得较为凌乱，仅有大多数朝向墓室一侧。封门两端直抵土圹壁，宽1、高1.3米。墓室东西自地面以长方形条砖错缝叠砌起壁，1～5层砖，菱形几何纹图案均朝向墓室，6、7层砖，素面内向，砖间有一层薄薄的黄泥合缝。8层以上改用带有子母榫卯的长方形楔形砖榫卯套合，做成墓室的券顶部分，菱形花纹一侧朝向墓室。砖间填塞黄褐色黏土。后壁于东西两侧壁顶端外起墙，不与两壁交错咬合，所用墓砖以长方形条砖为主，杂有少量的带榫卯的条砖，花纹基本内向。墓室内塞满自盗洞而入的淤土，土色红褐，质地松软。除夹杂少量碎石外，别无他物。地面以长方形条砖一顺一丁平铺，十分平整。

在墓室券顶中部偏西处发现盗洞1个，呈不规则圆形，直径0.4米。

未发现葬具痕迹。尸骨腐朽，仅存少量，且散乱分布，无法判定葬式及头向。

采集墓砖　2块。均为泥质灰陶，上、下面均饰绳纹。标本02M12：01，长方形条砖，一长侧面饰菱形几何纹，中填小菱形，其余素面。青色，烧制温度较高。长43.5、宽18.3、厚7厘米（图四六，1）。标本02M12：02，平面呈长方形，两长侧面薄厚不一，截面呈楔形；两短侧有榫卯结构。较薄侧面饰菱形几何纹，中填小菱形，其余素面。青色，烧制温度较高。长43.5、宽16、厚7.2～8厘米（图四六，2）。

2. 随葬器物

随葬品集中放置于墓室北部共41件（组），出土时大多完整。分为陶器、铜器。

（1）陶器

40件。以罐、钵等生活用具为主，也有少量的模型明器。皆泥质陶，红陶稍多，灰陶次

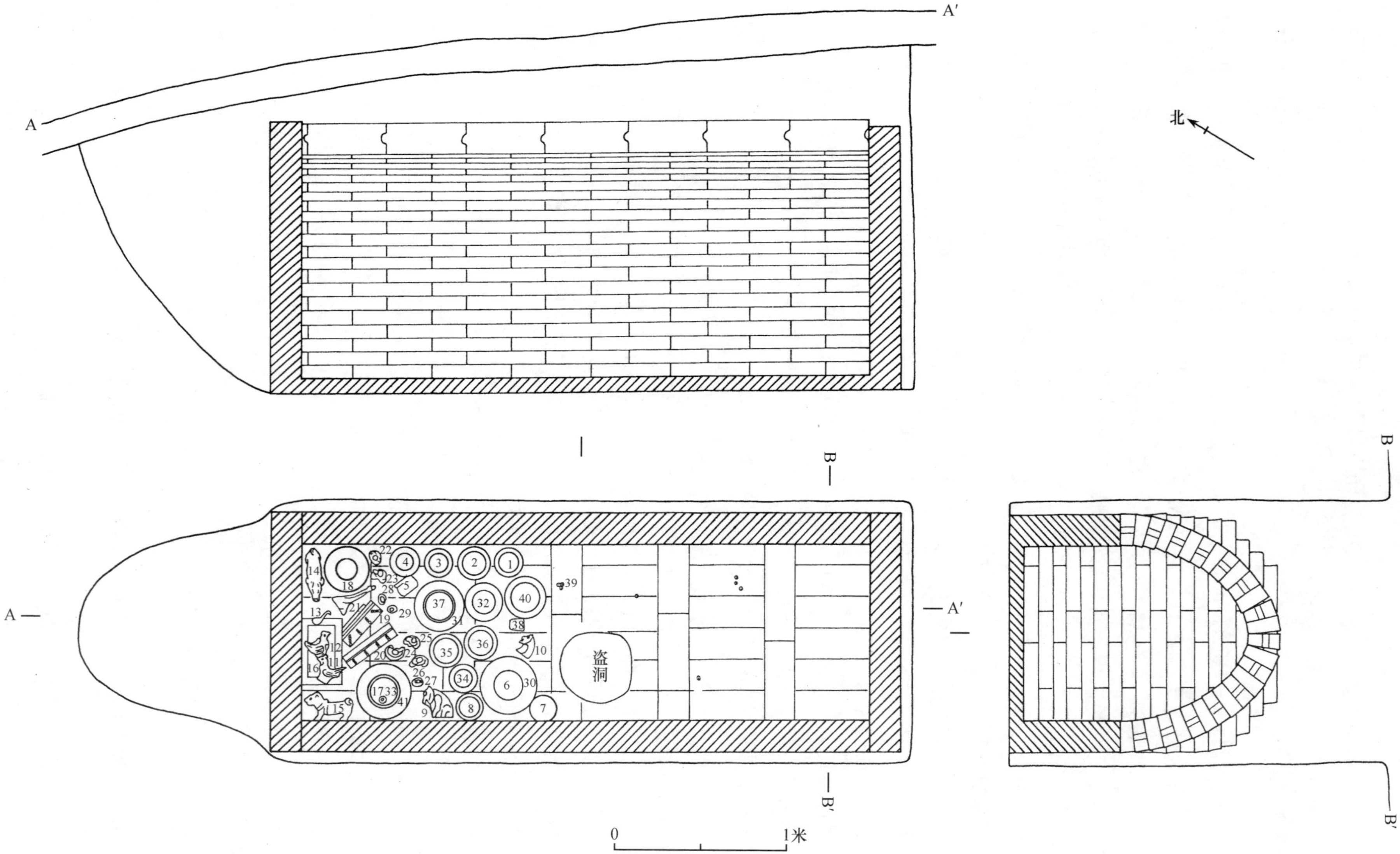

图四五 02M12平、剖面图

1～4、17、32、34. 陶罐 5. 陶盂 6、35～37、40. 陶钵 7、8. 陶灯 9、10. 镇墓兽 11. 陶公鸡 12. 陶子母鸡 13. 陶勺 14. 陶猪 15. 陶狗 16. 陶塘 18. 陶钟 19、20. 陶房屋模型 21. 舞俑 22、27～29. 立侍俑 23. 抚耳俑 24. 胡人吹箫俑 25. 击鼓俑 26. 庖厨俑 30. 陶甑 31. 陶釜 33. 陶水井模型 38. 陶杯 39. 铜钱 41. 陶盆

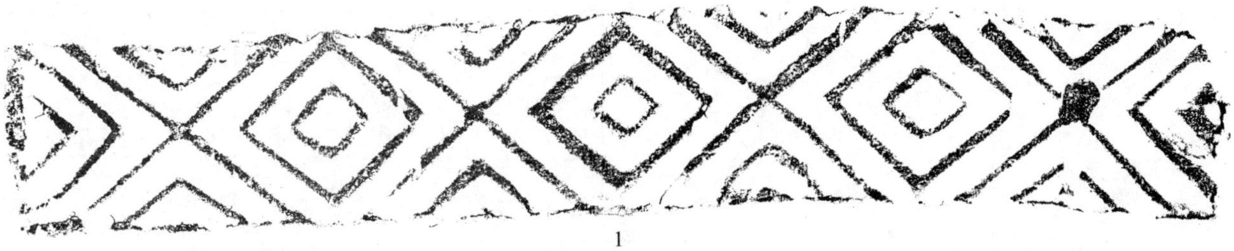

1

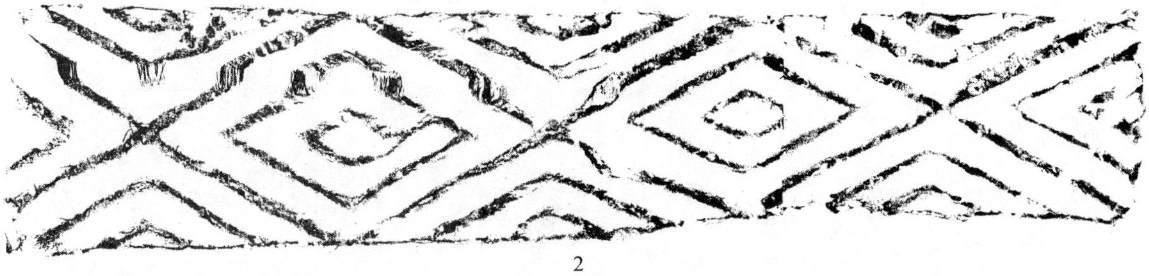

2

图四六 墓砖拓片

1. 02M12：01 2. 02M12：02

之；轮制为主，兼及模制，手制修整。皆素面，部分器物有少量的弦纹。

罐 7件。标本02M12：1，泥质红陶。侈口，圆唇，束颈，鼓腹，平地。肩部有一周凹弦纹。素面。火候较高。通高12、口径11.6厘米（图四七，1）。标本02M12：2，泥质红陶。侈口，圆唇，圆肩，斜腹，平底。肩部有一周凹弦纹。通高11.6、口径10.6厘米（图四七，2）。标本02M12：3，泥质红陶。侈口，圆唇，圆肩，斜弧腹，平底。肩部有一周凹弦纹。素面。通高11.8、口径11.2厘米（图四七，3）。标本02M12：4，泥质红陶。侈口，圆唇，圆肩，斜弧腹，平底。肩部有一周凹弦纹。通高12.2厘米（图四七，4）。标本02M12：34，泥质红陶。侈口，圆唇，圆肩，斜弧腹，平底。肩部有一周凹弦纹。通高11.6、口径11厘米（图四七，6）。标本02M12：17，泥质红陶。侈口，圆唇，平折肩，斜弧腹，平底。出土于标本02M12：33水井模型器内，应是小水罐，属同一组器物。通高4.2、口径4厘米（见图五〇，1）。标本02M12：32，泥质灰陶。敛口，圆唇，圆肩，鼓腹，平底。通高17.2、口径13厘米（图四七，5）。

钵 5件。标本02M12：35，泥质红陶。直口，圆方唇，腹较深，下腹急收成小平底。通高7.6、口径16.8厘米（图四八，1）。标本02M12：36，泥质红陶。敞口，斜平沿，方唇，浅腹自下部急收成小平底。素面抹光。通高6.2、口径21厘米（图四八，2）。标本02M12：37，泥质红陶。大口，平沿，方唇，腹壁较直，至下腹急收成小平底。器表中部有三条凹弦纹。器表打磨光滑。通高9、口径20.6厘米（图四八，3）。标本02M12：40，泥质红陶。敞口，斜平沿，圆唇，浅腹自下部急收成小平底。器内壁折腹处有一周凹弦纹。素面抹光。通高7.2、口径23厘米（图四八，4）。标本02M12：6，泥质灰陶。敞口，附沿，尖圆唇，斜弧腹急收成小平底。通高5.6、口径16.6厘米（图四八，5）。

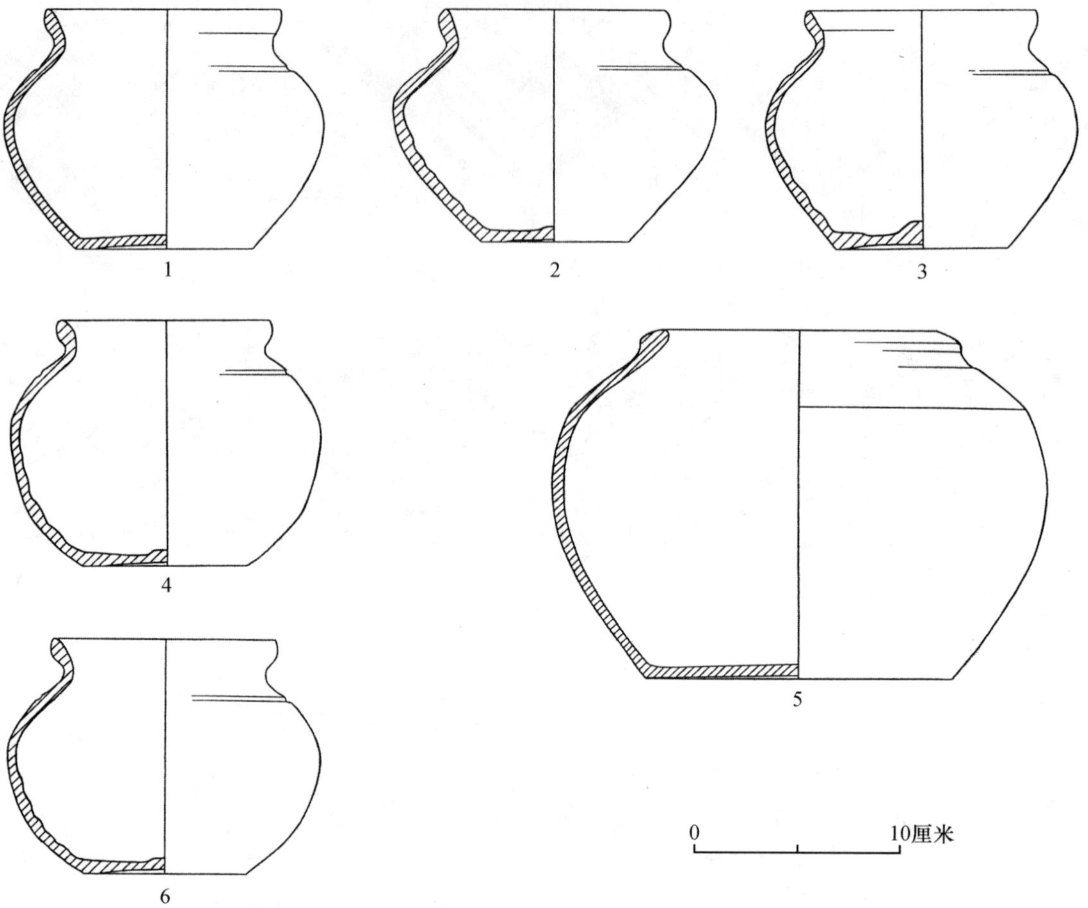

图四七　02M12出土陶罐

1～4. 02M12：1～4　5. 02M12：32　6. 02M12：34

盂　1件。标本02M12：5，泥质灰陶。侈口，圆唇，斜平沿，鼓腹，平底，最大径在下腹部。口沿沿面上有一周凹弦纹。轮制。通高10、口径14.4厘米（图四八，6）。

甑　1件。标本02M12：30，泥质灰陶。敞口，圆唇，弧腹较深直，平底。底有6个圆形箅孔，中心1、周边5，呈梅花形分布。器壁上腹有2个对称的长方形鋬。轮制。器形较大，打磨光滑，应是生活实用器。通高22.8、口径31.6厘米（图四九，1）。

釜　1件。标本02M12：31，泥质灰陶。直口，方唇，高直领，圆肩，圜底。肩部有四周凹弦纹，肩部以下遍饰竖细绳纹。通高20.7、口径22.6厘米（图四九，4）。

盆　1件。标本02M12：41，泥质灰陶。敞口，平沿，尖圆唇，深弧腹，平底。轮制。实用器。通高21.6、口径32厘米（图四九，3）。

钟　1件。标本02M12：18，泥质红陶。子母口，有盖，高束颈，球形腹，圜底下接圈足较高。颈肩接合部有三周、肩部有二周凹弦纹。通高32.4、口径13.4、腹径25.2厘米（图四九，2；图版五，5）。

杯　1件。标本02M12：38，泥质红陶。直口，圆唇，深腹稍弧，平底。口沿下有一周细凹弦纹。沿下器表有一鋬。通高9.2、口径9厘米（图四九，5）。

勺　1件。标本02M12：13，泥质红陶。圆直柄，柄端平折出，椭圆形圜底勺身，直口，

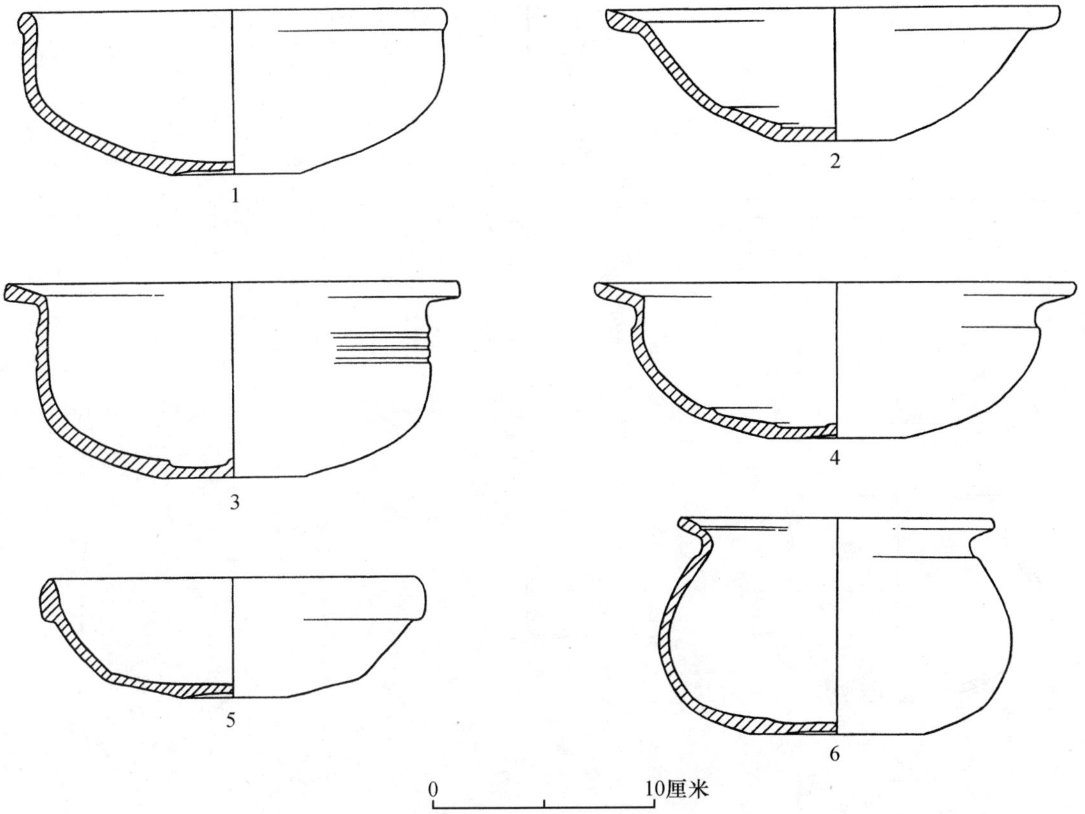

图四八　02M12出土陶器
1～5. 钵（02M12：35～37、40、6）　6. 盂（02M12：5）

方唇，厚胎。器表留有刮削的痕迹。手制。长13.7厘米（图四九，6）。

灯　2件。“亚”字形，灯盏子母口，弧形内底。标本02M12：8，泥质红陶。束腰圆柱柄接盘形平底空心座。通高12.6、口径7厘米（图四九，7）。标本02M12：7，泥质灰陶。圆柱柄接盘形平底实心座。通高10、口径7.2厘米（图四九，8）。

水井模型　1件。标本02M12：33，泥质红陶。口微敛，宽平沿稍斜，圆唇，桶形深腹，平底。口沿上有2个对称方孔，用以安插井架。井架为束腰长方形，一端带榫插结井台，另一端开叉承托架上倒“山”字形横梁。轮制。02M12：17与之同出，应为井内用小水罐。通高16、口径21.6厘米（图五〇，1；图版五，6）。

塘　1件。标本02M12：16，泥质灰陶。长方形。宽平沿，浅直腹。塘正中设长埂，埂不封口，塘内浮雕有鱼、莲、螺、鸭、雁等。动物布局有序，细部刻画精致，栩栩如生。分体制作各部件后拼接而成。通高4.8厘米（图五〇，3）。

房屋模型　2件。标本02M12：19，上层为泥质红陶，下层为泥质灰陶。屋面均呈横长方形。上层为悬山式两面坡顶，前后出檐；下层平檐，后檐仅做一半，用以承托上层房体。上、下屋顶正中各施两端上翘通脊一条，前坡施筒瓦四陇。均三柱二开间，屋面左、右列立角柱，有柱头。中立一柱，有一斗三升柱头铺作一朵。上层下部设有横条形镂空围栏。下层右室砌有隔墙，墙上开窗。高台基。先制成各部分构件后分别拼接而成上、下两层，再垒叠放置。通高54.8厘米（图五〇，4；图版六，1）。标本02M12：20，泥质灰陶。屋面呈横长方形。平檐，

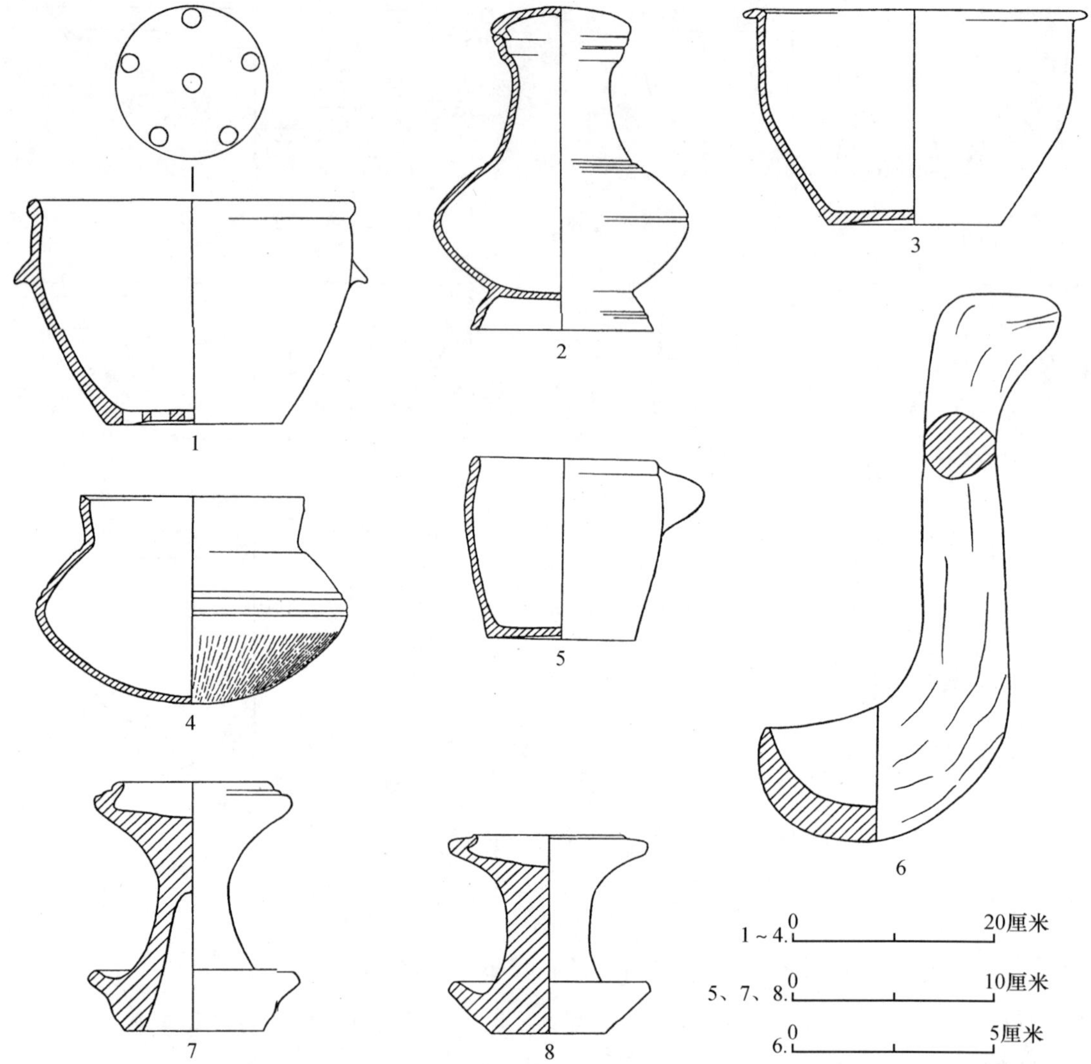

图四九 02M12出土陶器

1. 甑（02M12：30） 2. 钟（02M12：18） 3. 盆（02M12：41） 4. 釜（02M12：31） 5. 杯（02M12：38）
6. 勺（02M12：13） 7、8. 灯（02M12：8、7）

正中施方形通脊，前檐施筒瓦四陇。三柱二开间。正中立柱，一斗三升承檐。两侧列立角柱，有柱头。屋中扎有隔墙，分为前后两室，左室墙上开窗。平基。分体制作各部件后拼接而成。通高24.8厘米（图五〇，2；图版六，2）。

立侍俑 4件。均为泥质红陶，模制前后两部分拼接而成，中空。标本02M12：22，立姿。头戴巾帻，脑后梳髻，高鼻，圆颊，眉目不清。着及地长袍，束腰。双手抱腹。通体表面光滑，不饰一缕衣褶。通高21.5厘米（图五一，1）。标本02M12：27，立姿。脑后梳髻，高鼻，眉、目不清。着及地长袍，束腰。双手抱腹。形体较小。通体表面光滑，不饰一缕衣褶。通高13.4厘米（图五一，2）。标本02M12：28，立姿。形体较小。光首，高鼻。着及地长袍，腰微束。身体呈圆锥筒形，表面光整，四肢不明显，手势不详。通高13.2厘米（图五一，3）。标本02M12：29，立姿。戴巾帻，脑后梳髻，高鼻，眉目不清。面部瘦长。着三重衣，亵衣圆领，外着及地右衽宽袖长袍。双手抱拥腹间。通高14厘米（图五一，4）。

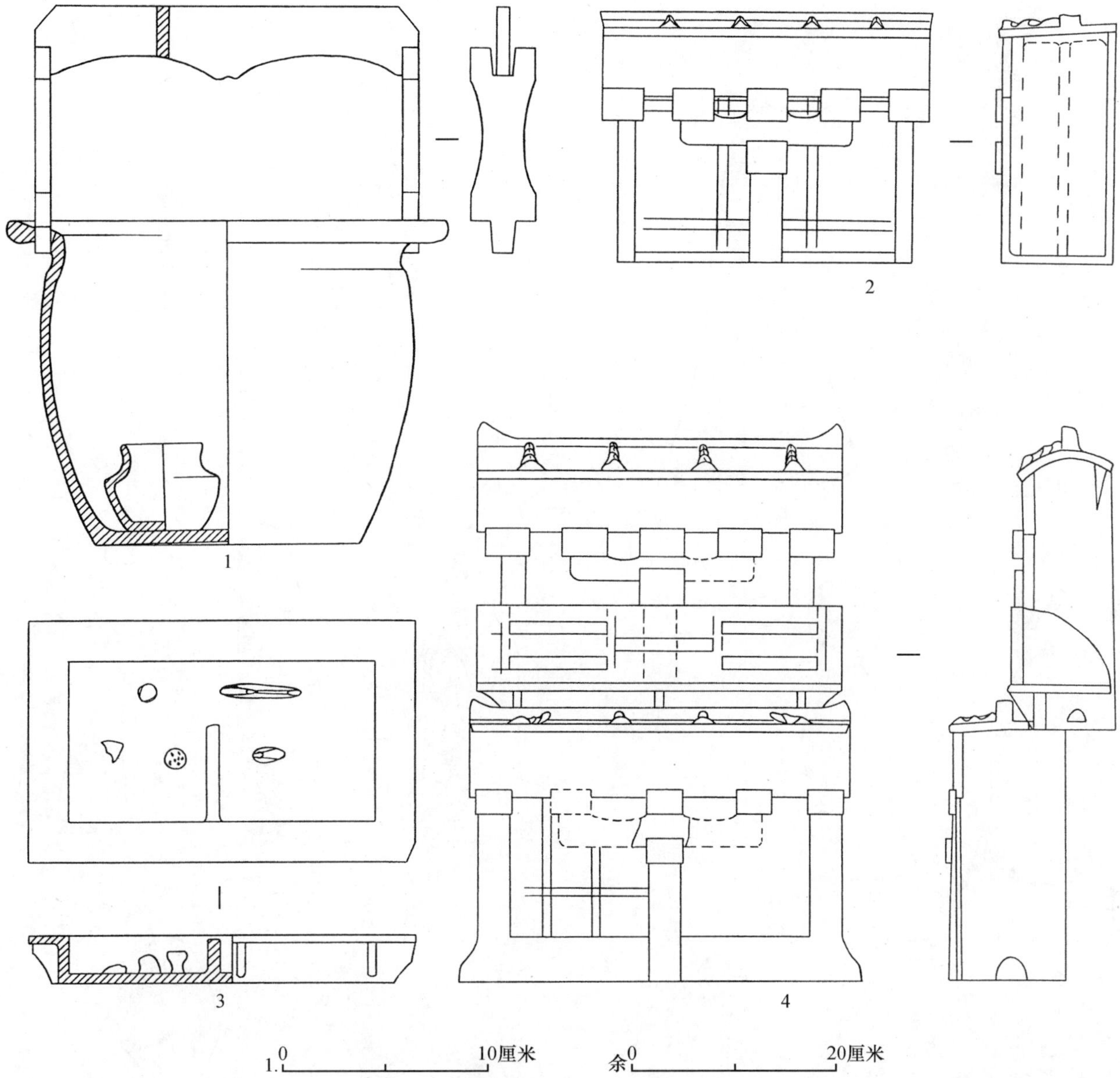

图五〇　02M12出土陶器

1. 水井模型（02M12：33）　2、4. 房屋模型（02M12：20、19）　3. 塘（02M12：16）

抚耳俑　1件。标本02M12：23，泥质红陶。跪坐姿。头戴巾帻，脑后梳髻，面容已毁，无耳。着长袍，束腰。双腿“八”字形分开跪坐。头、身向右侧倾，右手上举抚耳，左手下垂，抚按股面。造型比例夸张，上体较长。模制拼接而成，中空。通高19厘米（图五一，5；图版六，3）。

击鼓俑　1件。标本02M12：25，泥质红陶。跪坐姿。头戴巾帻，脑后梳髻，高鼻，圆颊，无眉、目及双耳。着长袍，束腰。两腿“八”字形分开跪坐，股间置小圆鼓一面，左手斜长抚按鼓面，右手高举，身体微微后张，作势敲击。模成后另以软泥附塑小鼓。造型精炼夸张，衣袖联体，神态飘逸洒脱。模制拼接而成，中空。通高20.4厘米（图五一，6；图版六，5）。

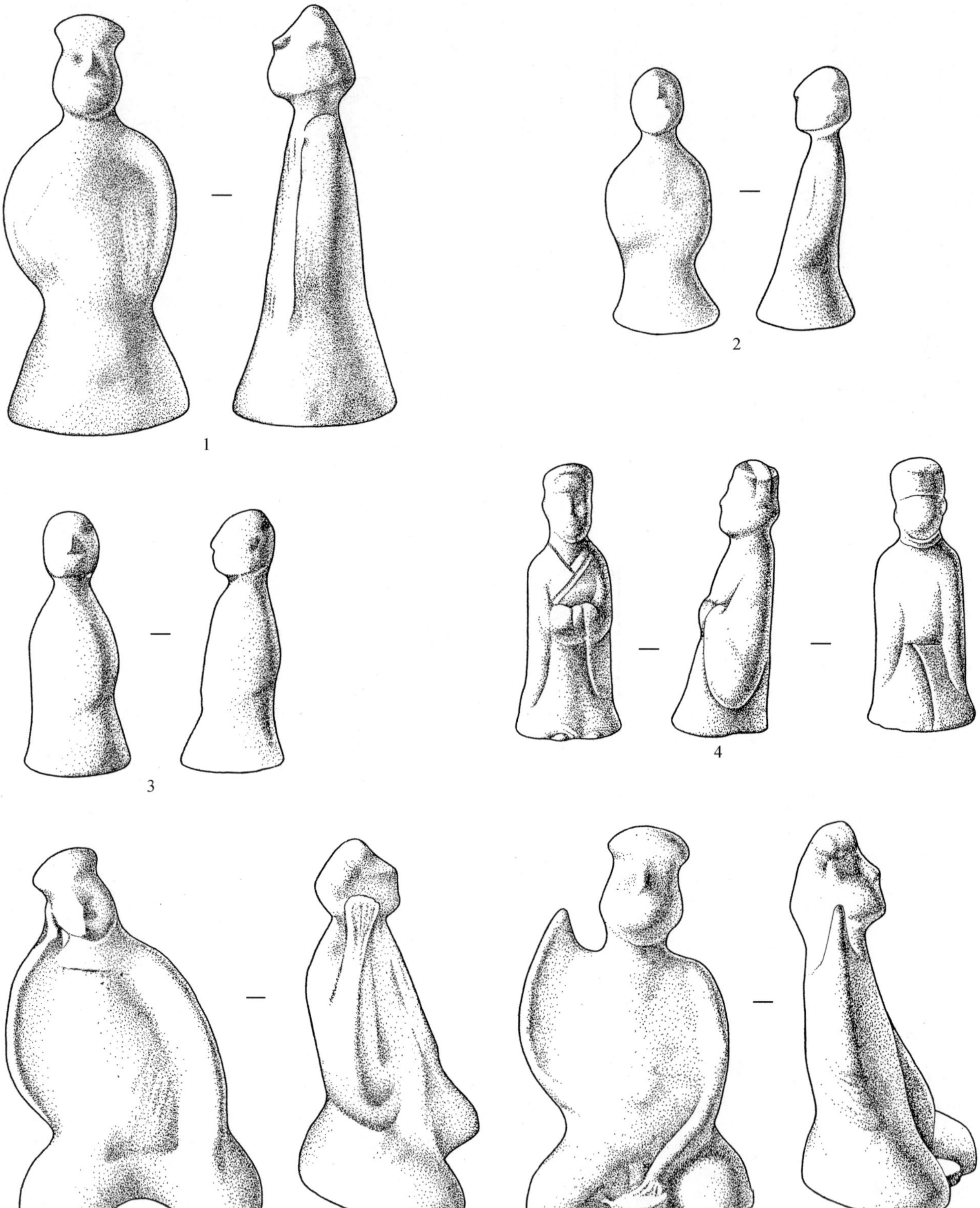

图五一　02M12出土陶俑

1～4. 立侍俑（02M12：22、27～29）　5. 抚耳俑（02M12：23）　6. 击鼓俑（02M12：25）

庖厨俑 1件。标本02M12：26，泥质红陶。坐姿。戴巾帻，脑后梳髻。高鼻，眉、目、口不清，无耳，面部丰盈，下颌圆润。着长袍，束腰。双腿作“八”字形跪坐，两股间架长方形小几案一个，几案无足。左手斜长下垂，手抚案面；右手屈于胸腹间，横握长方形刀具。上体扁平，造型夸张。模制拼接而成，中空。通高20厘米（图五二，1；图版六，6）。

舞俑 1件。标本02M12：21，泥质红陶。立姿。头戴巾帻，脑后梳髻，高鼻，圆颊，无耳，眉目不清。着及地长袍，下摆呈大喇叭形，束腰。右手高举肩上，左手斜垂腰间。衣袖联体，飘逸动感。模制拼接而成，中空。通高26.5厘米（图五二，2）。

胡人吹箫俑 1件。标本02M12：24，泥质红陶。跪姿。头戴半月形尖帽，高鼻，眉、目以阴线浅刻，无耳，面部瘦长，颧骨隆起，目视前方。外着宽袖长袍，宽袖及肘，束腰，双腿呈“八”字形跪坐。双手于胸前持箫，右手于上，左手在下，长箫上端抵唇，作吹奏状。模制拼接而成，中空。通高20厘米（图五二，3；图版六，4）。

镇墓兽 2件。均为泥质红陶，模制拼接而成，中空。标本02M12：9，蹲坐姿。垂手，三角形小犄角，贴耳，圆鼓目，方鼻，阔嘴吐长舌，舌端及地。前肢屈立，后肢卷蹲。面目狰狞，神态阴沉。通高18.4厘米（图五二，5；图版七，1）。标本02M12：10，作屈蹲状。虎头，耸耳，鼓目，阔鼻，大嘴露齿，长舌及地。面目狰狞，造型生动。通高14.4厘米（图五二，4；图版七，2）。

公鸡 1件。标本02M12：11，泥质红陶。立姿。昂首，鼓目，尖喙，冠、耳垂、绶齐备。半圆锥弧尾上翘。屈肢站立。圆筒形座。模制拼接而成，中空。通高16.6厘米（图五二，6；图版七，3）。

子母鸡 1件。标本02M12：12，泥质红陶。卧姿。昂首，冠、耳垂、绶齐备，鼓目，尖短喙，筒形翘尾。背负小鸡一只，腹下遮伏另一小鸡。模制拼接而成，中空。筒形矮座。通高11.4厘米（图五三，1；图版五，4）。

猪 1件。标本02M12：14，泥质红陶。立姿。垂首，鼓目，贴耳，宽鼻，阔嘴。长身平脊，短尾盘贴臀上，柱状粗腿。模制拼接而成，前、后肢间各开有孔，中空。通高10.5厘米（图五三，2）。

狗 1件。标本02M12：15，泥质红陶。立姿。昂首，小立耳，眼珠凸起，宽鼻，阔嘴露齿。四肢挺立。粗短尾盘卷臀上。颈、肚系带，背带结环。模制拼接而成，中空。前、后肢间分别开孔。神态威猛，壮硕有力。高15.2厘米（图五三，3）。

（2）铜器

钱币 1组30枚，均为五铢钱币，分两种。标本02M12：39：1，锈蚀严重，“五”字中间弯曲较直，“金”字稍大，“朱”字略长。直径2.7、穿径1厘米（图五三，4）。标本02M12：39：2，剪郭五铢。“五”字完整，“金”字少残。直径2.4、穿径1.1厘米（图五三，5）。

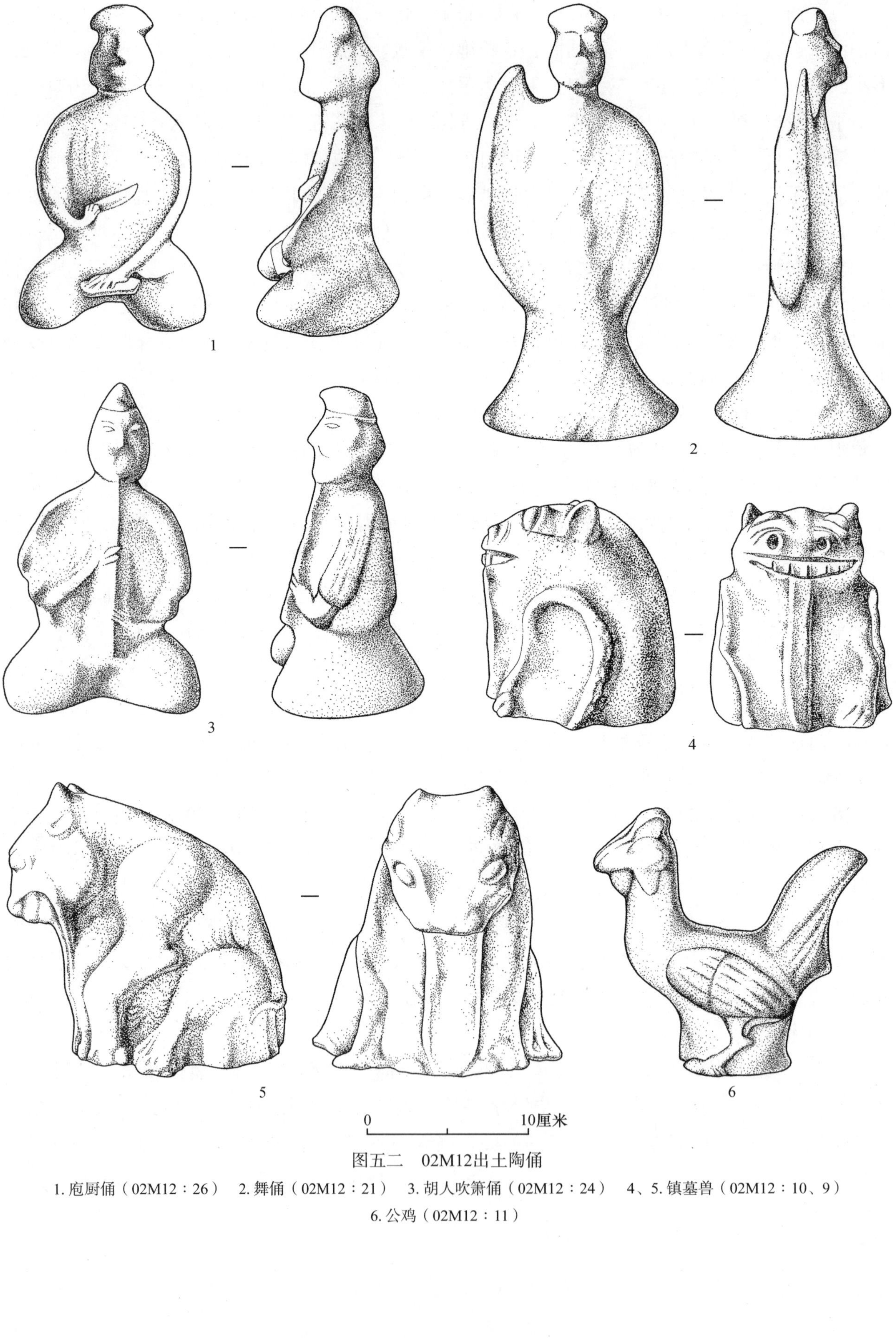

图五二　02M12出土陶俑

1. 庖厨俑（02M12：26）　2. 舞俑（02M12：21）　3. 胡人吹箫俑（02M12：24）　4、5. 镇墓兽（02M12：10、9）
6. 公鸡（02M12：11）

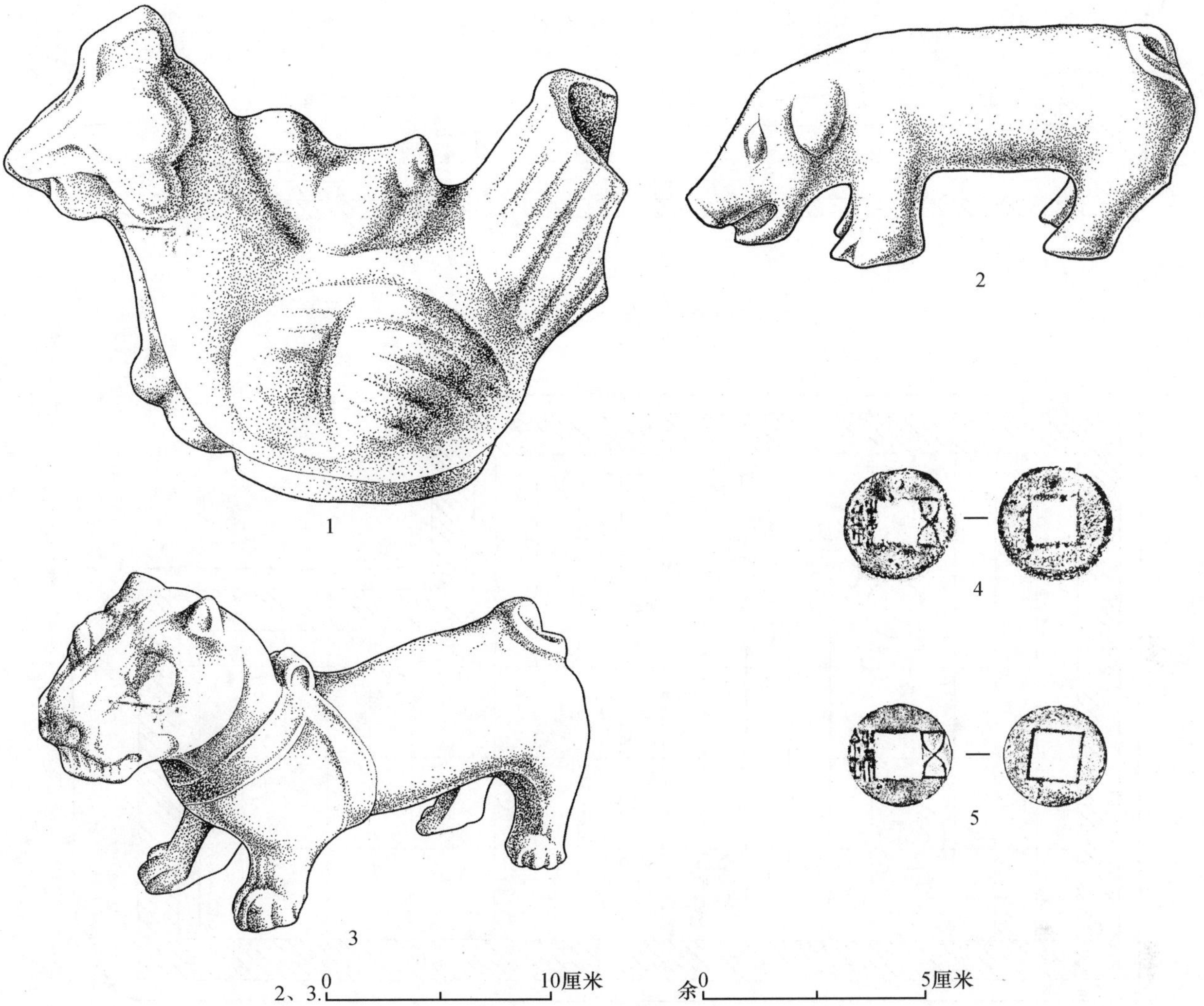

图五三　02M12出土器物

1. 陶子母鸡（02M12：12）　2. 陶猪（02M12：14）　3. 陶狗（02M12：15）　4、5. 铜钱（02M12：39：1、2）拓片

一〇、02M15

1. 墓葬形制

02M15位于汶溪村四社（原大湾村六社），当地俗称“大田坝”的东高西低的缓坡上，属长江南岸二级台地，处大湾墓群西Ⅲ区。东与02M2相距60余米，西南与02M16相距约20米。开口于耕土层下，打破生土，距现地表0.3米。曾遭盗扰破坏。其构造方法为先下挖刀把形土圹，再用砖砌墓壁，砖间以一层纯净的黄泥合缝。土圹与墓壁之间有0.1米左右的空隙，内填以黄褐色砂土，墓圹长4.8、宽2.9～2.1、残深0.7米（图五四）。

02M15平面呈刀把形，方向195°。由墓道、甬道和墓室三部分组成。

墓道　斜坡土圹式。平面呈梯形，开口窄而近封门处宽。坡度较大，墓道向下至底部时变宽。残长0.3、残口宽1.4米。

甬道　平面近似正方形。面宽1.5、进深1.4米。在墓道与甬道之间建有封门一道，以条砖

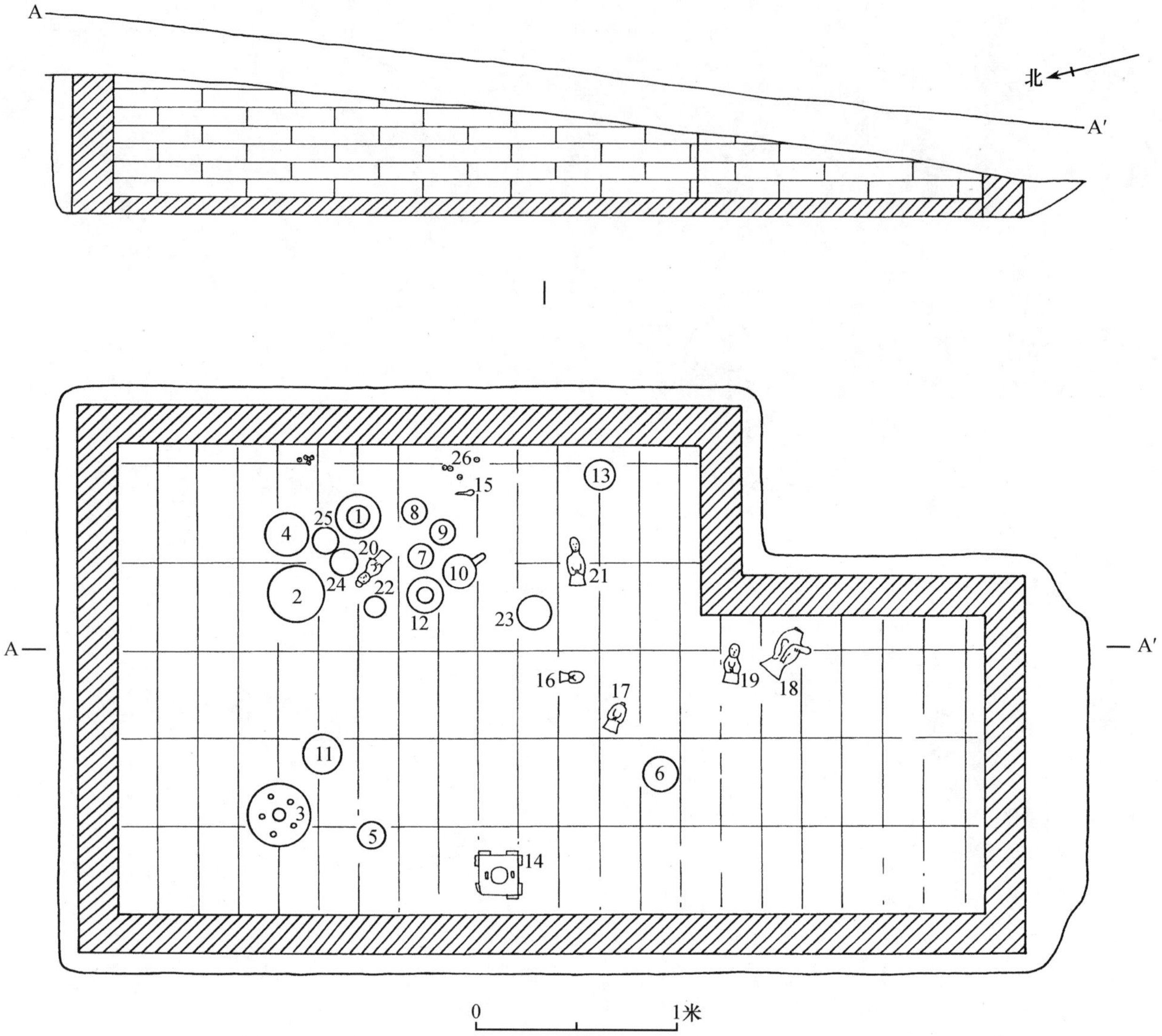

图五四　02M15平、剖面图

1. 陶钟　2. 陶盆　3. 陶甑　4～9、13、23～25. 陶钵　10. 陶匜　11. 陶盘　12. 陶釜　14. 陶井台模型　15. 陶勺　16、17、19～21. 立侍俑　18. 持便面抱袋俑　22. 陶博山炉　26. 钱币

横向平铺而成。铺砌封门的砖完整者不多，显系采用砌墓所余残砖铺就。但带有花纹者，花纹一律朝向甬道。封门残高0.18、宽1.9米。西壁与墓室西壁联成一线，成一直壁，东壁向东作90° 直拐形成墓室南壁。甬道壁以菱形几何边纹条砖错缝平砌而成，原顶部有券顶，已被盗毁。地面以长方形条砖横向一字平铺，砖不错缝。填土夹杂有碎砖块和少量的料姜石，土质较为松软。

墓室　平面呈长方形。东西宽2.35、南北长2.9、残高0.7米。墓壁砌法与甬道相同，地面与甬道处同一地平，地面铺砖，铺法亦同于甬道。

未发现任何与葬具、人骨架有关的痕迹。

采集墓砖　1块。标本02M15：01，泥质灰陶。长方形，上、下面饰绳纹，一长侧面饰菱形几何纹，其余为素面。深灰色，烧制温度较高。长36、宽17、厚8.5厘米（图五五）。

图五五　墓砖（02M15：01）拓片

2. 随葬器物

随葬器物除甬道内发现2件外，其余均置于墓室，且大多放置于墓室的东半部分。共26件（组），分为陶器、铜器。

（1）陶器

25件。分别为钵、盆、甑、釜、匜、盘、勺、钟、博山炉、井台模型、俑等。

钵　10件。标本02M15：4，泥质红陶。敞口，斜平沿，方唇，弧腹，平底。腹部有三周凹弦纹。素面。通高10、口径26厘米（图五六，1）。标本02M15：5，泥质红陶。大口，方唇，上腹壁较直，至腹中急折收成小平底。口沿下有一周浅凹弦纹。素面磨光。通高6.2、

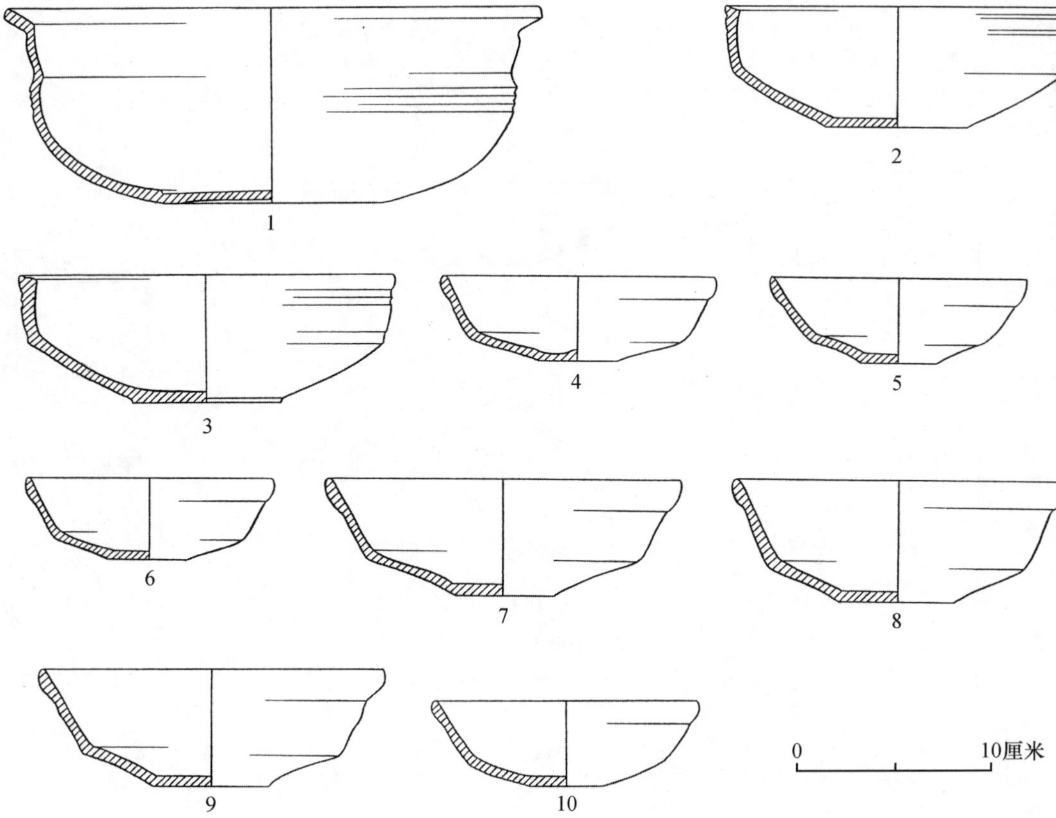

图五六　02M15出土陶钵

1～6. 02M15：4～9　7. 02M15：13　8. 02M15：25　9. 02M15：23　10. 02M15：24

口径17.8厘米（图五六，2）。标本02M15：6，泥质红陶。敞口，方唇，直腹折收成平底。唇沿上有一周、上腹壁有二周凹弦纹。素面。通高6.6、口径18.8厘米（图五六，3）。标本02M15：7，泥质灰陶。敞口，尖圆唇，附沿，斜腹较浅折收成小平底。通高4.4，口径13.8厘米（图五六，4）。标本02M15：8，泥质灰陶。敞口，尖圆唇，附沿，斜腹折急收成小平底。通高4.4、口径13厘米（图五六，5）。标本02M15：9，泥质灰陶。敞口，尖圆唇，附沿，折腹急收成小平底。通高4.2、口径12.6厘米（图五六，6）。标本02M15：13，泥质灰陶。敞口，尖圆唇，附沿，斜腹急收成小平底。通高6、口径17.8厘米（图五六，7）。标本02M15：25，泥质灰陶。敞口，圆唇，附沿，浅腹折收成平底。通高6.2、口径16.8厘米（图五六，8）。标本02M15：23，泥质灰陶。敞口，尖圆唇，附沿，浅折腹急收成小平底。通高6、口径17.2厘米（图五六，9）。标本02M15：24，泥质灰陶。敞口，斜尖圆唇，附沿，浅折腹急收成小平底。通高2.4、口径13.2厘米（图五六，10）。

盆　1件。标本02M15：2，泥质灰陶。大口，卷沿，束径，弧腹，平底。通高12、口径30.5厘米（图五七，1）。

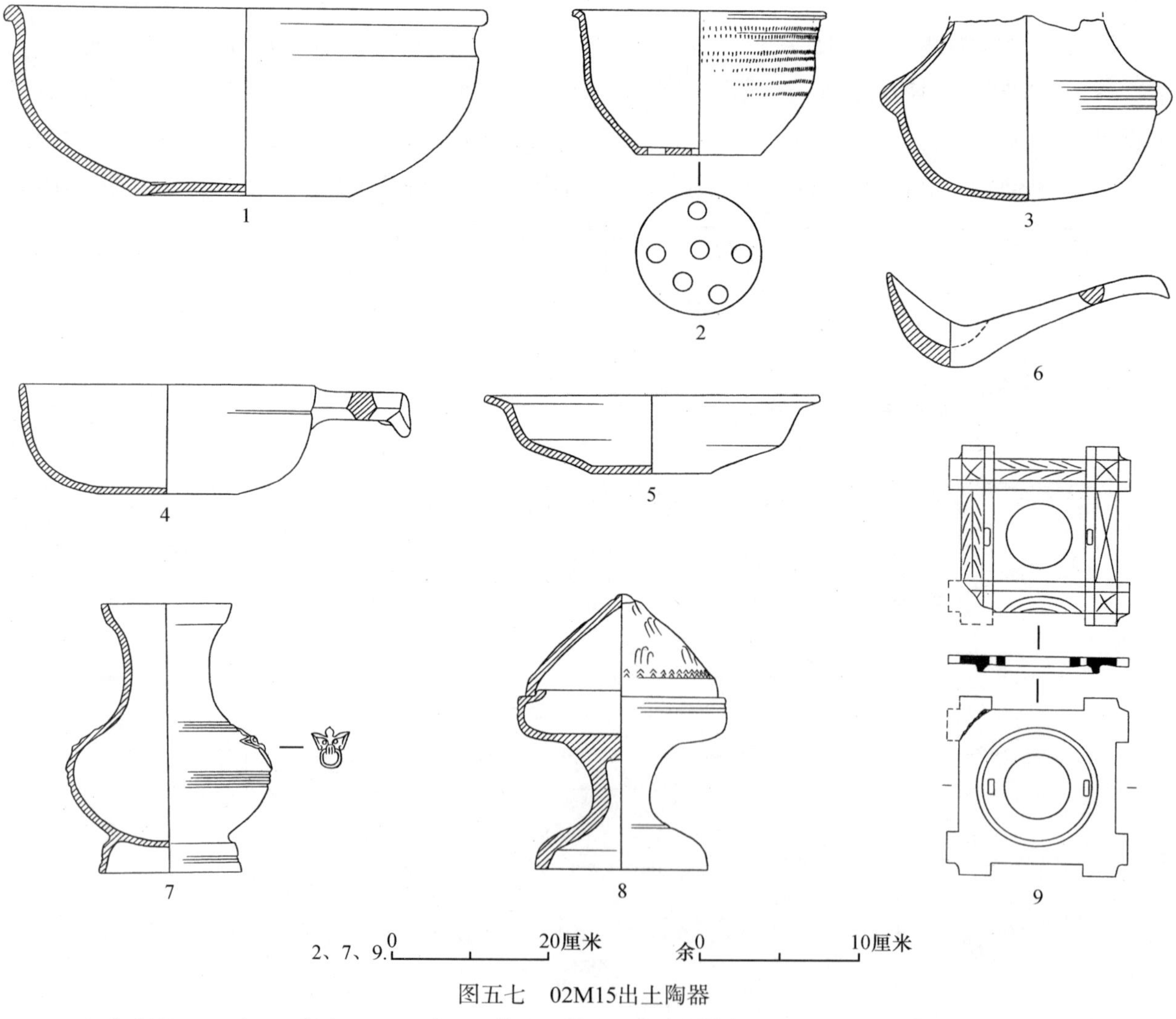

2、7、9. 0 20厘米　余 0 10厘米

图五七　02M15出土陶器

1. 盆（02M15：2）　2. 甑（02M15：3）　3. 釜（02M15：12）　4. 匜（02M15：10）　5. 盘（02M15：11）　6. 勺（02M15：15）　7. 钟（02M15：1）　8. 博山炉（02M15：22）　9. 井台模型（02M15：14）

甑　1件。标本02M15：3，泥质灰陶。敞口，卷沿，弧腹较深，平底。底面有圆形箅孔，正中1个、周边5个，呈不规则梅花形分布。器表上部有多道戳刺纹。通高18.4、口径32厘米（图图五七，2）。

釜　1件。标本02M15：12，泥质红陶。口残。束径，斜折肩，弧腹，圜底。肩腹有三周凹弦纹，堆附两对称小鋬。素面。通高11.6厘米（图五七，3）。

匜　1件。标本02M15：10，泥质红陶。敞口，圆唇，弧腹下底急收成小平底。口沿附接束腰长方形直柄。口沿下有一周凹弦纹。素面。通高7、口径18.8厘米（图五七，4；图版七，6）。

盘　1件。标本02M15：11，泥质红陶。大口，宽斜沿，方唇，浅折腹急收成小平底。素面。通高5、口径21厘米（图五七，5）。

勺　1件。标本02M15：15，泥质红陶。椭圆形勺身，薄唇，腹较浅，长直柄截面呈半圆形。素面。模制。通长17.6厘米（图五七，6）。

钟　1件。标本02M15：1，釉陶。盘口，方唇，束高颈，球形腹，圜底接高圈足。颈、肩接合部有三周、圈足上有二周凹弦纹，肩上浮雕铺首衔环一对。表施酱釉，已酥粉剥落。粉白色胎。制作精良，胎壁匀称、较薄。通高34.5、口径16厘米（图五七，7；图版七，4）。

博山炉　1件。标本02M15：22，釉陶。子母口，浅腹，束腰，矮圆柱柄，覆盘底座，中空。底座表有一周凹弦纹。素面。轮制。盖，圆锥形。长口，方唇。表施酱釉，浮雕参差小山。泥质红陶胎。模制。通高17.6、口径9.4厘米（图五七，8；图版七，5）。

井台模型　1件。标本02M15：14，泥质灰陶。“井”字形，中心开圆形井口，两侧的长方形小孔用以插接井架。正面边饰阴线刻十字纹、弧线纹以及水草纹。背部于中部堆起圆棱成子母口。通高22.8、口径22.8厘米（图五七，9；图五八）。

立侍俑　5件。泥质红陶，均模制拼接而成，中空。标本02M15：16，泥质红陶。立姿。

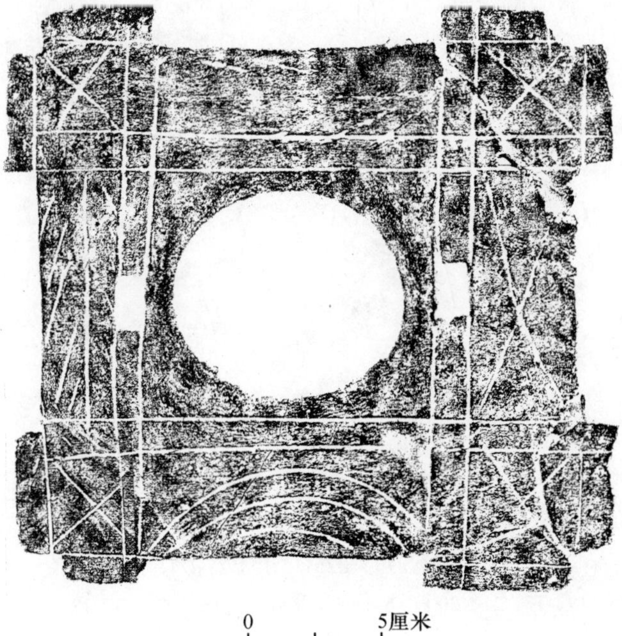

图五八　陶井台模型（02M15：14）拓片

颈部以上残。着及地宽袖长服，袖胡长垂，双手抱拥胸前。通高24.5厘米（图五九，1）。标本02M15：20，泥质红陶。立姿。戴平巾帻，高鼻，凸耳，闭唇。面部较长，下颌圆润，平肩。着三重衣，亵衣圆高领，外衣宽袖右衽及地长服，袖胡垂膝。双手抱拥胸前。通高24.5厘米（图五九，5）。标本02M15：17，立姿。颈部以上残。着及地宽袖长服，束腰，袖胡长垂。双手抱拥胸前。通高13.8厘米（图五九，3）。标本02M15：19，立姿。脑后梳髻，隆鼻，高颧骨，外凸两耳。着宽袖及地长服，束腰，袖胡长垂，长腹下摆呈喇叭形。双手抱拥胸前。通高17.6厘米（图五九，2）。标本02M15：21，立姿。戴平巾帻，高鼻，闭唇，目平视。着三重衣，亵衣圆高领，外衣宽袖及地长服，袖胡垂膝，露履。双手抱拥胸前。通高23.8厘米（图五九，4）。

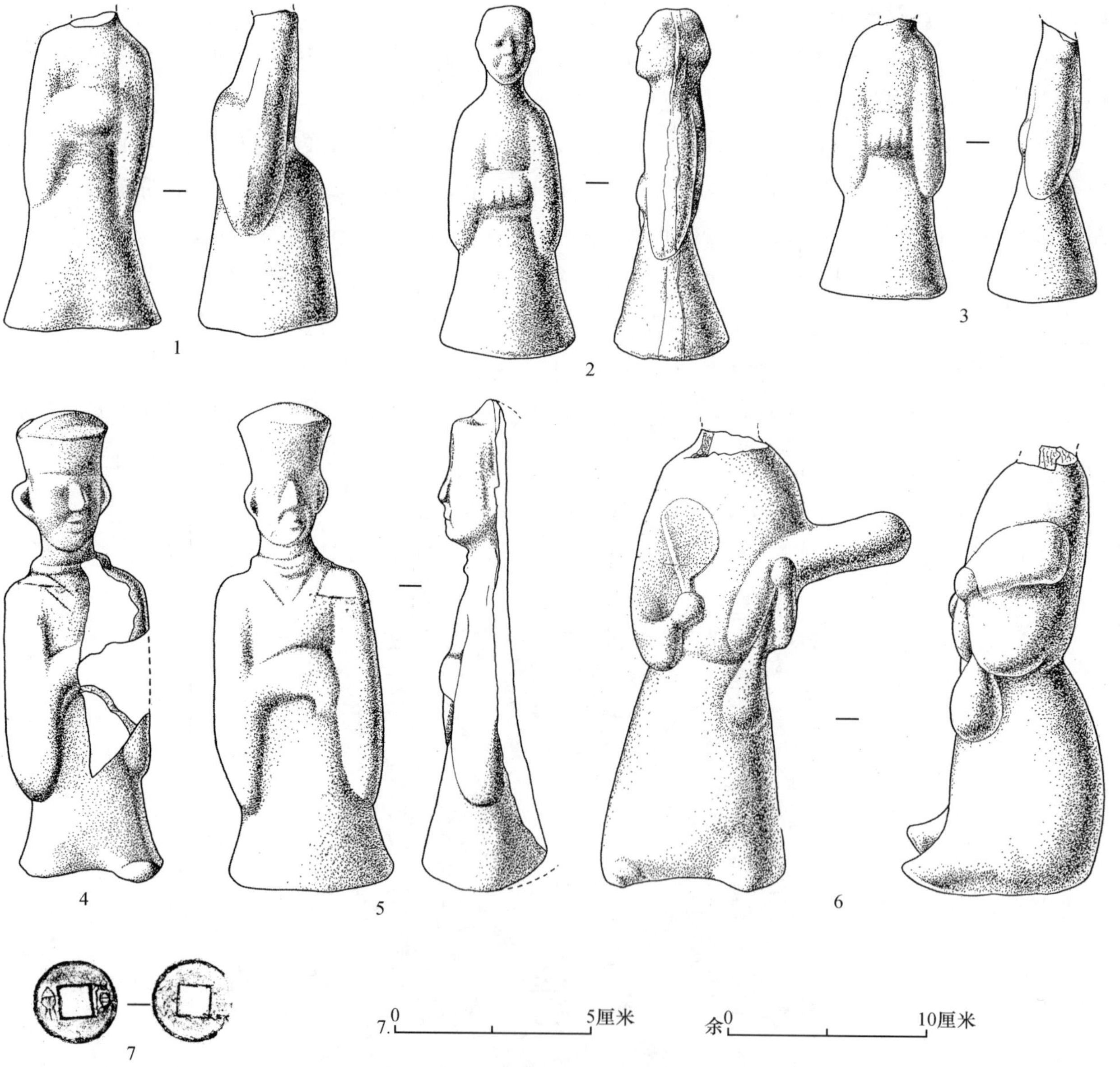

图五九　02M15出土器物

1～5. 立侍俑（02M15：16、19、17、21、20）　6. 持便面抱物提袋俑（02M15：18）　7. 铜钱（02M15：26）拓片

持便面抱物提袋俑　1件。标本02M15：18，泥质红陶。立姿。颈部以上残。着交领右衽及地宽袖长服，束腰，露尖头履，身后长服下摆呈大喇叭形后曳。左手提袋、抱袋，右手持便面。模制拼接而成，中空。通高22.6厘米（图五九，6）。

（2）铜器

钱币　1组40枚，均为货泉，形制、大小相同。标本02M15：26，边郭规整，字迹清楚，薄厚均匀。“货泉”二字为针篆体。泉字直竖中断。直径2.2、穿径0.8厘米（图五九，7）。

一一、02M21

1. 墓葬形制

02M21位于文溪村四社（原大湾村九社），当地俗称“卧坡岭”的丘原缓坡上，处长江南岸二级台地上。属大湾墓群西Ⅴ区。北1米邻02M22，偏东南1米有02M20。墓葬开口在距现地表0.3米的耕土层下。其构筑方式为：在原地面下挖刀把形土圹，土圹直接构筑于生土内。然后用带有几何边纹的条砖沿土圹壁错缝叠砌甬道、墓室的直壁，砖壁与土圹壁间留有0.1米左右的缝隙，空隙间填有黄褐色黏土。土圹长4.58、宽1.98～2.88、残深0.98米（图六〇）。

02M21平面呈刀把形。方向280°。墓葬早期遭到盗扰，上部结构已毁，但下部保存完好，仍可辨出原墓葬由墓道、甬道、墓室等三部分构成。

墓道　斜坡土圹式。直接构筑在生土内，坡陡且短，内填黄褐色黏土，质较硬，墓道两侧修治较规整，斜坡底部较平滑。长0.7、宽1.6米。坡度45°。

甬道　平面呈长方形。封门建在甬道口内，外沿与甬道侧壁顶端平齐。所用之砖大多为砌墓所余残砖，但垒砌时仍尽量使带有边纹的一侧朝向甬道。砖间用薄薄的细泥合缝。封门面阔1.42、残高0.72米。甬道位于墓室前端。甬道壁仅存0.72米高的直壁，就墓内填土中含有用于此类墓葬券顶的楔形砖残块推测，甬道顶部原有券顶。甬道壁用带有菱形几何边纹的条砖错缝叠砌而成，带花纹的一侧一律向内。甬道地面未铺砖。长1.8、宽1.4米。

墓室　平面呈方形。内填红褐色黏土和大量碎砖。墓壁做法与甬道相同。顶部原有券顶，已经坍塌。墓室西壁与甬道西侧壁内联成一直壁，后壁砌在两侧壁之间，外端与两侧壁顶端平齐，但不与两侧壁咬合交错。地面未铺砖，与甬道地面处同一地平。墓室边长2.32、残高0.98米。

未发现任何与葬具、人架有关的痕迹。

采集墓砖　2块。均泥质灰陶，平面呈长方形，上下面均饰绳纹，其余素面。标本02M21：01，两侧面薄厚不一，截面呈楔形；两短侧有榫卯结构。较薄侧面饰菱形几何纹，中填菱形乳钉，青色，烧制温度较高。长41.5、宽19、厚6.5～7厘米（图六一，1）。标本02M21：02，一长侧饰菱形几何纹，色浅灰，烧制温度不高。长46、宽20、厚8厘米（图六一，2）。

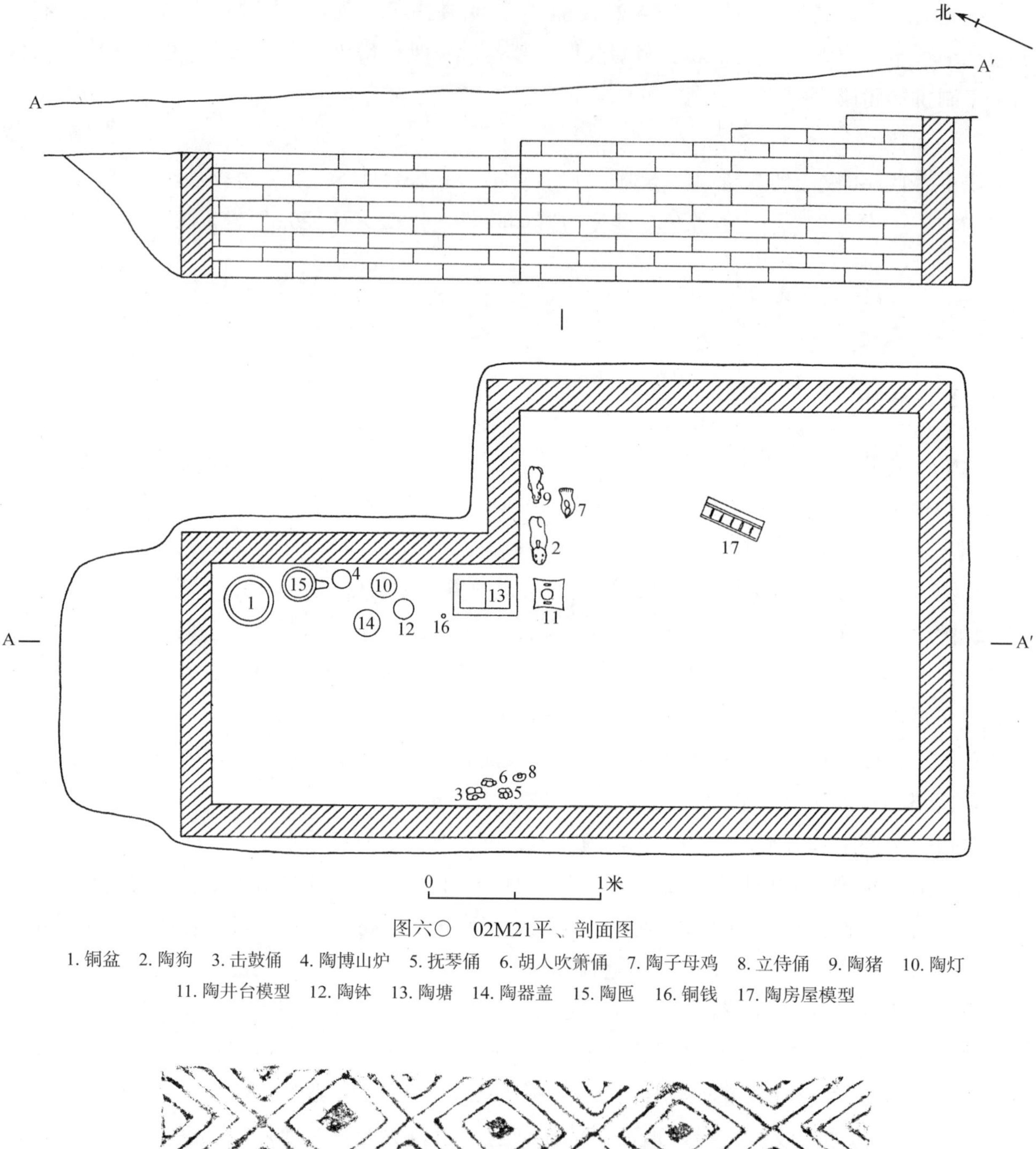

图六〇　02M21平、剖面图

1. 铜盆　2. 陶狗　3. 击鼓俑　4. 陶博山炉　5. 抚琴俑　6. 胡人吹箫俑　7. 陶子母鸡　8. 立侍俑　9. 陶猪　10. 陶灯　11. 陶井台模型　12. 陶钵　13. 陶塘　14. 陶器盖　15. 陶匜　16. 铜钱　17. 陶房屋模型

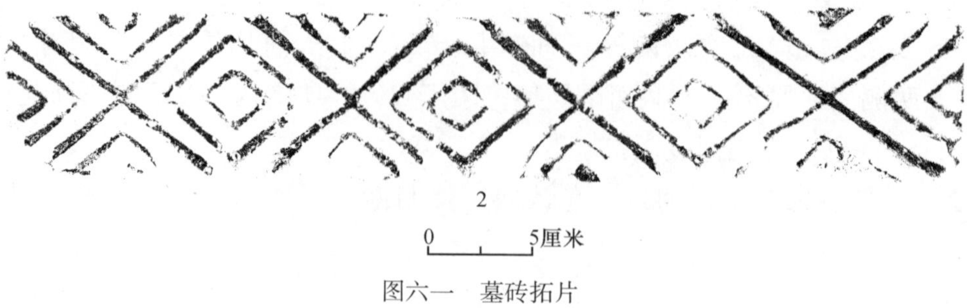

图六一　墓砖拓片

1. 02M21：01　2. 02M21：02

2. 随葬器物

随葬器物主要放置在甬道与墓室相接处、甬道内，共计17件（组），分为陶器、铜器。

（1）陶器

15件。分别为盘、匜、器盖、灯、博山炉、井台模型、塘、房屋模型、俑等。

盘　1件。标本02M21：12，釉陶。大口，平沿，方唇，浅腹下急收成小平底。素面。通高4、口径17.2厘米（图六二，1）。

匜　1件。标本02M21：15，釉陶。敞口，卷沿，浅腹近直，平底。器柄呈龙首状。素

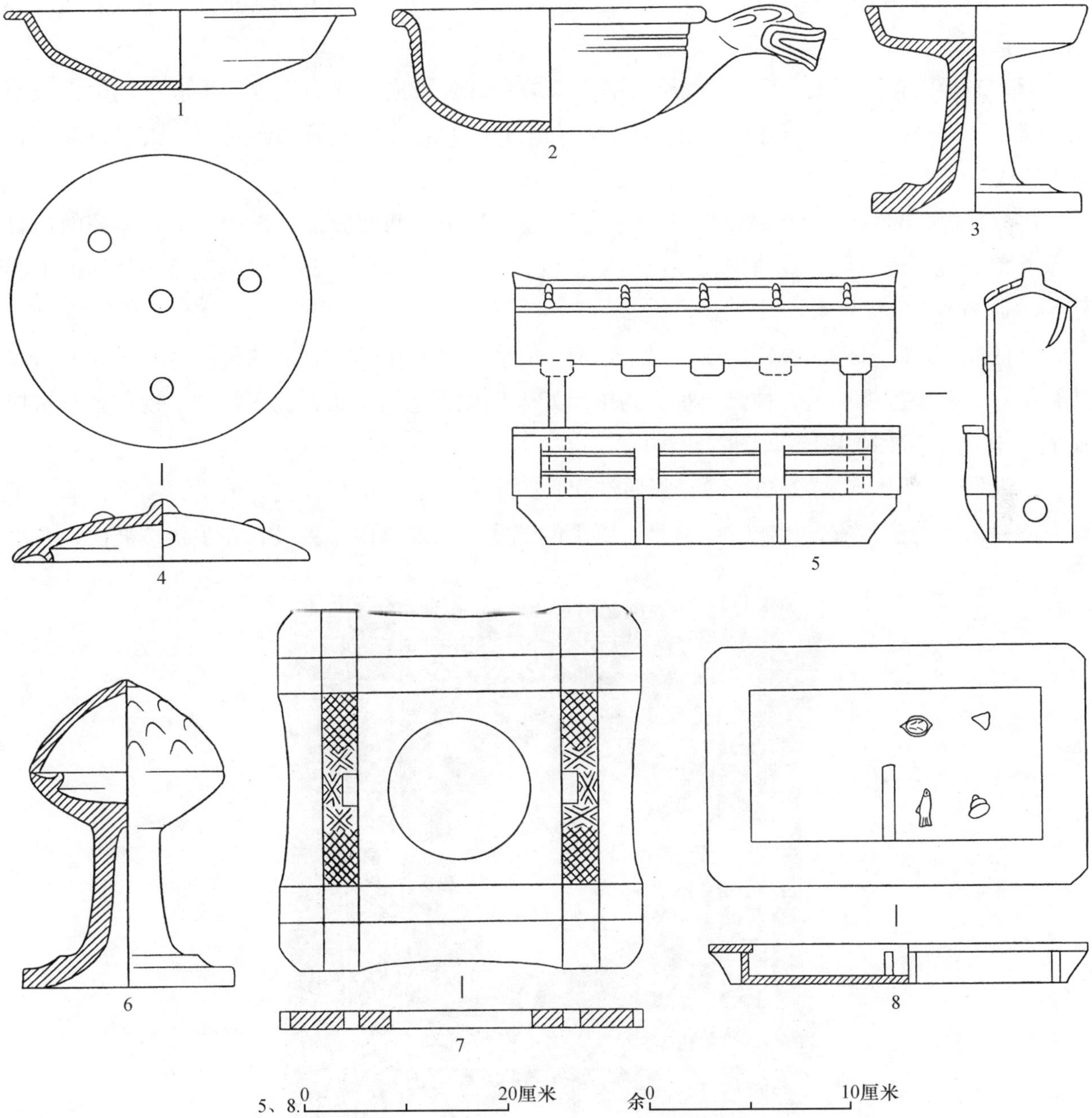

图六二　02M21出土陶器

1. 盘（02M21：12）　2. 匜（02M21：15）　3. 灯（02M21：10）　4. 器盖（02M21：14）　5. 房屋模型（02M21：17）　6. 博山炉（02M21：4）　7. 井台模型（02M21：11）　8. 塘（02M21：13）

面。通高6.2、口径17.4厘米（图六二，2；图版八，1）。

器盖　1件。标本02M21：14，釉陶。覆钵状，子母口。表有4枚乳钉。素面。通高3.1、口径14.8厘米（图六二，4）。

灯　1件。标本02M21：10，泥质红陶。盘形灯盏，方唇，平底，圆柱柄，浅覆盘底座，中空。素面。轮制。通高10.4、口径11厘米（图六二，3）。

博山炉　1件。标本02M21：4，釉陶。半球形盖，浅盘子母口，圆柱形柄，浅覆盘状底座。中空。盖表面遍饰乳钉纹。通高15.4、口径6.8厘米（图六二，6）。

井台模型　1件。标本02M21：11，泥质灰陶。弧边、钝角方形，中心开圆形井口，两侧有小方孔一对以插立井架，面饰“井”字形宽带，内填以小菱形纹和压印的小方格纹。边长18厘米（图六二，7；图六三）。

塘　1件。标本02M21：13，泥质灰陶。长方形，宽平沿，浅腹直壁，平底。塘中设长埂中分塘面，埂不封口，一侧浮雕龟、鱼、螺、蛙（？）的形象，另一侧无饰。火候较高。长37.8、宽24厘米（图六二，8）。

房屋模型　1件。标本02M21：17，泥质灰陶。悬山式两面坡顶，正中施两角上翘的通脊一条，前坡施筒瓦五陇，宽前檐，斗拱残，下设长方形镂空围栏，高台基。应是一楼房的上层建筑。通高27.2、宽38.4厘米（图六二，5）。

立侍俑　1件。标本02M21：8，泥质红陶。立姿。戴平巾帻，脑后梳髻。着三重衣，深衣式，束腰。双手抱拥胸前，袖弧长垂。为中年妇人形象，慈眉善目，面容祥和。模制合范拼接而成，中空。通高20.4厘米（图六四，1）。

击鼓俑　1件。标本02M21：3，泥质红陶。跪坐姿。戴平巾帻，脑后梳髻，高鼻，眉目不清，唇紧闭。着三重衣，深衣式。跪坐，臀下两侧露履。左膝前置大鼓，左手抚按鼓面；右手

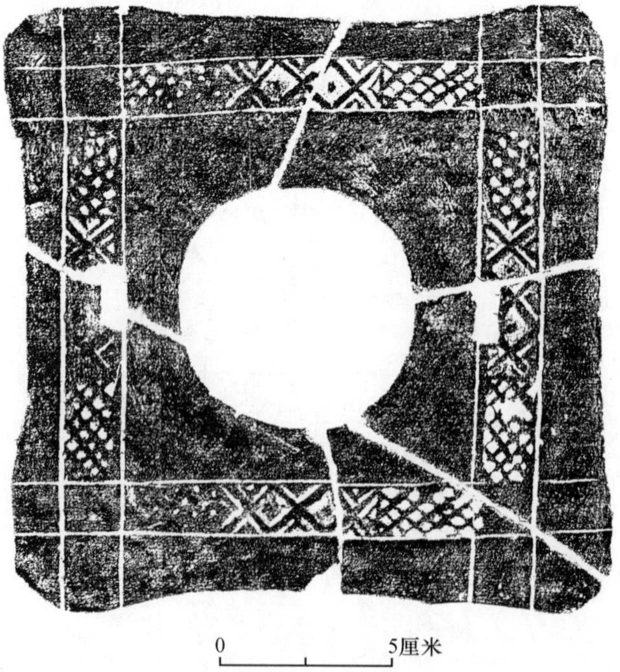

图六三　陶井台模型（02M21：11）拓片

握槌持于胸前。模制合范拼接而成，中空。通高17厘米（图六四，2；图版八，3）。

抚琴俑　1件。标本02M21：5，泥质红陶。跪姿。戴平巾帻，隆鼻，唇闭，眉目不清。着三重衣，深衣式。挽袖。跪坐，臀后露履，身体微仰。股面横置长琴，双手抚按琴上，五指散舒。模制合范拼接而成，中空。通高18厘米（图六四，3）。

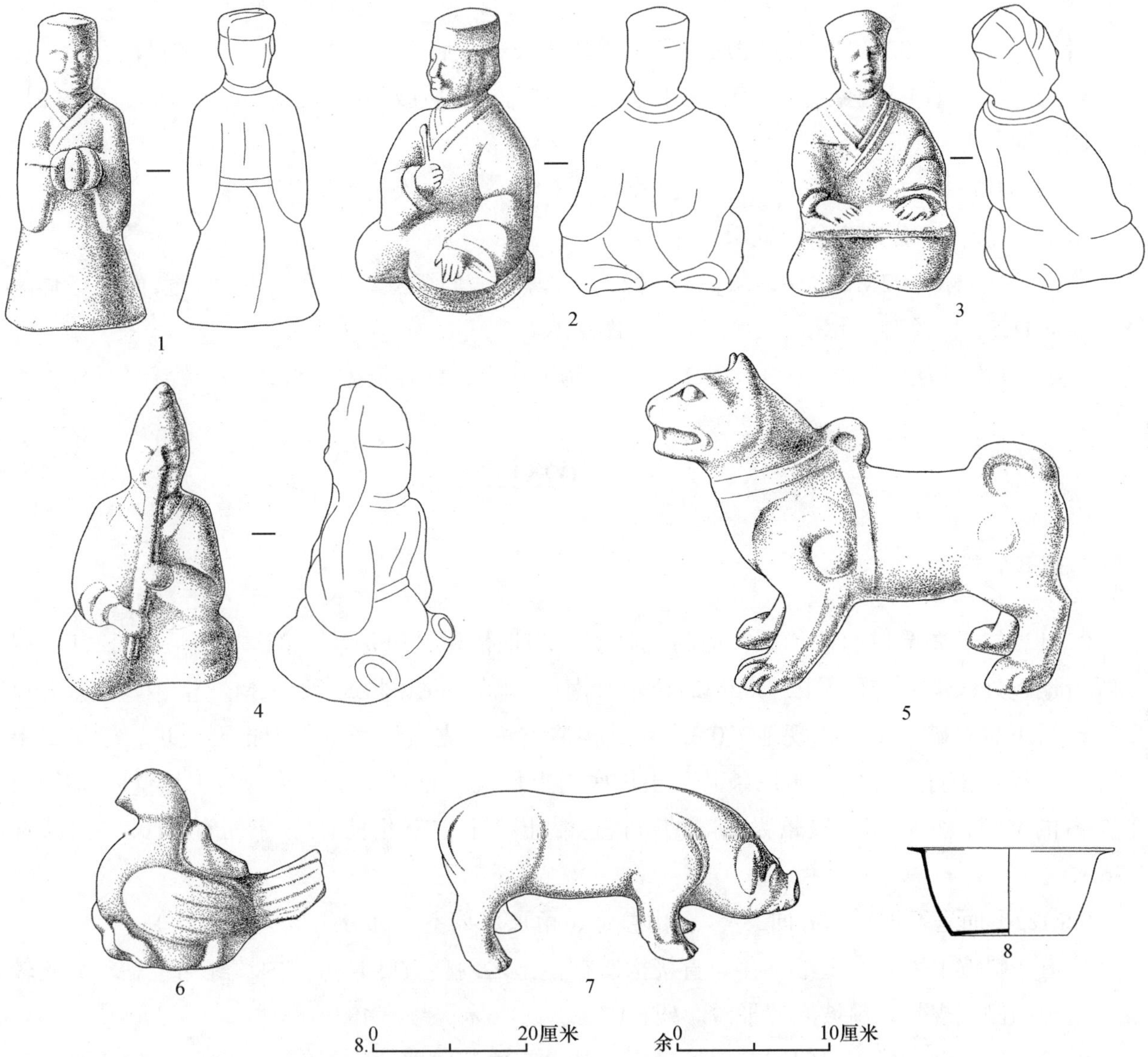

图六四　02M21出土器物

1. 立侍俑（02M21：8）　2. 击鼓俑（02M21：3）　3. 抚琴俑（02M21：5）　4. 胡人吹箫俑（02M21：6）
5. 陶狗（02M21：2）　6. 陶子母鸡（02M21：7）　7. 陶猪（02M21：9）　8. 铜盆（02M21：1）

胡人吹箫俑　1件。标本02M21：6，泥质红陶。跪坐姿。戴尖帽，深目，高鼻，高颧骨，面部瘦长。着宽袖右衽长服，束腰。跪坐，臀两侧露履底。双手斜持长箫，左上右下，长箫一端抵唇，口嘬起作吹奏状，另一端置于右膝上。模制合范拼接而成，中空。通高20.1厘米（图六四，4）。

狗　1件。标本02M21：2，泥质红陶。立姿。昂首，耸耳，鼓目，阔嘴露齿。粗尾上翻盘后臀上。颈有缰带，腹有兜肚，背拴环。四肢外撇八字直立。姿态威猛，细部刻画精致。模制合范拼接而成，中空。通高22.2厘米（图六四，5；图版八，4）。

子母鸡 1件。标本02M21：7，泥质红陶。昂首，短颈，扇形尾上翘。伏卧。背负小鸡一只，身前及左右两翅下各遮伏有小鸡一只。模制拼接而成，中空。通高13厘米（图六四，6；图版八，6）。

猪 1件。标本02M21：9，泥质红陶。立姿。长嘴，唇上翻，圆鼓目，短尾斜盘右臀。体长，背腰下沉，鬃毛不甚明显。模制拼接而成，中空，前后肢间腹部开孔不弥合。通高23.2厘米（图六四，7；图版八，5）。

（2）铜器

出土铜器2件，分别为盆、钱币。

盆 1件。标本02M21：1，敞口，宽平沿，薄唇，斜弧腹，平底。薄胎。素面。通体绿锈。通高11.5、口径28.2厘米（图六四，8；图版八，2）。

钱币 1枚。为五铢钱，标本02M21：16，锈蚀严重，保存极差。直径2.7、穿径1厘米。

一二、02M22

1. 墓葬形制

02M22位于文溪村四社（原大湾村九社），当地俗称“卧坡岭”的缓坡上，属长江南岸二级台地，处大湾墓群西Ⅴ区。02M21位于其南侧1米处，西侧5.5米有02M23相邻。墓葬开口于耕土层下，打破生土，距现地表0.3米。其构造方法：先自地面下挖刀把形土圹，土圹壁上下垂直且经过拍打、修整，再以条砖自土圹底向上堆砌刀把形墓壁，砖壁与土圹壁间留有0.1米左右的空隙，空隙间填以较为纯净的黄褐色黏土。土圹南北长4.9、东西宽1.19～3、残深1.26米。

02M22平面呈刀把形，方向285°。由墓道、甬道、墓室三部分组成（图六五）。

墓道 斜坡土圹式。上部不存。直接构筑在生土之内，坡陡且短，内填红褐色黏土，质较硬。墓道两侧较规整，斜坡底较平滑。残长0.75、宽1.6米，坡度48°。

甬道 平面近方形。封门建在甬道口内，外沿与甬道侧壁顶端平齐，以菱形几何边纹条砖错缝叠砌而成，花纹内向，砖间以细黄沙泥合缝。封门面宽1.35、残高1.08米。甬道东西两侧壁均以菱形几何边纹条砖错缝叠砌，砖壁修砌整齐，砖间以细泥合缝。西壁直通墓室，与墓室西壁构成一体。东壁向东作90°拐角形成墓室北壁。甬道内填满黄褐色五花土，其中夹杂有大量的残砖碎块，除条砖外，有一种带有子母榫卯的楔形砖，此种砖是用以券顶的，由此判断原甬道顶部为券顶。甬道底部未铺砖，与墓室处同一地平面上。甬道南北长1.46、东西宽1.38、残高1.08米。

墓室 平面呈长方形。券顶坍塌，后壁砌在两侧壁之间，但却与两侧壁砖不交错咬合，外端与两侧壁顶端平齐。残存墓壁均以菱形几何边纹条砖错缝叠砌而成，自下而上砌至第14

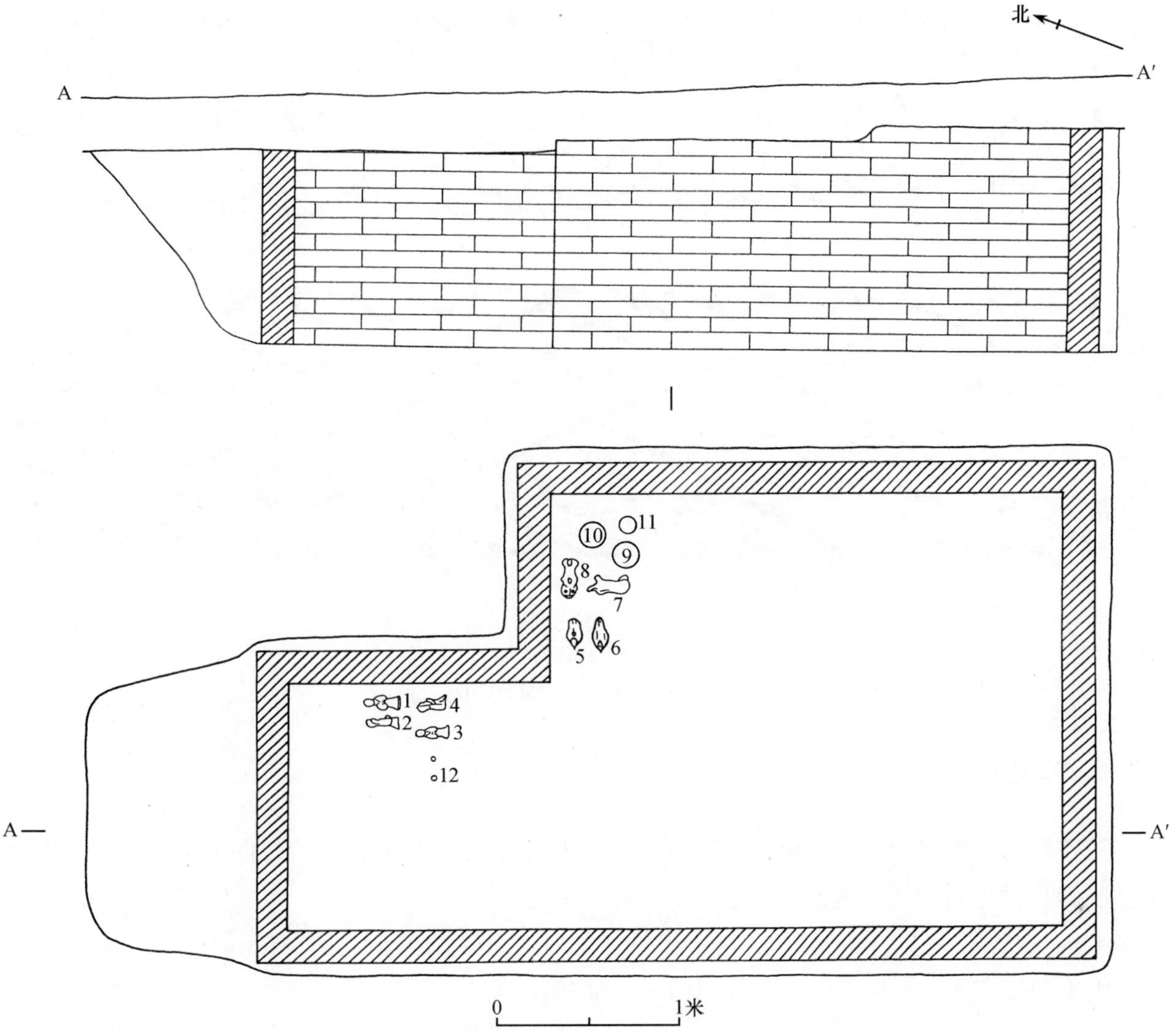

图六五　02M22平、剖面图

1～3. 立侍俑　4. 吹埙俑　5. 陶子母鸡　6. 陶公鸡　7. 陶狗　8. 陶猪　9. 陶灯　10. 陶博山炉　11. 陶杯　12. 铜钱

层时改用带有子母榫卯的楔形砖起券，构筑墓室券顶。墓室底部未铺砖。南北长2.83、东西宽2.44、残高1.26米。

由于墓葬被严重盗扰，墓内涌满扰乱的五花土。未发现任何葬具与人骨的痕迹，无法判定葬具、葬式与头向。

采集墓砖　2块。均泥质灰陶。平面呈长方形，上下面均饰绳纹，其余素面。青色，烧制温度高。标本02M22：01，两长侧面薄厚不一，截面呈楔形；两短侧有榫卯结构。较薄侧面饰菱形几何纹，中填菱形乳钉。长43、宽18.3、厚7.2～8.2厘米（图六六，1）。标本02M22：02，一长侧面饰菱形几何纹。砖体厚重，长44.5、宽20.5、厚10.5厘米（图六六，2）。

1

2

0 5厘米

图六六 墓砖拓片

1. 02M22：01 2. 02M22：02

2. 随葬器物

随葬器物分别集中出土于甬道中部近东壁处和墓室的东北角，共计12件（组），出土时大都已成碎片。分为陶器、铜器。

（1）陶器

出土陶器11件，分别为杯、灯、博山炉、俑等。

杯 1件。标本02M22：11，泥质灰陶。口微敛，方唇，鼓腹，平底。口沿下有一周凹弦纹。素面。轮制。内、外壁均有轮制时形成的抹痕。通高8.5、口径8.6厘米（图六七，1）。

灯 1件。标本02M22：9，釉陶。盘口，方唇，亚腰圆柱粗柄，腹盘底座，中空。灯盏内壁施酱釉，泥质红陶胎。素面。轮制。通高10.4、口径10.6厘米（图六七，4）。

博山炉 1件。标本02M22：10，釉陶。失盖。子母口，竹节柄，覆盘底座，中空。施酱釉，泥质红陶胎。素面。轮制。通高9.6、口径7.6厘米（图六七，5）。

立侍俑 3件。均为泥质红陶，全部采用模制合范拼接而成，中空。标本02M22：1，立姿。戴平冠，脑后梳髻，眉目不清。头微向右倾。着三重衣，深衣式。束腰。双手抱拥胸前，袖胡下垂，体矮胖。通高17.6厘米（图六七，2）。标本02M22：2，立姿。戴平冠，脑后梳髻，眉目不清。着三重衣，深衣式。束腰。双手抱拥胸前，袖胡下垂，体矮胖。通高18厘米（图六七，3）。标本02M22：3，立姿。脑后梳髻，眉目不清，削肩，体较瘦长，着及地长服，下摆呈喇叭形。双手抱拥胸前。通高16.8厘米（图六七，6）。

吹埙俑 1件。标本02M22：4，泥质灰陶。跪坐姿。戴尖帽，深目高鼻。着长服。双手抱埙抵唇，腮鼓起作吹奏状。模制合范拼接而成，中空。通高13.2厘米（图六七，7）。

子母鸡 1件。标本02M22：5，泥质红陶。昂首，尖喙，短颈，喇叭形尾。背负小鸡一

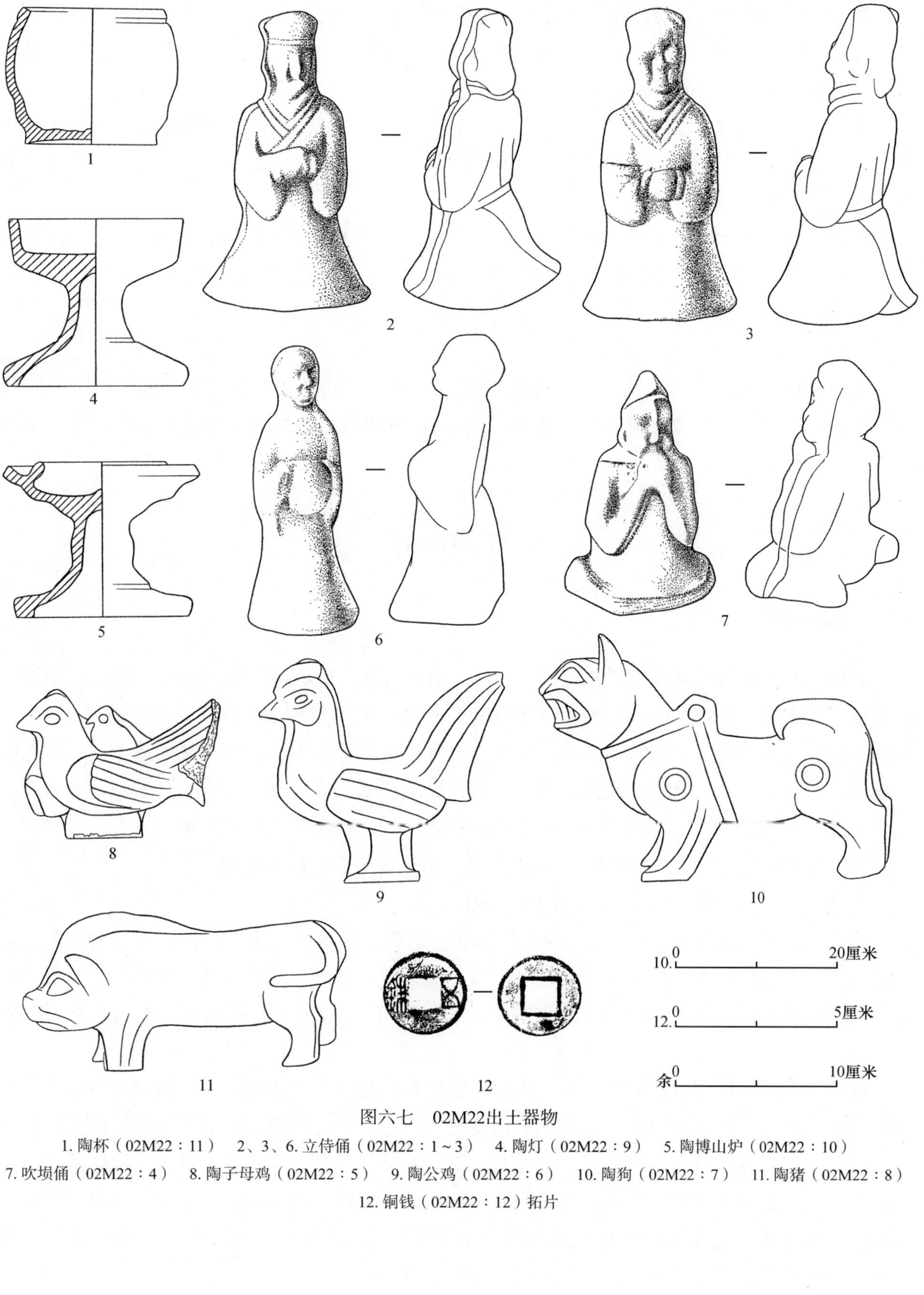

图六七　02M22出土器物

1. 陶杯（02M22：11）　2、3、6. 立侍俑（02M22：1～3）　4. 陶灯（02M22：9）　5. 陶博山炉（02M22：10）　7. 吹埙俑（02M22：4）　8. 陶子母鸡（02M22：5）　9. 陶公鸡（02M22：6）　10. 陶狗（02M22：7）　11. 陶猪（02M22：8）　12. 铜钱（02M22：12）拓片

只，身前遮伏小鸡一只。矮圆筒座。模制合范拼接而成，中空。通高9.2厘米（图六七，8）。

公鸡 1件。标本02M22：6，泥质红陶。昂首，曲颈，尖喙，高冠，鼓目，半圆锥尾上翘，两足粗短直立。羽毛刻画精细。模制合范拼接而成，中空。通高14厘米（图六七，9）。

狗 1件。标本02M22：7，泥质红陶。立姿。昂首，耸耳，鼓目，阔嘴露齿，粗短尾上翻臀上。颈有缰带，肚有兜肚，背拴环。前肢外八字直立。体态骄猛。模制合范拼接而成，中空。通高15.4厘米（图六七，10）。

猪 1件。标本02M22：8，泥质红陶。立姿。垂首，耸耳，圆鼓目，尖唇上翻。背鬃高耸，背腰下沉。体宽肥，小短尾翻卷臀上，四肢外八字直立。前后肢腹间开孔。模制合范拼接而成，中空。通高9.8厘米（图六七，11）。

（2）铜器

钱币 1组4枚，均为五铢。边郭规整，字迹清楚。“五”字中间两笔弯曲，“金”字头呈三角形，“朱”字上端左圆右方，下端圆润。标本02M22：12，直径2.55、穿径1厘米（图六七，12）。

一三、02M23

1. 墓葬形制

02M23位于文溪村四社（原大湾村九社），当地俗称“卧坡岭”的缓坡上，属长江南岸二级台地，处大湾墓群西Ⅴ区。东侧5.5米有02M22相邻。开口在耕土层以下，据现地表0.24米。早期盗扰，破坏严重，上部结构已荡然无存，仅残存墓葬下部少许砖壁。其构造方法：自地面下挖曲尺形土圹，土圹壁稍经修整，然后以条砖沿土圹壁砌成甬道、墓室的直壁，砖壁与土圹壁之间留有0.1米的空隙，空隙中填以纯净的黄褐色砂土，填土较为松软（图六八）。

02M23平面呈曲尺形，方向310°。由墓道、甬道和墓室三部分组成。

墓道 斜坡土圹式。残长0.55、宽1.5、残深1米。

甬道 平面呈正方形，边长1.5、残高0.2米。东西壁仅残存一层墓砖，东壁与墓室东壁连成一直壁。西壁作直角西拐形成墓室北壁。墓砖皆为带有菱形几何边纹的长方形条砖，带花纹的一侧一律向内。甬道底部未铺砖，地面为生土，上有一层薄薄的踩踏面，地面处理不甚光滑。

墓室 平面呈长方形，横长纵短。墓室后壁建在两侧壁之间，两端不与侧壁交错咬合，受外部淤泥积压，变形斜向墓室。墓壁均采用菱形几何边纹花砖错缝叠砌而成，花纹内向。砖间抹薄泥一层以合缝。墓底铺砖，除东壁处有一道顺铺外，其余均为纵向铺就。地面砖除长方形条砖外，还有少量的带有子母榫卯的楔形砖。墓室内填满黄褐色五花土，土中夹杂有大量的碎砖块。碎砖中有一定量的楔形砖，结合其他墓葬分析，此类砖主要用于甬道、墓室券顶，因此，原墓葬有券顶当无可疑。墓室进深2.36、面阔3.3米。

由于墓葬被严重盗扰，墓内涌满扰乱的五花土。未发现任何葬具与人骨的痕迹。

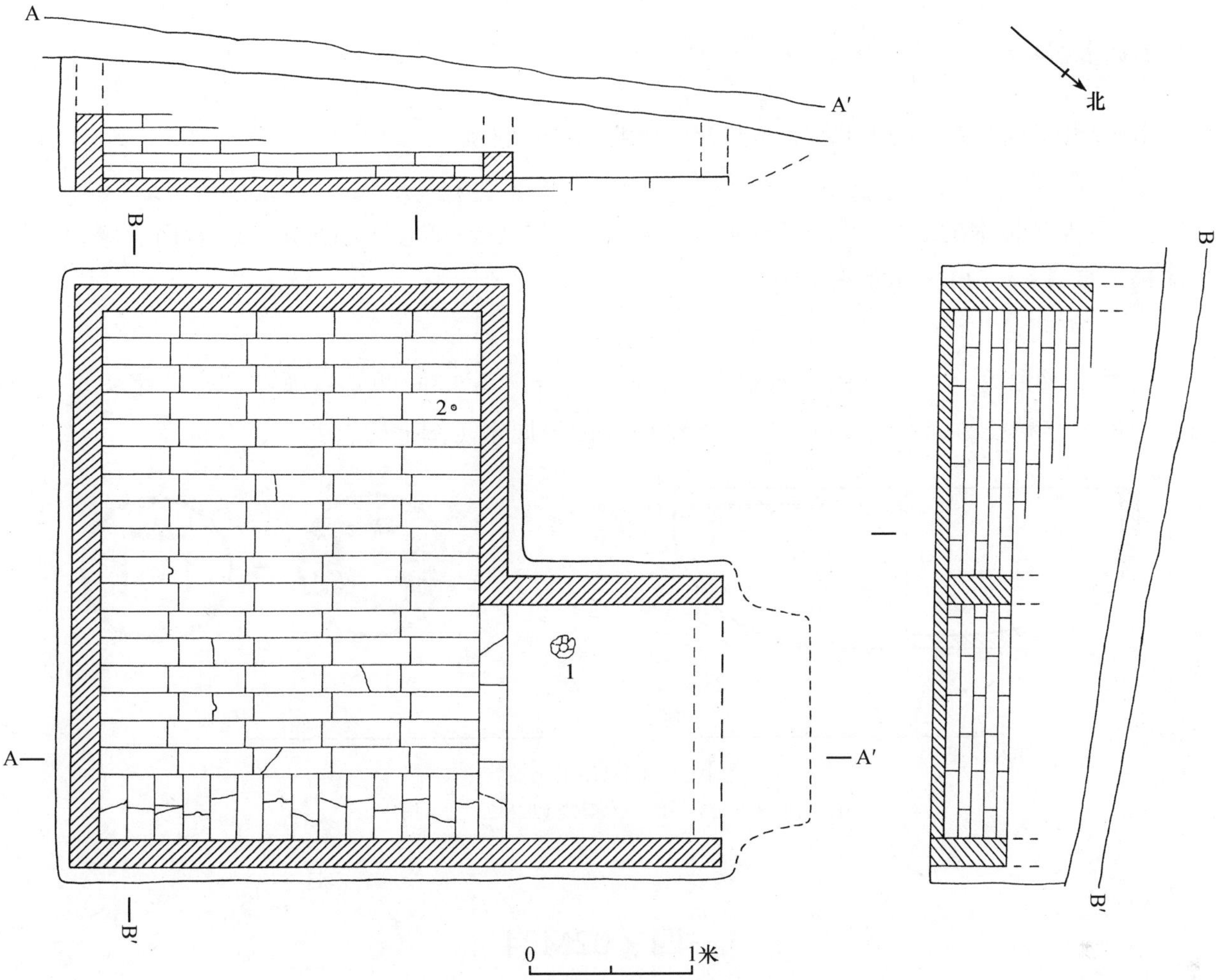

图六八　02M23平、剖面图
1. 陶钵　2. 铜钱

采集墓砖　1块。标本02M23：01，泥质灰陶。长方形条砖，上下面均饰绳纹，一长侧面饰菱形几何纹，其余素面。色青，烧制温度高。长41.5、宽16、厚7厘米（图六九）。

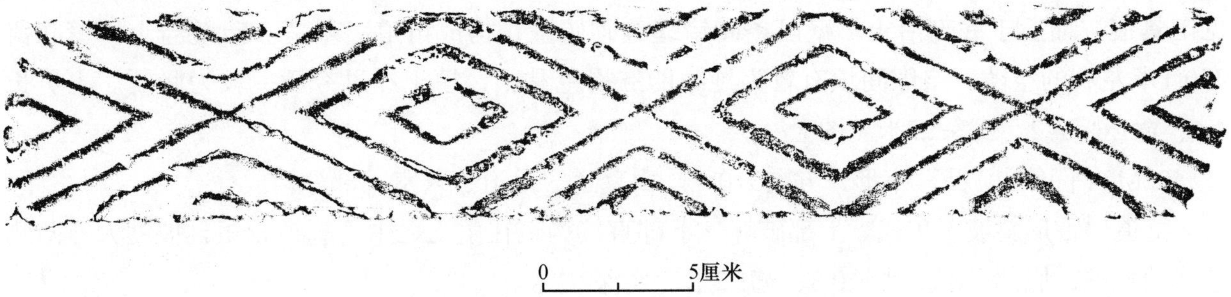

图六九　墓砖（02M23：01）拓片

2. 随葬器物

出土随葬器物置于甬道和墓室，共2件（组），分为陶器、铜器。

（1）陶器

钵 1件。标本02M23：1，泥质灰陶。敛口，圆方唇，弧腹，小饼足底。素面。轮制。做工粗糙。通高5.6、口径16厘米（图七〇，1）。

（2）铜器

钱币 1组2枚，均为五铢，形制大小相同。“五”字中间两笔弯弧，“金”字头呈三角形，“朱”字稍长。标本02M23：2，直径2.6、穿径1厘米（图七〇，2）。

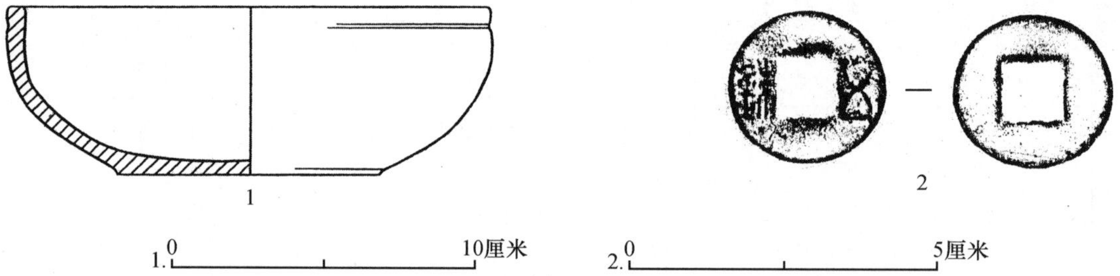

图七〇 02M23出土器物

1. 陶钵（02M23：1） 2. 铜钱（02M23：2）拓片

一四、02M24

1. 墓葬形制

02M24位于文溪村四社（原大湾村九社），当地俗称“卧坡岭”的缓坡上，属长江南岸二级台地，处大湾墓群西Ⅴ区。西有02M20，相距5.5米。墓葬开口于耕土层下，距现地表0.3米。其构筑方法为：先下挖“凸”字形土圹于生土之中，土圹壁经过拍打修整，较为平滑，不见工具痕。而后于底部沿土圹壁以条砖错缝叠砌砖壁，构成甬道、墓室。砖壁与土圹壁间留有0.1米左右的空隙，空隙间填有较为纯净的红褐色黏土，填土经过夯压，较为坚硬。土圹长4.4、宽1.6～4.2、残深2.2米（图七一）。

02M24平面呈“凸”字形，方向310°。由墓道、甬道、墓室三部分构成。

墓道 舌形斜坡土圹式。上部破坏，下部直接构筑在生土之中。墓道较短且坡度大。两侧壁修治规整，底部平滑。残长0.8、宽1.2米、残深2.2米。

甬道 平面呈长方形。在甬道口内有封门，外沿与甬道两侧壁顶端平齐。系以砌墓所余残砖堆砌而成，砖间以细黄泥合缝。残砖带有花纹的一侧朝向甬道内。封门面宽1.4、残高1.08米。甬道位于墓室北侧正中，东西两侧壁以米字形几何边纹条砖错缝叠砌而成，自下而上第14层时改用带子母榫卯的楔形砖起券，构筑甬道的拱形券顶，楔形砖的图案花纹与条砖相同并一

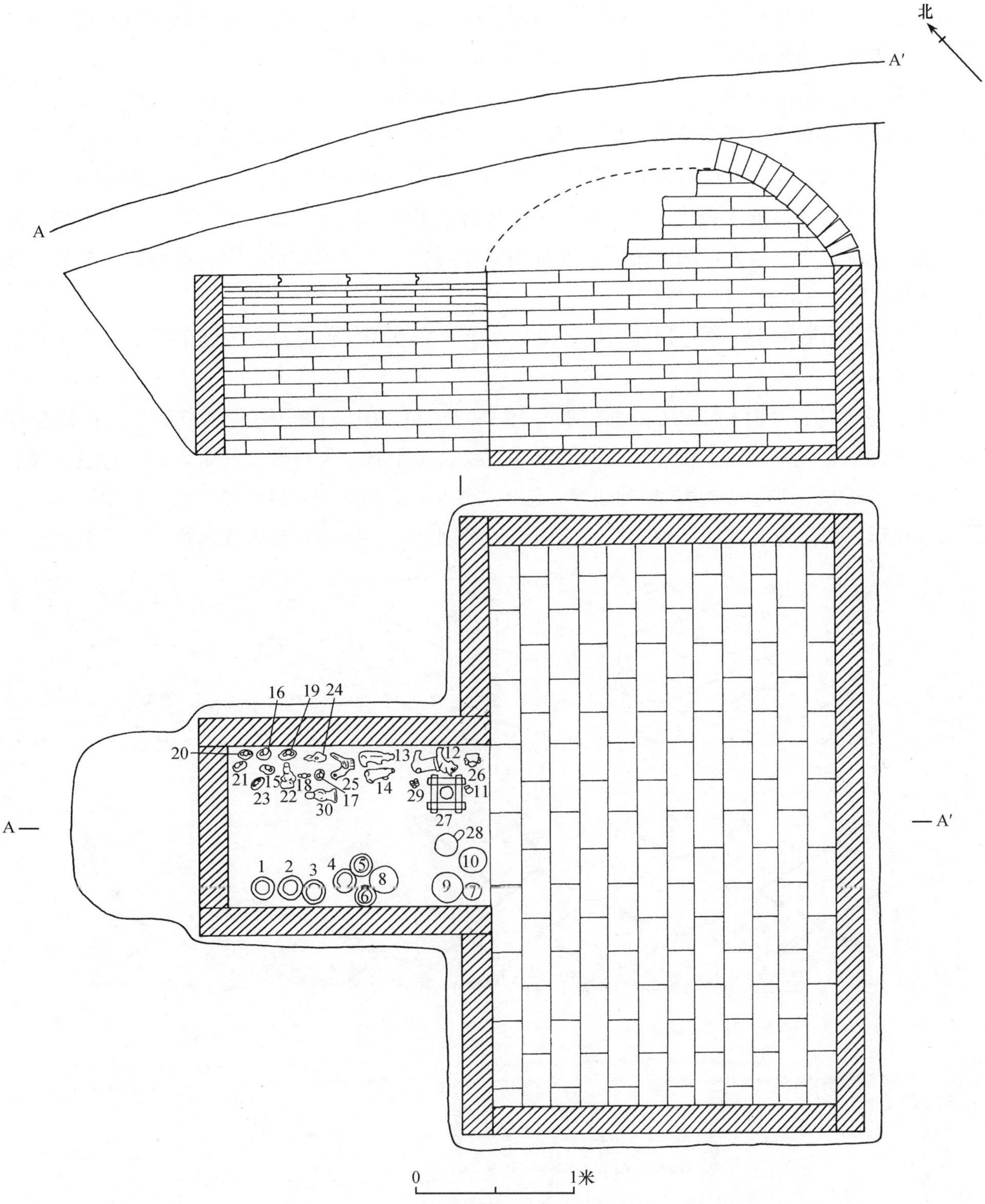

图七一　02M24平、剖面图

1～5、11. 陶罐　6. 陶博山炉盖　7. 陶灯　8. 陶钵　9. 陶盘　10. 陶器盖　12. 陶狗　13、14. 陶猪　15. 抚耳俑　16. 胡人吹箫俑　17～22、30. 立侍俑　23. 提袋持便面俑　24. 陶子母鸡　25. 陶公鸡　26. 镇墓兽　27. 陶井台模型　28. 陶匜　29. 铜钱

同朝向墓室。拱顶保存完整。直壁砖间以薄泥合缝，楔形砖的外侧缝隙内，填塞有黄褐色的黏土。甬道地面未铺砖。甬道南北长1.6、东西宽1.04、内高1.08米。

墓室　平面呈横长方形。四壁用砖及构筑方式均与甬道壁相同。东西两壁建在南北两侧壁顶端内侧，外沿与两侧壁顶端平齐。券顶起自南北两壁，起券位置与甬道相同，券顶与甬道券顶形成十字交叉。在与甬道券顶相接处，墓室券顶骑架在甬道券顶之上。墓室地面铺砖，采用东西顺长平行错缝横铺，共计12行。砖铺平面与甬道未铺砖之地平面处同一高度。墓室内填满黄褐色五花土，内夹杂大量的碎砖块和少量的料姜石块，土质含水量较大，质地比较松软。墓室东西长3.72、南北宽2.42、高1.8米。

由于墓葬早期被盗，墓室顶部坍塌，破坏严重。未发现任何葬具与人骨的痕迹，无法判定葬式与头向。

采集墓砖3块，均泥质灰陶，长方形。标本02M24：01，两长侧面薄厚不一，截面呈楔形；两短侧面有榫卯结构。较薄侧面饰菱形几何纹，正中有一竖直棱。其余素面。青色，烧制温度较高。长42.2、宽17、厚7.5～8厘米（图七二，1）。标本02M24：02，两长侧薄厚不一，截面呈楔形；两短侧有榫卯结构。长侧薄面饰菱形网格纹，中部方形内饰网格纹，其余素面。

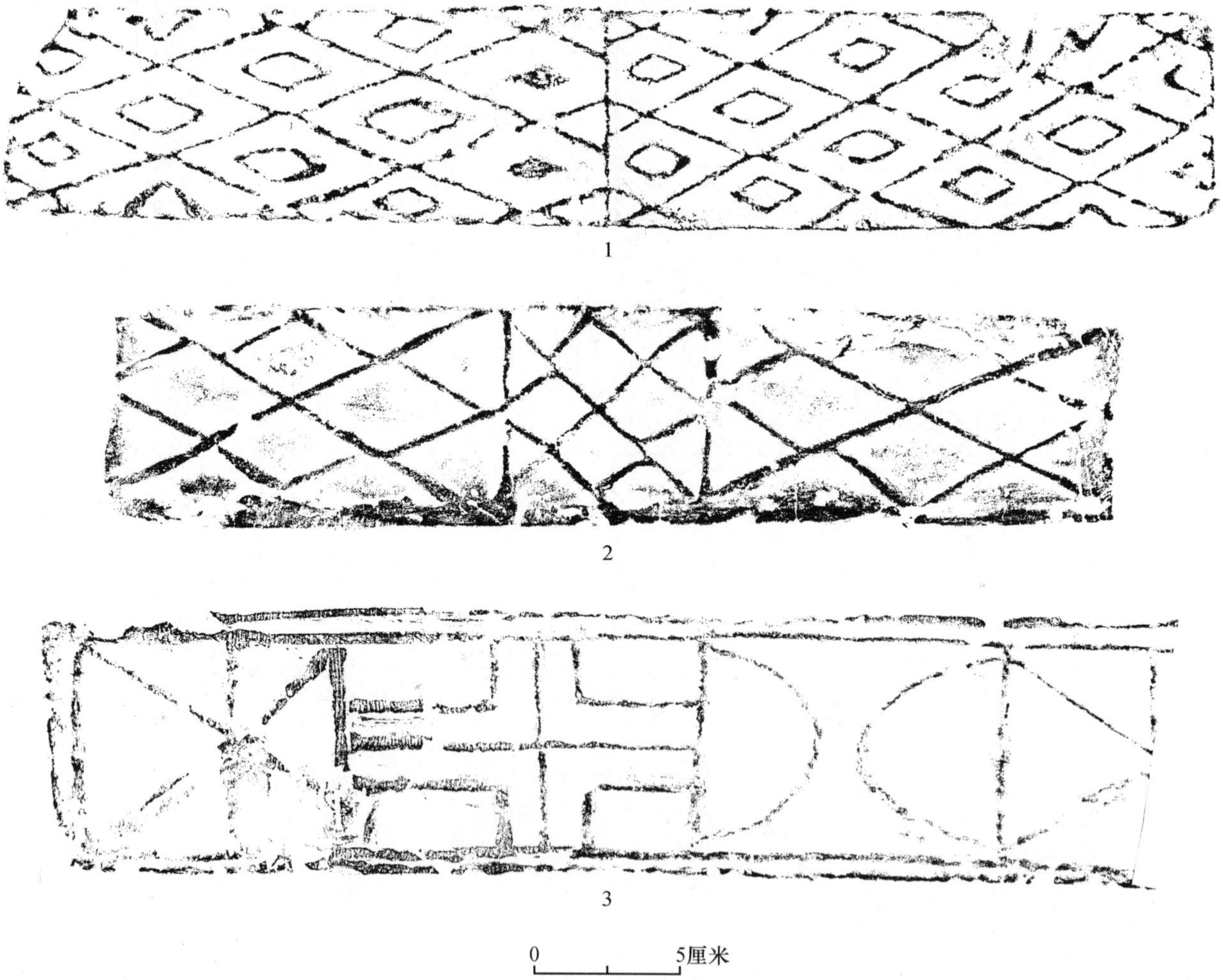

图七二　墓砖拓片

1. 02M24：01　2. 02M24：02　3. 02M24：03

浅灰色，烧制温度不高。长34.5、宽16.5、厚7.5～9厘米（图七二，2）。标本02M24：03，一长侧面四方框内饰有“米”字、“十”字、“）（”“X”纹饰，其余素面。色浅灰，烧制温度不高。长45、宽18、厚9.5厘米（图七二，3）。

2. 随葬器物

随葬器物集中放置在甬道内分靠在东西两壁附近，共计30件（组），分为陶器、铜器两类。

（1）陶器

29件。分别为罐、匜、钵、盘、灯、博山炉盖、器盖、井台模型、俑等。

罐 6件。均为泥质灰陶。标本02M24：1，侈口，圆唇，鼓腹，平底。肩部有一周凹弦纹。通高10.6、口径9.6厘米（图七三，1）。标本02M24：2，侈口，圆方唇，领稍高，鼓腹，平底微凹。肩部有凹弦纹及戳刺纹。通高10.6、口径9.6厘米（图七三，2）。标本02M24：3，侈口，圆唇，折肩，斜腹，平底稍凹。肩部有一周凹弦纹。通高10.4、口径8厘米（图七三，3）。标本02M24：4，侈口，圆唇，束颈稍高，鼓腹，平底。肩部有凹弦纹及戳刺纹。器内壁凹凸不平。通高10.7、口径9.6厘米（图七三，4）。标本02M24：5，侈口，圆唇，束颈较高，圆肩，斜腹较直。平底。肩部有凹弦纹及戳刺纹。器内壁凹凸不平。通高10.7、口径9.4厘米（图七三，5）。标本02M24：11，侈口，圆唇，束颈，广肩，斜腹，平底。器形较小，应是水井模型中的小水罐。素面。轮制。通高4.6、口径3.6厘米（图七三，6）。

钵 1件。标本02M24：8，釉陶。直口，方唇，上腹壁直，下腹急收成小平底。上腹壁有一周较深的凹弦纹。器表通施酱釉，已酥粉剥落殆尽。泥质红陶胎。通高6、口径19厘米（图七三，8）。

匜 1件。标本02M24：28，泥质红陶，直口，方唇，下腹急收成小平底。龙首直柄。口沿下有一周凹弦纹。素面。通高6.4、口径18.6厘米（图七三，11）。

盘 1件。标本02M24：9，釉陶。大口，宽平沿，尖唇，浅腹下急收成小平底。内壁通施酱釉，有酥粉现象。素面。通高5.2、口径20.2厘米（图七三，10）。

灯 1件。标本02M24：7，釉陶。盘口，方唇，亚腰形圆柱粗柄，覆盘底座。体较矮。通体施酱黄色釉。轮制。素面。通高10、口径11.6厘米（图七三，13）。

博山炉盖 1件。标本02M24：6，釉陶。圆锥乳状，器表浮雕山形。施酱黄色釉，釉不及内壁。轮制。通高6.4、口径11.4厘米（图七三，9）。

器盖 1件。标本02M24：10，釉陶。腹圜底钵形。子母口。器表有三个等距离分布的乳钉。表施酱釉，素面，泥质红陶胎。胎较厚。应是釉陶钟的器盖，器身不见。通高4.4、口径10.8厘米（图七三，12）。

井台模型 1件。标本02M24：27，泥质灰陶。“井”字方形。中间开孔以为井口，井口两侧另有小方口以插井架，背面于井口周边起棱，形成与井筒相接的子母口。表面以阴线井字交叉分割布局，边角填饰平行斜线，边饰交叉椭圆或菱形线纹。边长21厘米（图七三，7；图七四）。

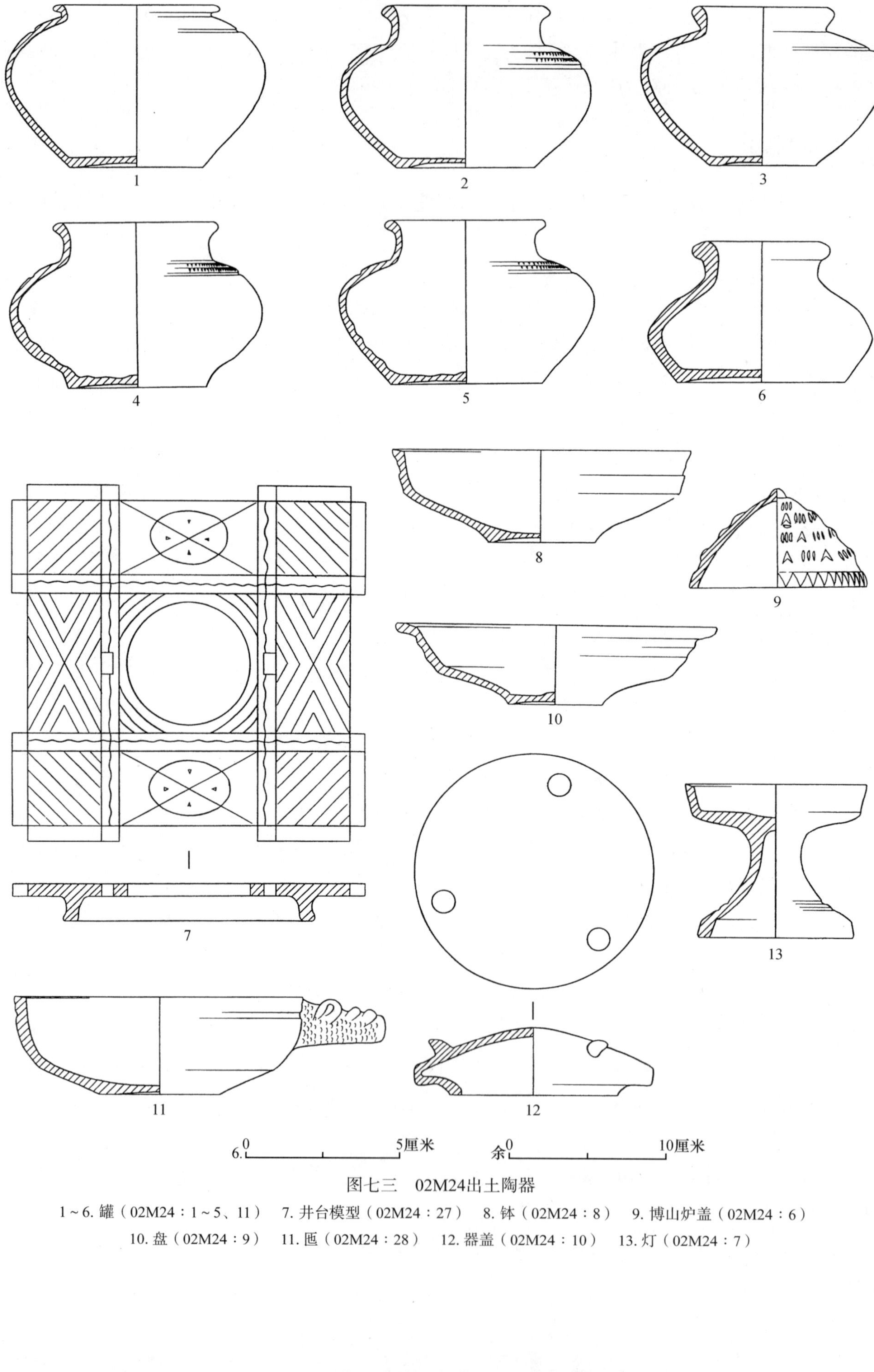

图七三　02M24出土陶器

1～6. 罐（02M24：1～5、11）　7. 井台模型（02M24：27）　8. 钵（02M24：8）　9. 博山炉盖（02M24：6）　10. 盘（02M24：9）　11. 匜（02M24：28）　12. 器盖（02M24：10）　13. 灯（02M24：7）

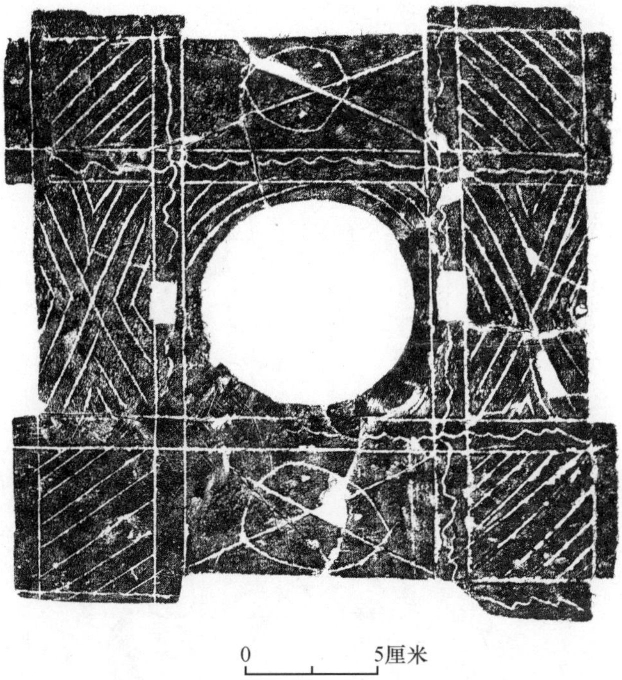

图七四　陶井台模型（02M24：27）拓片

立侍俑　7件。均为模制拼接而成，中空。标本02M24：30，泥质红陶。立姿。戴巾帻，脑后梳髻，昂首，眉目不清。着三重衣，外衣宽袖右衽及地长服，袖弧长垂。露履。双手抱拥胸前，左臂挟抱一拂尘。通高23.4厘米（图七五，1）。标本02M24：17，泥质灰陶。立姿。直鼻，小耳，眉目不清，脖颈粗短。着及地长服，腰微束。双手抱拥胸前。造型比例失常，细部刻画粗糙，两肩之高低、宽窄不同，两耳之前后、大小不对称，表面极不光滑。中空。火候较高，色呈青灰，叩之声脆。与02M24：19同模。通高20厘米（图七五，2；图版九，1）。标本02M24：18，泥质灰陶。立姿。直鼻，小口，眉目不清，头饰难辨。着及地长服，束腰。双手抱拥胸前。制作粗糙，造型比例失常。火候较高。色青灰。通高20厘米（图七五，3）。标本02M24：19，泥质灰陶。立姿。直鼻，小耳，眉目不清，脖颈粗短。着及地长服，腰微束。双手抱拥胸前。造型比例失常，细部刻画粗糙，两肩之高低、宽窄不同，两耳之前后、大小不对称，表面极不光滑。火候较高，色呈青灰，叩之声脆。通高19.6厘米（图七五，4）。标本02M24：20，泥质灰陶。立姿。直鼻，小耳，眉目不清，脖颈粗短。着及地长服，腰微束。双手抱拥胸前。造型比例失常，细部刻画粗糙，两肩之高低、宽窄不同，两耳之前后、大小不对称，表面极不光滑。火候较高，色呈青灰，叩之声脆。与02M24：19同模。通高19.8厘米（图七五，5；图版九，2）。标本02M24：21，泥质灰陶。立姿。裹巾，高眉骨，高颧骨，尖下颌，削肩。着三重衣，外衣宽袖及地长服，束腰，下摆呈喇叭形。双手抱拥胸前，袖弧长垂。制作粗糙。火候较高。通高18.2厘米（图七五，6）。标本02M24：22，泥质灰陶。立姿。直鼻，小耳，眉目不清，脖颈粗短。着及地长服，腰微束。双手抱拥胸前。造型比例失常，细部刻画粗糙，两肩之高低、宽窄不同，两耳之前后、大小不对称，表面极不光滑。火候较高，色呈青灰，叩之声脆。与02M24：19同模。通高20.2厘米（图七六，1）。

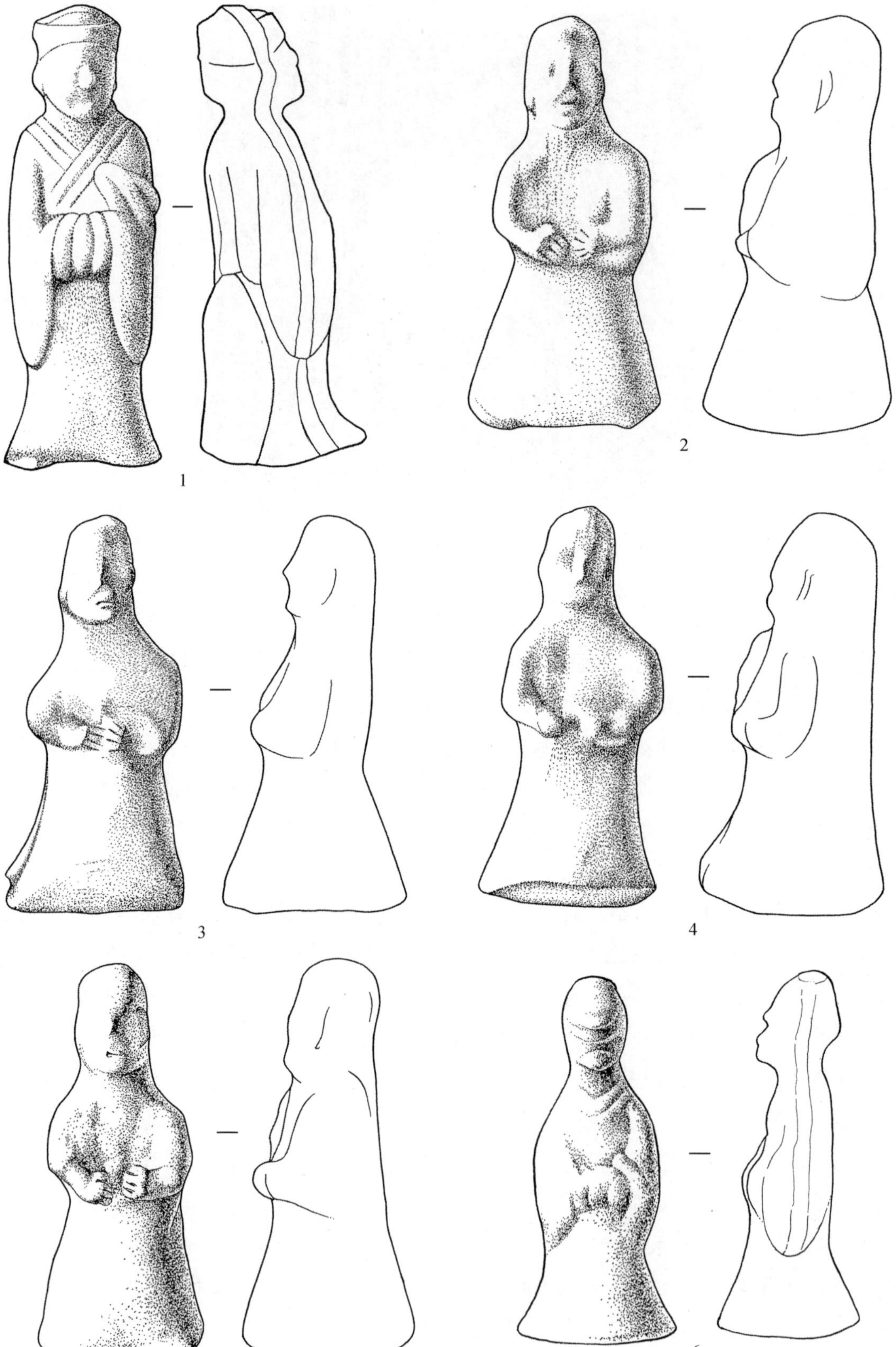

图七五　02M24出土立侍俑

1. 02M24：30　2～6. 02M24：17～21

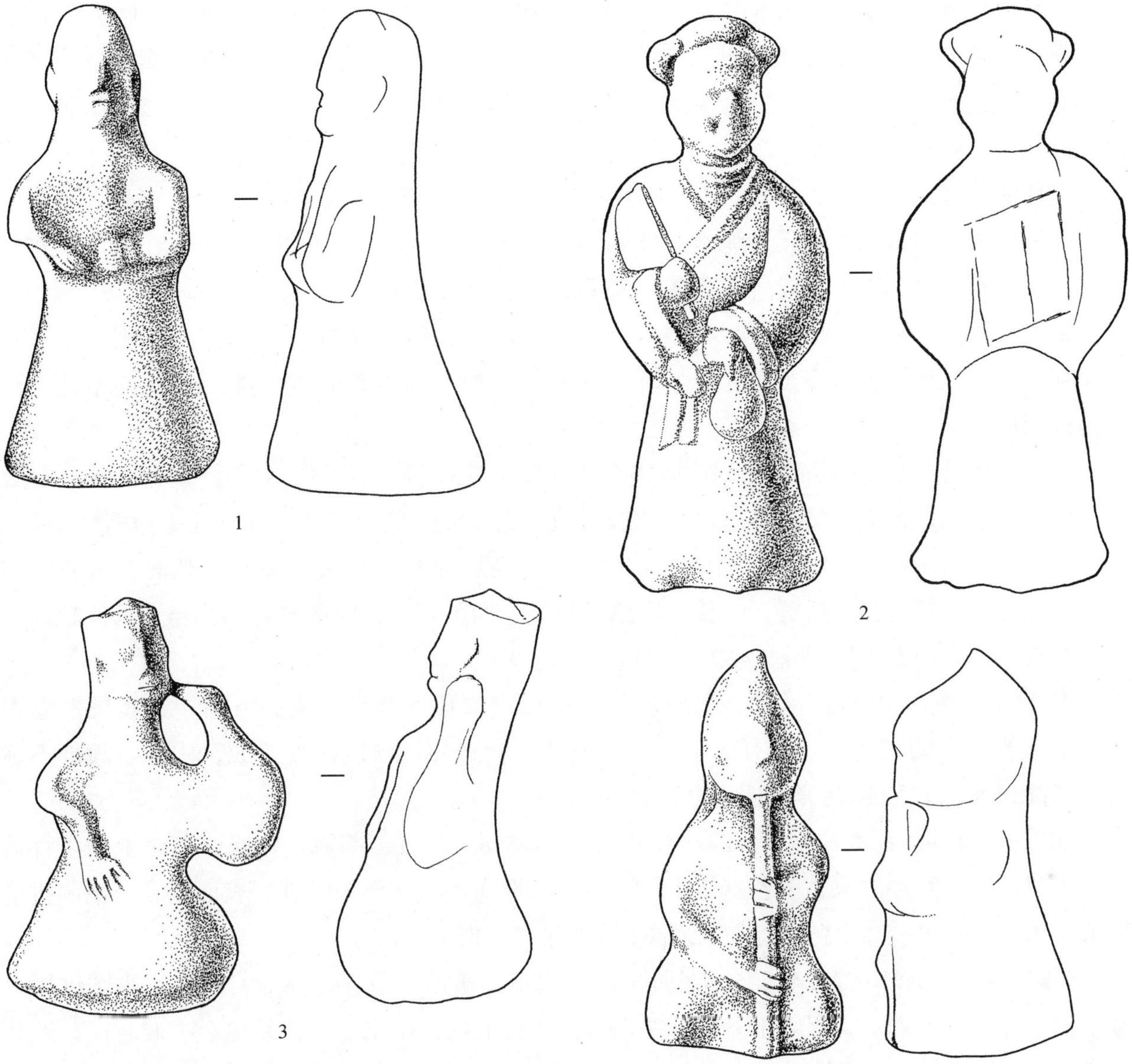

图七六　02M24出土陶俑

1. 立侍俑（02M24：22）　2. 提袋持便面俑（02M24：23）　3. 抚耳俑（02M24：15）　4. 胡人吹箫俑（02M24：16）
5、6. 猪（02M24：13、14）

提袋持便面俑 1件。标本02M24：23，泥质红陶。立姿。梳花髻，面部丰腴，眉目不清。着三重衣，外衣宽袖右衽及地长服，束腰。左手斜垂腹前提袋；右手弯于胸前持便面。背部有刻画的倒“日”字图案。模制拼接而成，中空。通高23.8厘米（图七六，2；图版九，3）。

抚耳俑 1件。标本02M24：15，泥质灰陶。跪坐姿。戴巾帻，脑后梳髻，直鼻，小口，眉目不清。着宽袖长服，束腰，跪坐，左手上弯抚耳作倾听状，右手斜垂身前。手制，制作粗糙，比例失常。中空。火候较高。通高16.8厘米（图七六，3）。

胡人吹箫俑 1件。标本02M24：16，泥质灰陶。跪坐姿。头戴尖帽，高鼻，眉目不清，着宽袖长服。双手左上右下于身前持长箫，长箫一端抵唇，嘴噘起作吹奏状。另一端触地。模制拼接而成，中空。通高16.6厘米（图七六，4）。

猪 2件。皆模制拼接而成，中空。标本02M24：13，泥质红陶。立姿。垂首，伏耳，鼓目，唇上翻，短尾翻卷后臀。体宽肥，四肢粗短直立。前后肢间腹部各开有孔。通高11.4厘米（图七六，5；图版一〇，1）。标本02M24：14，泥质灰陶。立姿。垂首，伏耳，鼓目，阔嘴，大鼻孔，小短尾盘卷后臀，体长，背鬃不明显。四肢直立，腹部开口不弥合。火候较高，色呈青灰。通高10.5厘米（图七六，6；图版一〇，2）。

狗 1件。标本02M24：12，泥质灰陶。昂首，耸耳，鼓目，阔鼻方嘴，细短尾上卷臀上。头大身小，四肢直立。颈有缰带，肚有兜肚，背拴环。模制拼接而成，中空。腹部不弥合。通高14.8、口径23.4厘米（图七七，1；图版九，5）。

子母鸡 1件。标本02M24：24，泥质灰陶。卧姿。昂首，高冠，短喙，筒尾上翘。背负小鸡一只，腹下及左右双翅下各遮伏小鸡一只。筒形底座。制作欠精细，表面粗糙。模制拼接而成，中空。火候较高，色呈青灰。通高11.1厘米（图七七，2）。

公鸡 1件。标本02M24：25，泥质灰陶。立姿。昂首，曲颈，高冠，短喙，半圆锥尾上翘。筒形座，两足屈立，浮雕于筒座外壁。模制拼接而成，中空。制作粗糙。火候较高。通高15.8厘米（图七七，3；图版九，6）。

镇墓兽 1件。标本02M24：26，泥质灰陶。兽面，昂首，耸耳，阔嘴露齿，口吐及地长舌。蹲坐，前肢长垂趴地，后肢卷曲。模制拼接而成，中空。通高13.4厘米（图七七，4；图版九，4）。

（2）铜器

钱币 1组8枚，均为五铢，分两种。标本02M24：29：1，字迹清楚，“五”字中间两笔弯曲，“金”字头呈三角形，“朱”字上下方折。直径2.5、穿径1厘米（图七七，5）。标本02M24：29：2，剪边五铢，字迹较清。“五”字中间两笔弯曲，“金”一半被剪掉，“朱”字上端略方，下端圆润，中间一横较长。直径2、穿径0.9厘米（图七七，6）。

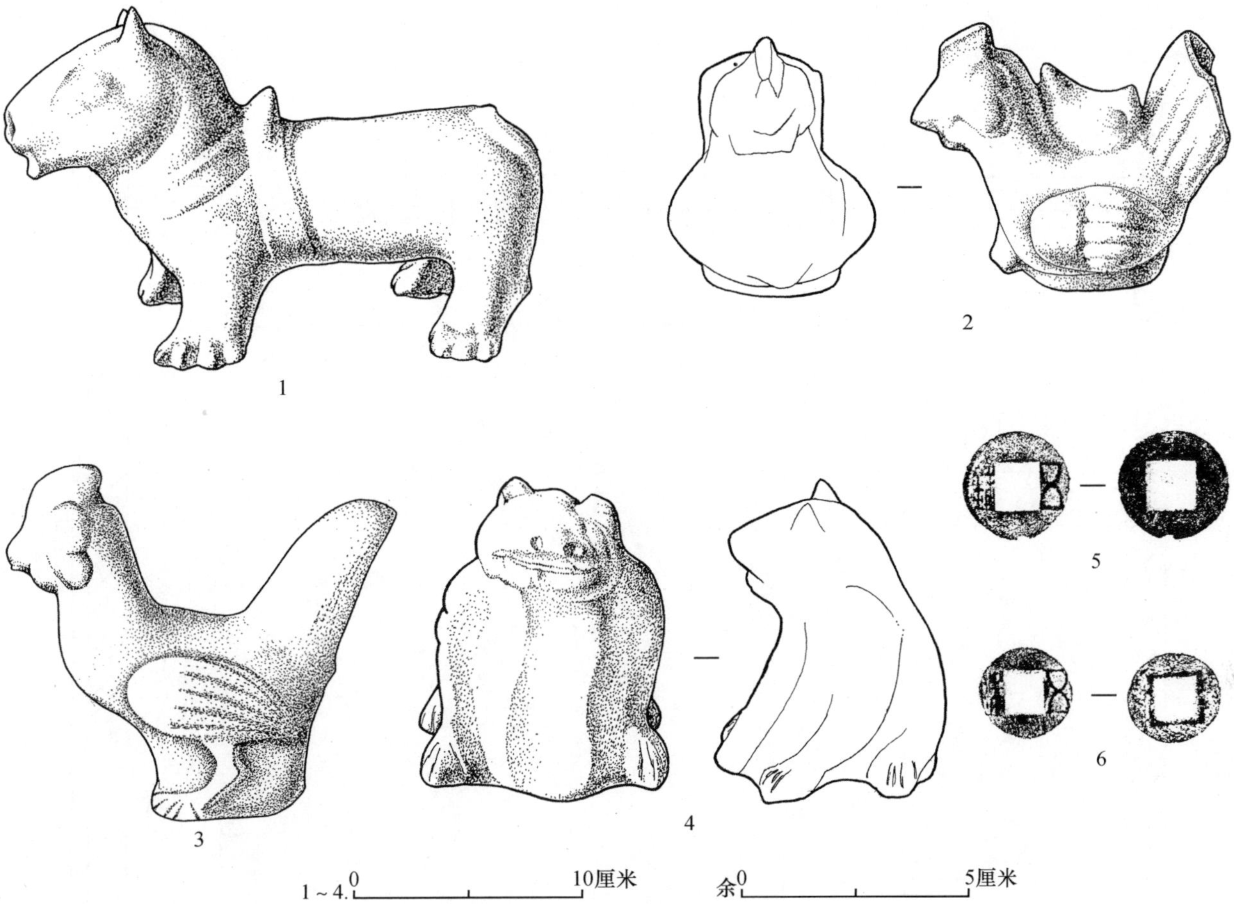

图七七　02M24出土器物

1. 陶狗（02M24：12）　2. 陶子母鸡（02M24：24）　3. 陶公鸡（02M24：25）　4. 镇墓兽（02M24：26）
5、6. 铜钱（02M24：29：1、2）拓片

一五、03M2

1. 墓葬形制

03M2位于文溪村四社（原大湾村九社），当地俗称“卧坡岭”的丘原上，属西Ⅴ区的长江南岸二道坡地。开口于耕土层下，距现地表0.29米。其构筑方法为：先下挖“凸”字形土圹于生土之中，土圹壁经过拍打修整，较为平滑，不见工具痕。而后于底部沿土圹壁以条砖错缝叠砌砖壁，构成甬道、墓室。砖壁与土圹壁间留有0.08米左右的空隙，空隙间填有较为纯净的红褐色黏土，填土经过夯压，较为坚硬。土圹长5.2、宽1.94～3.36、残深0.44米（图七八）。

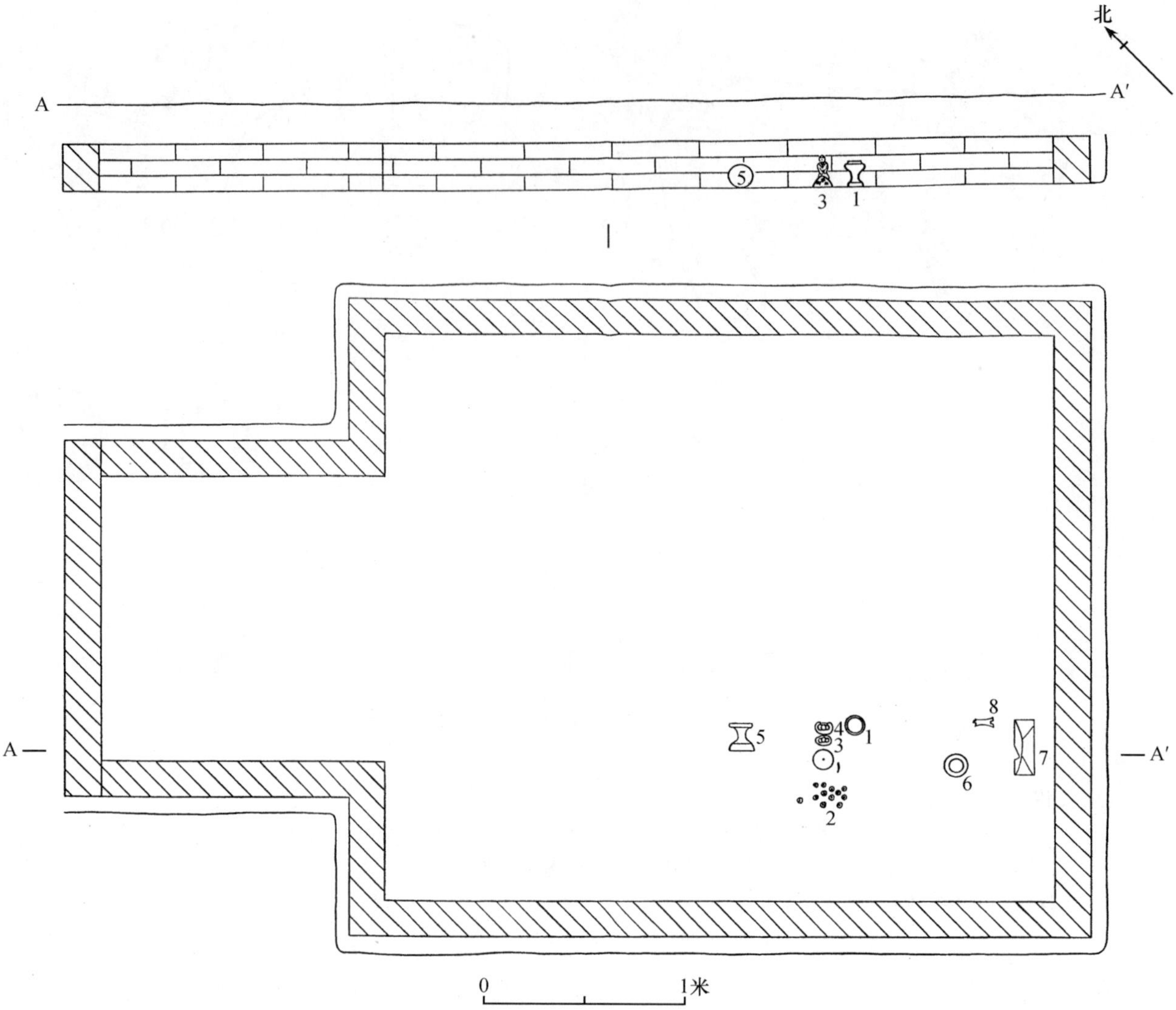

图七八　03M2平、剖面图

1. 博山炉　2. 铜钱　3. 抚耳俑　4. 吹埙俑　5. 陶灯　6. 陶罐　7. 陶案　8. 井架

03M2平面呈凸字形，方向310°　。墓葬由甬道、墓室两部分构成。墓道遭破坏不见。

甬道　平面呈方形，位于墓室西侧正中前，甬道壁以菱形几何边纹条砖叠砌。甬道内填黄褐色黏土夹杂少量砖渣砖块，地面是料姜石层，稍作修整。甬道南北长1.44、东西宽1.44、内高0.44米。

墓室　平面呈长方形。地面与甬道地平面处同一高度。墓室内填满黄褐色五花土，内夹杂大量的碎砖块，土质较坚硬。墓室东西长3.35、南北宽2.85、残高0.44米。

发现有少量朱砂混在泥土里，可能为棺上的漆皮，可断定有棺。发现少量碎尸骨的痕迹，但无法判明葬式、头向不明。

采集墓砖　1块。标本03M2：01，泥质灰陶，完整。长方形条砖。上下面饰绳纹，一长侧面饰菱形几何纹，线条粗壮，纹饰浑厚。其余面素面。长43.5、宽18.5、厚8厘米（图七九）。

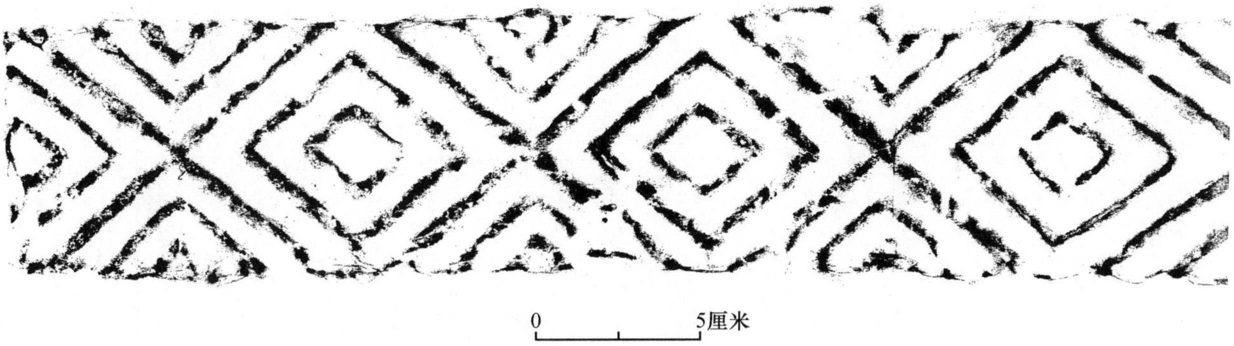

图七九　墓砖（03M2：01）拓片

2. 随葬器物

随葬器物出土于墓室内偏西（图版一一，1），共计8件（组）。分为陶器、铜器两类。

（1）陶器

7件。分别为罐、灯、博山炉、案、井架、俑等。

罐　1件。标本03M2：6，泥质灰陶，修复完整。侈口，圆唇，束直颈，溜肩，鼓腹内收，平底。肩部饰弦纹一道。轮制。通高12、口径9.2、底径8.2、腹径16厘米（图八〇，1；图版一〇，3）。

灯　1件。标本03M2：5，釉陶。盘形灯盏，方唇，平底，喇叭状柄，覆圆盘状底座，中空。底座和柄下部各饰一道弦纹。器外部和灯盏内施酱黄色釉。釉面脱落较多，露出红陶胎体。轮制。通高13.4、盘口径11.4、底径10.2厘米（图八〇，2）。

博山炉　1件。标本03M2：1，釉陶。修复完整。半球形盖，浅盘子母口，圆柱形柄，浅覆盘状底座。中空。底座与柄下部各饰弦纹一道。盖表面遍饰三角纹，顶部有三个戳空。表面均施酱黄色釉，脱落较多。通高16.6、盘径11.2、底径9.2厘米（图八〇，3）。

案　1件。标本03M2：7，泥质灰陶，修复完整。长方形案面，下有两顺长垂直的挡板，挡板外侧起半圆柱形棱，挡板与圆棱下接四蹲坐的熊形足，四熊两两相背，相背两熊蹲坐在长方形垫板上。熊为高浮雕制成圆嘴，大腹露脐。形象生动。模制、手制结合。长27.8、宽10.6、高14.4厘米（图八〇，4；图版一〇，4）。

井架　1件。标本03M2：8，泥质灰陶，完整。井架为束腰长方形，一端带榫，另一端开叉。长9.7、宽3.6、厚8厘米（图八〇，5）。

抚耳俑　1件。标本03M2：3，泥质灰陶，完整。跪坐姿。头戴巾帻，五官不清。着宽袖长服，束腰，下摆呈喇叭形后曳。仰面右倾，身体微张。右手抚耳做倾听状；左手下垂抚膝。神态恬静。通高12.6厘米（图八〇，6；图版一〇，5）。

吹埙俑　1件。标本03M2：4，泥质灰陶，完整。跪坐姿，戴尖帽，深目高鼻。着长服。双手抱埙抵唇，腮鼓起作吹奏状。模制拼接而成，中空。通高14.4厘米（图八〇，7；图版一〇，6）。

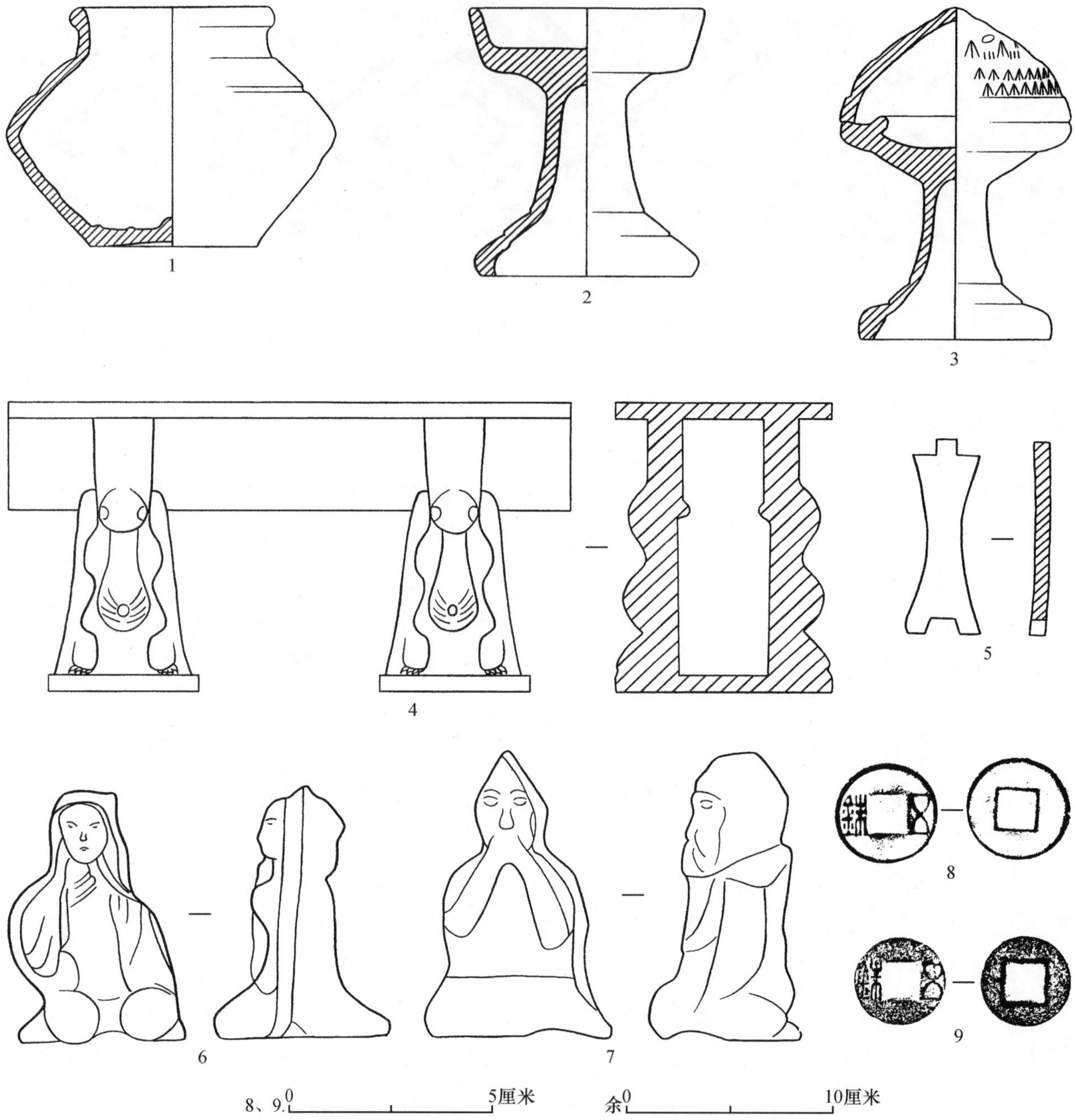

图八〇 03M2出土器物

1. 陶罐（03M2：6） 2. 陶灯（03M2：5） 3. 陶博山炉（03M2：1） 4. 陶案（03M2：7） 5. 陶井架（03M2：8）
6. 抚耳俑（03M2：3） 7. 吹埙俑（03M2：4） 8、9. 铜钱（03M2：2：1、2）拓片

（2）铜器

钱币 1组55枚，均为五铢，分为二式。

Ⅰ式：共53枚，形制、大小相同。标本03M2：2：1，边郭规整，字迹清楚。“五”字中间两笔弯曲交叉；“金”字头呈小三角形稍倾斜；“朱”字上端方折，下端圆润。直径2.6、穿径1厘米（图八〇，8）。

Ⅱ式：共2枚，形制大小相同。标本03M2：2：2，外边郭被剪掉，字迹清楚。“五”字中间两笔弯曲交叉，字体较矮；“金”字头呈小三角形；“朱”字上端方折，下端圆润。底径2.2、直径1厘米（图八〇，9）。

一六、03M5

1. 墓葬形制

03M5位于文溪村（原大湾村四社），当地俗称“包上”的缓坡上。处大湾墓群西Ⅳ区。墓葬前半部分被一座现代墓打破，其余部分开口在扰土层下，距现地表约0.36米。其构筑方法是，先自地面下挖刀把形土圹，四壁经过拍打、修整。而后于土圹之内起砖壁，墓壁与土圹壁间留有厘米的空隙，空隙内填红褐色五花土。土圹残长2.9、宽1.52～2.2、残深0.56米（图八一）。

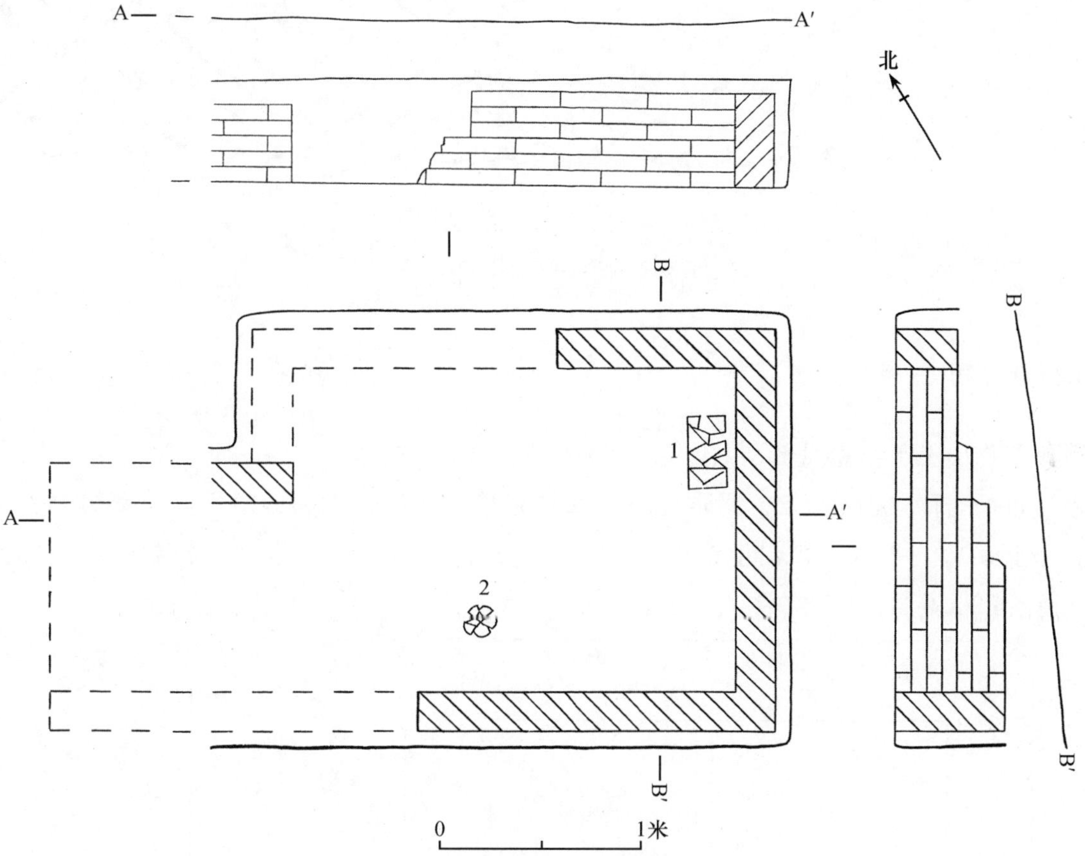

图八一　03M5平、剖面图
1. 陶塘　2. 陶罐

03M5平面呈刀把形，方向300°。由甬道、墓室两部分组成。曾遭盗扰，破坏严重。残长2.6、宽0.96～1.64、残高0.32～0.56米。

甬道　平面呈长方形。甬道南北两侧壁仅余二三层砖，南壁与墓室南壁连一体，北壁作90°北拐，形成墓室北壁。填土中发现有带子母榫卯的条砖，推测原应有券顶。底部料姜石生土地面，稍做修整，坑洼不平。甬道残长0.2、宽0.96、残高0.32米。

墓室　平面呈长方形。南北两壁均为长方形条砖错缝叠砌起壁，菱形几何纹一侧朝向墓室。砖间填塞黄褐色黏土。后壁与南北两侧壁叠砌交错咬合。墓室所用墓砖以长方形条砖为主，杂有少量的带榫卯的条砖，花纹内向。墓室内填黄褐色黏土和砖块，亦有零星红陶残片出土。地面与甬道处同一地平，底部料姜石生土地面，稍做修整，坑洼不平。东西长2.2、南北宽1.64、残高0.56米。

葬具、尸骨腐朽无存。葬具、葬式、头向不明。

采集墓砖　1块。标本03M5：01，泥质灰陶。长方形条砖，上下面饰绳纹，一长侧面饰菱形几何纹，菱形纹正中饰菱形小乳钉。色深灰，烧制温度高。长43.5、宽19.5、厚8厘米（图八二）。

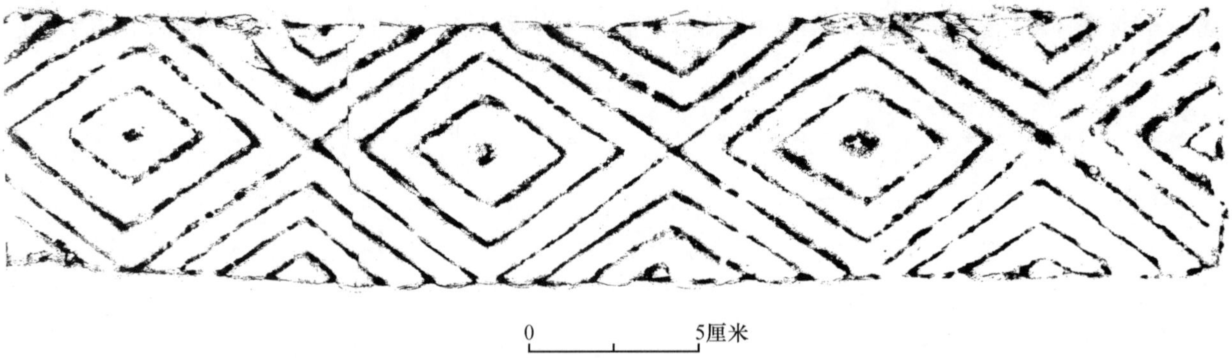

图八二　墓砖（03M5：01）拓片

2. 随葬器物

随葬器物出土于墓室后部，共2件，均为陶器。

罐　1件。标本03M5：2，泥质红陶，修复完整。敛口，尖唇，窄平沿，斜矮领，圆肩，鼓腹，下腹斜收，平底。口沿上饰弦纹一周，肩部饰弦纹一周。素面。轮制。口径10、腹径15.6、底径6.8、高11.3厘米（图八三，2）。

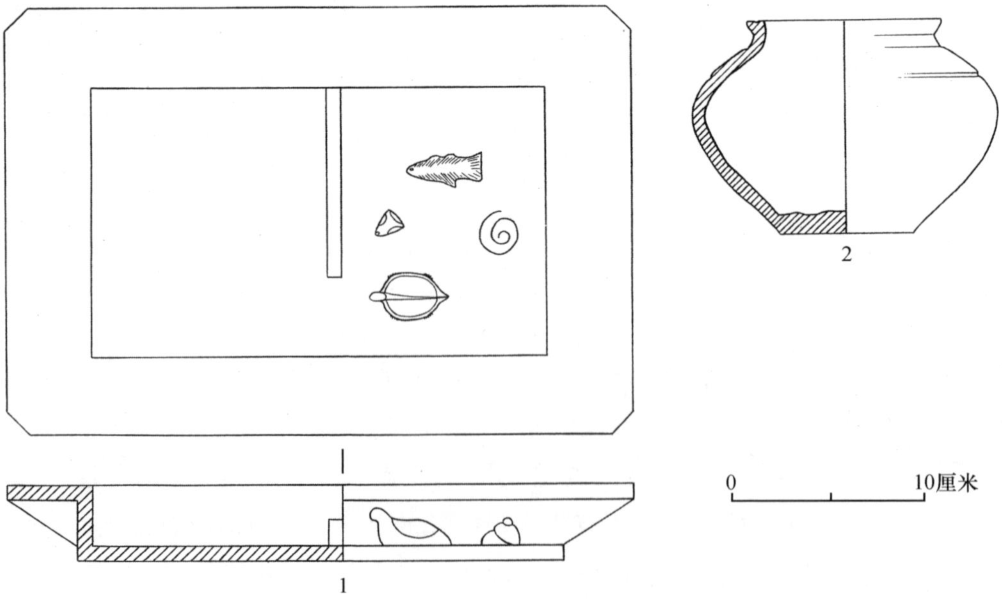

图八三　03M5出土陶器

1. 塘（03M5：1）　2. 罐（03M5：2）

塘　1件。标本03M5：1，泥质红陶，修复完整。长方形，四角抹掉，宽平沿，浅直腹，平底。塘中设长埂，埂不封口，一侧浮雕贴塑龟、鱼、螺；另一侧无饰。分体制作各部分后拼接而成。长33、宽22.5、高4厘米（图八三，1；图版一二，1）。

一七、03M7

1. 墓葬形制

03M7位于文溪村（原大湾村十社），大湾河西侧西Ⅵ区的“王甫岭”缓坡上。距离03M6东南约5米。墓葬开口在扰土层下，直接构筑于生土中，距现地表约0.7米。其构筑方法是，先自地面下挖长方形土圹，四壁经过拍打、修整。而后于长方形土圹墓室之内起砖壁，墓壁与土圹壁间留有约0.08米的空隙，空隙内填红褐色五花土。土圹残长3.7、宽2.32、残深0.68米（图八四）。

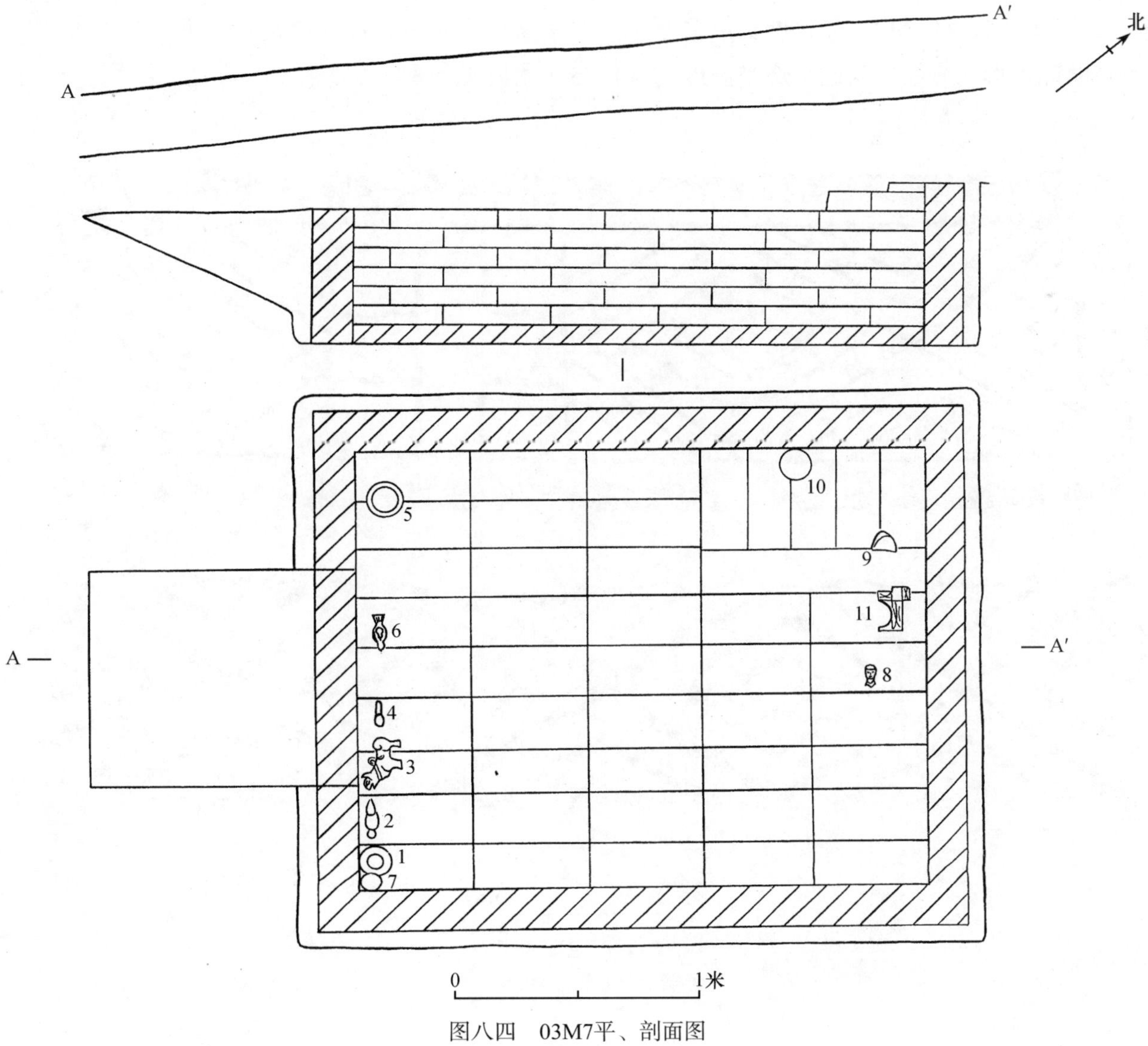

图八四　03M7平、剖面图

1、5、10. 陶罐　2. 陶公鸡　3. 陶狗　4. 陶勺　6. 陶子母鸡　7. 陶杯　8. 俑头　9. 陶博山炉盖　11. 陶井台模型

03M7为一座长方形砖室墓，方向220°。由墓道、墓室两部分组成。曾遭盗扰，破坏严重。

墓道　斜坡土圹式，平面舌形。墓道两壁及墓道底较平整。残长0.84、宽0.9、残深0.42米。墓道与墓室接口处有几块碎砖、残砖。

墓室　平面呈长方形。墓室与墓道相接处为砖封门，比较规整，砌在墓室南壁中间，与南壁成一完整墓壁。墓室自地面以长方形条砖错缝叠砌起壁。菱形花纹一侧朝向墓室。砖间填塞黄褐色黏土。由墓室西壁上端稍有弯曲和墓室内出土有带榫卯结构的楔形残砖，判明墓室上部有券顶，券顶遭破坏。后壁与东西两侧壁交错叠砌。墓室内填黄褐色黏土，夹杂大量砖块，零星的灰陶和红陶片。墓葬底为长方形条砖平铺地面，除过墓室东北角采用东西横向铺五块砖外，其余均为南北竖向。南北长2.34、东西宽1.86、残高0.6米。

葬具腐朽无存，尸骨无存，葬式，头向不明。

采集墓砖2块，均为泥质灰陶，长方形条砖。标本03M7：01，一长侧面饰长方形框内两边菱形几何纹，正中为十字纹饰，其余素面。灰色，烧制温度高。长44、宽23、厚10厘米（图八五，1）。标本03M7：02，两长侧薄厚不一，呈楔形，两端有榫卯结构。上下面饰绳纹，较薄侧面饰菱形几何纹。灰色，烧制温度高。长45、宽17.5、厚7～8厘米（图八五，2）。

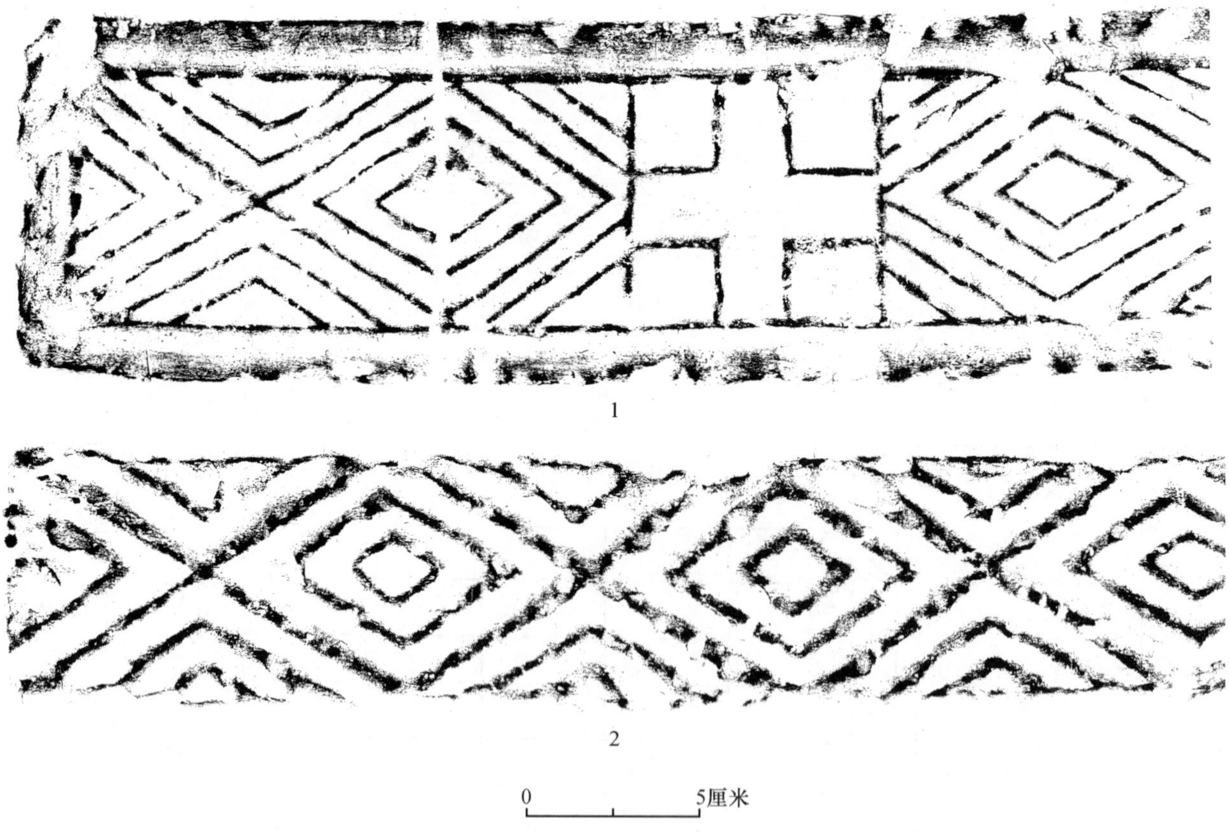

图八五　墓砖拓片

1. 03M7：01　2. 03M7：02

2. 随葬器物

随葬器物出土位置主要在墓室靠近墓道的西壁附近，共11件。均为陶器，分别为罐、勺、杯、博山炉盖、井台模型、俑等。

罐　3件。标本03M7：1，泥质灰陶，修复完整。侈口，圆唇，束颈，斜肩，鼓腹，平底。肩部饰戳印纹、凹弦纹各一周。通体素面。烧制温度不高。轮制。口径9.4、腹径15.3、底径6.4、高10.2厘米（图八六，1；图版一二，2）。标本03M7：10，泥质灰陶，修复完整。侈口，圆唇，斜沿，束颈，腹壁直，大平底。通体素面。轮制。可能为水井模型的井身部。口径13.6、腹径15、底径12.6、高13.7厘米（图八六，2）。标本03M7：5，釉陶，修复完整。侈口，圆唇，束颈，斜肩，鼓腹，平底。器表施酱黄色釉，釉层脱落严重。口径11.8、腹径15.2、底径7、高9.4厘米（图八六，3）。

勺　1件。标本03M7：4，泥质灰陶，柄部残。圆形勺身，方厚唇，半球形勺腹，圜底，柄部斜直，正面三角棱状，背面半圆形。厚胎。口径4.8、长9.7厘米（图八六，4）。

杯　1件。标本03M7：7，釉陶，完整。口微敛，方唇，直腹微鼓，平底。口沿下有一周凹弦纹。器外表施酱黄色釉，不及底。轮制。口径8.4、腹径9.4、底径7.4，高7.9厘米（图八六，5，图版一二，3）。

博山炉盖　1件。标本03M7：9，釉陶，修复完整。圆锥乳状，器顶部一圆乳钉，器表浮雕山形、三角印纹。器外表施酱黄色釉，釉不及口沿、内壁。高5.8，直径10.8厘米（图八六，6）。

井台模型　1件。标本03M7：11，泥质灰陶，残半部。“井”字形，残留井台一角，中心残余半圆形井口，正面边饰阴线刻弧线纹。背部于中部堆起圆棱，做成子母口。残长19.2，残宽12.4厘米（图八六，8）。

俑头　1件。标本03M7：8，泥质红陶，残。头戴巾帻，方脸，高鼻，颧骨突起，嘴紧闭。颈部以下残。残高6.5厘米（图八六，7）。

狗　1件。标本03M7：3，泥质红陶，完整。立姿。昂首，耸耳，鼓目，阔嘴露齿，粗短尾上翻臀上。颈有缰带，肚有兜肚，背拴环。前肢外八字直立。体态骄猛。模制拼接而成，中空。高17.4、长23.8、宽8.7厘米（图八六，10；图版一二，4）。

公鸡　1件。标本03M7：2，泥质灰陶，喙部残。昂首，曲颈，高冠，鼓目，半圆锥尾上翘，两足粗短直立。模制拼接而成，中空。高18.6、长18、宽9.4厘米（图八六，11；图版一二，5）。

子母鸡　1件。标本03M7：6，泥质灰陶，修复完整。昂首，尖喙，短颈，喇叭形尾。背负小鸡一只，身前遮伏小鸡一只。矮圆筒座。模制拼接而成。中空。高10.6、长14、宽8.2厘米（图八六，9；图版一二，6）。

图八六 03M7出土陶器

1～3. 罐（03M7：1、10、5） 4. 勺（03M7：4） 5. 杯（03M7：7） 6. 博山炉盖（03M7：9） 7. 俑头（03M7：8） 8. 井台模型（03M7：11） 9. 子母鸡（03M7：6） 10. 狗（03M7：3） 11. 公鸡（03M7：2）

一八、03M14

1. 墓葬形制

03M14位于文溪村（原大湾村十社），即当地俗称“卧坡岭”的缓坡上。处大湾墓群西Ⅴ区。开口于耕土层以下，距现地表0.3米。直接构筑在生土上，其构筑方法是，先自地面下挖刀把形土圹，土圹开挖规整，四壁经过拍打、修整。而后于土圹之内起砖壁，墓壁与土圹壁间留有0.07米的空隙，空隙内填红褐色五花土。土圹残长5.05、宽1.92～2.94、最深处残深1.12米（图八七）。

03M14平面呈刀把形，方向270°。由甬道、墓室两部分组成。墓葬甬道以前部分遭破坏无存。

甬道　平面呈长方形。北壁与墓室北壁连一体，南壁作90°南拐，形成墓室南壁。甬道的南壁部分被破坏殆尽。甬道内填土为黄褐色黏土夹杂砖块，少量残碎的陶片。底部为少量的料姜石和黄色生土地面，稍做修整。甬道残长2、宽1.42、残高0.5米。

墓室　平面呈长方形。南北两壁均为长方形条砖错缝叠砌起壁，菱形几何纹一侧朝向墓

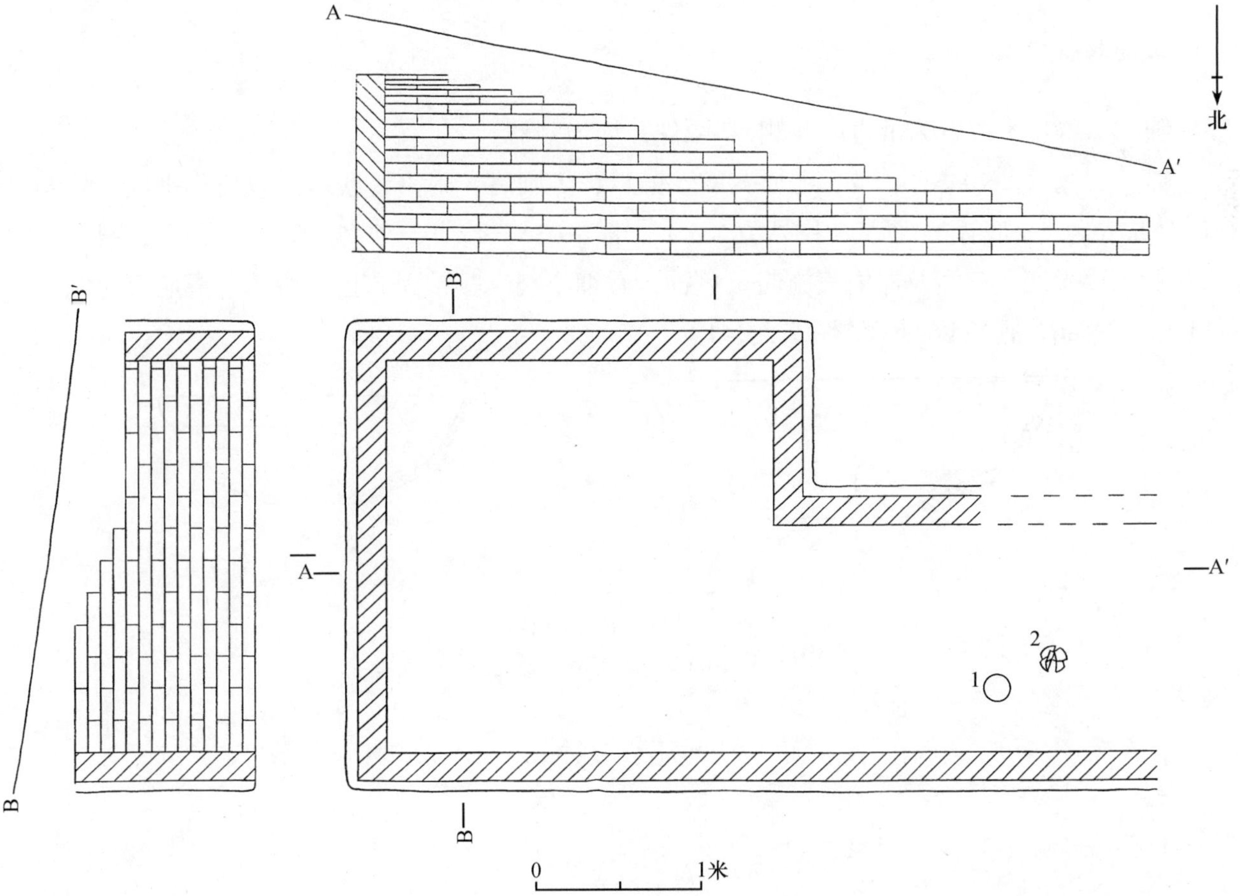

图八七　03M14平、剖面图

1、2. 陶钵

室。砖间填塞黄褐色黏土。后壁与南北两壁一起咬合错缝叠砌起壁，菱形几何纹一侧朝向墓室。墓室内填黄褐色黏土，夹杂大量砖块，并有少许残碎的灰陶、红陶片。墓室所用墓砖以长方形条砖为主，杂有少量的带榫卯的条砖，花纹内向。可推测原应有券顶。地面与甬道处同一地平，底部少量的料姜石和黄色生土地面，稍做修整。东西长2.8、南北宽2.44、残高1.12米。

葬具、尸骨腐朽无存。葬具、葬式、头向不明。

采集墓砖　1块。标本03M14：01，泥质灰陶。长方形条砖，上下面饰绳纹，一长侧面饰菱形几何纹，菱形纹中为菱形小乳钉其余素面。深灰色，烧制温度高。长40、宽17.5、厚7厘米（图八八）。

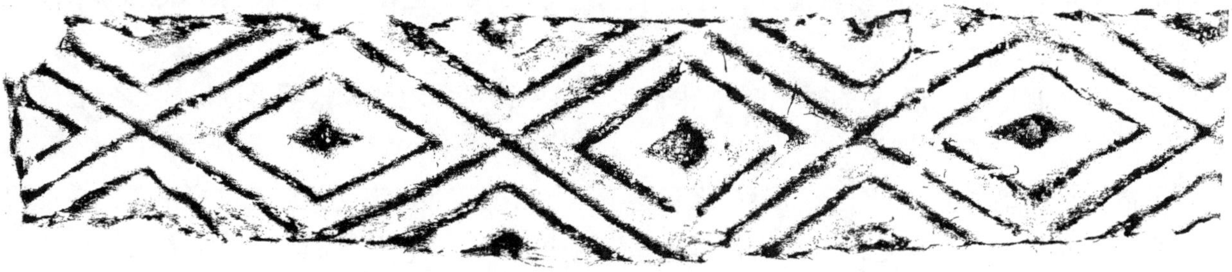

图八八　墓砖（03M14：01）拓片

2. 随葬器物

随葬器物出土位置为甬道内北侧，共2件，均为陶器。

钵　2件。标本03M14：2，泥质灰陶。敞口，尖圆唇，附沿，浅折腹收成小平底。轮制。口径12、高4.4、底径3.4厘米（图八九，2）。标本03M14：1，釉陶。敞口，方唇，斜平沿，弧腹折收小平底。口沿及器内表施酱黄色釉，有细小裂纹，釉面有也许脱落。厚胎。轮制。口径17.9、高5.6、底径5.6厘米（图八九，1）。

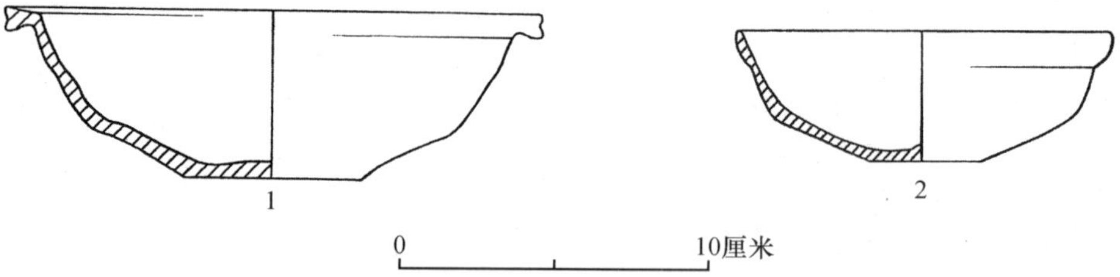

图八九　03M14出土陶钵

1. 03M14：1　2. 03M14：2

一九、04M5

1. 墓葬形制

04M5位于桂花村五社，豆芽沟右岸丰高公路以上的一个叫“黄泥包”独立而且顶部较为平坦的缓坡台地的西北部。距04M4约19.8米。开口在耕土层下，距现地表0.1～0.27米。构筑方法是直接在生土中构筑，先挖规整的土圹，四壁拍打修整。而后于土圹之内砌砖壁。墓壁与土圹壁间有0.1米的空隙，内填红褐色五花土。土圹残长5.5、宽2.9、残深1.4米（图九〇）。

04M5位于高崖处，前部在较低的台地上，后部在土崖下，遭破坏严重，仅残留长方形墓室部分，墓壁留存很少。方向310°。

墓室　平面略呈长方形。残长2.4、宽1.7、残高0.95米。墓葬各壁均被破坏，仅南墓壁剩余部分的一层砖。墓内现填黄褐色砂土、残碎砖块和少量料姜石块。墓底为生土地面。

葬具腐朽无存，尸骨无存，葬式，头向不明。

采集墓砖　1块。标本04M5∶01，泥质灰陶。残。长方形条砖，一长侧面饰菱形几何纹，

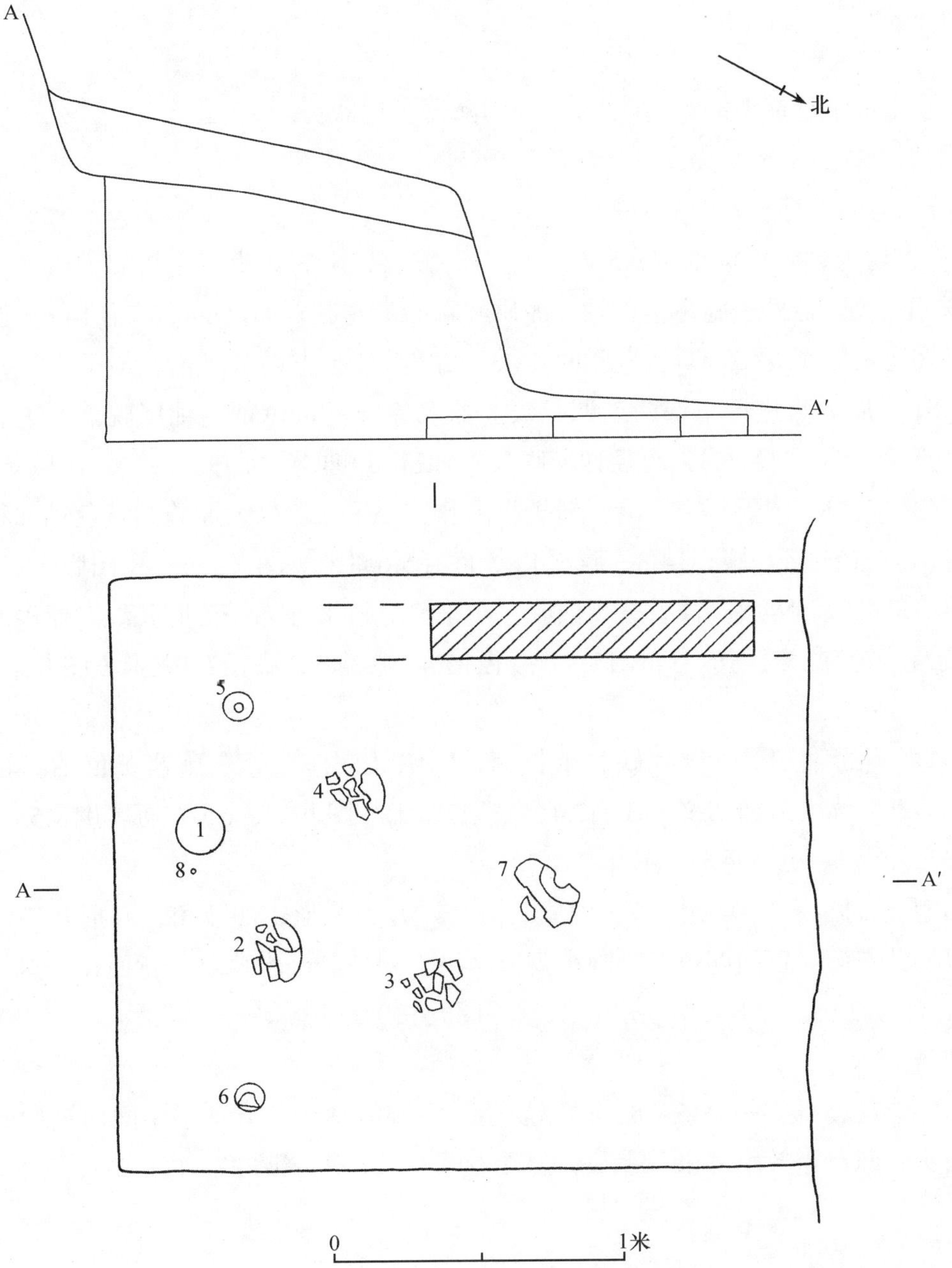

图九〇　04M5平、剖面图

1～4. 陶钵　5、6. 陶灯　7. 陶井台模型　8. 铜钱

上下面饰绳纹，其余素面。长45、宽20、厚7厘米（图九一）。

图九一　墓砖（04M5：01）拓片

2. 随葬器物

随葬器物出土于墓室中部，共计8件，分为陶器、铜器。

（1）陶器

7件。分别为钵、灯、井台模型等。

钵　4件，均为釉陶。标本04M5：1，直口，方唇，上腹稍直，中折斜内收，小平底。直口外饰一道凹弦纹。器外表施酱黄色釉。泥质红陶胎。轮制。通高6.4、口径14.6、腹径16、腹深5.2、底径6厘米（图九二，1）。标本04M5：2，敞口，方唇，平沿，沿下束进，腹外鼓，下腹斜收，小平底。束进部下饰两道凹弦纹。器表原施酱黄色釉，釉层脱落严重。泥质红陶胎。轮制。通高8.2、口径16.4、腹径19、腹深7、底径8.6厘米（图九二，5；图版一三，1）。标本04M5：3，敞口，圆唇，窄平沿，斜折腹内收，小平底。器表原施酱黄色釉，釉层脱落。轮制。通高6、口径16.1、腹径14.8、腹深4.8、底径5.6厘米（图九二，2；图版一三，2）。标本04M5：4，口微敛，方唇，浅直腹折内收，小平底。口沿外饰一道凹弦纹。器表原施酱黄色釉，釉层脱落。轮制。通高6、口径13.8、腹径15.4、腹深5、底径7.2厘米（图九二，3；图版一三，3）。

灯　2件，均为釉陶。上部残缺，束长柄，喇叭状底座。器表施酱黄色釉。轮制。标本04M5：5，柄下部饰三道细凹纹。残高7.4，底径9厘米（图九二，6）。标本04M5：6，柄中起三圆棱。残高7.6，底径9.5厘米（图九二，7）。

井台模型　1件。标本04M5：7，泥质灰陶。“井”字形，四弧角，圆形井口，两侧有小方孔一对以插井支架。正面四角处刻画小菱形网格，四边刻画水草纹。背面在井口外出一圆形突棱。长21.8、宽20.8、厚1厘米（图九二，4；图九三）。

（2）铜器

钱币　五铢1枚。标本04M5：8，边郭规整，字迹清楚。“五”字中间两笔弯曲，“金”字头似一箭头，四点松散。“朱”字长，上端左圆右方，下端圆润。直径2.6、穿径1厘米（图九二，8）。

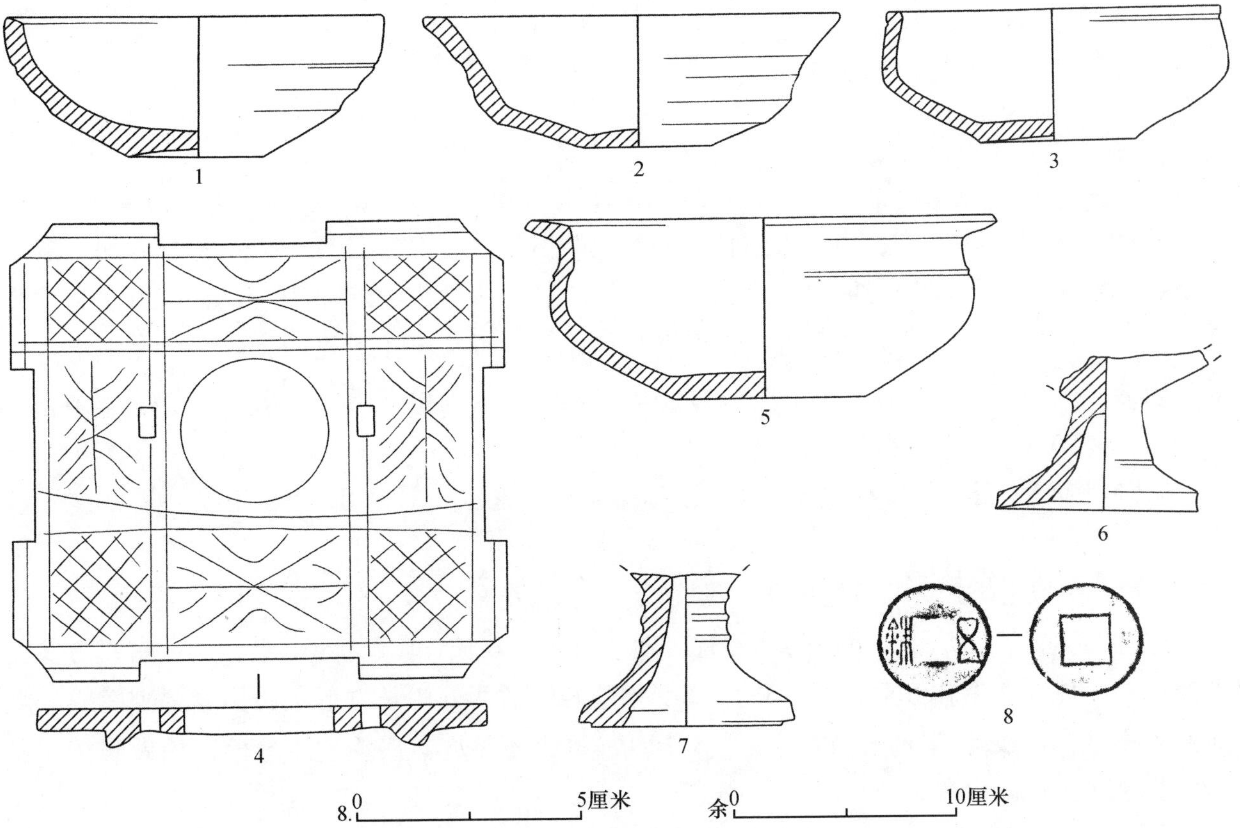

图九二　04M5出土器物

1～3、5. 陶钵（04M5：1、3、4、2）　4. 陶井台模型（04M5：7）　6、7.（04M5：5、6）　8. 铜钱（04M5：8）拓片

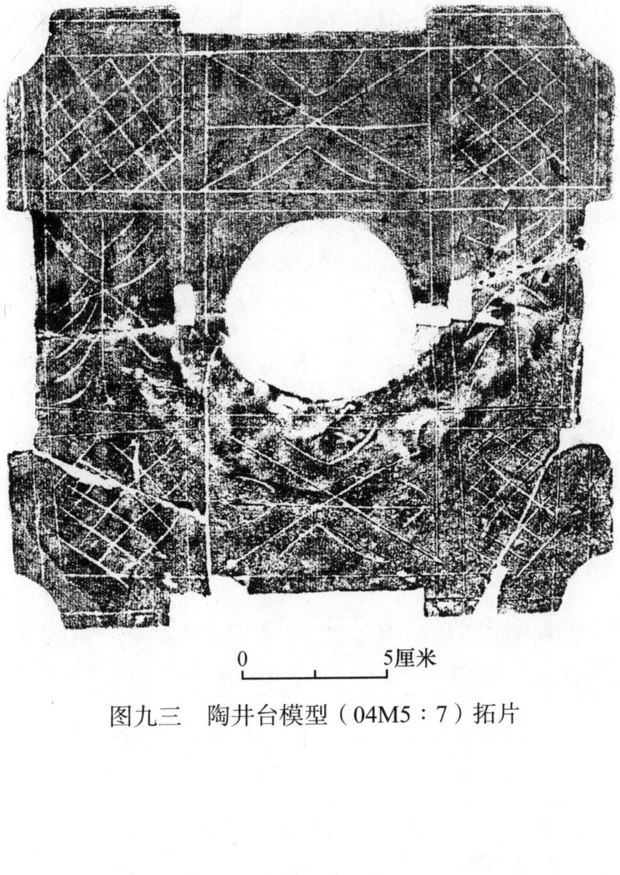

图九三　陶井台模型（04M5：7）拓片

二〇、04M9

1. 墓葬形制

04M9位于桂花村五社，当地人俗称“租地包”上的西南部。在04M8与04M10之间，南距04M8约2米处，北距04M10约1米。开口在耕土层下，距现地表0.2米。墓葬的构筑方法是直接在生土中，挖一个规整的刀把形土圹，四壁拍打整齐。而后于土圹之内砌砖壁，在一定高度后向内券砌，形成券顶。墓壁与土圹壁间有0.1米的空隙，内填红褐色五花土。土圹长5.3、宽2～2.8、残深1.3米（图九四）。

04M9平面呈刀把形，方向310°。由墓道、甬道、墓室三部分组成。总长5、残高0.7～1.3米。

墓道　斜坡土圹式。两边呈弧形。残长0.9、宽2、残深0.7米。

甬道　平面呈长方形。甬道前端外有砖砌的封门，残长1.9、残高0.5米。甬道南壁与墓室南壁连成一体，北壁作90°北拐，形成墓室北壁。甬道两壁为长方形条砖错缝叠砌而成。侧面的菱形几何花纹均朝向甬道内，封门稍混乱，堆砌不整齐。底为生土地面，稍做修整。长1.6、宽1.35、残高0.8米。

墓室　平面呈长方形。墓室南、北壁亦为长方形条砖错缝叠砌而成，自下向上第九层砖开始内券，形成墓室券顶。券顶现破坏坍塌不存在。砖侧面的菱形几何纹朝向墓室内。砖层间垫有一层薄薄的黄褐色黏土。墓室后壁在南北两侧壁外砌成，未与两壁交错咬合。墓室地面的南部与甬道在同一地平为生土地面，北部宽为0.8米的砖铺地，采用长方形条砖顺着墓室方向基本错缝铺成，与墓室南部在同一地平。墓内现填黄褐色黏土、残碎砖块和少量料姜石块。长2.5、宽2.2、残高1.3米。

葬具腐朽无存，尸骨无存，葬式，头向不明。

采集墓砖　1块。标本04M9：01，泥质灰陶。长方形条砖，两侧薄厚不一呈楔形，两短侧有子母榫卯结构。较薄侧面饰菱形几何纹，菱形中填小乳钉，上下面饰绳纹，其余素面。长43、宽19、厚6～6.5厘米（图九五）。

2. 随葬器物

随葬器物置于甬道和墓室内，共计37件（组），分为陶器、铜器。

（1）陶器

35件。分别为罐、甑、钵、盂、匜、杯、灯、博山炉、博山炉盖、器盖、井台模型、俑等。

罐　2件。均为泥质灰陶。标本04M9：22，侈口，圆唇，束颈，溜肩，鼓腹，下腹斜内收，平底。肩部饰一道凹弦纹，弦纹之下饰一周戳划纹。轮制。通高11.4、口径10.8、腹径16、底径8厘米（图九六，1；图版一三，6）。标本04M9：32，侈口，圆唇，束颈，斜肩，鼓

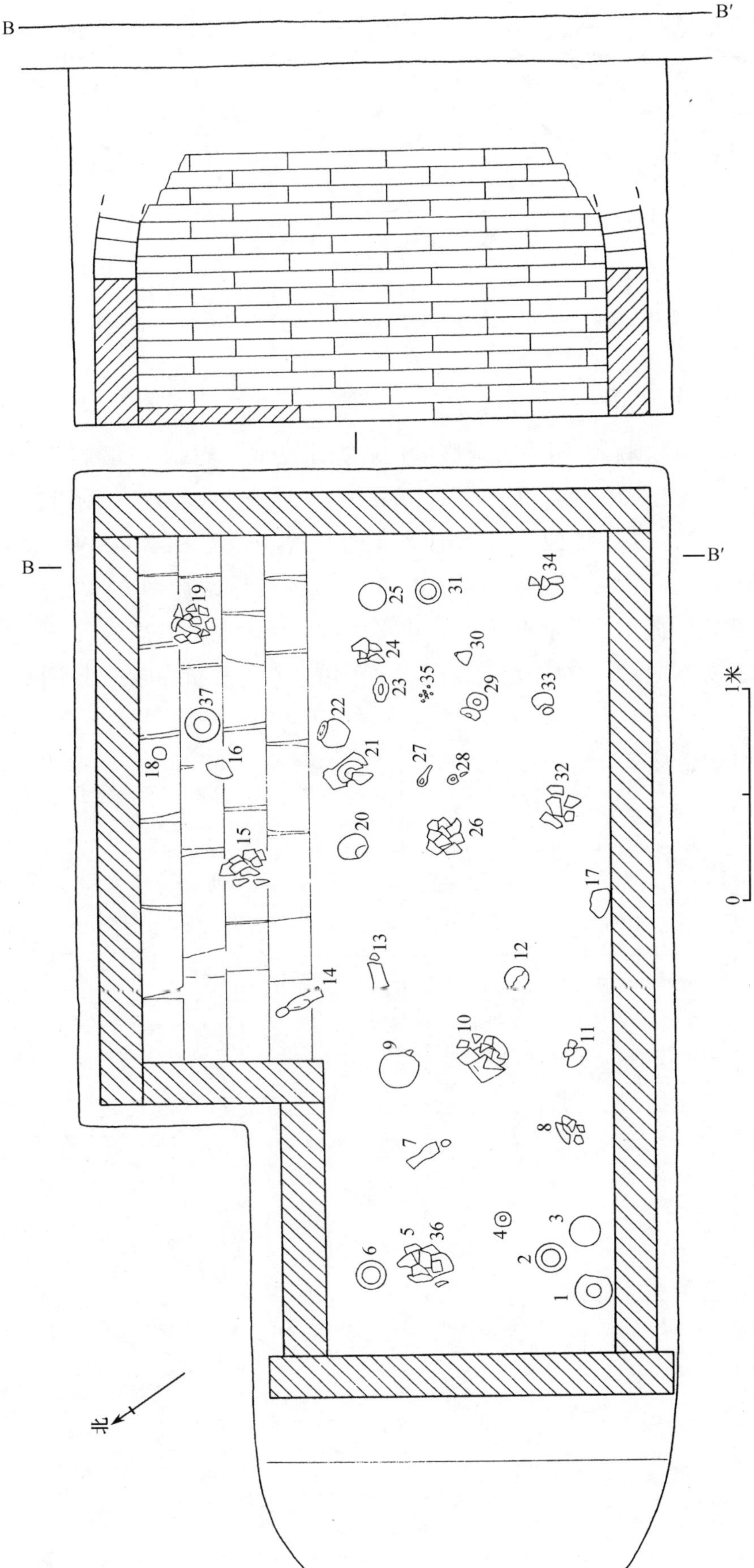

图九四 04M9平、剖面图

1、3、5、8、11、17、20、24、26、33、34. 陶钵 2、6. 陶杯 4、25. 陶灯 7、13、14. 立侍俑 9. 陶匜 10. 陶甑 12、31. 陶器盖 15、16、36、37. 陶盂 18、30. 陶博山炉盖 19. 陶猪 21. 陶井台模型 22、32. 陶罐 23. 铜耳杯 27、28. 陶勺 29. 陶博山炉 35. 铜钱

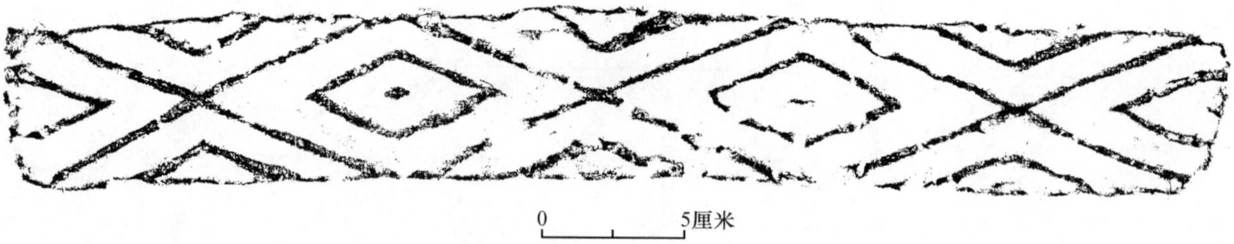

图九五 墓砖（04M9：01）拓片

腹，下腹弧内收，平底。肩部饰一道齿状戳划纹。轮制。通高10.6、口径10、腹径16.8、底径8.2厘米（图九六，2）。

钵 11件。其中泥质灰陶7件，釉陶4件。

标本04M9：3，敞口，圆唇，附沿，弧腹折内收，小平底。轮制。通高4.5、口径12.8、底径4.6厘米（图九六，3；图版一四，1）。标本04M9：11，敞口，圆唇，附沿，斜上腹折内收，小平底。轮制。通高6.6、口径17、底径5厘米（图九六，4）。标本04M9：17，敞口，尖唇，附沿，斜腹折内收，小平底。轮制。通高6.8、口径18.4、底径6厘米（图九六，5）。标本04M9：20，敞口，尖唇，附沿，斜腹折内收，小平底内凹。轮制。通高6、口径18、底径5.6厘米（图九六，6）。标本04M9：24，敞口，圆唇，附沿，斜上腹折内收，小平底。轮制。通

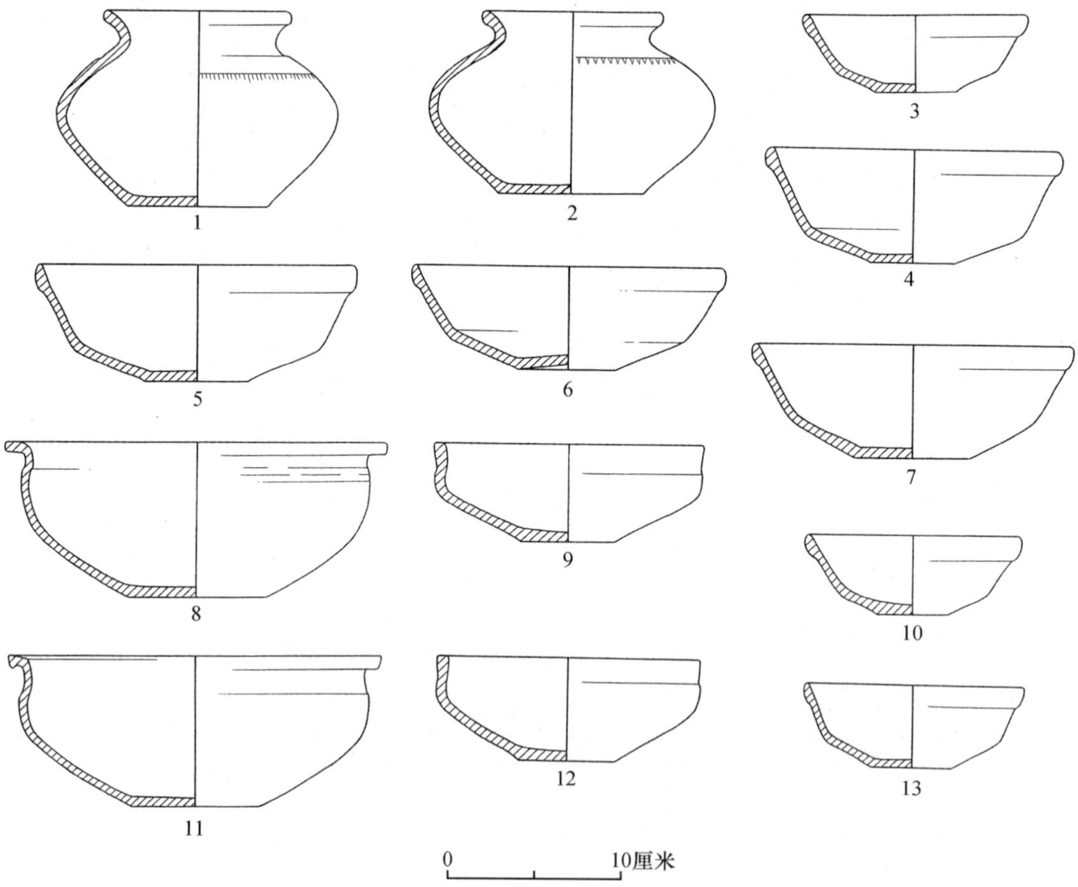

图九六 04M9出土陶器

1、2. 罐（04M9：22、32） 3～13. 钵（04M9：3、11、17、20、34、5、1、24、26、8、33）

高4.6、口径12.4、底径4厘米（图九六，10）。标本04M9：33，敞口，圆唇，附沿，斜上腹，折内收，小平底。轮制。通高4.8、口径12.4、底径4.4厘米（图九六，13）。标本04M9：34，敞口，圆唇，附沿，斜上腹，折内收，小平底。轮制。通高6.6、口径18、底径6.4厘米（图九六，7）。标本04M9：1，直口，方唇，浅直腹折内收，小平底。直腹外内凹一周。器外表施一层酱黄色釉，内壁及唇部未施釉，露泥质红陶胎。轮制。通高5.7、口径15.4、底径5.4厘米（图九六，9）。标本04M9：5，敞口，方唇，窄平沿，束颈，鼓腹弧内收，小平底。器表通施酱黄色釉，外表釉层已脱落。轮制。通高9、口径22、底径8厘米（图九六，8；图版一三，4）。标本04M9：8，直口微敛，方唇，浅直腹折内收，小平底。口外内凹一周。器外表施酱黄色釉，泥质红陶胎。轮制。通高6、口径15.2、底径5.4厘米（图九六，12）。标本04M9：26，敞口，方唇，窄平沿，束颈，鼓腹，下腹斜内收，小平底。通高8.8、口径21.6、底径7.4厘米（图九六，11）。

盂　4件。均为釉陶，泥质红陶胎，轮制。标本04M9：15，侈口，方唇，卷沿，束颈，弧折肩，鼓腹，下腹急内收，平底。肩部饰凹纹一周。口沿部和腹部施酱黄色釉，釉层有脱落。通高10.2、口径12.6、腹径14.4、底径7.4厘米（图九七，1；图版一四，3）。标本04M9：16，侈口，方唇，卷沿，束颈，弧折肩，鼓腹，下腹急内收，平底。肩部饰凹纹一周。口沿部和腹部施酱黄色釉，釉层有脱落。通高10.4、口径12.8、腹径14.8、底径8.4厘米（图九七，2）。标本04M9：36，侈口，方唇，卷沿，束颈，弧折肩，鼓腹，下腹急内收，平底。肩部饰一周凹弦纹。口沿及腹部施一层酱黄色釉。通高9.6、口径13、腹径14.2、底径8.6厘米（图九七，3；图版一四，4）。标本04M9：37，侈口，方唇，卷沿，束颈，长弧折肩，鼓腹，下腹急内收，平底。肩部饰一周凹弦纹。口沿及腹部施一层酱黄色釉。通高10.8、口径13、腹径14.8、底径9厘米（图九七，4）。

甑　1件。标本04M9：10，泥质灰陶。敞口，尖唇，折沿，深腹外鼓，下腹斜内收，平底。腹外饰五道齿状戳划纹。底部有10个小圆孔。轮制。通高22、口径39、底径17.6厘米（图九七，5；图版一三，5）。

匜　1件。标本04M9：9，釉陶。直口微敛，方唇，浅直腹折内收，小平底。直腹外接一柱状柄，柄端下折呈锥状。直腹外饰一道凹弦纹。器表通施酱黄色釉，外表釉层脱落严重。轮制。通高5.7、口径16、底径6厘米（图九七，7；图版一四，5）。

杯　2件。均为釉陶，直口，方唇，深腹微外鼓，平底。口外内凹一周。泥质红陶胎。轮制。标本04M9：2，上腹部施一层酱黄色釉。通高7.4、口径8、腹径9、底径7.4厘米（图九七，6）。标本04M9：6，仅腹部施酱黄色釉。通高7.4、口径8.2、腹径9、底径7.8厘米（图九七，8）。

灯　2件。均为釉陶。标本04M9：4，敞口，方唇，浅腹，平底，束长柄，喇叭状足。柄、足底中空。柄、足相接处饰一道凹弦纹。器表均施一层酱黄色釉，釉层脱落严重，泥质红陶胎。轮制。通高11.6、口径11.5、底径9.4厘米（图九七，9；图版一四，2）。标本04M9：25，直口，方唇，浅直腹，平底，束长柱柄，喇叭状足。柄、足底中空。底与柄部相接处饰凸棱一周。除底、足下部未施釉外，其余施酱色釉，釉层有流淌，泥质红陶胎。轮制。

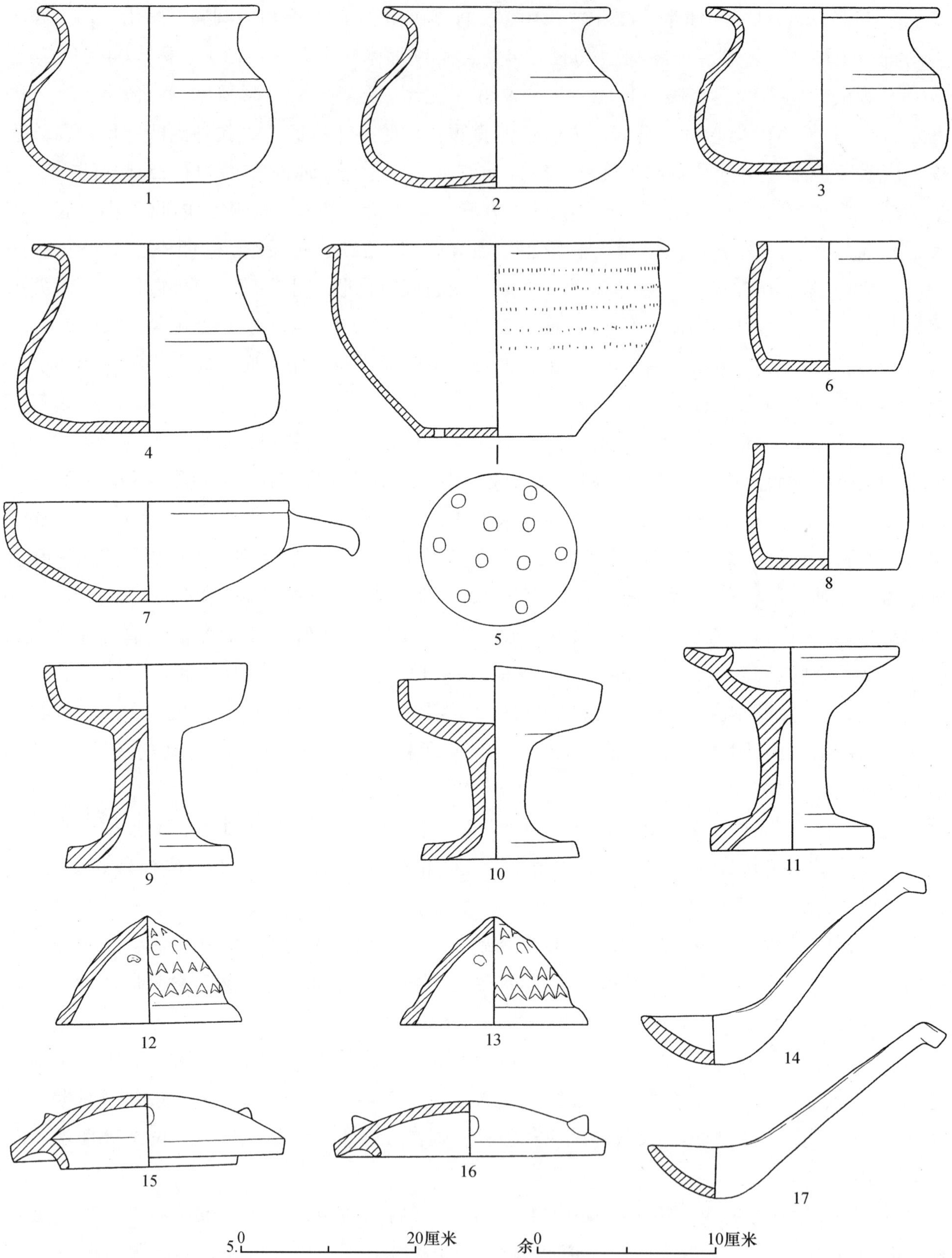

图九七　04M9出土陶器

1～4. 盂（04M9：15、16、36、37）　5. 甑（04M9：10）　6、8. 杯（04M9：2、6）　7. 匜（04M9：9）　9、10. 灯（04M9：4、25）　11. 博山炉（04M9：29）　12、13. 博山炉盖（04M9：30、18）　14、17. 勺（04M9：27、28）　15、16. 器盖（04M9：12、31）

通高11.2、口径11.4、底径9.2厘米（图九七，10）。

博山炉 1件。标本04M9：29，釉陶。浅盘，子母口，束柱状柄，喇叭状足。柄、足底中空。柄上部与盘相接处饰弦纹一周，柄部和足表面施一层酱黄色釉，釉层易脱落。轮制。通高11.6、上径12、底径9厘米（图九七，11）。

博山炉盖 2件。均为釉陶。圆乳状，正中顶上一圆乳钉。表施酱黄色釉，泥质红陶胎。模制。标本04M9：30，偏上部有条状孔6个，两层呈三角状分布。表面层状饰三角印纹，浮雕山形。通高6.2、口径10.4厘米（图九七，12）。标本04M9：18，偏上部有4个小长方形孔，表面层状饰有三角印纹和高浮雕山形。通高6.2、口径10.4厘米（图九七，13）。

器盖 2件。釉陶。覆钵状，顶上三角分布三乳钉。方唇，子母口。泥质红陶胎。轮制。标本04M9：12，盖顶施酱黄色釉。通高4.2、口径10、外径15.6厘米（图九七，15）。标本04M9：31，上表面和唇部施一层酱黄色釉。通高3.2、口径10.6、外径15.2厘米（图九七，16）。

勺 2件。釉陶。敞口，方唇，浅弧腹，圜底，长斜柄，截面为半圆形，柄端下折。勺正表面施酱黄色釉。泥质红陶胎。标本04M9：27，长16厘米（图九七，14）。标本04M9：28，长16.4厘米（图九七，17）。

井台模型 1件。标本04M9：21，泥质灰陶。“井”字形，四弧角，正中圆孔，孔外两方形孔。四角刻划方格网纹，四边刻画水草纹、鱼纹。背面圆孔外突一圆棱。边长21厘米（图九八，1；图九九）。

立侍俑 3件。均为泥质红陶，模制前后两半拼接而成。中空。标本04M9：7，立姿。头戴平顶冠，面目模糊，高鼻。脑后梳髻。身着宽袖曳地长服，束腰。双手相拥抱于胸前。摸制前后两半拼接而成。通高19.4厘米（图九八，2）。标本04M9：13，立姿，身体微后倾。头戴平顶冠，面目不清。身着宽袖长服，下摆拖地，束腰。双手相拥抱于胸前。通高17.4厘米（图九八，3）。标本04M9：14，立姿，身体微后倾。头戴平顶冠，面目不清。身着宽袖长服，下摆拖地。双手相拥抱于胸前。通高17.2厘米（图九八，4）。

猪 1件。标本04M9：19，泥质红陶。四肢残。立姿。垂首，唇上卷，眉骨高凸，背鬃耸立，腰背下沉，体宽肥。臀部后开小圆孔。模制左右两半拼接而成。通高10、长21.4厘米（图九八，5；图版一四，6）。

（2）铜器

出土铜器2件（组），分别为耳杯、钱币。

耳杯 1件。标本04M9：23，整体椭圆状。敞口，浅弧腹，平底，饼足。两长弧边附月牙形鋬，鋬的正面外围饰三角连线纹，中间被三组三角连线纹分成四个小区分别填以菱形网格纹。腹内壁通饰云纹。内底外围一周饰三角连线纹，中间被五组三角连线纹分成六个小区，两边填连珠纹，中间四组三角纹。外底饰虎纹，虎呈腾飞状，昂首，长角，瞪圆目，张大嘴；四爪分别前后奔驰状，曲体，长毛后飘，尾上翘；形象逼真，动感十足。通高2.1、长9.4、耳宽7.8厘米（图一〇〇，1～4；图版一五）。

图九八　04M9出土陶器

1. 井台模型（04M9：21）　2～4. 立侍俑（04M9：7、13、14）　5. 猪（04M9：19）

钱币　1组3枚，均为五铢。标本04M9：35。边郭规整，字迹清楚。“五”中间两笔弯曲，“金”字头似一箭头，“朱”字上端方折，下端圆润。直径2.5、穿径1厘米（图一〇〇，5）。

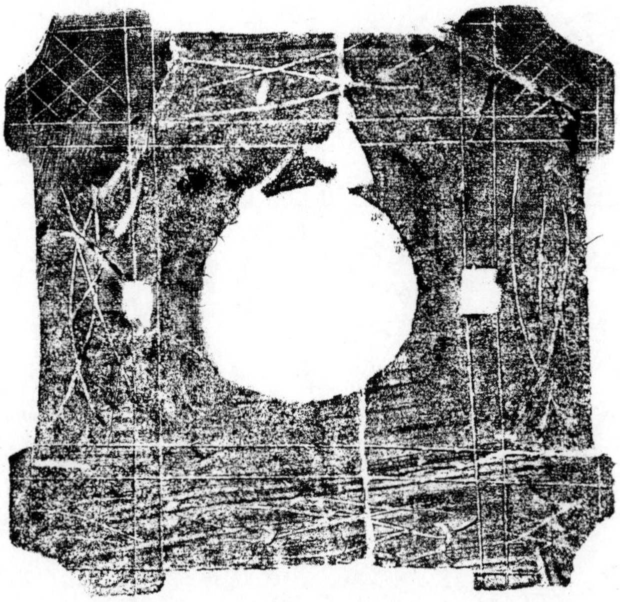

图九九 陶井台模型（04M9：21）拓片

二一、05M24

1. 墓葬形制

05M24位于文溪村二社杨家包台地的南部缓坡处。北侧的05M23约7米。开口在耕土层下，距现地表0.2米。由于西边为缓坡状，墓室西壁破坏，剩余墓室底部。构筑方法是在生土中，先挖长方形土圹，后在土圹之内起砖壁，墓壁与土圹壁间留有约4厘米左右的空隙，空隙内填红褐色五花土。土圹残长3.14、宽1.68、残深0.7米（图一〇一；图版一六）。

05M24平面呈长方形，方向340°。残长2.9、宽1.2、残高0.64米。墓室上部的情况不明。残留三周的墓壁底部，采用长方形带子母口的条砖错缝叠砌而成。砖侧面的菱形几何纹朝向墓室内。砖间有黄褐色黏土。墓内现填灰褐色松散土，墓底砖铺地，比较平整。铺底砖为长方形带子母口条砖。

葬具腐朽无存，尸骨无存，葬式不明。

采集墓砖 1块。标本05M24：01，泥质灰陶。残断。方形条砖，一长侧面饰菱形几何纹，菱形中有车辐纹，上下面饰粗绳纹，两短侧面有榫卯结构。长42.5、宽16.5、厚7厘米（图一〇二）。

2. 随葬器物

随葬器物置于墓室中部，共计21件（组），分为陶器、铜器。

（1）陶器

20件。分别为罐、钵、甑、勺、器盖、俑等。

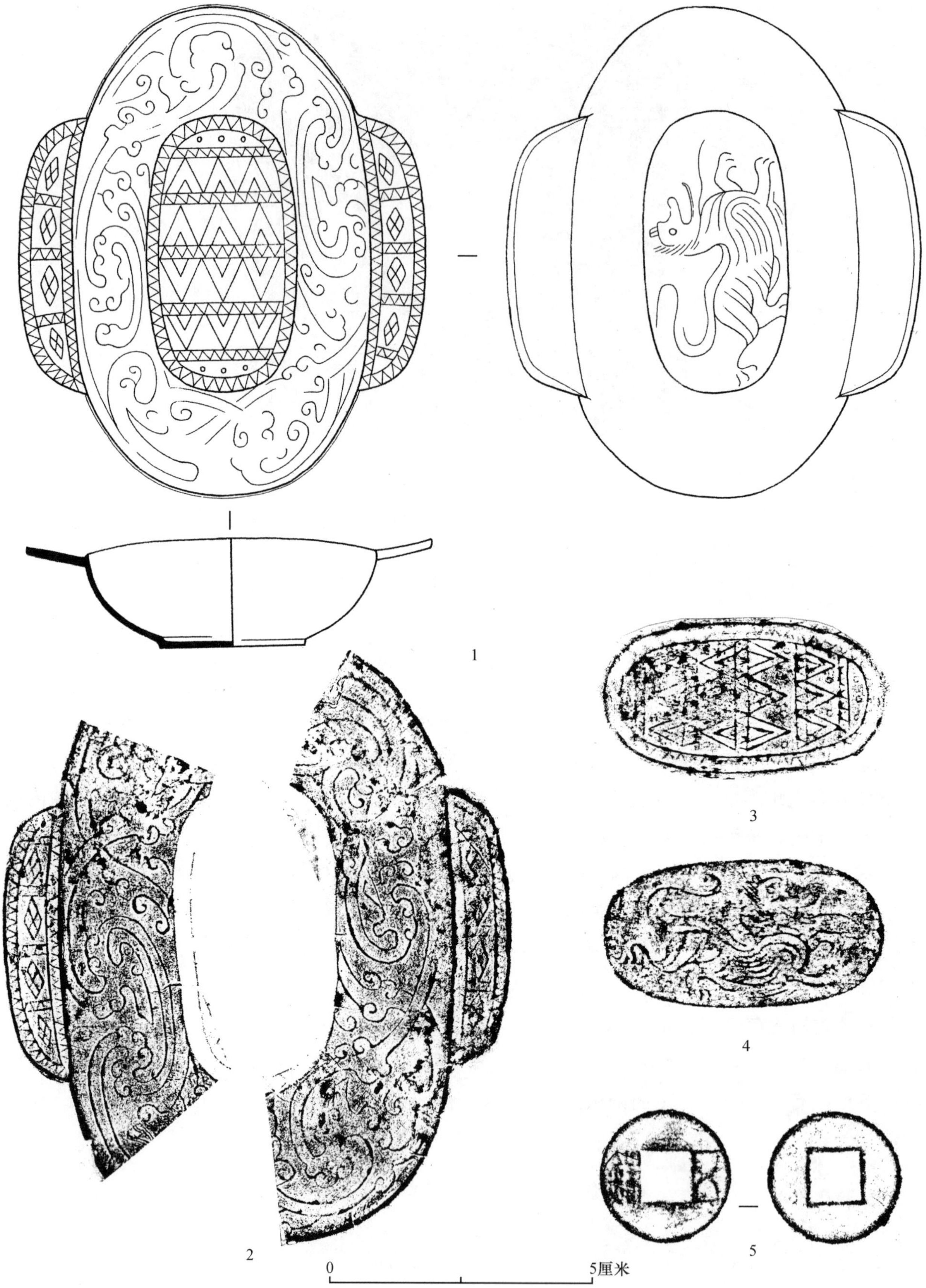

图一〇〇　04M9出土铜器

1. 耳杯（04M9：23）　2～4. 耳杯（04M9：23）拓片　5. 钱币（04M9：35）拓片

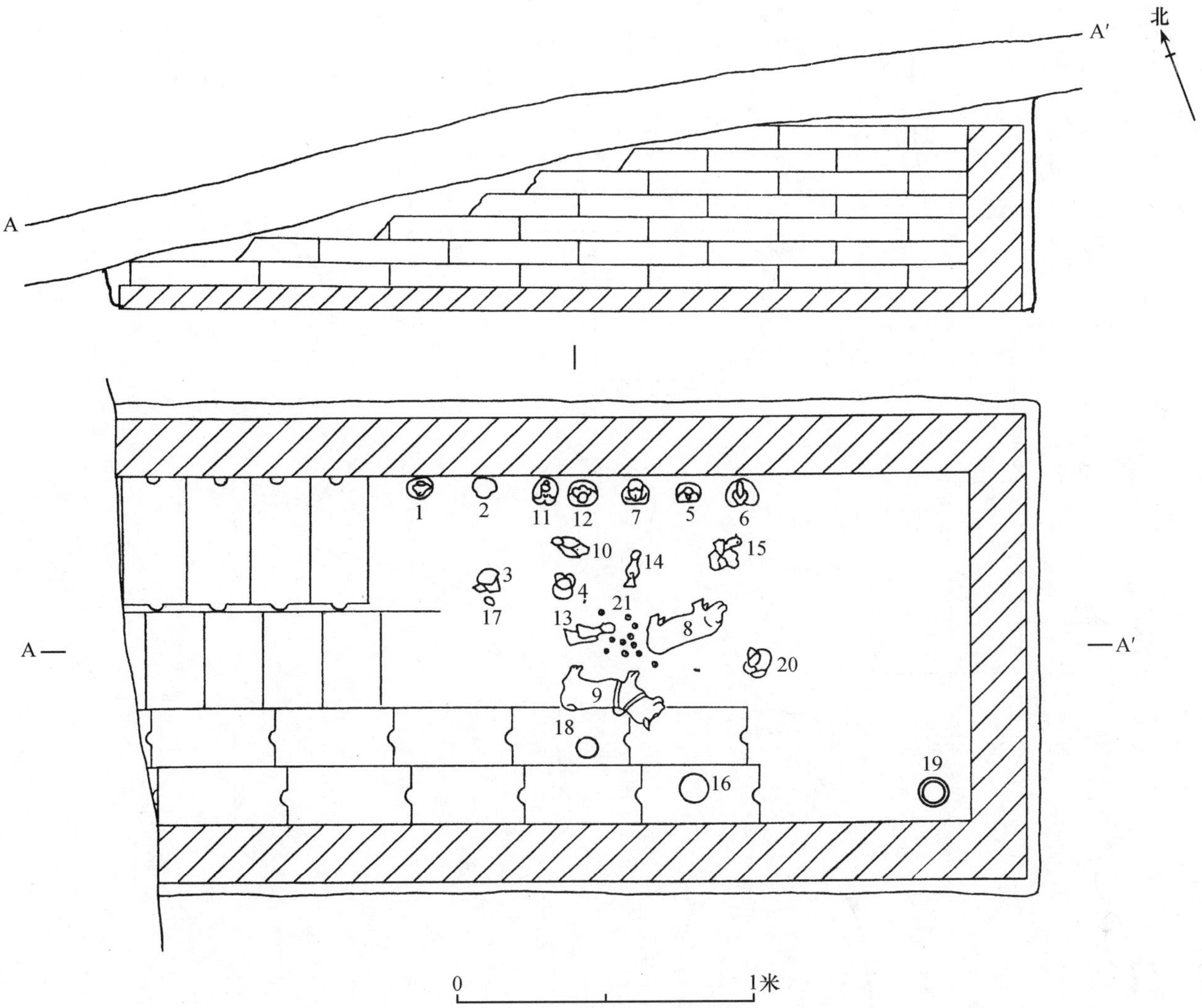

图一〇一 05M24平、剖面图

1、10、13、14. 立侍俑 2. 镇墓兽 3、4、16. 陶钵 5. 抚琴俑 6. 胡人吹箫俑 7. 庖厨俑 8. 陶猪 9. 陶狗 11. 击鼓俑 12. 舞俑 15. 陶公鸡 17. 陶勺 18. 陶器盖 19. 陶罐 20. 陶甑 21. 铜钱

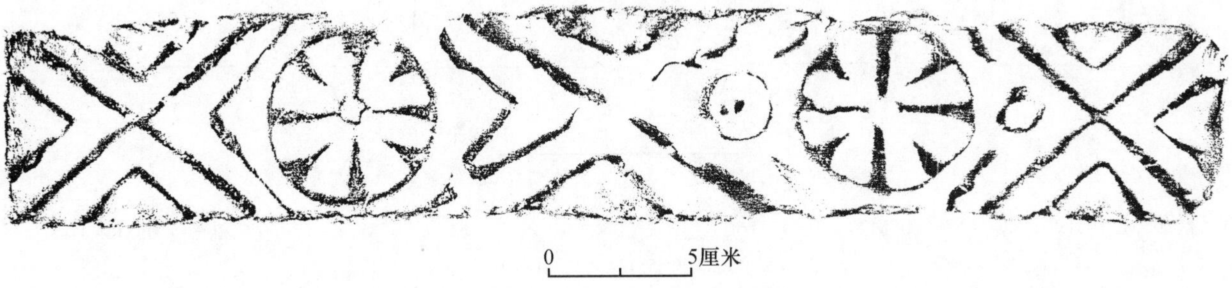

图一〇二 墓砖（05M24：01）拓片

罐 1件。标本05M24：19，泥质灰陶。完整。子母敛口，方唇，直腹，平底。通高10.2、口径8.6、腹径11.8、底径5.8厘米（图一〇三，1）。

钵 3件。均为泥质灰陶。标本05M24：3，修复完整。敞口，圆唇，附沿，弧腹，小平底。通高5.6、口径13.4、底径4.4厘米（图一〇三，2）。标本05M24：4，修复完整。敞口，

图一〇三 05M24出土陶器

1. 罐（05M24：19） 2～4. 钵（05M24：3、4、16） 5. 甑（05M24：20） 6. 勺（05M24：17） 7. 器盖（05M24：18）
8～11. 立侍俑（05M24：1、10、13、14）

方唇，斜窄沿，浅腹，小平底。通高3.2、口径12.7、底径4.2厘米（图一〇三，3）。标本05M24：16，修复完整。敞口，圆唇，附沿，深腹微外鼓，平底。通高6.5、口径14.5、底径5.3厘米（图一〇三，4）。

甑 1件。标本05M24：20，泥质灰陶。修复完整。敞口，圆唇，附沿，深腹微外鼓，平底，底部穿孔6个。通高7、口径15.5、底径5厘米（图一〇三，5）。

勺 1件。标本05M24：17，泥质灰陶。修复完整。直口，圆唇，至口部拧出成三角尖状的把手，平底。通高2.8、口径4.6厘米（图一〇三，6）。

器盖 1件。标本05M24：18，泥质灰陶。完整。覆盘状，顶中部有半圆形盖纽。通高5、口径12.8厘米（图一〇三，7）。

立侍俑 4件。均为泥质红陶，模制前后两半拼接而成。标本05M24：1，完整。女性，立姿。头扎巾，梳双圆髻，高鼻圆脸，身着宽袖长服，下摆卷后束腰，双手相拥抱于胸前。模制前后两半拼接而成。通高21.4厘米（图一〇三，8；图版一七，1）。标本05M24：10，修复完整。立姿。头戴圆冠，高鼻，颧骨凸起，瘦脸，圆领，外着右衽宽袖长服，束腰，双手相拥抱于胸前。通高22.4厘米（图一〇三，9；图版一七，2）。标本05M24：13，修复完整。立姿。头戴圆冠，高鼻，颧骨凸起，圆下巴，圆领，外着宽袖长服，束腰，双手相拥抱于胸前。通高23厘米（图一〇三，10；图版一七，3）。标本05M24：14，修复完整。立姿。头戴圆冠，高鼻，颧骨凸起，瘦脸，圆领，外着宽袖长服，束腰，双手相拥抱于胸前。通高23.2厘米（图一〇三，11；图版一七，4）。

抚琴俑 1件。标本05M24：5，泥质红陶。完整。跪坐姿。头戴圆冠，高鼻，颧骨微凸，圆下巴。内着圆领亵衣，外着宽袖长服，束腰。琴置于腿上，双手扶于琴上，弹奏状。模制前后两半拼接而成。通高21.2厘米（图一〇四，1；图版一八，2）。

击鼓俑 1件。标本05M24：11，泥质红陶。修复完整。跪坐姿，身体后倾。头戴圆帽，脑后梳高髻，高鼻，长脸，下巴微上翘，内着圆领亵衣，宽厚肩。外着右衽宽袖长服，束腰。圆鼓置于裆部，左手抚鼓面，右手执捶于胸前击鼓状。模制前后两半拼接而成。通高22.6厘米（图一〇四，2；图版一八，1）。

舞俑 1件。标本05M24：12，泥质红陶。修复完整。坐姿。头梳花圆髻，前额扎巾，颧骨凸起，圆领，外着右衽短袖长袍，花袖边突起，束紧腰，高举右手于右上部，左手提裙舞动状，袍下摆饰流苏，袍下露双履。体态丰腴，雍容华贵。模制前后两半拼接而成。通高25厘米（图一〇四，4；图版一八，4）。

庖厨俑 1件。标本05M24：7，泥质红陶。完整。跪坐姿。头上扎巾，高鼻，内着圆领亵衣，外着右衽窄袖长服，束腰，袖口挽起。一案几置于双腿间，双手置于案上。模制前后两半拼接而成。通高22.6厘米（图一〇四，5；图版一九，1）。

胡人吹箫俑 1件。标本05M24：6，泥质红陶。完整。跪坐姿，上身后倾。头戴尖毡帽，双目深凹，大鼻，颧骨圆凸，大腹，身着紧袖口宽袖长服，束腰，双手持箫抵下唇吹奏状，面目神情陶醉。模制前后两半拼接而成。通高22.4厘米（图一〇四，8；图版一八，3）。

镇墓兽 1件。标本05M24：2，泥质红陶。修复完整。蹲坐姿。尖耳竖，圆目凸，宽鼻上翘，阔嘴露齿，长舌下垂及地。粗壮身躯，上肢斜长，支撑于下肢前方。模制左右两半拼接而成。通高14.2厘米（图一〇四，3；图版一九，2）。

猪 1件。标本05M24：8，泥质红陶。残。立姿。垂首，大附耳，鼓圆目，上唇上翘，阔嘴。长体，肥腹，小短尾上卷。前后肢中间有圆孔，中空。模制左右两半拼接而成。通高12、长26.4厘米（图一〇四，6；图版一九，4）。

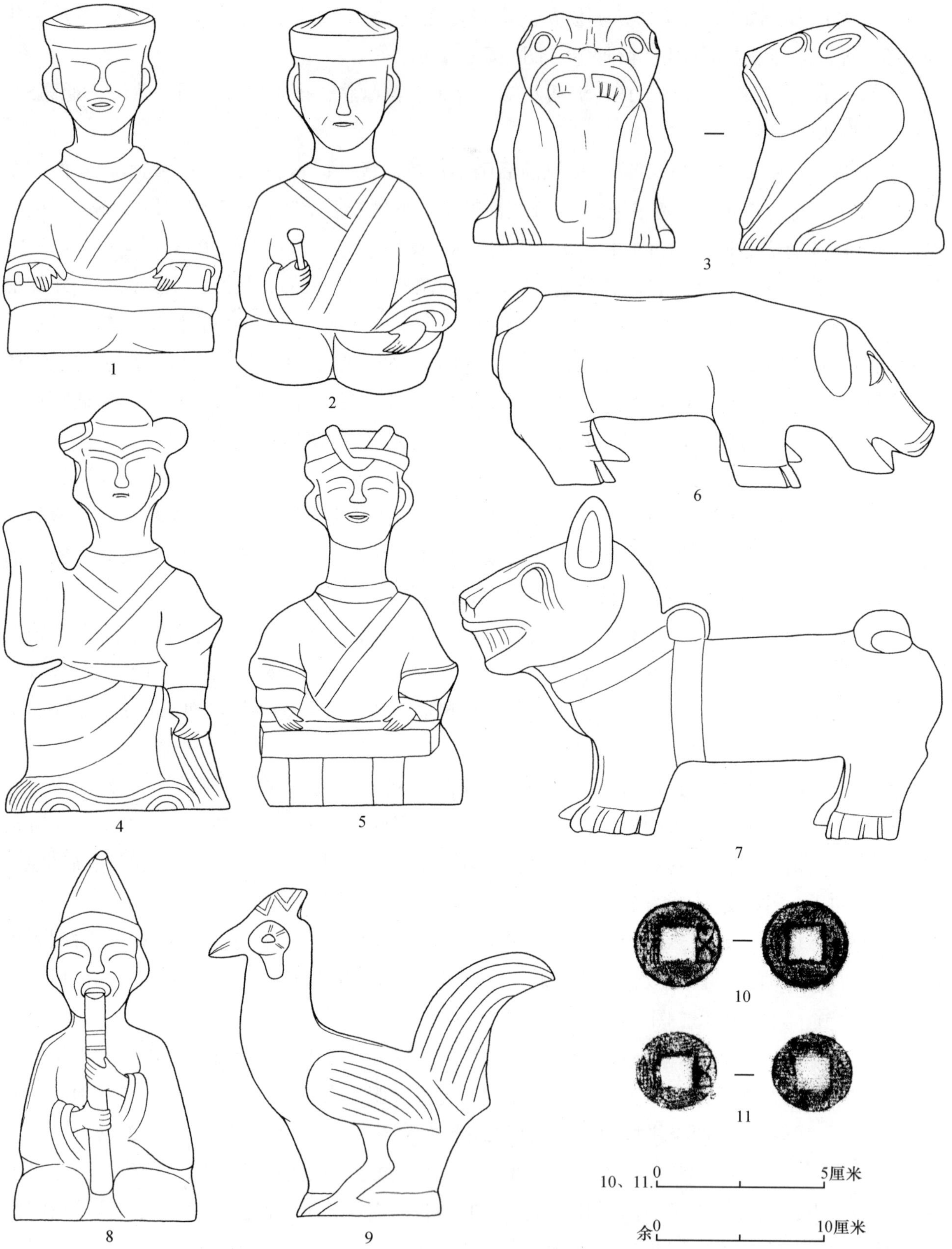

图一〇四　05M24出土器物

1. 抚琴俑（05M24：5）　2. 击鼓俑（05M24：11）　3. 镇墓兽（05M24：2）　4. 舞俑（05M24：12）　5. 庖厨俑（05M24：7）　6. 陶猪（05M24：8）　7. 陶狗（05M24：9）　8. 胡人吹箫俑（05M24：6）　9. 陶公鸡（05M24：15）　10、11. 铜钱（05M24：21：1、2）拓片

狗　1件。标本05M24：9，泥质红陶。修复完整。立姿。昂首，三角尖耳高耸，圆目，宽鼻，阔嘴露齿。颈部及腹部系缰带。胖腹，粗尾上卷。前后腿外撇站立。前后肢中间各有大孔，中空。模制左右两半拼接而成。通高20.6、长28.8厘米（图一〇四，7；图版二〇，1）。

公鸡　1件。标本05M24：15，泥质红陶。修复完整。站立姿，昂首，高冠，尖喙，圆目，半圆锥状尾上翘，圆筒状座，两边浮雕双爪。模制左右两半拼接而成。通高20厘米（图一〇四，9；图版一九，3）。

（2）铜器

钱币　1组108枚。均为五铢，分为两种。标本05M24：21-1，边郭规整，字迹清楚。“五”字中间两笔弯曲；“金”字头似一箭头，“朱”中间竖直，上下圆润。直径2.5、穿径1厘米（图一〇四，10）。标本05M24：21-2，边郭被剪掉，字迹清楚。“五”字中间两笔弯曲；“金”字头似一箭头，上下圆润。直径2.3、穿径0.9厘米（图一〇四，11）。

二二、01M6

1. 墓葬形制

01M6位于大湾墓群东Ⅲ区01T301、01T401内，东距01M5 9.5米。墓葬开口在第②层扰土层下，打破生土，距现地表0.5米，早期遭破坏。其叠压打破关系为①层（耕土层）→②层唐宋以后的扰乱层→01M6→生土。其构造方法为先下挖刀把形土圹，再用砖砌成墓壁，土圹壁与墓壁之间有0.1米左右的距离，空隙间填以黄褐色沙土。墓圹长4.5、宽2.36、残深0.2米（图一〇五）。

01M6平面呈刀把形，方向310°。由甬道、墓室两部分组成。

甬道　甬道口内建有封门，外壁与甬道口顶端平齐。用建墓所余完整条砖及碎砖平铺堆砌而成。封门砖的菱形几何边纹一侧多向墓室内，仅有少量素面一侧内向，残余两层砖。甬道平面呈长方形，亦残余两层底砖，甬道长1.5、宽1.06、残高0.15米。

墓室　平面呈长方形。墓室上部坍塌殆尽，依据墓室内填埋的大量墓砖残块，以及楔形子母榫砖的一定数量的存在，结合同墓群其他墓葬的构筑情况推断，该墓葬原应有券顶，楔形砖就是券顶用的墓砖。墓室的后壁砌在墓室两长壁内，外沿与两长壁外端齐平。墓室内填满黄色黏土，质地较硬且夹杂大量碎砖块，应是该墓遭扰所形成。墓底未铺砖，直接构筑在生土之上，墓底平整，有极薄的踩踏面。长2.34、宽1.72、残高0.15米。

未发现葬具痕迹。尸骨腐朽无存，无法判定葬式和头向。

构筑墓壁的砖有两种，为长方形条砖与子母榫卯长方形条砖。砖的上下两面均有绳纹，一长侧面饰有菱形几何纹构成的图案，筑墓时，花纹向内使用。砖间以黄细砂质泥合缝。

采集墓砖　2块。均为泥质灰陶，长方形，有榫孔、榫头，榫头已残。标本01M6：01，一侧较薄，另一侧较厚，呈楔形。上、下两面均饰绳纹，较薄的侧面饰菱形几何纹，菱形中填乳钉，其余侧面素面。砖长43.5、宽19.5、厚6.5～7.5厘米（图一〇六，1）。标本01M6：02，上、下两面均饰绳纹，一长侧面饰同心菱形几何纹，菱形内心填一菱形乳钉，其余侧面无饰。砖长43、宽19、厚7厘米（图一〇六，2）。

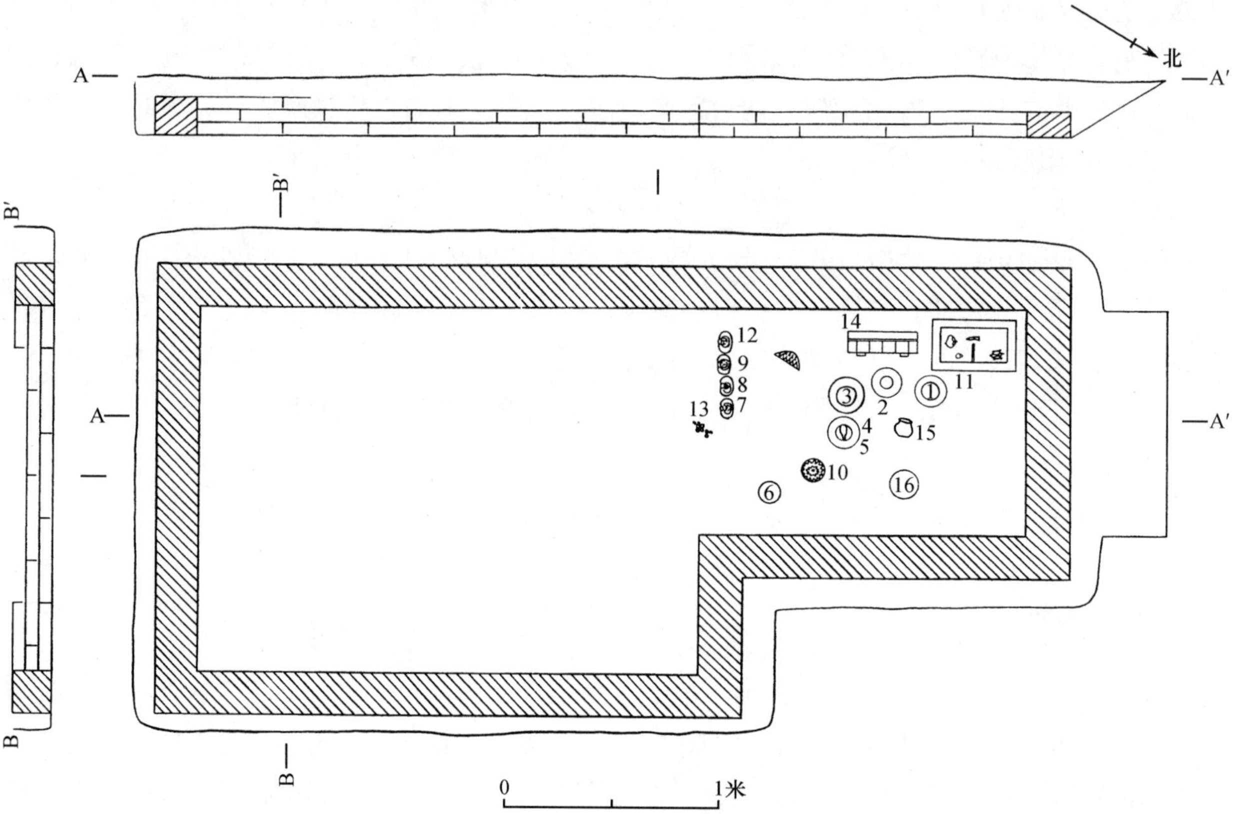

图一〇五　01M6平、剖面图

1～3、15. 陶罐　4. 陶盂　5. 陶勺　6. 陶灯　7～9、12. 立侍俑　10、17. 陶博山炉盖　11. 陶塘　13. 铜钱　14. 陶房屋模型　16. 陶钵

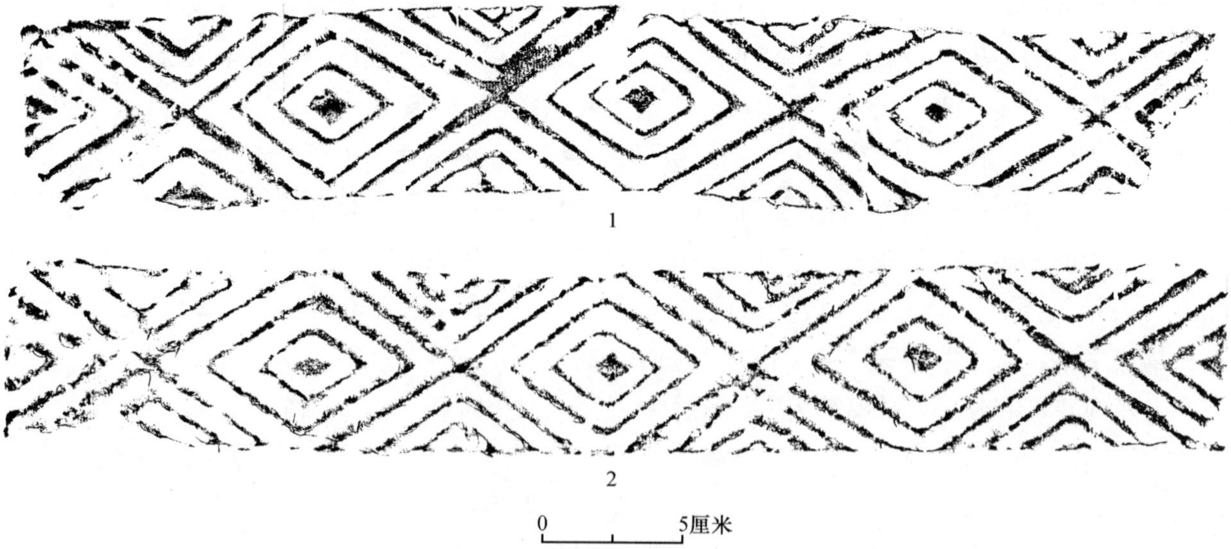

图一〇六　墓砖拓片

1. 01M6：01　2. 01M6：02

2. 随葬器物

随葬器物大多集中靠近墓室前端的甬道内，共计17件（组）。分为陶器、铜器。

（1）陶器

16件。分别为罐、钵、盂、灯、勺、博山炉盖、塘、房屋模型、俑等。

罐　4件，均为泥质灰陶。标本01M6：1，侈口，圆唇，矮颈，斜折肩，腹稍鼓，平底。肩部有凹弦纹一周，余素面，轮制，火候较高。高10.6、口径9.8厘米（图一〇七，1）。标本01M6：2，侈口，圆唇，斜圆肩，矮颈，斜腹，平底。肩部有一粗一细二周凹弦纹。陶质坚硬，火候较高。高10.5、口径11.2厘米（图一〇七，2）。标本01M6：3，侈口，圆唇，矮颈，斜折肩，腹微鼓，平底。肩部有凹弦纹一道。高10、口径11.4厘米（图一〇七，4）。标本01M6：15，侈口，圆唇，束颈，斜折肩，弧腹内收，平底。肩部饰二周凹弦纹。火候较高，陶直较硬。高11.4、口径11.2厘米（图一〇七，5）。

钵　1件。标本01M6：16，釉陶。口微敛，圆唇，浅腹弧向内收成平底。器表口沿下饰一周凹弦纹，内壁饰酱黄色釉，口沿外挂釉少许，釉层结合不好，有脱落。火候不高，轮制。高7.4、口径18.6厘米（图一〇七，7）。

盂　1件。标本01M6：4，釉陶。侈口，圆唇，束高领，斜折肩，鼓腹，最大腹径在下部，腹弧内收成平底。器表施酱黄色釉，大部分脱落。轮制，火候不高。高10.4、口径13.2厘米。出土时其腹内斜置一勺（01M6：5）（图一〇七，8）。

灯　1件。标本01M6：6，釉陶。浅盘状口，圆唇，柱状柄较粗，喇叭形足，中空。盘内外上部施一层酱黄色釉，部分脱落。轮制。高10.8厘米（图一〇七，3）。

勺　1件。标本01M6：5，泥质红陶。勺首圆形，方唇，深腹，圜底。半圆柱形柄斜直向上。残长7.9厘米（图一〇七，6）。

博山炉盖　2件，均为釉陶。山形，口沿平齐，中空。器表外施一层酱黄色釉。标本01M6：10，模制。高4.6、口径10.6厘米（图一〇七，9）。标本01M6：17，釉层部分脱落。轮制，火候不高。高7、口径14.2厘米（图一〇七，10）。

塘　1件。标本01M6：11，泥质灰陶。长方形。宽平沿，中有埂，但埂不封口，一鱼正游至开口处，塘右有龟，埂左有蛙、螺。除鱼形体较大外，余皆较小。各部件均分体制作后拼接而成，火候稍高。长42、宽24、高5厘米（图一〇八，1）。

房屋模型　1件。泥质灰陶。标本01M6：14，平面呈长方形，平顶，宽平脊，前檐施筒瓦。房顶单体制成，房体正面两侧立柱，柱下为长方形础，柱上施一斗三升斗拱铺作。房体分前后两室，中部以一面墙体分隔，墙体正面以浅线条刻画出小门一扇。低台基。各部件均为分体制作后拼接而成。火候较高。高25.4、面阔30厘米（图一〇八，2）。

立侍俑　4件，均为泥质红陶。模制前后两部分后拼接而成，接缝较宽，经刮抹，中空。制作工艺粗糙，火候不高。标本01M6：7，立式，戴平冠。头部略向左侧斜，面容模糊，无耳，鼻稍高，下颌微昂。亵衣圆领，外着宽袖右衽曳地长服，下摆宽大呈喇叭状。双手于腹

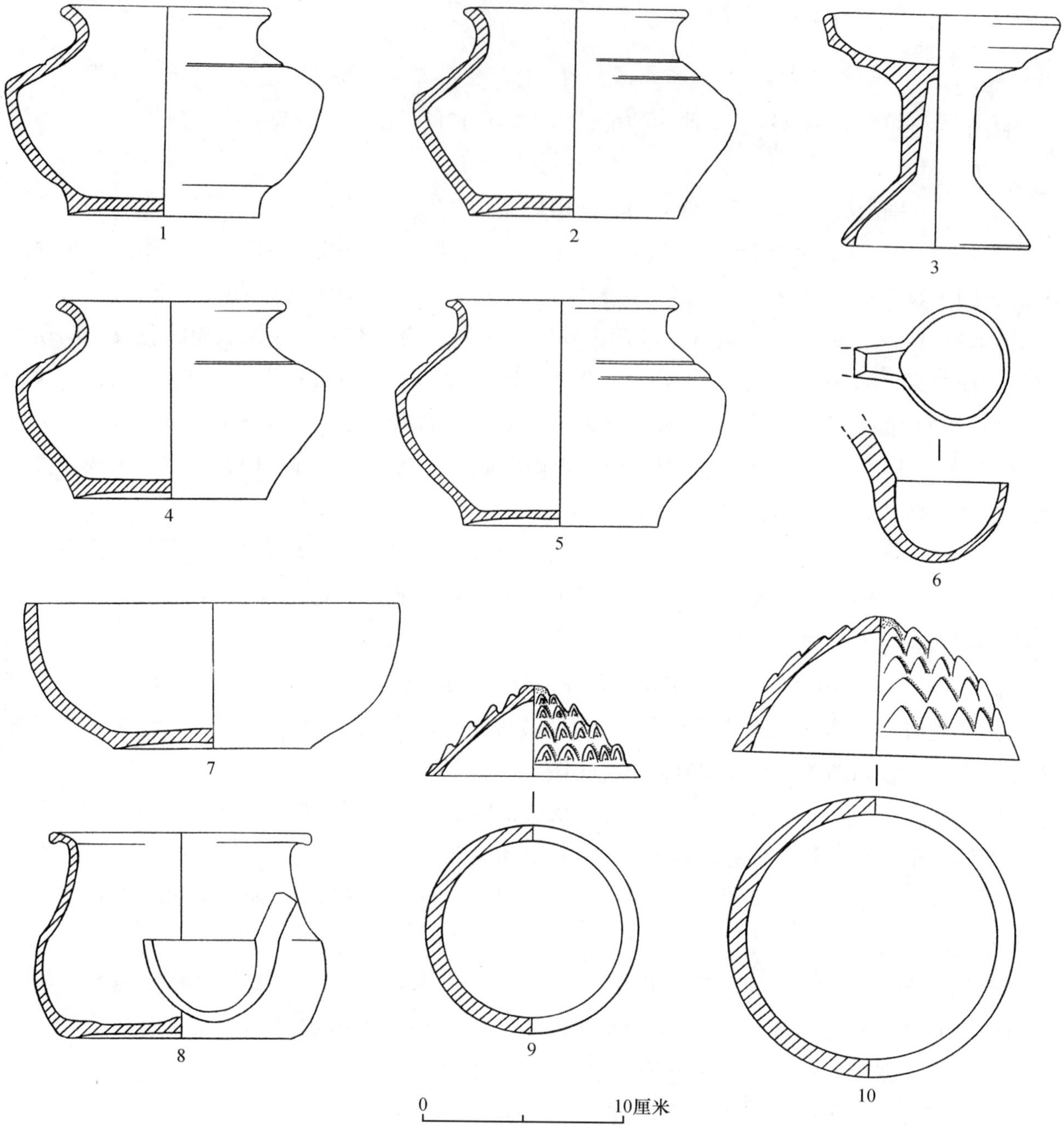

图一〇七　01M6出土陶器

1、2、4、5. 罐（01M6：1～3、15）　3. 灯（01M6：6）　6. 勺（01M6：5）　7. 钵（01M6：16）　8. 盂（01M6：4）　9、10. 博山炉盖（01M6：10、17）

间相拥，体态中规中矩，沉稳安详。高20.8厘米（图一〇九，1）。标本01M6：8，立式，戴尖帽。颧骨隆起，面容模糊。亵衣圆高领，外着交领右衽宽袖曳地长服，长服下摆呈喇叭状肥大，腰微束，双手于腹间相拥。拼接时，后半部分向身体左侧错出一部分，使身体显得有些扭曲。高20厘米（图一〇九，2）。标本01M6：9，立式，戴平冠，头瘦长，面容模糊，鼻隆起，无耳，下颌微昂。亵衣圆高领，外着交领右衽宽袖曳地长服，长服下摆宽大，双手于腹间相拥。合缝处虽经刮抹，仍显宽高。高21.7厘米（图一〇九，3）。标本01M6：12，立式。戴

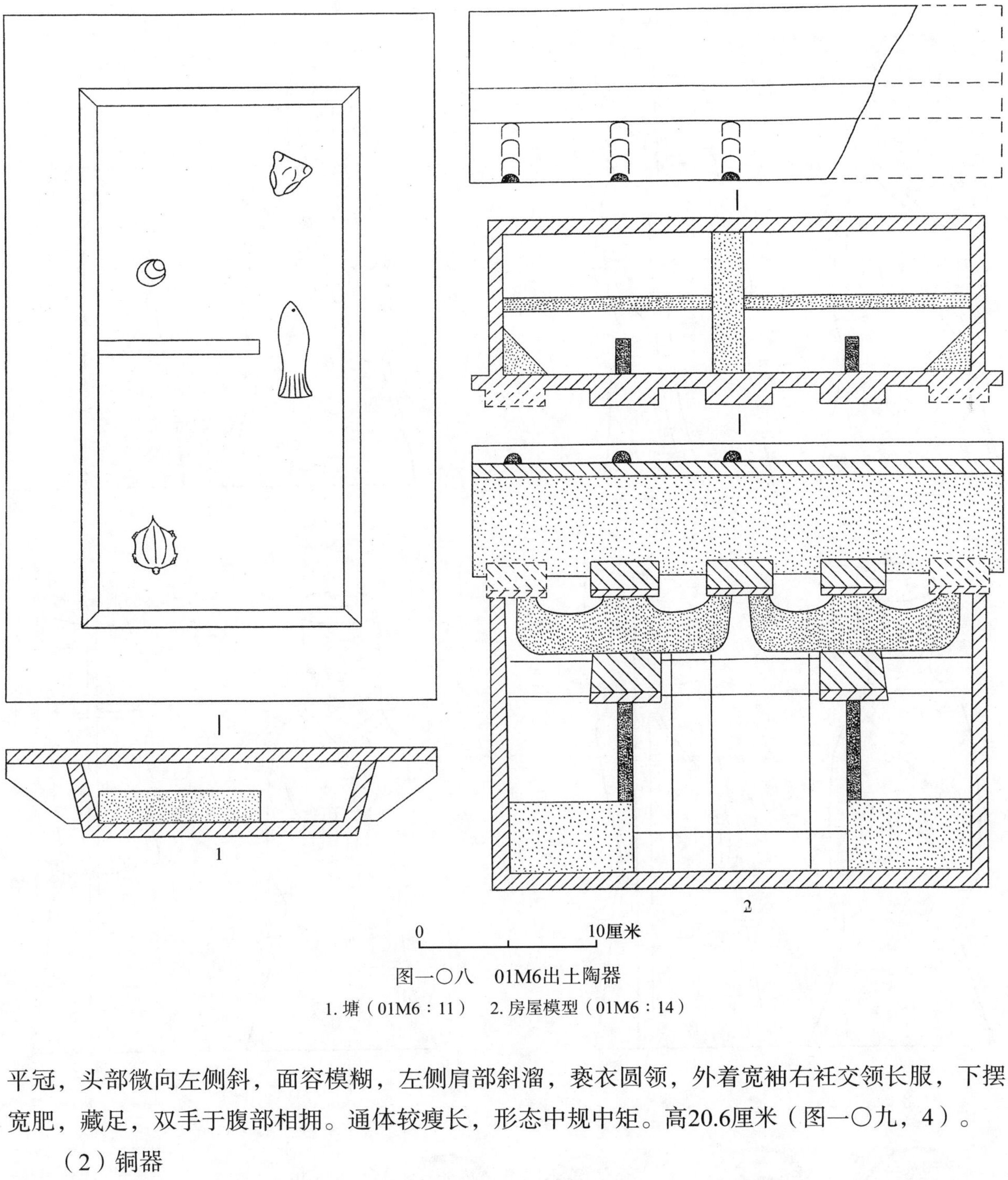

图一〇八 01M6出土陶器
1. 塘（01M6：11） 2. 房屋模型（01M6：14）

平冠，头部微向左侧斜，面容模糊，左侧肩部斜溜，亵衣圆领，外着宽袖右衽交领长服，下摆宽肥，藏足，双手于腹部相拥。通体较瘦长，形态中规中矩。高20.6厘米（图一〇九，4）。

（2）铜器

钱币 1组55枚，均为五铢。标本01M6：13-1，边郭整齐，字迹清楚。“五”字中间两笔略曲，“金”字长，字头呈三角形；“朱”字短，上端略方折，下端略圆。直径2.6、穿径1厘米（图一〇九，5）。标本01M6：13-2，剪轮五铢，字迹模糊。“五”字中间两笔略曲，“金”字头呈三角形，“朱”字上端略方折，下端略圆。直径2.3、穿径0.9厘米（图一〇九，6）。

图一〇九　01M6出土器物

1～4. 立侍俑（01M6：7～9、12）　5、6. 铜钱（01M6：13：1、2）拓片

二三、02M4

1. 墓葬形制

02M4位于规划村四社（原大湾村四社），当地俗称“沙溪嘴”的缓坡上，处大湾墓群东Ⅰ区，南距02M3约1.5米。开口在第二层扰土层下，打破生土。距现地表0.45米。其构造方法为：先下挖刀把形土圹，再用砖错缝横砌成墓壁。土圹壁与墓壁间有0.1～0.12米的空隙，后填以黄褐色沙土夯实。墓圹残长4.2、宽2/3、残深1.1米（图一一〇）。

02M4平面呈刀把形，方向290°。墓道及甬道前半部分已被破坏无存，残留甬道后部与墓室的下半部分。

甬道　平面呈长方形。两壁以带有菱形几何边纹的条砖错缝叠砌，花纹内向。西壁与墓室西壁连成一直壁，东壁残长1.1米作90°东拐形成墓室北壁，拐角处因条砖两端面素面无饰，相互叠压致使拐角两边素面与菱形花纹参差相隔，分外醒目。地面未铺砖，与墓室处同一地平。残长1.1、宽1.4、残高0.66米。

墓室　平面呈长方形。四壁构造方法与甬道相同。后壁建在东西两壁之间，不与两壁作重叠咬合。顶部原有券顶，自东西两侧壁第15层砖处开始改用带有榫卯的子母楔形砖边纹花砖起券，东西榫卯套接，花纹内向，构成墓室的券顶部分。墓底未铺砖，直接构筑在生土上，整修平坦。南北长2.8、东西宽2.4、残高1.06米。

未发现任何葬具、尸骨痕迹，葬具、葬式不明。

采集墓砖　1块。标本02M4：01，泥质灰陶。长方形条砖，青色，上下面均饰绳纹，一长侧面饰菱形几何纹，菱形纹中套填小菱形，其余素面。烧制温度较高。长43、宽17.5、厚8厘米（图一一一）。

2. 随葬器物

随葬器物集中放置于甬道内，计有11件（组），分为陶器、石器、铜器三类。

（1）陶器

9件。分别为罐、钵、器盖、俑等。

罐　1件。标本02M4：6，泥质灰陶。直口，方唇，高领，圆肩，弧腹急收成圜底。肩部有二周凹弦纹。素面，轮制。通高7.5、口径8厘米（图一一二，1）。

钵　1件。标本02M4：7，泥质灰陶。敞口，斜圆唇，斜腹至下部急收成小平底。素面，轮制。通高6.1、口径16.4厘米（图一一二，3）。

器盖　1件。标本02M4：8，泥质红陶。子母口，圆唇，平底。素面。轮制。应是陶钟的器盖。通高3.5、口径13.8厘米（图一一二，4）。

立侍俑　1件。标本02M4：1，泥质红陶。立姿。头戴“山”字形花冠，脑后梳髻，面部手长，五官不清。着及地长袍，长袍下摆呈大喇叭状，束腰。上身微向右扭，双手抱于胸前，

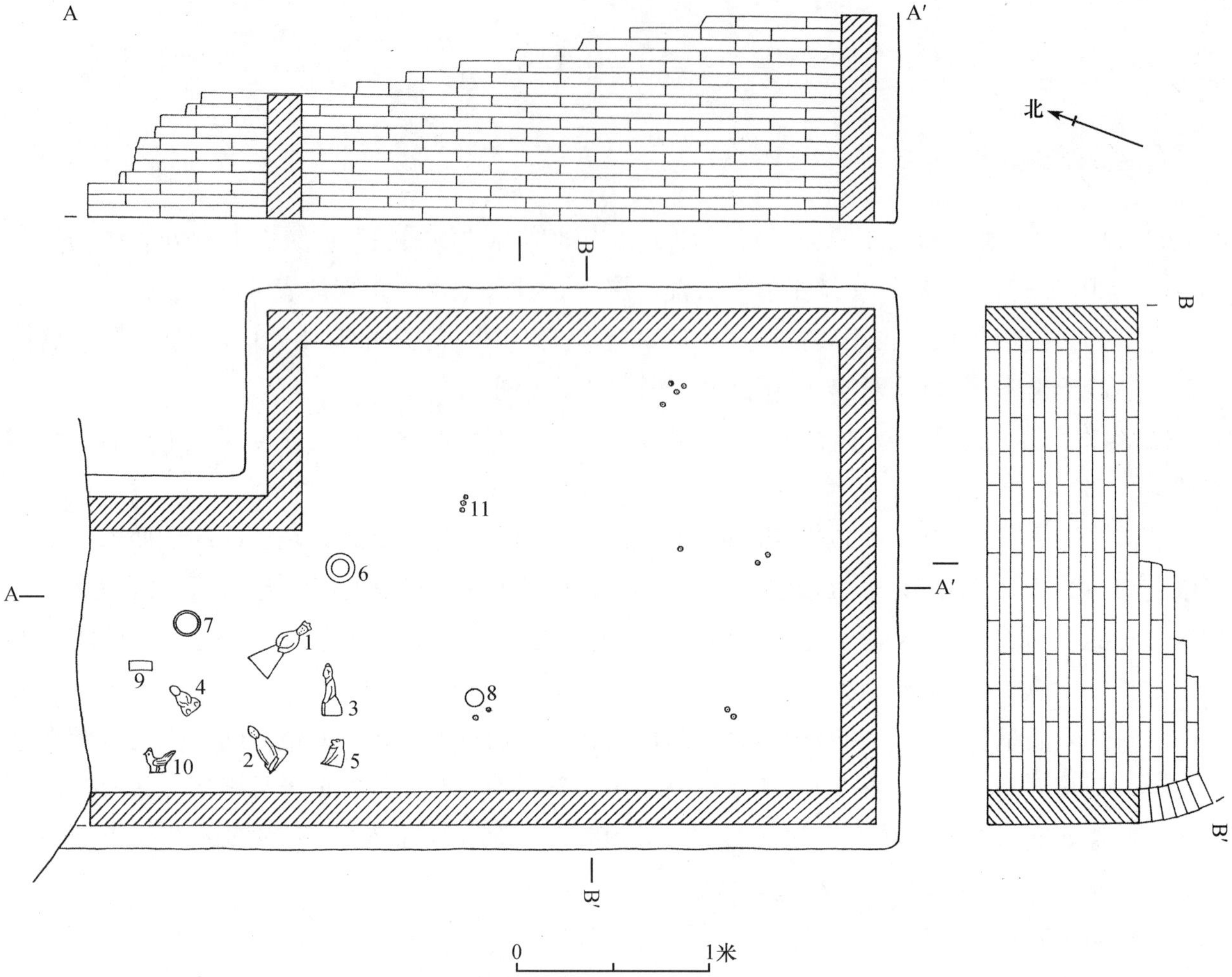

图一一〇　02M4平、剖面图

1. 立侍俑　2. 抚琴俑　3、4. 庖厨俑　5. 镇墓兽　6. 陶罐　7. 陶钵　8. 陶器盖　9. 砺石　10. 陶公鸡　11. 铜钱

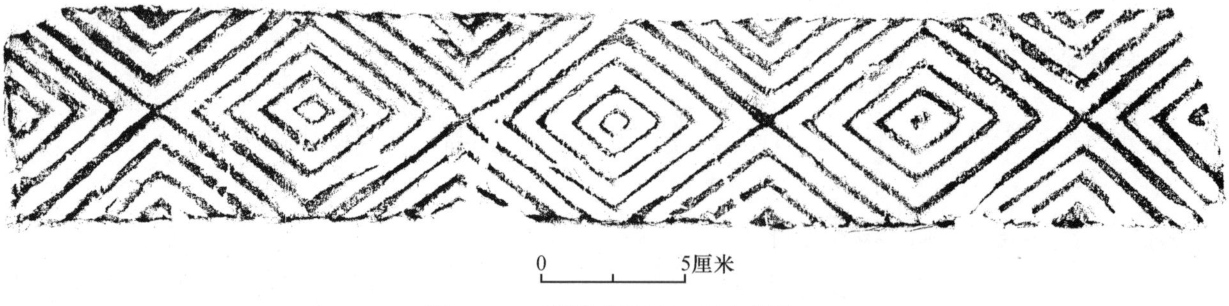

图一一一　墓砖（02M4：01）拓片

手残。手制，上体内实，腰部以下中空。通高34.2厘米（图一一二，2；图版二〇，3）。

抚琴俑　1件。标本02M4：2，泥质红陶。坐姿。头部少残。着长袍，束腰。长袍下摆向身后大喇叭形拖曳。跪坐，膝前置长方形琴台，琴台左高右低呈斜坡状，台上斜置长琴。左手五指散舒，抚按琴弦；右手残损，应是在弹拨琴弦。造型写意自然，神情超然飘逸。手制，上体内实，腰部以下中空。通高21.8厘米（图一一二，7；图版二〇，4）。

庖厨俑　2件，均手制。标本02M4：4，泥质红陶。坐姿。戴巾帻，脑后梳髻，面部扁

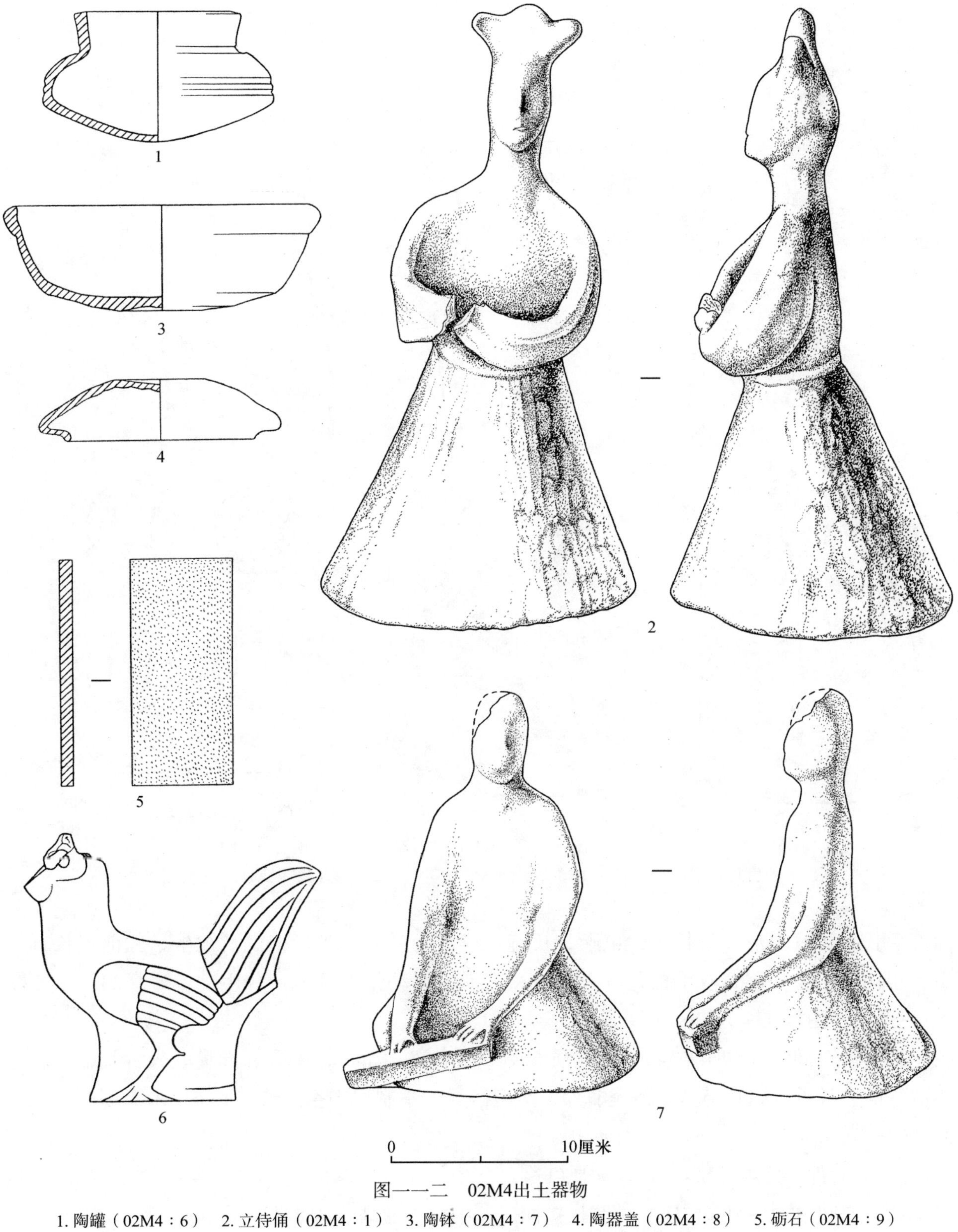

图一一二　02M4出土器物

1. 陶罐（02M4∶6）　2. 立侍俑（02M4∶1）　3. 陶钵（02M4∶7）　4. 陶器盖（02M4∶8）　5. 砺石（02M4∶9）
6. 陶公鸡（02M4∶10）　7. 抚琴俑（02M4∶2）

平，眉目不清。着长袍，跪坐，膝前置长方形俎，双手拥物置于俎上。捏制粗糙。通高14.2厘米（图一一三，1；图版二一，2）。标本02M4∶3，泥质灰陶。跪姿。戴巾帻，脑后梳髻，

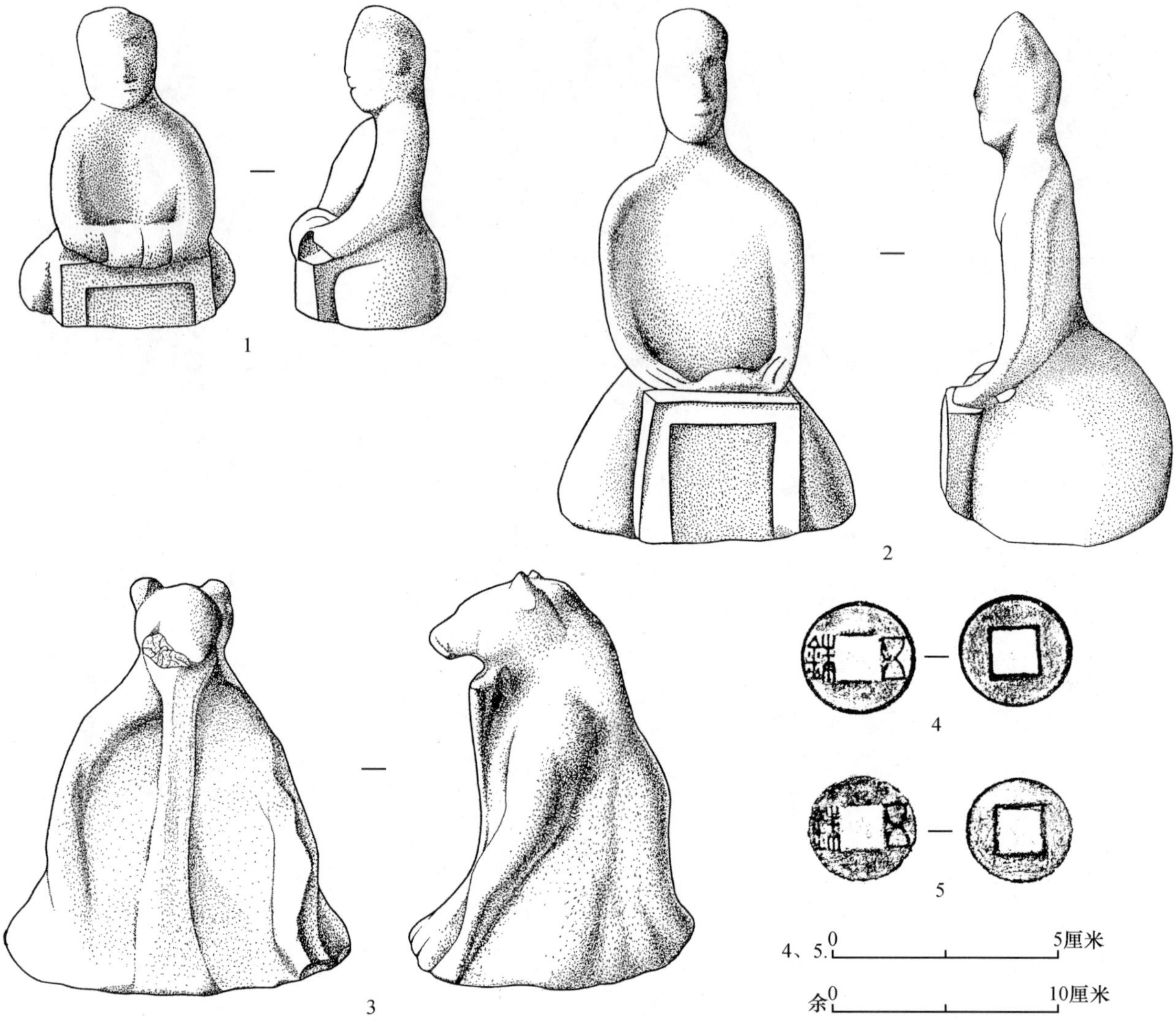

图一一三　02M4出土器物

1、2. 庖厨俑（02M4：4、3）　3. 镇墓兽（02M4：5）　4、5. 铜钱（02M4：11：1、2）拓片

面部手长，五官不清。着长袍，束腰，长袍下摆向身后大喇叭形拖曳。跪坐，膝前置长方形俎，俎面横陈鱼一尾，双手按鱼。身体略微变形，但动作逼真，十分生动。通高23厘米（图一一三，2；图版二一，1）。

镇墓兽　1件。标本02M4：5，泥质红陶。蹲坐姿。昂首，耸耳，阔嘴吐长舌及地，眉目不清。前肢长垂，屈背蹲坐。似熊非熊，造型怪异。手制，中空。通高15.5厘米（图一一三，3；图版二〇，2）。

公鸡　1件。标本02M4：10，泥质红陶。立姿。昂首，头部有残，有耳垂、绶。半圆锥弧尾上翘。屈肢站立。圆筒形座。模制拼接而成，中空。通高15.4厘米（图一一二，6）。

（2）石器

砺石　1件。标本02M4：9，石灰石。青灰色。长方形。边缘整齐，表面平整光滑。有磨砺过的痕迹。长13、宽5.8、厚0.7厘米（图一一二，5）。

（3）铜器

钱币　1组110枚，均为五铢钱。标本02M4：11：1，边郭规整，字迹清楚。“五”字中间两笔弯曲稍直，“金”字头呈三角形，“朱”字上端略方折，下端略圆。直径2.6、穿径1厘米（图一一三，4）。标本02M4：11：2，剪郭五铢，“五”字中间两笔弯曲稍直，“金”字头呈三角形，“朱”字上端方折，下端略圆。直径2.4、穿径0.9厘米（图一一三，5）。

二四、02M9

1. 墓葬形制

02M9位于文溪村四社（原大湾村十社），当地俗称“王甫岭”的缓坡上，地势向长江一侧倾斜，属长江南岸二级台地，处大湾墓群西Ⅵ区，02M10南侧1米。开口在耕土层下，直接构筑于紫红色生土中，距现地表0.2米。其构筑方法是：先自地面下挖刀把形土圹，土圹开挖规整，四壁修整平滑，而后于土圹之内以带边纹的长方形条砖起墓壁，墓壁与土圹壁间留有0.08～0.1米的空隙，空隙内填土色呈黄褐，土质坚硬（图一一四）。

02M9平面呈刀把形，方向330°。由墓道、甬道、墓室等三部分组成。虽曾遭早期盗掘，但底部结构得以大部保留。上部原有券顶，已坍塌。

墓道　斜坡土圹式。平面呈梯形。墓道极短且坡度很大，坡度达45°，残长0.45米。开口部分较窄，近底端封门处变宽。墓道两侧壁经过修整，较为平整，墓道底部有一层薄薄的踩踏面，较为光滑。墓道内填黄褐色黏土，土质较为松软，夹有少量的料姜石及腐朽的植物根系。

甬道　墓道底端与甬道顶端外侧有封门，用砌墓所余长方形边纹条砖和带有榫卯的边纹条砖顺长平铺堆成，完整的条砖不多，显得较为凌乱，花纹朝向墓室一侧。封门两端直抵土圹壁，宽1.65、残高0.8米。甬道平面呈长方形。西壁与墓室西壁连成一直壁，东壁在1.3米处作90°东拐形成墓室北壁。甬道两壁以带有菱形几何边纹的条砖错缝叠砌，花纹内向。地面未铺砖，地平面与墓室处同一高度。长1.3、宽1.25、残高0.8～0.9米。

墓室　平面呈长方形。后壁建在东西两壁之间，不与两壁作重叠咬合。东西两壁在直壁起砖至第13层时开始起券，顶部原券顶已完全坍塌。东壁墓砖残存15层。墓室填土内夹杂少量的残砖碎块。墓底未铺砖，直接构筑在生土上，整修平坦。南北长2.7、东西宽2.25、残高1.2米。墓室的砖壁砌法与甬道完全相同，均为顺长错缝平铺，砖间夹有薄薄的一层纯净的黄色泥土。券顶用墓砖为泥质灰陶，平面呈长方形，两长侧薄厚不一，截面呈楔形；两短侧有榫卯结构。

没有发现任何与葬具、人架有关的痕迹。

采集墓砖　1块。标本02M9：01，泥质灰陶。平面呈长方形，两长侧薄厚不一，截面呈楔形；两短侧有榫卯结构。上下面均饰绳纹，较薄侧面两边饰菱形几何纹，中间饰车辐纹，其余为素面。色浅灰，烧制温度较高。长45.5、宽21、厚8.5—9厘米（图一一五）。

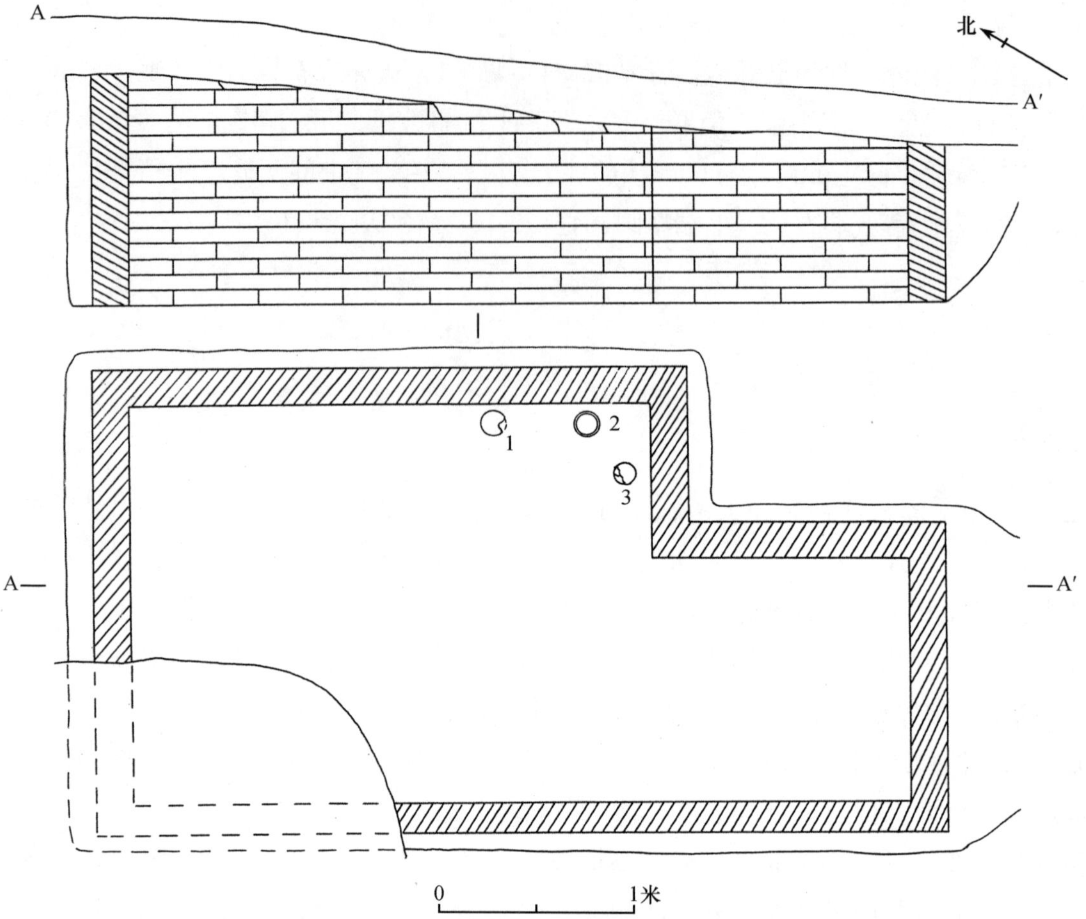

图一一四　02M9平、剖面图

1. 瓷碗　2. 陶盂　3. 陶杯

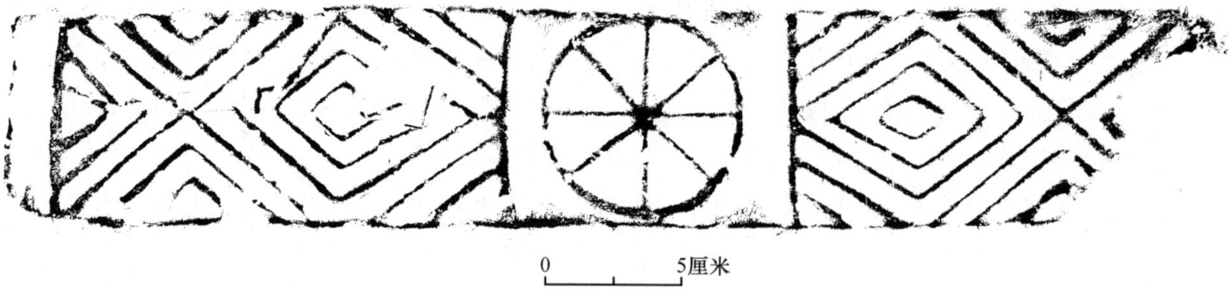

图一一五　墓砖（02M9：01）拓片

2. 随葬器物

随葬器物置于墓室东南角，共3件，分为陶器、瓷器两类。

（1）陶器

2件。分别为盂、杯。

盂　1件。标本02M9：2，泥质红陶。侈口，圆唇，束颈，鼓腹急收成平底，最大径位于下腹部。肩部有一周凹弦纹。素面。轮制。通高9.2、口径11.6厘米（图一一六，1）。

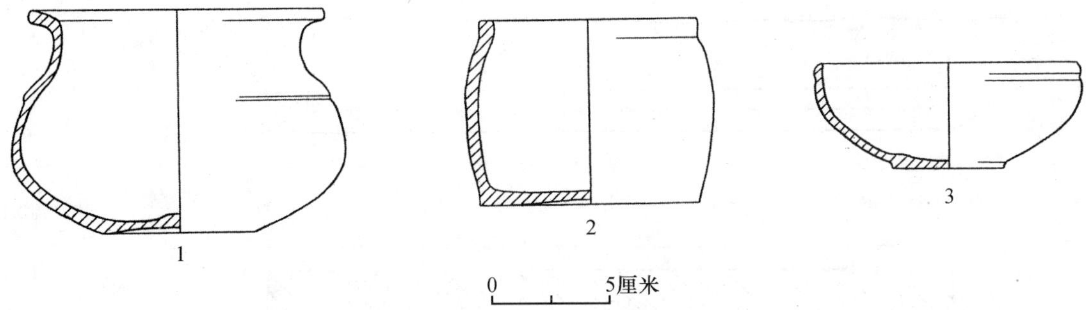

图一一六 02M9出土器物

1. 陶盂（02M9：2） 2. 陶杯（02M9：3） 3. 瓷碗（02M9：1）

杯 1件。标本02M9：3，泥质红陶。直口微收，方唇，腹稍鼓，平底。素面。轮制。通高7.6、口径8.7厘米（图一一六，2）。

（2）瓷器

碗 1件。标本02M9：1，敞口，尖圆唇，弧腹，矮饼足。器表原施有釉，釉及腹中部，釉层因酥粉已失色、剥落。素面。轮制。通高4.4、口径10.4厘米（图一一六，3）。

二五、02M10

02M10位于文溪村四社（原大湾村十社），当地俗称“王甫岭”的缓坡上，属长江南岸二级台地，处大湾墓群西Ⅵ区，02M9北侧1米。开口于耕土层下，打破生土，距现地表0.3米。由于人为破坏，墓室少部分被毁，所余部分可看出墓葬形制。构造方法为自地面先下挖长方形土圹，再用砖砌墓壁。土圹与墓壁之间的0.1米空隙间填有黄褐色沙土。墓圹长3.18、宽1.58、残深0.18米（图一一七）。

02M10平面呈长方形，方向340°。破坏严重，墓道无存，仅余东南半部分墓室下部。墓壁由长方形条砖错缝平砌而成，砖间以细泥合缝。墓室内填黄褐色五花土，夹杂有大量的碎砖块，土质较为松软。生土地面，稍有修整。墓室长2.62、宽1米。墓壁残高0.18米。

采集墓砖1块，标本02M10：01，泥质灰陶。长方形。上下两大面印有致密排列整齐的细绳纹，条砖一长侧面带有花纹。正中长方形内布局一圆，圆内饰“米”字车辐，长方形四角各饰一乳钉，用以补白。车辐纹两侧饰有对称的菱形几何纹粗棱。其余侧面素面无饰。长45、宽20、厚9厘米（图一一八）。

未发现任何与葬具、人架有关的痕迹及随葬器物。

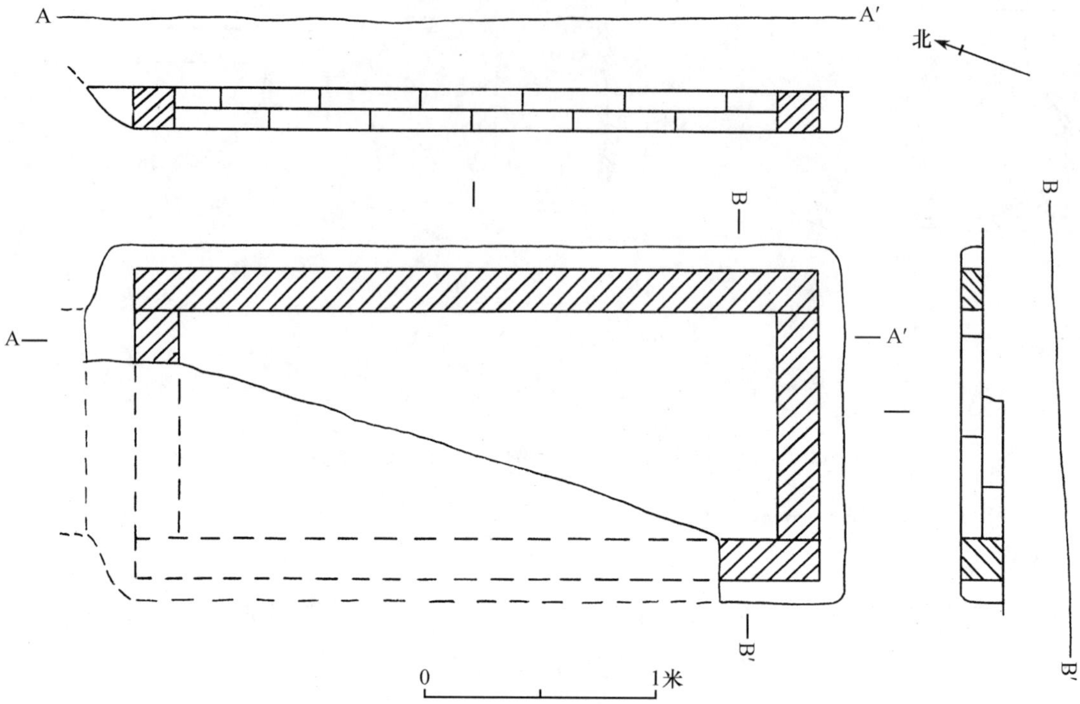

图一一七　02M10平、剖面图

图一一八　墓砖（02M10：01）拓片

二六、02M17

1. 墓葬形制

02M17位于规划村四社（原大湾村五社）当地俗称“关山”的一片柑橘林里，处大湾墓群东Ⅱ区。西南150米处有02M3、02M4，西南与02M11相距3米。开口在耕土层下，打破生土，距现地表0.3米。其构造方法：先自地面下挖土圹，土圹壁经拍打修整后，再距土圹壁0.1米左右处，以菱形几何边纹、车辐纹条砖错缝叠砌墓壁，墓室后壁建在东西两壁之间，不与两壁咬合交叠，砖的花纹一致向内。墓壁与土圹壁间的空隙内，填以较为纯净的黄色沙土（图一一九）。

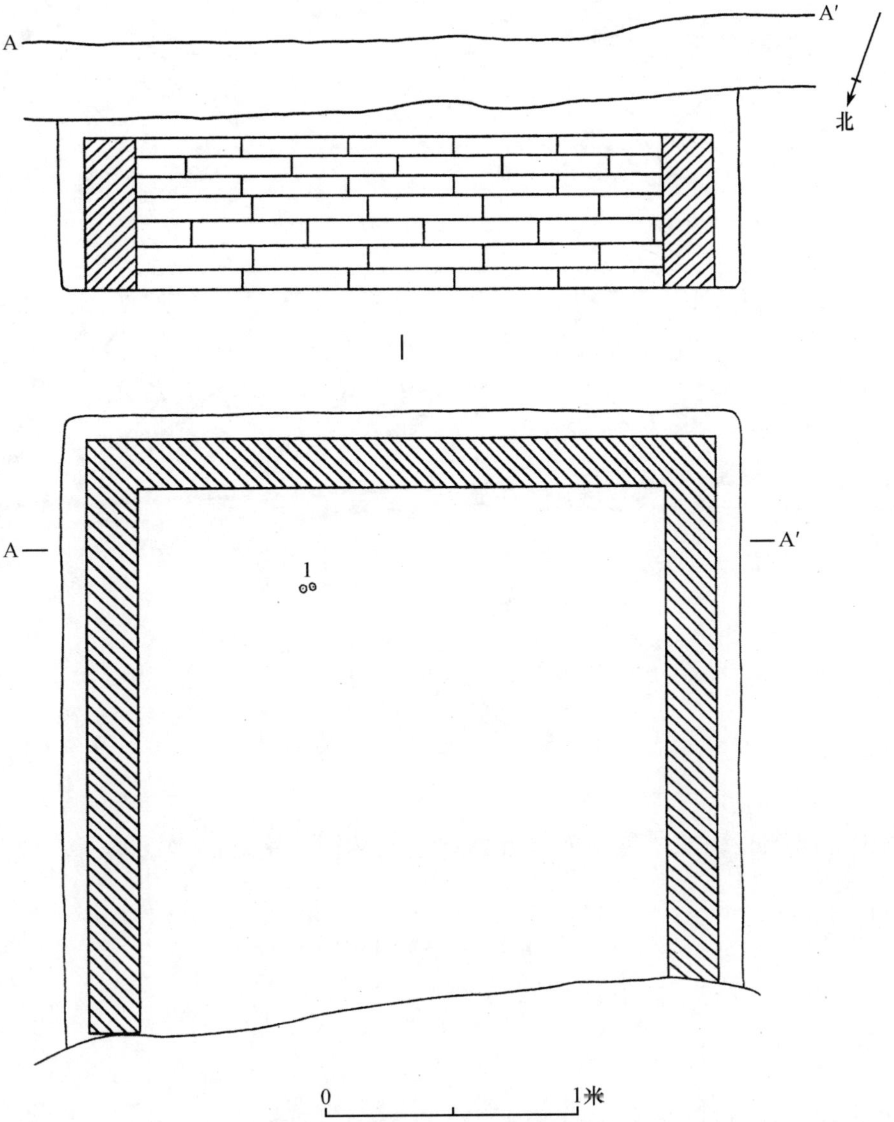

图一一九　02M17平、剖面图
1. 铜钱

02M17位处缓坡边缘，墓葬前半部分被破坏无存。就残存的后半部分可知为一座砖室墓。墓向推测290° 。形制不明。墓室南北残长2.2、东西宽2.1、墓壁残高0.6米。墓底未铺砖，生土地面，修整较平。

未发现任何葬具与尸骨。故葬式与头向不明。

采集墓砖　2块。均为泥质灰陶，长方形条砖。标本02M17：01，一长侧面饰菱形几何纹，上下饰绳纹，其余为素面。浅灰色，烧制温度不高。长41.5、宽20.7、厚7厘米（图一二〇，1）。标本02M17：02，两端带有子母榫卯。一长侧饰车辐纹加菱形几何纹，上下两个大面饰有较细的绳纹，其余为素面。长44、宽27.8、厚9.8厘米（图一二〇，2）。

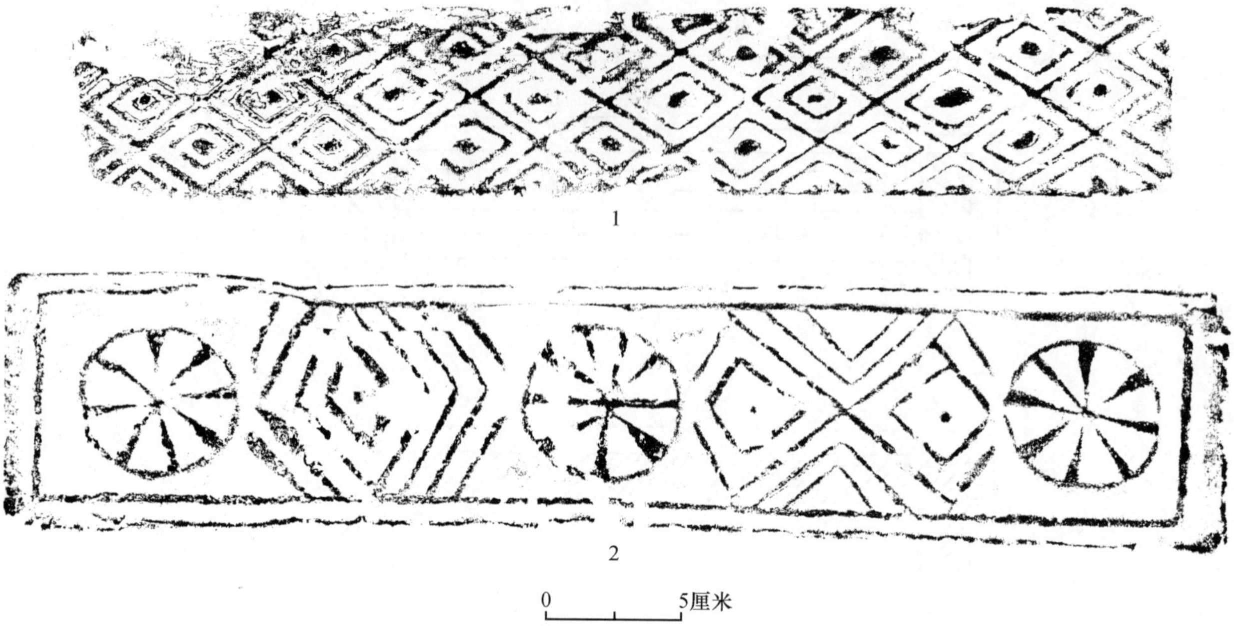

图一二〇 墓砖拓片
1. 02M17：01 2. 02M17：02

2. 随葬器物

在墓室后中部出土有锈蚀严重的剪郭五铢钱、五铢钱。字迹已漫漶不清，触手即碎。

二七、02M18

1. 墓葬形制

02M18位于文溪村四社（原大湾村六社），“石坝院子”东南约50米，当地俗称“簸箕田”的缓坡上，属长江南岸二级台地，处大湾墓群西Ⅱ区。开口于耕土层下，打破生土，距现地表0.5米。其构造方法是：先自地面下挖刀形土圹，土圹开挖规整，四壁经过拍打、修整。而后于土圹之内起砖壁，墓壁与土圹壁间留有0.06～0.1米的空隙，空隙内填黄褐色沙土。土圹长4.86、宽2/2.7、残深1.72米（图一二一）。

02M18平面呈刀把形，方向290°。因墓葬甬道恰处于一道东北—西南走向的田埂处，遭到严重盗扰，墓葬上部不存，甬道前半部分被毁。

甬道　前部破坏无存，东西两侧壁残存少许。由填土内夹杂的带有子母榫卯的楔形砖的碎块以及结合其他墓葬用砖的情况判断，甬道上部原有券顶，其券顶应是自东西两壁起券构筑。东壁与墓室东壁连成一直壁，西壁西拐90°形成墓室的北壁。两壁均用长方形边纹花砖错缝叠砌而成，花纹一侧内向。甬道残长1.8、宽1.4、残高0.64米。

墓室　券顶坍塌，下部结构保存完好。东西两壁自下而上以菱形几何边纹条砖错逢平铺叠砌11层，自11层开始起券，所用之砖改为带有子母榫卯的楔形边纹花砖，顶部情况不明。砖间

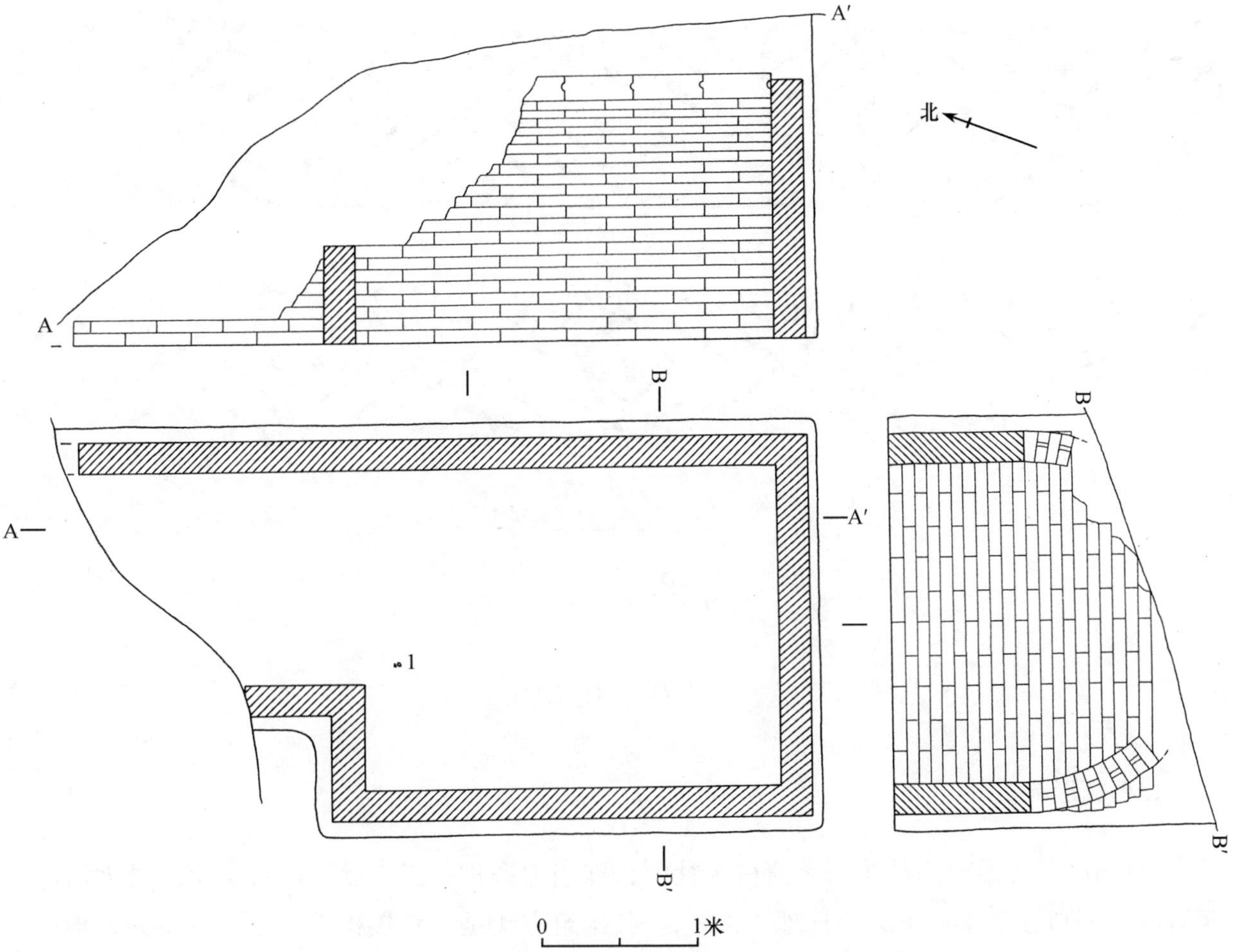

图一二一　02M18平、剖面图

1. 铜钱

以较细的黄泥合缝，券顶砖的外侧砖缝内填塞有较纯净的黄褐色沙土。墓室后壁建在东西两壁南端外侧，砖壁不与东西两壁交错咬合。所有墓砖均花纹内向。墓底未铺砖，直接构筑在生土上，修整平坦。塌陷的墓室内填满黄褐色五花黏土，夹杂有大量的碎砖块，土质较为坚硬。墓室南北长2.65、东西宽2.1、残高1.72米。

未发现葬具痕迹。尸骨腐朽，无法判定葬式及头向。

采集墓砖　2块。均为泥质灰陶，深灰色，平面呈长方形，两长侧面薄厚不一，截面呈楔形；两端有榫卯结构。上下面均饰绳纹，较薄侧面饰菱形几何纹，中填乳钉，其余素面。烧制温度较高。标本02M18：01，长42.2、宽20.5、厚5～8厘米（图一二二，1）；标本02M18：02，长43、宽19.5、厚6.5～7.5厘米（图一二二，2）。

2. 随葬器物

出土随葬器物仅为钱币，1组共2枚，均为五铢铜钱。形制大小相同。边郭较窄。“五”字中间两笔弯曲稍直，“金”字头呈三角形，“朱”字短，上端略方折，下端圆润。标本02M18：1，直径2.6、穿径1厘米（图一二五，7）。

1

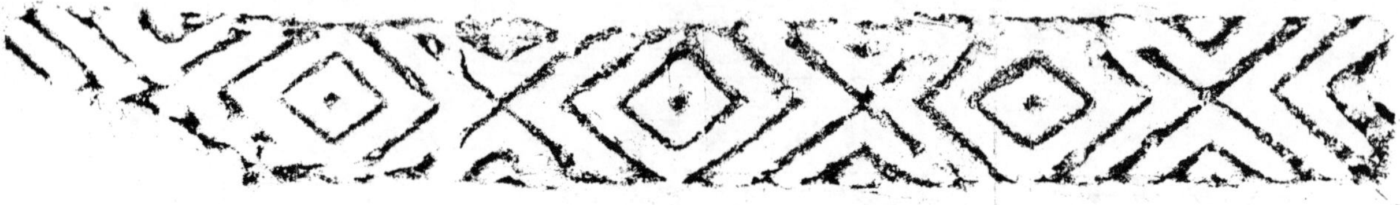

2

0 5厘米

图一二二 墓砖拓片

1. 02M18：01 2. 02M18：02

二八、03M6

1. 墓葬形制

03M6位于文溪村四社（原大湾村十社），即当地俗称“王甫岭”的缓坡上。处大湾墓群西Ⅵ区。开口在耕土层下，距现地表0.3米。其构筑方法是，直接构筑于生土中，先自地面下挖刀把形土圹，土圹开挖规整，四壁经过拍打、修整。而后于土圹之内起砖壁，墓壁与土圹壁间留有约0.08米的空隙，空隙内填红褐色五花土。土圹残长4.74、宽1.45/1.86、残深1.12米（图一二三）。

03M6平面呈刀把形，方向220°。由墓道、甬道、墓室三部分组成。

墓道 斜坡土圹式，平面呈舌形。坡陡且短，底部与开口处呈圆弧状，墓道经过修整，比较平顺。墓道填土为黄褐色土，土质疏松。墓道残长0.9、宽0.7、残深0.76米。

甬道 平面呈长方形。甬道东西两壁内有砖砌的封门，长0.9、残高0.96米。甬道西壁与墓室西壁连成一体，东壁作90°东拐，形成墓室东壁。甬道两壁采用长方形条砖错缝叠砌而成，砖侧面的菱形几何纹朝向甬道内，砖间铺垫黄褐色黏土。甬道东壁自下向上第九层起上部稍有弯曲，并以带子母口的长方形条砖砌起，说明甬道有券顶，券顶破坏坍塌。填土为黄褐色黏土，夹杂大量砖块，也有带子母榫卯的条砖。底部为料姜石生土地面，稍作修整。甬道长1.1、宽0.9、残高0.96米。

墓室 平面呈长方形。墓室自地面以长方形条砖错缝叠砌起壁。菱形花纹一侧朝向墓室。砖间填塞黄褐色黏土。墓室东壁自下向上第11层起上部稍有弯曲，并以带子母口的长方形条砖砌起，说明墓室有券顶，券顶破坏坍塌。后壁于东西两侧壁交错咬合。填土为黄褐色黏土，夹杂大量砖块，也有带子母榫卯的条砖。地面与甬道处同一地平，为料姜石地面。南北长2.08、东西宽1.3、残高1.1米。

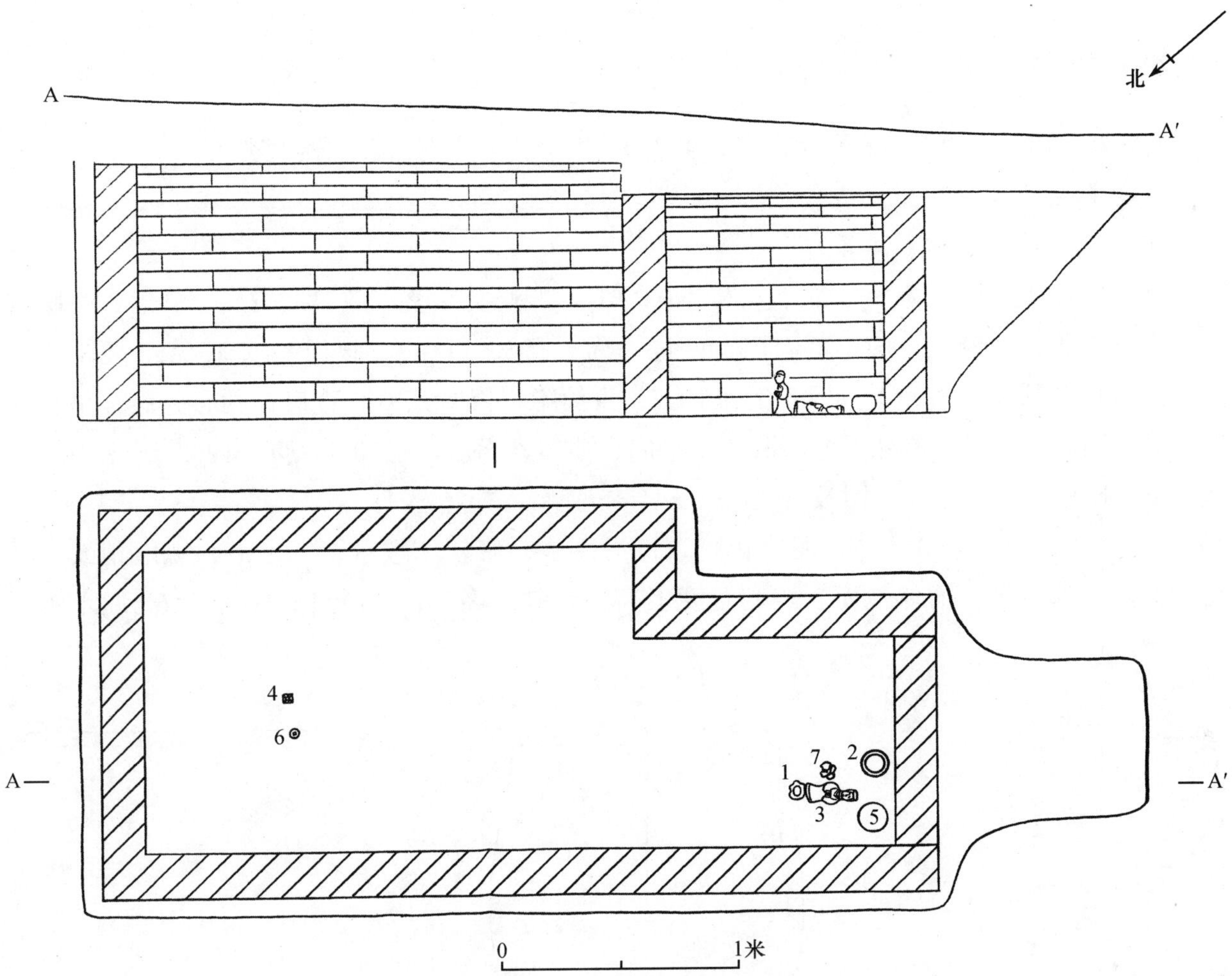

图一二三 03M6平、剖面图

1、3. 立侍俑 2、7. 陶罐 4. 铜印章 5. 陶钵 6. 铜钱

葬具腐朽无存，尸骨无存，葬式、头向不明。

采集墓砖 1块。标本03M6：01，泥质灰陶，完整。长方形条砖，上下面饰绳纹，一长侧面饰菱形几何纹，其余素面。长45、宽18.5、厚7厘米（图一二四）。

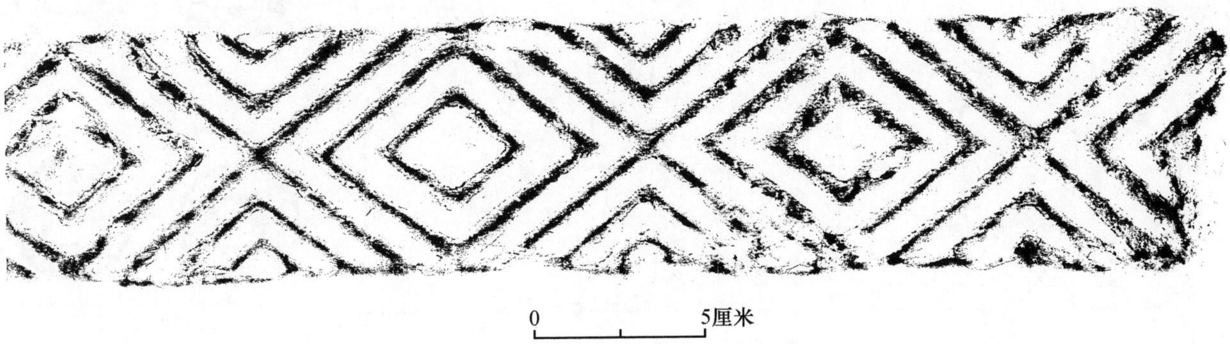

图一二四 墓砖（03M6：01）拓片

2. 随葬器物

随葬器物出土于甬道口和墓室后部，共7件（组），分为陶器、铜器两类。

（1）陶器

5件。分别为罐、钵、俑等。

罐 2件，均为泥质灰陶，轮制。标本03M6：2，修复完整。敛口，方唇，斜肩，鼓腹较直，腹下微收，假圈足。腹中部斜内折凹进一周。高7、口径7、腹径9.4、底径5.2厘米（图一二五，1；图版二一，5）。标本03M6：7，直筒罐，修复完整。直口，圆唇，腹部呈直筒状，下部稍鼓，平底。口外唇下饰凹弦纹一周，通体素面。口径10.4、腹径12.4、底径10.6、高14.2厘米（图一二五，2；图版二一，6）。

钵 1件。标本03M6：5，泥质灰陶，口沿部残，修复。敞口，宽平沿，弧腹稍鼓，平底。腹内底部圆平。通体素面。烧制温度不高。轮制。高3.8、口径14.4、底径6.6厘米（图一二五，3）。

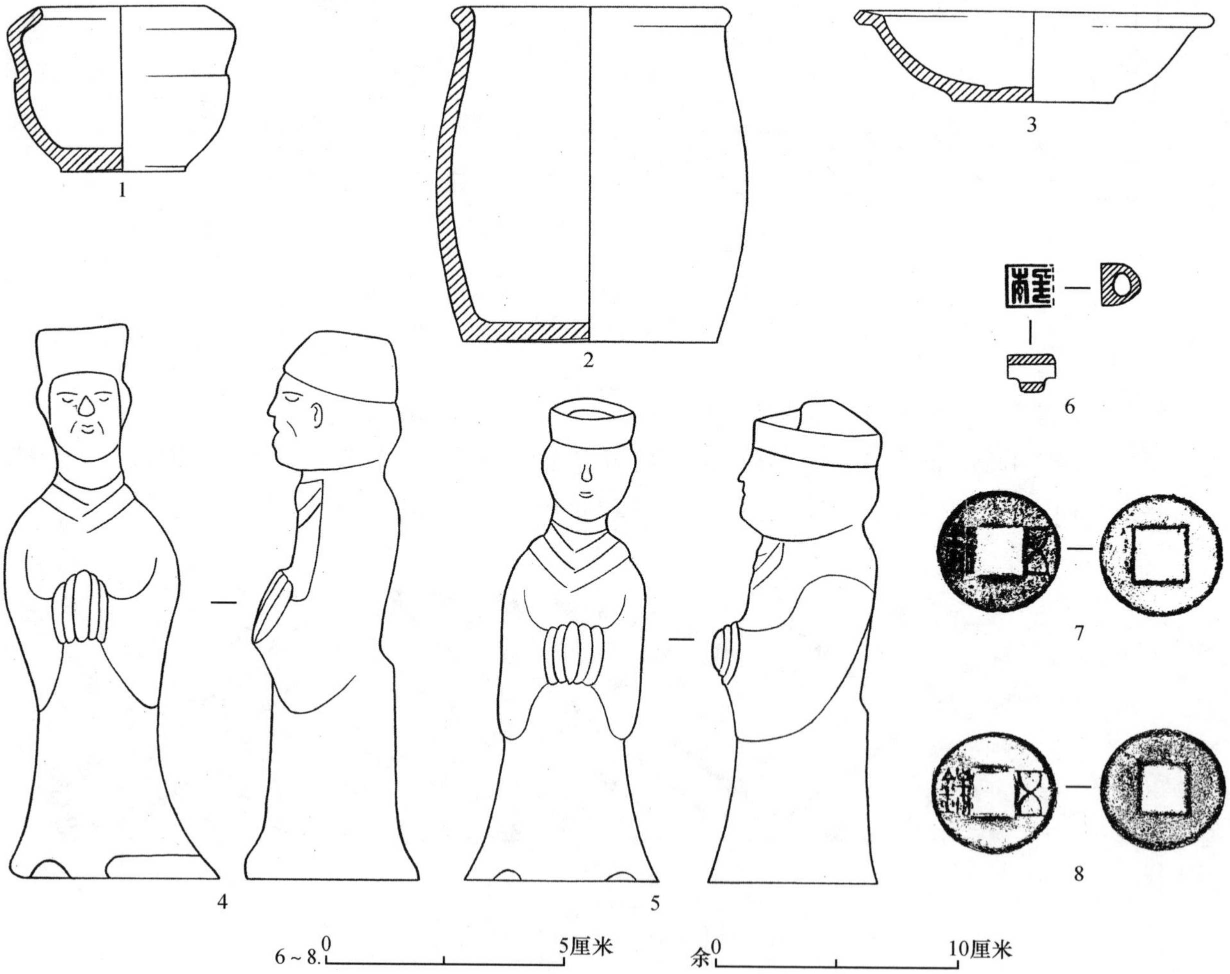

图一二五 02M18、03M6出土器物

1、2. 陶罐（03M6：2、7） 3. 陶钵（03M6：5） 4、5. 立侍俑（03M6：3、1） 6. 铜印章（03M6：4）
7、8. 铜钱（02M18：1、03M6：6）拓片

立侍俑　2件，均为泥质红陶，模制拼接而成。中空。标本03M6：1，残，修复完整。立姿。戴圆冠，高鼻，颧骨凸起，唇紧闭。面部较长，下颌圆润。着三重衣，亵衣圆高领，外衣宽袖右衽及地长服，袖胡垂膝。双手抱拥胸前。通高20.4厘米（图一二五，5；图版二一，3）。标本03M6：3，背部残，修复。立姿。头戴平顶冠，面目不清，高鼻。着两层衣，亵衣圆领，外衣右衽宽袖长服，下摆曳地。双手相拥于胸前。通高23.2厘米（图一二五，4；图版二一，4）。

（2）铜器

2件（组）。分别为印章、钱币。

印章　1件。标本03M6：4，边郭部分残损。正面方形，边郭部分锈蚀残损，但字迹笔画清楚，为阳文，篆刻有"李千万"三字。背部圆形纽，大穿孔。为墓主人的私印。长1、宽0.9、厚0.8厘米（图一二五，6；图版二二，1）。

钱币　1组2枚，均为五铢。形制大小相同。标本03M6：6，边郭规整，字迹清楚。"五"字中间两笔弯曲交叉；"金"字头呈小三角形；"朱"字上端方折，下端圆润。直径2.6、穿径1厘米（图一二五，8）。

二九、03M8

1. 墓葬形制

03M8位于文溪村（原大湾村四社），丰（都）高（镇）公路汶溪河大桥东侧向东100米处，即当地俗称"土地包"的缓坡上，处大湾墓群西Ⅶ区。开口于耕土层以下，距现地表0.3米。曾遭盗扰，破坏严重。其构筑方法是，直接构筑于生土中，先自地面下挖刀把形土圹，土圹开挖规整，四壁经过拍打、修整。而后于土圹之内起砖壁，墓壁与土圹壁间留有厘米的空隙，空隙内填红褐色五花土。土圹残长4.22、宽1.82/2.62、残深1米（图一二六）。

03M8平面呈刀把形，方向256°。由甬道、墓室两部分组成。墓葬甬道以前部分遭破坏无存。

甬道　平面呈长方形。甬道南北两侧壁仅余二层砖，北壁与墓室北壁连一体，南壁作90°南拐，形成墓室南壁。填土中发现有带子母榫卯的条砖，推测原应有券顶。底部料姜石生土地面，稍做修整，坑洼不平。甬道残长1.35、宽1.3、残高0.16米。

墓室　平面呈长方形。南北两壁均为长方形条砖错缝叠砌起壁，菱形几何纹一侧朝向墓室。砖间填塞黄褐色黏土。后壁与南北两侧壁叠砌交错咬合。墓室所用墓砖以长方形条砖为主，杂有少量的带榫卯的条砖，花纹内向。地面与甬道处同一地平，底部料姜石生土地面，稍做修整，坑洼不平。东西长2.4、南北宽2.1、残高0.96米。

葬具、尸骨腐朽无存。葬具、葬式、头向不明。

采集墓砖　1块。标本03M8：01，泥质灰陶，残一角。长方形条砖，一长侧面饰菱形几何纹，其余素面。长47、宽18.5、厚8.5厘米（图一二七）。

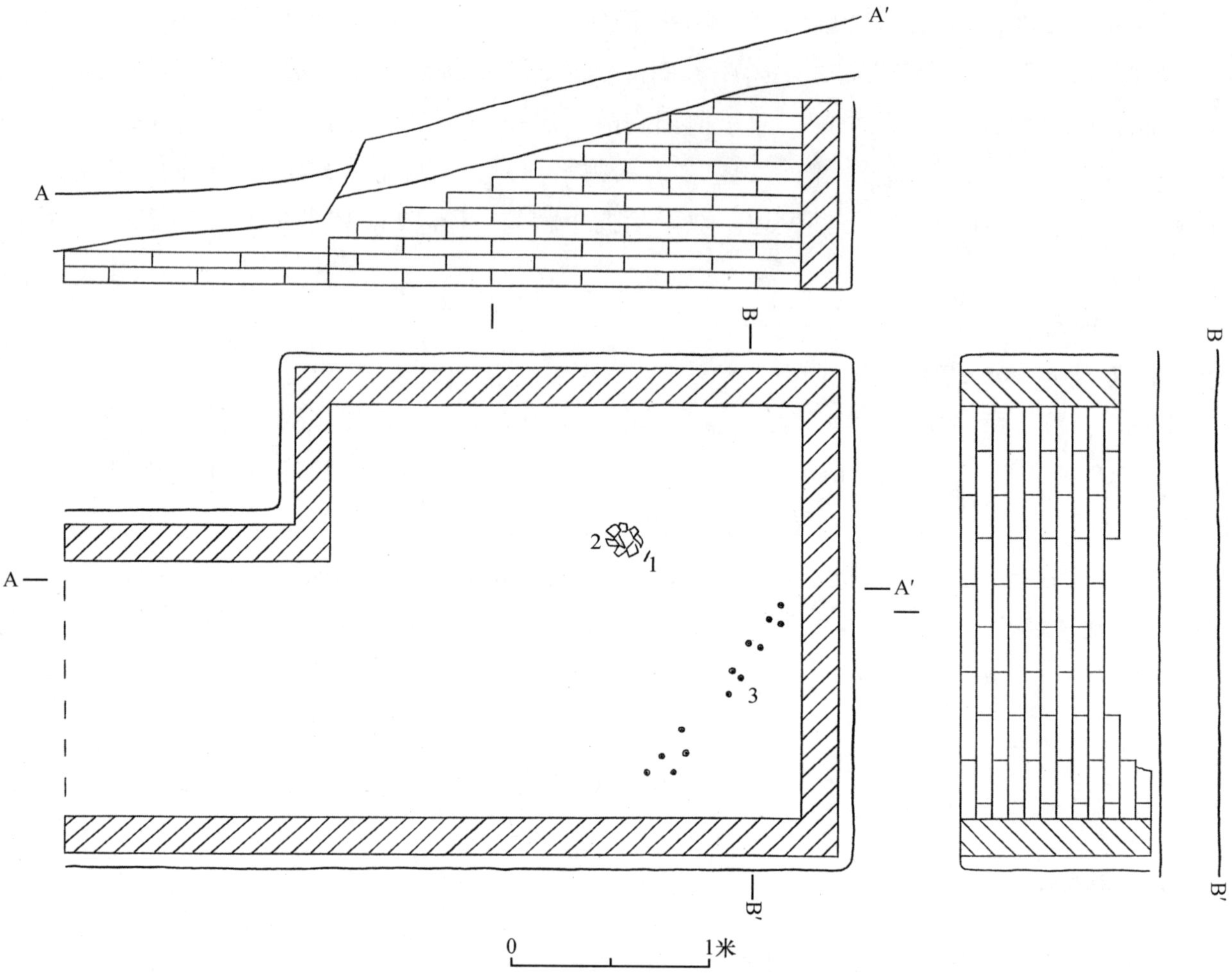

图一二六 03M8平、剖面图

1. 陶钵 2. 井架 3. 铜钱

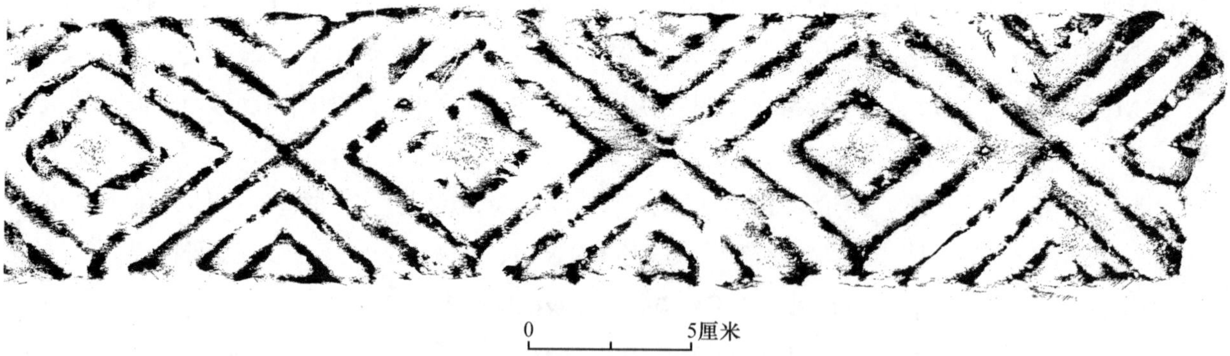

图一二七 墓砖（03M8：01）拓片

2. 随葬器物

随葬器物位于墓室后部，共3件（组），分为陶器、铜器两类。

（1）陶器

2件。分别为钵、井架。

钵　1件。标本03M8：1，釉陶，修复完整。直口，圆唇，上腹壁直，下腹弧收成小平底。器表施酱色釉，釉层脱落严重。轮制。口径15.8、最大径16.4、底径5.4、高7.4厘米（图一二八，1）。

井架　1件。标本03M8：2，泥质灰陶。井架为束腰长方形，一端带榫，另一端开叉。腰部残损。高8.8、宽3.4、厚1厘米（图一二八，2）。

（2）铜器

钱币　1组19件，均为五铢，可分二式。

Ⅰ式：10枚。标本03M8：3：2，边郭规整，字迹清楚。"五"字中间两笔弯曲交叉；"金"字头呈小三角形；"朱"字上、下端圆润。直径2.6、穿径1.1厘米（图一二八，3）。

Ⅱ式：9枚。标本03M8：3：1，边郭被剪掉少许，字迹清楚。"五"字中间两笔弯曲交叉；"金"字头呈小三角形稍倾斜；"朱"字上端方折，下端圆润。直径2.5、穿径1.1厘米（图一二八，4）。

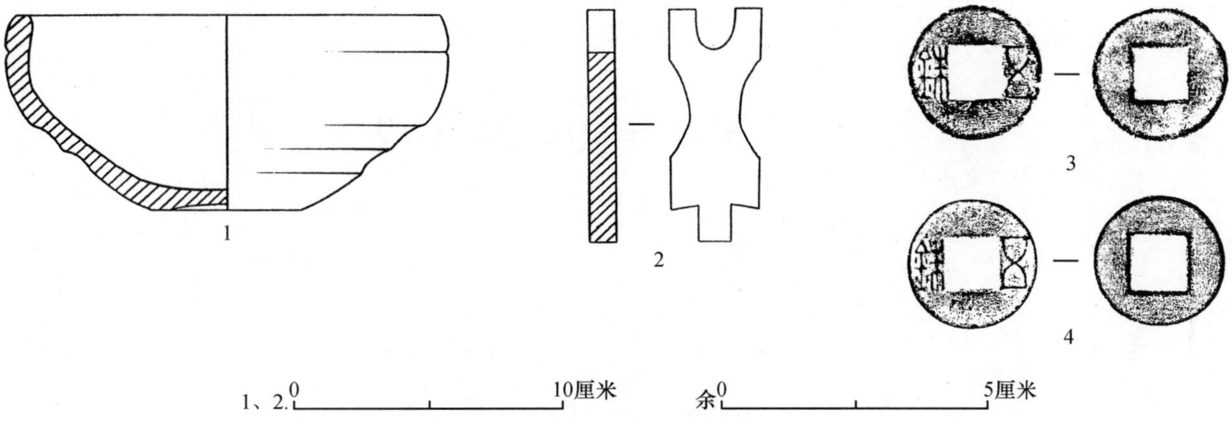

图一二八　03M8出土器物

1. 陶钵（03M8：1）　2. 陶井架（03M8：2）　3、4. 铜钱（03M8：3：2、1）拓片

三〇、03M11

1. 墓葬形制

03M11位于文溪村（原大湾村十一社），丰（都）高（镇）公路文溪河大桥东岸的高包缓坡处，即当地俗称"鸭嘴"的缓坡上，处大湾墓群西Ⅷ区。开口在扰土层下，距现地表0.38米，曾遭盗扰，破坏严重。其构筑方法是，先自地面下挖曲尺形土圹，土圹开挖规整，四壁经过拍打、修整。而后于土圹之内起砖壁，墓壁与土圹壁间留有0.07米的空隙，空隙内填红褐色五花土。土圹残长3.65、宽1.94/4.4、残深0.8米（图一二九）。

03M11平面呈曲尺形，方向324°。由甬道、墓室两部分组成。墓葬甬道以前部分遭破坏无存。

甬道　平面呈长方形。北壁与墓室北壁连一体，南壁作90°南拐，形成墓室南壁。填土为

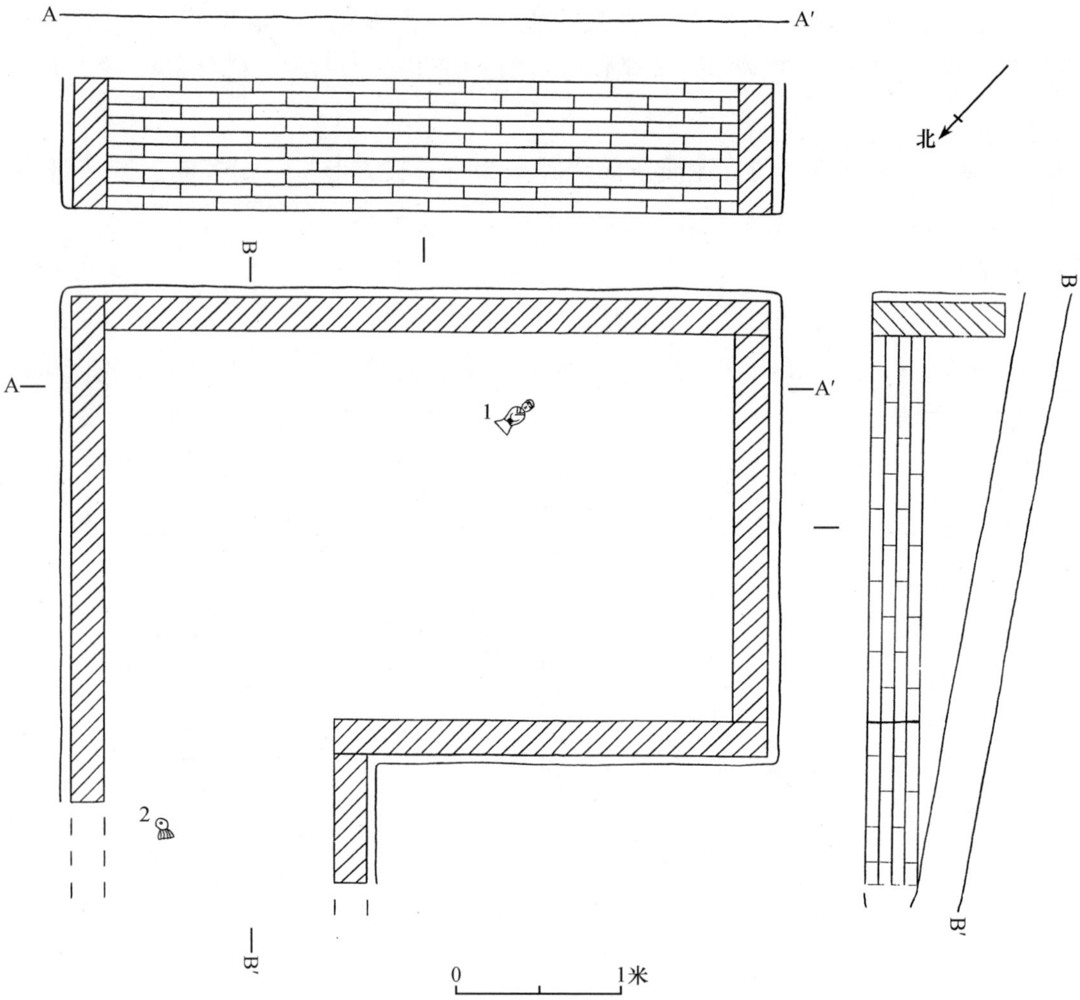

图一二九　03M11平、剖面图

1. 立侍俑　2. 铜鱼

黄褐色黏土，夹杂少量的砖块。底部少量料姜石和黄色生土地面，稍做修整。甬道残长1.01、宽1.4、残高0.4米。

墓室　平面呈横长方形。东西两壁均为长方形条砖错缝叠砌起壁，菱形几何纹一侧朝向墓室。砖间填塞黄褐色黏土。后壁与南北两侧壁叠砌交错咬合。墓室所用墓砖以长方形条砖为主，杂有少量的带榫卯的条砖，花纹内向。填土为黄褐色黏土夹杂大量砖块。填土中也带有榫卯结构的条砖，估计原有券顶。地面与甬道处同一地平，底部少量料姜石和黄色生土地面，稍做修整。南北长3.85、东西宽2.4、残高0.8米。

葬具、尸骨腐朽无存。葬具、葬式、头向不明。

采集墓砖　2块。标本03M11：01，泥质灰陶。长方形条砖，两长侧薄厚不一，呈楔形。上下面饰麦粒状绳纹，较薄侧面两边饰菱形几何纹，中部菱形几何纹中饰十字纹。其余面素面。长41、宽20.5、厚6.2～8厘米（图一三〇，1）。标本03M11：02，泥质灰陶。长方形条砖，上下面饰绳纹，一长侧面饰菱形几何纹，其余素面。深灰色。烧制温度高。长42.5、宽20、厚8厘米（图一三〇，2）。

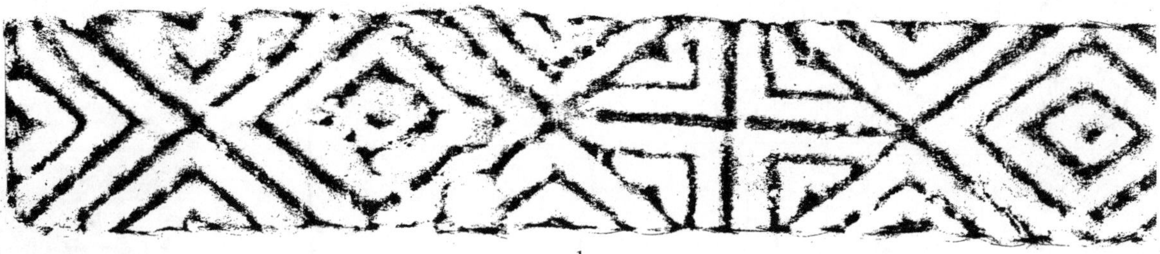

1

2

0　5厘米

图一三〇　墓砖拓片

1. 03M11：01　2. 03M11：02

2. 随葬器物

随葬器物分别出土墓室后左侧和甬道右侧，共2件，分为陶器、铜器。

（1）陶器

立侍俑　1件。标本03M11：1，泥质灰陶，完整。立姿。头戴平顶冠，面目模糊，高鼻，嘴紧闭，身着两重衣，外穿右衽宽袖长服，下摆曳地，袖胡过膝。双手相拥于胸前。模制拼接而成。中空。通高17.6厘米（图一三一，1；图版二二，3）。

（2）铜器

铜鱼　1件。标本03M11：2，象形鱼状薄片，鱼头部肥大夸张，近似圆洞的鱼眼，腰部逐渐变细，鱼尾部逐渐变大，上面刻三条细线。正面平整，背部锈蚀，粗糙。应为拉手。长6.7、宽3.9厘米（图一三一，2、3；图版二二，2）。

三一、04M8

1. 墓葬形制

04M8位于桂花村五社，当地人俗称“租地包”上的南部。距离04M9南2米处。开口在耕土层下，距现地表0.22米。构筑方法是直接在生土中先挖规整的刀把形土圹，四壁拍打整齐。而后于土圹之内砌砖壁，在一定高度后向内券砌，形成券顶。墓壁与土圹壁间有0.1～0.15米的空

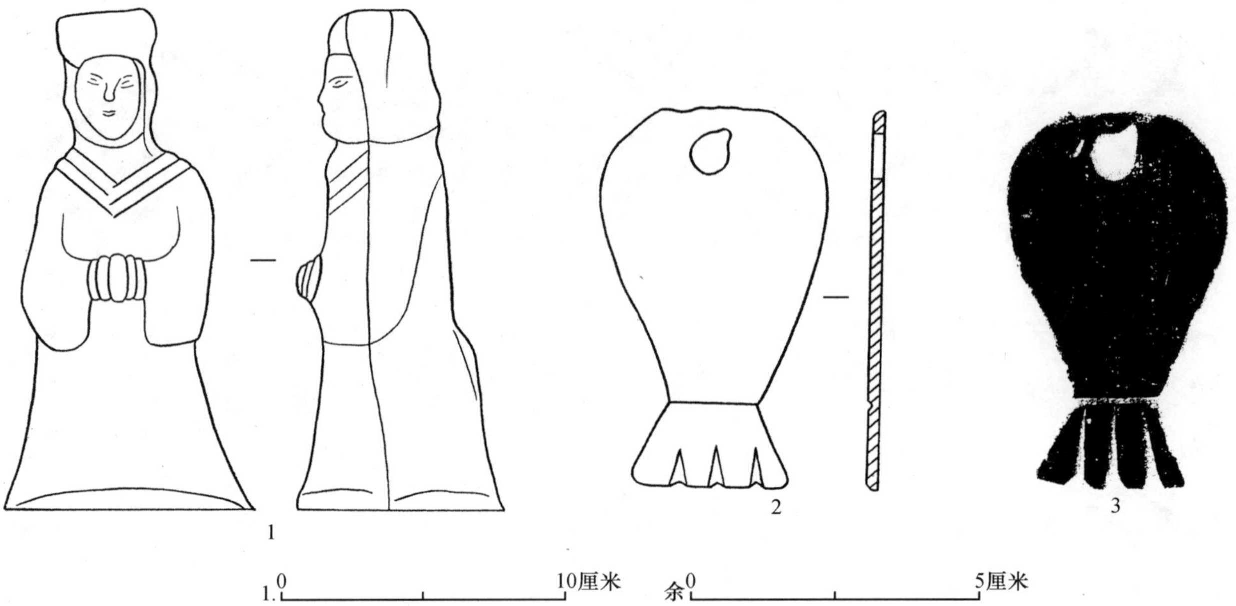

图一三一　03M11出土器物

1. 立侍俑（03M11：1）　2. 铜鱼（03M11：2）　3. 铜鱼（03M11：2）拓片

隙，内填红褐色五花土。土圹长5.5、宽2.16/3、残深2.1米（图一三二）。

04M8平面呈刀把形，方向295°。由墓道、甬道、墓室三部分组成。总长5.2、残高0.60～1.3米。

墓道　斜坡土圹式。两边呈弧形。残长0.95、宽1.95、残高0.6米。

甬道　平面呈长方形。甬道前端外有砖砌的封门，残长1.7、残高0.55米。甬道南壁与墓室南壁连成一体，北壁作90°北拐，形成墓室北壁。甬道两壁为长方形条砖错缝叠砌而成。侧面的菱形几何花纹均朝向甬道内，封门稍混乱，堆砌不整齐。底为生土地面，稍做修整。长1.5、宽1.35、残高0.8米。

墓室　平面呈长方形。墓室南、北壁亦为长方形条砖错缝叠砌而成，自下向上第9层砖开始内券，形成墓室券顶。券顶现破坏坍塌不存在。砖侧面的菱形几何纹朝向墓室内。砖层间垫有一层薄薄的黄褐色黏土。墓室后壁在南北两侧壁外砌成，未与两壁交错咬合。墓室地面为生土地面。长2.75、宽2.35、残高1.3米。

墓内现填黄褐色黏土、残碎砖块和少量料姜石块。

葬具腐朽无存，尸骨无存，葬式，头向不明。

采集墓砖　1块。标本04M8：01，泥质灰陶，残。长方形条砖，一长侧面饰菱形几何纹，上下面饰绳纹，其余素面。长43.5、宽19、厚7厘米（图一三三）。

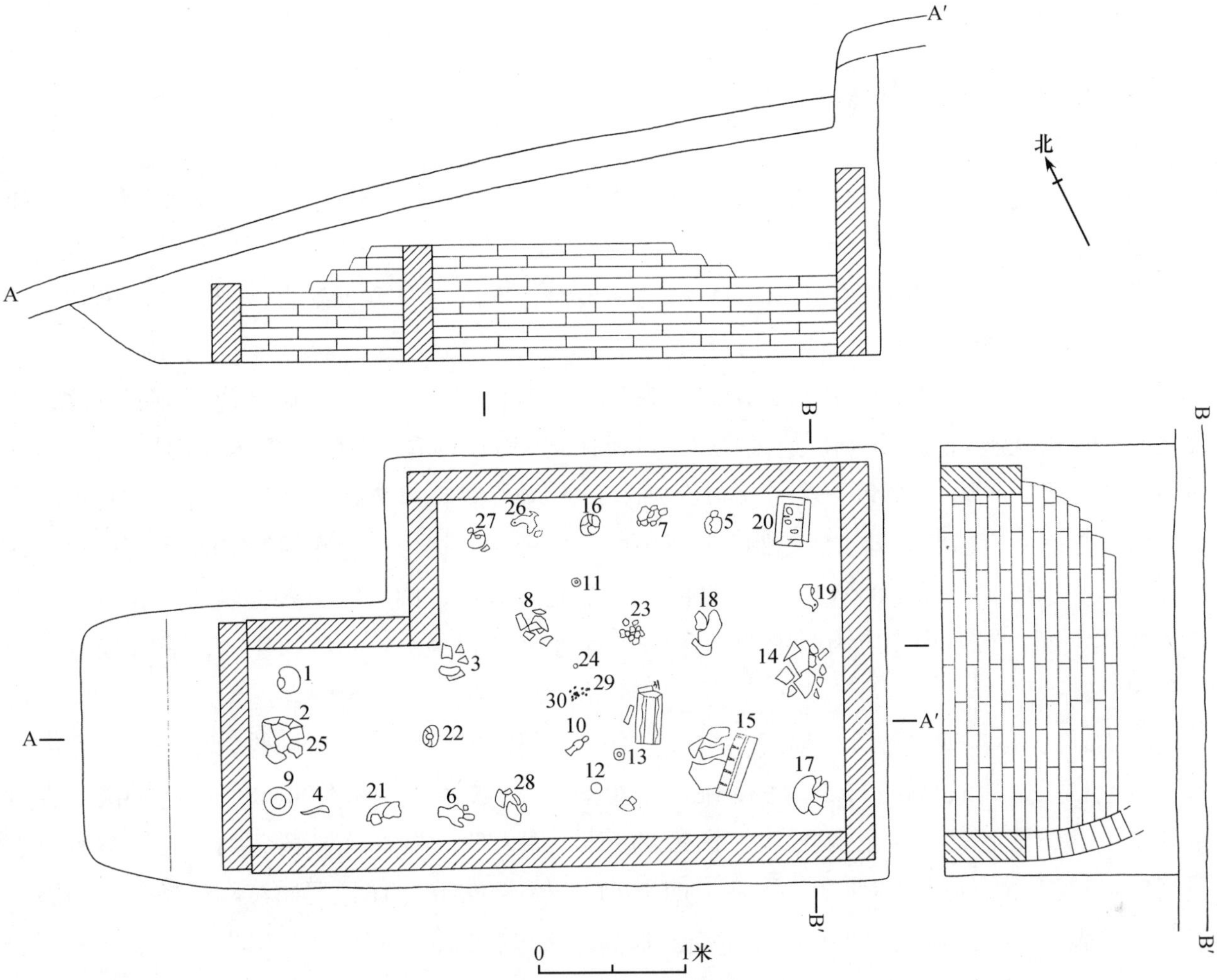

图一三二　04M8平、剖面图

1、16、21、25、28. 陶钵　2、9、24、27. 陶罐　3. 陶盂　4. 陶勺　5. 陶匜　6. 舞俑　7、22. 跪侍俑　8. 陶井台模型　10. 童俑　11. 陶灯　12. 陶杯　13. 博山炉盖　14. 陶案　15、31. 陶房屋模型　17. 陶甑　18. 陶猪　19. 陶子母鸡　20. 陶塘　23. 吹埙俑　26. 陶公鸡　29. 铜指环　30. 铜钱

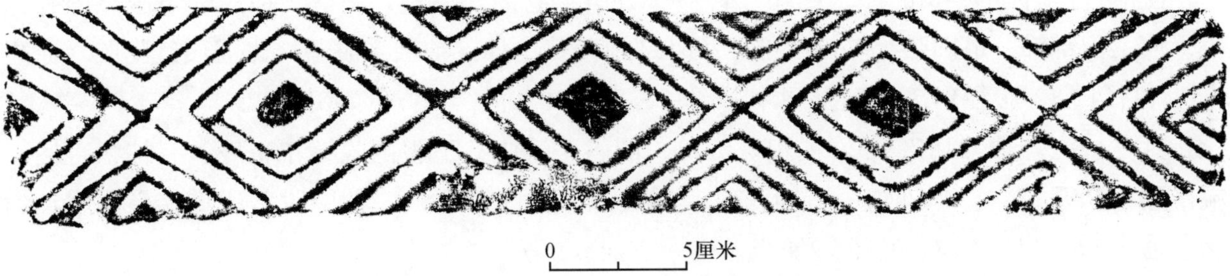

图一三三　墓砖（04M8：01）拓片

2. 随葬器物

随葬器物出土于甬道和墓室内，共31件（组），分为陶器、铜器两类。

（1）陶器

29件。分别为罐、钵、盂、匜、甑、灯、杯、勺、博山炉盖、案、塘、井台模型、房屋模型、俑等。

罐　4件，均为泥质灰陶。标本04M8：2，敛口，厚圆唇，束颈斜直，斜折肩，鼓腹，平底。通体素面，轮制。通高15.8、口径14.4、肩径24.4、底径16.6厘米（图一三四，4；图版二三，1）。标本04M8：9，侈口，圆唇，束颈，溜肩，鼓腹，平底。肩部饰两道凹弦纹，弦纹之间一道齿状戳划纹。轮制。通高10.6、口径10.4、腹径15.6、底径7.6厘米（图一三四，1；图版二三，2）。标本04M8：27，侈口，圆唇，束颈，溜肩，鼓腹，平底。肩部饰两道凹弦纹，弦纹之间一道齿状戳划纹。轮制。通高10.2、口径10、腹径15、底径7.4厘米（图一三四，2；图版二三，3）。标本04M8：24，口沿残，修复。侈口，圆唇，束颈，斜折肩，鼓腹，平底。通体素面。器形小，应为井中的小井桶。通高3.5、口径3.3、腹径5.4、底径3.8厘米（图一三四，3）。

钵　5件。标本04M8：1，釉陶。敞口，方唇，斜沿，浅腹，弧折内收，小平底。器内壁施酱黄色釉。通高5、口径17.5、底径4.8厘米（图一三四，5）。标本04M8：21，釉陶。直口微敛，方唇，浅腹，下腹急内收，小平底。口外一周内凹。器外施酱黄色釉，釉层多脱落。通高5、口径15.4、底径5.8厘米（图一三四，6）。标本04M8：16，泥质红陶。敞口，圆唇，束颈，鼓腹，下腹急内收，小平底。素面。通高11、口径28、底径9厘米（图一三四，7；图版二三，5）。标本04M8：25，釉陶。直口，方唇，浅腹，下腹急内收，小平底。直口外饰一道凹弦纹。器外表施酱黄色釉，釉层多脱落，露泥质红陶胎。通高5、口径16、底径5.4厘米（图一三四，8；图版二三，6）。标本04M8：28，釉陶。敞口，圆唇，斜沿，束颈，浅腹外鼓，下腹斜内收，小平底。肩部饰三道凹弦纹。器内壁施酱黄色釉。内底有因垫烧而残留的三支点痕迹。通高7.8、口径22.6、底径7.6厘米（图一三四，9；图版二四，1）。

盂　1件。标本04M8：3，釉陶。侈口，方唇，卷沿，束颈，斜肩，鼓腹，下腹急内收，小平底。肩部饰一道凹弦纹。口沿部、腹外部施酱黄色釉，釉层多脱落，露泥质红陶胎。通高9.4、口径12.8、腹径14.2、底径6厘米（图一三四，10）。

匜　1件。标本04M8：5，釉陶。敛口，圆唇，浅腹，下腹内收，小平底。有柱状直柄，端部稍下折呈锥状。口外饰一道凹弦纹。器表施一层酱黄色釉，釉层脱落严重，露泥质红陶胎。通高5.6、口径16.8、底径6.2厘米（图一三四，11）。

甑　1件。标本04M8：17，泥质灰陶。敞口，圆唇，窄沿，深腹微外鼓，下腹弧内收，平底。底部十个圆穿孔。上腹部饰三道齿状戳划纹，下腹有拍打的绳纹痕迹。轮制。通高23.5，口径36.6，底径17厘米（图一三五，1；图版二三，4）。

灯　1件。标本04M8：11，釉陶。盘口，方唇，浅腹，平底，束高柄，喇叭状足。柄、足

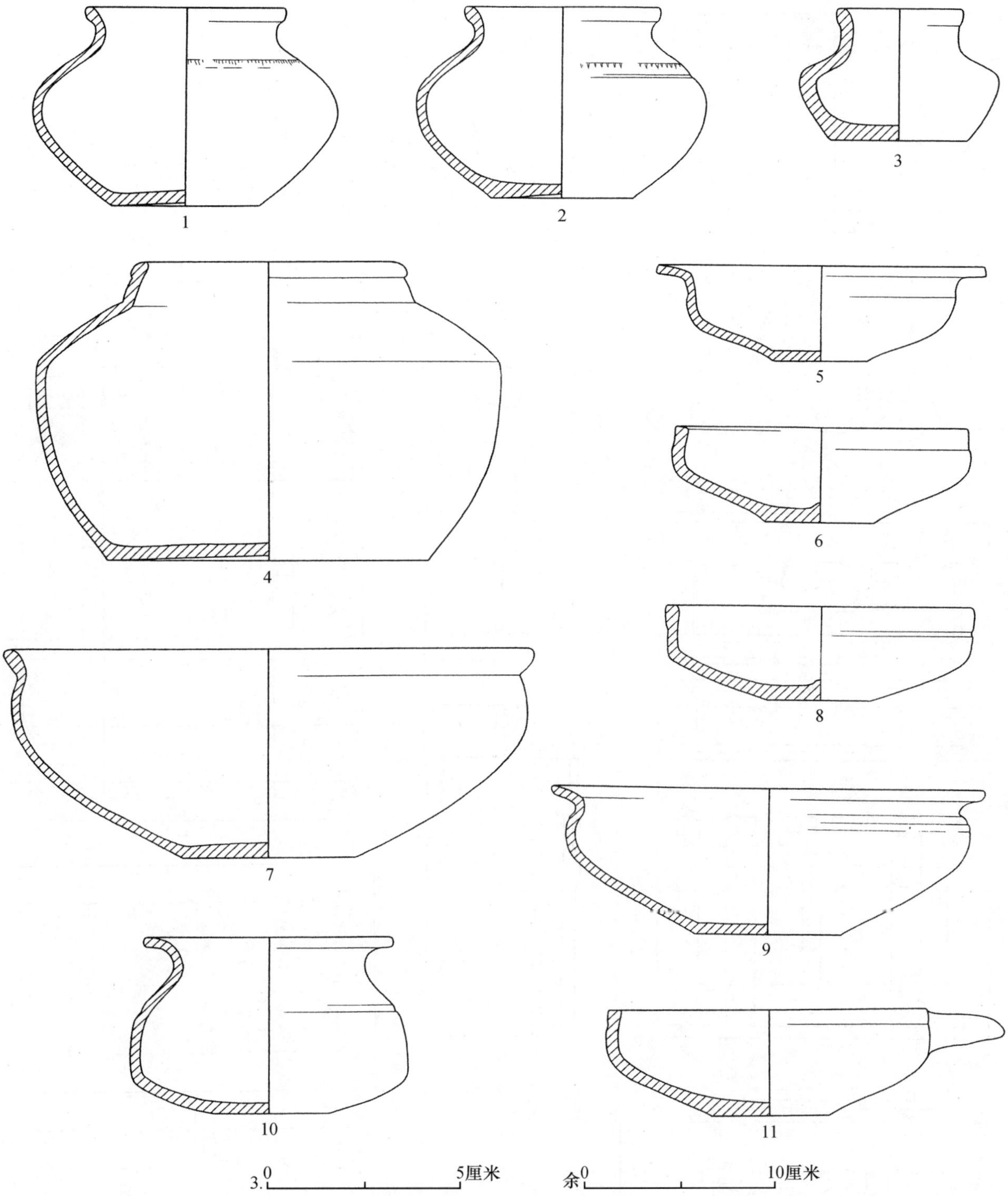

图一三四　04M8出土陶器

1～4. 罐（04M8：9、27、24、2）　5～9. 钵（04M8：1、21、16、25、28）　10. 盂（04M8：3）　11. 匜（04M8：5）

内空。灯盘的内壁、柄下部及足上表施酱黄色釉，釉层多脱落，露泥质红陶胎。通高10、口径10.8、足径10.8厘米（图一三五，2）。

杯　1件。标本04M8：12，釉陶。口微敛，方唇，下腹部微外鼓，平底。口外一周内凹。腹外施酱黄色釉，釉层多脱落，泥质红陶胎。通高8.2、口径9、腹径10.4、底径8.6厘米（图

图一三五　04M8出土陶器

1. 甑（04M8：17）　2. 灯（04M8：11）　3. 杯（04M8：12）　4. 勺（04M8：4）　5. 博山炉盖（04M8：13）
6、9. 房屋模型（04M8：31、15）　7. 井台模型（04M8：8）　8. 塘（04M8：20）　10. 案（04M8：14）

一三五，3）。

勺　1件。标本04M8：4，泥质灰陶。残。敞口，方唇，弧腹，圜底，斜长柄，上平下圆，端部下折。长16.6厘米（图一三五，4）。

博山炉盖　1件。标本04M8：13，釉陶。圆乳状，正中顶部一小乳钉。敞口，方唇。器外表浮雕有山形、三角印纹。外表施酱黄色釉。通高5.6、口径11.6厘米（图一三五，5）。

案　1件。标本04M8：14，泥质灰陶。长方形案面，下有两顺长垂直的挡板，面板下挡板外端接四长方形立柱，下有长方形垫板。通高15、长28、宽10.6厘米（图一三五，10）。

塘　1件。标本04M8：20，泥质灰陶。长方形。宽平沿，浅直腹。塘中设两短埂，一侧浮雕贴上龟、螺、鱼、莲蓬，另一侧是雁、蛙。沿下腹外设有斜撑。通高4、长37、宽24厘米（图一三五，8；图版二四，2）。

井台模型　1件。标本04M8：8，泥质灰陶。“井”字形，四弧角。正中一圆孔，圆孔外侧有两小方孔。正表刻画平行双线“井”字分割，角的边沿刻单线。四角的方框内填菱形网格纹，四长边的框内填水草纹、鱼纹等。边长21.8、厚2厘米（图一三五，7；图一三六）。

房屋模型　2件，均为泥质灰陶。标本04M8：15，平面呈横长方形。平顶，直棱脊，两端上翘。前顶施筒瓦五陇。平基，三开间，中立两柱，各有一斗三升承宽檐额。立柱与侧墙之间下部以挡板相连，立柱之间开阔。房体中间有隔墙分为前厅后室，隔墙正中开小门通往后室。通高26.4、长33.2、宽11厘米（图一三五，9；图版二四，3）。标本04M8：31，分上下两层。上层平面呈横长方形。悬山式，两面坡顶，前后出檐。平脊，两端上翘。前坡施筒瓦五陇。宽檐额，左右侧墙外无立柱，上端有柱头。正中立一柱，有一斗三升承檐。屋下外围设围栏，栏上设卧棂三组。两侧的围栏下方各有望孔一个。下层亦呈横长方形。平顶，前部施筒瓦七陇。平脊，两端上翘。宽檐额。平基。地基出屋外，且抹去两角，上立两柱，各一斗三升承檐。屋两侧设角柱承顶。屋的地面高出一台。屋内左侧靠外扎小隔墙。右侧开阔。上层置于下层屋顶

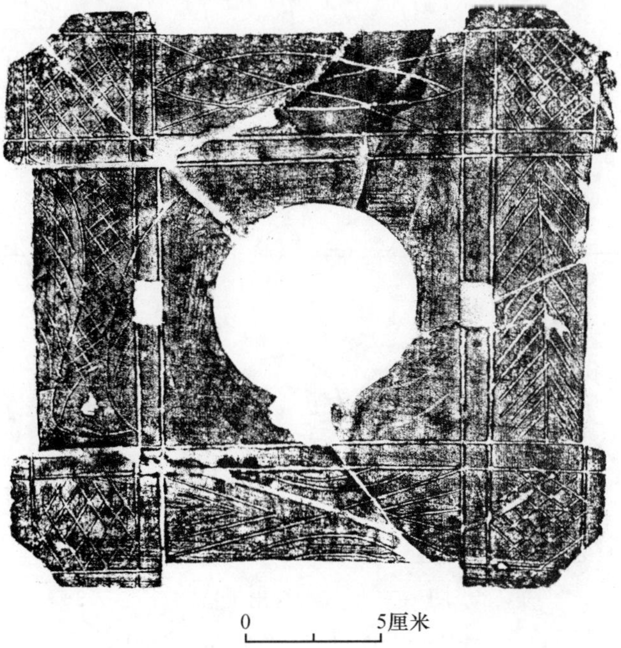

图一三六　陶井台模型（04M8：8）拓片

图一三七　04M8出土器物

1、3. 跪侍俑（04M8：7、22）　2. 童俑（04M8：10）　4. 吹埙俑（04M8：23）　5. 舞俑（04M8：6）
6. 陶公鸡（04M8：26）　7. 陶猪（04M8：18）　8. 陶子母鸡（04M8：19）　9. 铜指环（04M8：29）
10、11. 铜钱（04M8：30：1、2）拓片

后部。通高60、长35、宽16厘米（图一三五，6；图版二四，4）。

跪侍俑 2件，均为泥质红陶，模制前后两半拼接而成。标本04M8：7，跪坐姿。戴平顶冠，面目模糊。内着圆高领亵衣，外着右衽宽袖长服，下摆宽大。双手相拥抱于胸前。通高17.3厘米（图一三七，1；图版二二，4）。标本04M8：22，残。跪坐姿。束高髻，面目残。内着圆高领亵衣，外着右衽宽袖长服，束腰，裙摆宽大。双手相拥抱于胸前。通高20.4厘米（图一三七，3）。

吹埙俑 1件。标本04M8：23，泥质红陶。跪坐姿。戴尖帽，双目微闭，高鼻，鼓腮。着窄袖长服，双手抱埙抵唇部吹奏状。模制前后两半拼接而成。通高16.4厘米（图一三七，4；图版二二，5）。

童俑 1件。标本04M8：10，泥质红陶。立姿。无冠，面目不清。着宽袖长服。双手右高左低执物状。模制前后两半拼接而成。通高13.5 厘米（图一三七，2）。

舞俑 1件。标本04M8：6，泥质红陶。立姿。束高髻，面目不清。外着右衽宽袖长服。束细腰。右手高举于右上侧，袖胡下垂。左手于左下侧提裙下摆。上体向右扭且后倾，左脚前探，右脚向后，呈舞动状。模制前后两半拼接而成。通高19.8厘米（图一三七，5）。

猪 1件。标本04M8：18，泥质红陶。立姿。低首，鼓圆目，鼻上卷。背鬃耸起，宽肥体下垂，臀后开小圆孔。矮粗足。模制左右两半拼接而成。通高11.8、长21.8厘米（图一三七，7；图版二四，5）。

子母鸡 1件。标本04M8：19，泥质红陶。卧姿。尖喙，圆目。宽肥体。背上伏一只小鸡。体上以多的细凹痕表现羽毛。尾上翘呈半圆筒状。体下有小圆孔。模制左右两半拼接而成。通高8.4、长13厘米（图一三七，8）。

公鸡 1件。标本04M8：26，泥质红陶。立姿。昂首，高冠，尖喙，圆目。体肥，浮雕两翅。尾呈半圆锥状上翘。模制左右两半拼接而成。通高17、长16厘米（图一三七，6；图版二二，6）。

（2）铜器

2件（组）。分别为指环、钱币。

指环 1件。标本04M8：29，细圆环状。外径1.9、厚0.15厘米（图一三七，9）。

钱币 1组30枚，均为五铢。依据形制大小可分二式。

Ⅰ式：25枚。标本04M8：30：1，边郭规整，字迹清楚。“五”字中间两笔弯曲；“金”字头似一箭头，“朱”字竖笔中断，上端方折，下端圆润。背部穿上方有一点。直径2.6、穿径1厘米（图一三七，10）。

Ⅱ式：5枚。标本04M8：30：2，外郭被剪掉，表面锈蚀，字迹不清楚。“五”字中间两笔弯曲；“金”字头呈三角形，“朱”字上端方折，下端圆润。直径2.3、穿径0.9厘米（图一三七，11）。

三二、04M14

1. 墓葬形制

04M14位于桂花村四社，当地人俗称“庙儿山”上东部。东距04M7约4.5米。开口在耕土层下，距现地表0.2米。构筑方法是在生土中挖一个比较规整的刀把形土圹坑，土圹壁拍修整齐。而后于土圹之内砌砖壁。墓壁与土圹壁间有0.1米的空隙，内填红褐色五花土。土圹残长5.3、宽1.8～2.5、残深0.8米（图一三八）。

04M14平面呈刀把形，方向305°。由墓道、甬道、墓室三部分组成。总长5.4、残高0.8～1.3米。

墓道　斜坡土圹式，两边弧形。残长0.9、宽1.8、残深0.5米。

甬道　平面呈长方形。甬道西壁与墓室西壁连成一体，东壁作90°东拐，形成墓室东壁。甬道前部有砖封门，残留少部分，堆砌较混乱。甬道两壁为长方形条砖错缝叠砌而成。侧面的菱形几何花纹均朝向甬道内。底为生土地面，稍做修整。长1.75、宽1.2、残高0.6米。

墓室　平面呈长方形。墓室东、西壁亦为长方形条砖错缝叠砌而成。墓室后壁在东西两侧壁外砌成，未与两壁交错咬合，亦为长方形条砖错缝叠砌。墓壁的砖侧面菱形几何纹朝向墓室内。砖层间垫有一层薄薄的黄褐色黏土。墓室底与甬道底在同一地平，为生土地面。甬道与墓室内现填红褐色黏土、残碎砖块和少量料姜石块。长2.35、宽1.9、残高0.8米。

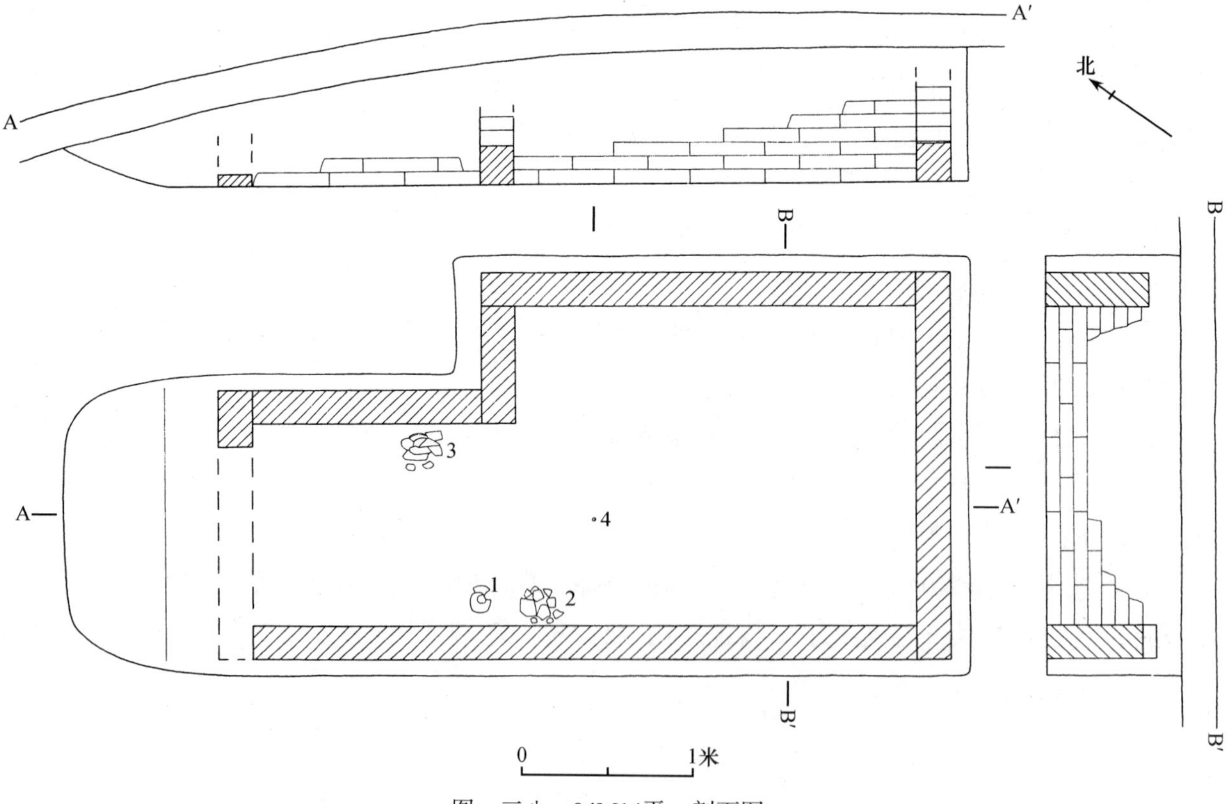

图一三八　04M14平、剖面图
1、2. 陶罐　3. 陶釜　4. 铜钱

葬具腐朽无存，尸骨无存，葬式，头向不明。

采集墓砖　1块。标本04M14：01，泥质灰陶。长方形条砖，体有些变形。一长侧面饰菱形几何纹，菱形中填菱形乳钉，上下面饰绳纹，其余素面。长45、宽18、厚7.5厘米（图一三九）。

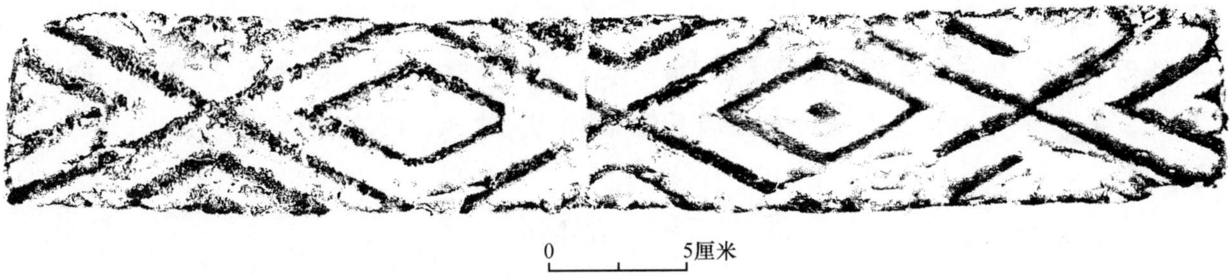

图一三九　墓砖（04M14：01）拓片

2. 随葬器物

随葬器物出土于位于甬道后部，共计4件，分为陶器、铜器。

（1）陶器

3件。分别为罐、釜。

罐　2件，均为泥质灰陶。标本04M14：1，侈口，厚圆唇，束颈，弧肩，鼓腹，下腹斜内收，平底。肩部饰凹弦纹两道。轮制。通高10.2、口径10、腹径14、底径6.8厘米（图一四〇，1；图版二五，1）。标本04M14：2，敛口，厚圆唇，直肩，筒形深腹，中部外鼓，平底。通

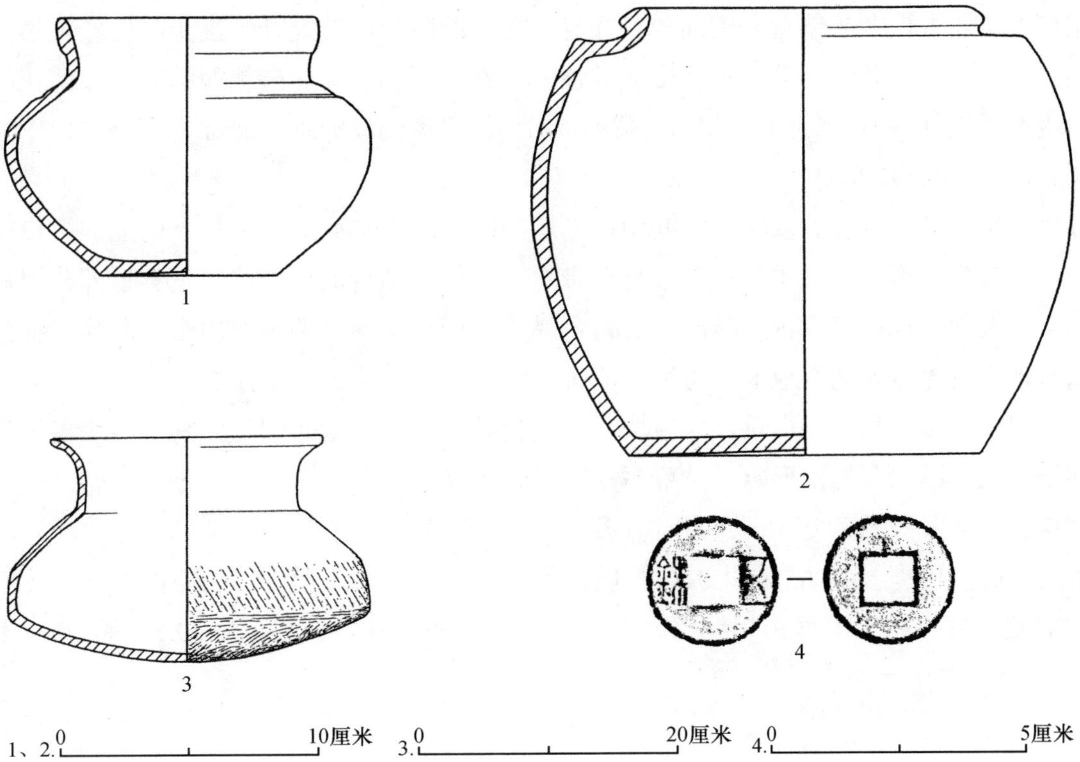

图一四〇　04M14出土器物

1、2. 陶罐（04M14：1、2）　3. 陶釜（04M14：3）　4. 铜钱（04M14：4）拓片

体素面。通高17.8、口径12.4、腹径20.8、底径13.6厘米（图一四〇，2；图版二五，2）。

釜　1件。标本04M14：3，泥质红陶。侈口，圆唇，卷沿，束颈，斜肩，鼓腹，下腹折内收，圜底。颈下部饰凹弦纹一道，腹部以下饰绳纹。轮制。通高17.6、口径20.4、腹径27.4厘米（图一四〇，3；图版二四，6）。

（2）铜器

钱币　1枚，为五铢，表面锈蚀。标本04M14：4，边郭规整，字迹清楚。“五”中间两笔弯曲，“金”字头三角形，“朱”字上端下端圆润。直径2.5、穿径1厘米（图一四〇，4）。

三三、05M4

1. 墓葬形制

05M4位于文昌路油坊沟南岸的“烟囱包”上，缓坡台地的北部陡坡处。东距05M5约1米。开口在耕土层下，距现地表0.24米。构筑方法是在生土中，先挖规整的刀把形土圹，四壁经过修整，而后于土圹之内起砖壁，再券墓葬顶部。墓壁与土圹壁间留有约0.1米的空隙，空隙内填红褐色五花土。土圹长5.2、宽2.18/2.8、残深1.6米（图一四一）。

05M4平面呈刀把形，方向300°。由墓道、甬道、墓室三部分组成。总长4.88、高1.5米。

墓葬所处的位置下方为一陡坡，墓道部分被毁，残留部分。残长0.24、宽2.18、残深1.1米。

甬道　平面呈长方形。甬道东壁与墓室东壁连成一体，西壁作90°西拐，形成墓室西壁。甬道东西壁为长方形条砖错缝叠砌而成，在自下向上的第13层砖起开始逐步向内券（第13层砖素面朝向甬道内一直延续到墓室），形成券顶。现券顶坍塌破坏。砖侧面的菱形几何花纹均朝向甬道内。甬道外端有砖封门，长1.8、高0.64米。封门砌砖较混乱。底部为生土，稍作修整。甬道长1.6、宽1.4、残高0.9米。

墓室　平面呈长方形。墓室各壁亦为长方形条砖错缝叠砌而成，在自下向上的第13层砖起开始逐步向内券，形成墓室券顶。券顶部用带有子母榫卯结构的楔形砖。现券顶部分坍塌。砖侧面的菱形几何纹朝向墓室内。砖间有黄褐色黏土。后壁于南北两侧壁内起墙，与两壁交错咬合。墓室地面与甬道处同一地平，为生土地面。墓室长2.9、宽2.2、高1.5米。

墓内现填灰褐色黏土、大量残碎砖块、少量料姜石块和少量碎陶片。其中砖块多为带有子母榫卯结构的外厚内薄的楔形砖，是墓葬券顶坍塌所致。

葬具、尸骨腐朽无存，葬式、头向不明。

采集墓砖　1块。标本05M4：01，泥质红陶，残少许。长方形，一长侧面饰菱形几何纹，菱形中有菱形乳钉，上下面饰粗绳纹，两短侧面有榫卯结构。长43、宽20.5、厚6.6厘米（图一四二）。

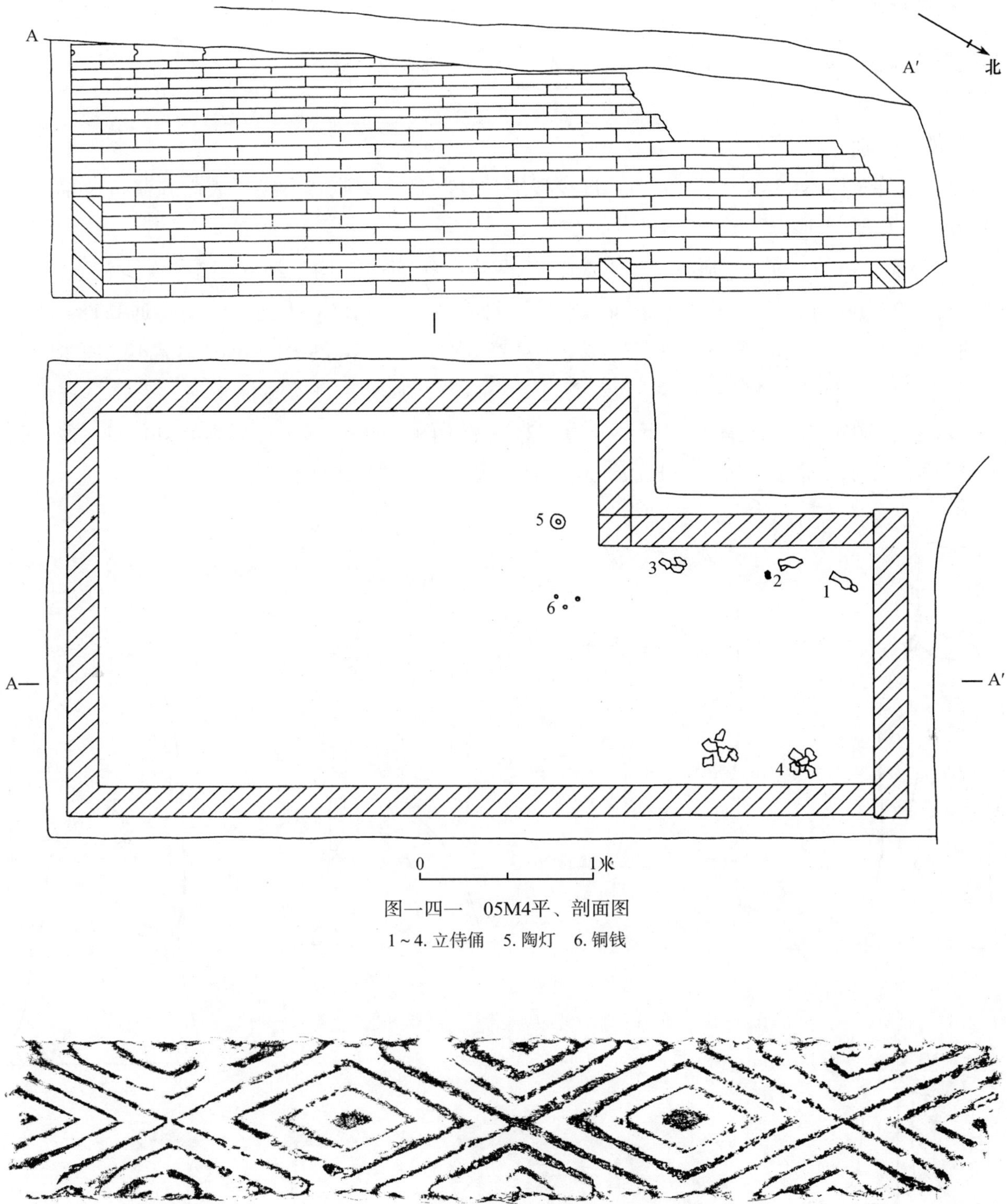

图一四一　05M4平、剖面图
1～4. 立侍俑　5. 陶灯　6. 铜钱

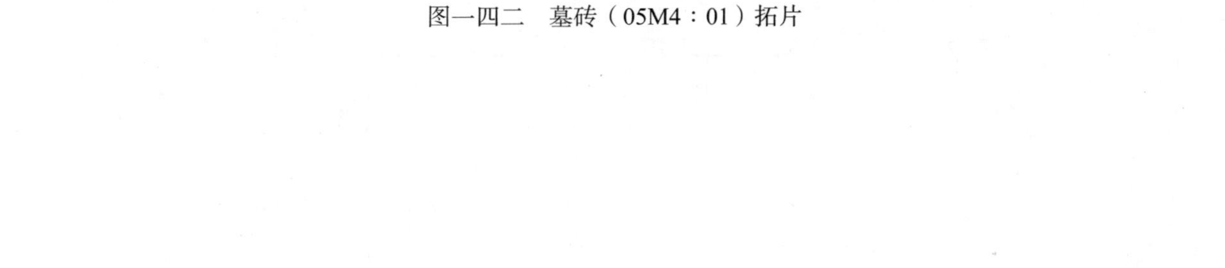

图一四二　墓砖（05M4：01）拓片

2. 随葬器物

随葬器物置于甬道内，共6件（组），分为陶器、铜器两类。

（1）陶器

5件。分别为灯、俑。

灯　1件。标本05M4：5。釉陶。灯盘残缺，柱状柄，喇叭状台座。表面施酱黄色釉。残高6.6厘米（图一四三，5）。

立侍俑　4件，均为泥质红陶，模制前后两半拼接而成。均是站立姿态。1件完整，3件残。标本05M4：1，头戴平顶冠，面目不清，身着宽袖长服，双手抱于胸前。通高18.4厘米（图一四三，1）。标本05M4：2，头部残，身着宽袖长服，双手抱于胸前。残高14.6厘米（图一四三，2）。标本05M4：3，残。头戴圆冠，高鼻，圆脸，身着宽袖长袍，束腰，臀部上翘，双手抱于胸前，双足露出袍下摆。通高24厘米（图一四三，4）。标本05M4：4，残。头戴平顶冠，面目不清，身着宽袖长服。双手抱于胸前。通高18.5厘米（图一四三，3）。

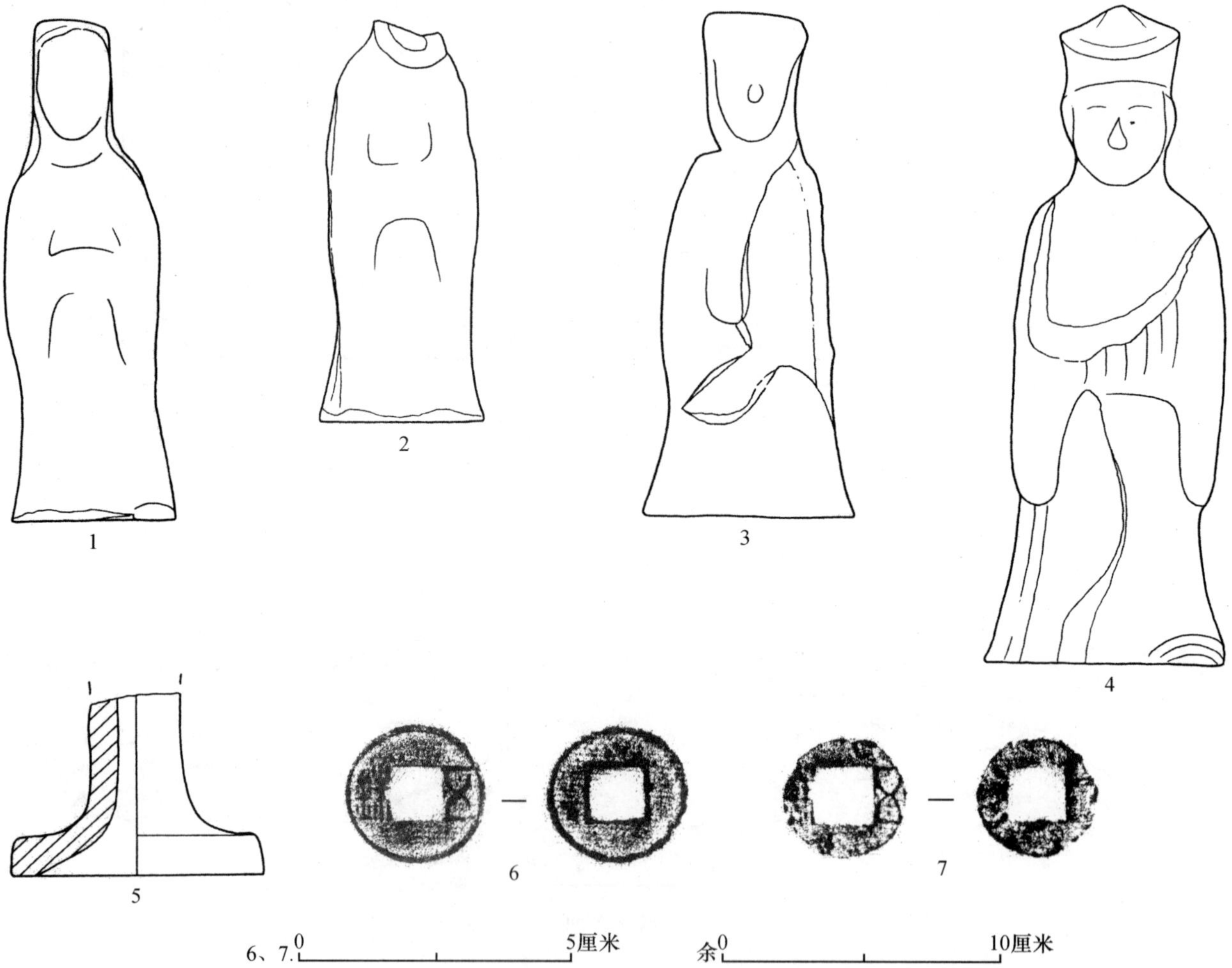

图一四三　05M4出土器物

1～4. 立侍俑（05M4：1、2、4、3）　5. 陶灯（05M4：5）　6、7. 铜钱（05M4：6：1、2）拓片

（2）铜器

钱币　1组3枚，均为五铢，可为二式。

Ⅰ式：2枚。标本05M4：6：1，边郭整齐，字迹清楚。“五”字中间两笔弯曲；“金”字头似一箭头，“朱”中间竖直，上下圆润。直径2.5、穿径1厘米（图一四三，6）。

Ⅱ式：1枚。标本05M4：6：2，边轮被剪掉，“五”字中间两笔弯曲，“铢”模糊不清。直径2.2、穿径1.1厘米（图一四三，7）。

三四、05M6

1. 墓葬形制

05M6位于文昌路油坊沟北岸的“棺包”上，缓坡台地的北部陡坡处。开口在耕土层下，距现地表0.4米。构筑方法是在生土中，先挖规整的刀把形土圹，四壁经过修整，而后于土圹之内起砖壁。墓壁与土圹壁间留有约0.1米的空隙，空隙内填红褐色五花土。土圹长5.3、宽1.8/2.2、残深0.8米（图一四四）。

05M6平面呈刀把形，方向300°。墓葬由墓道、甬道、墓室三部分组成。总长5、残高0.8米。

墓道　斜坡土圹式。残长1、宽1.6、残深0.8米。

甬道　平面呈长方形。甬道西壁与墓室西壁连成一体，东壁作90°东拐，形成墓室东壁。甬道东西壁为长方形条砖错缝叠砌而成。砖侧面的菱形几何花纹均朝向甬道内。甬道两壁内有砖封门，长1.6、高0.84米。封门砌砖较混乱。墓底部为生土，稍作修整。长1.18、宽1.44、残高0.4米。

墓室　平面呈长方形。墓室各壁亦为长方形条砖错缝叠砌而成。砖侧面的菱形几何纹朝向墓室内。砖间有黄褐色黏土。后壁于东西两侧壁外起墙，与两壁未交错咬合。墓室地面与甬道处同一地平，为生土地面。长2.36、宽1.7、高0.7米。

墓内现填灰褐色黏土、大量残碎砖块、少量料姜石块和少量碎陶片。其中砖块多为带有子母榫卯结构的外厚内薄的楔形砖，是墓葬券顶坍塌所致。

葬具、尸骨腐朽无存，葬式、头向不明。

采集墓砖　1块。标本05M6：01，泥质灰陶，残少许。长方形，一长侧面饰菱形几何纹，上下面饰绳纹，两短侧面有榫卯结构。长44.4、宽19、厚6.5厘米（图一四五）。

2. 随葬器物

随葬器物出土于甬道内，共4件，分为陶器、瓷器两类。

（1）陶器

钵　2件。均为泥质灰陶。标本05M6：3，修复完整。敞口，圆唇，附沿，腹内折，小平底。通高4.2、口径13、底径3.8厘米（图一四六，1；图版二五，3）。标本05M6：4，敞口，

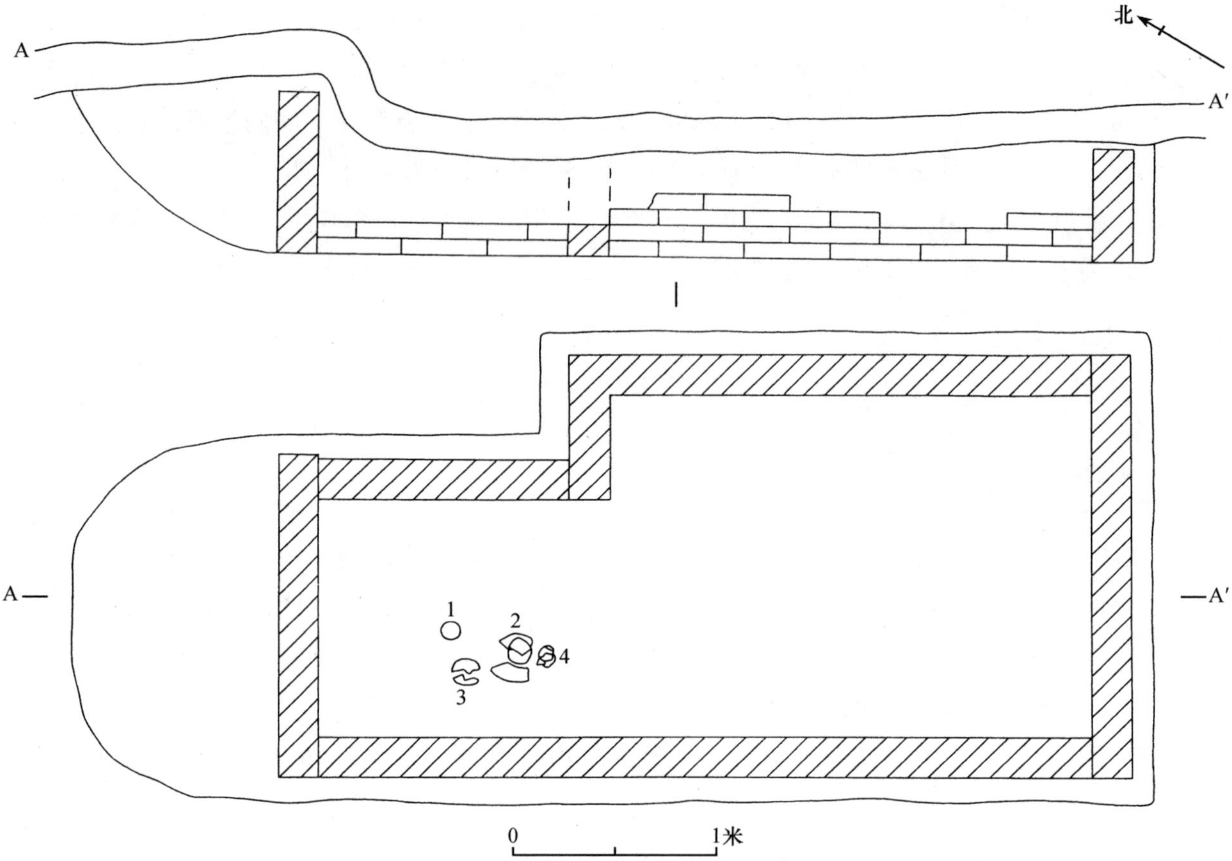

图一四四　05M6平、剖面图

1. 瓷盏　2. 瓷碗　3、4. 陶钵

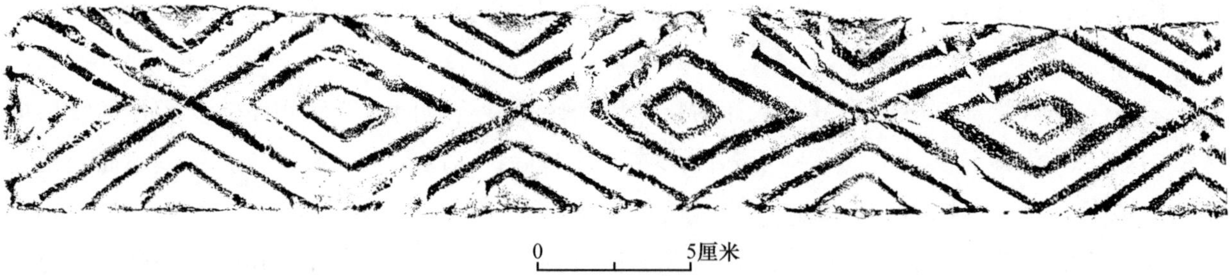

图一四五　墓砖（05M6：01）拓片

圆唇，腹内折，小平底。通高4.2、口径12、底径4.2厘米（图一四六，2；图版二五，4）。

（2）瓷器

2件。分别为碗、盏。

碗　1件。标本05M6：2，修复完整。敞口，尖唇，腹微外鼓，平底，矮假圈足。口外饰一道宽凹弦纹。器表施青色釉，釉不及底。通高6.4、口径15.6、底径9厘米（图一四六，3；图版二五，5）。

盏　1件。标本05M6：1，口沿残。敞口，尖唇，浅弧腹，平底，饼足。沿外饰一道凹弦纹。器表施青色釉，釉不及底。通高3.9、口径8.5、底径4.7厘米（图一四六，4；图版二五，6）。

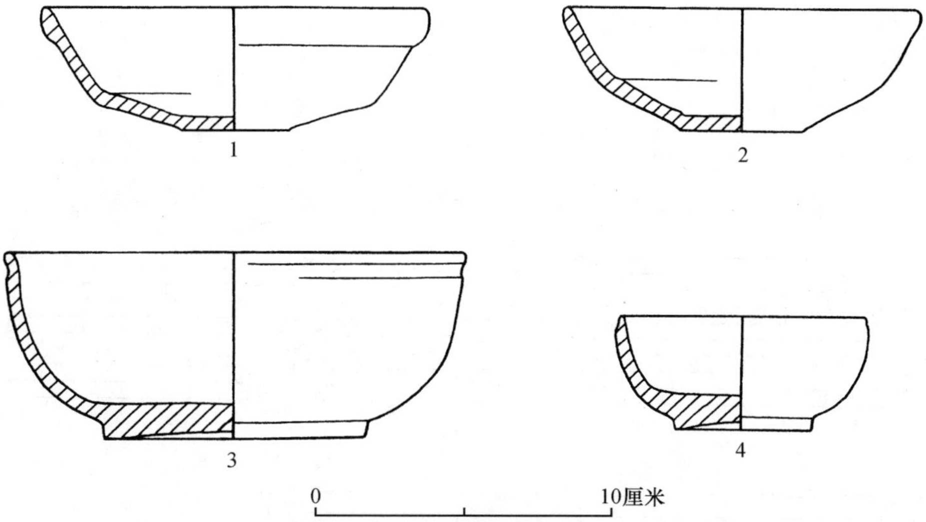

图一四六　05M6出土器物

1、2. 陶钵（05M6：3、4）　3. 瓷碗（05M6：2）　4. 瓷盏（05M6：1）

三五、05M8

1. 墓葬形制

05M8位于文昌路油坊沟南岸的“烟囱包”上，缓坡台地的南部陡坡处，距离05M9约4米。开口在耕土层下，距现地表0.28米。构筑方法是在生土中，先挖规整的刀把形土圹，四壁经过修整，而后于土圹之内起砖壁。墓壁与土圹壁间留有约0.1米的空隙，空隙内填红褐色五花土。土圹长5.24、宽2.04/2.54、残深1米（图一四七；图版二六，1）。

05M8平面呈刀把形，方向240°。墓道和甬道封门被破坏，残存甬道和墓室两部分。残长5、残高0.72米。

甬道　平面呈长方形。甬道北壁与墓室北壁连成一体，南壁作90°南拐，形成墓室南壁。甬道壁为长方形条砖错缝叠砌而成。砖侧面的菱形几何花纹均朝向甬道内。墓底部为生土，稍作修整。甬道内现填灰褐色黏土。长1.9、宽1.45、残高0.72米。

墓室　平面呈长方形。墓室各壁亦为长方形条砖错缝叠砌而成。砖侧面的菱形几何纹朝向墓室内。砖间有黄褐色黏土。后壁于东西两侧壁外起墙，与两壁未交错咬合，所以上部坍塌于墓室内。墓室地面与甬道处同一地平，为生土地面。墓室内现填灰褐色黏土。长3、宽1.95、残高0.72米。

葬具、尸骨腐朽无存，葬式、头向不明。

采集墓砖　1块。标本05M8：01，泥质灰陶。残少许。长方形条砖，一长侧面饰粗线条菱形几何纹，上下面饰粗绳纹。长44、宽18、厚7厘米（图一四八）。

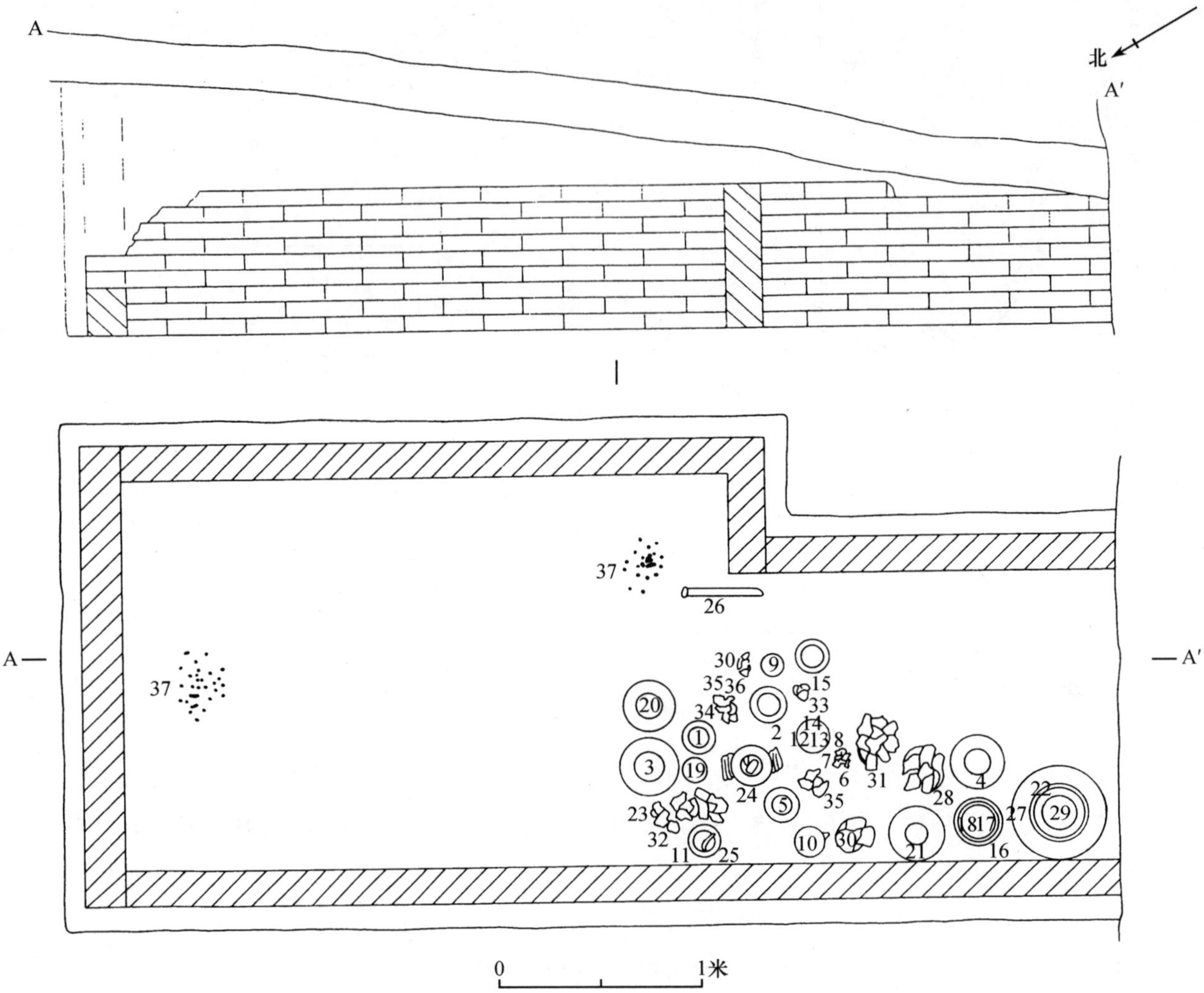

图一四七　05M8平、剖面图

1～5、20、28、31. 陶罐　6～8、12～14、16～18、23、29、30、34～36. 陶钵　9. 陶博山炉　10. 陶匜　11、15. 陶盂　19. 陶杯　21. 陶钟　22. 陶盆　24. 陶水井模型　25. 陶勺　26. 铁剑　27. 铁釜　32. 陶甑　33. 陶灯　37. 铜钱

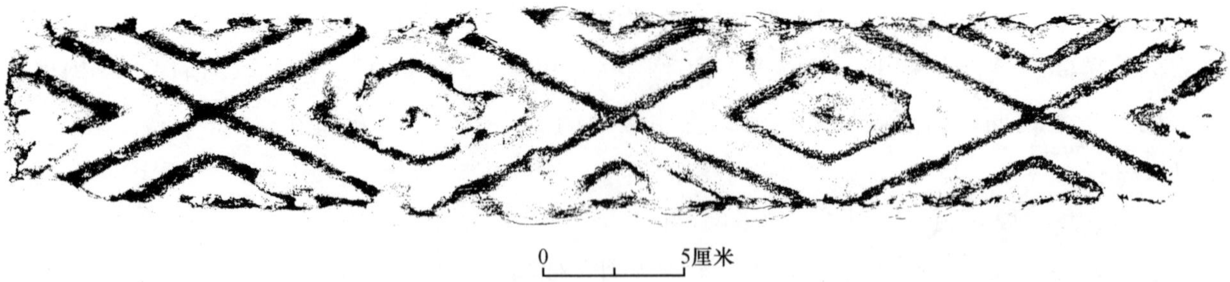

图一四八　墓砖（05M8：01）拓片

2. 随葬器物

随葬器物大多出土于甬道内、墓室与甬道相接处，共计37件（组），分为陶器、铁器、铜器三类。

（1）陶器

34件。分别为罐、钵、盆、甑、盂、匜、钟、杯、勺、灯、博山炉、水井模型等。

罐　8件。均为泥质灰陶。标本05M8：1，完整。敛口，圆唇，卷沿，束斜颈，斜折肩，鼓腹，下腹弧内收，平底。通高12、口径9.2、底径8. 4厘米（图一四九，1；图版二七，1）。标本05M8：2，修复完整。侈口，卷圆唇，束颈，溜肩，肩部饰两道凹弦纹，弦纹间饰一周短竖线印纹，鼓腹，平底。通高11.6、口径10.8、底径6.8厘米（图一四九，2；图版二七，2）。标本05M8：3，修复完整。敛口，圆唇，斜颈，斜直折肩，鼓腹，下腹斜内收，平底。通高

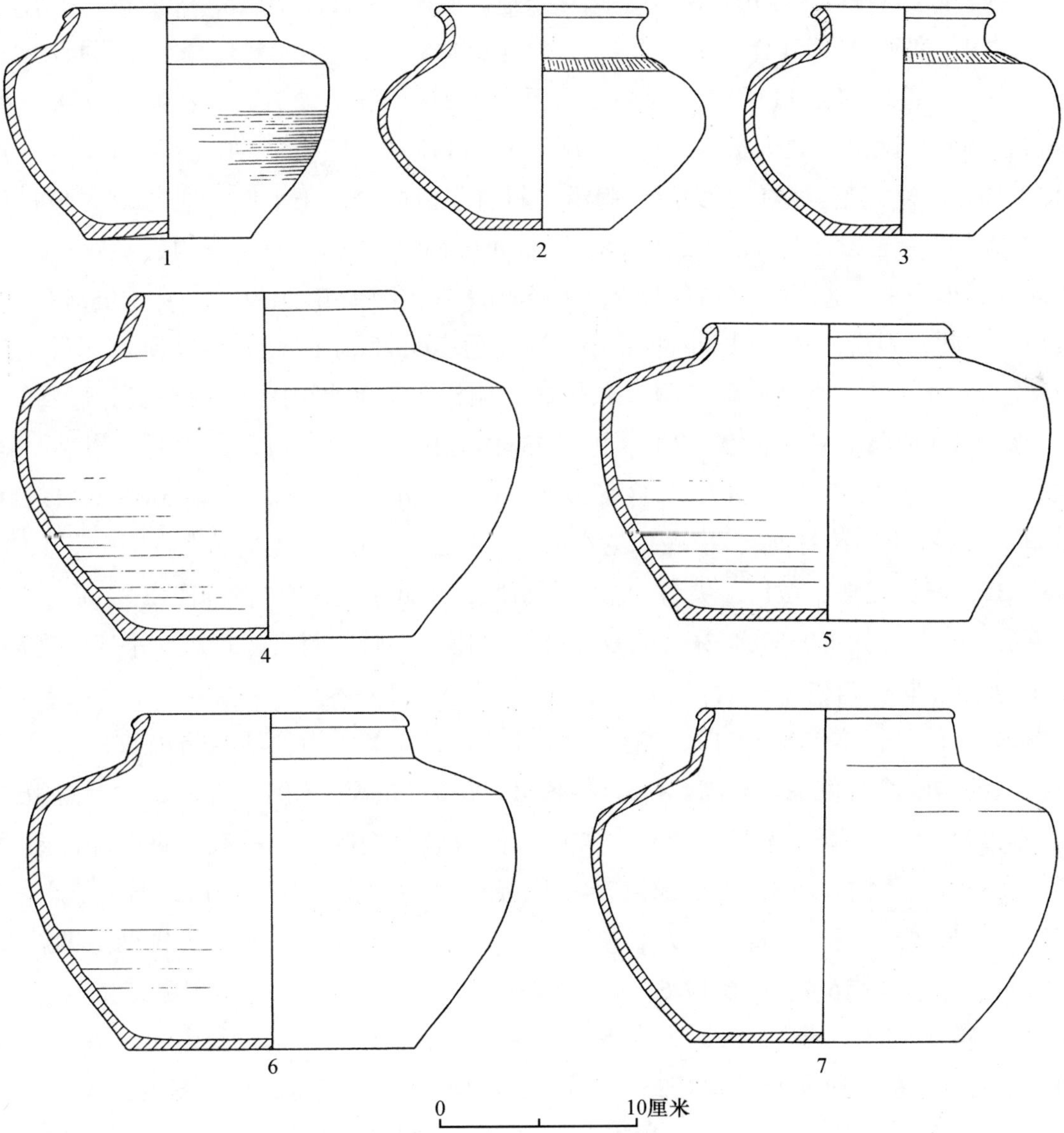

图一四九　05M8出土陶罐

1. 05M8：1　2. 05M8：2　3. 05M8：5　4. 05M8：3　5. 05M8：4　6. 05M8：20　7. 05M8：28

18、口径13、底径14.6厘米（图一四九，4；图版二七，3）。标本05M8：4，完整。敛口，圆唇，束斜颈，斜直折肩，鼓腹，平底。通高15.4、口径12、底径14.6厘米（图一四九，5；图版二七，4）。标本05M8：5，完整。侈口，卷圆唇，束颈，溜肩，肩部饰两道凹弦纹，弦纹间饰一周短竖线印纹，鼓腹，平底。通高11.8、口径9.4、底径7.8厘米（图一四九，3；图版二七，5）。标本05M8：20，完整。敛口，圆唇，卷沿，束斜颈，斜折肩，鼓腹，下腹弧内收，平底。通高17.4、口径13、底径14.6厘米（图一四九，6）。标本05M8：28，修复完整。敛口，圆唇，卷沿，斜直颈，斜折肩，鼓腹，平底。肩部饰菱形网格纹。通高17.4、口径13、底径13.8厘米（图一四九，7）。标本05M8：31，修复完整。敛口，圆唇，卷沿，斜直颈，斜折肩，鼓腹，平底。肩部饰菱形网格纹，折肩下饰凹弦纹一道。通高18.6、口径11、腹径25、底径14.6厘米（图一五〇，1）。

钵　15件。分为泥质灰陶和釉陶两类。

泥质灰陶钵　11件。标本05M8：6，修复完整。敞口，圆唇，附沿，腹内折，平底。通高4.4、口径12.4、底径4厘米（图一五〇，4）。标本05M8：7，修复完整。敞口，圆唇，附沿，腹内折，平底。通高6.8、口径17.8、底径5.4厘米（图一五〇，2）。标本05M8：8，修复完整。敞口，圆唇，附沿，腹内折，平底。通高6.8、口径19、底径5厘米（图一五〇，5）。标本05M8：16，修复完整。敞口，尖唇，附沿，斜直腹折内收，小平底。通高6.6、口径17.8、底径5.4厘米（图一五〇，3；图版二七，6）。标本05M8：17，完整。敞口，尖唇，附沿，斜直腹折内收，小平底。通高6.8、口径18.2、底径4.8厘米（图一五〇，6）。标本05M8：18，完整。敞口，尖唇，附沿，斜直腹折内收，小平底。通高6、口径17.6、底径6厘米（图一五〇，8）。标本05M8：23，修复完整。敞口，尖唇，附沿，斜腹折内收，小平底。通高4.4、口径11.8、底径4.4厘米（图一五〇，7）。标本05M8：29，完整。敞口，尖唇，附沿，斜腹下折内收，平底。通高6.5、口径17.8、底径5厘米（图一五〇，9）。标本05M8：34，修复完整。敞口，尖唇，附沿，折腹，平底。通高4.8、口径13、底径4厘米（图一五〇，10）。标本05M8：35，修复完整。敞口，尖唇，附沿，折腹，平底。通高4.4、口径12.8、底径3.6厘米（图一五〇，11）。标本05M8：36，修复完整。敞口，尖唇，附沿，折腹，平底。通高4.4、口径12.5、底径4厘米（图一五〇，12）。

釉陶钵　4件。标本05M8：12，完整。敞口，方唇，宽平沿，浅腹折内收，小平底。器内表及沿上部均施酱黄色釉。通高4.8、口径19.8、底径5.6厘米（图一五〇，13；图版二八，1）。标本05M8：13，修复完整。直口，方唇，浅直腹折内收，小平底。直腹外饰两道凹弦纹。器外表施酱黄色釉。通高6.2、口径17.4、底径5.2厘米（图一五〇，14；图版二八，2）。标本05M8：14，修复完整。直口，方唇，浅直腹折内收，小平底。直腹外饰两道凹弦纹。器外表施酱黄色釉。通高6.4、口径17.6、底径5.6厘米（图一五〇，15，图版二八，3）。标本05M8：30，修复完整。敞口，圆唇，窄平沿，束颈，上腹外鼓，下腹斜内收，平底。口沿上及器内表施酱黄色釉。通高9.6、口径25.8、底径9.4厘米（图一五〇，16；图版二八，4）。

盆　1件。标本05M8：22，泥质灰陶。修复完整。敞口，圆唇，窄沿，腹部外鼓，下腹内收，平底。表面有轮制时的刮痕。通高21.8、口径34.8、底径17.8厘米（图一五一，2；图版

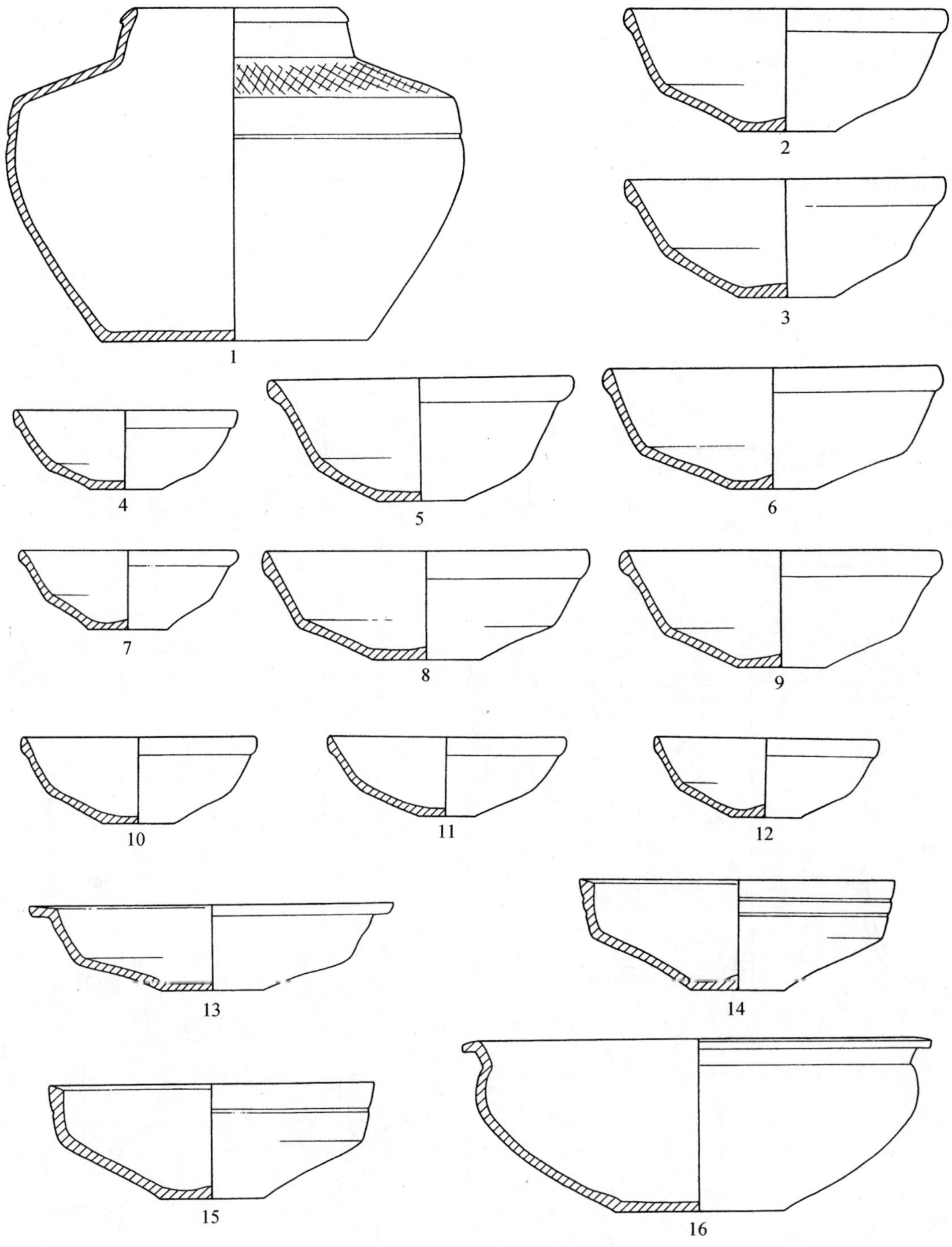

图一五〇　05M8出土陶器

1. 罐（05M8：31）　2～16. 钵（05M8：7、16、6、8、17、23、18、29、34～36、12～14、30）

二九，1）。

甑　1件。标本05M8：32，泥质灰陶。修复完整。敞口，圆唇，卷沿，上腹外鼓，下腹斜内收，平底，底上钻六圆孔。甑出土时置于铁釜上。通高18.2、口径29、底径14.6厘米（图一五一，1）。

图一五一　05M8出土陶器

1. 甑（05M8：32）　2. 盆（05M8：22）　3、5. 盂（05M8：11、15）　4. 匜（05M8：10）　6. 钟（05M8：21）
7. 杯（05M8：19）　8. 勺（05M8：25）　9. 灯（05M8：33）　10. 博山炉（05M8：9）

盂　2件。均为釉陶。标本05M8：11，完整。侈口，方唇，卷沿，束颈，弧折肩，扁腹外鼓，圜底。肩部两乳钉状纽，折肩处饰两道凹弦纹。口沿部、腹部施姜黄色釉。通高9.8、口径11.6、腹径15厘米（图一五一，3；图版二八，5）。标本05M8：15，修复完整。侈口，方唇，卷沿，束颈，弧折肩，扁腹外鼓，圜底。沿上饰一道凹弦纹。肩部两乳钉状纽，折肩处饰两道凹弦纹。口沿部、腹部施姜黄色釉。通高9、口径13、腹径15.4厘米（图一五一，5；图版二八，6）。

匜　1件。标本05M8：10，釉陶。修复完整。直口微敛，方唇，浅直腹折内收，小平底。直腹外接柱状短柄。直腹外饰一道凹弦纹。柄上部饰龙首纹。器表施酱黄色釉。通高5.8、口径17.6、底径6.4厘米（图一五一，4；图版二九，6）。

钟　1件。标本05M8：21，釉陶。修复完整。盘口，方唇，束高颈，球形腹，圜底接高圈足。颈、肩接合部饰三道凹弦纹，腹中部饰一道凹弦纹，圈足部饰一道凹弦纹。肩上浮雕铺首衔环一对。有盖，子母口，弧形顶，上中部有三个小乳钉状纽。器表施酱黄色釉。通高35、口径15.6、腹径25.8、圈足15.6厘米（图一五一，6；图版二九，3）。

杯　1件。标本05M8：19。釉陶。修复完整。直口，方唇，深腹微外鼓，平底。口外饰两道凹弦纹，且有一乳钉状纽。腹外施酱黄色釉。通高9、口径10、腹径10.8、底径8.8厘米（图一五一，7）。

勺　1件。标本05M8：25，釉陶。修复完整。敞口，方唇，圜底，斜直半圆形柄，平折柄把。通体施酱黄色釉。长13厘米（图一五一，8）。

灯　1件。标本05M8：33，釉陶。修复完整。盘口，方唇，浅腹，平底，束圆柱状柄，喇叭形座，中空。通高10.4、口径10、底径8.4厘米（图一五一，9）。

博山炉　1件。标本05M8：9，釉陶。修复完整。球形盖，浅盘子母口，圆柱状柄，浅覆盘状底座。中空。器表施酱黄色釉。盖上饰层状三角纹，中上部戳穿四小孔，正中凸起圆乳钉。通高15.4厘米（图一五一，10；图版二九，5）。

水井模型　1件。标本05M8：24，泥质灰陶。修复完整。以桶形罐为井筒，上覆“井”字形井台。井台正中开圆孔，以为井口，背面起凸圆棱一周为子母口。井口两侧穿有插井架的二方孔，井架为束腰长方形，一端戴榫，另一端开叉架倒“山”字形横梁。井台边沿以阴线刻有草、鱼纹等。井内有一小罐为水桶。通高30.4、口径13.6、底径13.6厘米（图一五二，1；图版二九，4）。

（2）铁器

2件。分别为釜、剑。

釜　1件。标本05M8：27，表面锈蚀，残。短直口，方唇，圆肩，折腹外鼓，平底。通高32、口径30、腹径48.8、底径10厘米（图一五二，2；图版二九，2）。

剑　1件。标本05M8：26，残，表面锈蚀。环首，直握，直背，薄刃，剑锋残。残长38厘米（图一五二，3）。

（3）铜器

钱币　1组110枚。均为五铢，形制大小相似。标本05M8：37，边郭规整，字迹清楚。“五”字中间两笔弯曲；“金”字头似一箭头，“朱”中间竖直，上端方折，下端圆润。直径2.5、穿径1厘米（图一五二，4）。

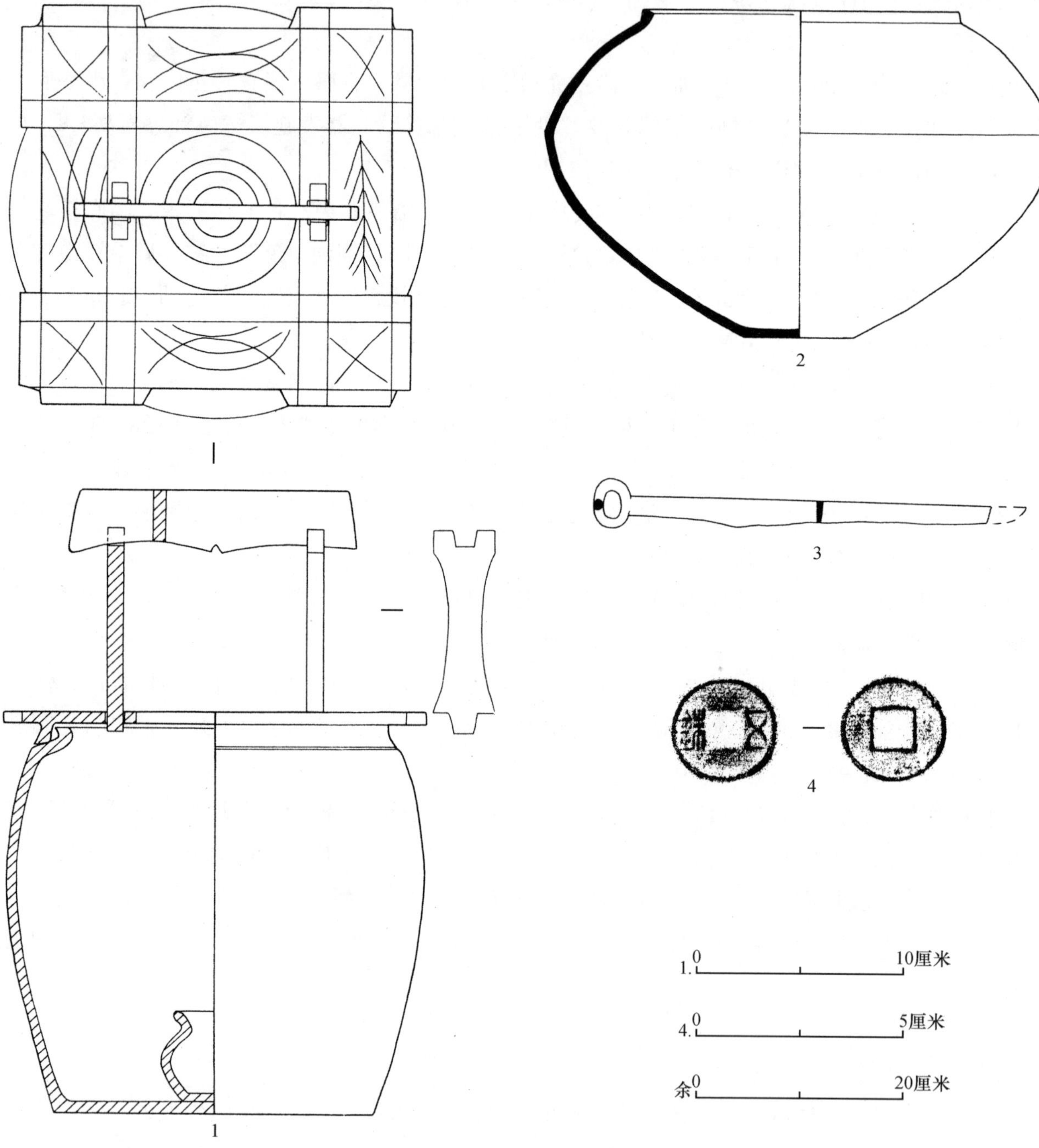

图一五二　05M8出土器物

1. 陶水井模型（05M8：24）　2. 铁釜（05M8：27）　3. 铁剑（05M8：26）　4. 铜钱（05M8：37）拓片

三六、05M10

1. 墓葬形制

05M10位于文溪村二社的“苦竹荡”，缓坡台地的南部陡坡处，05T2内南边，距离西侧的05M11约2.4米。开口在耕土层下，距现地表0.2米。构筑方法是在生土中，先挖规整的刀把形土圹，四壁经过修整，而后于土圹之内起砖壁。墓壁与土圹壁间留有约0.1米的空隙，空隙内填红褐色五花土。土圹残长4.4、宽2/3.04、残深0.8米（图一五三）。

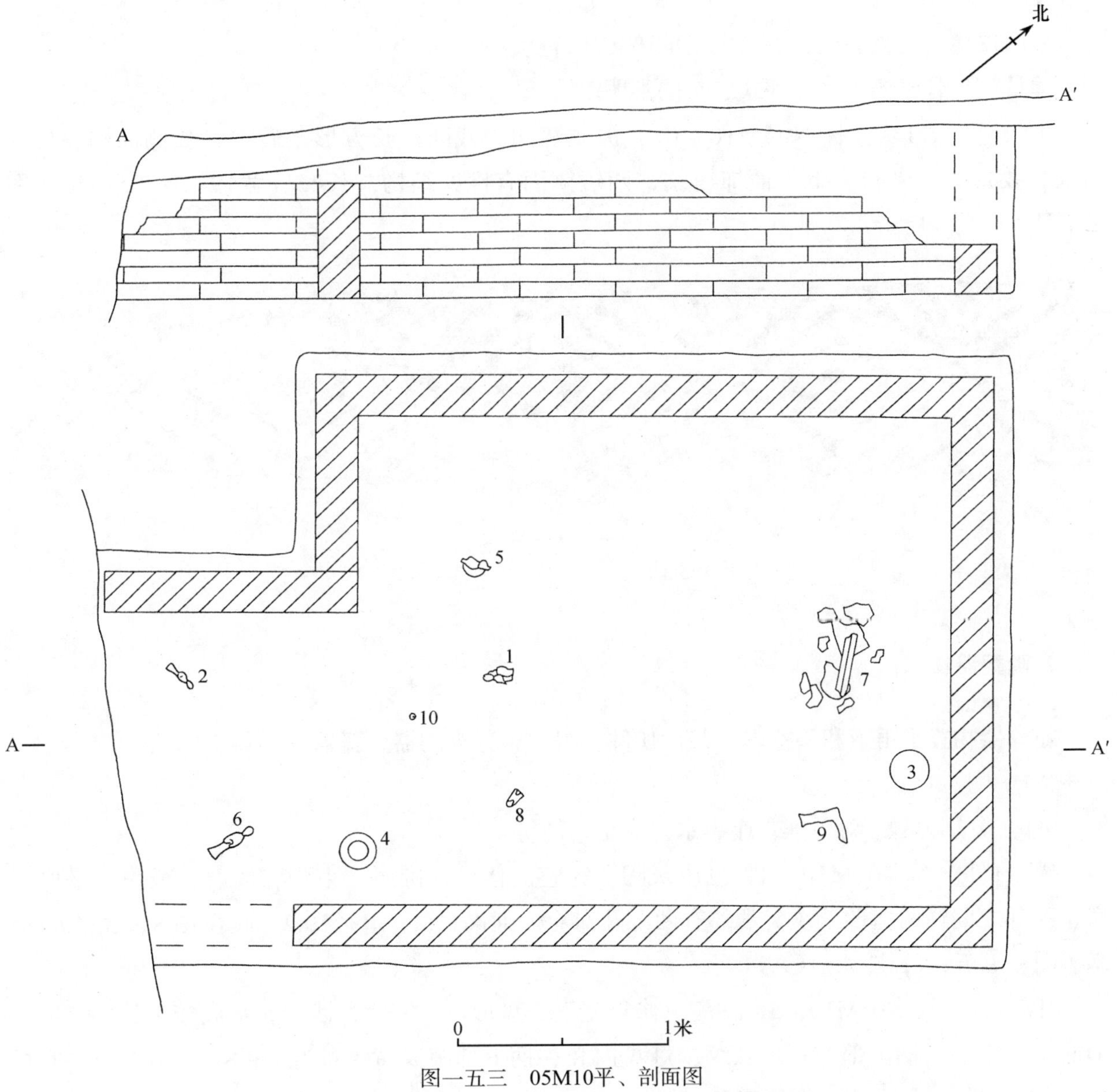

图一五三　05M10平、剖面图

1、2、6. 立侍俑　3. 瓷碗　4. 陶罐　5. 陶灯　7. 陶塘　8. 陶熊足座　9. 陶水井模型　10. 铜钱

05M10平面呈刀把形，方向230°。墓葬前端下有一高坎，把墓道、甬道封门及甬道前部破坏殆尽，残存甬道后部和墓室两部分。残长4.1、残高0.75米。

甬道　甬道东壁与墓室东壁连成一体，西壁作90°西拐，形成墓室西壁。甬道壁为长方形条砖错缝叠砌而成。砖侧面的菱形几何花纹均朝向甬道内。墓底部为生土，稍作修整。残长1.2、宽1.4、残高0.36米。

墓室　平面呈长方形。墓室各壁上部露出土圹壁，是当地人挖走墓砖所致，下部为长方形条砖错缝叠砌而成。砖侧面的菱形几何纹朝向墓室内。砖间有黄褐色黏土。后壁于东西两侧壁内起墙，与两壁交错咬合。墓室地面与甬道处同一地平，为生土地面。长2.85、宽2.35、残高0.75米。

墓内现填灰褐色黏土，夹杂大量的碎砖块等物。

葬具、尸骨腐朽无存，葬式、头向不明。

采集墓砖　1块。标本05M10：01，泥质灰陶。残断。长方形条砖，一长侧面饰菱形几何纹，菱形中有乳钉，上下面饰绳纹，两短侧面有榫卯结构。长43、宽19、厚7.5厘米（图一五四）。

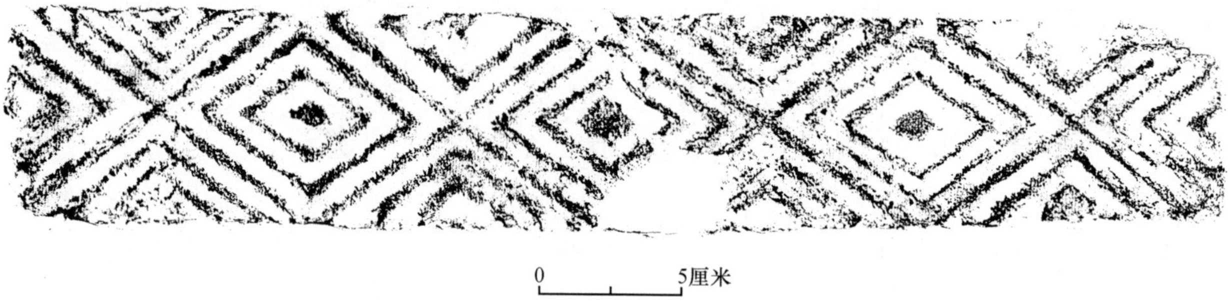

图一五四　墓砖（05M10：01）拓片

2. 随葬器物

随葬器物置于甬道和墓室内，共计10件（组），分为陶器、瓷器、铜器。

（1）陶器

8件。分别为罐、灯、熊足座、水井模型、俑等。

罐　1件。标本05M10：4，泥质灰陶。完整。侈口，圆唇，束颈，溜肩，鼓腹，平底。肩、腹部之间饰两道凹弦纹。颈部有两小孔对穿。通高11.2、口径10.2、腹径13.8、底径7.1厘米（图一五五，1；图版三〇，1）。

灯　1件。标本05M10：5，釉陶。修复完整。盘形口，方唇，浅腹，平底接束长柄，覆盘形底座，中空。柄下部饰一道弦纹。灯盘内表和柄下部施酱黄色釉通高9.8、口径11.4、底径10.2厘米（图一五五，2；图版三〇，2）。

熊足座　1件。标本05M10：8，泥质灰陶。残。熊蹲坐式，高浮雕，圆脸，圆鼓腹，背部内凹。应为陶案的足座。模制。通高9.8厘米（图一五五，3）。

塘　1件。标本05M10：7，泥质红陶。修复完整。长方形，四角抹掉，宽平沿，浅直腹，平底。塘中设长埂，埂不封口，一侧浮雕贴塑龟、鱼，一侧无饰。分体制作各部分拼接而成。长37.8、宽24.8、厚4厘米（图一五五，5；图版三〇，3）。

水井模型　1件。标本05M10：9，泥质灰陶。残。井上建筑，为两柱悬山式，顶上中脊，两端上翘，两面斜坡，坡上各施筒瓦四组，檐下正中施一轱辘。井下部残缺。残高14.6厘米（图一五五，4）。

图一五五　05M10出土器物

1. 陶罐（05M10：4）　2. 陶灯（05M10：5）　3. 陶熊足座（05M10：8）　4. 陶水井模型（05M10：9）　5. 陶塘（05M10：7）　6～8. 立侍俑（05M10：6、1、2）　9. 瓷碗（05M10：3）　10. 铜钱（05M10：10）拓片

立侍俑　3件。均为模制前后两半拼接而成。标本05M10：1，泥质灰陶。修复完整。立姿，身材瘦小。头戴圆冠，高鼻，颧骨凸起，细脖，身着宽袖长服，束腰，双手相拥抱于胸前。通高17.4厘米（图一五五，7；图版三〇，5）。标本05M10：2，泥质灰陶。完整。立姿。头戴圆冠，面目不清，身着紧袖长服，双手相拥抱于胸前。通高18.4厘米（图一五五，8；图版三〇，6）。标本05M10：6，泥质红陶。完整。立姿。头戴圆冠，长方脸，高鼻，内着圆领亵衣，外着右衽宽袖长袍，束腰，双手相拥抱于胸前，双足露出袍外。通高24.2厘米（图一五五，6；图版三一，1）。

（2）瓷器

碗　1件。标本05M10：3，修复完整。敞口，方唇，腹微外鼓，平底。口外饰两道凹弦纹。器表施青色釉，不及底部。通高6、口径16.6、底径10.6厘米（图一五五，9；图版三〇，4）。

（3）铜器

钱币　1枚。标本05M10：10，边郭规整，字迹清楚。“五”字中间两笔弯曲；“金”字头似一箭头，“朱”中间竖直，上下圆润。直径2.6、穿径1厘米（图一五五，10）。

三七、05M11

1. 墓葬形制

05M11位于文溪村二社的“苦竹荡”，缓坡台地的南部缓坡处，在05T2、05T4内，距离东侧的05M10约2.4米。开口在耕土层下，距现地表0.1米。构筑方法是在生土中，先挖规整的刀把形土圹，四壁经过修整，而后于土圹之内起砖壁。墓壁与土圹壁间留有约0.1米的空隙，空隙内填红褐色五花土。土圹长4.62、宽1.84/2.64、残深1.3米（图一五六）。

05M11平面呈刀把形，方向235°。由甬道、墓室两部分组成。

甬道　平面呈长方形。甬道北壁与墓室北壁连成一体，南壁作90°南拐，形成墓室南壁。甬道壁为长方形条砖错缝叠砌而成。砖侧面的菱形几何花纹均朝向甬道内。甬道前端外有砖封门，长1.8、残高0.64米。砖砌较混乱。墓底部为生土，稍作修整。长1.3、宽1.4、残高0.88米。

墓室　平面呈长方形。墓室各壁上部露出土圹壁，是当地人挖走墓砖所致，下部为长方形条砖错缝叠砌而成。砖侧面的菱形几何纹朝向墓室内。砖间有黄褐色黏土。后壁与南北两壁交错咬合。墓室地面与甬道处同一地平，为生土地面。

墓内现填灰褐色黏土，土质松散，夹杂大量的碎砖块等物。长2.8、宽2.3、残高0.8米。

葬具、尸骨腐朽无存，葬式、头向不明。

采集墓砖　1块。标本05M11：01，泥质灰陶。残少许。长方形条砖，一长侧面在长方形的框内饰菱形纹，上下面饰粗绳纹，其余素面。长40.5、宽19、厚7.8厘米（图一五七）。

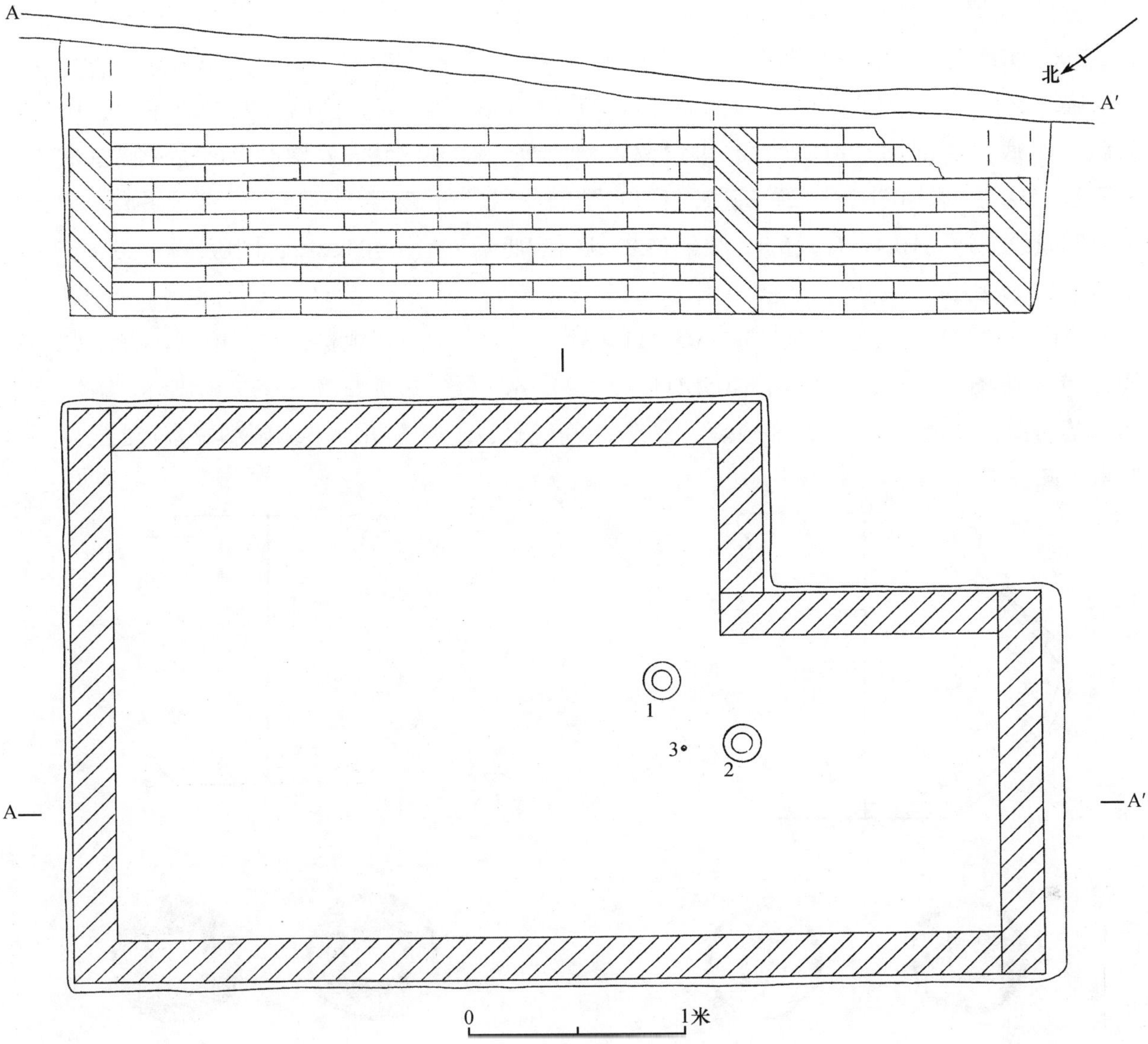

图一五六　05M11平、剖面图

1、2. 陶罐　3. 铜钱

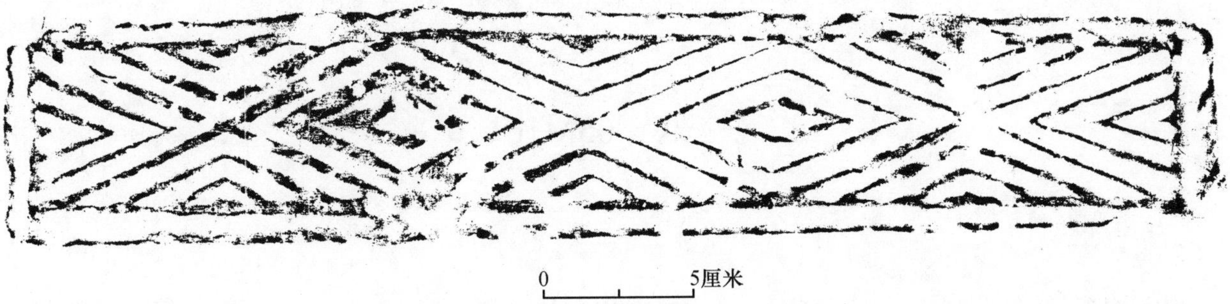

图一五七　墓砖（05M11：01）拓片

2. 随葬器物

随葬器物置于在甬道和墓室内交汇处，共3件（组），分为陶器、铜器。

（1）陶器

2件。均为罐。

罐 2件。均为泥质灰陶。标本05M11：1，底部残。侈口，圆唇，卷沿，束颈，圆肩，鼓腹，平底。肩部饰一道凹弦纹。底部残。通高11.8、口径9.6、腹径16、底径7厘米（图一五八，1）。标本05M11：2，完整。侈口，圆唇，卷沿，束颈，圆肩，鼓腹，平底。肩部饰一道凹弦纹。通高10.4、口径8.8、腹径14.8、底径7厘米（图一五八，2；图版三一，3）。

（2）铜器

钱币 1组2枚，分为两种。标本05M11：3：1，货泉，边郭规整，字迹模糊。直径2.2、穿径0.8厘米（图一五八，3）。标本05M11：3：2，五铢钱。边郭整齐，字迹模糊。“五”字中间两笔弯曲；“金”字头似一箭头，“朱”中间竖直，上端方折，下端圆润。直径2.5、穿径1厘米（图一五八，4）。

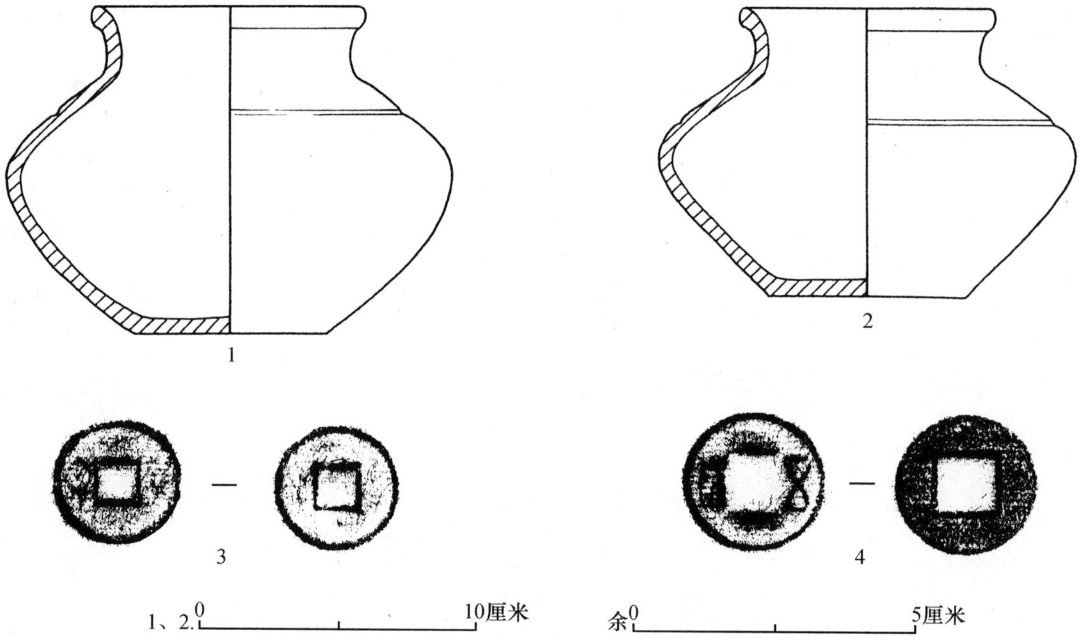

图一五八 05M11出土器物

1、2. 陶罐（05M11：1、2） 3、4. 铜钱（05M11：3、4）拓片

三八、05M16

1. 墓葬形制

05M16位于文溪村二社的“苦竹荡”，台地的南部，在05T5东南、05T7的东部。距离东北侧的05M11约10米。开口在耕土层下，距现地表0.2米。构筑方法是在生土中，先挖规整的刀把形土圹，四壁经过修整，而后于土圹之内起砖壁。墓壁与土圹壁间留有约0.1米的空隙，空隙内填红褐色五花土。土圹长8.75、宽2/3.2、残深2.6米（图一五九；图版二六，2）。

05M16平面呈刀把形，方向182°。由墓道、甬道和墓室三部分组成。长8.4、残高

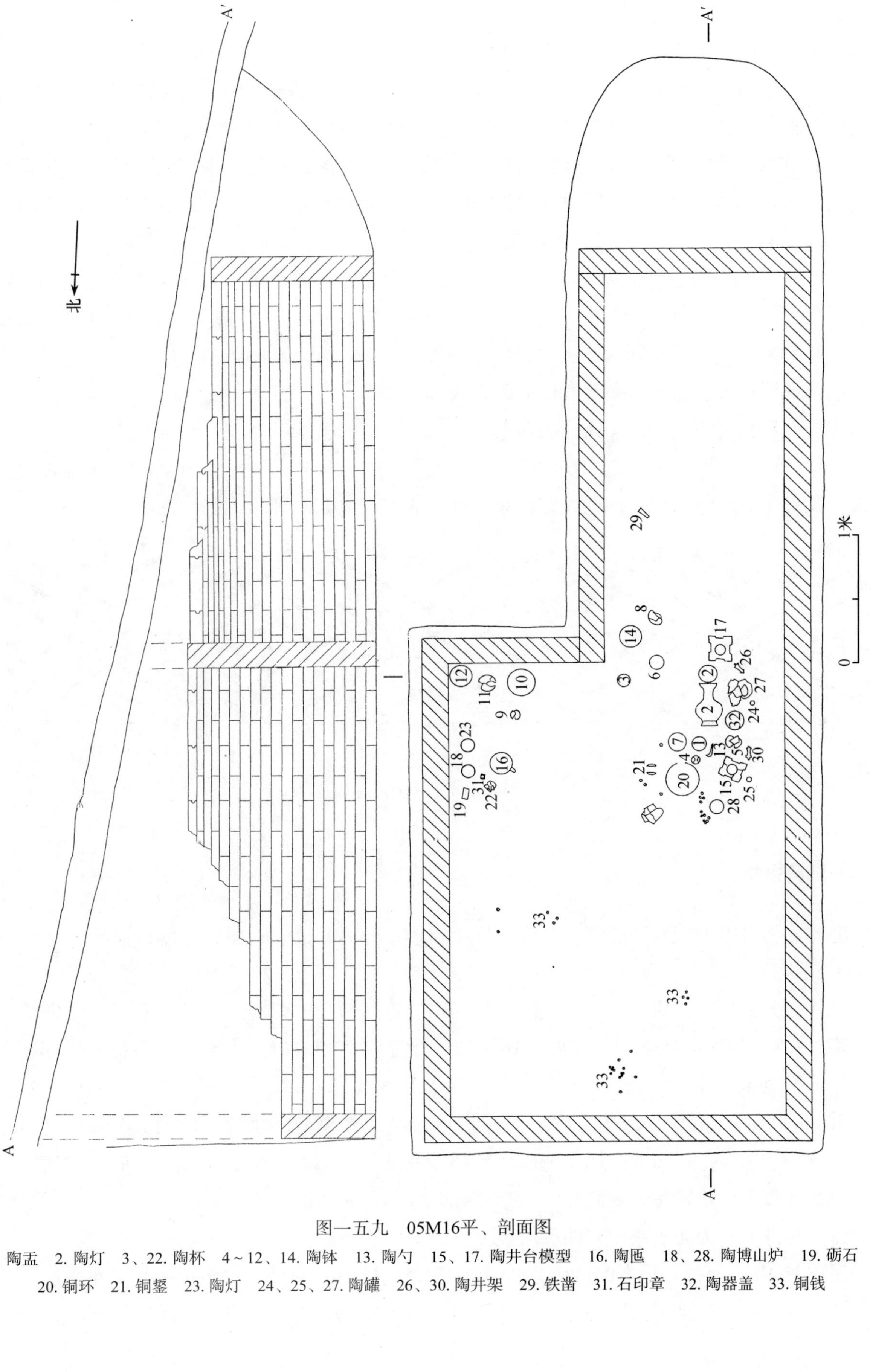

图一五九　05M16平、剖面图

1. 陶盂　2. 陶灯　3、22. 陶杯　4～12、14. 陶钵　13. 陶勺　15、17. 陶井台模型　16. 陶匜　18、28. 陶博山炉　19. 砺石　20. 铜环　21. 铜鍪　23. 陶灯　24、25、27. 陶罐　26、30. 陶井架　29. 铁凿　31. 石印章　32. 陶器盖　33. 铜钱

1.44米。

墓道　斜坡土圹式，平面墓道入口处呈圆弧状。长1.5、宽2、深1.26米。

甬道　平面呈长方形。甬道西壁与墓室西壁连成一体，东壁作90° 东拐，形成墓室东壁。甬道壁前段为独立用长方形条砖错缝叠砌而成，后段亦为长方形条砖错缝叠砌而成。砖侧面的菱形几何花纹均朝向甬道内。甬道上部有券顶，采用楔形砖卷起，现破坏坍塌。甬道前端外有砖封门，长1.8、残高1.24米。封门堆砌很混乱。墓底部为生土地面，稍作修整。长3.1、宽1.4、残高1.44米。

墓室　平面呈长方形。墓室各壁为长方形条砖错缝叠砌而成，上部用楔形砖卷起形成券顶，现坍塌不存。砖侧面的菱形几何纹朝向墓室内。砖间有黄褐色黏土。后壁与东西两壁交错咬合。墓室地面与甬道处同一地平，为生土地面。长3.6、宽2.6、残高1.44米。

墓内现填灰褐色黏土，夹杂大量的碎砖块等物。

葬具、尸骨腐朽无存，葬式、头向不明。

采集墓砖　1块。编号05M16：01，泥质灰陶。长方形条砖，残少许。一长侧面饰菱形几何纹，菱形中有乳钉，上下面绳纹，其余素面。长45、宽17、厚8.5厘米（图一六〇）。

图一六〇　墓砖（05M16：01）拓片

2. 随葬器物

随葬器物多出土于墓室前部，共计33件（组），分为陶器、石器、铁器和铜器。

（1）陶器

27件。分别为罐、钵、盂、钟、匜、杯、勺、灯、博山炉、器盖、井台模型、井架等。

罐　3件。均泥质灰陶。标本05M16：27，修复完整。敛口，卷窄沿，平折肩，深腹微外鼓，平底。通高17.6、口径16、腹径22、底径15厘米（图一六一，1）。标本05M16：24，完整。侈口，圆唇，束颈，鼓腹，平底。器形小，应是井模型的水桶罐。通高3.6、口径4、底径4.2厘米（图一六一，6）。标本05M16：25，完整。侈口，圆唇，束颈，鼓腹，平底。器形小，应是井模型的水桶罐。通高3.4、口径4.4、底径4厘米（图一六一，9）。

钵　10件。分为泥质灰陶和釉陶两类。

泥质灰陶钵　5件。标本05M16：4，残。敞口，圆唇，附沿，斜腹折内收，小平底。通高4.2、口径12.4、底径4.4厘米（图一六一，2）。标本05M16：6，完整。敞口，圆唇，附沿，

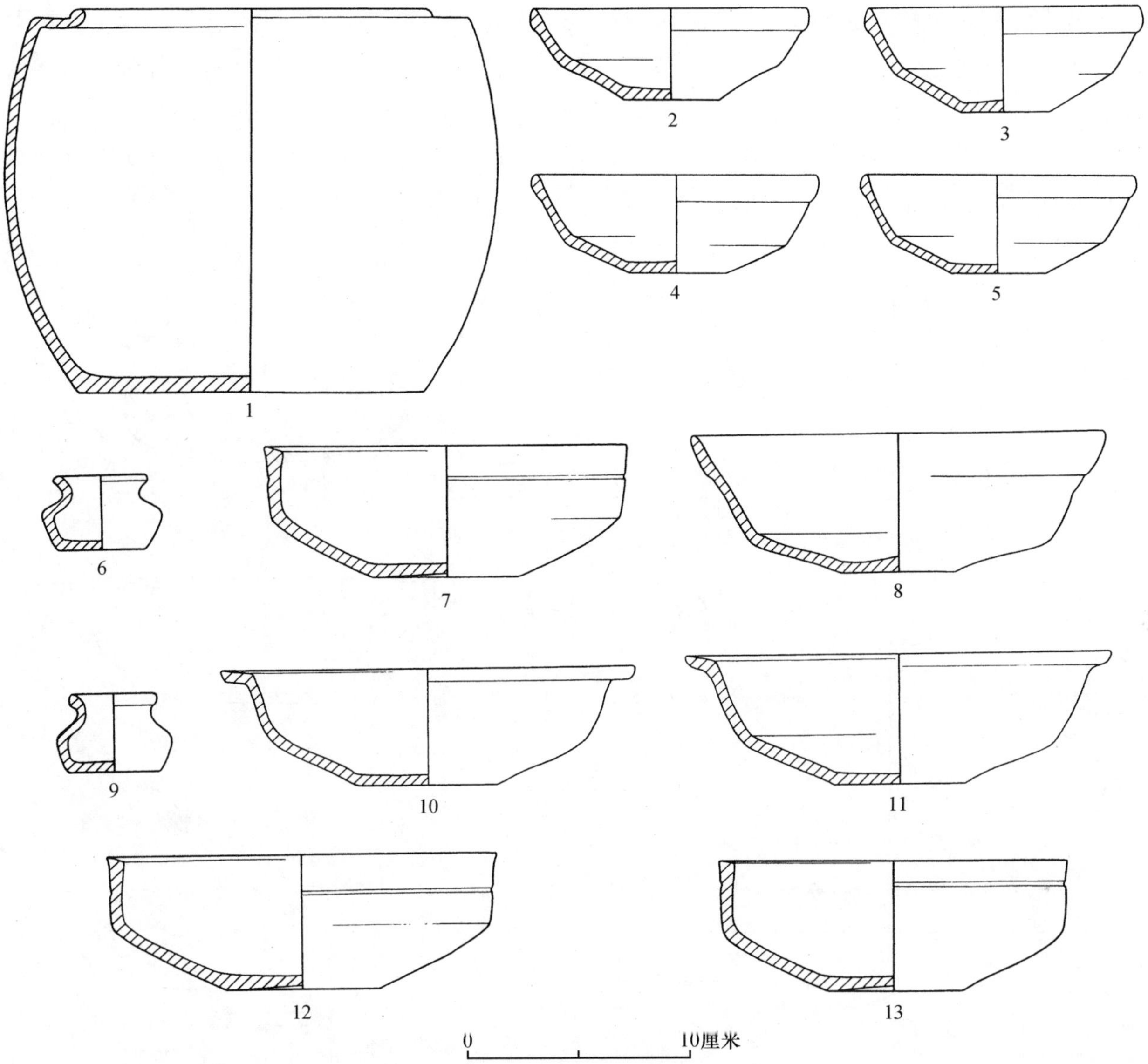

图一六一　05M16出土陶器

1、6、9. 罐（05M16：27、24、25）　2～5、7、8、10～13. 钵（05M16：4、6、8～10、12、5、7、11、14）

斜腹折内收，小平底。通高4.8、口径12.8、底径4.2厘米（图一六一，3）。标本05M16：8，修复完整。敞口，圆唇，附沿，斜腹折内收，小平底。通高4.5、口径12.8、底径4.4厘米（图一六一，4）。标本05M16：9，修复完整。敞口，尖唇，附沿，斜腹折内收，小平底。通高4.5、口径12.4、底径4.4厘米（图一六一，5）。标本05M16：12，残。敞口，圆唇，附沿，上腹斜直，下腹折内收，平底。通高6.4、口径18.8、底径5.2厘米（图一六一，8）。

釉陶钵　5件。标本05M16：5，修复完整。敞口，圆唇，斜平折沿，上腹斜直折内收，小平底。沿和器内表施深酱色釉。通高5.4、口径18.6、底径6.2厘米（图一六一，10；图版三二，3）。标本05M16：7，釉陶。完整。敞口，圆唇，斜平折沿，上腹斜直折内收，小平底。沿和器内表施酱黄色釉。通高6、口径19.4、底径6厘米（图一六一，11）。标本05M16：10，釉陶。残少许。直口，方唇，直上腹，下腹折内收，平底。直腹外饰一道凹弦纹。外表施酱黄色釉。通高6、口径16.6、底径6.6厘米（图一六一，7；图版三二，4）。标本05M16：11，釉陶。修复完整。直口，方唇，直上腹，下腹折内收，平底。直腹外饰一道凹弦纹。外表施酱黄色釉。通高6.2、口径17.6、底径7厘米（图一六一，12）。标本05M16：14，釉陶。完整。直口，方唇，直上腹，下腹折内收，平底。直腹外饰一道凹弦纹。外表施酱黄色釉。通高6.、口径16、底径6.2厘米（图一六一，13；图版三二，5）。

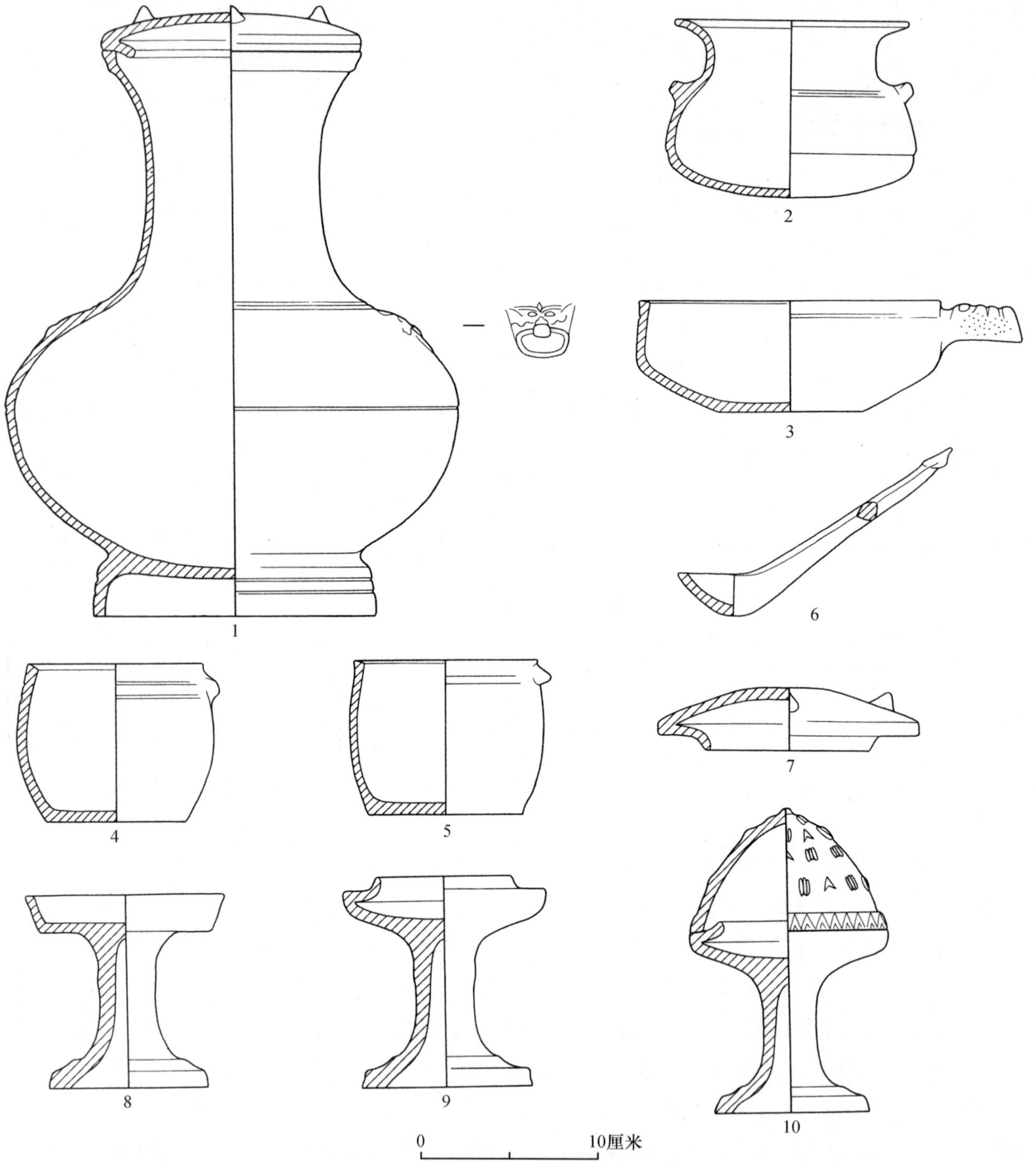

图一六二　05M16出土陶器

1. 钟（05M16：2）　2. 盂（05M16：1）　3. 匜（05M16：16）　4、5. 杯（05M16：3、22）　6. 勺（05M16：13）　7. 器盖（05M16：32）　8. 灯（05M16：23）　9、10. 博山炉（05M16：28、18）

盂　1件。标本05M16：1，釉陶。修复完整。侈口，圆唇，卷沿，束颈，折肩，鼓腹，下腹急内收，平底。折肩部饰两对称的乳钉状纽，饰两道凹弦纹。沿上、束颈部和上腹部施酱黄色釉。通高10.2、口径13、腹径13.8厘米（图一六二，2；图版三一，4）。

钟　1件。标本05M16：2，釉陶。修复完整。盘口，方唇，束高颈，球形腹，圜底接高圈足。颈、肩接合部饰两道凹弦纹，腹中部饰一道凹弦纹，圈足部饰两道凹弦纹。肩上浮雕铺首衔环一对。有盖，子母口，弧形顶，上中部有三个小乳钉状。器表施酱黄色釉。通高34.6、口径14.8、腹径25.6、底径16.2厘米（图一六二，1；图版三一，2）。

匜　1件。标本05M16：16，釉陶。修复完整。直口微敛，方唇，上腹直，下腹圆折内收，小平底。口外饰一道凹弦纹。直腹外接半圆形柱柄，上饰龙首纹。器内表及上腹部均施酱黄色釉。通高6.4、口径16.8、底径7.8厘米（图一六二，3）。

杯　2件。均为釉陶。标本05M16：3，完整。直口，方唇，深腹外鼓，平底。口外饰两道凹弦纹，且有一乳钉状纽。器外表施酱黄色釉，不及底部。通高9、口径10、底径8厘米（图一六二，4；图版三二，2）。标本05M16：22，修复完整。直口，方唇，深腹外鼓，平底。口外饰两道凹弦纹，且有一乳钉状纽。器外表施酱黄色釉，不及底部。通高8.8、口径10.6、腹径11.2、底径8.8厘米（图一六二，5；图版三二，1）。

勺　1件。标本05M16：13，釉陶。修复完整。敞口，方唇，圜底，斜直柄，截面呈半圆形，柄端折呈半圆形。长15.2厘米（图一六二，6）。

灯　1件。标本05M16：23，釉陶。残。盘口，方唇，浅腹，平底。柱状柄，浅覆盘状底座，中空。器表施酱黄色釉。通高11、口径11.4、底径9.2厘米（图一六二，8；图版三一，6）。

博山炉　2件。均为釉陶。标本05M16：18，修复完整。半球形盖，浅盘子母口，圆柱状柄，浅覆盘状底座，中空。器表施酱黄色釉。盖边饰三角纹，盖上饰层状的三角纹和山形纹，中上部戳穿五小孔，正中凸起圆乳钉。通高17.4、口径11.4、底径9厘米（图一六二，10；图版三一，5）。标本05M16：28，完整。浅盘子母口，圆柱状柄，浅覆盘状底座，中空。器外表施酱黄色釉。通高12、口径7.6、底径9.6厘米（图一六二，9）。

器盖　1件。标本05M16：32，釉陶。完整。弧形盖顶，中下部饰三个小乳钉，子母口。通高3.6、口径9.2厘米（图一六二，7）。

井台模型　2件。均为泥质灰陶。标本05M16：15，残。“井”字形，正中开圆孔，孔外开两对称的小方孔，外侧凸出圆棱。背面刻划双线“井”字，间隔圆孔外成八块，四角均线刻网格纹，四边的线刻象形的鱼纹。长20.6、厚1.6厘米（图一六三，1；图一六四，2）。标本05M16：17，修复完整。“井”字形，正中开圆孔，孔外开两对称的小方孔，外侧凸出圆棱。背面刻划双线“井”字，间隔圆孔外成八块，四角均线刻网格纹，靠近方孔的两边线刻水草纹，另外两边线刻象形的鱼纹。长21.2、厚1.4厘米（图一六三，2；图一六四，1）。

井架　2件。均泥质灰陶。标本05M16：26，残。一端小方形突出，一端为小方形缺口，中部束腰。为井模型的井架立柱。通高8.6厘米（图一六三，3）。标本05M16：30，完整。一端小方形突出，一端为小方形缺口，中部束腰。为井模型的井架立柱。通高8.2厘米（图

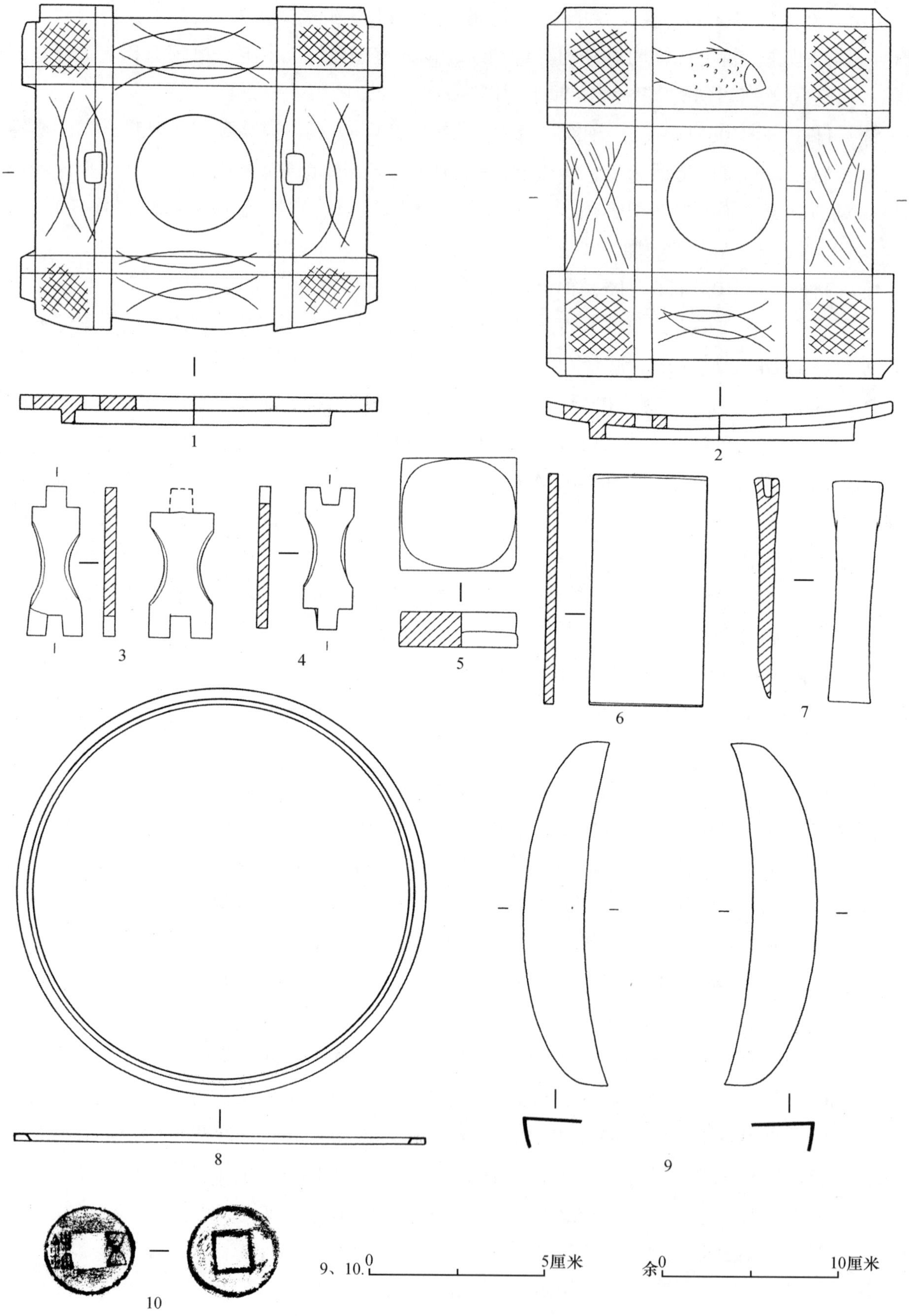

图一六三　05M16出土器物

1、2. 陶井台模型（05M16：15、17）　3、4. 陶井架（05M16：26、30）　5. 石印章（05M16：31）　6. 砺石（05M16：19）　7. 铁凿（05M16：29）　8. 铜环（05M16：20）　9. 铜錾（05M16：21）　10. 铜钱（05M16：33）拓片

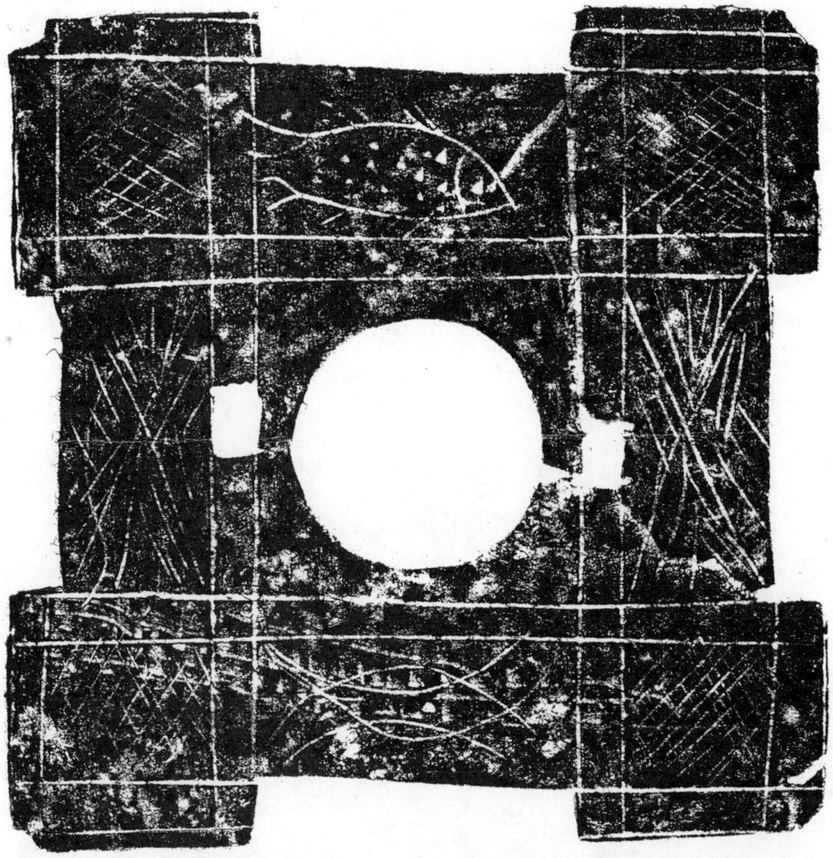

1

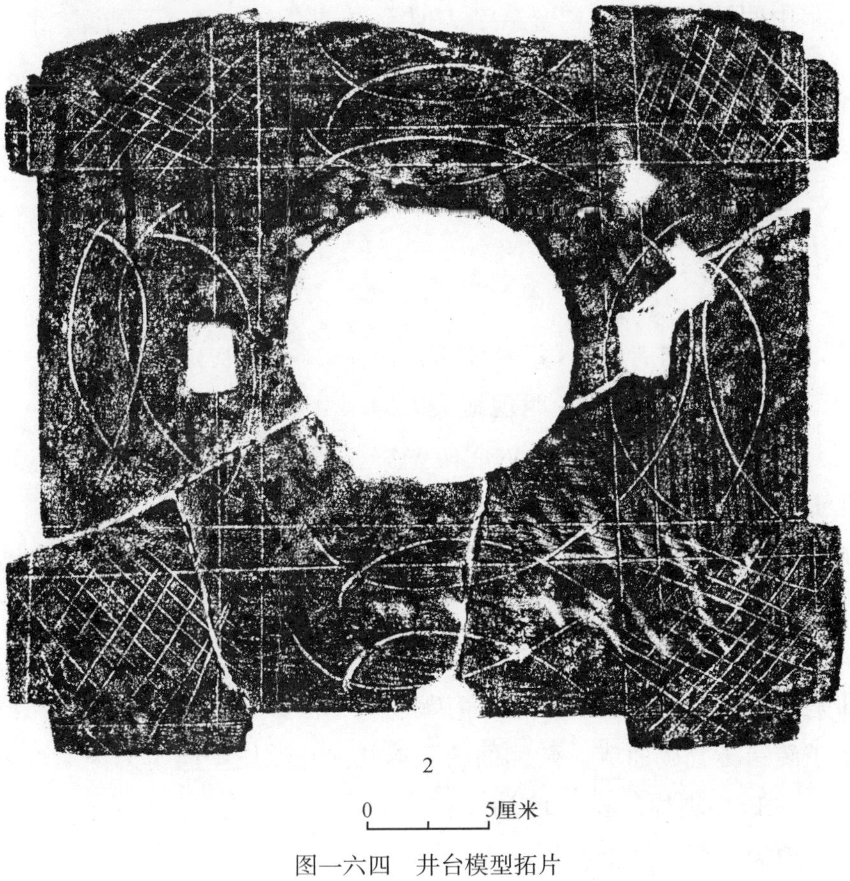

2

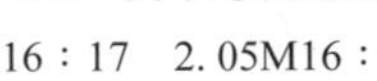

图一六四　井台模型拓片

1. 05M16：17　2. 05M16：15

一六三，4）。

（2）石器

2件。分别为印章、砺石。

印章 1件。标本05M16：31，残。砂岩石质，深灰色。印章面为正方形，四边磨制整齐，正中残。圆形纽，一侧边刻似“北”字。长3.3、宽3.3、高1厘米（图一六三，5；图版三三，1）。

砺石 1件。标本05M16：19，残。砂岩石质。长方形，深灰色，四边及背面磨制整齐，正面粗糙，有人为使用痕迹。长13.2、宽6.5、厚0.5厘米（图一六三，6）。

（3）铁器

凿 1件。标本05M16：29，锈蚀。椭圆形銎口，外起箍棱，四棱长凿体，直背，单面薄刃。表面锈蚀。长12.8厘米（图一六三，7；图版三二，6）。

（4）铜器

出土铜器3件（组），分别为环、鋬、钱币。

环 1件。标本05M16：20，锈蚀，断。圆形环状，背部为深槽状。直径23.6厘米（图一六三，8）。

鋬 1组2件。标本05M16：21，月牙形，表面鎏金。背部呈凹槽状。应是耳杯的两鋬。长9.8、宽1.8厘米（图一六三，9；图版三三，2）。

钱币 1组35枚。均为五铢，形制大小相似。表面锈蚀。标本05M16：33，边郭规整，字迹清楚。“五”字中间两笔弯曲，“金”字头似箭头，“朱”字上下圆润。直径2.5、穿径1厘米（图一六三，10）。

三九、05M19

1. 墓葬形制

05M19位于文溪村二社的“苦竹荡”台地的西南部，在05T10西部和05T13东部。距离北侧的05M18约1.2米。开口在耕土层下，距现地表0.2米。其构筑方法是在生土中，先挖规整的刀形土圹，四壁经过修整，而后于土圹之内起砖壁。墓壁与土圹壁间留有约0.1米的空隙，空隙内填红褐色五花土。土圹长6.12、宽1.86/3.18、残深1.6米（图一六五）。

05M19平面呈刀把形，方向268°。由墓道、甬道和墓室三部分组成。长5.86、残高1.6米。

墓道 斜坡土圹式，平面墓道入口处呈圆弧状。长1、宽1.86、深1.3米。

甬道 平面呈长方形。甬道南壁与墓室南壁连成一体，北壁作90°北拐，形成墓室北壁。甬道壁为长方形条砖错缝叠砌而成。砖侧面的菱形几何花纹均朝向甬道内。甬道上部有券顶，采用楔形砖券起，现破坏坍塌。甬道前端外有砖封门，残长0.7、残高1.02米。封门堆砌很混乱。墓底部为生土地面，稍作修整。长1.82、宽1.3、残高1.2米。

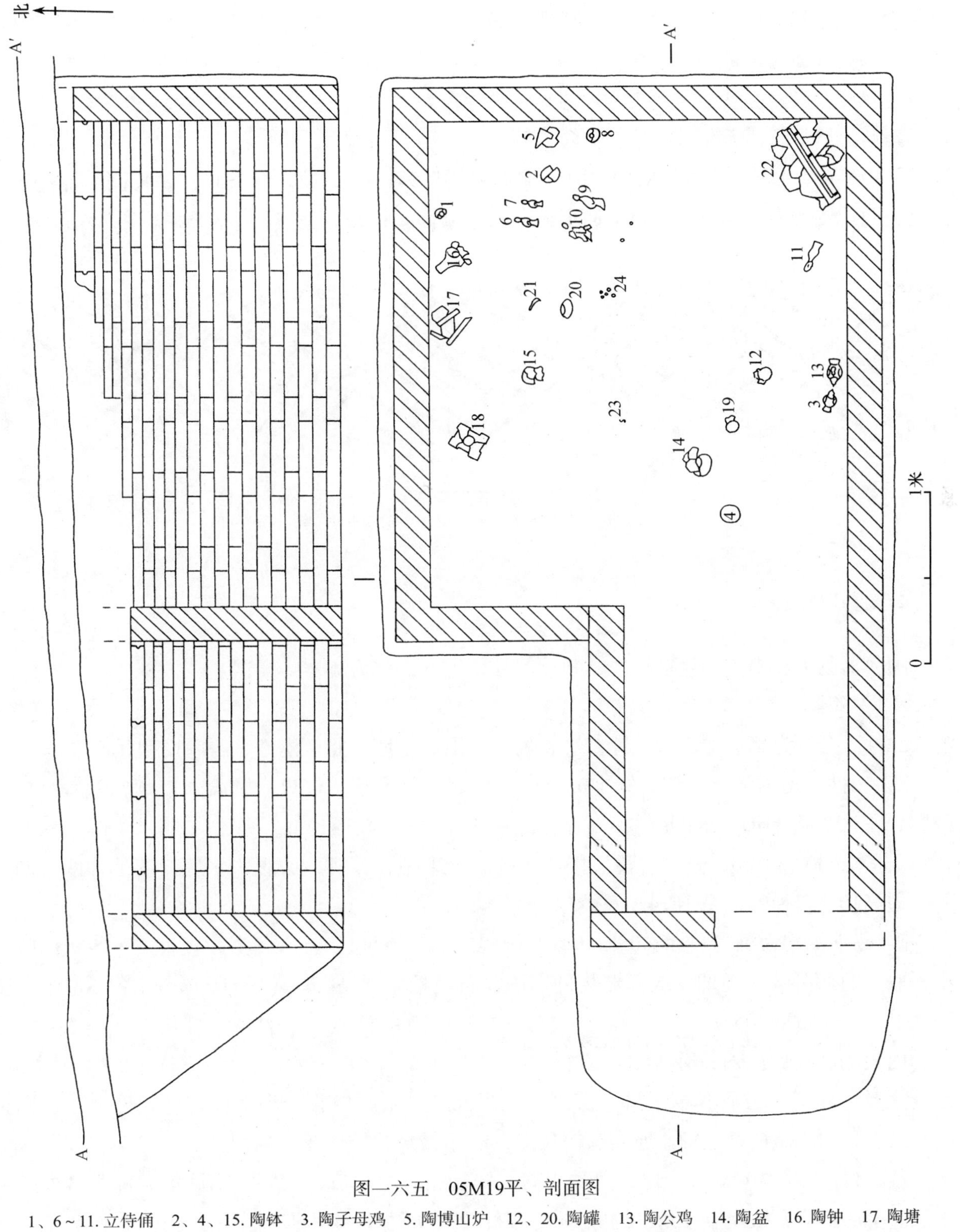

图一六五　05M19平、剖面图

1、6～11. 立侍俑　2、4、15. 陶钵　3. 陶子母鸡　5. 陶博山炉　12、20. 陶罐　13. 陶公鸡　14. 陶盆　16. 陶钟　17. 陶塘　18. 陶井台模型　19. 陶灯　21. 陶勺　22. 房屋模型　23. 铜带钩　24. 铜钱

墓室　平面呈长方形。墓室各壁为长方形条砖错缝叠砌而成，上部用楔形砖券起形成券顶，现坍塌不存。砖侧面的菱形几何纹朝向墓室内。砖间有黄褐色黏土。后壁与南北两壁交错咬合。墓室地面与甬道处同一地平，为生土地面。长2.84、宽2.4、残高1.6米。

墓内现填灰褐色黏土，夹杂大量的碎砖块等物。

葬具、尸骨腐朽无存，葬式、头向不明。

采集墓砖　1块。标本05M19：01，泥质灰陶。残一角。长方形条砖，一长侧面饰菱形几何纹，两边菱形中有四出，上、下面绳纹，其余素面。长42、宽18、厚7厘米（图一六六）。

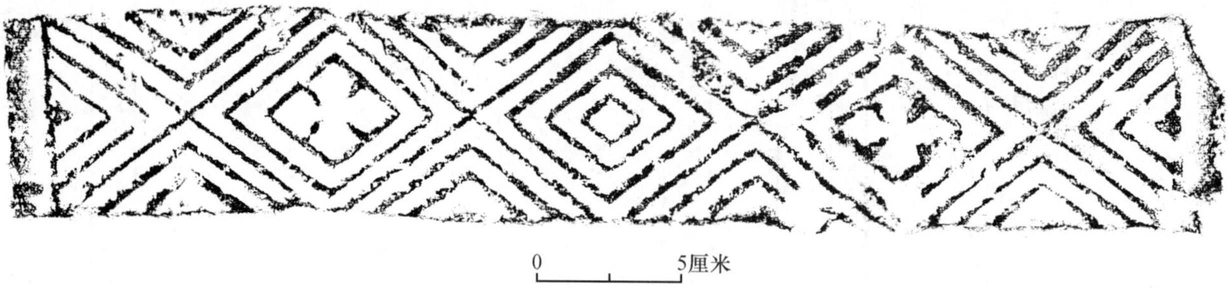

图一六六　墓砖（05M19：01）拓片

2. 随葬器物

随葬器物大多出土于墓室后部，共计24件（组），分为陶器、铜器。

（1）陶器

22件。分别为罐、钵、盆、钟、灯、勺、博山炉、塘、井台模型、房屋模型和俑等。

罐　2件。均为泥质灰陶。标本05M19：12，修复完整。侈口，圆唇，束颈，斜肩弧折，鼓腹，平底。肩部饰一道凹弦纹。通高10.2、口径9.6、腹径14.4、底径6.2厘米（图一六七，1）。标本05M19：20，修复完整。侈口，圆唇，束颈，弧肩，鼓腹，平底。肩部饰两道凹弦纹。通高10、口径9.6、腹径14、底径5.8厘米（图一六七，2）。

钵　3件。均为釉陶。标本05M19：2，修复完整。直口，方唇，上腹竖直，下腹折内收，小平底。直腹外饰一道凹弦纹。器物外表施酱黄色釉。通高4.6、口径15.8、底径4.8厘米（图一六七，3）。标本05M19：4，修复完整。敞口，方唇，窄平沿，浅腹外弧内折，小平底。沿上、内表均施酱黄色釉。通高5.6、口径18、底径5.4厘米（图一六七，4）。标本05M19：15，修复完整。敞口，方唇，窄平沿，束颈，上腹外鼓，下腹内收，小平底。鼓腹处饰三道凹弦纹。沿上、内表施酱黄色釉。通高9、口径21.2、底径6.8厘米（图一六七，6）。

盆　1件。标本05M19：14，泥质灰陶。修复完整。敞口，尖唇，窄圆沿，深腹微外鼓，平底。上腹部有刮痕呈细弦纹。通高16.6、口径28、底径13.6厘米（图一六七，9；图版三三，6）。

钟　1件。标本05M19：16，釉陶。修复完整。盘口，方唇，束高颈，球形腹，圜底接高圈足。颈、肩接合部饰三道凹弦纹，腹中部饰一道凹弦纹，圈足部饰一道凹弦纹。肩上浮雕铺

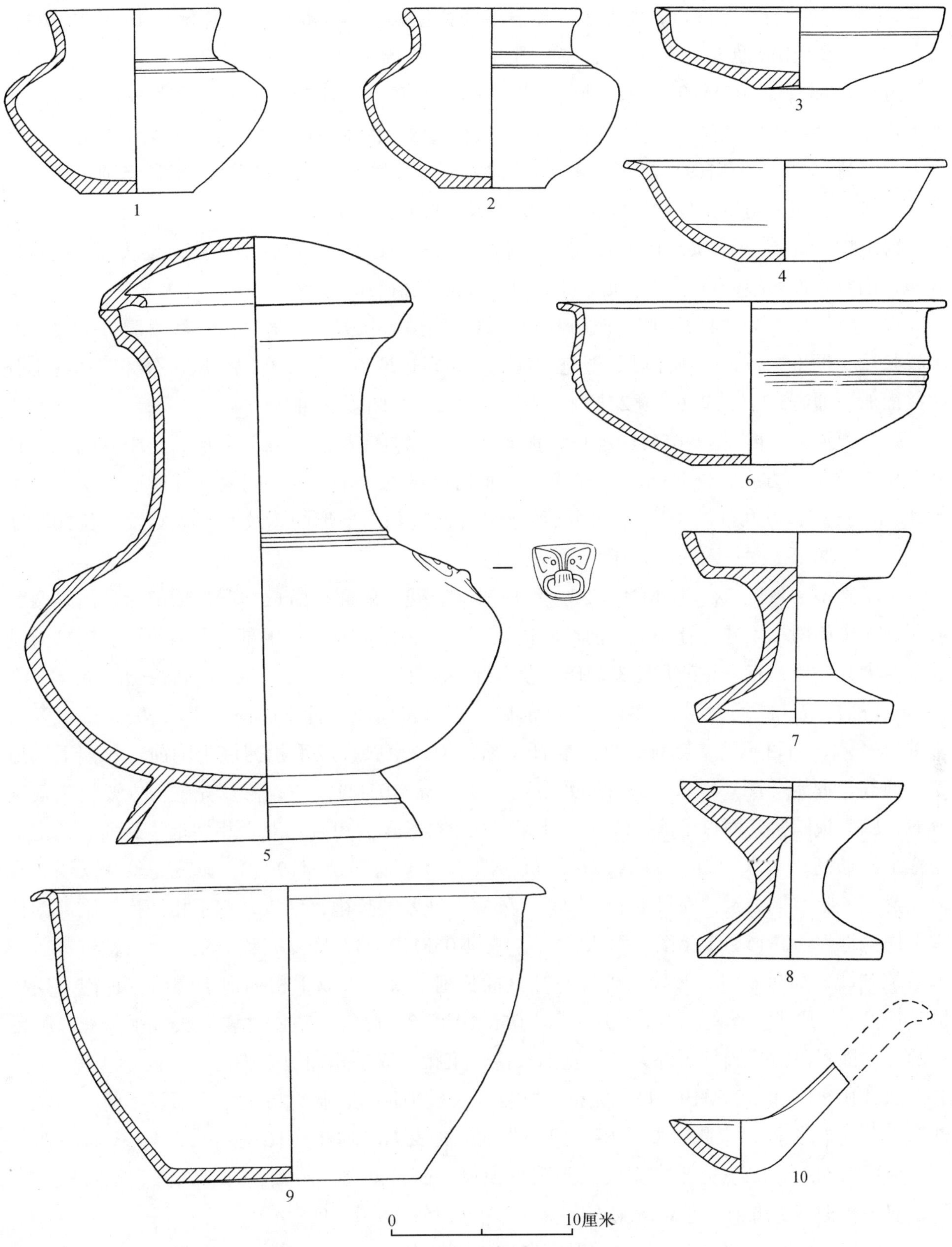

图一六七 05M19出土陶器

1、2. 罐（05M19：12、20） 3、4、6. 钵（05M19：2、4、15） 5. 钟（05M19：16） 7. 灯（05M19：19） 8. 博山炉（05M19：5） 9. 盆（05M19：14） 10. 勺（05M19：21）

首衔环一对。有盖，子母口，弧形顶。器表施酱黄色釉，不及圈足部。通高33.4、口径17.2、腹径26.2、底径16.8厘米（图一六七，5；图版三三，3）。

灯　1件。标本05M19：19，釉陶。修复完整。盘口，浅腹，平底，束长柄，喇叭状底座，内空。器物外表施酱黄色釉。通高10.6、口径12.8、底径10.6厘米（图一六七，7）。

勺　1件。标本05M19：21，釉陶。残。柄部残。敞口，方唇，圜底，斜长半圆形柄，柄上部平齐。上表面施酱黄色釉。残长10厘米（图一六七，10）。

博山炉　1件。标本05M19：5，釉陶。修复完整。浅盘子母口，圜底接束腰状柄，喇叭状底座，内空。外表施酱黄色釉。通高9.8、口径12.4、底径10.2厘米（图一六七，8）。

塘　1件。标本05M19：17，泥质灰陶。修复完整。长方形，宽平沿，浅直腹，平底。塘中设长埂，埂不封口，一侧浮雕贴塑龟、莲蓬，鱼在过埂处，一侧有螺、雁。分体制作各部分拼接而成。通高5.2、长39.6、宽24厘米（图一六八，1；图版三四，5）。

井台模型　1件。标本05M19：18，泥质灰陶。修复完整。“井”字形，正中开圆孔，孔外开两对称的小方孔，外侧凸出高圆棱。背面刻划双线“井”字，间隔圆孔外成八块，四角均线刻网格纹，方孔外的两边线刻网格纹，另外两边刻划象形的鱼纹和不规则纹。长20、宽19.4、厚2.6厘米（图一六八，3；图一六九）。

房屋模型　1件。标本05M19：22，泥质灰陶。残。屋面呈横长方形，顶部为悬山式两面坡顶，正中施两端上翘通脊一条，前坡施筒瓦五陇。屋两边立柱，下部中各有小圆孔，柱上设柱头，中立一柱，有一斗三升柱头铺作一朵。通高33厘米（图一六八，2；图版三五，1）。

立侍俑　7件。均为泥质红陶。模制前后两半拼接而成。标本05M19：6，完整。立姿。头戴进贤冠，面目不清，圆领，外穿右衽紧袖长袍，束腰，双手相拥抱于胸前，长袍下摆拖地。通高15厘米（图一六八，6；图版三四，1）。标本05M19：7，修复完整。立姿。头戴进贤冠，脑后梳圆髻，面目不清，圆领，外穿右衽紧袖长袍，束腰，双手相拥抱于胸前，长袍下摆拖地。通高15厘米（图一六八，7；图版三四，2）。标本05M19：8，修复完整。立姿。头戴进贤冠，脑后梳圆髻，面目不清，圆领，外穿右衽紧袖长袍，束腰，双手相拥抱于胸前，长袍下摆拖地。通高15厘米（图一六八，8）。标本05M19：9，修复完整。立姿。头戴进贤冠，脑后梳圆髻，面目不清，圆领，外穿右衽紧袖长袍，束腰，双手相拥抱于胸前，长袍下摆拖地。通高14.8厘米（图一六八，9）。标本05M19：10，修复完整。立姿。头戴平顶冠，脑后梳圆髻，面目不清，圆领，外穿右衽宽袖长袍，束腰，双手相拥抱于胸前。通高18.4厘米（图一六八，10）。标本05M19：11，完整。立姿。头戴平顶冠，脑后梳圆髻，面目不清，圆领，外穿右衽宽袖长袍，束腰，双手相拥抱于胸前。通高18.2厘米（图一六八，4；图版三四，3）。标本05M19：1，完整。立姿。头戴平顶冠，面目模糊，圆领，外着右衽宽袖长服，束腰，双手相拥抱于胸前。通高18.4厘米（图一六八，5；图版三四，4）。

子母鸡　1件。标本05M19：3，泥质红陶。修复完整。卧姿。昂首，尖喙，肥腹，筒状翘尾。背负小鸡一只，腹下遮伏小鸡一只，双翅下各伏小鸡一只。模制左右两半拼接而成。通高13.6厘米（图一七〇，1；图版三三，5）。

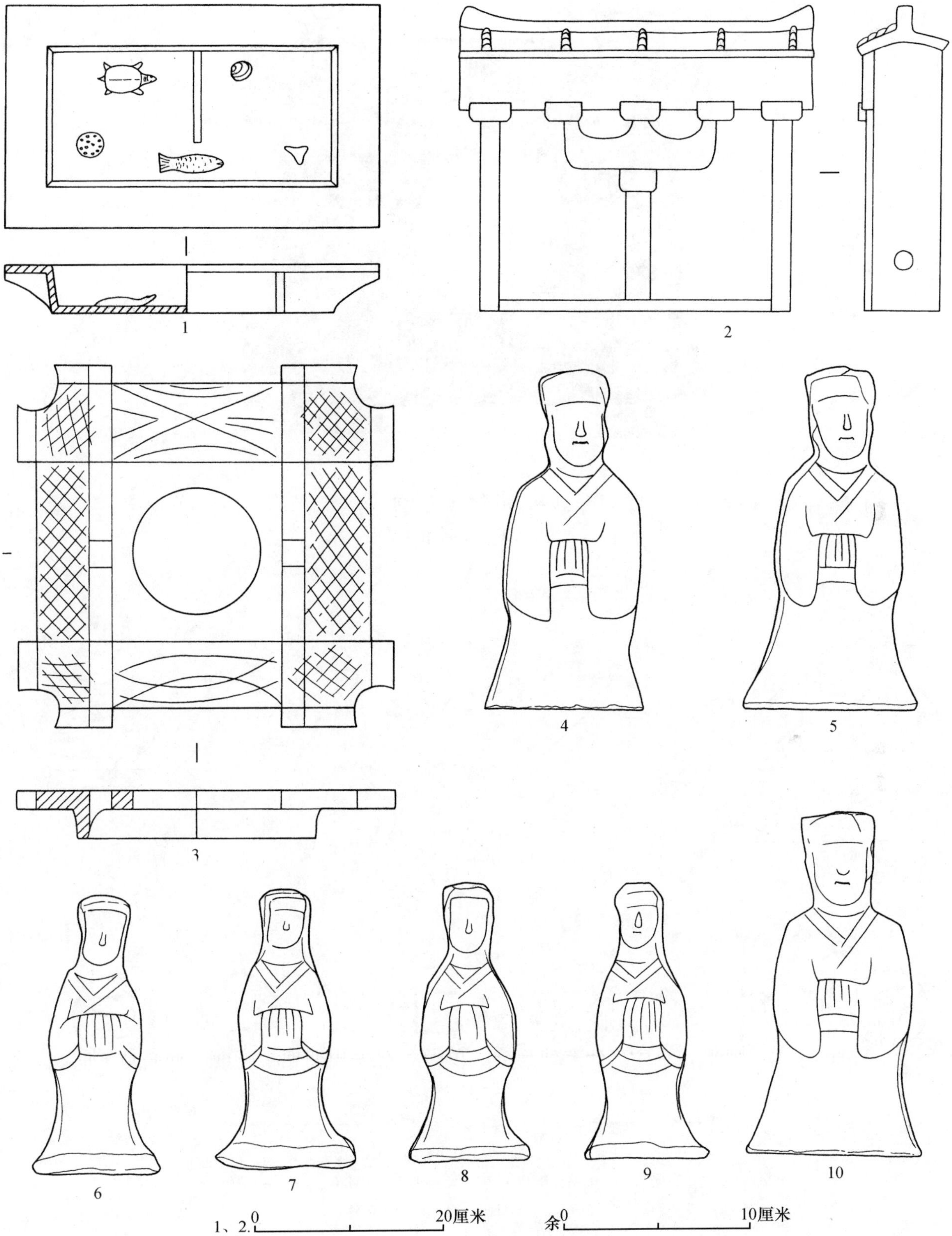

图一六八　05M19出土陶器

1. 塘（05M19：17）　2. 房屋模型（05M19：22）　3. 井台模型（05M19：18）　4～10. 立侍俑（05M19：11、1、6～10）

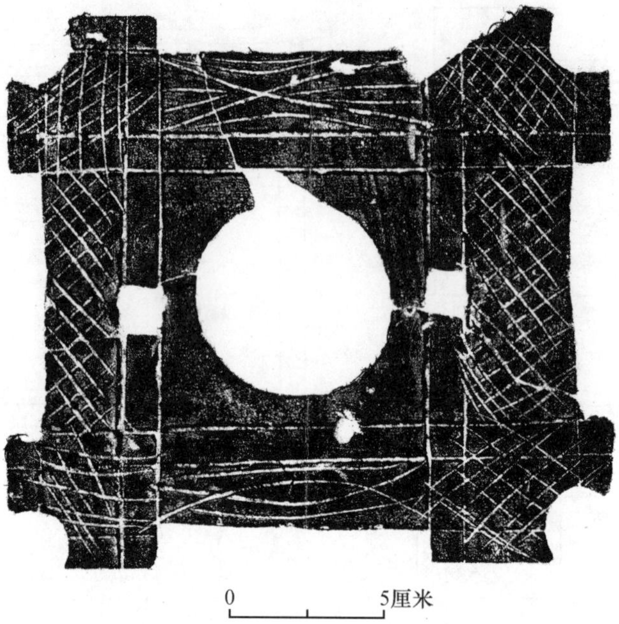

图一六九　陶井台模型
（05M19：18）拓片

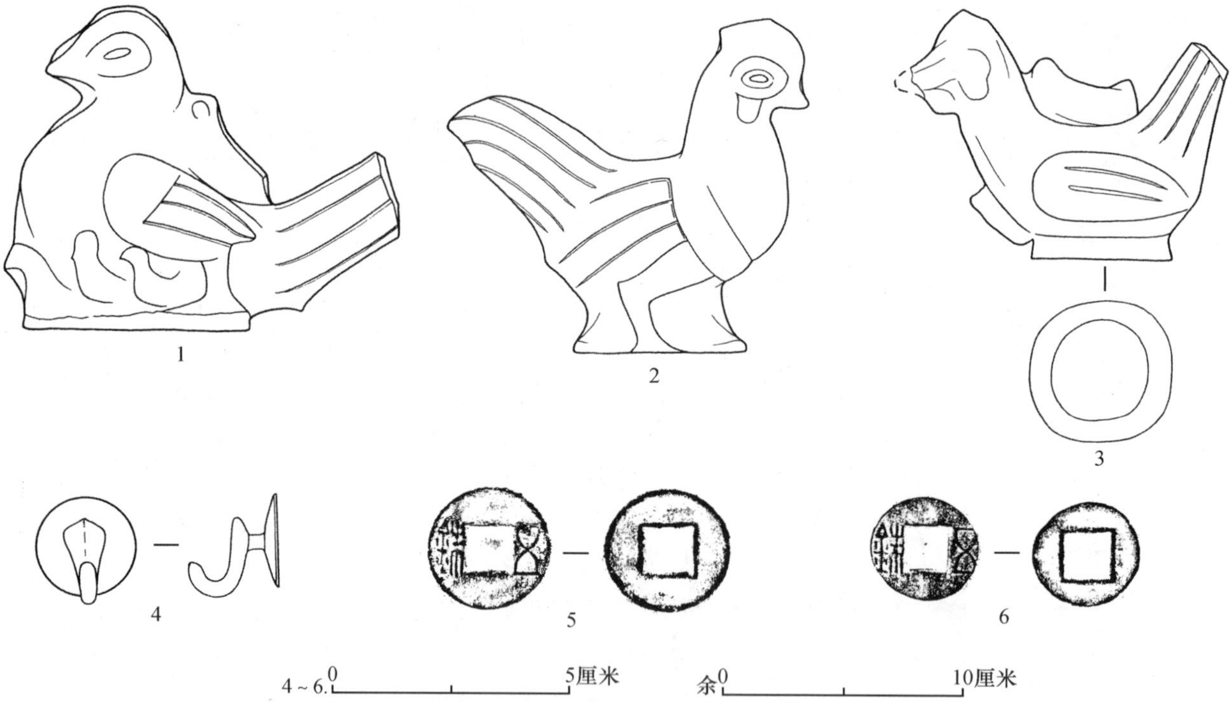

图一七〇　05M19、05M20出土器物
1. 陶子母鸡（05M19：3）　2. 陶公鸡（05M19：13）　3. 陶子母鸡（05M20：1）　4. 铜带钩（05M19：23）
5、6. 铜钱（05M19：24：1、2）拓片

公鸡　1件。标本05M19：13，泥质红陶。完整。立姿。昂首，高冠，短尖喙，鼓目，有耳垂。半圆锥弧尾上翘。圆筒座。模制左右两半拼接而成。通高14厘米（图一七〇，2；图版三三，4）。

（2）铜器

2件（组），分别为带钩、钱币。

带钩　1件。标本05M19：23，残，锈蚀。半圆形钩体，矮圆形柱，背纽呈圆形。长2.1厘米（图一七〇，4；图版三四，6）。

钱币　1组5枚。均为五铢钱，分为二式。

Ⅰ式：标本05M19：24：1，边郭规整，字迹清楚。“五”字中间两笔弯曲；“金”字头似一箭头，“朱”中间竖直，上下圆润。直径2.5、穿径1厘米（图一七〇，5）。

Ⅱ式：标本05M19：24：2，边郭被剪掉，字迹清楚。“五”字中间两笔弯曲；“金”字头似一箭头，“朱”中间竖直，上端略方折，下端圆润。直径2.2、穿径0.8厘米（图一七〇，6）。

四〇、05M20

1. 墓葬形制

05M20位于文溪村二社的“苦竹荡”台地的西部，在05T12中部。距离东南侧的05M18约11米。开口在耕土层下，距现地表0.16米。构筑方法是在生土中，先挖土圹，土圹之内起砖壁。墓壁与土圹壁间留有约5厘米的空隙，空隙内填红褐色五花土。土圹残长3.2、宽2.8、残深0.6米（图一七一）。

05M20为一座残砖室墓，残留墓室部分存在。方向268°。墓室残长2.8、宽2.3、残高0.6米。墓室壁为长方形条砖错缝叠砌而成。砖侧面的菱形几何纹朝向墓室内。砖间有黄褐色黏土。后壁与南北两壁交错咬合。墓室地面与甬道处同一地平，为生土地面。

墓内现填灰褐色黏土，夹杂大量的碎砖块等物。

葬具、尸骨腐朽无存，葬式、头向不明。

采集墓砖　1块。标本05M20：01，泥质灰陶。残少许。长方形条砖，一长侧面饰菱形几何纹，菱形中小乳钉，上下面饰粗绳纹。长39.5、宽17、厚7.5厘米（图一七二）。

2. 随葬器物

随葬器物出土于墓室后部，仅1件陶器，为子母鸡。

子母鸡　1件。标本05M20：1，泥质灰陶。修复完整。卧姿。昂首，尖喙，肥腹，筒状翘尾。背负小鸡一只，腹下遮伏小鸡一只。模制左右两半拼接而成。通高10.4厘米（图一七〇，3）。

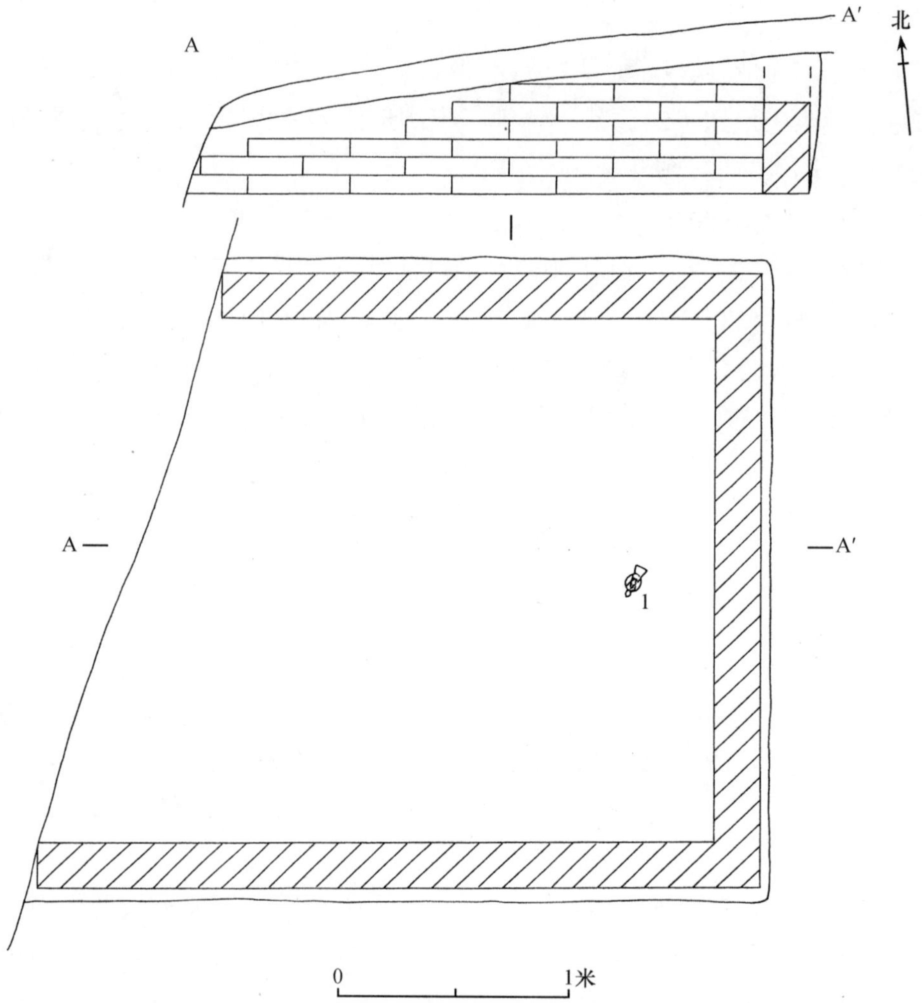

图一七一　05M20平、剖面图

1. 子母鸡

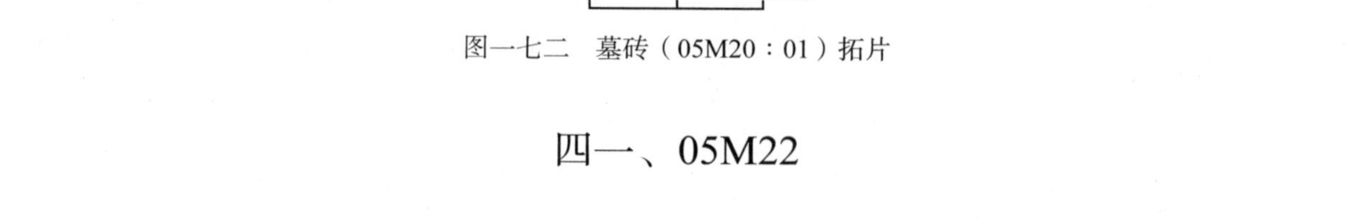

图一七二　墓砖（05M20：01）拓片

四一、05M22

1. 墓葬形制

05M22位于文溪村二社“杨家包”台地中部。距离东侧05M21约6.2、南侧的05M23约1.8米。开口在耕土层下，距现地表0.2米。由于破坏严重，墓室东壁不存，剩余墓室底部。构筑方法是在生土中，先挖长方形土圹，后在土圹之内起砖壁，墓壁与土圹壁间留有约0.04米左右的空隙，空隙内填红褐色五花土。土圹残长2.86、宽1.88、残深0.5米（图一七三）。

05M22平面呈长方形，方向335°。残长2.6、宽1.4、高0.24米。墓室上部的情况不明。残留四周的墓壁有2或3层砖，采用长方形带子母口的条砖错缝叠砌而成。砖侧面的菱形几何纹朝向墓室内。砖间有黄褐色黏土。墓内现填灰褐色松散土，墓室底为砖铺地面，比较平整。铺底砖为长方形带子母口条砖。

葬具腐朽无存，尸骨无存，葬式不明。

采集墓砖　1块。标本05M22：01，泥质灰陶。残少许。长方形，一长侧面饰菱形几何纹，菱形中加十字纹，上下面绳纹，其余素面。两短侧面有榫卯结构。长46.5、宽18.5、厚8.5厘米（图一七四）。

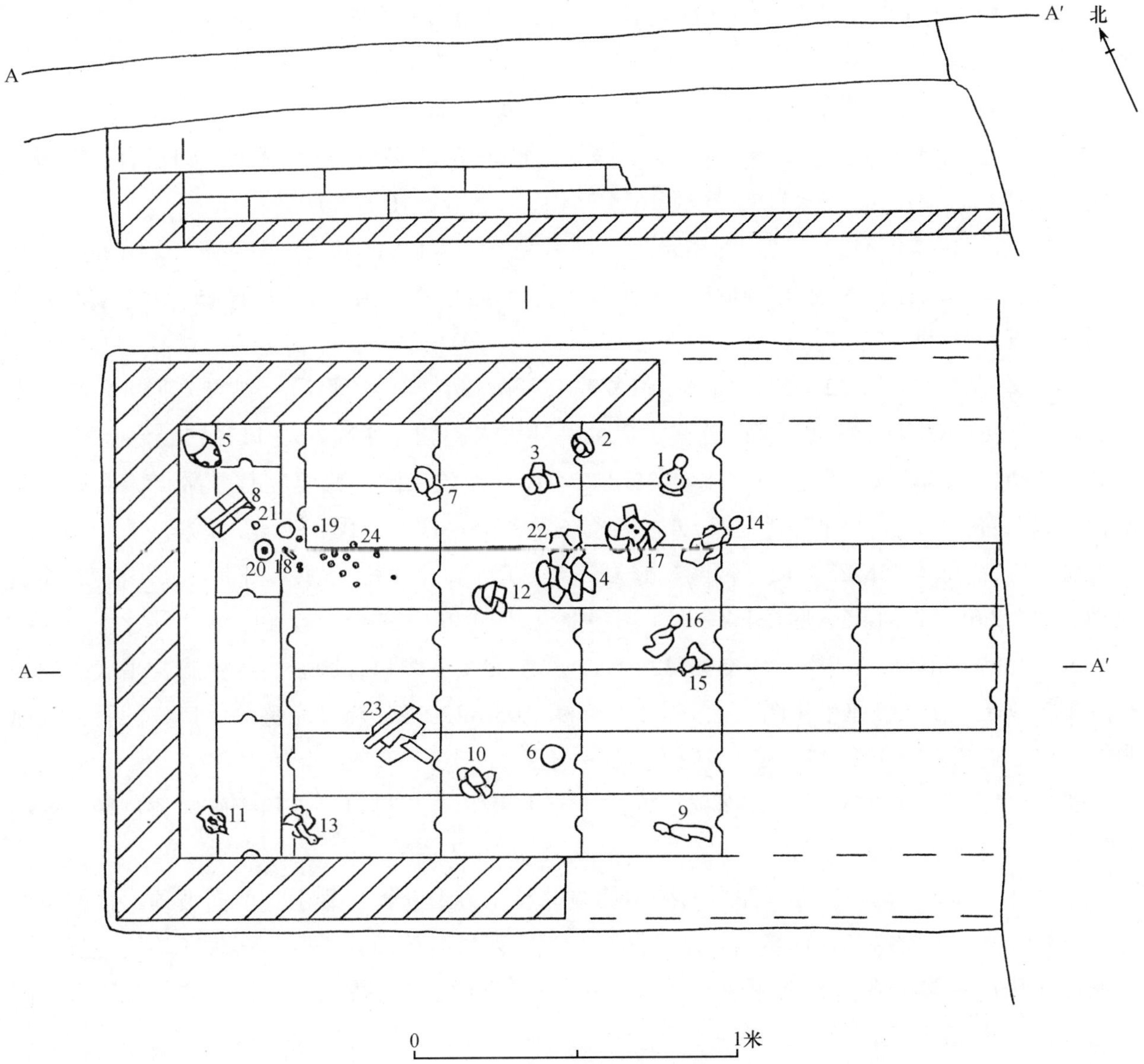

图一七三　05M22平、剖面图

1. 抚琴俑　2、9、14、16. 立侍俑　3、7. 陶盏　4. 陶罐　5. 镇墓兽　6. 陶器盖　8. 陶仓　10、22. 陶钵　11. 陶子母鸡　12. 陶盘　13. 陶公鸡　15. 俑头　17. 陶甑　18. 铁钉　19. 银指环　20. 银手镯　21. 石饰　23. 陶塘　24. 铜钱

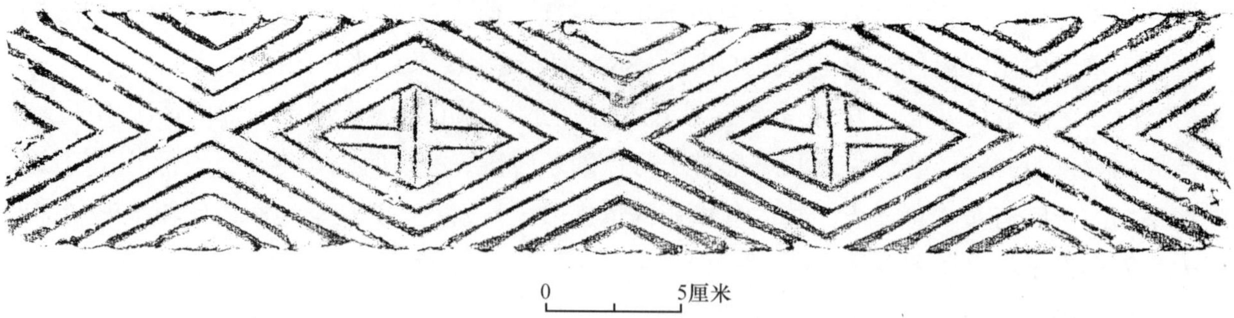

图一七四　墓砖（05M22：01）拓片

2. 随葬器物

随葬器物出土于墓室的西部，共计24件（组），分为陶器、铁器、石器、银器、铜器。

（1）陶器

19件。分别为罐、甑、仓、钵、盘、盏、器盖、塘、俑等。

罐　1件。标本05M22：4，泥质灰陶。修复完整。侈口，圆唇，束矮颈，圆折肩，鼓腹，平底。通高8.2、口径11、腹径15、底径8.6厘米（图一七五，10）。

甑　1件。标本05M22：17，泥质灰陶。修复完整。敞口，尖唇，窄厚沿，深腹外鼓，平底，底部正中一圆孔，周围有五圆孔。上腹部饰有竖细线纹。通高21、口径35、底径18.2厘米（图一七五，1；图版三五，3）。

钵　2件。标本05M22：22，釉陶。修复完整。敞口，圆唇，附沿，斜直上腹折内收，小平底。折腹处饰凹弦纹两道。腹内施酱黄色釉，外表未施釉。通高7.6、口径19、底径5.6厘米（图一七五，4；图版三五，4）。标本05M22：10，泥质灰陶。修复完整。敞口，圆唇，附沿，上腹斜直折内收，小平底。通高5.4、口径16、底径6.6厘米（图一七五，7）。

盘　1件。标本05M22：12，釉陶。修复完整。敞口，圆唇，浅腹，平底。盘内表施酱黄色釉。通高2.6、口径14.6、底径4.4厘米（图一七五，9）。

盏　2件。均为泥质灰陶。标本05M22：3，修复完整。敞口，圆唇，浅弧腹，平底。通高3.2、口径9.6、底径4.2厘米（图一七五，5）。标本05M22：7，修复完整。敞口，圆唇，浅弧腹，平底。通高2.8、口径8.8、底径4厘米（图一七五，6）。

器盖　1件。标本05M22：6，釉陶。完整。弧形盖顶，子母口。盖顶部施酱黄色釉。通高3.1、口径10.8厘米（图一七五，8）。

仓　1件。标本05M22：8，泥质灰陶。修复完整。方形仓体，悬山式两面坡顶，顶部正中施纵方棱脊一条，脊端和正面檐角各施一圆形瓦当，两坡各施筒瓦三陇，每陇各施筒瓦五组，正面屋正中施一微开仓门，两侧墙中下部开一对通风圆孔。通高18、长15、宽13.4厘米（图一七五，2；图版三五，2）。

塘　1件。标本05M22：23，泥质灰陶。修复完整。长方形，宽平沿，浅直腹，平底。塘中设长埂，埂不封口，底上浮雕贴塑龟，鱼、螺、莲蓬、雁。分体制作各部分拼接而成。通高

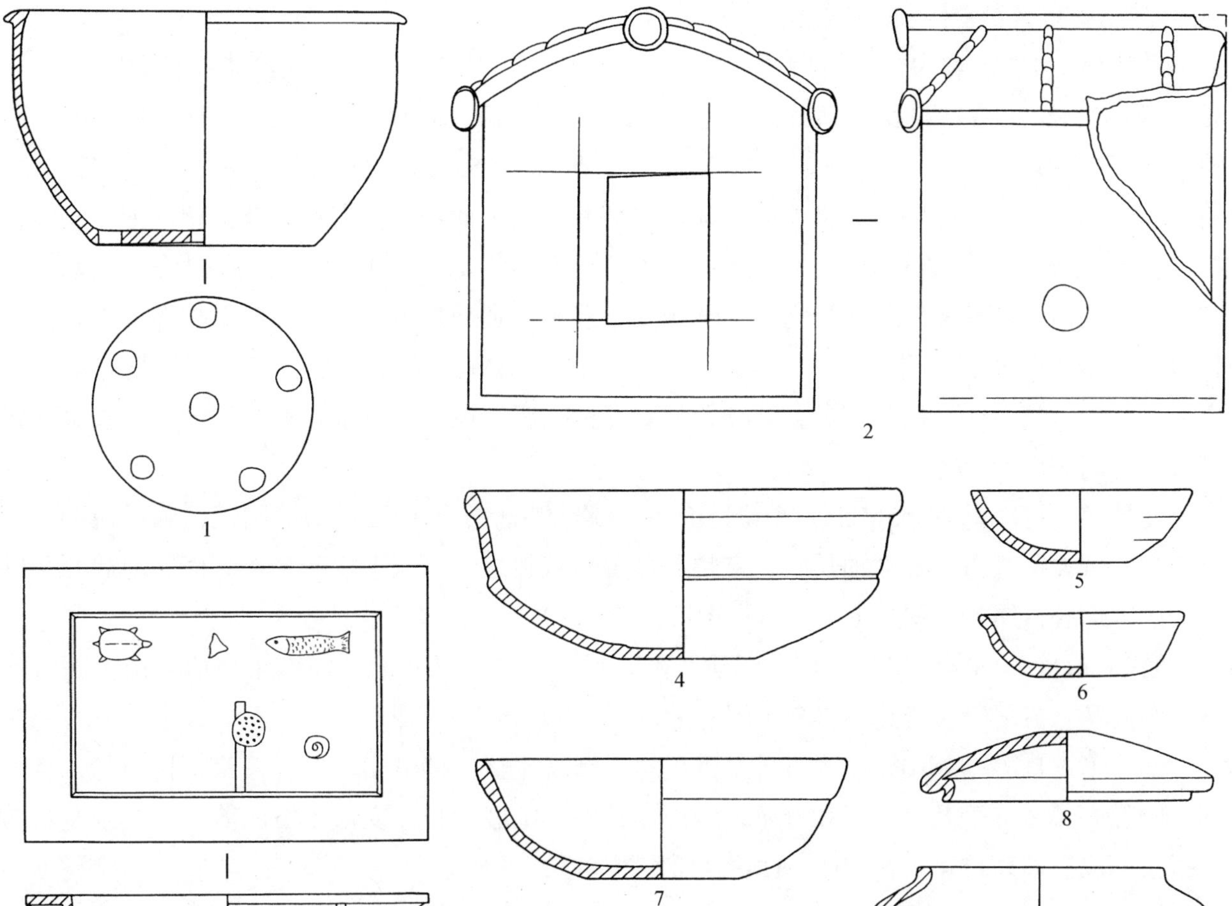

图一七五　05M22出土陶器

1. 甑（05M22：17）　2. 仓（05M22：8）　3. 塘（05M22：23）　4、7. 钵（05M22：22、10）　5、6. 盏（05M22：3、7）　8. 器盖（05M22：6）　9. 盘（05M22：12）　10. 罐（05M22：4）　11. 抚琴俑（05M22：1）　12. 镇墓兽（05M22：5）

5.2、长35、宽24.6厘米（图一七五，3）。

立侍俑　4件，均为模制前后两半拼接而成。标本05M22：2，泥质红陶。修复完整。立姿，身体瘦长。头戴圆冠，脑后梳髻，面目不清。身着紧袖束腰右衽长服。双手相拥抱于胸前。通高19厘米（图一七六，1；图版三六，2）。标本05M22：9，泥质红陶。修复完整。立姿。头戴圆冠，脑后梳髻，方脸高鼻，圆领，外着右衽宽袖长服，束腰，双手相拥抱于胸前，长服下露双履。通高24.2厘米（图一七六，2）。标本05M22：14，泥质红陶。修复完整。立姿。头戴圆冠，脑后梳髻，方脸高鼻，圆领，外着右衽宽袖长服，束腰，双手相拥抱于胸前，长服下露双履。通高25厘米（图一七六，3）。标本05M22：16，泥质灰陶。修复完整。立姿。头扎巾，梳双髻，瘦脸高鼻，圆领，外着宽袖长服，束腰，双手相拥抱于胸前，长服下露双履。通高25厘米（图一七六，4）。

抚琴俑　1件。标本05M22：1，泥质灰陶。修复完整。跪坐姿。头戴圆冠，脑后梳髻，面目模糊，圆领，外着右衽宽袖长服，束腰，琴置于双腿之上，双手扶于琴上。模制前后两半拼接而成。通高21厘米（图一七五，11；图版三六，1）。

俑头　1件。标本05M22：15，泥质灰陶。残。头戴三叉花冠，前额半环形装饰。面目不清，圆高鼻，尖下巴。残高13厘米（图一七六，8）。

镇墓兽　1件。标本05M22：5，泥质灰陶。修复完整。蹲坐姿。尖耳高耸，目凸起，鼻上翘，阔嘴，长舌下垂及地。粗壮身躯，背部高棱脊，上肢斜长，支撑于下肢前方。模制左右两半拼接而成。通高17.4厘米（图一七五，12；图版三六，5）。

子母鸡　1件。标本05M22：11，泥质红陶。稍残。立姿，昂首，高冠，尖喙，鼓目，垂绶，腹上卧一小鸡，半圆筒状尾上翘，圆筒状座，两边浮雕双爪。模制左右两半拼接而成。通高17.2厘米（图一七六，6；图版三五，5）。

公鸡　1件。标本05M22：13，泥质红陶。修复完整。立姿，昂首，高冠，尖喙，半圆锥状尾上翘，圆筒状座，两边浮雕双爪。模制左右两半拼接而成。通高20.6厘米（图一七六，5；图版三五，6）。

（2）铁器

钉　1件。标本05M22：18，铁。锈蚀。体呈长方形，头部稍变窄，平薄刃，后端有重力击打而成的钉帽。长6.6、宽1.2、厚0.6厘米（图一七六，11；图版三六，4）。

（3）石器

石饰　1件。标本05M22：21，残。黑褐色，呈方形，正背面中刻深槽两道。长2.6、宽2.6、厚1厘米（图一七六，10）。

（4）银器

出土银器2组，分别为指环、手镯。

指环　1组2件。大小形制相似。标本05M22：19，均锈蚀。其1：圆环状，环体的一段压薄成环面。其2：圆环状，环体较粗，部分朽掉。直径2.4厘米（图一七六，9）。

手镯　1组2件。形制大小相似。标本05M22：20，均锈蚀。两件均为圆环状，有接口。直径6厘米（图一七六，7）。

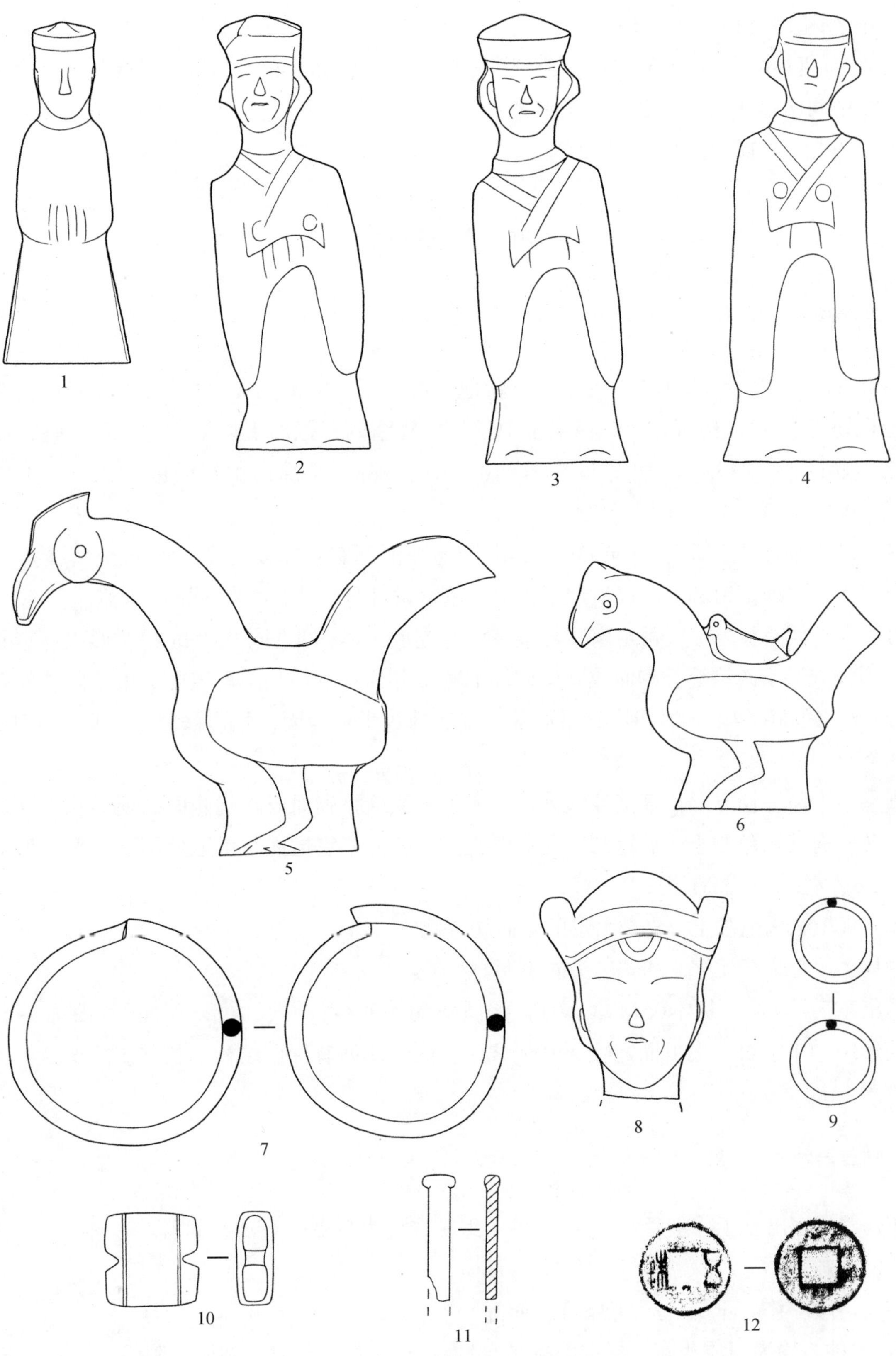

7、9、10、12. 0 5厘米　余 0 10厘米

图一七六 05M22出土器物

1～4. 立侍俑（05M22：2、9、14、16） 5. 陶公鸡（05M22：13） 6. 陶子母鸡（05M22：11） 7. 银手镯（05M22：20） 8. 俑头（05M22：15） 9. 银指环（05M22：19） 10. 石饰（05M22：21） 11. 铁钉（05M22：18） 12. 铜钱（05M22：24）拓片

（5）铜器

钱币　1组130枚。均为五铢钱，形制大小相似。标本05M22：24，边郭规整，字迹模糊。“五”字中间两笔弯曲；“金”字头似一箭头，“朱”中间竖直，上下圆润，直径2.5、穿径1厘米（图一七六，12）。

四二、05M23

1. 墓葬形制

05M23位于文溪村二社的“杨家包”台地上部，距离北侧的05M22约2米。开口在耕土层下，距现地表0.2米。构筑方法是在生土中，先挖规整的刀把形土圹，四壁经过修整，而后于土圹之内起砖壁。墓壁与土圹壁间留有约0.1米的空隙，空隙内填红褐色五花土。土圹残长4.8、宽1.9/3、残深1.2米（图一七七）。

05M23平面呈刀把形，方向335°。由于墓葬前部有一座现代墓，刚好坐落在墓道的上部，所以无法清理墓道部分。仅清理了甬道和墓室两部分。残长4.3、残高1.04米。

甬道　平面呈长方形。甬道南壁与墓室南壁连成一体，北壁作90°北拐，形成墓室北壁。甬道壁为长方形条砖错缝叠砌而成。砖侧面的菱形几何花纹均朝向甬道内。甬道前端外有砖封门，长1.7、残高0.64米。封门堆砌很混乱。墓底部为生土地面，稍作修整。长1.7、宽1.3、残高0.64米。

墓室　平面呈长方形。墓室各壁为长方形条砖错缝叠砌而成。砖侧面的菱形几何纹朝向墓室内。砖间有黄褐色黏土。后壁与南北两壁交错咬合。墓室地面与甬道处同一地平，为生土地面。长2.6、宽2.4、残高1米。

墓内现填灰褐色黏土，夹杂大量的碎砖块等物。

葬具、尸骨腐朽无存，葬式、头向不明。

采集墓砖　1块。标本05M23：01，泥质灰陶。残少许。长方形，一长侧面饰菱形几何纹，菱形中加十字纹，上下面绳纹，其余素面。两短侧面有榫卯结构。长46.5、宽18.5、厚8.7厘米（图一七八）。

2. 随葬器物

随葬器物多出土于墓室后部，共计9件（组），分为陶器、石器、铜器。

（1）陶器

7件。分别为钵、匜、勺、熊座灯、俑等。

钵　2件。均为泥质灰陶。标本05M23：4，修复完整。敞口，圆唇，附沿，上腹斜直折内收，小平底。通高6.5、口径17.4、底径4.8厘米（图一七九，2）。标本05M23：8，修复完整。敞口，圆唇，附沿，上腹斜直折内收，小平底。通高6.6、口径17、底径5厘米（图一七九，3）。

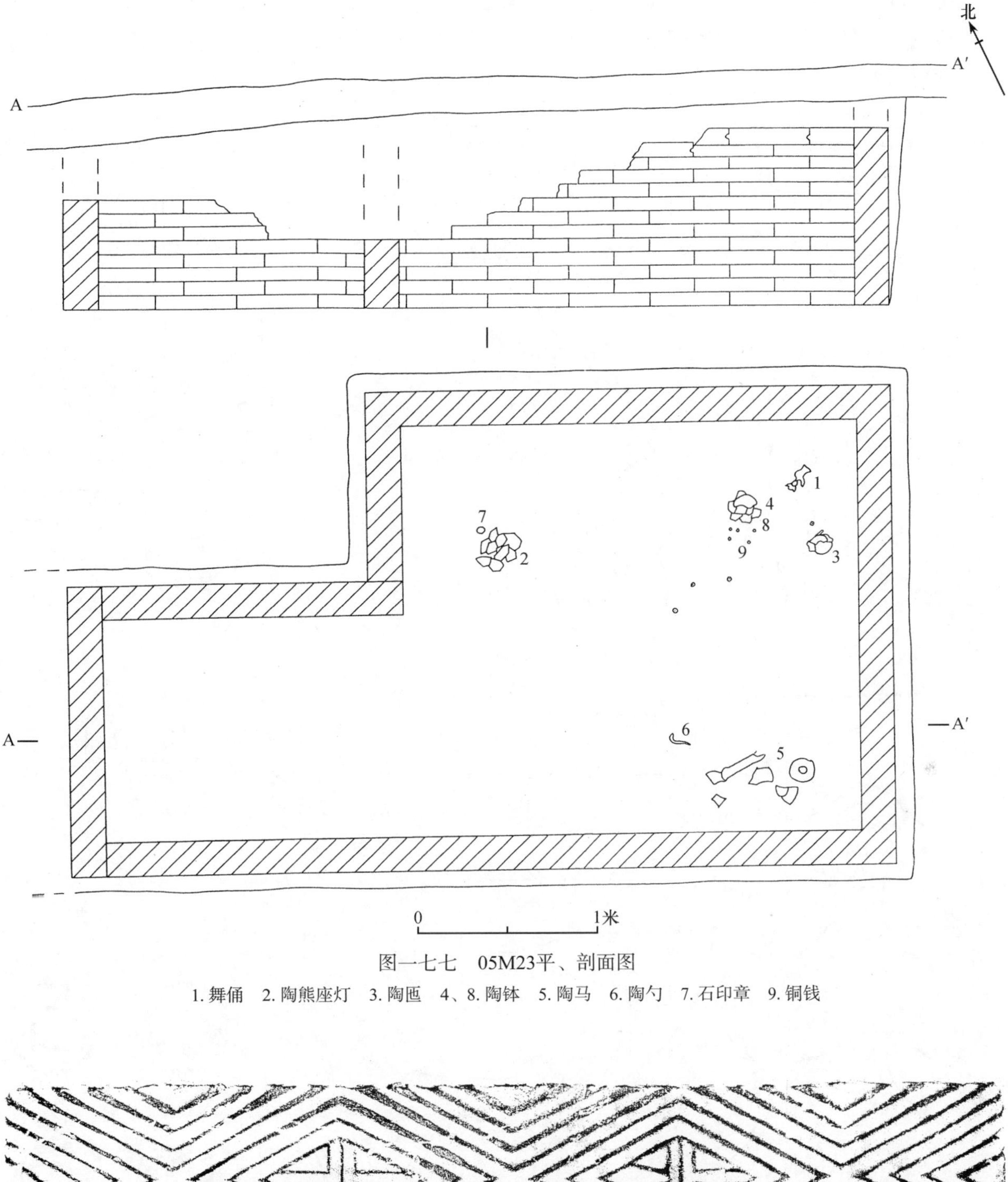

图一七七　05M23平、剖面图
1. 舞俑　2. 陶熊座灯　3. 陶匜　4、8. 陶钵　5. 陶马　6. 陶勺　7. 石印章　9. 铜钱

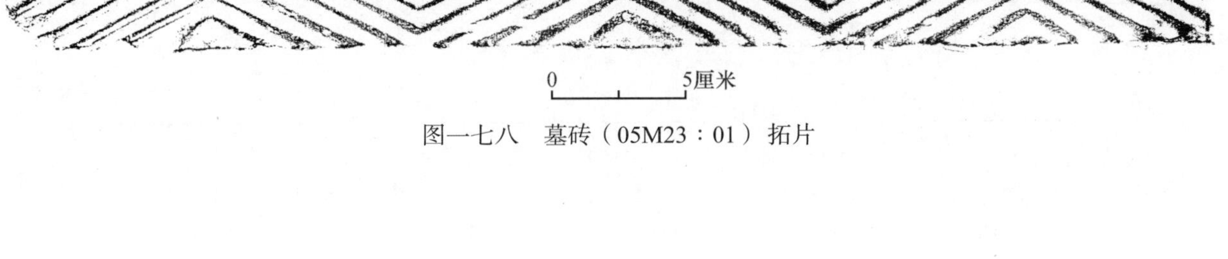

图一七八　墓砖（05M23：01）拓片

匜 1件。标本05M23：3，釉陶。修复完整。敞口，圆唇，卷沿，腹微外鼓，小平底。上腹外接龙头形柄。沿下饰四道凹弦纹，中腹部饰两道凹弦纹。器口沿部、板部施酱黄色釉。通高6、口径17.4、底径6.2厘米（图一七九，6；图版三六，3）。

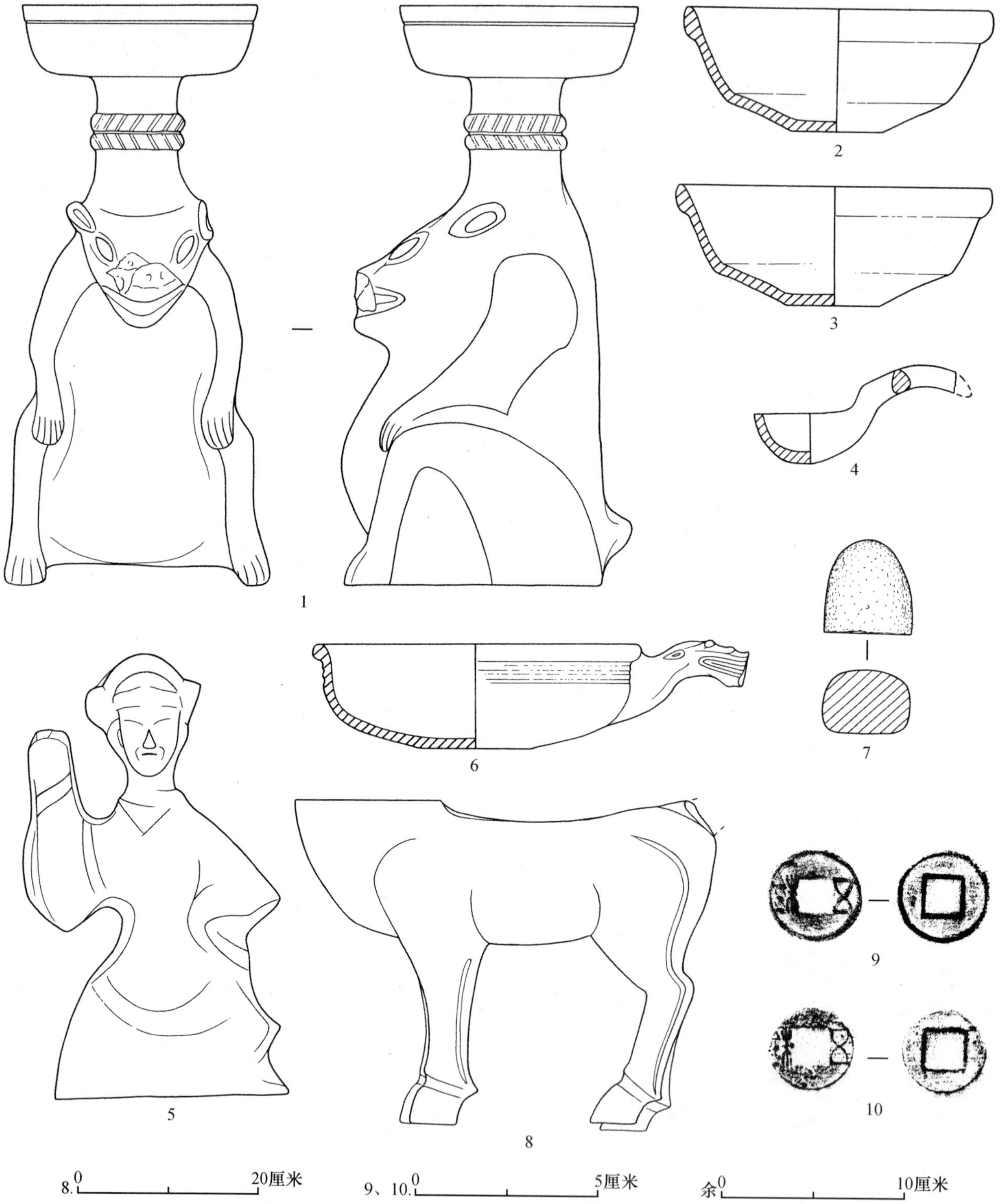

图一七九 05M23出土器物

1. 陶熊座灯（05M23：2） 2、3. 陶钵（05M23：4、8） 4. 陶勺（05M23：6） 5. 舞俑（05M23：1） 6. 陶匜（05M23：3） 7. 石印章（05M23：7） 8. 陶马（05M23：5） 9、10. 铜钱（05M23：9：1、2）拓片

勺　1件。标本05M23：6，泥质灰陶。柄部残。敞口，方唇，圜底，柱状弯柄。残长11厘米（图一七九，4）。

熊座灯　1件。标本05M23：2，釉陶。修复完整。盘口，方唇，浅腹，平底，圆柱状柄，中部处两道凸棱，棱上刻斜线纹。柄下位熊形座。熊为蹲坐姿，昂首，竖耳，鼓目，阔嘴，圆鼓腹，上肢置于下肢膝上，短尖尾。器表施酱黄色釉。通高32厘米（图一七九，1；图版三七，2）。

舞俑　1件。标本05M23：1，泥质红陶。修复完整。立姿。头扎巾，梳花圆髻，高鼻，瘦长脸，圆领，外着右衽宽袖长袍，束紧腰，高举右手于右上部，左手提裙舞动状。模制前后两半拼接而成。通高24.6厘米（图一七九，5；图版三七，1）。

马　1件。标本05M23：5，泥质红陶。头部、腿部、尾部残。站立姿，膘圆体肥。通高37、长46厘米（图一七九，8；图版三六，6）。

（2）石器

印章　1件。标本05M23：7，圆柱状纽，印面平齐光滑。有红色印泥痕。通高5.2、腹径4.8×3.6厘米（图一七九，7）。

（3）铜器

钱币　1组18枚。均为五铢钱，分为二式。Ⅰ式　标本05M23：1，边郭规整，字迹清楚。“五”字中间两笔弯曲；“金”字头似一箭头，“朱”中间竖直，上下圆润，直径2.5、穿径1厘米（图一七九，9）。Ⅱ式　标本05M23：9：2，边郭被剪掉，字迹清楚。“五”字中间两笔弯曲；“金”字头似一箭头，上下圆润。直径2.2、穿径1厘米（图一七九，10）。

第二节　蜀汉墓

蜀汉墓5座，分别为03M1、04M4、04M11、05M2、05M5，均为砖室墓。共出土随葬器物77件（组），分布有陶器：釜、仓、盏、纺轮、盂、杯、器盖、博山炉盖和俑等；瓷器：碗、盏；银器：指环；铁器：剑；铜器：指环、钱币等。

一、03M1

1. 墓葬形制

03M1位于规划村（原大湾村四社），大湾河东侧东Ⅰ区的缓坡上。开口在扰土层以下，距现地表0.42～0.8米。曾遭盗扰，破坏严重。其构筑方法是，直接构筑于生土中，先自地面下挖刀把形土圹，土圹开挖规整，四壁经过拍打、修整。而后于土圹之内起砖壁，墓壁与土圹壁间留有0.07米的空隙，空隙内填红褐色五花土。土圹残长4.23、宽1.87/2.59、残深1.22米（图一八〇）。

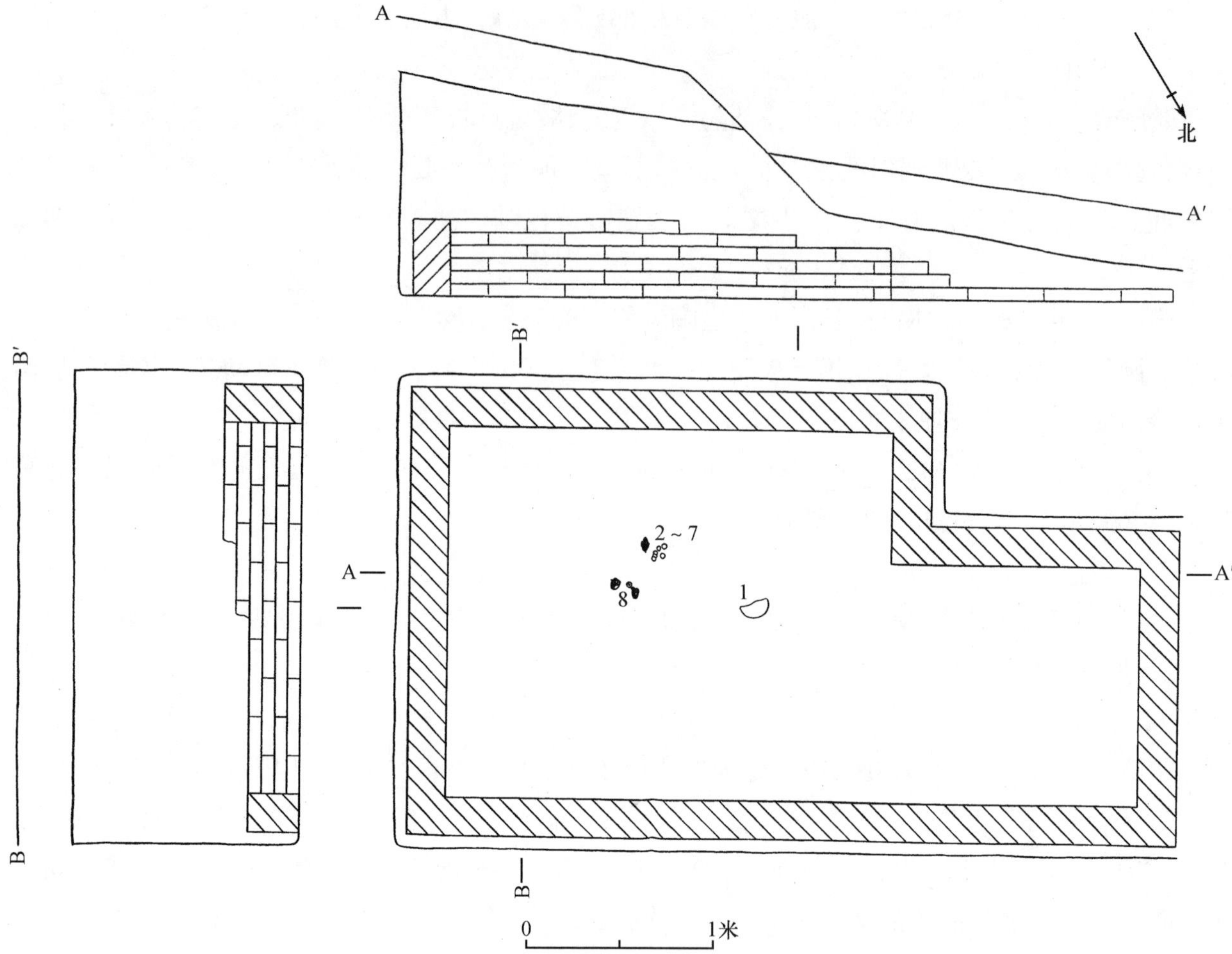

图一八〇　03M1平、剖面图
1. 瓷碗　2～7. 铜指环　8. 铜钱

03M1平面呈刀把形，方向303°。由甬道、墓室两部分组成，甬道、墓室前部与墓室后部的地表面有高度差。

甬道　平面呈长方形。甬道两壁间有砖砌的封门，长1.3、残高0.21米。甬道北壁与墓室北壁连成一体，南壁作90°南拐，形成墓室南壁。填土中发现有带子母榫卯的条砖，推测原应有券顶。底部为料姜石生土，稍作修整。甬道长1.34、宽1.3、残高0.21米。

墓室　平面呈长方形。墓室自地面以长方形条砖错缝叠砌起壁。菱形花纹一侧朝向墓室。砖间填塞黄褐色黏土。后壁于南北两侧壁顶端外起墙，不与两壁交错咬合。地面为料姜石地面。东西长2.4、南北宽2.02、残高0.42米。

葬具腐朽无存，尸骨无存，葬式，头向不明。

采集墓砖　2块，均为泥质灰陶。标本03M1：01，一角残。长方形条砖，下面饰绳纹，一长侧面饰菱形几何纹，菱形纹中饰菱形小乳钉。色深灰。烧制温度高。长42.3、宽21、厚7.5厘米（图一八一，1）。标本03M1：02，一角残。长方形条砖，上下面饰绳纹，一长侧面饰菱形几何纹，菱形纹中饰菱形小乳钉。色深灰。烧制温度高。长42.5、宽21、厚7.3厘米（图一八一，2）。

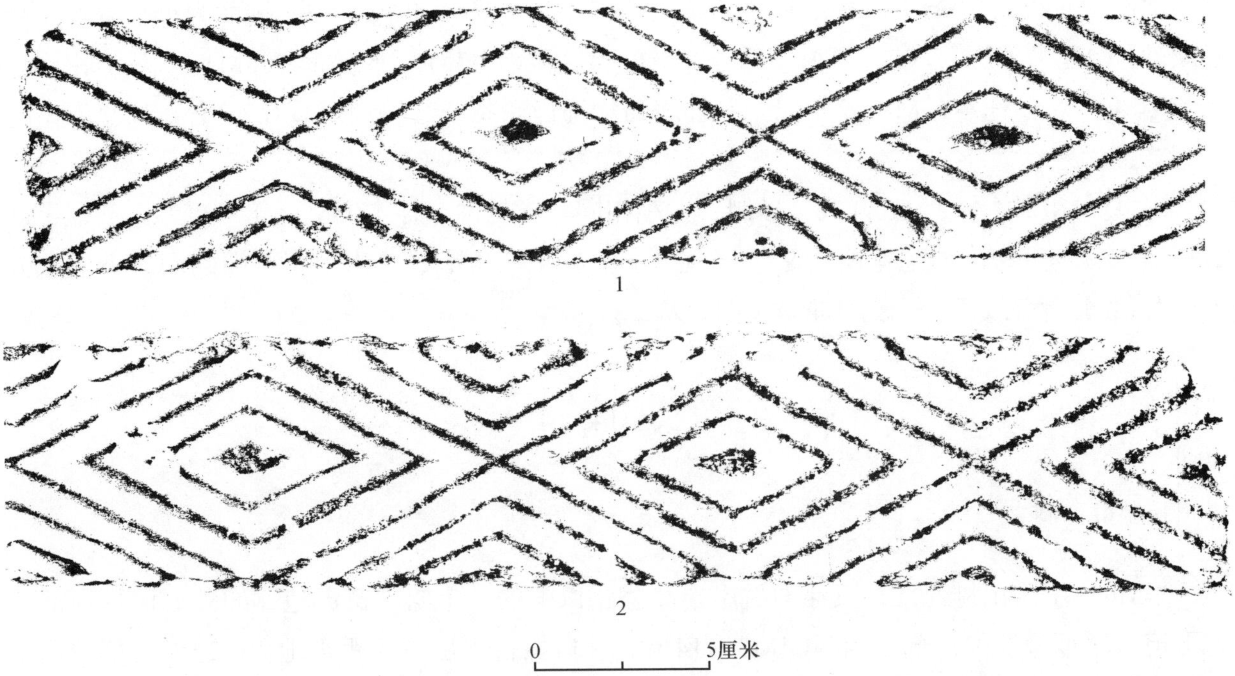

图一八一　墓砖拓片

1. 03M1：01　2. 03M1：02

2. 随葬器物

随葬器物置于墓室中部，共计8件（组），分别为瓷器、铜器。

（1）瓷器

碗　1件。标本03M1：1，口沿部残。敞口，圆唇，弧腹，假圈足。内腹及腹外的中上部施豆青色釉，釉层开极小的裂片，腹下部和圈足露灰白胎，器内底部有垫烧支点残留的疤痕。厚胎，轮制。口径14.8、通高7、底径8.6、最大径15.3厘米（图一八二，1）。

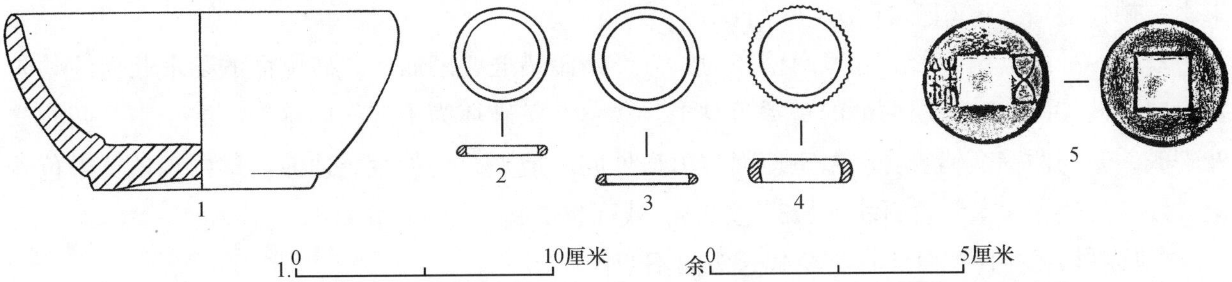

图一八二　03M1出土器物

1. 瓷碗（03M1：1）　2～4. 铜指环（03M1：2、3、6）　5. 铜钱（03M1：8）拓片

（2）铜器

7件。分别为指环、钱币。

指环　6件。表面锈蚀严重。皆为圆环形，无接口。形制大小各异。标本03M1：2，截面

呈半圆形。残断。直径1.8、厚0.2厘米（图一八二，2）。标本03M1：3，截面为小长方形。直径2、厚0.2厘米（图一八二，3）。标本03M1：4 、标本03M1：5与标本03M1：3基本相同。标本03M1：6与 标本03M1：7相似，环外表面均饰齿轮状凸起一周。直径2、厚0.38厘米（图一八二，4）。

钱币 1组2枚，均为五铢钱。形制、大小相同。皆锈蚀。标本03M1：8，边郭规整，字迹清楚。“五”字中间两笔弯曲交叉；“金”字头呈小三角形；“朱”字上端圆润，下端左方折，右圆润。直径2.6、穿径1.1厘米（图一八二，5）。

二、04M4

1. 墓葬形制

04M4位于桂花村五社，豆芽沟右岸丰高公路以上的一个叫“黄泥包”的独立而且顶部较为平坦的缓坡台地的东部。西距04M3约14米。开口在耕土层下，距现地表0.24米。墓葬严重破坏，部分已为土圹壁。墓葬的构筑方法是直接在生土中构筑，先挖规整的刀形土圹，四壁拍打修整。而后于土圹之内砌砖壁。墓室北土圹由于挖掘太宽，在砖墙外侧又夯一道宽0.46、长3.6米的土墙。其余墓壁与土圹壁间有0.14米的空隙，内填红褐色五花土。04M4土圹长7.4、宽2.1/3.3、残深1.35米（图一八三；图版三八，1）。

04M4平面呈刀把形，方向300° 。由墓道、甬道、墓室三部分组成。总长6.5、残高1.35米。

墓道 斜坡土圹式，墓道口端两边呈弧形。长1.4、宽2.1、残高1.25米。

甬道 平面呈长方形。甬道前端外有砖砌的封门，残长1.6、残高0.12米。甬道南壁与墓室南壁连成一体，北壁作90° 北拐，形成墓室北壁。甬道南壁为长方形条砖错缝叠砌而成，砖侧面的菱形几何花纹均朝向甬道内，北壁为土圹，砖被撬完，封门稍混乱，堆砌不整齐。底部为生土，稍作修整。长2.1、宽1.7、残高1.3米。

墓室 平面呈长方形。墓室南壁亦为长方形条砖错缝叠砌而成，砖侧面的菱形几何纹朝向墓室内。砖层间垫有一层薄薄的黄褐色黏土。墓室北壁破坏为土夯的墙壁。后壁于南北两侧壁外砌成，未与两壁交错咬合。墓室地面与甬道处同一地平，均为生土地面。墓内现填黄褐色砂土、残碎砖块和少量料姜石块。长3、宽2.3、残高1.35米。

葬具腐朽无存，尸骨无存，葬式，头向不明。

采集墓砖 1块。标本04M4：01。泥质灰陶。残。长方形条砖，一长侧面饰菱形几何纹，正中菱形中填以“十”字纹，上下面饰绳纹，其余素面。长44、宽20、厚7.5厘米（图一八四）。

2. 随葬器物

随葬器物大多置于甬道内，部分于墓室，共计23件（组），分为陶器、瓷器、银器、

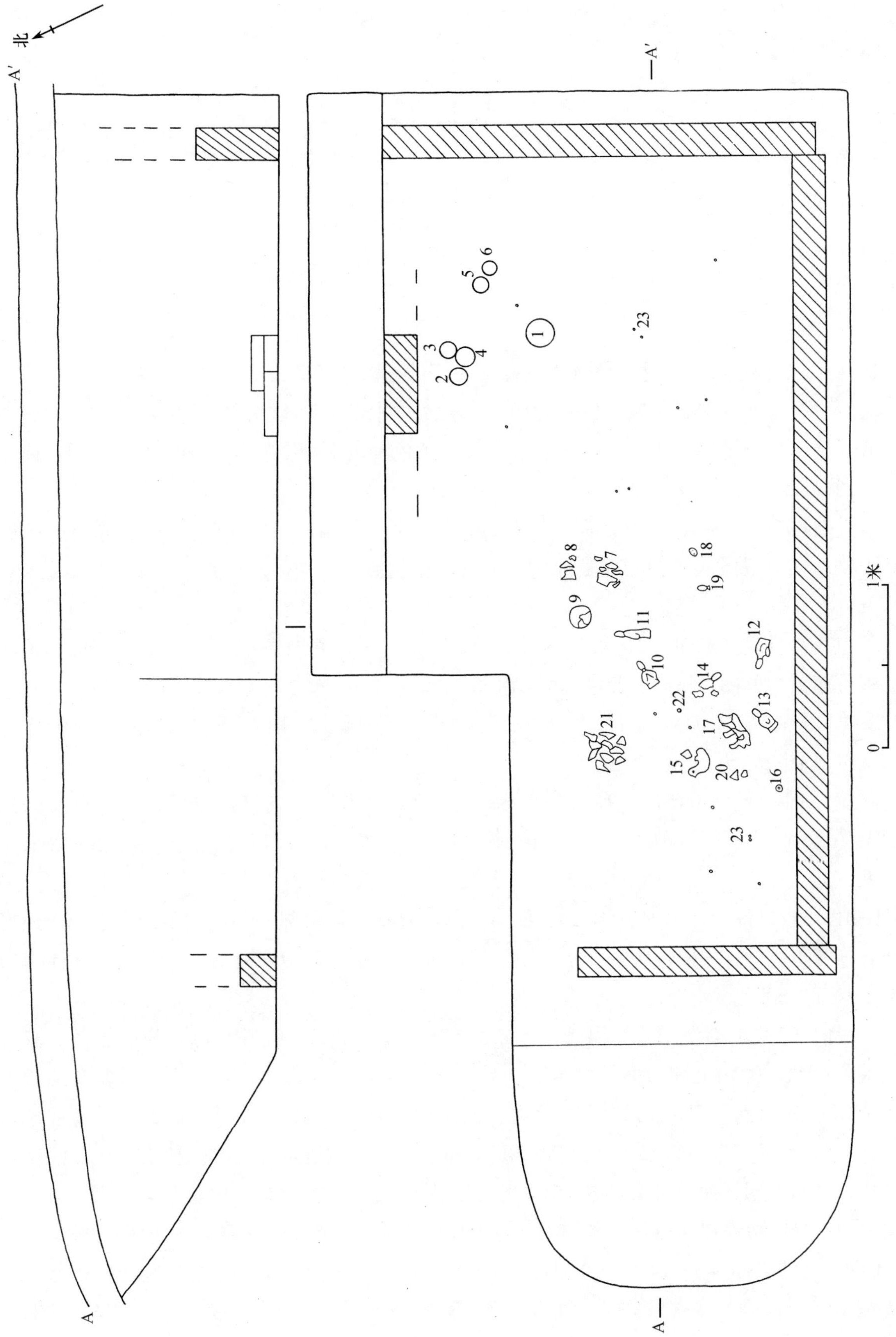

图一八三 04M4平、剖面图

1. 瓷碗 2～6. 瓷盏 7. 陶盂 8. 陶杯 9. 陶器盖 10. 吹埙俑 11、18. 立侍俑 12. 击鼓俑 13. 抚琴俑 14. 跪侍俑 15. 陶子母鸡 16. 陶纺轮 17. 陶猪 19. 俑头 20. 博山炉盖 21. 陶釜 22. 银指环 23. 铜钱

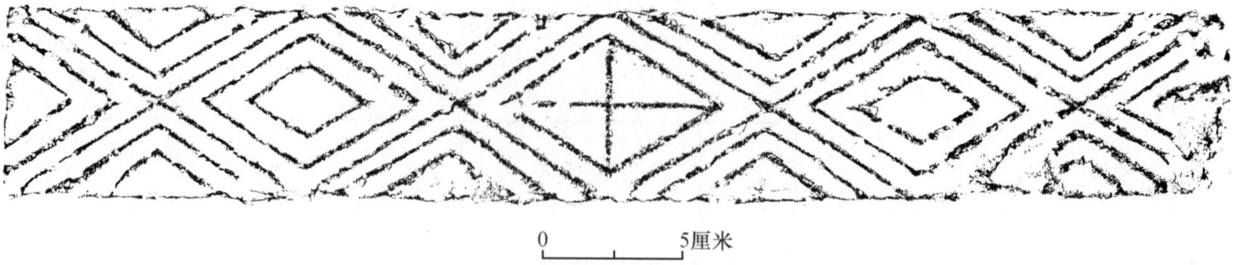

图一八四　墓砖（04M4：01）拓片

铜器。

（1）陶器

15件。分别为盂、釜、杯、纺轮、器盖、博山炉盖和俑等。

盂　1件。标本04M4：7，釉陶。侈口，方唇，斜沿，束颈，弧肩，扁腹外鼓，下腹急收小平底。肩部饰一道凹弦纹。侈口部及器表施酱黄色釉，下腹及底部未施釉，露泥质红陶胎。轮制。通高8.5、口径10.8、腹径12.8厘米（图一八五，4）。

釜　1件。标本04M4：21，泥质灰陶。侈口，圆唇高凸，高斜领，束颈，斜肩，鼓腹下垂，下腹折内收成圜底。圜底部表饰交错绳纹。轮制。通高17.6、口径19、腹径22.2厘米（图一八五，2；图版三七，5）。

杯　1件。标本04M4：8，釉陶。口微敛，方唇，深腹微外鼓，平底。上腹部饰一道凹弦纹。腹部施酱黄色釉。轮制。通高7.8、口径8.2、底径7.8厘米（图一八五，1）。

纺轮　1件。标本04M4：16，泥质灰陶。残。扁平圆形，正中一圆孔。外径4、孔径1.1、厚0.8厘米（图一八五，5）。

器盖　1件。标本04M4：9，釉陶。弧形盖顶，上有三小乳钉。方唇，子母口。盖顶施一层酱黄色釉，泥质红陶胎。应为釉陶钟的盖子。通高3.4、口径12.4、外径15.6厘米（图一八五，3）。

博山炉盖　1件。标本04M4：20，釉陶。圆锥乳状，器顶部一小圆乳顶，器表浮雕山形。器外表施酱黄色釉，内壁未施釉，釉层脱落严重，露泥质红陶胎。模制。通高5、口径11.5厘米（图一八五，6）。

立侍俑　2件。均为泥质红褐陶。标本04M4：11，立姿。戴进贤冠，脑后梳髻。双目微眯，颧骨高凸，嘴角上翘，面带微笑。内着高领亵衣，外着宽袖右衽短袍，内着及地长服，束腰。双手相拥抱于身右肋处似作揖状。模制前后两半拼接而成。通高24、宽9厘米（图一八五，8；图版三九，1、2）。标本04M4：18。立姿。戴进贤冠，脑后梳髻。面目清楚。颧骨高凸，嘴角上翘，面带微笑。内着高领亵衣，外着右衽宽袖短袍，内着及地长服，束腰。双手相拥抱于身右肋处似作揖状。模制前后两半拼接而成。通高24厘米（图一八五，9）。

俑头　1件。标本04M4：19，泥质红陶。女性。梳高髻扎巾，前额上佩流苏状饰物。面目清楚，双目微睁，高鼻，颧骨部稍高，嘴紧闭。应为一乐伎俑的头部。残高6.8厘米（图一八五，7）。

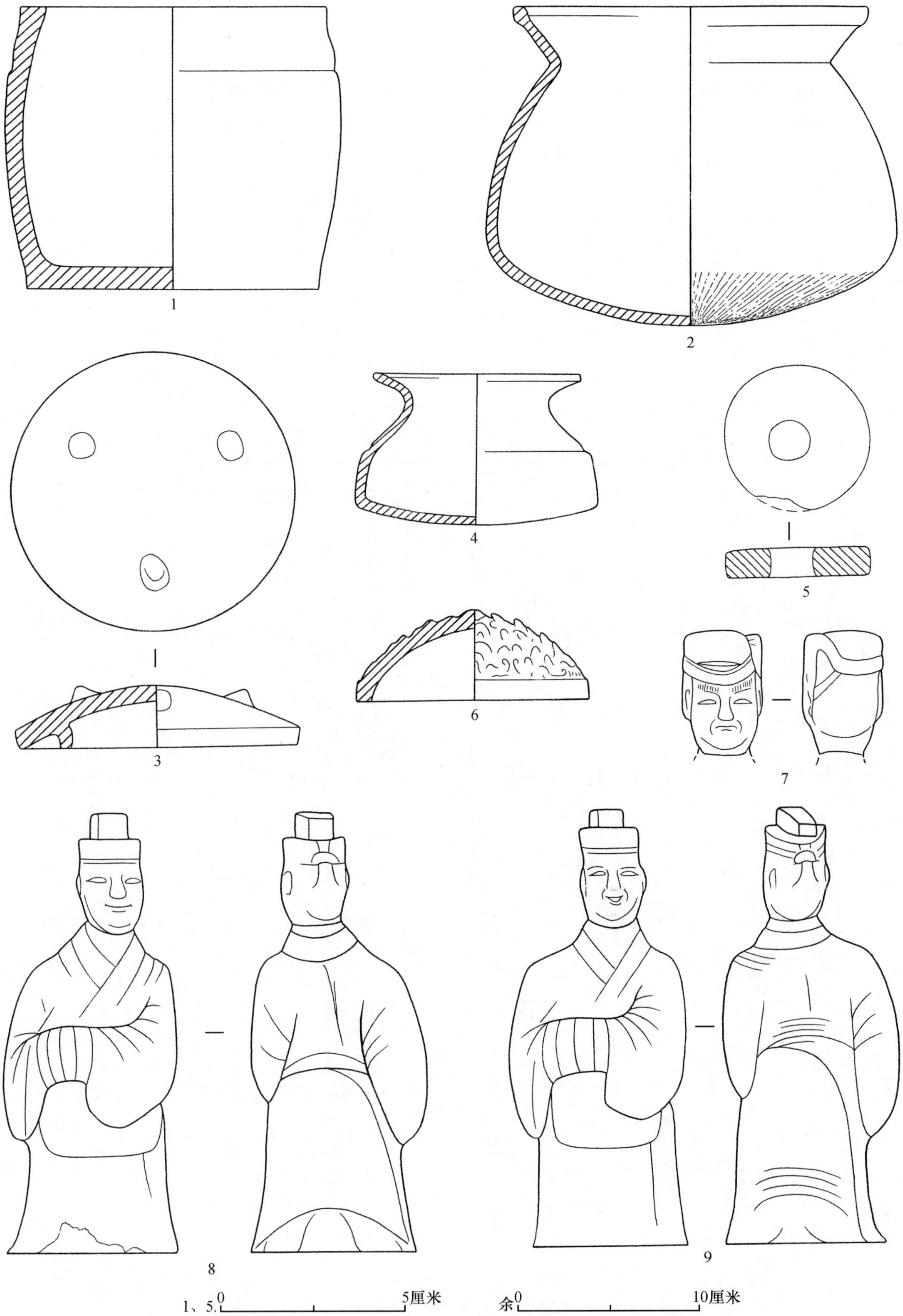

图一八五　04M4出土陶器

1. 杯（04M4：8）　2. 釜（04M4：21）　3. 器盖（04M4：9）　4. 盂（04M4：7）　5. 纺轮（04M4：16）
6. 博山炉盖（04M4：20）　7. 俑头（04M4：19）　8、9. 立侍俑（04M4：11、18）

吹埙俑　1件。标本04M4：10，泥质红褐陶。跪坐姿。束圆髻于脑上，涂黑发。方脸庞，高鼻，墨线画出弯眉、双目。着窄袖长服，袖口及领口涂抹黑色。双手抱埙抵唇部，腮鼓起做吹奏状。模制前后两半拼接而成。通高16.4、宽11.8厘米（图一八六，1；图版四○，1、2）。

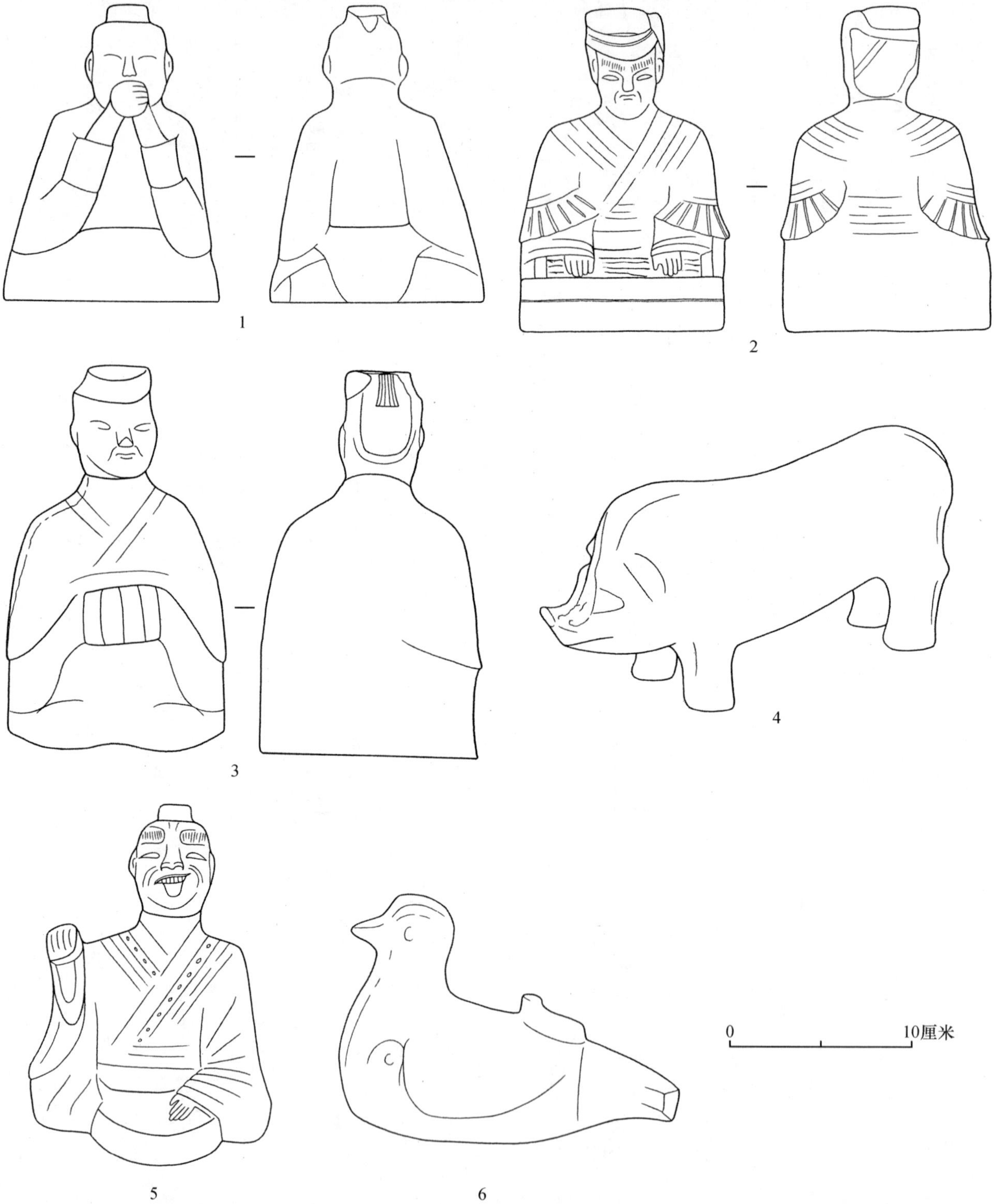

图一八六　04M4出土陶俑

1. 吹埙俑（04M4：10）　2. 抚琴俑（04M4：13）　3. 跪侍俑（04M4：14）　4. 猪（04M4：17）　5. 击鼓俑（04M4：12）　6. 子母鸡（04M4：15）

击鼓俑 1件。标本04M4：12，泥质红褐陶。跪坐姿。梳高圆髻于脑上，面目清楚。双眉紧蹙，目微闭，宽鼻，颧骨部肌肉高凸，咧嘴露上齿，吐舌。内着高领亵衣，外着右衽宽袖长服。束腰。圆鼓置于两腿之间，左手扶鼓上，扬起右臂，右手微握准备击鼓。面部表情丰富，深情投入状。模制前后两半拼接而成。通高18.2厘米（图一八六，5；图版四〇，3、4）。

抚琴俑 1件。标本04M4：13，泥质红褐陶。女性。跪坐姿。束高髻扎巾，额上佩短流苏装饰。头微低，双目微睁，高鼻，颧骨微凸，嘴紧闭。面部表情温和。内着窄袖高领亵衣，外着右衽宽袖长服，外罩短袖华服，百褶花袖边。腰部束带。双手抚琴。模制前后两半拼接而成。通高18厘米（图一八六，2；图版三七，3、4）。

跪侍俑 1件。标本04M4：14，泥质红褐陶。跪坐姿。头戴平顶冠，冠后两角凸起，脑后垂冠带。双目细长，高鼻，颧骨高凸，嘴微闭。圆高领亵衣，外着宽袖长服。上身前探，双手相拥抱于胸前。模制前后两半拼接而成。通高21.2厘米（图一八六，3；图版四一，1）。

子母鸡 1件。标本04M4：15，泥质红褐陶。昂首，尖喙，冠稍凸，瞪圆目，肥硕体胖，尾扁厚。母鸡体上后伏一只小鸡，左右两翅下各遮伏一只小鸡。体下有小圆孔。模制左右两半拼接而成。通高13.8厘米（图一八六，6）。

猪 1件。标本04M4：17，泥质红陶。立姿。耸耳，瞪目，尖长嘴，尖唇上卷。背鬃高耸，腰部肥硕下沉。尾卷于臀上。四肢外八字直立。下腹有圆孔。模制左右两半拼接而成。通高12.6、长23.2厘米（图一八六，4；图版三七，6）。

（2）瓷器

6件。分别为碗、盏。

碗 1件。标本04M4：1。口残。口微敛，圆唇，浅腹微鼓，平底。除外底和腹下部未施釉，其余均施青釉，釉层较薄，开细小裂纹。内底留有垫烧后的瓷斑。灰白胎。轮制。通高6.2、口径15.6、腹深5、底径10.4厘米（图一八七，1）。

盏 5件。标本04M4：2。口沿修复。敞口，尖圆唇，浅腹微外鼓，平底，饼足。口外饰一道凹弦纹。除饼足及下腹部未施釉，其余均施青色釉。釉层脱落较多，露灰白胎。轮制。通高4、口径8.6、腹深3.2、底径5.6厘米（图一八七，2）。标本04M4：3。口沿修复。口微敛，圆唇，浅腹外鼓，底近平，饼足稍高。唇外饰一道凹弦纹。除饼足外，其余均施青色釉，釉色光亮，稍致密，开细小裂纹。灰白胎。轮制。通高4.2、口径7.8、腹深3.2、底径5厘米（图一八七，3）。标本04M4：4。口沿稍残。敞口，尖唇，浅腹外鼓，平底，饼足。唇外饰一道凹弦纹。除饼足未施釉外，其余均施青色釉，釉层脱落较多。器壁较厚。轮制。通高2.9、口径8、腹深2.2、底径4.4厘米（图一八七，4）。标本04M4：5。口沿修复。敞口，薄唇，浅腹，平底。唇外饰一道凹弦纹。除外底未施釉外其余施青色釉，釉层光亮致密。灰白胎，轮制。通高3.8、口径8、腹深3.1、底径5.6厘米（图一八七，5）。标本04M4：6。口沿残，修复。口微敞，尖圆唇，腹部微外鼓，平底，饼足。唇外饰一道凹弦纹。除饼足外，其余均施青色釉。釉层有脱落。轮制。通高4.2、口径8.2、腹深3.6、底径5.4厘米（图一八七，6）。

（3）银器

指环 1件。标本04M4：22，圆环形。外径2、内径1.6、厚0.25厘米（图一八七，7）。

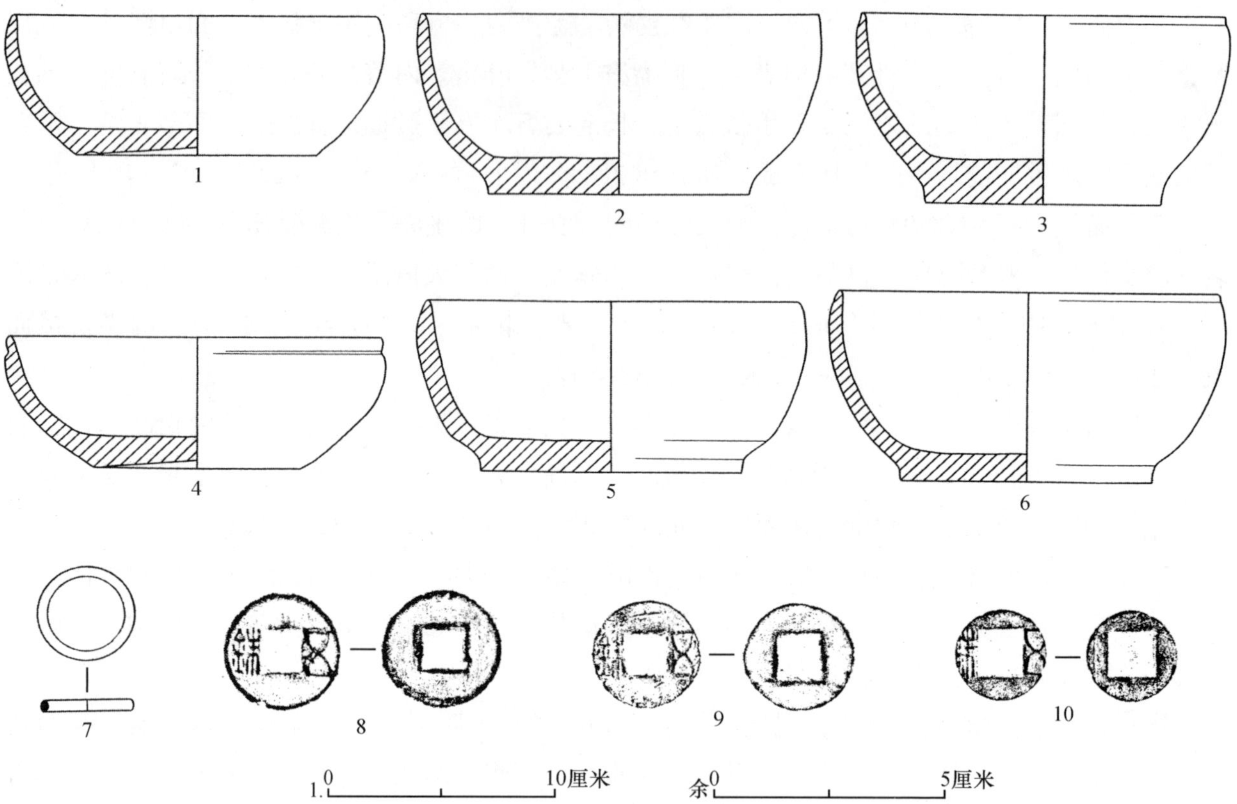

图一八七　04M4出土器物

1. 瓷碗（04M4：1）　2～6. 瓷盏（04M4：2～6）　7. 银指环（04M4：22）　8～10. 铜钱（04M4：23：1～3）拓片

（4）铜器

钱币　1组20枚。均为五铢，表面锈蚀。依据形制、大小分为三种。标本04M4：23：1，边郭规整，字迹清楚。“五”字中间两笔弯曲，“金”字短，“朱”字长，“金”字头呈三角形，“朱”上端方折，下端圆润。直径2.6、穿径0.9厘米（图一八七，8）。标本04M4：23：2，外郭被剪掉，表面锈蚀。“五”字中间弯曲，“铢”字稍矮胖，“金”字头呈三角形，“朱”字上端左圆右方，下端方折。正面穿上部有一短横。直径2.4、穿径0.9厘米（图一八七，9）。标本04M4：23：3，外郭被剪厉害，“五”字中间两笔弯曲，“金”被剪，“朱”字字迹不清，上左圆右方，下端方折。直径1.9、穿径0.9厘米（图一八七，10）。

三、04M11

1. 墓葬形制

04M11位于桂花村五社，当地人俗称“租地包”的东部，西距04M10约7.3米处。开口在耕土层下，距现地表0.3米。墓葬的构筑是在生土中挖一个比较规整的刀把形土圹坑，土圹壁拍修整齐。而后于土圹之内砌砖壁，在一定高度后再向墓内券砌，形成券顶。墓壁与土圹壁间有0.1米的空隙，内填红褐色五花土。04M10土圹残长3.7、宽1.64/2.5、残深1.3米（图一八八）。

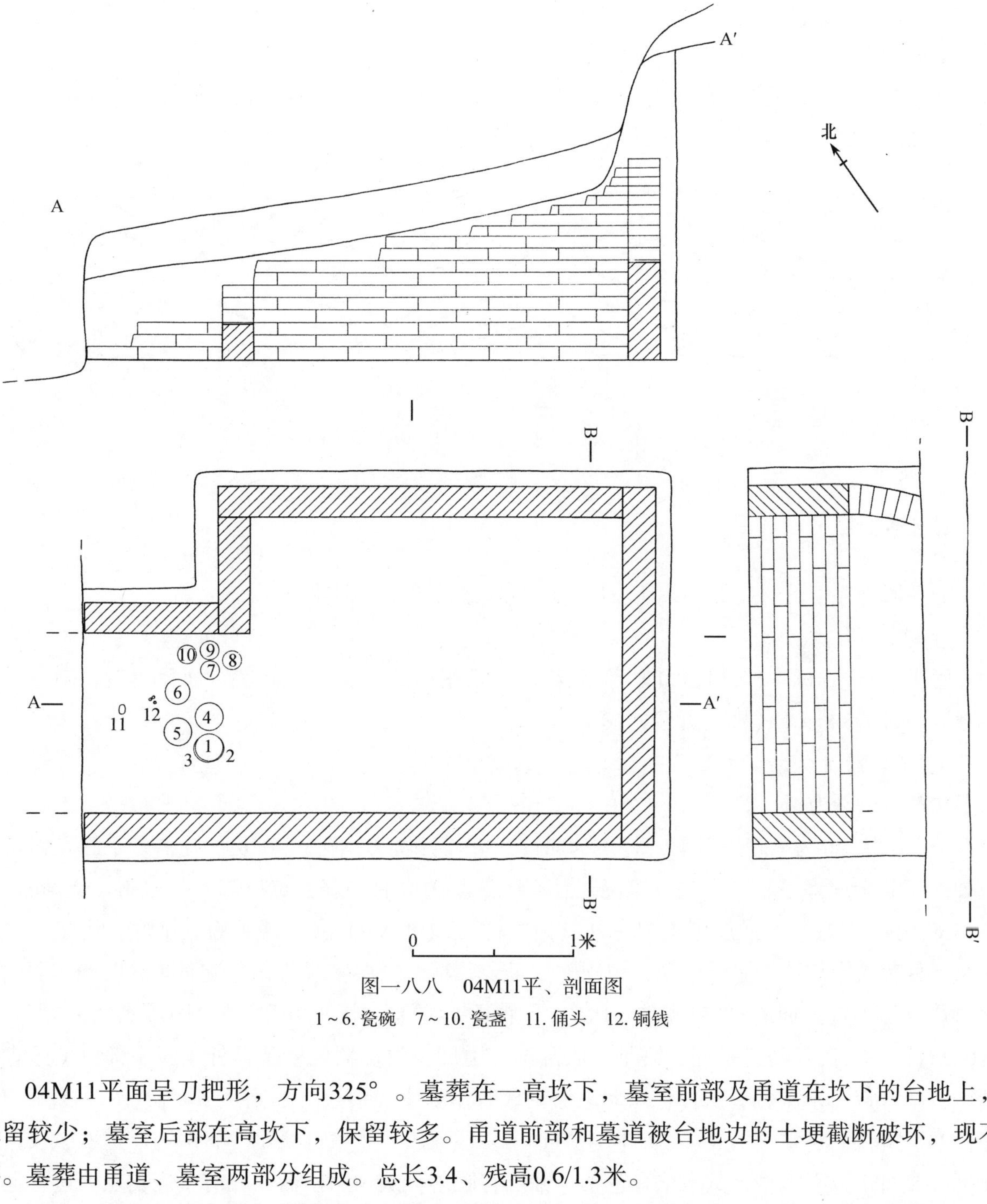

图一八八　04M11平、剖面图

1～6. 瓷碗　7～10. 瓷盏　11. 俑头　12. 铜钱

04M11平面呈刀把形，方向325°。墓葬在一高坎下，墓室前部及甬道在坎下的台地上，保留较少；墓室后部在高坎下，保留较多。甬道前部和墓道被台地边的土埂截断破坏，现不存。墓葬由甬道、墓室两部分组成。总长3.4、残高0.6/1.3米。

甬道　平面呈长方形。甬道南壁与墓室南壁连成一体，北壁作90°北拐，形成墓室北壁。甬道两壁为长方形条砖错缝叠砌而成。侧面的菱形几何花纹均朝向甬道内。底为生土地面，稍做修整。残长1.05、宽1.15、残高0.6米。

墓室　平面呈长方形。墓室南、北壁亦为长方形条砖错缝叠砌而成，自下向上第8层起开始向墓室内券砌。墓室后壁在南北两侧壁外砌成，未与两壁交错咬合，亦为长方形条砖错缝叠砌。墓壁的砖侧面菱形几何纹朝向墓室内。砖层间垫有一层薄薄的黄褐色黏土。墓室地面与甬道地面为同一地平，为生土地面。甬道与墓室内现填红褐色黏土、残碎砖块和少量料姜石块。

长2.35、宽1.9、残高1.3米。

葬具腐朽无存，尸骨无存，葬式，头向不明。

采集墓砖　1块。标本04M11：01，泥质灰陶。长方形条砖，一长侧面饰菱形几何纹，上下面饰绳纹，其余素面。长42.5、宽19.5、厚7厘米（图一八九）。

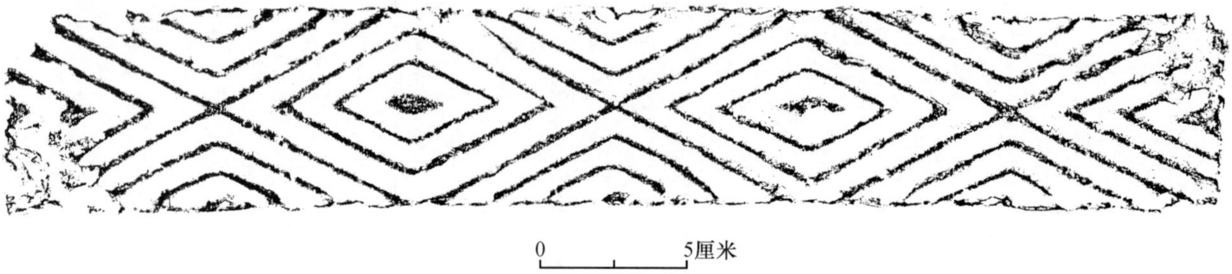

图一八九　墓砖（04M11：01）拓片

2. 随葬器物

随葬器物置于甬道后部，共计12件，分为陶器、瓷器、铜器。

（1）陶器

俑头　1件。标本04M11：11。泥质红陶。戴平巾帻，脑后梳高髻，面目清楚，高鼻，双唇微启。残高5.8厘米（图一九〇，10）。

（2）瓷器

10件。分别为碗、盏。

碗　6件。皆为敞口，圆唇。标本04M11：1，浅弧腹，平底，饼足。除器外下腹及饼足未施釉外，其余施青色釉。釉层有流淌，且有脱落。内底有垫烧支点痕迹。灰白胎。通高6、口径14.6、腹深5.2、底径9厘米（图一九〇，1）。标本04M11：2，浅弧腹，平底，饼足。器内壁及器外表腹中部以上施青色釉，腹中部以下未施釉。釉层多脱落，有流淌。灰白胎。器内底有垫烧支点痕迹。通高6、口径15、腹深5、底径9.4厘米（图一九〇，2；图版三九，6）。标本04M11：3，浅弧腹，平底，饼足。唇部饰一道凹弦纹。器内壁及器外表腹中部以上施青色釉，腹中部以下未施釉。灰白色厚胎。器内底有垫烧支点痕迹。通高7、口径16.6、腹深5.3、底径9.8厘米（图一九〇，3）。标本04M11：4，浅弧腹，平底，饼足。唇部饰一道凹弦纹。除腹下部及饼足部未施釉，其余施青色釉。釉层有脱落。灰白胎。器内底有垫烧支点痕迹。通高5.9、口径14.4、腹深4.4、底径9厘米（图一九〇，4；图版三九，3）。标本04M11：5，弧腹内收，平底，假圈足。仅圈足部未施釉，其余施青色釉。釉层有脱落。灰白胎。通高7.4、口径15、腹深5.6、底径6.8厘米（图一九〇，5；图版三九，4）。标本04M11：6，弧腹内收，平底，假圈足。唇部饰一道凹弦纹。器内底、器外腹下部及圈足部未施釉，其余施青色釉。釉层细腻光滑，开细小裂纹。灰白胎。通高7.4、口径16、腹深6、底径7厘米（图一九〇，6；图版三九，5）。

盏　4件。标本04M11：7，直口，尖圆唇，深弧腹，平底，饼足小且高。器内壁及器外

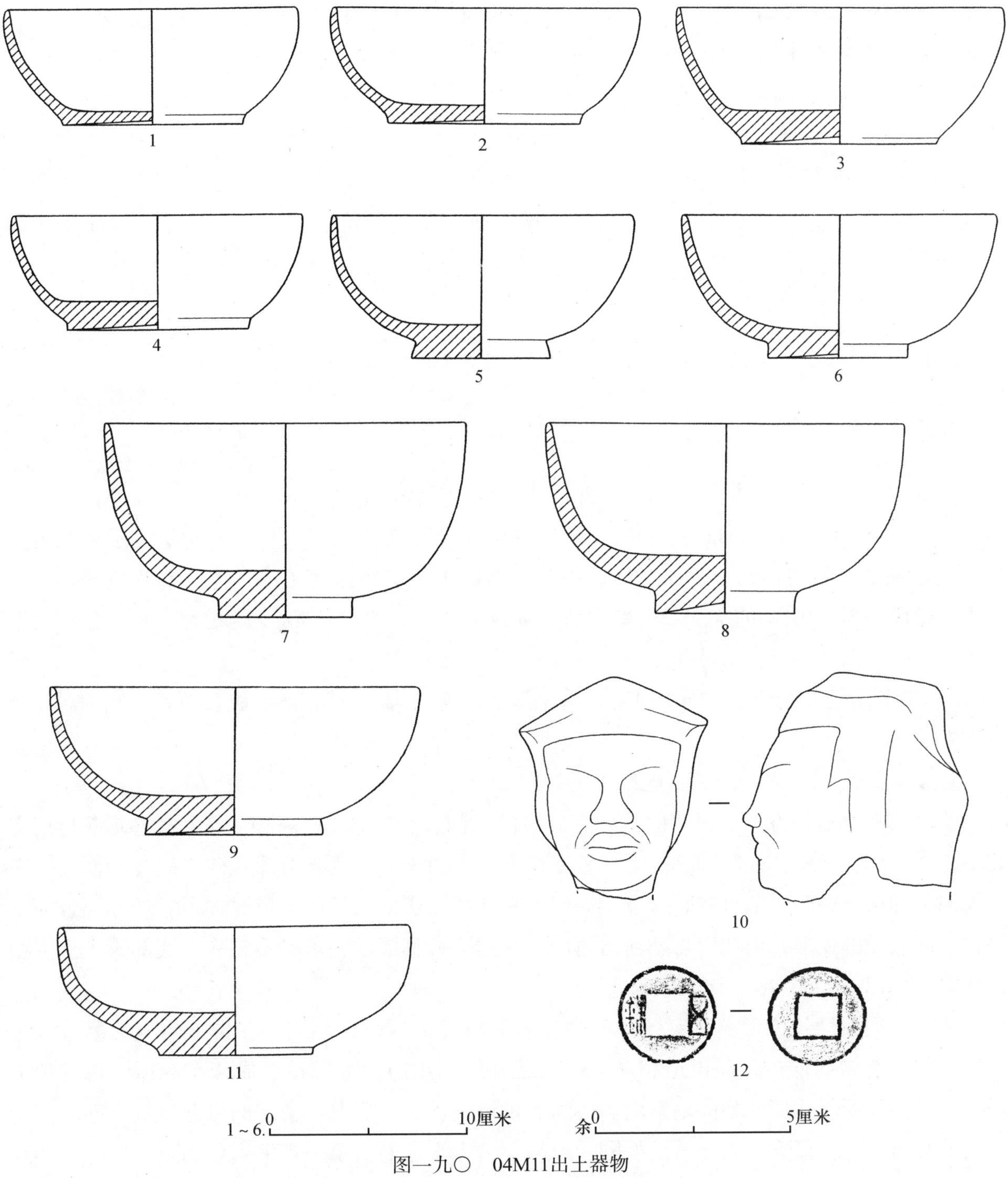

图一九〇 04M11出土器物

1～6. 瓷碗（04M11：1～6） 7～9、11. 瓷盏（04M11：7～10） 10. 俑头（04M11：11） 12. 铜钱（04M11：12）拓片

腹上部施青色釉，下腹及饼足部未施釉。釉层光滑，开小裂纹。灰白胎。通高5、口径9、腹深3.7、底径3.3厘米（图一九〇，7）。标本04M11：8，直口，尖圆唇，深弧腹，平底，饼足小且高。器内壁及器外腹上部施青色釉，下腹及饼足部未施釉。釉层有脱落。灰白胎。通高4.7、口径9、腹深3.4、底径3.5厘米（图一九〇，8）。标本04M11：9，敞口，圆唇，浅弧腹，平底，饼足。器内壁及器外腹上部施青色釉，下腹及饼足部未施釉。灰白胎。通高3.8、口径

9.2、腹深2.8、底径4.4厘米（图一九〇，9）。标本04M11：10，敞口，圆唇，浅腹，平底，饼足。器内壁及器外腹上部施青色釉，下腹及饼足部未施釉。厚胎，灰白色。通高3.3、口径8.8、腹深2.2、底径3.8厘米（图一九〇，11）。

（3）铜器

钱币　1组2枚。均为五铢。标本04M11：12。边郭规整，字迹清楚。“五”中间两笔弯曲，“金”字头似一箭头，“朱”字上端方折，下端圆润。直径2.5、穿径1.1厘米（图一九〇，12）。

四、05M2

1. 墓葬形制

05M2位于文昌路油坊沟南岸的“烟囱包”上，缓坡台地的东部，在05M1与05M3之间，南距05M1约4米，北距05M3约1.6米。开口在耕土层下，距现地表0.12米。构筑方法是在生土中，先挖规整的刀把形土圹，四壁经过修整，而后于土圹之内起砖壁，再券墓葬顶部。墓壁与土圹壁间留有约0.1米的空隙，空隙内填红褐色五花土。土圹长5.8、宽2.14/2.76、残深1.2米（图一九一；图版一一，2；图版二六，3）。

05M2平面呈刀把形，方向210°。由墓道、甬道、墓室三部分组成。总长5.7、高1.2米（图7）。

墓道　斜坡土圹式。长1.3、宽2.12、残高1.06米。

甬道　平面呈长方形。甬道前端外有砖砌的封门，长2.08、残高1.06米。甬道北壁与墓室北壁连成一体，南壁作90°南拐，形成墓室南壁。甬道南北壁为长方形条砖错缝叠砌而成，在自下向上的第11层砖（第11层砖为素面向内）起开始逐步向内券砌，形成券顶。现券顶破坏不存在。砖侧面的菱形几何花纹均朝向甬道内。封门部分稍混乱，堆砌不整齐。底部为生土，稍作修整。长1.07、宽1.48、残高0.9米。

墓室　平面呈长方形。墓室各壁亦为长方形条砖错缝叠砌而成，在自下向上的第11层砖（第11层砖为素面向内，与甬道相连一体）起开始逐步向内券砌，形成墓室券顶。现券顶坍塌。砖侧面的菱形几何纹朝向墓室内。砖间有黄褐色黏土。后壁于南北两侧壁后端外起墙，未与两壁交错咬合。墓室地面与甬道处同一地平，为生土地面。墓内现填褐色黏土、残碎砖块和少量料姜石块。其中砖块多为带有子母榫卯结构的外厚内薄的楔形砖，是墓葬券顶用砖。长2.3、宽2.14、残高1.2米。

葬具、尸骨腐朽无存，葬式、头向不明。

采集墓砖　1件。标本05M2：01，泥质灰陶。残少许。长方形，一长侧面饰菱形几何纹，菱形中有交叉，上下面饰绳纹，两短侧面有榫卯结构。长46、宽19、厚8.2厘米（图一九二）。

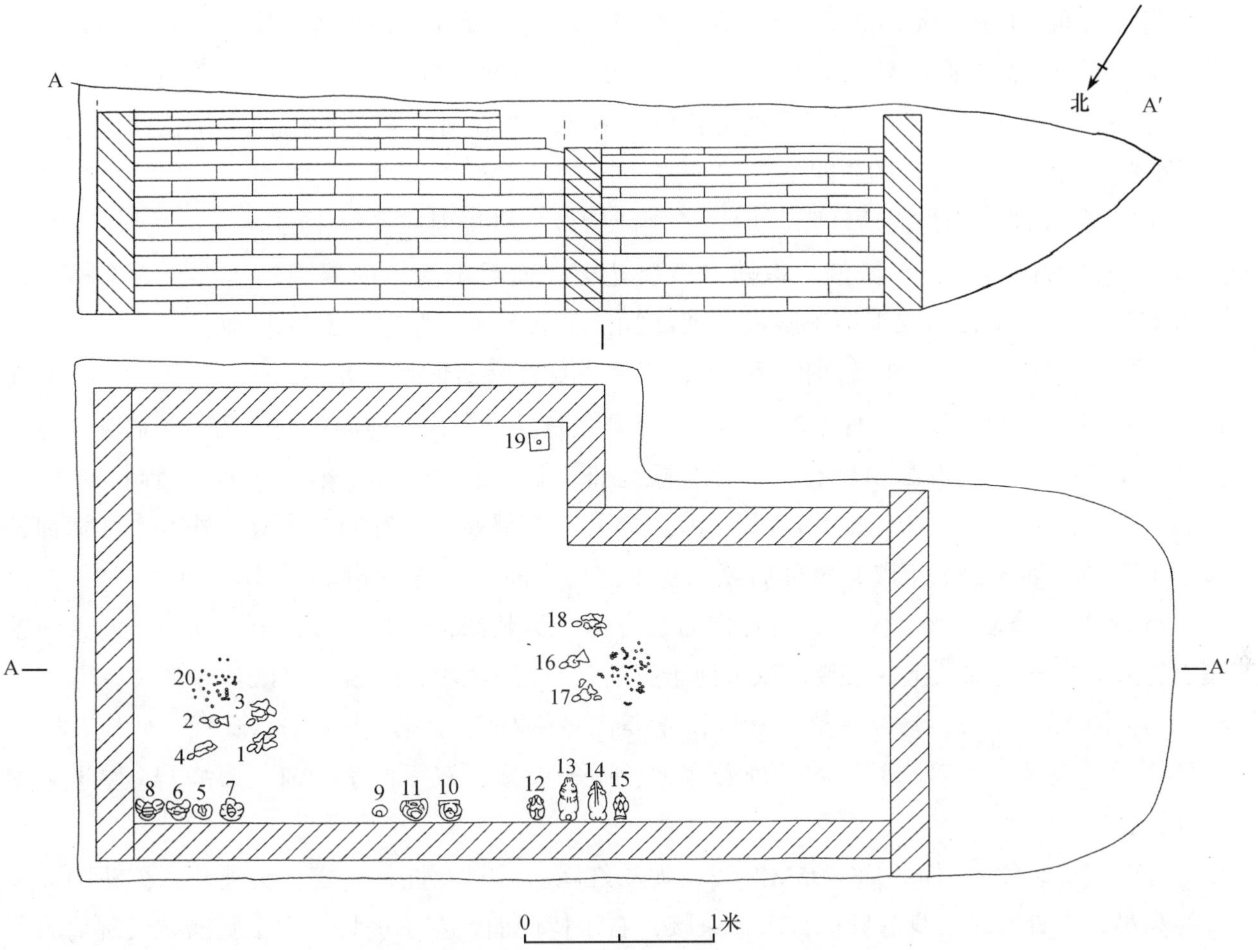

图一九一　05M2平、剖面图

1、2、4、9、16、17. 立侍俑　3. 持便面提袋俑　5. 胡人吹箫俑　6. 抚耳俑　7. 击鼓俑　8. 墓主人俑　10. 抚琴俑　11. 庖厨俑　12. 镇墓兽　13. 陶狗　14. 陶猪　15. 陶子母鸡　18. 持便面抱物俑　19. 陶仓　20. 铜钱

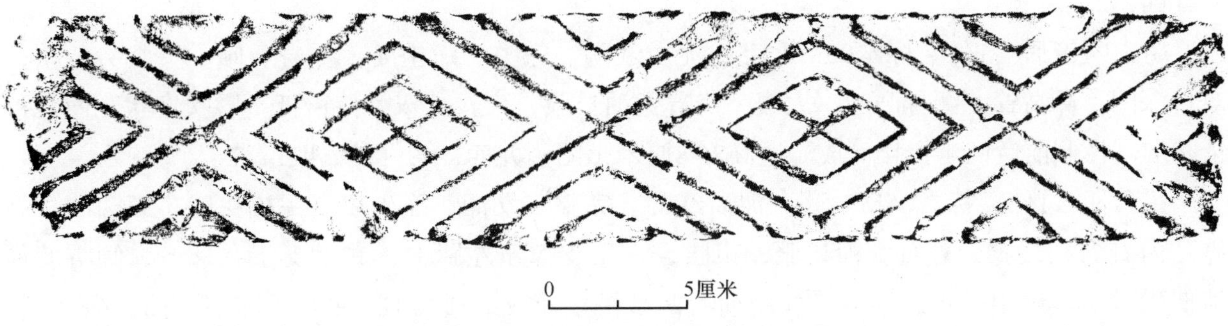

图一九二　墓砖（05M2：01）拓片

2. 随葬器物

随葬器物置于甬道与墓室相接处和靠近墓室北壁处，共计20件（组），分别为陶器、铜器。

（1）陶器

19件。分别为仓、俑。

墓主人俑 1件。标本05M2：8，泥质红陶。完整。女性，正坐姿。头戴花冠，前额半环形装饰。面目不清，圆高鼻，尖下巴。着三重衣，内亵衣圆领，中为右衽衣，外着短袖长袍，袖口宽厚，双乳微凸，束腰，双手置于腿侧。双足露出袍外。模制前后两半拼接而成。通高43.2厘米（图一九三，1；图版四二，1）。

立侍俑 6件。均为泥质红陶，均为模制前后两半拼接而成。标本05M2：1，残。女性，立姿，身体右侧后倾。头微偏，戴帻，后梳花髻，面目不清，内着圆领亵衣，胸部略显，外着宽袖长服，束腰，双手抱于胸前。通高24.2厘米（图一九三，2；图版四二，5）。标本05M2：2，完整。立姿。头戴圆顶冠，面目不清，身着紧袖长服，束腰，双手抱于胸前。通高18.8厘米（图一九三，3）。标本05M2：4，修复完整。立姿，身体向右前方倾。头戴圆顶冠，高鼻，下巴圆润。内着圆领亵衣，外着右衽宽袖长服，束腰，双手抱于胸前。通高23.8厘米（图一九三，4）。标本05M2：9，头部残。立姿。头部残。内着圆领亵衣，外着右衽宽袖长服，上身披广袖短褂。束腰，臀部后翘。双手抱于胸前。通高23.6厘米（图一九三，5）。标本05M2：16，修复完整。立姿，身体向右前方倾。头戴圆顶冠，高鼻，下巴圆润。内着圆领亵衣，外着右衽宽袖长袍，束腰，双手抱于胸前，双足露出袍外。通高24.2厘米（图一九三，6）。标本05M2：17，修复完整。女性，立姿，身体右侧后倾。头微偏，戴帻，后梳花髻，面目不清，高鼻，内着圆领亵衣，外着宽袖长服，束腰，双手抱于胸前。通高24.6厘米（图一九三，7）。

持便面提袋俑 1件。标本05M2：3，泥质红陶。残。女性，立姿。头戴帻，梳花髻，圆脸，高鼻，颧骨微高，身着紧袖长服，束腰，右手持便面，左手提袋，抱于胸前。模制前后两半拼接而成。通高24.6厘米（图一九四，3）。

持便面抱物俑 1件。标本05M2：18，泥质红陶。残甚。头戴平顶圆冠，面目不清，身着宽袖长袍，束腰，右手持便面，左臂抱物。模制前后两半拼接而成。残高18.4厘米（图一九四，2）。

胡人吹箫俑 1件。标本05M2：5，泥质红陶。完整。跪坐姿，上身后倾。头戴尖毡帽，双目深凹，鼻高耸，颧骨凸起，大腹，身着宽袖长服，束腰，双手持箫抵下唇吹奏状，面目神情陶醉。模制前后两半拼接而成。通高26.8厘米（图一九四，4；图版四二，2）。

抚耳俑 1件。标本05M2：6，泥质红陶。完整。女俑，跪坐姿。头梳花髻，面圆润，高鼻。内着右衽亵衣，外着宽袖长服，束腰，左手支撑于左腿上，右手支于右耳下，倾听的神情似陶醉于琴声中，神态慵懒。模制前后两半拼接而成。通高31.2厘米（图一九四，6；图版四二，3）。

击鼓俑 1件。标本05M2：7，泥质红陶。完整。跪坐姿，身体右前倾。头戴平顶圆帽，高鼻，长脸，内着紧袖圆领亵衣，宽厚肩。外着左衽宽袖长服，束腰。圆鼓置于裆部，左手抚鼓面，右手执捶于胸前。模制前后两半拼接而成。通高25.6厘米（图一九四，5；图版四二，4）。

抚琴俑 1件。标本05M2：10，泥质红陶。完整。跪坐姿。头戴圆冠，面目不清，高鼻。内着圆领亵衣，外着宽袖长服，束腰。琴置于腿上，双手扶于琴上，弹奏状。模制前后两半拼

图一九三 05M2出土陶俑

1. 墓主人俑（05M2：8） 2～7. 立侍俑（05M2：1、2、4、9、16、17）

图一九四　05M2出土陶器

1. 仓（05M2：19）　2. 持便面抱物俑（05M2：18）　3. 持便面提袋俑（05M2：3）　4. 胡人吹箫俑（05M2：5）
5. 击鼓俑（05M2：7）　6. 抚耳俑（05M2：6）　7. 抚琴俑（05M2：10）　8. 庖厨俑（05M2：11）

接而成。通高21厘米（图一九四，7；图版四一，2）。

庖厨俑　1件。标本05M2：11，泥质红陶。头部稍残。跪坐姿。头上扎巾，面目不清，方脸，高鼻，内着圆领亵衣，外着右衽窄袖长服，束腰，袖口挽起。一案几置于双腿间，案上平放一条鱼。左手按鱼头部，右手执刀似砍鱼状。模制前后两半拼接而成。通高24.2厘米（图一九四，8；图版四一，3）。

仓　1件。标本05M2：19，泥质灰陶。残。仓顶部、后墙残，整体方形，两侧墙中下部各开有一个通风圆孔，仓面上部圆形，正中开近似方形的门。底、四墙与顶部分制后拼接而成。残高17.2厘米（图一九四，1）。

镇墓兽　1件。标本05M2：12，泥质红陶。完整。蹲坐姿。尖耳高耸，目凸起，鼻上翘，阔嘴，长舌下垂及地。粗壮身躯，背部高棱脊，上肢斜长，支撑于下肢前方。模制左右两半拼接而成。通高17.6厘米（图一九五，1；图版四一，4）。

狗　1件。标本05M2：13，泥质红陶。完整。立姿。昂首，尖耳高耸，圆目，宽鼻，阔嘴，露齿。颈部及腹部系缰带。胖腹，粗尾上卷。前后腿外撇站立。四肢上刻画卷毛。前后

图一九五　05M2出土器物

1. 镇墓兽（05M2：12）　2. 陶子母鸡（05M2：15）　3. 陶狗（05M2：13）　4. 陶猪（05M2：14）
5、6. 铜钱（05M2：20-1、2）拓片

肢中间各有大孔，中空。模制左右两半拼接而成。通高20.6、长24.6厘米（图一九五，3；图版四二，6）。

猪　1件。标本05M2：14，泥质红陶。完整。立姿。垂首，耸耳，鼓目，上唇上翘，阔嘴。背鬃高耸，长体，肥腹，小短尾。四肢站立，外刻画卷毛。前后肢中间有圆孔，中空。模制左右两半拼接而成。通高1.4、长25厘米（图一九五，4；图版四一，5）。

子母鸡　1件。标本05M2：15，泥质红陶。完整。昂首，尖喙，短颈，肥胖身躯，背负小鸡一只，双翅外凸，喇叭形尾。矮圆筒座。中空。模制左右两半拼接而成。通高13.6厘米（图一九五，2；图版四一，6）。

（2）铜器

钱币　1组320枚，锈蚀严重。

五铢　标本05M2：20-1，边郭整齐，字迹模糊。"五"字中间两笔弯曲；"金"字模糊，"朱"中间竖直，上下圆润。直径2.6、穿径1厘米（图一九五，5）。

榆荚钱　标本05M2：20-2，形小且薄，表光无字。直径1.9、穿径1厘米（图一九五，6）。

五、05M5

1. 墓葬形制

05M5位于文昌路油坊沟南岸的"烟囱包"上，缓坡台地的北部，西距05M4约1米。开口在耕土层下，距现地表0.25米。构筑方法是在生土中，先挖规整的刀把形土圹，四壁经过修整，而后于土圹之内起砖壁，再券墓葬顶部。墓壁与土圹壁间留有约0.1米的空隙，空隙内填红褐色五花土。土圹长6.4、宽2.08/2.7、残深0.84米（图一九六）。

05M5平面呈刀把形，方向315°。由墓道、甬道、墓室三部分组成。总长5.76、高0.8米。

墓道　斜坡土圹式。残长1.4、宽2.08、残深0.84米。

甬道　平面呈长方形。甬道西壁与墓室西壁连成一体，东壁作90°东拐，形成墓室东壁。甬道东西壁为长方形条砖错缝叠砌而成，现券顶坍塌破坏。砖侧面的菱形几何花纹均朝向甬道内。甬道两壁内有砖封门，长1.44、高0.8厘米。封门砌砖较混乱。底部为生土，稍作修整。长0.94、宽1.44、残高0.8米。

墓室　平面呈长方形。墓室各壁亦为长方形条砖错缝叠砌而成。券顶部分坍塌。砖侧面的菱形几何纹朝向墓室内。砖间有黄褐色黏土。后壁于东西两侧壁内起墙，与两壁交错咬合。墓室地面与甬道处同一地平，为生土地面。长2.82、宽2.1、高0.7米。

墓内现填灰褐色黏土、大量残碎砖块、少量料姜石块和少量碎陶片。其中砖块多为带有子母榫卯结构的外厚内薄的楔形砖，是墓葬券顶坍塌所致。

葬具、尸骨腐朽无存，葬式、头向不明。

采集墓砖　1块。标本05M5：01，泥质灰陶，残少许。长方形，一长侧面饰菱形几何纹，

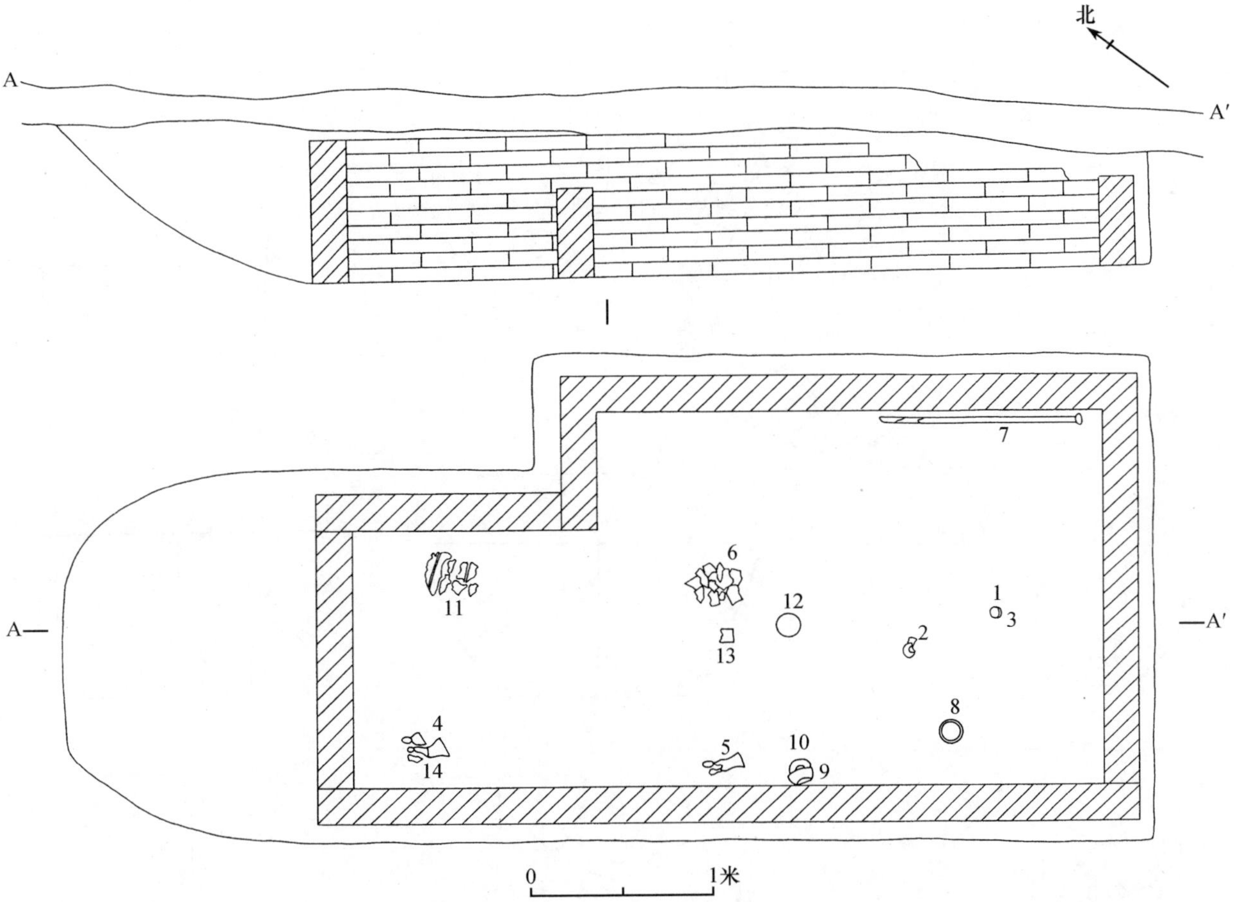

图一九六　05M5平、剖面图

1、2. 瓷盏　3. 陶盏　4. 女侍俑　5. 持便面提袋俑　6. 陶釜　7. 铁剑　8～11. 瓷碗　12. 陶博山炉盖　13. 陶杯　14. 立侍俑

上下面饰绳纹，两短侧面有榫卯结构。长44.5、宽20.5、厚6.6厘米（图一九七）。

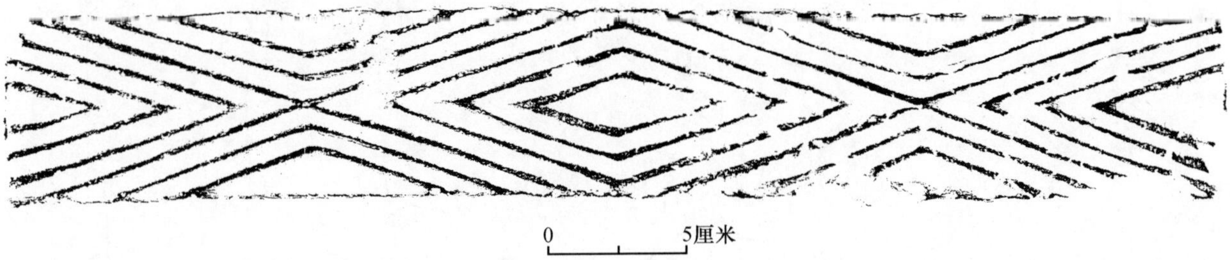

图一九七　墓砖（05M5：01）拓片

2. 随葬器物

随葬器物置于甬道和墓室内，共计14件，分别为陶器、瓷器、铁器。

（1）陶器

7件。分别为釜、盏、博山炉盖、杯、俑等。

釜　1件。标本05M5：6，夹砂灰陶。修复完整。侈口，方唇，宽斜沿，束颈，鼓腹，圜底。器外表均饰竖细绳纹。通高19.8、口径24厘米（图一九八，1；图版四三，6）。

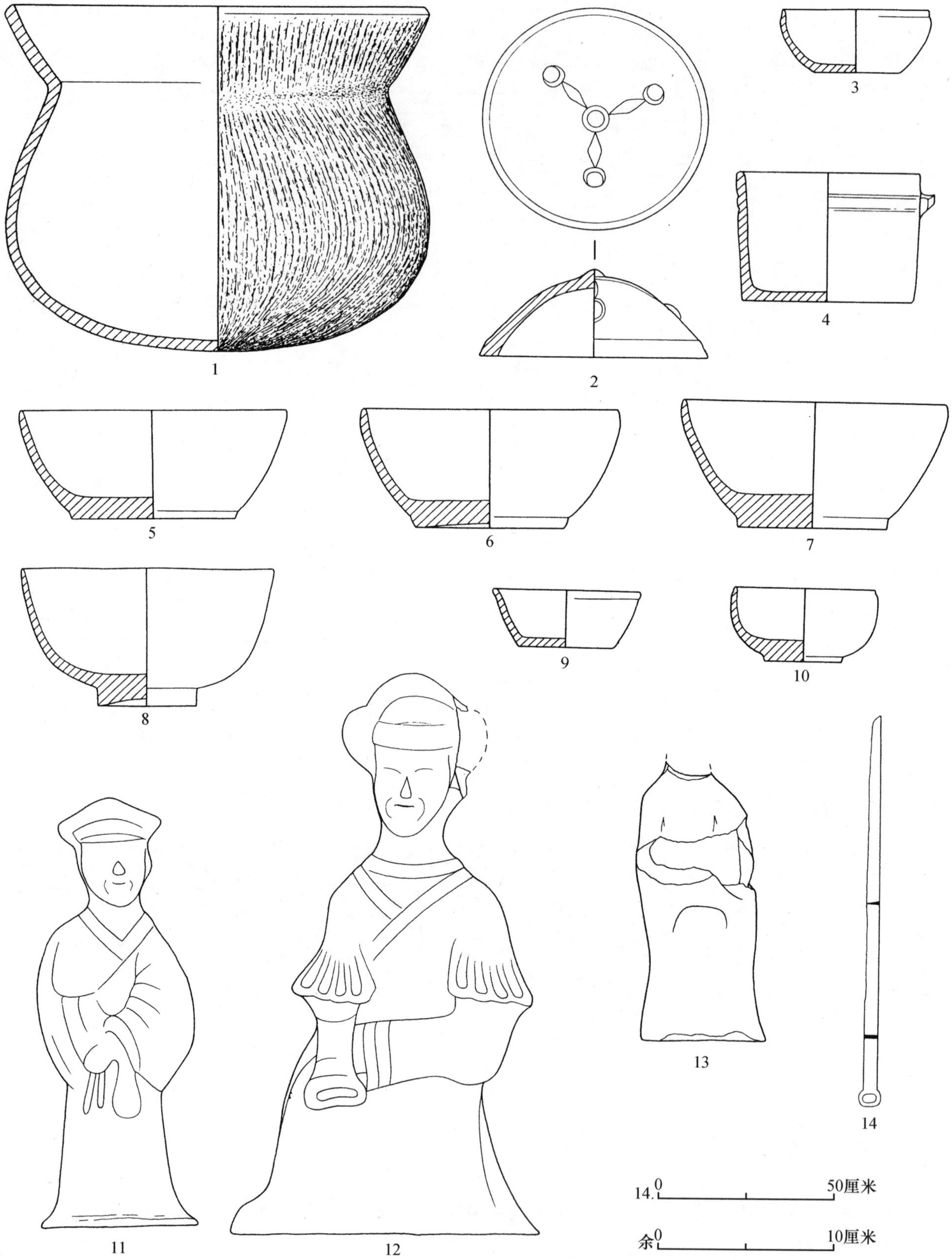

图一九八　05M5出土器物

1. 陶釜（05M5：6）　2. 陶博山炉盖（05M5：12）　3. 陶盏（05M5：3）　4. 陶杯（05M5：13）　5～8. 瓷碗（05M5：8～11）　9、10. 瓷盏（05M5：1、2）　11. 持便面提袋俑（05M5：5）　12. 女侍俑（05M5：4）　13. 立侍俑（05M5：14）　14. 铁剑（05M5：7）

盏　1件。标本05M5：3，泥质灰陶。口沿部残。敞口，尖唇，腹微外鼓，平底。沿外饰一道凹弦纹。色深灰，烧制温度高。通高3.6、口径8.4、底径5厘米（图一九八，3）。

博山炉盖　1件。标本05M5：12，泥制红陶。完整。圆乳状，正中上部有小圆乳钉，接三个菱形似风页状，外端接三小乳钉。通高5、口径12.8厘米（图一九八，2）。

杯　1件。标本05M3：13，釉陶。修复完整。直口，圆唇，直腹，平底。沿下饰两道细凹弦纹，且有一乳钉状纽。腹外施酱黄色釉。通高7.4、口径10.4、底径9.6厘米（图一九八，4）。

立侍俑　1件。标本05M5：14，泥质红陶。残。立姿。头部残，身着宽袖长服。双手抱于胸前。模制前后两半拼接而成。残高16厘米（图一九八，13）。

女侍俑　1件。标本05M5：4，泥质灰陶。发髻残。立姿。头上梳双髻，额前系巾，结于脑后。高鼻，颧骨微凸，圆领亵衣，外着右衽宽短袖长服，起褶花边袖口，束腰。双手交叉按袋置于右膝上，右腿前伸，下曲做施礼状。模制前后两半拼接而成。通高32厘米（图一九八，12；图版四三，1）。

持便面提袋俑　1件。标本05M5：5，泥质红陶。修复完整。立姿。头梳髻，额上系巾，面目不清，圆领，外着右衽宽袖长服，束腰， 右手持便面，左手提袋，抱于胸前。模制前后两半拼接而成。通高24.4厘米（图一九八，11；图版四三，2）。

（2）瓷器

6件。分别为碗、盏。

碗　4件。均为器表施青色釉，釉面薄，有脱落，不及底部。灰白胎。标本05M5：8，修复完整。敞口，圆唇，腹微鼓，平底。内底上有烧制过程中留的灰色斑点。通高6.2、口径15.2、底径9.4厘米（图一九八，5）。标本05M5：9，修复完整。敞口，圆唇，腹微鼓，平底。内底上有烧制过程中留的灰色斑点。通高6.7、口径14.4、底径8.4厘米（图一九八，6）。标本05M5：10，修复完整。敞口，圆唇，腹微鼓，平底。内底上有烧制过程中留的灰色斑点。通高7.2、口径14.8、底径8.4厘米（图一九八，7）。标本05M5：11，修复完整。敞口，圆唇，深腹微鼓，平底，假圈足。内底上有烧制过程中留的灰色斑点。通高7.8、口径14.6、底径5.6厘米（图一九八，8；图版四三，3）。

盏　2件。标本05M5：1，完整。敞口，圆唇，浅腹，平底。沿外饰一道凹弦纹。器表施青釉，不及底部，釉层多脱落。厚胎。通高3.2、口径8.4、底径5.4厘米（图一九八，9；图版四三，4）。标本05M5：2，修复完整。直口，尖唇，鼓腹，平底，饼足。沿外饰一道凹弦纹。器表施青色釉，釉不及底。灰白胎。通高4.2、口径8.2、底径4.4厘米（图一九八，10；图版四三，5）。

（3）铁器

剑　1件。标本05M5：7，表面锈蚀严重，残断。环首，直柄，直背，长薄刃，尖锋。长111厘米（图一九八，14）。

第三节　西　晋　墓

西晋墓21座，分别为01M1、01M3、01M11、02M6、02M13、03M4、04M3、04M6、01M10、02M14、02M19、04M2、04M7、04M10、04M12、05M1、05M12、05M13、05M14、05M18、05M25，均为砖室墓。共出土随葬器物133件（组），分布有陶器：罐、钵、盂、釜、甑、盆、盘、盏、纺轮、灯、案、塘、水井模型、房屋模型和俑等；瓷器：壶、碗、钵、盏；石器：串饰、石珠；料器：串饰；玛瑙：玛瑙珠；玻璃器：串饰；银器：指环；铁器：剪、矛、刀；铜器：铃、指环、笄、五铢钱币。

一、01M1

1. 墓葬形制

01M1位于大湾墓群东Ⅲ区01T203内。墓葬开口在②层扰土层下，打破生土，距现地表0.4米，早期遭破坏。其叠压打破关系为：①层（耕土层）→②层唐宋以后的扰乱层→01M1→生土。其构造方法为先下挖刀把形土圹，再用砖于土圹内砌成墓壁，土圹壁与砖壁之间有0.1米左右的距离，内填以黄褐色沙土。墓圹长4.7、宽2.2/3.4、残深1.3米（图一九九）。

01M1平面呈刀把形，方向310°，由墓道、甬道、墓室三部分组成。

墓道　斜坡土圹式，直接构筑在生土内，坡陡且短。内填大量灰褐色黏土，质较硬，墓道两侧修制不规整，斜坡底较平。长1.6、宽1.6米、坡度35°。

甬道　平面呈长方形，位于墓室前端。封门建在甬道口内，外沿与甬道侧壁顶端平齐，以砌墓所余残边纹花砖错缝叠砌，并以细黄沙泥填缝，花纹面朝甬道内。封门面阔1.6、残高0.84米。甬道两侧以边纹花砖错缝叠砌，花纹朝向内侧。上部坍塌遭破坏。两侧壁由下至上砌至第15层砖时，此层砖以素面朝内，并一直连向墓室两侧壁，其上砖层，则以带子母榫卯楔形砖起弧形壁，应是甬道的券顶部分。砖间均以较细的黄沙泥合缝。甬道底部未铺砖。长1.64、宽1.6、残高1.06米。

墓室　平面呈长方形。内填红褐色黏土和大量的碎砖，墓室壁亦采用边纹花砖叠砌而成，花纹面向内。原顶部应有券顶，因早期被盗扰，已经塌陷。残留砖壁砌制方法、起券起始的高度与甬道相同。墓室后壁砌在两侧壁之间，外端与两侧壁顶端平齐。长2.76、宽2.6、残深0.18～1.06米。

葬具、尸骨腐朽无存，无法判定葬具、葬式及头向。

采集墓砖　2块。标本01M1：01，楔形子母榫砖，浅灰色泥质灰陶，长方形。有半圆柱状榫头和半圆形榫孔。一长侧较厚，呈楔形。上、下两大面均饰绳纹，楔形较薄的一侧施菱形几何纹，内心填一菱形乳钉，余面素无饰。长43、宽18、厚6.3～7厘米（图二〇〇，1）；标本01M1：02，条形子母榫砖。带有红褐色的泥质灰陶，长方形，有半圆柱状榫头和半圆形

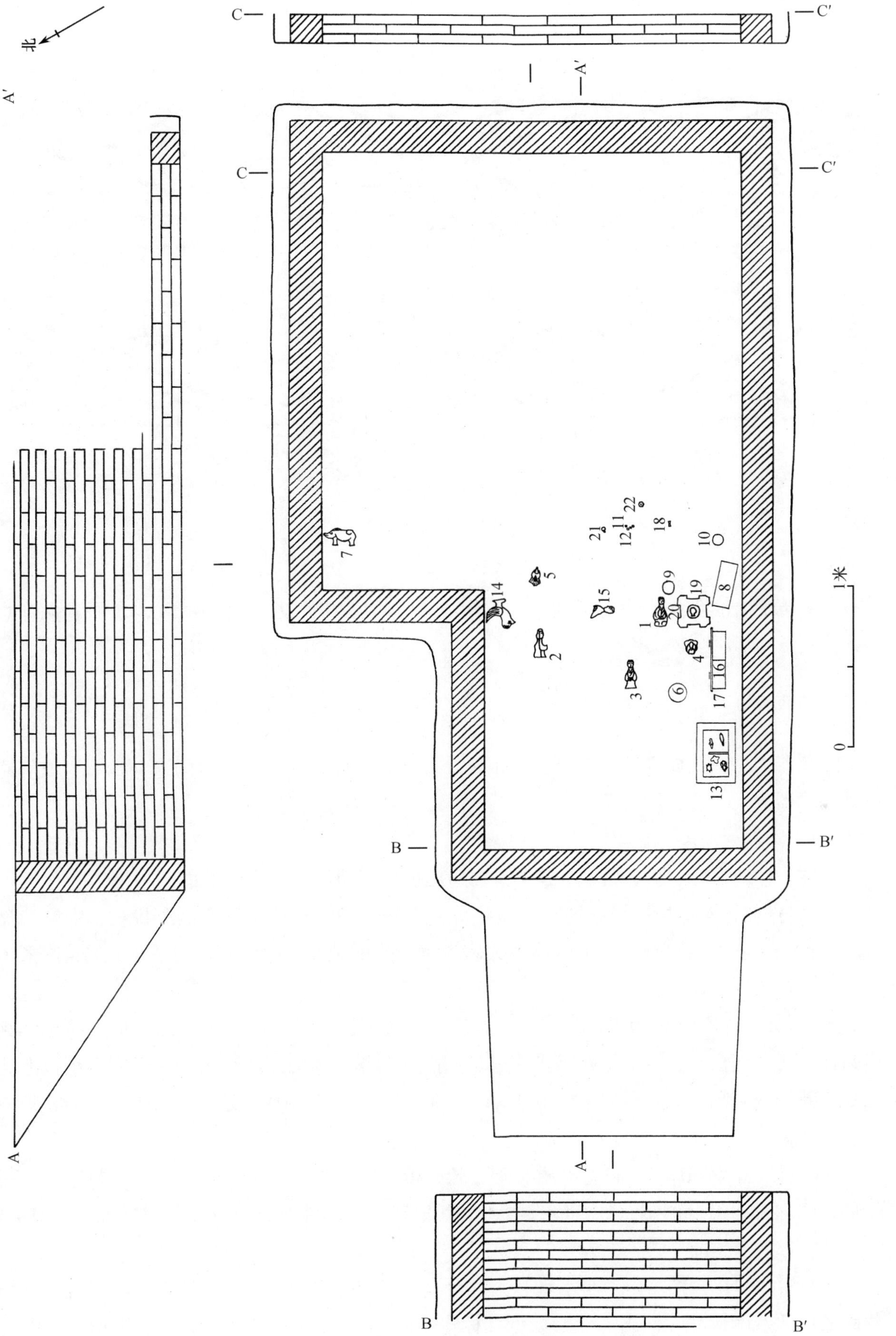

图一九九　01M1平、剖面图

1. 抚耳俑　2～4. 立侍俑　5. 陶子母鸡　6. 陶灯　7. 陶猪　8. 陶案　9、10. 瓷碗　11. 铜钱　12、21、22. 料器　13. 陶塘　14. 公鸡　15. 击鼓俑　16、17. 陶房屋模型　18. 玻璃器　19、20. 陶水井模型

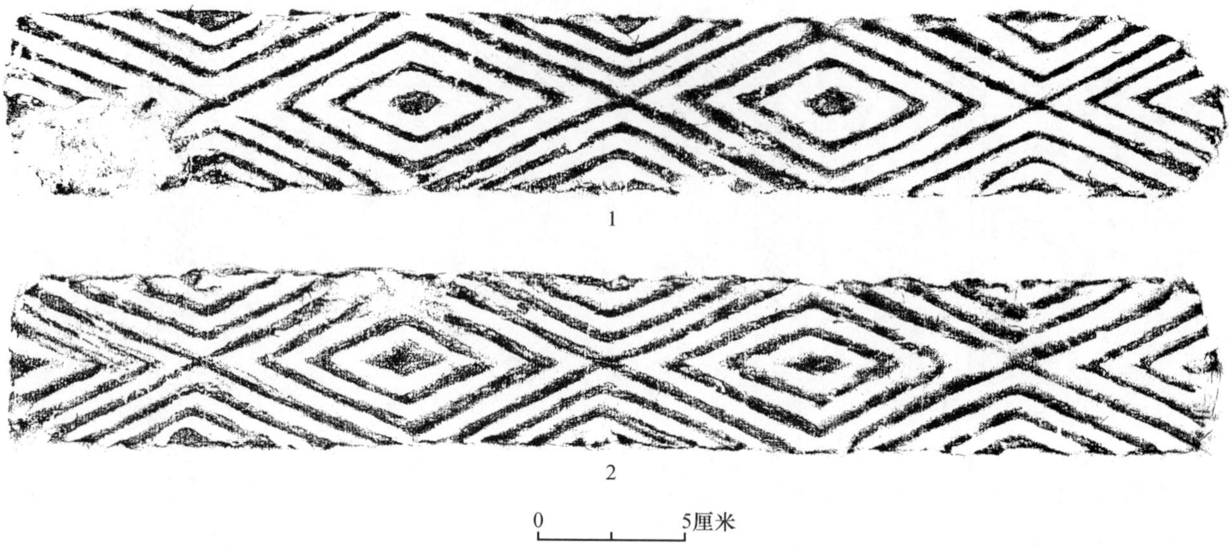

图二〇〇　墓砖拓片
1. 01M1：01　2. 01M1：02

榫孔。一长侧施菱形几何纹，内心填一菱形乳钉，上、下两大面均饰绳纹，余面素无饰。长42.5、宽18、厚7厘米（图二〇〇，2）。

2. 随葬器物

随葬器物品主要放置于甬道与墓室相接处，共计22件（组），分为陶器、瓷器、玻璃器、料器和铜器。

（1）陶器

15件。分别为灯、案、塘、水井模型、房屋模型、俑等。

灯　1件。标本01M1：6，釉陶。盘状口，方唇。柱状柄较矮粗。覆盘状底，中空。盘内壁施一层酱色釉，盘口外壁挂流少许，底座上有一周凹弦纹。轮制。高11、口径11.4厘米（图二〇一，1）。

案　1件。标本01M1：8，泥质灰陶。长方形案面，下有两顺长垂直的挡板，挡板外侧起半圆柱形棱，挡板与圆棱下接四蹲坐熊形足四熊两两相背，相背两熊蹲坐在长方形垫板上。熊为高浮雕制成圆嘴，大腹露脐。形象生动。模制、手制结合制成。通高14.2厘米（图二〇一，2）。

塘　1件。标本01M1：13，泥质灰陶。长方形，宽平沿，正中设长埂，埂不封口，一侧浮雕鱼、鸭、螺；另一侧塑有蛙、龟、雁，造型生动。各部件均分体制作后拼接而成。高4.4、长38、宽25厘米（图二〇一，5）。

水井模型　1组2件。由一小水罐和一井台模型组成。出土时二者放置在一起，且另有作为井筒的泥质灰陶罐残片同出。井台模型，标本01M1：20，泥质红陶。“井”字形，正中置圆形井口，井口两侧各有一方孔，为插立井架所用。正面分组以细线刻划菱形网格纹、鱼纹和水波纹，背面凸起一周圆棱，应是连接井筒罐的子母口。长20.6、宽20.4厘米（图二〇一，4；图

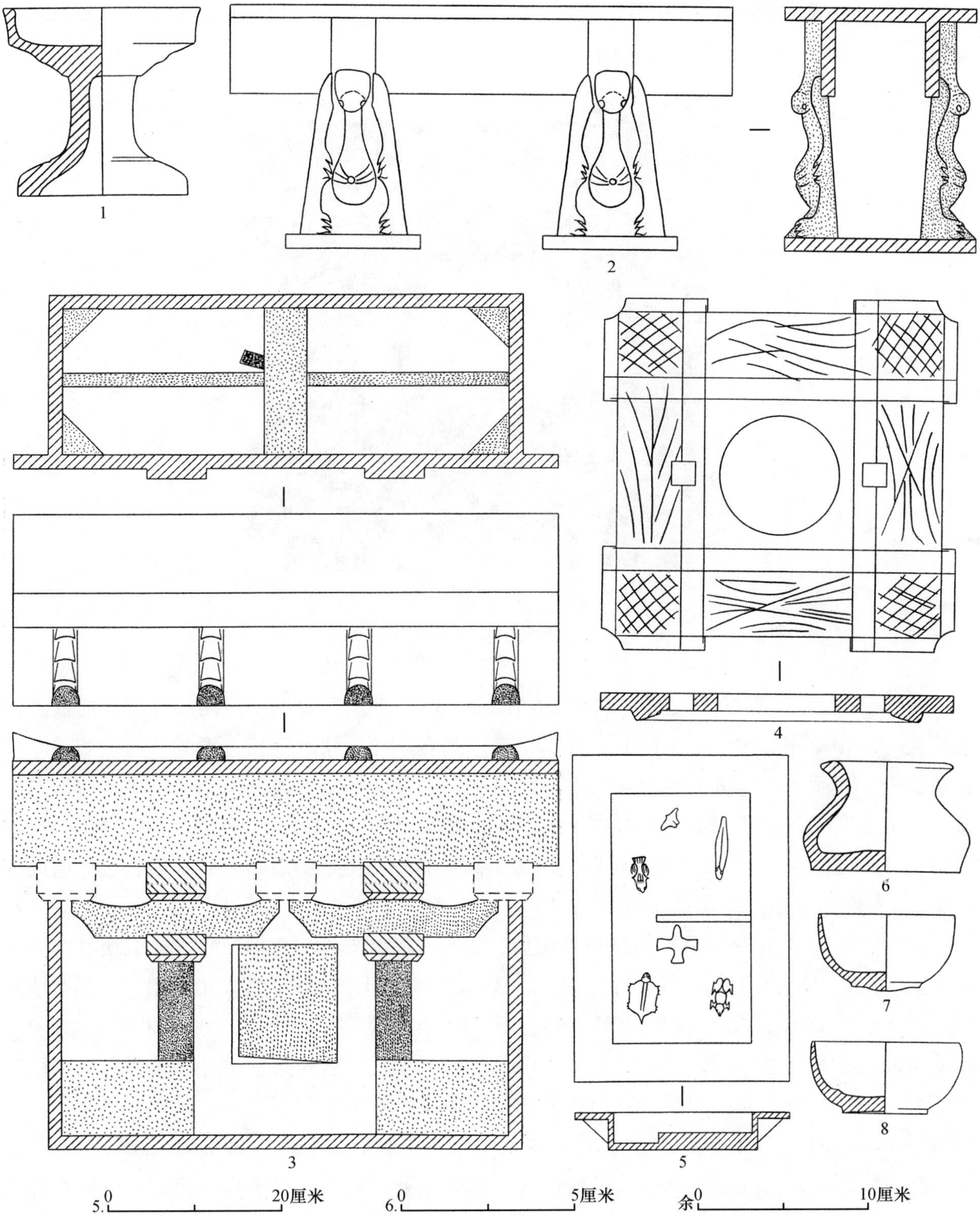

图二〇一　01M1出土器物

1. 陶灯（01M1：6）　2. 陶案（01M1：8）　3. 陶房屋模型（01M1：16）　4、6. 陶水井模型（01M1：20、19）
5. 陶塘（01M1：13）　7、8. 瓷碗（01M1：9、10）

二〇二）；小罐，标本01M1：19，泥质红陶，侈口，束矮颈，斜肩，折腹，平底。通体素面无饰。形体极小。高3.2、口径3.8厘米（图二〇一，6）。

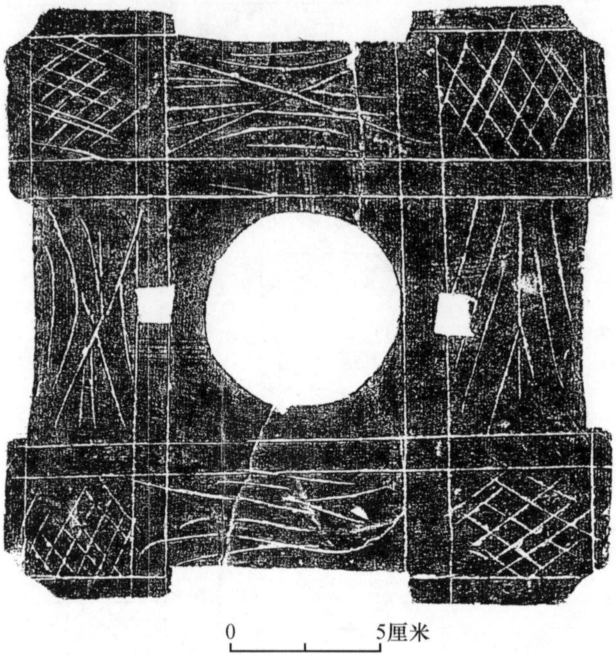

图二〇二　井台模型（01M1：20）拓片

房屋模型　2件，均为泥质灰陶。标本01M1：16，平顶，宽平脊，两端翘起，前檐施四陇筒瓦，房顶单体制成，覆于屋上。方体正面两侧有立柱，柱下设长方形础，柱上施一斗三升柱头铺作一朵，房体分前后两室，中部以墙体分开，墙上以细线刻出小门一扇，门微启。低台基。各部件均为分体制作后拼接而成。高24.4、面阔31.4厘米（图二〇一，3）。标本01M1：17，悬山顶式。顶中有方形脊，两端尖高翘，脊两面呈斜坡状。脊正面斜坡上施筒瓦四陇。右侧残。高28.4厘米（图二〇三，1）。

立侍俑　3件。模制前后两部分拼接而成，中空，胎较厚。标本01M1：2，泥质红陶。立式。戴巾帻，至脑后扎系。面目模糊，无耳。亵衣高领，外衣交领右衽宽袖长服，下摆及地呈喇叭状。双手于胸前相拥，身后束腰，臀略鼓。高19.4厘米（图二〇三，2）。标本01M1：3，泥质灰陶。立式。戴巾帻，至脑后扎系。面目模糊，无耳。亵衣高领，外衣较领右衽宽袖曳地长服，下摆呈喇叭状。双手于胸前相拥，身后束腰，臀部略鼓。高19.6厘米（图二〇三，3）。标本01M1：4，泥质红陶。立式。戴平巾帻，至脑后扎系，面目模糊，无耳。着三重衣。亵衣高领，外衣交领右衽宽袖曳地长服，下摆呈喇叭状。双手于胸前相拥，身后臀部略鼓。高19.8厘米（图二〇三，4）。

抚耳俑　1件。标本01M1：1，泥质灰陶。跪坐式。梳髻，扎巾，头略向右侧倾斜。著三重衣，外衣交领右衽宽袖长服，缀边。右手抬起抚耳，宽袖自然下垂，衣褶飘逸，右手抚膝，做倾听状。身后长服下摆宽肥遮地。模制前后两部分拼接而成，中空。高14.5厘米（图二〇三，7）。

图二〇三　01M1出土器物

1. 陶房屋模型（01M1：17）　2～4. 立侍俑（01M1：2～4）　5. 陶公鸡（01M1：4）　6. 陶猪（01M1：7）　7. 抚耳俑（01M1：1）　8. 陶子母鸡（01M1：5）　9. 玻璃器（01M1：18）　10～12. 料器（01M1：12、21、22）　13. 铜钱（01M1：11）拓片

击鼓俑　1件。标本01M1：15，泥质红陶。左手及下部残缺。跪坐式。戴平巾帻，梳髻，面目不清，亵衣圆领，外衣交领右衽宽袖长服，右手上举作击鼓状。模制前后两部分拼接而成。中空，火候较低。通高16.2厘米。

公鸡　1件。标本01M1：14，泥质红陶。昂首，尖喙，有绶，粗颈肥腹，立足翘尾。羽毛以凹弦纹刻画，形象生动。模制左右两部分拼接而成，中空，火候不高。高16.2厘米（图二〇三，5）。

子母鸡　1件。标本01M1：5，泥质红陶。昂首，尖喙，桶形尾上翘，背负小鸡一只，两翅及颈下腹前，各遮伏小鸡一只，桶形底座较矮。翅羽及尾羽以凹弦纹刻画，造型生动。高10.8厘米（图二〇三，8）。

猪　1件。标本01M1：7，泥质红陶。短吻，唇上翘，短肥立耳，背鬃凸起，腰稍下沉，体宽肥。站立。模制左右两部分拼接而成，中空，后肢间开孔。高11.6厘米（图二〇三，6）。

（2）瓷器

碗　2件。均为青瓷。标本01M1：9，敞口，尖圆唇，弧腹较深，饼足较矮。内壁施豆青色釉，外壁釉至腹中部，下腹及底露灰白色胎，釉层厚薄不均，开极细小的裂片，饼足底心微鼓。轮制。高4.5、口径7.9厘米（图二〇一，7）。标本01M1：10，敞口，尖圆唇，弧腹较深，饼足极矮。平底。通体内外施薄釉，釉色呈青灰色，饼足底露灰白色胎。轮制。高4.2、口径8.4厘米（图二〇一，8）。

（3）玻璃器

玻璃器　1件，装饰品。标本01M1：18，浅蓝色。半透明竹节状。两端圆形，一端较大。束腰。有一细孔洞穿两端，孔未在正中。高1.5厘米（图二〇三，9）。

（4）料器

料器　3件，均为装饰品。标本01M1：12，纯白色。竹节状。两端为圆形，一端较大，端面稍凹。器形较小，正中有一孔洞穿两端。表面酥粉。高1.6厘米（图二〇三，10）；标本01M1：21，纯白色。花蕾状，柄部细束，一孔横穿柄部。表面酥粉。高1厘米（图二〇三，11）；标本01M1：22，纯白色。六边鼓形。个体矮小，表面无饰，有酥粉现象。高0.9厘米（图二〇三，12）。

（5）铜器

钱币　1组35枚，均为五铢钱。标本01M1：11，边郭整齐，字迹清楚。“五”字中间两笔弯曲，“金”字头作三角形，“朱”字上端方直，下端略弯。穿郭较低。面径2.7、穿径1厘米（图二〇三，13）。

二、01M3

1. 墓葬形制

01M3位于丰都县高家镇大湾墓群东Ⅲ区01T203、01T303、01T204、01T304内，南距01M1

约1.2米。开口在第②层扰土层下，打破生土，距现地表0.36米，早期遭破坏。其叠压打破关系为：①层（耕土层）→②层唐宋以后的扰乱层→01M3→生土。其构造方法为先下挖曲尺形土圹，再用砖错缝横砌成墓壁，土圹壁与墓壁之间有0.08～0.1米的距离，后填以黄褐色沙土。墓圹长4.68、宽1.62/3.38、残深0.8米（图二〇四）。

01M3平面呈曲尺形，方向315°。由墓道、甬道、墓室三部分组成。

墓道　斜坡土圹式。平面略呈梯形，口端小，连接甬道的底端稍宽。墓道短且坡度较大。残长1.3、宽0.9～1.04米。坡度31度。

甬道　甬道内有两道封门。外面的一道封门在甬道口内，以残次砖为主横砌而成，外沿与甬道顶端齐平。面阔1.05、残高0.54米；另一道封门置于甬道内，与前道封门相隔0.5米处，此道封门底下三层条砖与甬道顺长平行垒砌，以作基础，再上则变为横向平铺堆砌，砖间均以薄薄的黄沙泥合缝。内封门面阔1.05、残高0.9米。甬道上部坍塌遭破坏，由内侧壁上部的卷曲程度可判定曾有券顶。甬道两侧壁砖砌层由下至上第11层砖向墓内素面，通向墓室。以下的砖砌显卷曲，应是自这层起券甬道顶部。甬道与墓室相接拐角处，采取整砖横铺互相压茬垂直砌

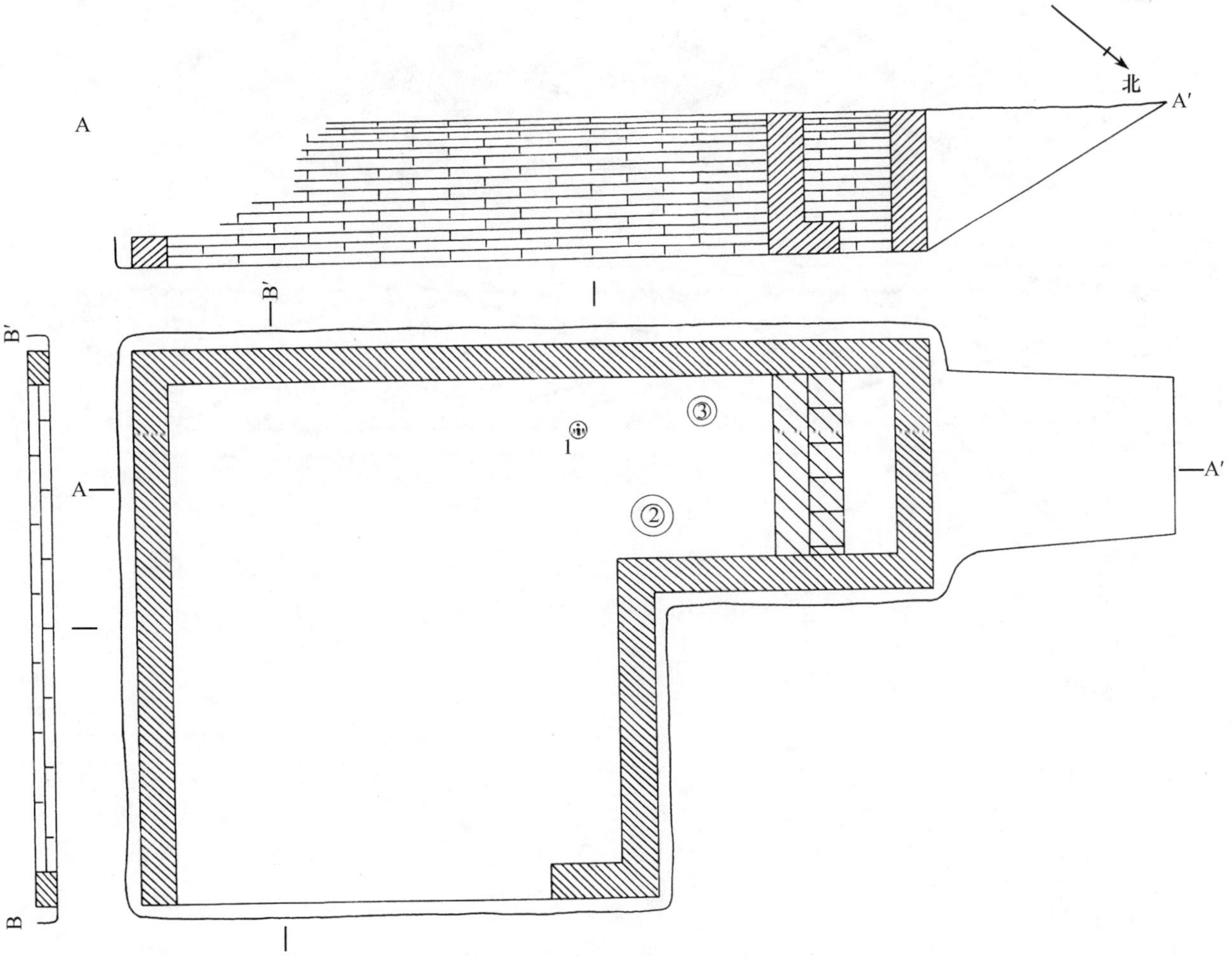

图二〇四　01M3平、剖面图

1. 瓷壶　2. 陶盂　3. 陶釜

制，致使拐角两边各有一层素面砖与菱形几何纹砖相隔。花色参差，十分明显。甬道长0.9、宽1.05、残高0.8米。

墓室　由于该墓所处为一高度0.9米的断崖处，墓室前部与甬道有较多保存，而墓室右侧与墓室后部所余无几，右侧墓室壁已不存，墓室后壁与墓室左侧壁仅余砖砌二层。墓室顶部严重坍塌，由墓室前端两侧墓壁的卷曲程度可判定墓室曾有券顶。墓壁砖砌第11层向内素面，与甬道相接。从这层起向内卷曲，至顶部券顶。墓室内填充物为灰褐色、黄褐色黏土以及大量碎砖块、少量陶片。墓底未铺砖，为生土地面。墓室长2.5、宽2.8、残深0.12～0.8米。

构筑墓室与甬道的砖有两类。分别为条砖与楔形砖。条砖又有长方形与带子母榫口、头的长方形两种，楔形砖均带有子母榫头、口。所有墓砖均在一长侧面饰有花纹，花纹有两种，条砖花纹一致，而楔形砖花纹亦一致。标本01M3：01，条砖，残长22、宽17、厚9厘米（图二〇五，1）；标本01M3：02，楔形砖，长42、宽20、厚6.5～7.5厘米（图二〇五，2）。

葬具、尸骨已腐朽无存，无法判断葬具、葬式及头向。

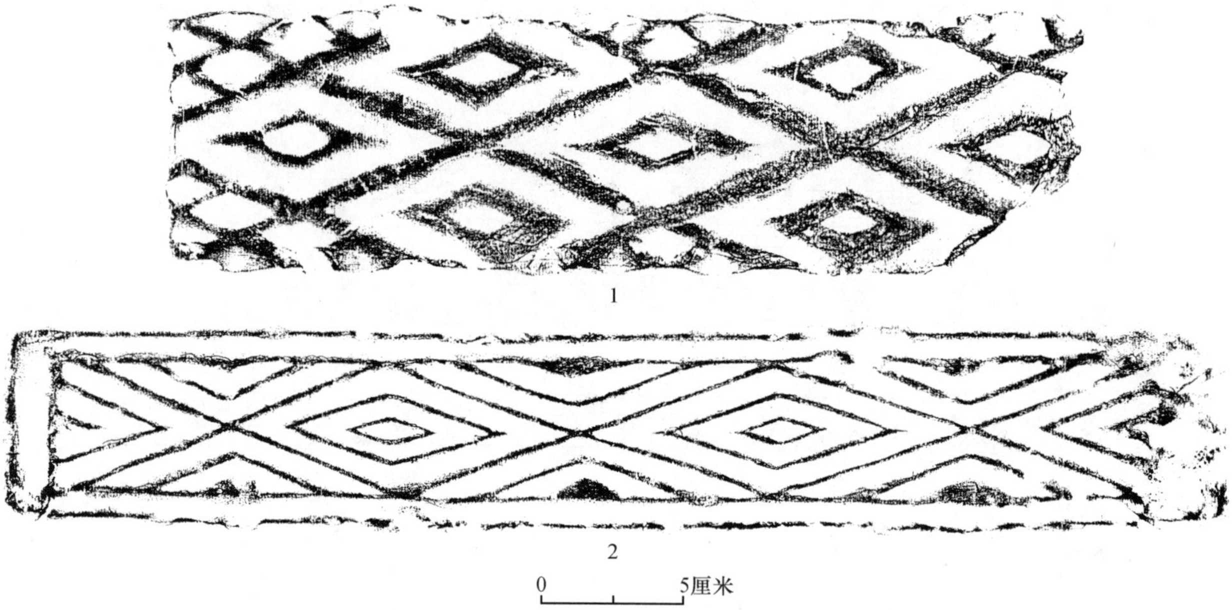

图二〇五　墓砖拓片

1. 01M3：01　2. 01M3：02

2. 随葬器物

随葬器物集中出土于甬道内，共3件。由于墓顶坍塌，出土时已成碎片。分为陶器、瓷器。

（1）陶器

2件。分别为盂、釜。

盂　1件。标本01M3：2，泥质灰陶。侈口，圆唇，束颈，最大腹径在下部，平底。束颈下饰有一道凹弦纹。通体施青灰色釉。轮制。高12、口径16厘米（图二〇六，1）。

釜　1件。标本01M3：3，夹粗砂红褐色硬陶。侈口，方唇，束颈，鼓腹，平底。肩部有二道凹弦纹。通体素面。轮制。高18.6、口径25.6厘米（图二〇六，2）。

（2）瓷器

壶　1件。标本01M3：1，细颈，肩略平，深腹微鼓，平底。最大腹径位于中上部。肩部有四桥形系，为泥条捏制。肩部系间有一周凹弦纹。通体施青灰色釉，底部露灰白色胎。釉层薄，不均匀，有脱落。口部残。高10厘米（图二〇六，3）。

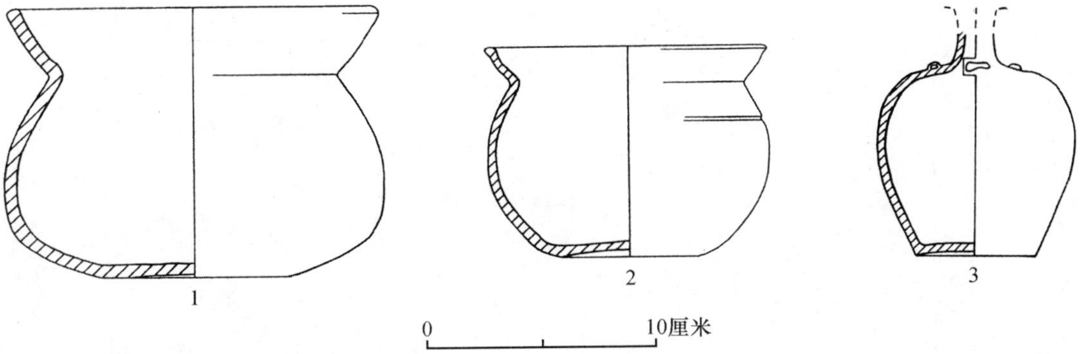

图二〇六　01M3出土器物

1. 陶盂（01M3：2）　2. 陶釜（01M3：3）　3. 瓷壶（01M3：1）

三、01M11

1. 墓葬形制

01M11位于大湾墓群东Ⅱ区01T1内。开口在第②层扰土层下，打破生土，距现地表0.35米，早期遭盗扰破坏。其叠压打破关系为：①层（耕土层）→②层（唐宋以后的扰乱层）→01M11→生土。其构造方法为先下挖刀把形土圹，再用砖砌成墓壁，土圹壁与墓壁之间有0.05～0.08米的距离，后填以黄褐色沙土。墓圹长3.98、宽2.68、残深1.2～0.9米（图二〇七）。

01M11平面呈刀把形，方向310°。由墓道、甬道、墓室三部分组成。

墓道　斜坡式，两侧有砖砌墙壁，与甬道两侧壁相连。残长0.4、宽1.28米。

甬道　不规则四边形，底面无砖，直接构筑在生土上。封门在甬道口向内0.3～0.4米处以残次砖横铺砌成斜向垒扎，与甬道两侧壁不垂直，有些倾斜。封门面宽1.28、残高0.06米。甬道长0.6/0.7、宽1.28、残高0.06米。

墓室　平面呈长方形。墓室内为黄褐色黏土，夹杂少量碎砖块、少许陶器残片。墓后壁在两侧壁内错缝横铺砌成。砖间以一层薄薄的黄泥合缝。其余墓壁垒砌方法与此相同。墓底残余小面积的铺地砖，系采用顺长平行错缝平铺而成。墓室长2.48、宽2.14、残高0.4米。

未发现葬具痕迹。尸骨腐朽无存，无法判定葬式和头向。

采集墓砖　1块。标本01M11：01，深褐色泥质灰陶，长方形。有半圆形榫孔，榫头已残。一长侧较厚，另一侧较薄，较薄的一侧侧面上饰有同心菱形几何纹，内心菱形纹正中心

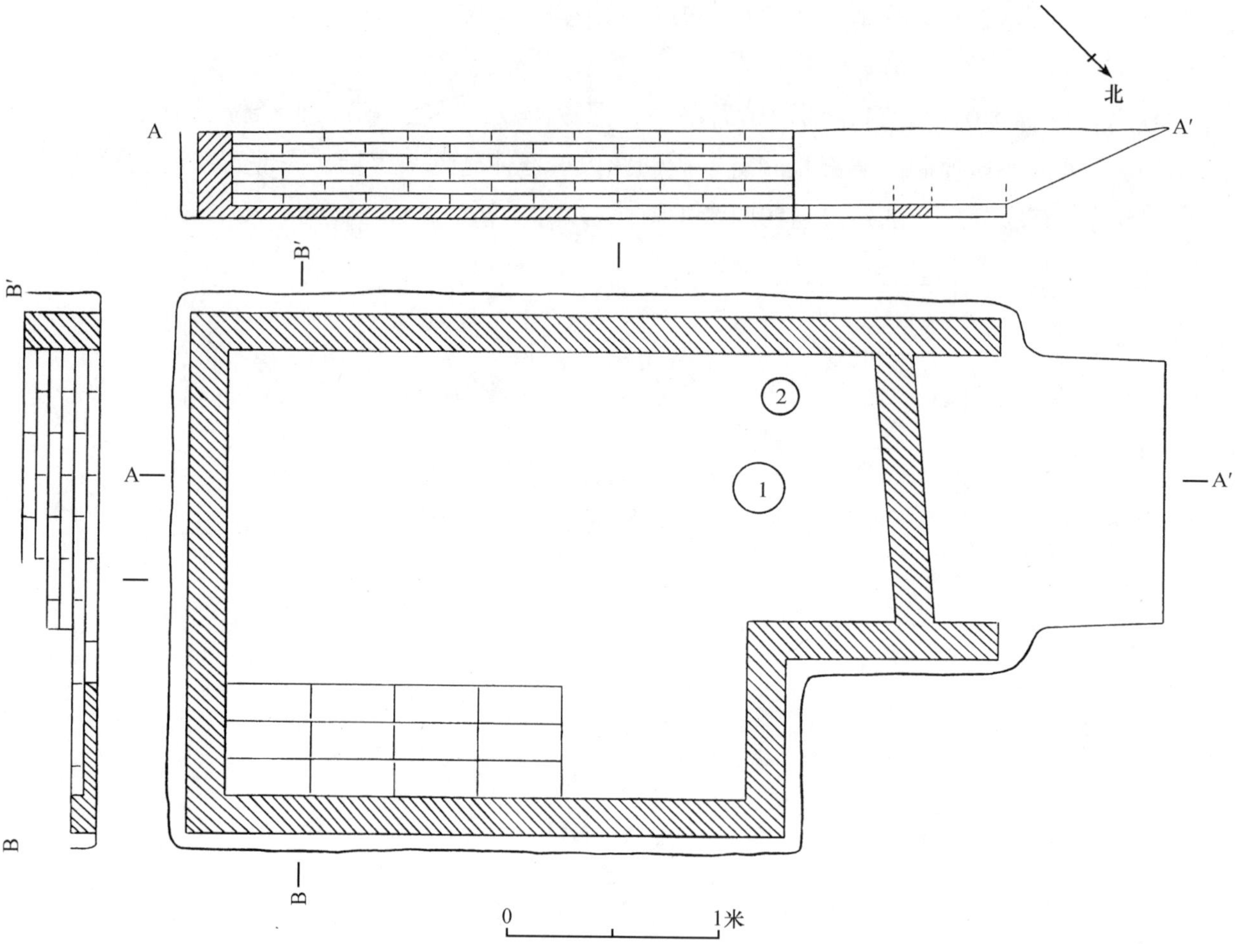

图二〇七　01M11平、剖面图

1、2. 陶盘

填网状菱形纹，上、下两大面饰绳纹，余面素面无饰。残长40、宽17.5、厚6.5～7厘米（图二〇八）。

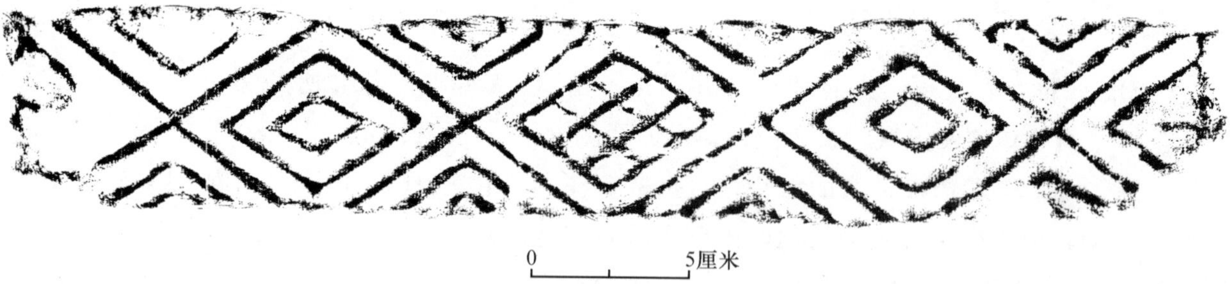

图二〇八　墓砖（01M11：01）拓片

2. 随葬器物

随葬器物出土于墓室左侧，共2件，均为陶器。

盘　2件。均为泥质灰陶。标本01M11：1，敞口，圆唇，浅腹，平底。口沿外下饰有一道凹弦纹。通体素面无饰。高5.2、口径24.6厘米（图二〇九，1）。标本01M11：2，敞口，圆唇，浅腹，平底。通体素面无饰。高3.2、口径19厘米（图二〇九，2）。

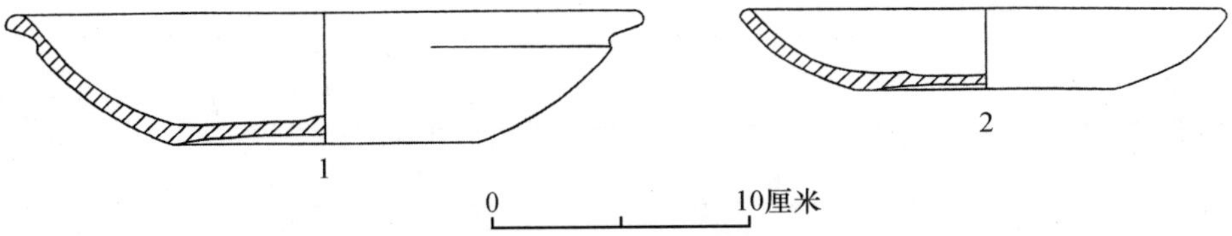

图二〇九　01M11出土陶盘
1、2. 01M11：1、2

四、02M6

1. 墓葬形制

02M6位于规划村四社（原大湾村六社），长江南岸二级台地，当地俗称“石坝院子”东北方向约80米处的一个小台原的西部边缘，属大湾墓群西Ⅱ区。其构造方法如下：先下挖凸字形土圹，再以带有菱形边纹的长方形条砖沿土圹壁错缝横砌墓壁。土圹壁与墓壁间留有0.1～0.12米的空隙，空隙内填以较为纯净的黄褐色沙土（图二一〇）。

02M6平面呈凸字形，方向320°。墓葬经早期盗扰，上部结构不存，由所余墓葬下部可知，由墓道、甬道、墓室等三部分组成。

墓道　斜坡土圹式。所余部分之底部较为平整，两侧壁经过拍打、修整。残长0.2、宽1.4米。

甬道　位于墓室北壁正中，平面呈长方形。甬道顶端外侧有封门，以砌墓所余残砖垒叠构成，残砖带有菱形几何边纹的一侧皆朝向甬道内。封门的两顶端不与甬道的两侧壁交错咬合，封门面阔1.76、残高1米。甬道南、北两壁自地面向上以长方形条砖错缝砌起。条砖侧面菱形几何纹一致朝向甬道内。两壁外扩90°成墓室西壁。长1.95、宽1.4米，残存砖11层高1米。

墓室　平面呈长方形。墓室自地面以长方形条砖错缝叠砌起壁。自11层开始内卷，以楔形砖砌成券顶。顶部已坍塌。砖侧面的菱形几何纹一致朝向墓室内。后壁于南、北两壁外端起墙，未与两侧壁咬合。地面与甬道同一地平，为生土地面。南北长2.4、东西宽2.75米，残存16层，砖高1.44米。

葬具、骨架腐朽无存，无法判定头向等葬式。

采集墓砖　2块。均为泥质灰陶，长方形条砖。标本02M6：01，上下面均饰绳纹，一长侧面饰菱形几何纹，中间填菱形乳钉，其余素面。青色，烧制温度较高。长41.5、宽16.5、厚8厘米（图二一一，1）。标本02M6：02，上下面均饰绳纹，一长侧面饰菱形几何纹，中间填菱形乳钉，其余素面。青色，烧制温度较高。长42、宽17.5、厚8厘米（图二一一，2）。

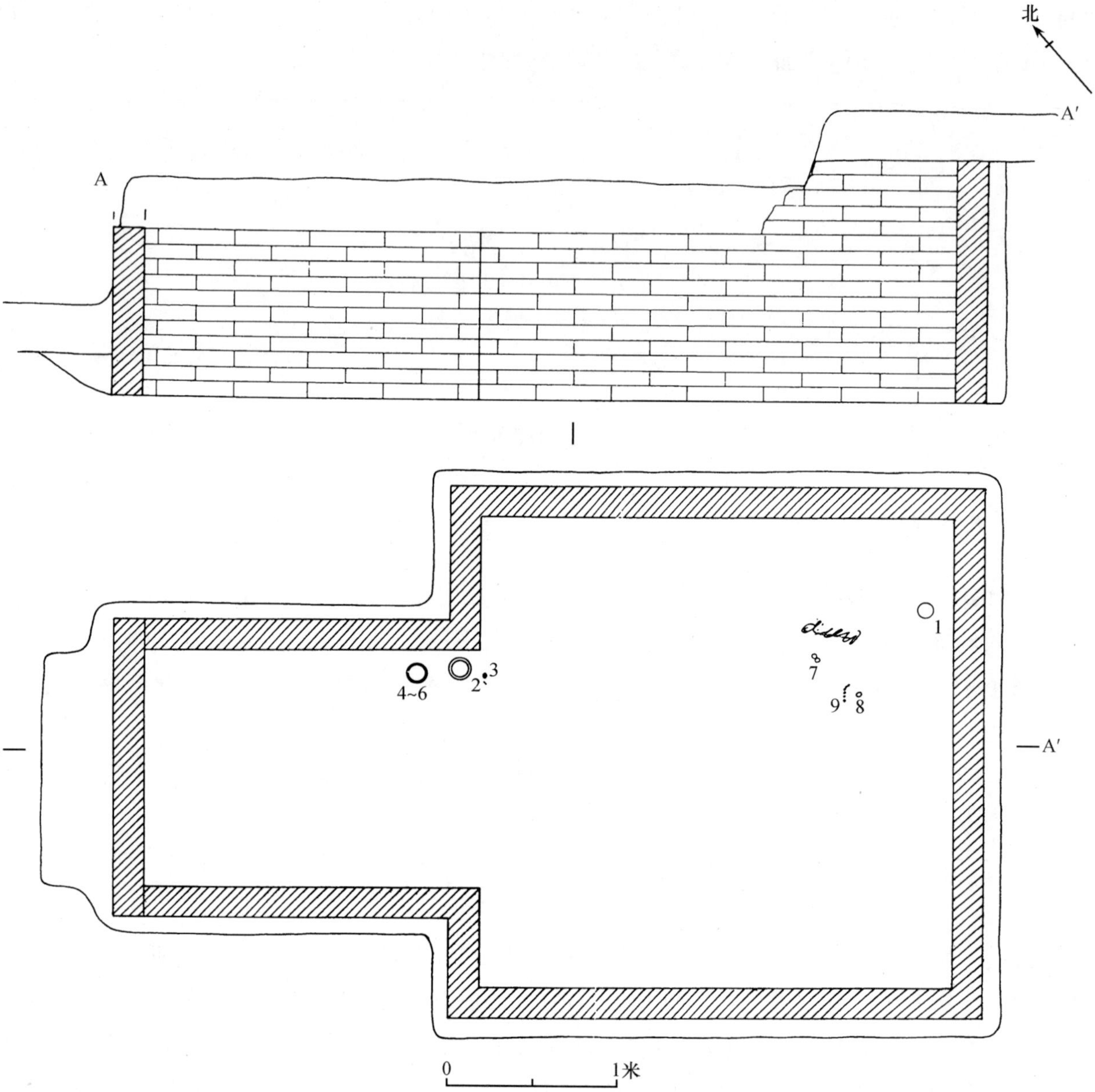

图二一〇　02M6平、剖面图

1～5. 瓷盏　6. 陶盏　7. 串饰　8. 银指环　9. 铜钱

2. 随葬器物

随葬器物出土于甬道近墓室处和墓室后部，共9件（组），分为陶器、瓷器、石器、银器和铜器几类。

（1）陶器

盏　1件。泥质灰陶。标本02M6：6，敞口，薄圆唇，浅弧腹，薄饼足。口沿下有一周凹弦纹。手制。通高2.8、口径8.4厘米（图二一二，1）。

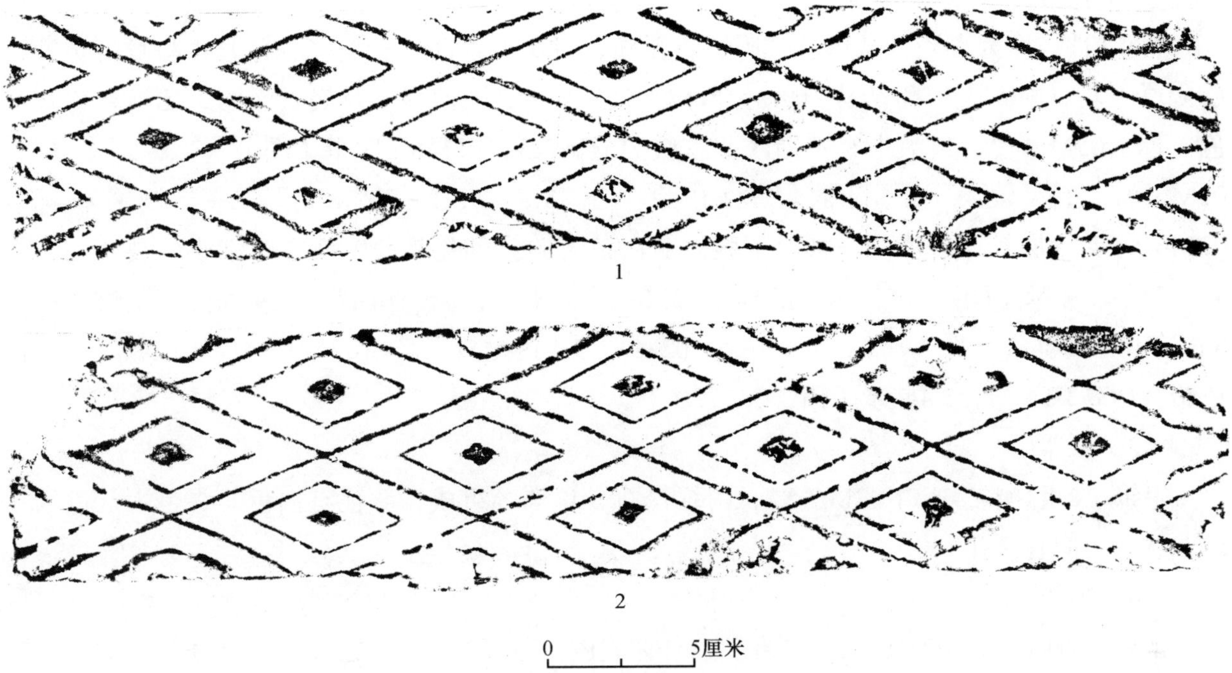

图二一一　墓砖拓片

1. 02M6：01　2. 02M6：02

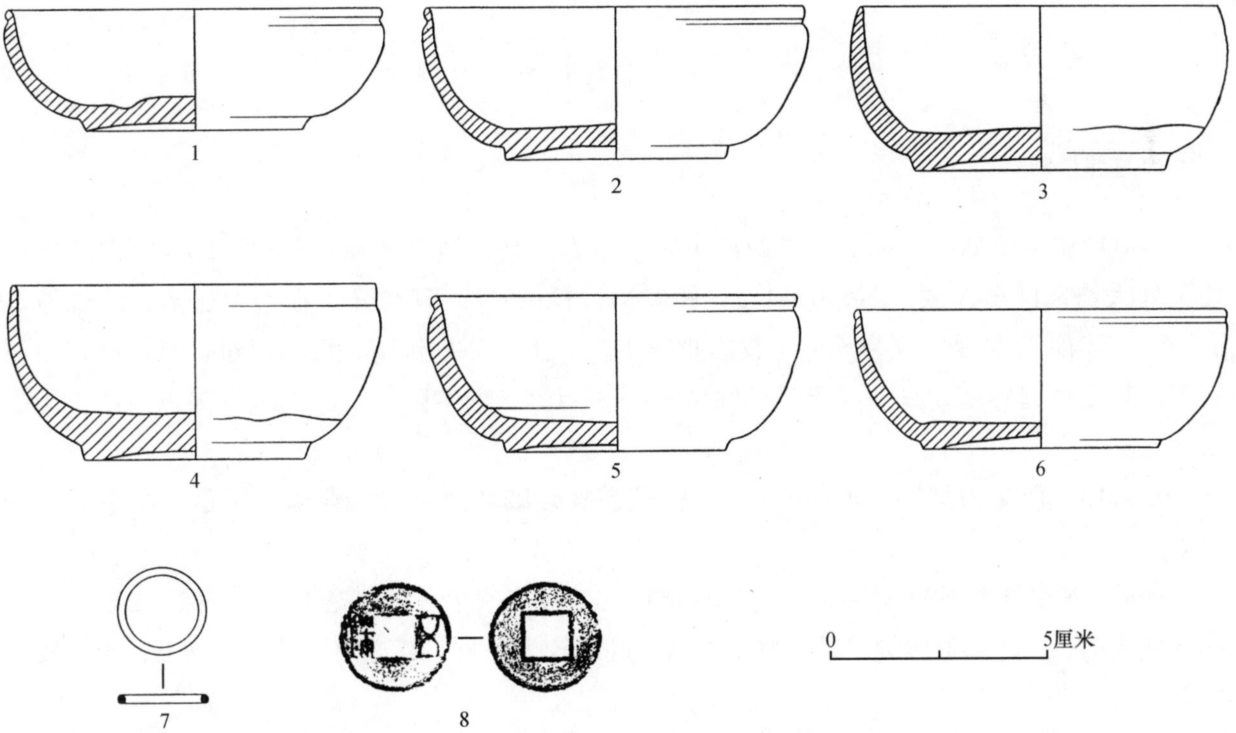

图二一二　02M6出土器物

1. 陶盏（02M6：6）　2～6. 瓷盏（02M6：1～5）　7. 银指环（02M6：8）　8. 铜钱（02M6：9）拓片

（2）瓷器

盏　5件。均为青瓷。敞口，尖圆唇，弧腹，饼足。素面。轮制。釉色基本呈豆青色，釉层薄厚不均，附着不牢固，易剥落。开冰裂纹。器外表施釉多不及底，露胎，胎色皆为灰白色。标本02M6：1，口沿下有一周浅凹弦纹。通高3.5、口径8.5厘米（图二一二，2）。标本02M6：2，饼足较大。釉及下腹。厚灰白胎。通高3.8、口径8.2厘米（图二一二，3）。标本02M6：3，釉层较厚、均匀，釉及下腹。灰白色薄胎。釉色晶莹玉润，开细小的裂片。通高4、口径8.2厘米（图二一二，4）。标本02M6：4，土红色胎。口沿下有一周浅凹弦纹。通高3.6、口径8.2厘米（图二一二，5）。标本02M6：5，饼足较大。口沿下有一周浅凹弦纹。土红色胎。通高3.2、口径8.4厘米（图二一二，6）。

（3）石器

串饰　1组14粒。标本02M6：7，由绿松石、玛瑙等组成，颜色有白色、绿色、红色等，珠粒状，中间有穿孔。

（4）银器

指环　1件。标本02M6：8，圆环状，环体扁圆。直径2厘米（图二一二，7）。

（5）铜器

钱币　1组2枚。五铢钱，形制大小相同。标本02M6：9，边郭整齐，字体较矮方。“五”字中间弯曲，“金”字小，“朱”字稍宽大。直径2.6、穿径1厘米（图二一二，8）。

五、02M13

1. 墓葬形制

02M13位于规划村（原大湾村四社），丰（都）高（镇）公路豆芽沟大桥西端向北50米处，处大湾墓群东Ⅳ区，西邻02M12，距02M12仅0.6米。墓葬开口在耕土层下，距现地表0.2米。其构筑方法是，先自地面下挖刀把形土圹，土圹开挖规整，四壁经过拍打、修整。而后于土圹之内起砖壁，墓壁与土圹壁间留有0.08～0.1米的空隙，空隙内填红褐色五花土（图二一三）。

02M13平面呈刀把形，方向300°。曾遭盗扰，破坏严重。由墓道、甬道、墓室三部分组成。

墓道　斜坡土圹式，平面呈舌形。墓道极短且坡度很大，坡度达41°，残长1.2米。开口部分做成圆弧形，墓道两侧壁经过修整，墓道底部较为平整，墓道内填黄褐色黏土，土质较为松软。

甬道　在甬道入口处的北端，建有封门一道，用砌墓所余长方形条砖和带有榫卯的条砖东西向平铺堆成，完整的条砖不多，封砌时亦不甚讲究，带有菱形几何纹的一面内外错杂。封门两端直抵土圹壁，长1.15、高0.65米。封门后紧靠一不规则长方形石板，石板长0.6、宽0.5米。甬道西壁与墓室西壁连成一体，东壁作90°东拐，形成墓室北壁。顶部破坏，填土中发现有带

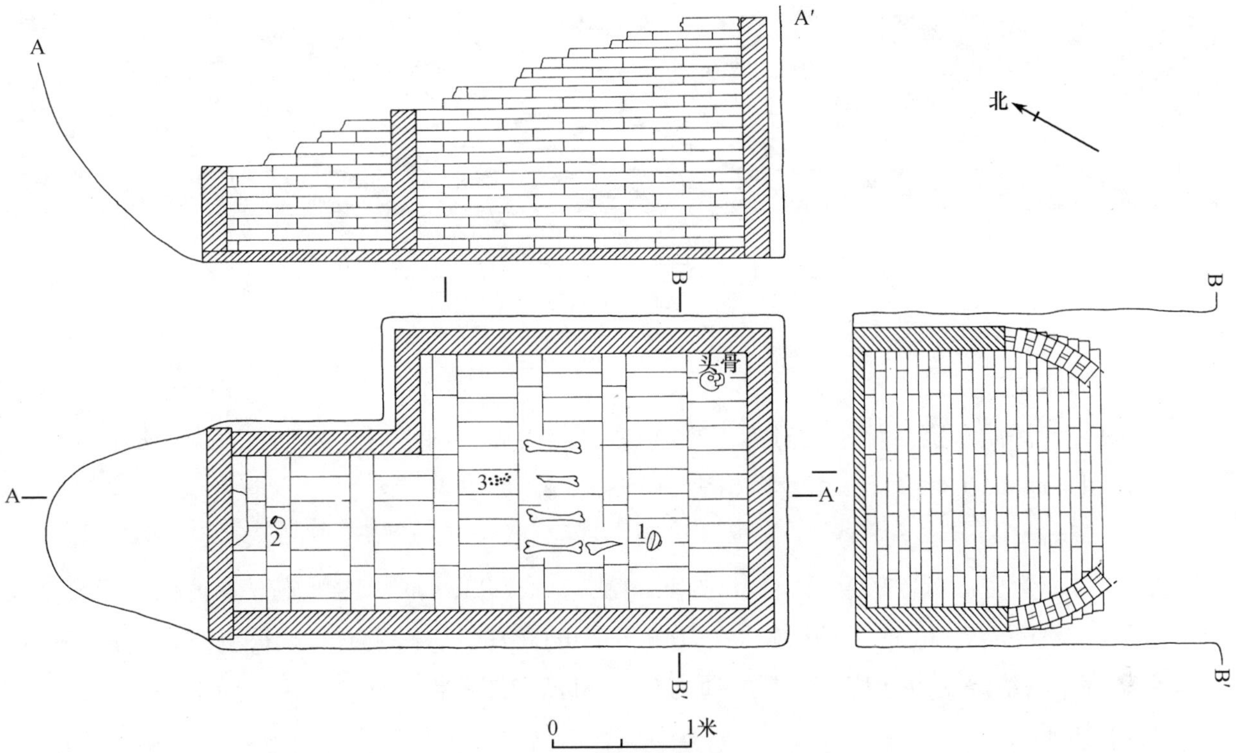

图二一三　02M13平、剖面图

1. 陶罐　2. 瓷钵　3. 串饰

子母榫卯的条砖，推测原应有券顶。底部以长方形条砖以一顺一丁方式平铺，铺地砖稍薄。甬道长1.4、宽1.15、残高1.05米。

墓室　平面呈长方形。墓室自地面以长方形条砖错缝叠砌起壁。10层以上改用带有子母榫卯的长方形楔形砖榫卯套合起券，做成墓室的券顶部分。菱形花纹一侧朝向墓室。砖间填塞黄褐色黏土。后壁于东西两侧壁顶端外起墙，不与两壁交错咬合，所用墓砖以长方形条砖为主，杂有少量的带榫卯的条砖，花纹基本内向。地面与甬道处同一地平，接甬道以长方形条砖一顺一丁平铺，十分平整。南北长2.4、东西宽1.9、残高1.7米。

甬道与墓室的内壁及地面，均涂有一层白灰，白灰纯净，厚薄不一，厚处可达1厘米。

葬具腐朽无存。墓内尸骨零乱，葬式不明。在墓室靠近北部处，发现有2成年人腿骨，墓室东南角有破碎头盖骨1个。又于近东侧腿骨处，发现玉石串珠1条。由此推测为一座夫妻合葬墓。

采集墓砖　1块。标本02M13：01，泥质灰陶。平面呈长方形，两长侧面薄厚不一，截面呈楔形；两短侧有榫卯结构。上下面均饰绳纹，较薄侧面饰菱形几何纹，其余素面。青色，烧制温度较高。长44、宽16、厚7～8厘米（图二一四）。

2. 随葬器物

随葬器物分别出土于甬道和墓室，共3件（组），分为陶器、瓷器和其他等。

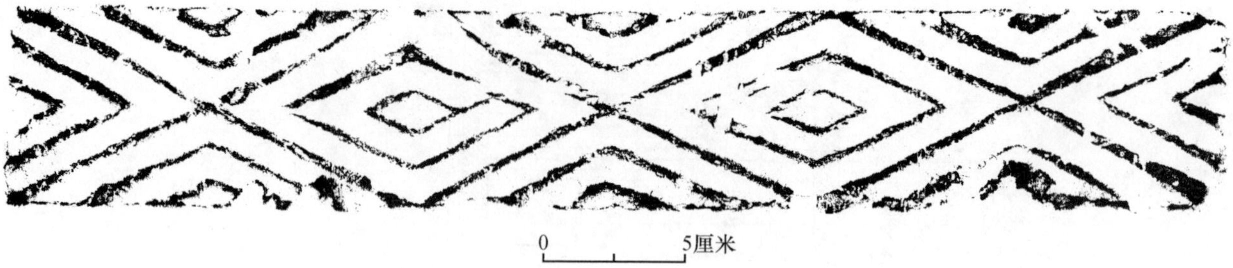

图二一四 墓砖（02M13：01）拓片

（1）陶器

罐 1件。泥质灰陶。标本02M13：2，小口，斜尖唇，斜平肩，鼓腹斜直内收成小平底。素面。轮制。通高10.3、口径8.4厘米（图二一五，1）。

（2）瓷器

钵 1件。青瓷。标本02M13：1，敞口，尖唇，浅腹，平底。内外施豆青色釉，器表釉及腹中，下腹及底露灰白色胎，釉层较厚，开极细小的裂片。口沿下有一周凹弦纹。器内底有11个等距离分布的垫烧支点疤痕。轮制。通高5.3、口径17.2厘米（图二一五，2）。

（3）其他

串饰 1组。由140个玛瑙、料器、玻璃、绿松石等质地的小珠粒组成。标本02M13：3，每个小珠粒大小若黄豆，正中有穿孔，颜色有白色、红色、黄色、绿色等。

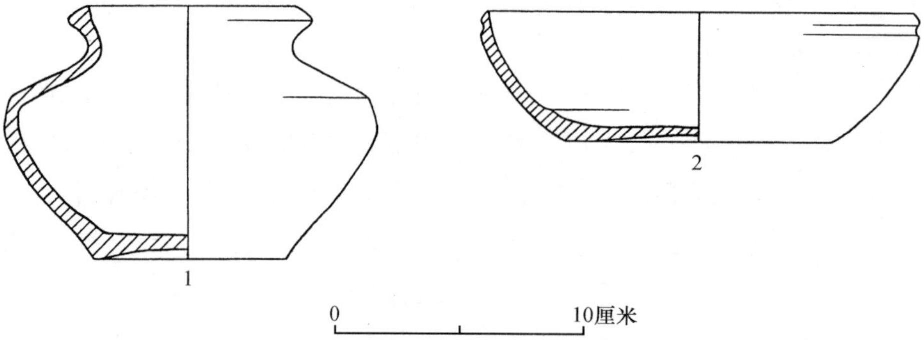

图二一五 02M13出土器物

1. 陶罐（02M13：2） 2. 瓷钵（02M13：1）

六、03M4

1. 墓葬形制

03M4位于文溪村（原大湾村四社），丰（都）高（镇）公路汶溪河大桥东侧向东80米处，即当地俗称“黄金包”的缓坡上，处大湾墓群西Ⅶ区。墓葬的墓室部分位于一较高田埂下，开口在扰土层下距现地表0.6米；另外墓葬部分在下面的坡地上，开口于耕土层以下，直接构筑于生土中，距现地表0.3米。曾遭盗扰，破坏严重。其构筑方法是，先自地面下挖刀把形土圹，土圹开挖规整，四壁经过拍打、修整。而后于土圹之内起砖壁，墓壁与土圹壁间留有0.08～0.1厘米的空隙，空隙内填红褐色五花土。土圹残长4.3、宽2.05/2.87、残深0.1/0.9米（图二一六）。

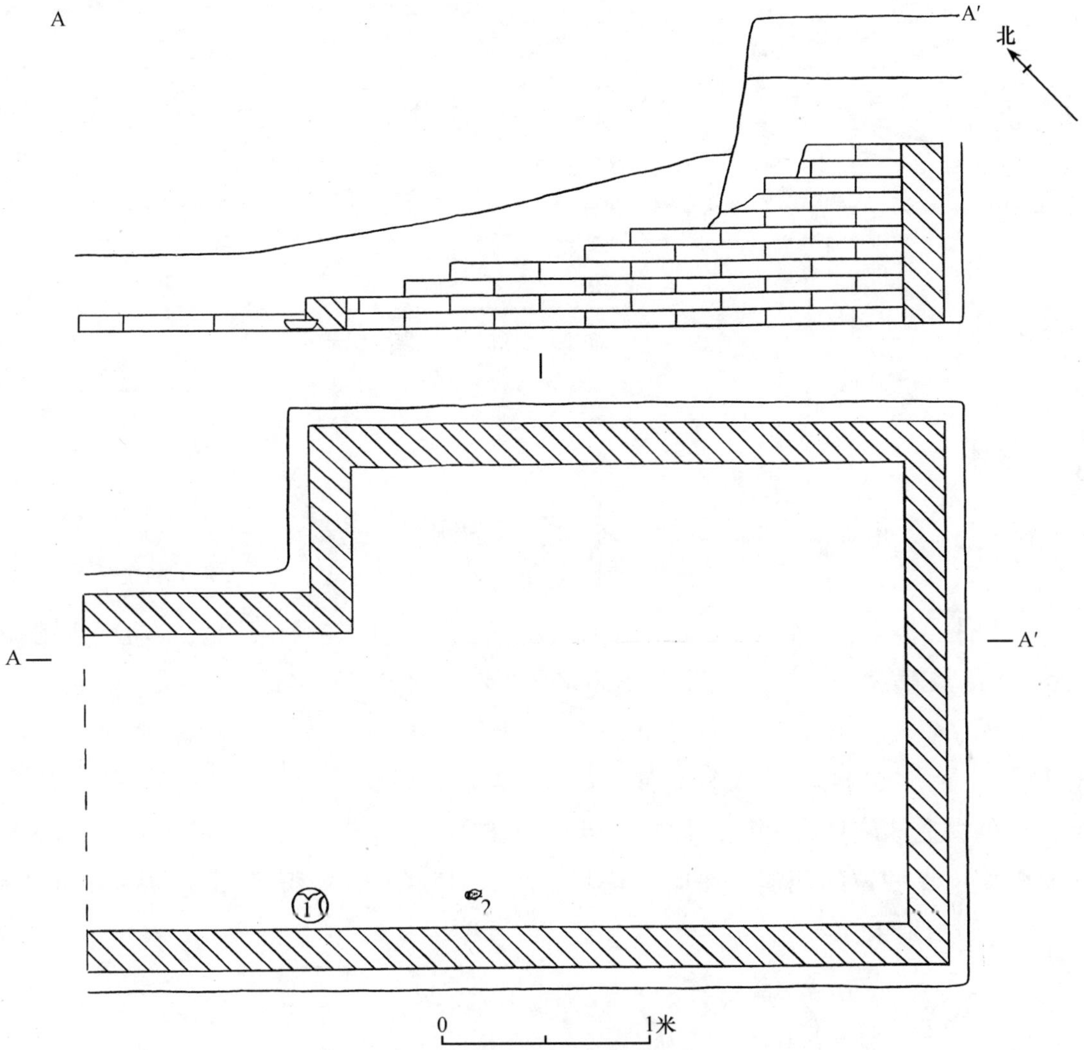

图二一六　03M4平、剖面图

1. 俑头　2. 瓷碗

03M4平面呈刀把形，方向315°。由甬道、墓室两部分组成。甬道以前部分遭破坏无存。

甬道　平面呈长方形。甬道南北壁仅余二三层砖，南壁与墓室南壁连一体，北壁作90°北拐，形成墓室北壁。填土中发现有带子母榫卯的条砖，推测原应有券顶。底部料姜石生土地面，稍做修整，坑洼不平。甬道长1.3、宽1.45、残高0.16米。

墓室　平面呈长方形。东西两壁均为长方形条砖错缝叠砌起壁，菱形几何纹一侧朝向墓室。砖间填塞黄褐色黏土。后壁与南北两侧壁叠砌交错咬合。墓室所用墓砖以长方形条砖为主，杂有少量的带榫卯的条砖，花纹内向。地面与甬道处同一地平，底部料姜石生土地面，稍做修整，坑洼不平。东西长2.7、南北宽2.27、残高0.9米。

葬具、尸骨腐朽无存。葬具、葬式、头向不明。

采集墓砖　1块。标本03M4：01，泥质灰陶。长方形条砖，上下面饰绳纹，一长侧面饰菱形几何纹，线条稍细。灰色。长41、宽19.5、厚7厘米（图二一七）。

图二一七　墓砖（03M4：01）拓片

2. 随葬器物

随葬器物出土于甬道与墓室相接处，共2件，分为陶器、瓷器。

（1）陶器

俑头　1件。标本03M4：1，泥质红陶，残。束高髻扎巾，面目清楚，方脸，眼睛眯起，高鼻，颧骨凸起，嘴微张。模制后拼合。残高7.8厘米（图二一八，1）。

（2）瓷器

碗　1件。标本03M4：2，修复完整。敞口，圆唇，弧腹，平底。口沿外下饰一周弦纹。内腹及腹外的中上部施豆青色釉，釉层开极小的裂片，腹下部和圈足露灰白胎，器内底部均匀分布有垫烧支点残留的疤痕。厚胎，轮制。高6、口径15.2、腹径15.8、底径9.6厘米（图二一八，2；图版四四，1）。

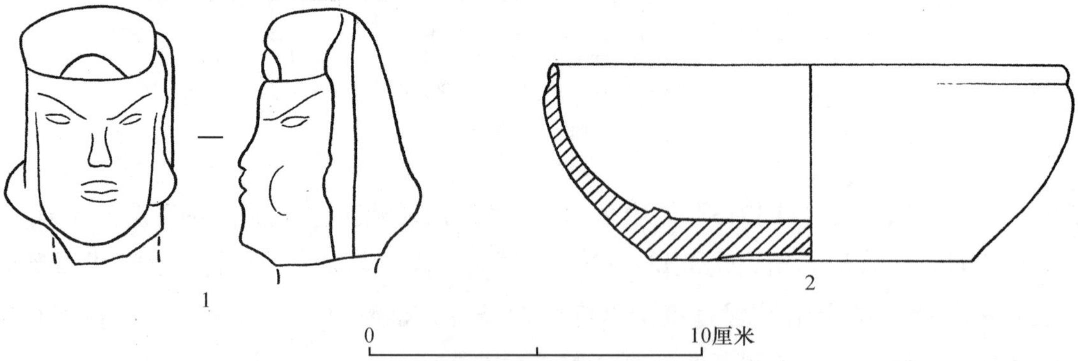

图二一八　03M4出土器物

1. 俑头（03M4：1）　2. 瓷碗（03M4：2）

七、04M3

1. 墓葬形制

04M3位于桂花村五社，豆芽沟右岸丰高公路以上的一个叫“黄泥包”的独立而且顶部较为平坦的缓坡台地的西南部。南距04M2约5.3米。开口在耕土层下，距现地表0.2米。由于人为挖掘墓砖，墓葬严重破坏。墓葬的构筑方法是直接构筑于生土中，先挖规整的刀把形土圹，四壁经过拍打修整。而后于土圹之内起砖壁，再券墓葬顶部。墓壁与土圹壁间留有0.1米的空隙，空隙内填红褐色五花土。土圹长6.3、宽2/3、残深1.6米（图二一九）。

04M3平面呈刀把形，方向210°。由墓道、甬道、墓室三部分组成。总长6、残高1.55米。

墓道　斜坡土圹式，南北两边呈弧形。长1、宽1.8、残高0.6米。

甬道　平面呈长方形。甬道前端外有砖砌的封门，长1.96、残高0.6米。甬道南壁与墓室南壁连成一体，北壁作90°北拐，形成墓室北壁。甬道南北壁为长方形条砖错缝叠砌而成，砖侧面的菱形几何花纹均朝向甬道内，封门稍混乱，堆砌不整齐。底部为生土，稍作修整。长2.15、宽1.45、残高1.1米。

墓室　平面呈长方形。墓室各壁亦为长方形条砖错缝叠砌而成，在自下向上的第10层砖开始逐步向内券，形成墓室券顶。现券顶破坏坍塌。砖侧面的菱形几何纹朝向墓室内。砖层间垫有一层薄薄的黄褐色黏土。后壁于南北两侧壁内与两壁交错咬合砌成。墓室地面与甬道处同一

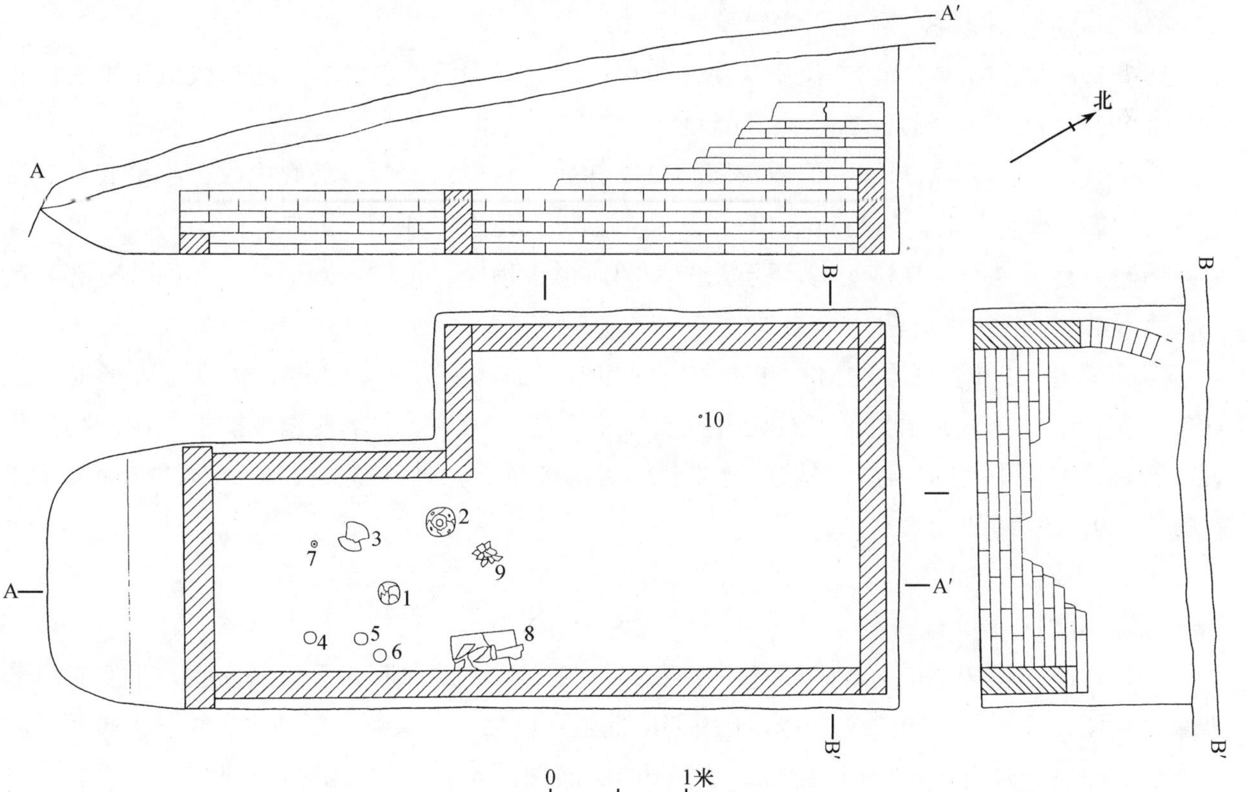

图二一九　04M3平、剖面图

1、3. 瓷碗　2. 瓷壶　4、5. 瓷盏　6. 陶盏　7. 陶纺轮　8. 陶房屋模型　9. 陶钵　10. 铜钱

地平，为生土地面。长2.85、宽2.4、残高1.55米。

墓内现填黄褐色黏土、残碎砖块和少量料姜石块。其中墓室内的砖块多带有子母榫卯结构的外厚内薄的楔形砖，为墓葬券顶部所用的砖。

葬具腐朽无存，尸骨无存，葬式，头向不明。

采集墓砖　1块。标本04M3：01，泥质灰陶。长方形条砖，一长侧面饰菱形几何纹，上下面饰绳纹。其余素面。长47、宽18、厚9.5厘米（图二二〇）。

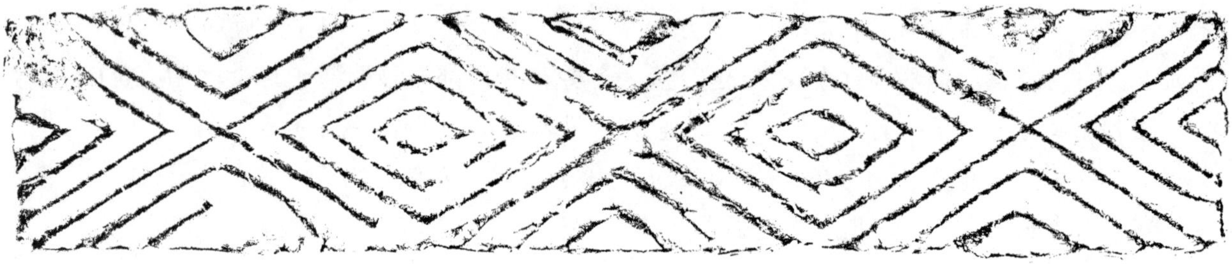

图二二〇　墓砖（04M3：01）拓片

2. 随葬器物

随葬器物大多置于甬道内，共计10件，分为陶器、瓷器、铜器。

（1）陶器

4件。分别为钵、盏、纺轮、房屋模型等。

钵　1件。标本04M3：9。泥质灰陶。敞口，圆唇，附沿，斜腹，下腹折收成小平底。轮制。通高7、口径17.5、腹深5.6、底径6厘米（图二二一，1）。

盏　1件。标本04M3：6。泥质灰陶。口沿部残。敞口，圆唇，弧腹内收，小平底。口沿外饰一道凹弦纹。轮制。通高3.6、口径7.5、腹径2.8、底径4.2厘米（图二二一，2）。

纺轮　1件。标本04M3：7。泥质灰陶。圆饼形，稍厚，正中一圆形孔，孔内残有部分铁棒。直径4.1、孔径0.9、厚1厘米（图二二一，3）。

房屋模型　1件。标本04M3：8。泥质红陶。屋面呈长方形。平檐，正中施方形通脊，两端上翘，前檐施筒瓦五陇。三柱两开间。正中立柱，一斗三升承前檐下挡板。两侧列立角柱，有柱头。屋中两间相通。平基。分体制作后拼接而成。通高26、长36.6、宽11.6厘米（图二二一，9；图版四四，2）。

（2）瓷器

5件。分别为壶、碗、盏等。

壶　1件。标本04M3：2，口部残，束长颈，圆阔肩，鼓深腹，下腹斜内收，平底。肩部四个桥形纽。颈下部饰凹弦纹一道。上腹部以上施青色釉，釉层薄，开细小裂纹。下腹及底露灰白胎。轮制。残高19.4、残口径7.2、腹径19.1、腹深18.4、底径11.4厘米（图二二一，4）。

碗　2件。标本04M3：1，敞口，尖圆唇，深弧腹，圜底，饼足。唇外饰一道凹弦纹。通

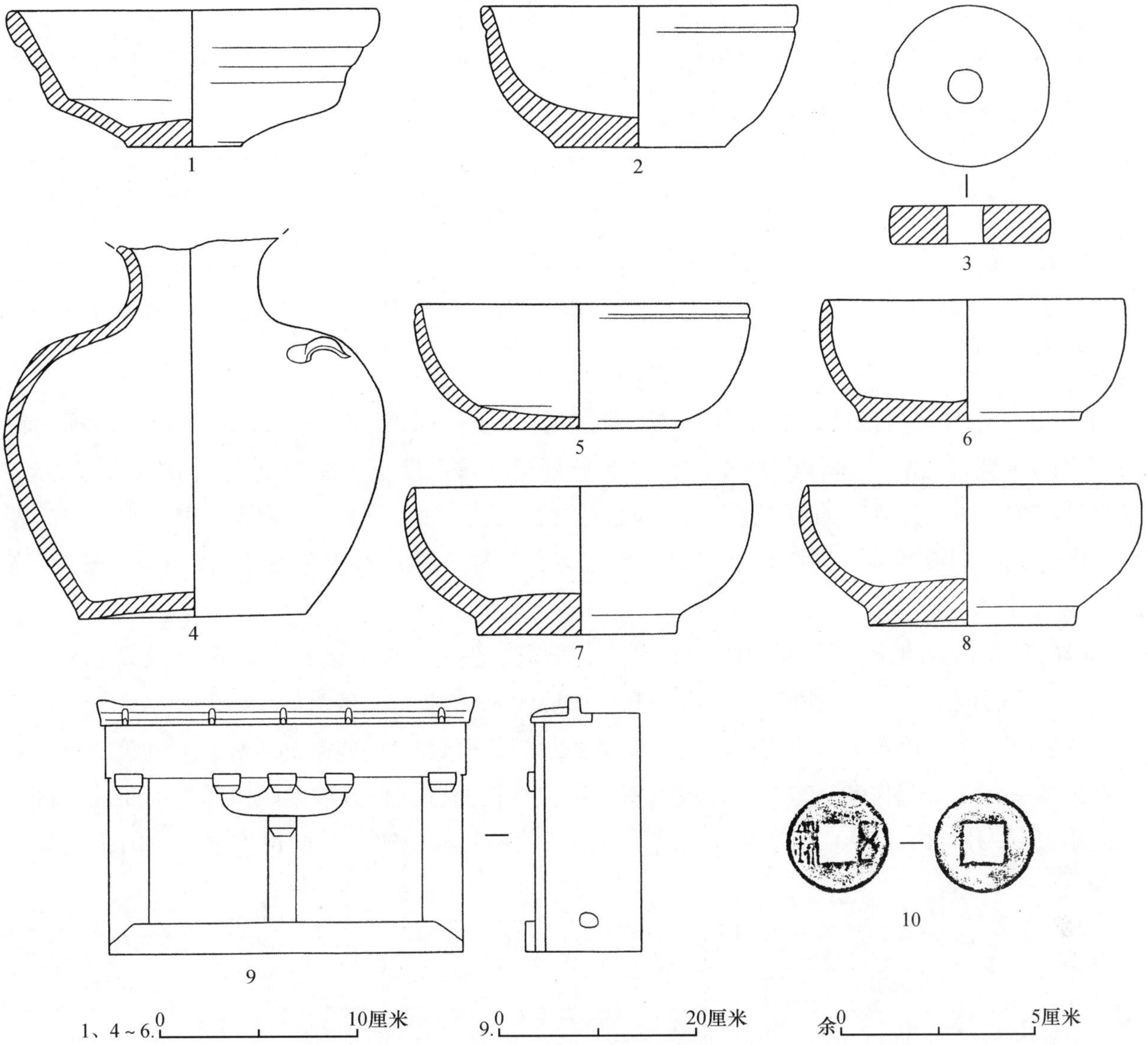

图二二一　04M3出土器物

1. 陶钵（04M3：9）　2. 陶盏（04M3：6）　3. 陶纺轮（04M3：7）　4. 瓷壶（04M3：2）　5、6. 瓷碗（04M3：1、3）　7、8. 瓷盏（04M3：4、5）　9. 陶房屋模型（04M3：8）　10. 铜钱（04M3：10）拓片

体施青色釉，釉层薄，不致密，开细小裂纹。碗内底和饼足有因垫烧留下的瓷斑。通高6.4、口径16.5、腹径16.8、腹深5.8、底径10厘米（图二二一，5；图版四四，3）。标本04M3：3，口沿部残。口微敛，圆唇，浅腹外鼓，平底，饼足。口外饰一道凹弦纹。通体施青色釉，釉层稍厚，开细小裂纹。内底和足底有因为垫烧而留下的痕迹。厚胎灰白，轮制。通高6.2、口径15、腹径15.6、腹深5、底径11.3厘米（图二二一，6）。

盏　2件。标本04M3：4，敞口，尖唇，浅腹微外鼓，平底，饼足。除足部外其余均施青色釉，釉层易脱落，露灰白胎。薄胎。轮制。通高3.8、口径8.3、腹径8.7、足高0.5、底径5厘米（图二二一，7）。标本04M3：5，口沿部残。敞口，尖唇，浅腹外鼓，平底，饼足。口外饰一道凹弦纹。除饼足外其余均施青色釉。轮制。通高3.6、口径8.2、腹径8.7、腹深2.4、底径5.3厘米（图二二一，8；图版四四，4）。

（3）铜器

钱币　1枚。为五铢钱。标本04M3：10，边郭规整，字迹清楚。“五”字中间两笔弯曲，“金”字头呈小三角形，“朱”字长，上端方折，下端圆。直径2.6、穿径1.1厘米（图二二一，10）。

八、04M6

1. 墓葬形制

04M6位于桂花村四社，豆芽沟左岸丰高公路以上的一个叫“庙儿山”的独立而且顶部较为平坦的缓坡台地的西部。北距04M7约18米。开口在耕土层下，距现地表0.22米。构筑方法是直接在生土中先挖规整的刀把形土圹，四壁拍打整齐。而后于土圹之内砌砖壁，在一定高度后向内券砌，形成券顶。墓壁与土圹壁间有0.2米的空隙，内填红褐色五花土。土圹长6.4、宽2/2.56、残深1.1米（图二二二）。

04M6平面呈刀把形，方向300°。由墓道、甬道、墓室三部分组成。总长6、残高1.1米。

墓道　斜坡土圹式，墓道口端两边呈弧形。长1.45、宽2.05、残高0.9米。

甬道　平面呈长方形。甬道前端内有砖砌的封门，残长1.3、残高0.65米。甬道西壁与墓室西壁连成一体，东壁作90°东拐，形成墓室东壁。甬道两壁为长方形条砖错缝叠砌而成，自下向上第9层砖开始内券砌，形成甬道券顶。侧面的菱形几何花纹均朝向甬道内，封门稍混乱，

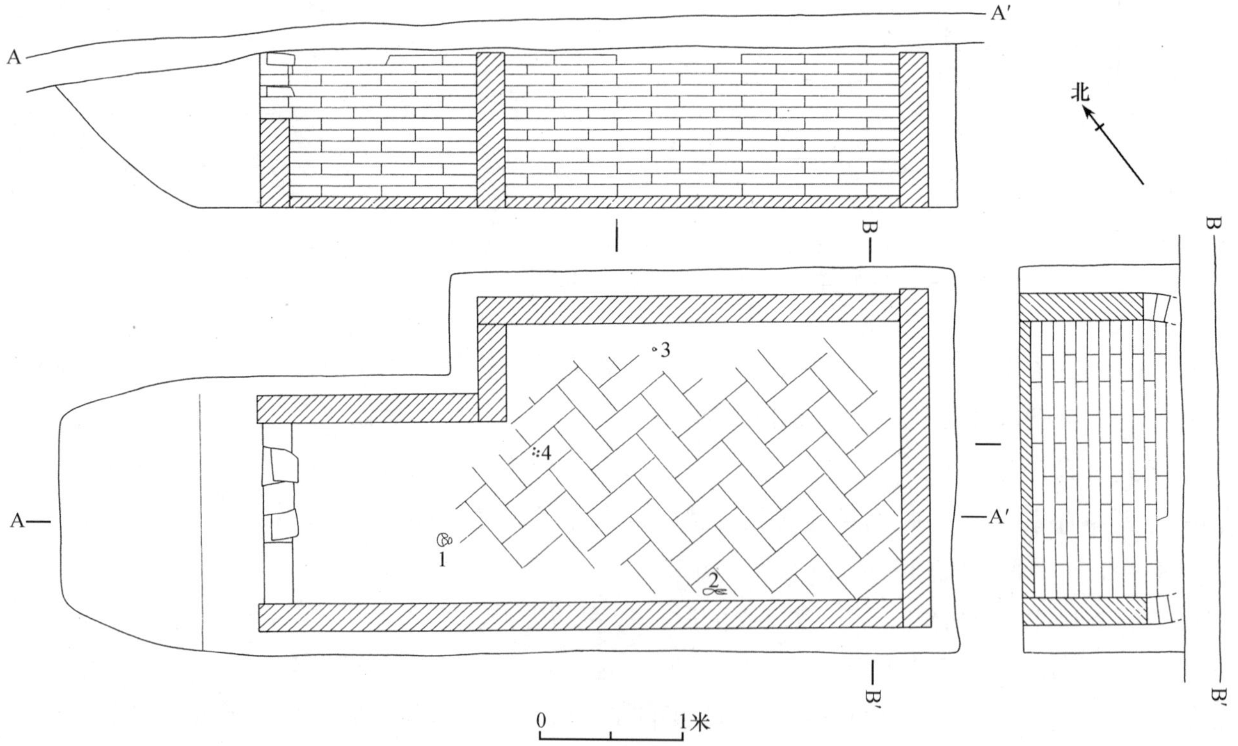

图二二二　04M6平、剖面图

1. 瓷盏　2. 铁剪　3. 铜铃　4. 铜钱

堆砌不整齐。甬道地面与墓室在同一平面，而且为一体的“人”字形砖铺底。长1.75、宽1.3、残高1.05米。

墓室　平面呈长方形。墓室东、西壁亦为长方形条砖错缝叠砌而成，自下向上第9层砖开始内券，形成墓室券顶。砖侧面的菱形几何纹朝向墓室内。砖层间垫有一层薄薄的黄褐色黏土。墓室后壁在东西两侧壁外砌成，未与两壁交错咬合。长2.8、宽2、残高1.1米。

墓内现填黄褐色黏土、残碎砖块和少量料姜石块。

葬具腐朽无存，尸骨无存，葬式，头向不明。

采集墓砖　1块。标本04M6：01，泥质灰陶。长方形条砖，一长侧面饰菱形几何纹，菱形中填小乳钉，上下面饰绳纹，其余素面。长41.5、宽19.5、厚7厘米（图二二三，1）。

采集铺地砖　1块。标本04M6：02，泥质灰陶。长方形条砖，一长侧面饰菱形几何纹，菱形中填小乳钉，上下面饰绳纹，其余素面。长41.5、宽19.5、厚6.5厘米（图二二三，2）。

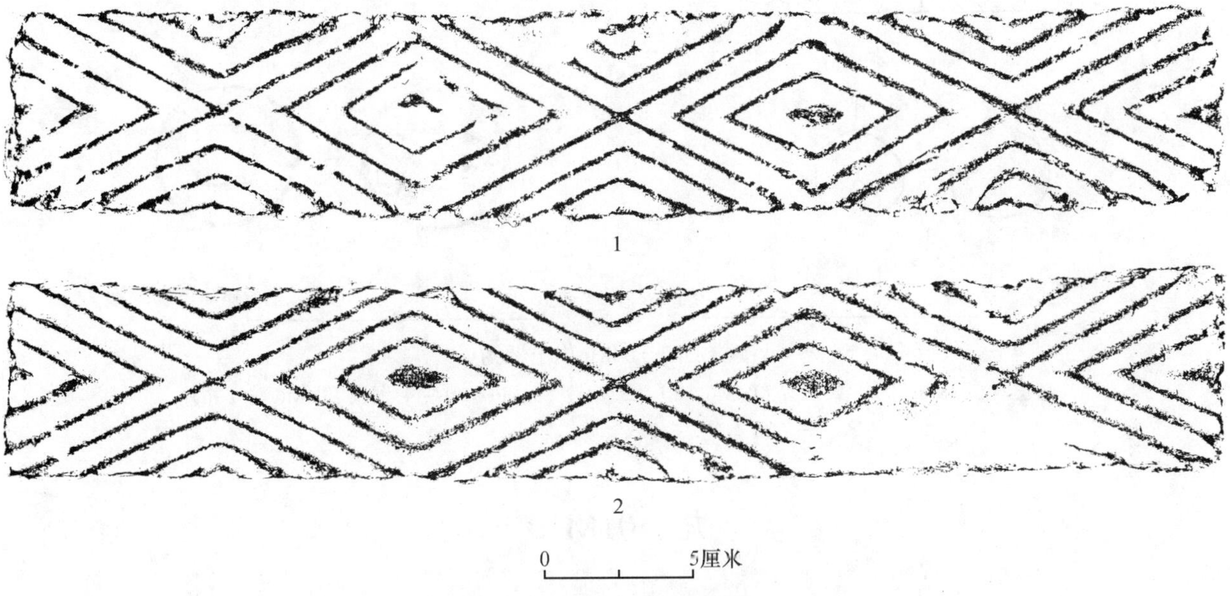

图二二三　墓砖、铺地砖拓片
1. 墓砖（04M6：01）　2. 铺地砖（04M6：02）

2. 随葬器物

随葬器物共4件（组），分为瓷器、铁器、铜器。

（1）瓷器

盏　1件。标本04M6：1，敞口，尖圆唇，浅弧腹，平底，饼足。除饼足外，其余均施青色釉，灰白胎，釉层易脱落。轮制。通高3.4、口径7.8、底径4.6厘米（图二二四，1）。

（2）铁器

剪　1件。标本04M6：2，表面锈蚀。柄部椭圆形，两刃相交，均为直背薄刃，锋部均为弧形。长17.4 厘米（图二二四，2）。

（3）铜器

器2件，为铃、五铢钱币。

铃　1件。标本04M6：3，锈蚀。圆球状铃体，上扁平系纽，有细孔。下正中开圆弧形为铃口。通高2.1厘米（图二二四，3）。

钱币　1组4枚。为五铢钱。标本04M6：4。边郭规整，字迹模糊。“五”字中间两笔弯曲；“铢”字矮胖，“金”字头似一箭头，“朱”上下方折。直径2.5、穿径1厘米（图二二四，4）。

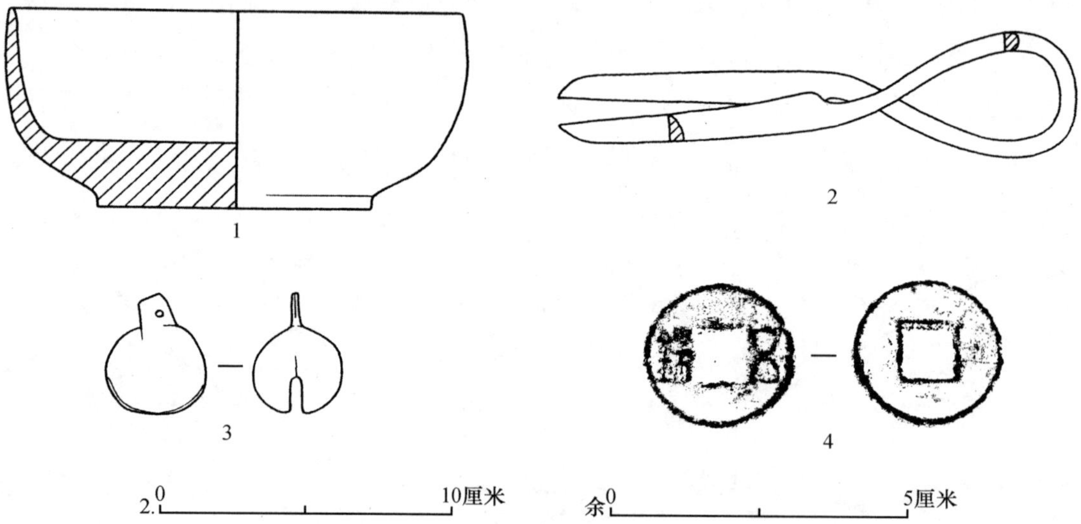

图二二四　04M6出土器物

1. 瓷盏（04M6：1）　2. 铁剪（04M6：2）　3. 铜铃（04M6：3）　4. 铜钱（04M6：4）拓片

九、01M10

1. 墓葬形制

01M10位于大湾墓群西Ⅱ区，村民住户东北处。距现地表0.2米。其构造方法为先下挖刀把形土圹，再用砖错缝横砌成墓壁，土圹壁与墓壁之间有0.08～0.1米的距离，后填以黄褐色沙土（图二二五）。

01M10平面呈刀把形，方向316°。早期曾遭盗扰，近期由于当地村民修建住宅又遭破坏，墓室后半部分被毁。墓道、封门、甬道保存较好。

墓道　斜坡土圹式。平面略呈梯形，口部微小，两侧壁稍经修整。残长2.2、宽1.28～1.4米。

甬道　平面呈长方形。甬道口内有封门，以残砖为主垒砌而成，外侧与甬道顶端平齐。带花纹的一侧多朝向墓室。封门面阔1.4、残高1.4米。甬道建在墓室右侧一端，与墓室处同一地平上。甬道右侧壁与墓室右侧壁连成一直线，甬道左侧壁与墓室相接拐直角，原有券顶已坍塌。地面铺砖，砖顺甬道长错缝平行铺设。甬道长1.02、宽1.4、高1.4米。

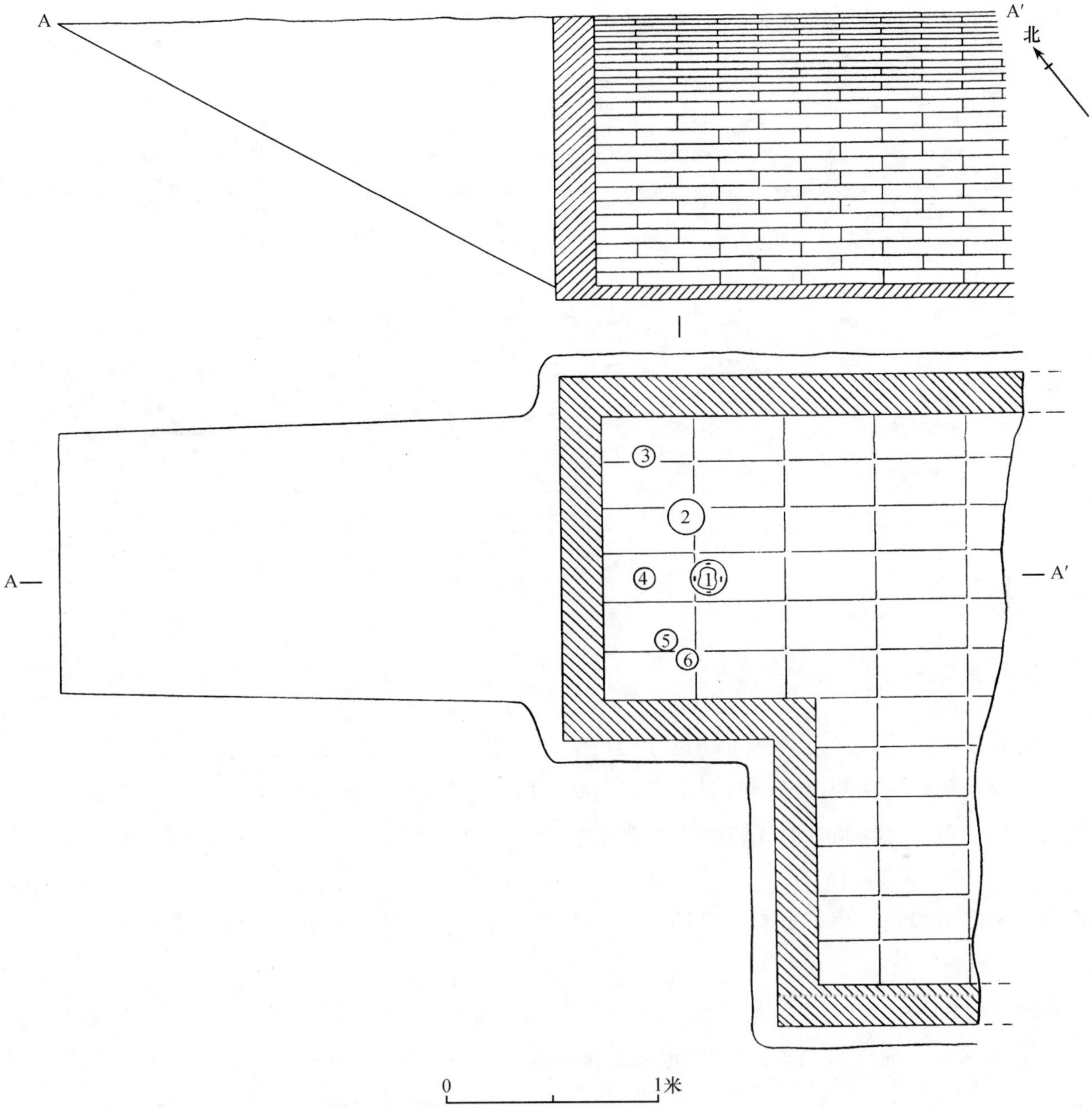

图二二五　01M10平、剖面图
1. 瓷壶　2. 瓷钵　3～6. 瓷碗

墓室　平面呈长方形。后半部分被毁。墓室壁用带菱形几何纹图案的条砖错缝平砌而成。花纹一律朝向室内。原有券顶已经坍塌。地面铺砖，砖顺墓室长错缝平行铺设。墓室残长1.02、宽2.8、残高1.4米。

未发现葬具痕迹。尸骨腐朽无存，无法判定葬式和头向。

采集墓砖　2块。均为泥质灰陶。标本01M10∶01，深褐色，长方形。有榫头、榫孔。一侧较厚，另一侧略薄，呈楔形。略薄的一面饰同心菱形几何纹，内心菱形纹中以一大菱形乳钉补白。上下两面饰绳纹，余面素无饰。长45、宽18、厚7～8厘米（图二二六，1）。标本01M10∶02，浅灰色，长方形。较薄。上下两面均饰绳纹，一长侧面饰菱形几何纹，余面素面无饰。此砖用作铺地砖。长45、宽24、厚5厘米（图二二六，2）。

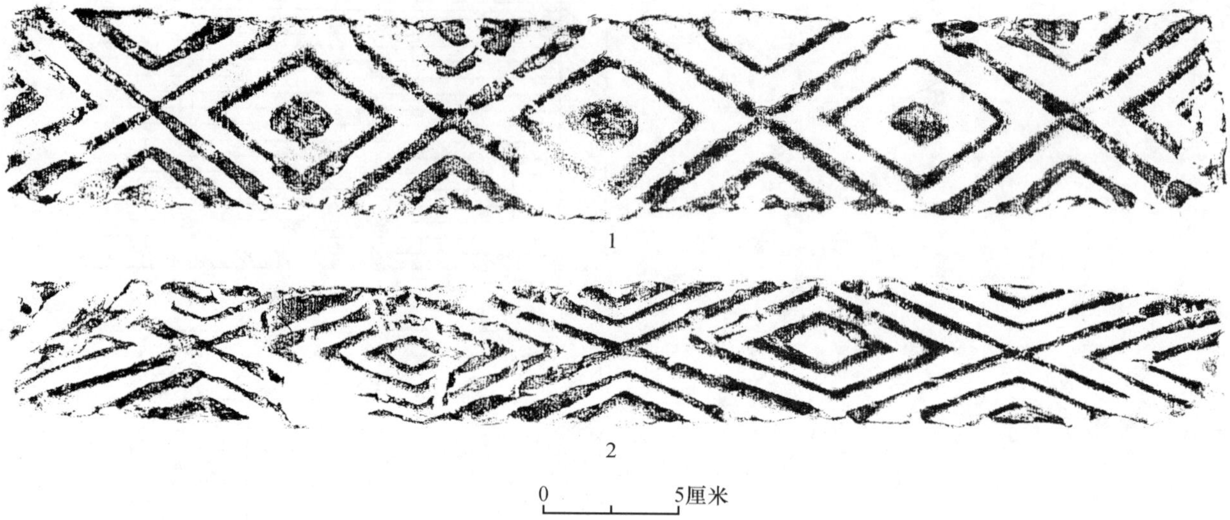

图二二六　墓砖拓片

1. 01M10：01　2. 01M10：02

2. 随葬器物

随葬器物集中出土于墓室前端和甬道相接处的甬道一侧，共6件，均为青瓷器，釉色青灰，较薄且不均匀，开极细小的裂片，有剥落。所有器物自器表中部以下及底均不施釉露土红色胎。器壁多留有轮制时形成的旋转凹槽抹痕。分别为壶、碗、钵。

壶　1件。标本01M10：1，盘口上部残。矮细颈，圆肩，斜腹，平底。肩部贴附四桥形系，系为泥条捏制。肩部饰有三道细弦纹。表面不光滑。胎较薄。残高14.6厘米（图二二七，1）。

碗　4件。01M10：3，大口，尖圆唇，浅腹弧向内收，假圈足较矮，平底。器表口沿下有一道凹弦纹。施青灰色釉。腹下部及底部未施釉，内底圆平，有垫烧痕迹。釉层较薄，不

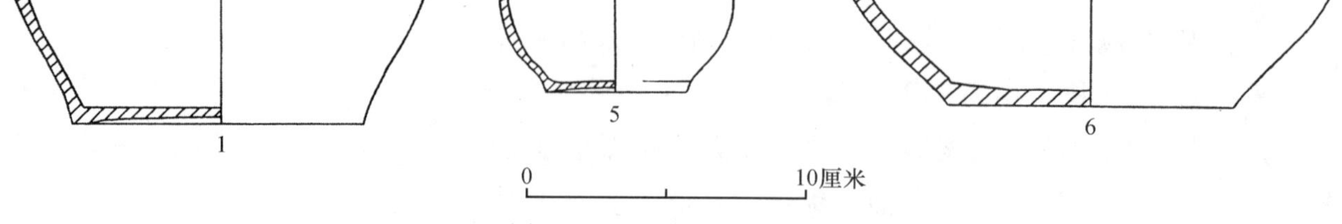

图二二七　01M10出土瓷器

1. 壶（01M10：1）　2～5. 碗（01M10：3～6）　6. 钵（01M10：2）

均匀，有剥落。胎较厚，有杂质。高3.8、口径8.6厘米（图二二七，2）。标本01M10：4，大口，尖圆唇，浅腹微鼓弧向内收，假圈足较矮，平底。器表口沿下有一道凹弦纹。施青灰色釉。腹下部及底部未施釉，露土红色胎。内底圆平，有垫烧痕迹。釉层较薄，不均匀，有剥落。胎较厚，有杂质。高3.7、口径7.3厘米（图二二七，3）。标本01M10：5，大口，尖圆唇，浅腹弧向内收，假圈足较高，平底。内底圆平。器表口沿下有一道凹弦纹。施青灰色釉。腹下部及底部未施釉，露土红色胎。釉层较薄，不均匀，有剥落。胎薄，有杂质。器表不光滑。高4.6、口径8.4厘米（图二二七，4）。标本01M10：6，大口，尖圆唇，浅腹弧向内收，假圈足较矮，平底。器表口沿下饰一道凹弦纹。内底有垫烧痕迹。高4.4、口径8.4厘米（图二二七，5）。

钵　1件。01M10：2，大口，尖圆唇，浅腹斜收成平底。口沿上由每四个褐色斑点为一组的纹饰共8组，器表外口沿下有一道凹弦纹。器内底有因垫烧而留下的疤结。高5.8、口径16.8厘米（图二二七，6）。

一〇、02M14

1. 墓葬形制

02M14位于文溪村四社（原大湾村十社），当地俗称“王甫岭”的一处向阳缓坡上，属长江南岸二级台地，处大湾墓群西Ⅵ区。西北约30米处有02M10。开口于耕土层以下，打破生土，距现地表0.3米。该墓墓砖悉数被盗掘，残留土圹内可基本肯定原砖砌墓壁的形制及砖壁的厚度。墓葬构筑方法如下：自地面下挖刀把形土圹，细心修整、拍打土圹各竖壁。而后以砖自土圹底面沿土圹壁起刀把形墓壁，砖壁与土圹之间留有10厘米左右的空隙。墓圹长5.6、宽1.9～3、残深1.2米（图二二八）。

02M14平面呈刀把形，方向150°。由墓道、甬道、墓室三部分构成。

墓道　斜坡土圹式。残长0.72、宽1.4、残深0.76米。

甬道　平面呈长方形。西侧壁与墓室西壁直线相连成一直壁，东壁作90°直角东拐形成墓室北壁。甬道南北长1.6、东西宽1.2、残高0.9米。

墓室　平面呈长方形。墓壁无存，仅留墓底砖壁遗痕。墓底未铺砖，直接构筑在生土上，生土地面夹杂有大量的料姜石。墓室内填满黄褐色五花扰土，土质较为松软柄夹杂有少量、规格较小的墓砖碎块。墓砖为青灰色泥质灰陶，一边带有菱形几何纹。南北长3.2、东西宽2.28、残深1.1米。

未发现葬具与人骨，葬式与头向不明。

采集墓砖　2块。均为泥质灰陶，平面呈梯形，上部较短，下部较长。腰部两侧有榫卯结构。上部两边饰三角形几何纹，中间饰车辐纹，其余素面。标本02M14：01，截面呈楔形。偏厚。砖体厚重，上下错位1.5厘米。长31～38.5、宽23.5、厚10～10.5厘米（图二二九，1）。标本02M14：02，砖体厚重，上下错位1.5厘米。长31～38.2、宽23.2、厚10.4厘米（图二二九，2）。

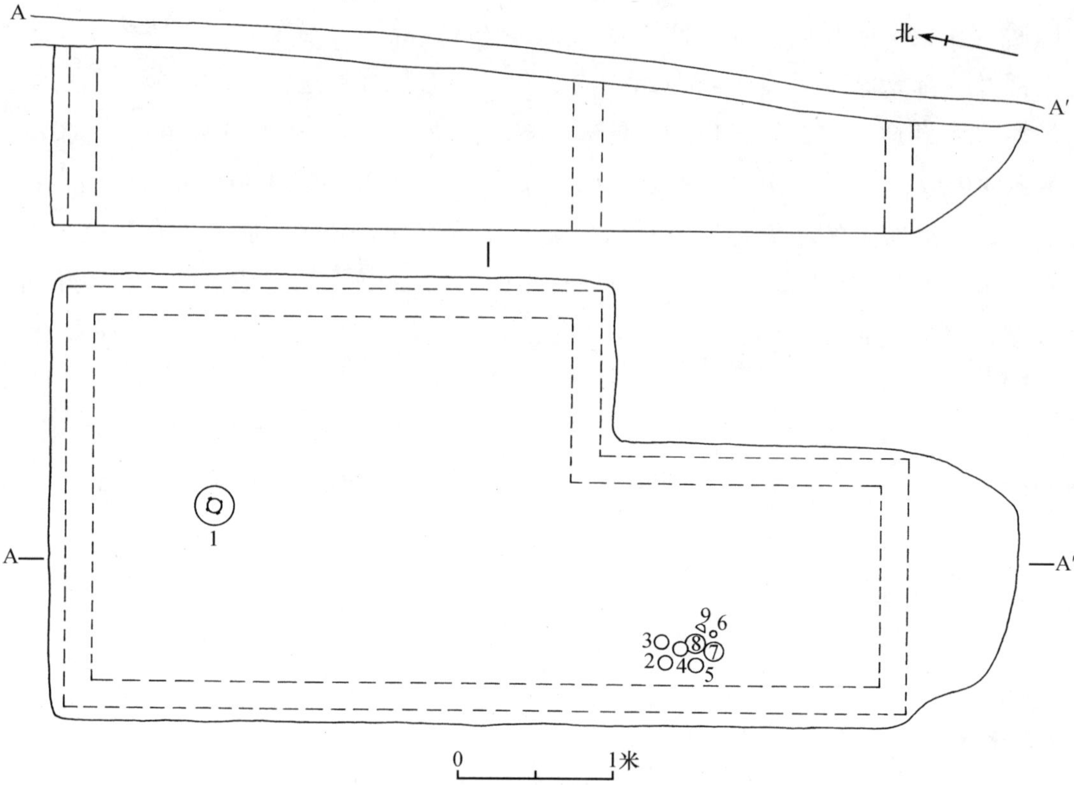

图二二八 02M14平、剖面图

1. 瓷壶 2～5. 瓷盏 6. 铜指环 7、8. 瓷碗 9. 铜器残片

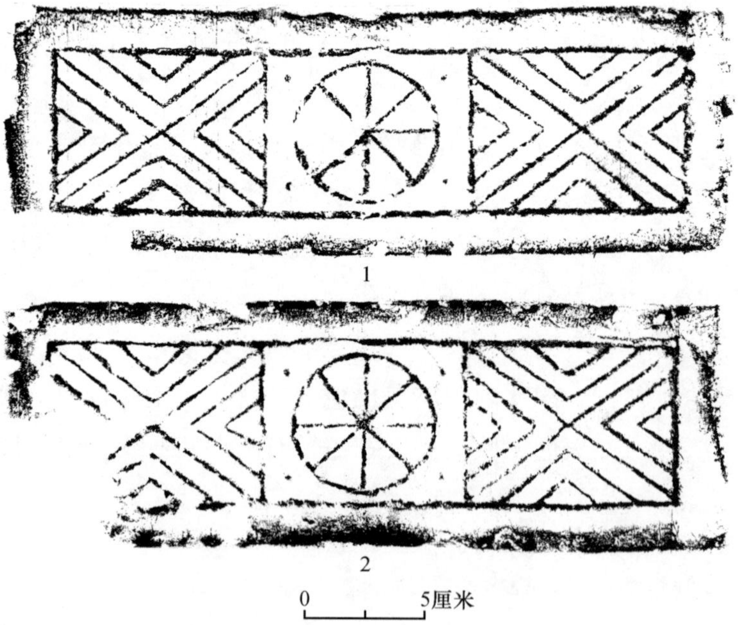

图二二九 墓砖拓片

1. 02M14：01 2. 02M14：02

2. 随葬器物

随葬器物出土于在甬道中部西侧和墓室中部，共计9件，分为瓷器、铜器。

（1）瓷器

7件。分别为壶、碗、盏等。

壶　1件。标本02M14：1，青瓷，残。浅盘口，斜尖唇，束颈，广肩，鼓腹。最大颈在上部。肩部有桥形系4个、凹弦纹1道。豆青色釉，开细小的裂片，釉及下腹，露灰白色胎。素面。轮制。通高21、口径3.6厘米（图二三〇，3）。

碗　2件，白瓷。形制相同，大小略有差异。大口，尖唇，斜腹较浅，小饼足。通体施釉，釉层厚薄均匀，晶莹玉润，开细小的裂片。白胎。标本02M14：7，通高4.3、口径12.4厘米（图二三〇，1）；标本02M14：8，通高4.4、口径12.4厘米（图二三〇，2）。

盏　4件，均为青瓷。标本02M14：2，敞口，圆唇，弧腹，饼足。豆青色釉。釉不及底。釉层厚薄不均，开细小的裂片。灰白胎。素面。轮制。通高3.8、口径8厘米（图二三〇，4）。标本02M14：3，敞口，尖圆唇，腹壁较直，薄饼足。豆青色釉，开细小的裂片。釉不及底，灰白胎。釉层较厚，晶莹碧润。素面。轮制。通高4、口径8厘米（图二三〇，5）。标本02M14：4，敞口，尖圆唇，弧腹，薄饼足。豆青色釉。釉不及底。开细小的裂片。灰白胎。素面。轮制。通高3.8、口径8厘米（图二三〇，7）。标本02M14：5，敞口，尖圆唇，弧腹，薄饼足。豆青色釉，有酥粉现象。灰白胎。素面。轮制。通高3.8、口径8厘米（图二三〇，8）。

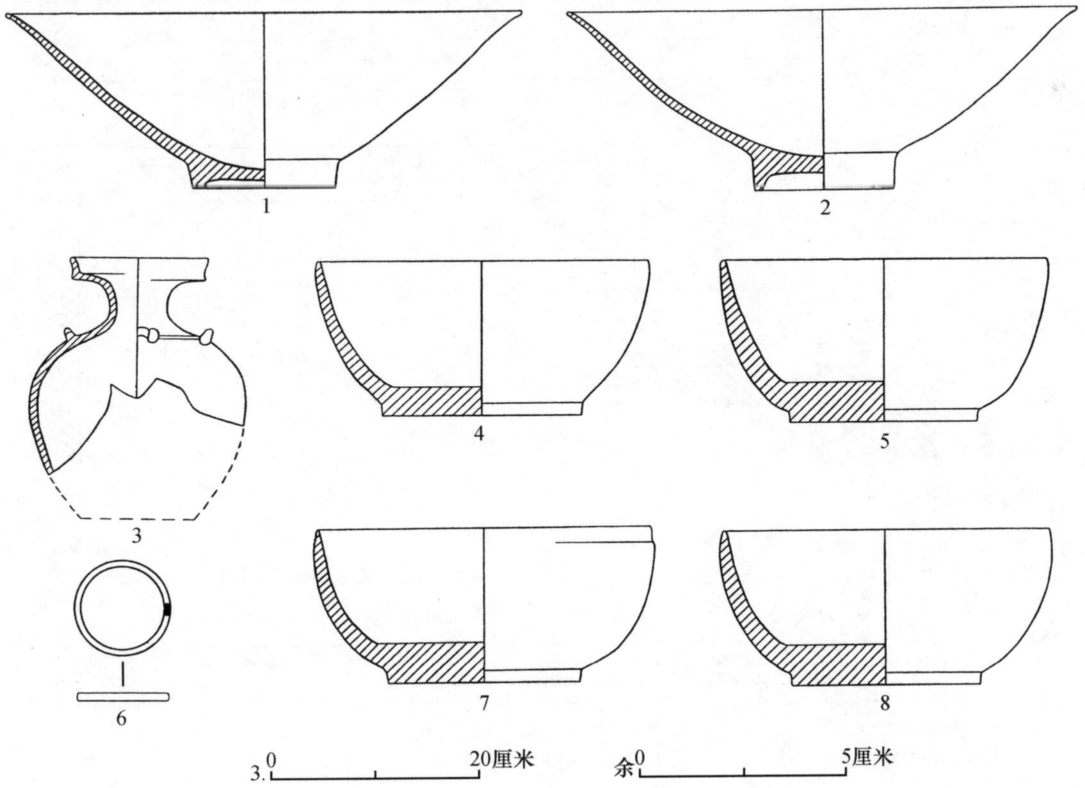

图二三〇　02M14出土器物

1、2. 瓷碗（02M14：7、8）　3. 瓷壶（02M14：1）　4、5、7、8. 瓷盏（02M14：2~5）　6. 铜指环（02M14：6）

（2）铜器

2件。分别为指环、铜器残片。

指环 1件。标本02M14：6，圆环状，环体截面扁平。表面锈蚀严重。直径2.4厘米（图二三〇，6）。

铜器残片 1件。标本02M14：9，残片。不规则三角形。素面。胎极薄。

一一、02M19

1. 墓葬形制

02M19位于文溪村（原大湾村九社），当地俗称“包上”的小台原上。属长江南岸二级台地，处大湾墓群西Ⅳ区。开口于耕土层之下，距现地表0.4米。构筑方法：先自地面下挖刀把形土圹，土圹开挖规整，四壁经过拍打、修整。而后于土圹之内起砖壁，墓壁与土圹壁间留有0.08～0.1米的空隙，空隙内填黄褐色黏土，夯实（图二三一）。

02M19平面呈刀把形，方向190° 。由墓道、甬道、墓室三部分组成。

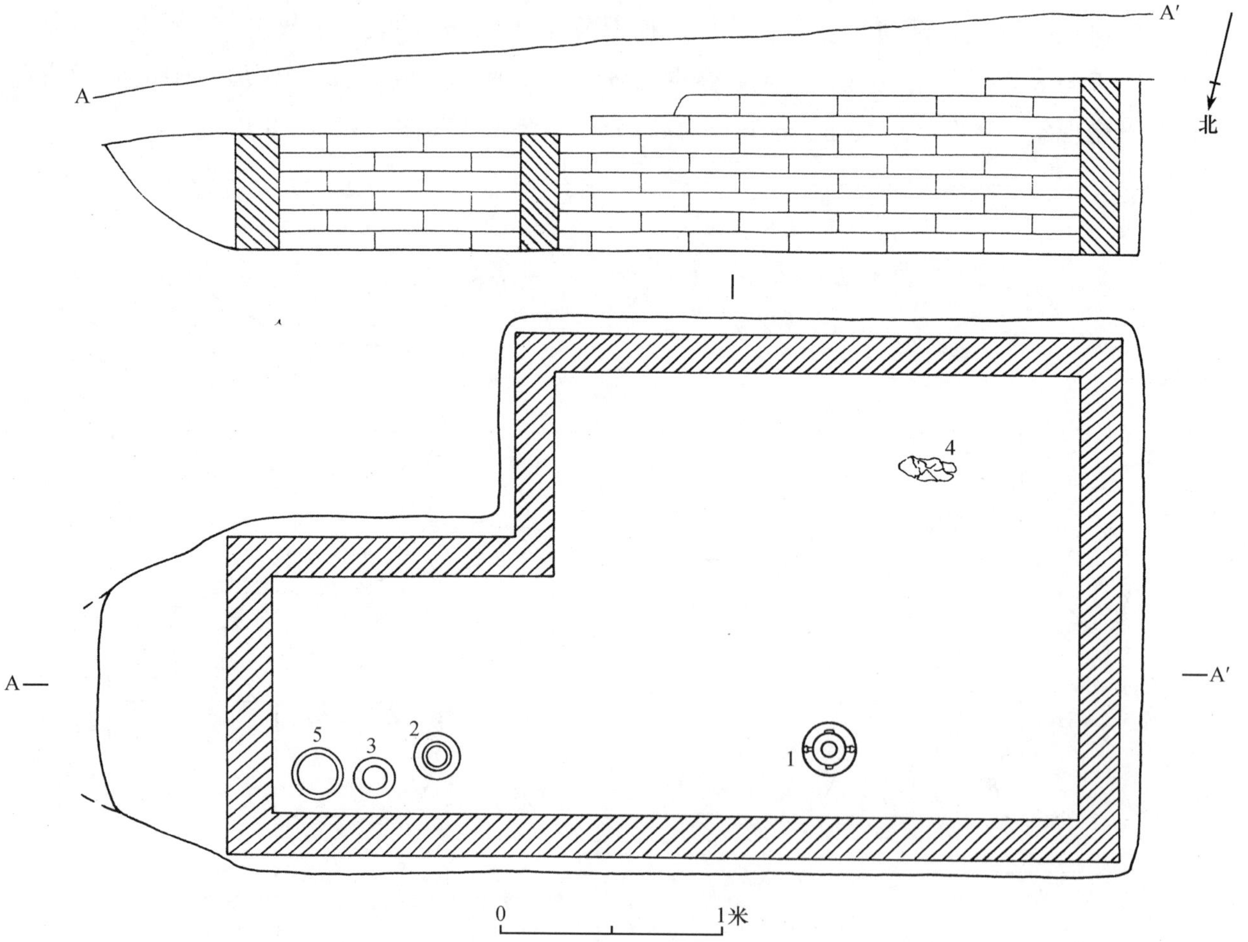

图二三一 02M19平、剖面图

1. 瓷壶 2. 陶罐 3. 陶盂 4. 胡人吹箫俑 5. 陶甑

墓道　斜坡土圹式，残存平面呈梯形。残长0.6米，开口部位较窄为1米，下底近封门处最宽为1.45、残高0.54米。

甬道　平面呈长方形。上部已毁。甬道两直壁残高0.54米，余有6层砖。系采用带有菱形几何边纹的长方形条砖错缝叠砌而成，花纹一律朝向甬道。砖缝间有一层薄薄的细泥合缝。在甬道两壁的顶端外有封门，不与甬道壁交错咬合。所用砖多为残断碎块，带有边纹的一侧皆朝向甬道。封门面宽1.45、残高0.45米。甬道长1.3、宽1.05、残高0.63米。

墓室　平面呈长方形，但长宽比不大。墓壁的做法与甬道比相同。北壁与甬道北壁连成一直壁，南壁是由甬道南壁向南作90°直拐形成，砌法与甬道壁相同。长2.3、宽2、残高0.63米。

由现场发掘时出土的大量残块，以及此类墓葬的一般做法，推测该墓原顶部为券顶。后因盗扰损毁。

未发现任何与葬具、人骨架有关的痕迹。

采集墓砖　1块。标本02M19：01，泥质灰陶。长方形条砖，一长侧面饰菱形几何纹，上下饰绳纹，其余为素面。青色，烧制温度较高。长41.5、宽19、厚7.5厘米（图二三二）。

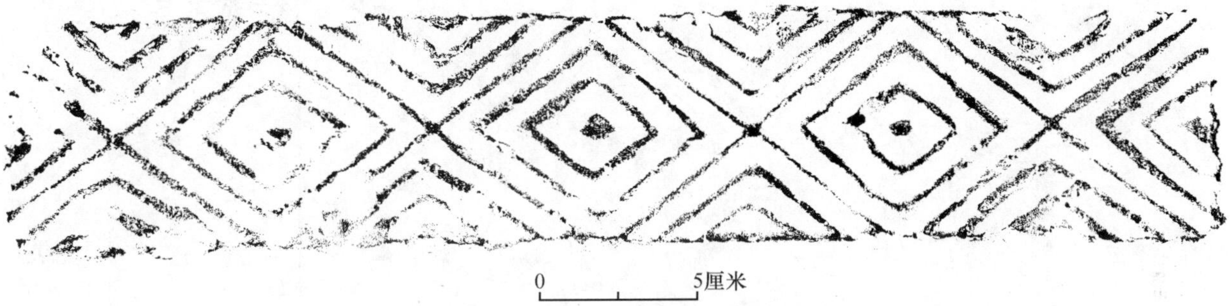

图二三二　墓砖（02M19：01）拓片

2. 随葬器物

随葬器物散置在甬道与墓室内，共5件，分为陶器、瓷器。

（1）陶器

4件。分别为罐、盂、甑、俑。

罐　1件。标本02M19：3，泥质灰陶。敛口，圆唇，斜肩，鼓腹，平底。素面。火候较高。通高12、口径10厘米（图二三三，1）。

盂　1件。标本02M19：2，泥质红陶。侈口，沿微卷，圆方唇，束径，鼓腹，圜底。肩、腹有凹弦纹。轮制。通高10.6、口径12.2厘米（图二三三，2）。

甑　1件。标本02M19：5，泥质灰陶。敞口，卷沿，鼓腹，平底。底有圆形箅孔。器表有连珠纹。通高22、口径33.2厘米（图二三三，3）。

胡人吹箫俑　1件。标本02M19：4，泥质红陶。跪坐姿。头戴尖帽，五官不清。外着宽袖及肘长服。跪坐，身后露履。身体后仰。双手持长箫，左上右下，一端抵唇，一端触地。表面酥粉严重。模制拼接而成，中空。通高22.6厘米（图二三三，4）。

（2）瓷器

壶　1件。标本02M19：1，盘口残。短束颈，圆广肩，鼓腹，平底。鸡首形短直流，柄残。肩部有二弧形桥系并饰凹弦纹一道。施浅豆青色釉，釉及下腹，开细小的裂片。底露灰白色胎。通高23.8厘米（图二三三，5；图版四四，5）。

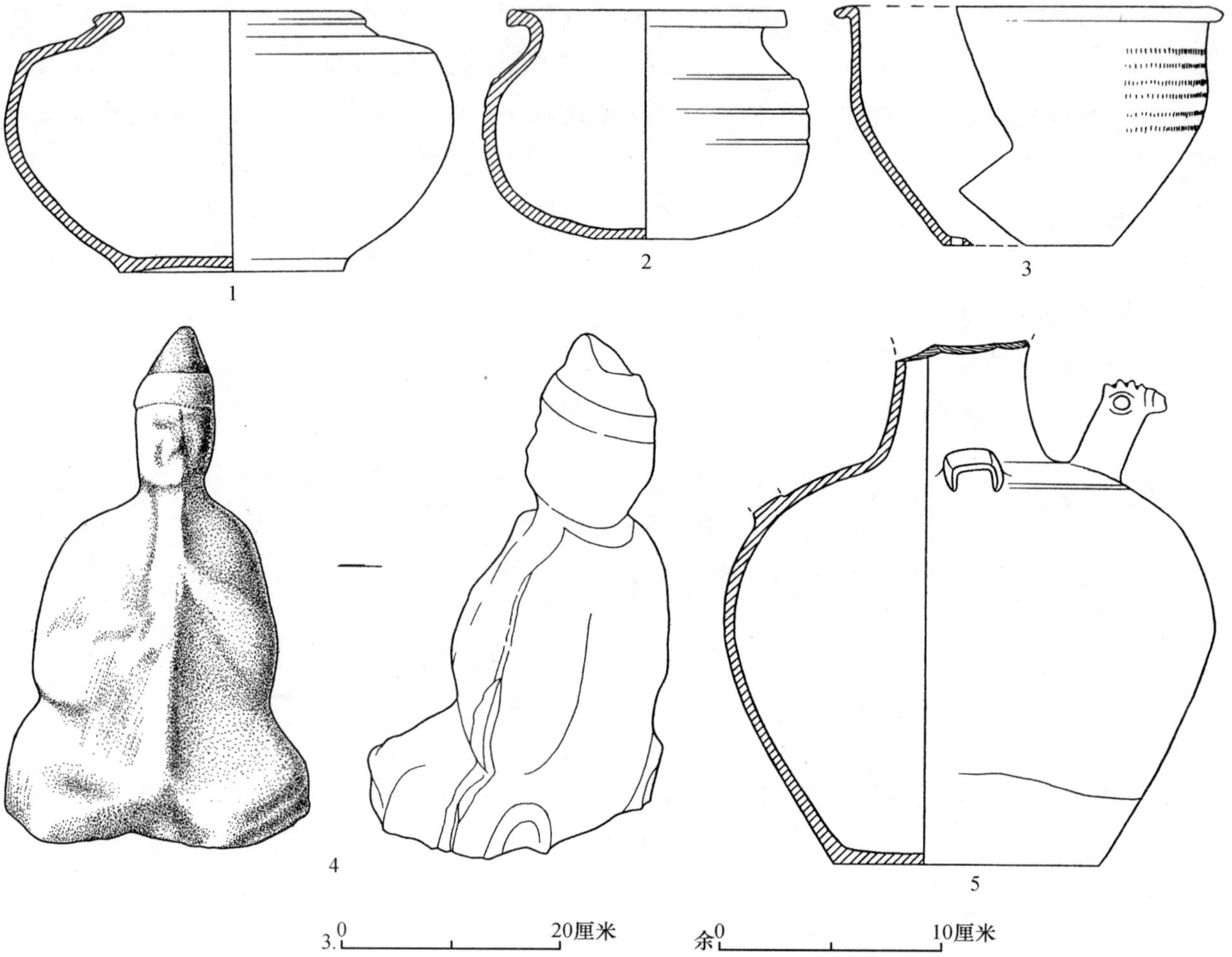

图二三三　02M19出土器物

1. 陶罐（02M19：3）　2. 陶盂（02M19：2）　3. 陶甑（02M19：5）　4. 胡人吹箫俑（02M19：4）　5. 瓷壶（02M19：1）

一二、04M2

1. 墓葬形制

04M2位于桂花村五社，豆芽沟右岸丰高公路以上的一个叫“黄泥包”的独立而且顶部较为平坦的缓坡台地的西南部。04M2在04M1与04M3之间，南距离04M1约2.5米，北距04M3约5.3米。开口在耕土层下，距现地表0.2米。由于田间耕作破坏墓葬顶部。构筑方法是直接构筑于生土中，先挖规整的刀把形土圹，四壁经过拍打、修整。而后于土圹之内起砖壁，再券墓葬顶部。墓壁与土圹壁间留有0.1～0.2米的空隙，空隙内填红褐色五花土。土圹长6.1、宽2.1/2.9、残深1.6米（图二三四）。

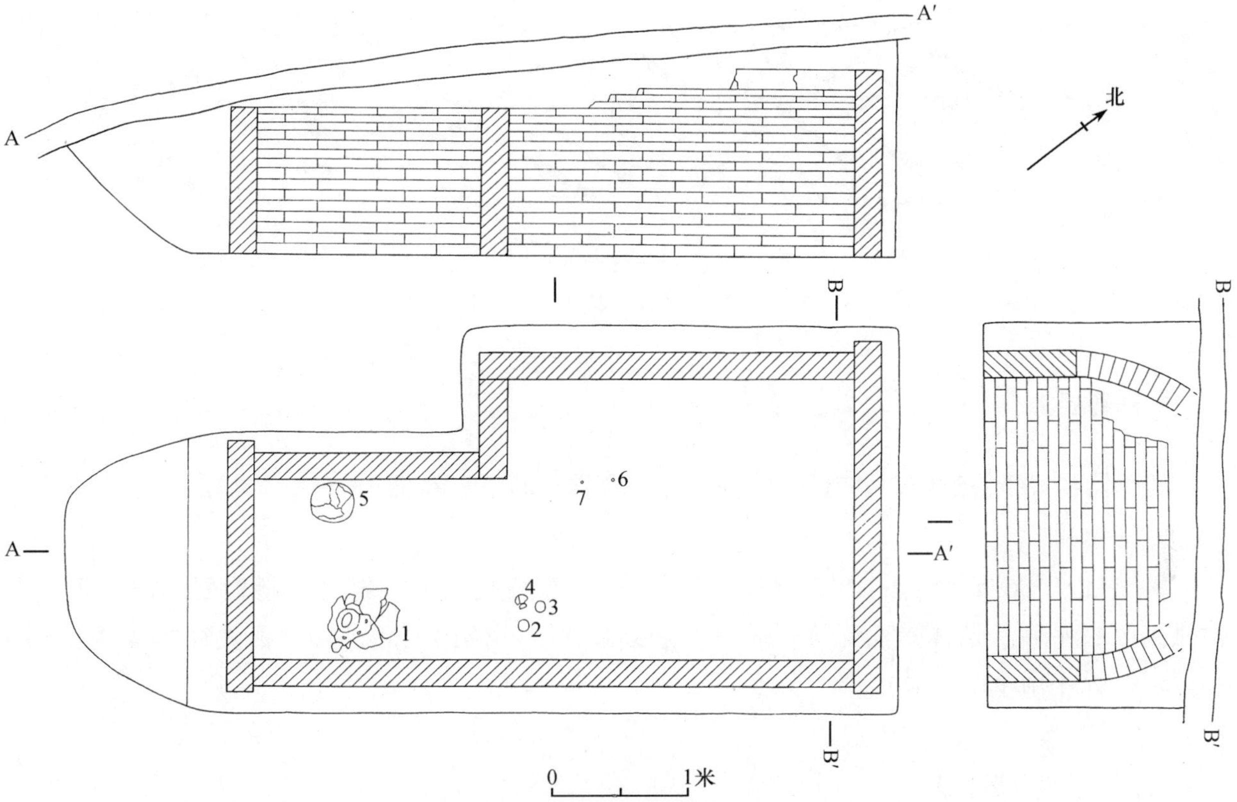

图二三四　04M2平、剖面图

1. 瓷壶　2～4. 瓷盏　5. 陶罐　6. 铜钱　7. 石珠

04M2平面呈刀把形，方向225°。由墓道、甬道、墓室三部分组成。总长5.8、高1.6米。

墓道　斜坡土圹式，长1.2、宽2.1、残高1.1米。

甬道　平面呈长方形。甬道前端外有砖砌的封门，墓砖的纹饰稍混乱，堆砌不整齐。长1.94、残高1.1米。甬道南壁与墓室南壁连成一体，北壁作90°北拐，形成墓室北壁。甬道南北壁为长方形条砖错缝叠砌而成，在自下向上的第9层砖（第9层砖为素面向内）起开始逐步向内券砌，形成券顶。现券顶破坏不存在。砖侧面的菱形几何花纹均朝向甬道内。底部为生土，稍作修整。长2.05、宽1.35、残高1.35米。

墓室　平面呈长方形。墓室各壁亦为长方形条砖错缝叠砌而成，在自下向上的第9层砖（第9层砖为素面向内，与甬道相连一体）起开始逐步向内券砌，形成墓室券顶。现券顶破坏坍塌。砖侧面的菱形几何纹朝向墓室内。砖间有黄褐色黏土。后壁于南北两侧壁后端外起墙，未与两壁交错咬合。墓室地面与甬道处同一地平，为生土地面。

墓内现填黄褐色黏土、残碎砖块和少量料姜石块。其中砖块多为带有子母榫卯结构的外厚内薄的楔形砖，是墓葬券顶用砖。长2.55、宽2.1、残高1.6米。

葬具腐朽无存，尸骨无存，葬式，头向不明。

采集墓砖　1块。标本04M2：01，泥质灰陶。残。平面长方形，两长侧薄厚不一呈楔形，两短侧面有半圆柱状榫卯结构。较薄侧面饰菱形几何纹，上下面饰绳纹，其余素面。长46、宽20、厚0.07～0.08米（图二三五）。

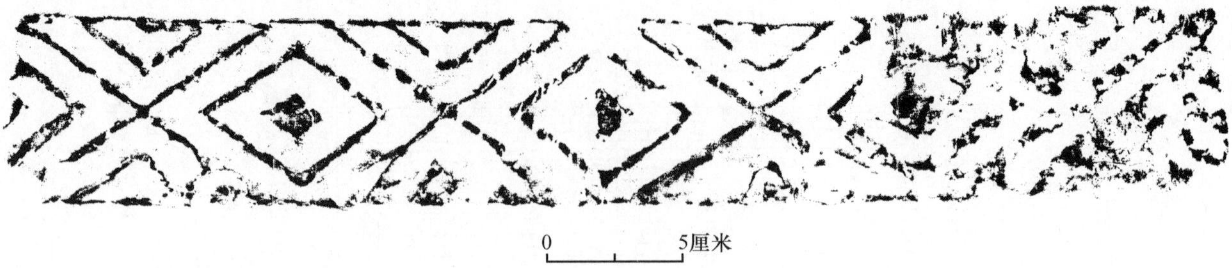

图二三五 墓砖（04M2：01）拓片

2. 随葬器物

随葬器物置于甬道内，共7件，分为陶器、瓷器、石器、铜器。

（1）陶器

罐 1件。泥质灰陶。标本04M2：5，敛口，卷圆唇，束颈斜直，斜折肩，深鼓腹，下腹弧内收，平底。通体素面无饰。轮制。通高15.8、口径14、底径16、最大径24.4厘米（图二三六，4；图版四四，6）。

（2）瓷器

4件。分别为壶、盏。

壶 1件。标本04M2：1。瓷。口沿部残。侈口，束直颈，圆肩，鼓腹，下腹斜内收，平

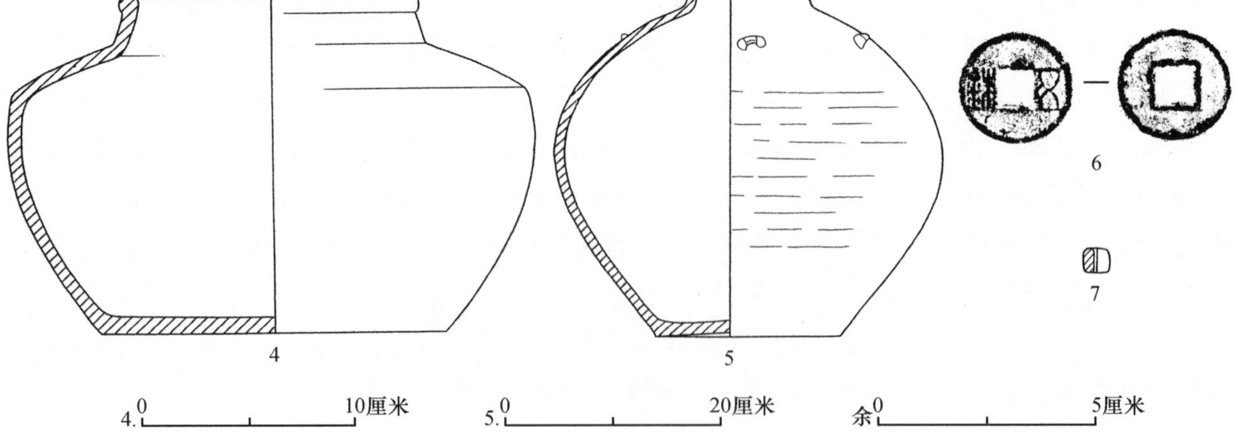

图二三六 04M2出土器物

1～3. 瓷盏（04M2：2～4） 4. 陶罐（04M2：5） 5. 瓷壶（04M2：1） 6. 铜钱（04M2：6）拓片 7. 石珠（04M2：7）

底。肩部六个桥形纽，纽间饰一道凹弦纹。侈口内壁及器表施一层青绿色釉，下腹及底未施釉，釉层不均匀亦不致密，或浅绿，或深绿色，脱落严重。灰白胎。器形较大。表面有泥条盘筑痕迹，快轮修整。残高36、底径17、腹径35厘米（图二三六，5；图版四五，1）。

盏　3件。标本04M2：2，口沿部残。口微敛，尖圆唇，浅腹微外鼓，平底，饼足。唇外凹弦纹一道。除饼足外其余均施青色釉。釉层较薄，有脱落。灰白胎较厚。轮制。通高3.6、口径8.4、底径3.6厘米（图二三六，1）。标本04M2：3，口沿部残。敞口，尖圆唇，浅弧腹，饼足。唇外饰一道凹弦纹。除饼足外其余均施青色釉，釉层不致密，易脱落。薄胎灰白，轮制。通高3.4、口径8.5、底径4.4厘米（图二三六，2）。标本04M2：4，敞口，尖圆唇，浅弧腹，饼足。唇外饰一道凹弦纹。器表均施青色釉。釉层薄不致密，足部有气泡。薄胎灰白，轮制。通高3.2、口径8.2、底径4.4厘米（图二三六，3）。

（3）石器

珠　1件。标本04M2：7，绿色小圆柱状，正中一小穿孔。通高0.6、外径0.6、孔径0.15厘米（图二三六，7）。

（4）铜器

钱币　1枚。为五铢钱。标本04M2：6，表面锈蚀，字迹不太清楚。“五”字中间两笔弯曲，“铢”字显矮胖，“金”字头呈三角形，“朱”字上端方折，下端略圆。直径2.6、穿径1厘米（图二三六，6）。

一三、04M7

1. 墓葬形制

04M7位于桂花村四社，豆芽沟左岸丰高公路以上的一个叫“庙儿山”的独立且顶部较为平坦的缓坡台地的西部，南距04M6约18米。开口在耕土层下，距现地表0.28～0.56米。构筑方法是直接在生土中先挖规整的刀把形土圹，四壁拍打整齐。而后于土圹之内砌砖壁，在一定高度后向内券砌，形成券顶。墓壁与土圹壁间有0.1米的空隙，内填红褐色五花土。土圹长5.5、宽1.94/2.9、残深0.4/1.4米（图二三七）。

04M7平面呈刀把形，方向310°。由墓道、甬道、墓室三部分组成。总长5.2、残高0.4～1.4米。墓葬位于一较高土崖处，甬道处于土崖下的台地上，墓室于土崖上。故墓室保存较好，甬道、墓道保存较浅。

墓道　斜坡土圹式。残长0.55、宽1.95、残高0.3米。

甬道　平面呈长方形。甬道前端内有砖砌的封门，残长1.04、残高0.16米。甬道南壁与墓室南壁连成一体，北壁作90°北拐，形成墓室北壁。甬道两壁为长方形条砖错缝叠砌而成。侧面的菱形几何花纹均朝向甬道内，封门稍混乱，堆砌不整齐。底为生土地面，稍做修整。长1.9、宽1.35、残高0.4米。

墓室　平面呈长方形。墓室南、北壁亦为长方形条砖错缝叠砌而成，自下向上第9层砖开

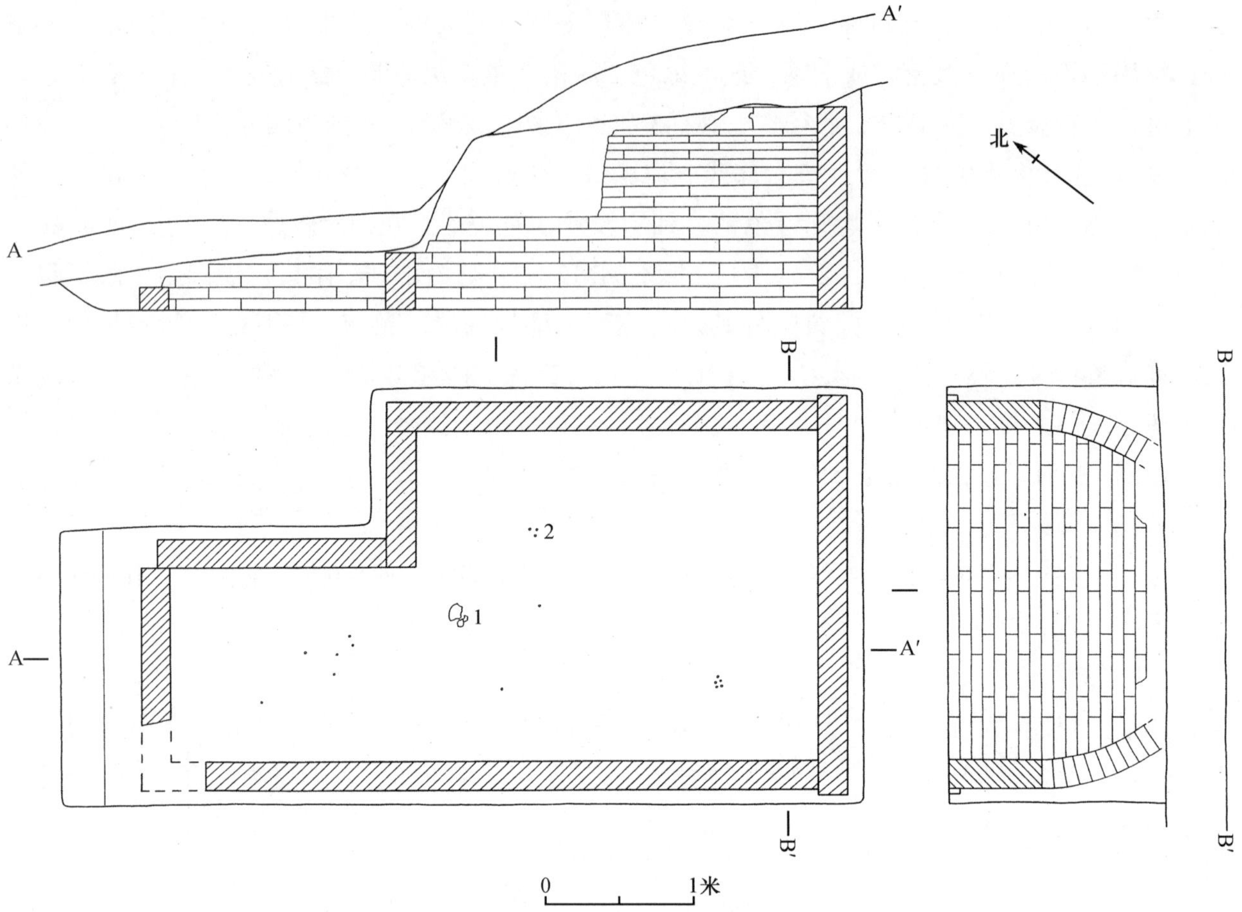

图二三七　04M7平、剖面图
1. 瓷碗　2. 铜钱

始内卷，形成墓室券顶。券顶现破坏坍塌。砖侧面的菱形几何纹朝向墓室内。砖层间垫有一层薄薄的黄褐色黏土。墓室后壁在南北两侧壁外砌成，未与两壁交错咬合。长2.75、宽2.3、残高1.4米。

墓内现填黄褐色黏土、残碎砖块和少量料姜石块。

葬具腐朽无存，尸骨无存，葬式，头向不明。

采集墓砖　1块。标本04M7：01。泥质灰陶。残。长方形条砖，一长侧面饰菱形几何纹，上下面饰绳纹，其余素面。长44.5、宽20、厚6.5厘米（图二三八）。

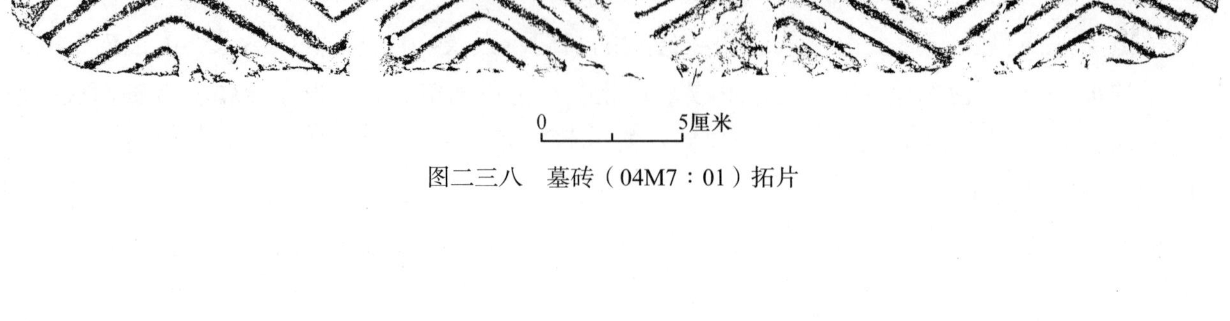

图二三八　墓砖（04M7：01）拓片

2. 随葬器物

随葬器物共2件（组），分为瓷器、铜器。

（1）瓷器

碗 1件。标本04M7：1。瓷。敞口，圆唇，弧腹，平底。唇外稍内凹。外上腹和内表施青色釉，下腹及底部未施釉，灰白胎。轮制。通高6.4、口径15.8、底径10.8厘米（图二三九，1）。

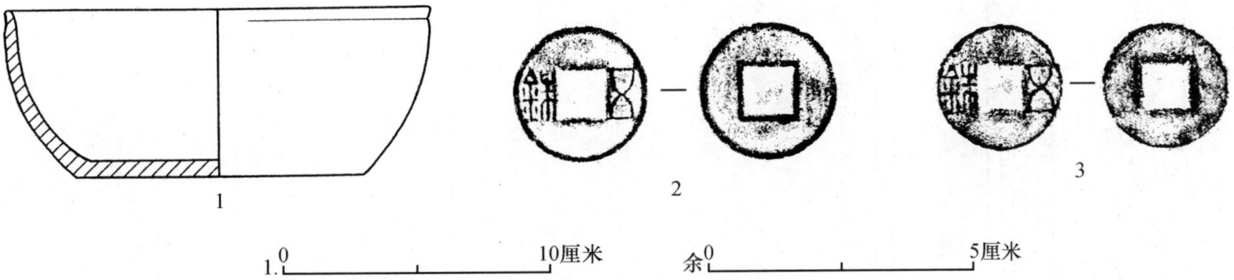

图二三九 04M7出土器物

1. 瓷碗（04M7：1） 2、3. 铜钱（04M7：2：1、2）拓片

（2）铜器

钱币 1组28枚。为五铢钱。依据形制大小可分为二式。

Ⅰ式：20枚。标本04M7：2：1，边郭规整，字迹清楚。“五”中间两笔弯曲，“铢”字矮胖，“金”字头呈三角形，“朱”上下端略圆润。直径2.6、穿径0.9厘米（图二三九，2）。

Ⅱ式：8枚。标本04M7：2：2，外郭被剪掉，字迹清楚。“五”中间两笔弯曲，“铢”字矮胖，“金”字头呈三角形，四点有连接，“朱”上下端略圆润。直径2.4、穿径0.9厘米（图二三九，3）。

一四、04M10

1. 墓葬形制

04M10位于桂花村五社，当地人俗称“租地包”上的西南部。04M10北距04M9约1米处。开口在耕土层下，距现地表0.16米。墓葬的构筑是在生土中挖一个比较规整的曲尺形土圹坑，四壁拍修整齐。而后于土圹之内砌砖壁，在一定高度后再向墓内券砌，形成券顶。墓壁与土圹壁间有0.1米的空隙，内填红褐色五花土。土圹残长4.9、宽1.8/3.4、残深1.55米（图二四〇；图版三八，2）。

04M10平面呈曲尺形，方向320°。由墓道、甬道、墓室三部分组成。总长4.7、残高0.5～1.2米。

墓道 斜坡土圹式。两边呈弧形。残长0.75、宽2、残高0.5米。

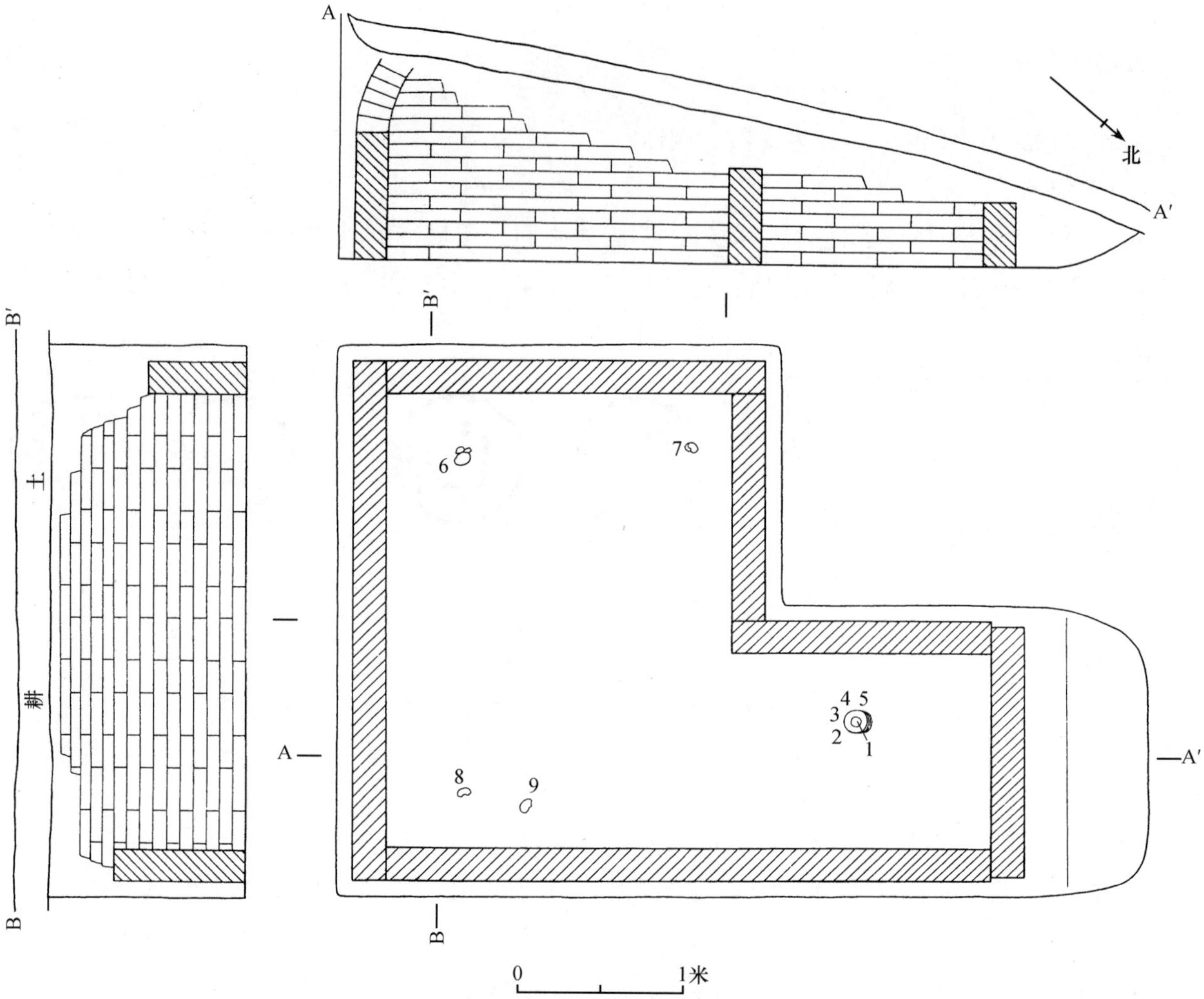

图二四〇　04M10平、剖面图

1、7. 瓷盏　2～5. 瓷碗　6. 陶钵　8、9. 陶盏

甬道　平面呈长方形。甬道前端外有砖砌的封门，残长1.56、残高0.4米。甬道北壁与墓室北壁连成一体，南壁作90° 南拐，形成墓室南壁。甬道两壁为长方形条砖错缝叠砌而成。侧面的菱形几何花纹均朝向甬道内，封门稍混乱，堆砌不整齐。底为生土地面，稍做修整。长1.85、宽1.2、残高0.6米。

墓室　平面呈长方形。墓室南、北壁亦为长方形条砖错缝叠砌而成，墓室后壁在南北两侧壁外砌成，未与两壁交错咬合，亦为长方形条砖错缝叠砌，自下向上第10层起开始向墓室内卷曲，形成墓室券顶。现券顶遭破坏已不存在。墓壁的砖侧面菱形几何纹朝向墓室内。砖层间垫有一层薄薄的黄褐色黏土。墓室地面为生土地面。墓内现填黄褐色黏土、残碎砖块和少量料姜石块。长2.8、宽2.1、残高1.2米。

葬具腐朽无存，尸骨无存，葬式，头向不明。

采集墓砖　1块。标本04M10：01。泥质灰陶。残。平面长方形，两长侧面薄厚不一呈楔形，两短侧面有子母榫卯结构。较薄侧面饰灵性几何纹，两边菱形中有四出纹。上下面饰绳纹。其余素面。长43.5、宽19、厚7～8.5厘米（图二四一）。

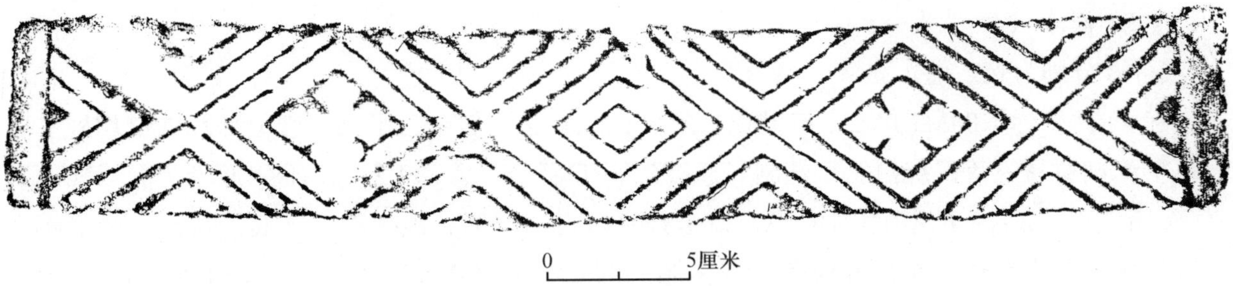

图二四一　墓砖（04M10：01）拓片

2. 随葬器物

随葬器物在甬道中部出土有一叠瓷碗，其余出土于墓室，共9件，分为陶器、瓷器。

（1）陶器

3件。分别为钵、盏。

钵　1件。标本04M10：6。泥质灰陶。敞口，方唇，弧腹内收，平底。厚胎。轮制。通高3.4、口径9.6、底径4.6厘米（图二四二，1）。

盏　2件，均为泥质红陶。标本04M10：8，残。敞口，圆唇，斜腹内收，平底。腹上部及内壁施一层黑釉。烧制温度极高，胎已接近瓷质。通高5.3、口径13.2、底径6厘米（图二四二，2）。标本04M10：9，敞口，圆唇，浅弧腹，饼足。唇部饰蓝色釉，内底部可见白色粉末，应为青釉脱落所致。烧制温度极高，胎接近瓷质。通高3.5、口径9.6、底径4.6厘米（图二四二，4）。

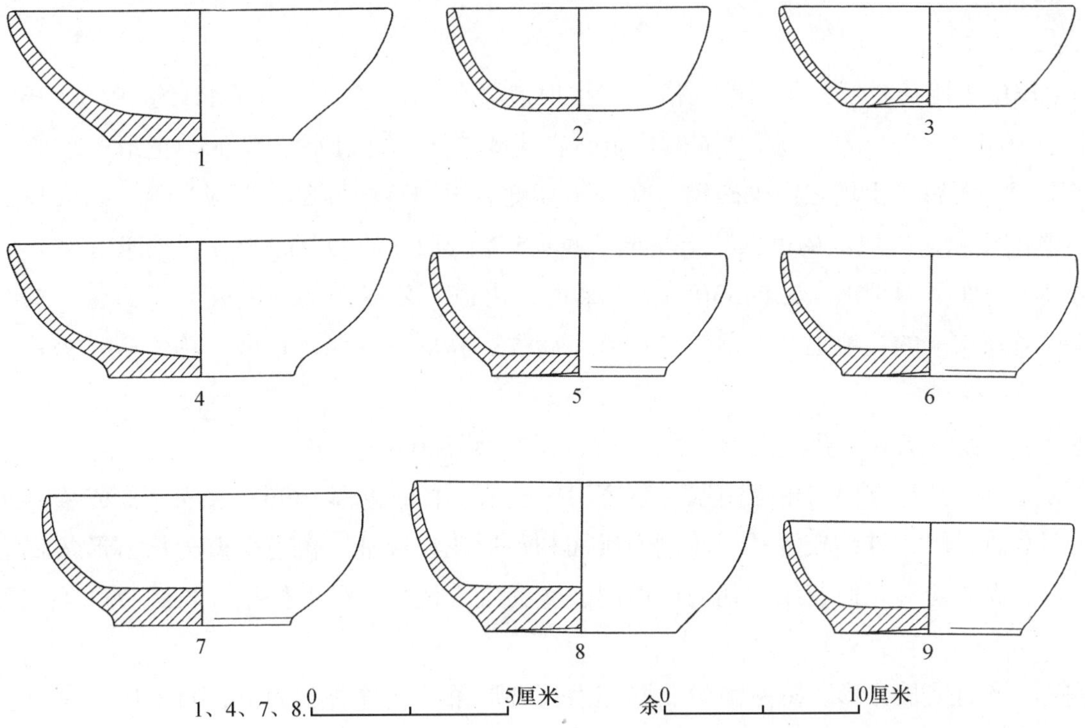

图二四二　04M10出土器物

1. 陶钵（04M10：6）　2、4. 陶盏（04M10：8、9）　3、5、6、9. 瓷碗（04M10：2～5）　7、8. 瓷盏（04M10：1、7）

（2）瓷器

6件。分别为碗、盏。

碗　4件。标本04M10：2，口沿残。敞口，圆唇，浅斜腹，平底。腹上部和内壁均施一层青色釉，釉层易脱落，灰白胎。轮制。通高5.2、口径15、腹深4.3、底径8.4厘米（图二四二，3；图版四五，2）。标本04M10：3，口沿残。敞口，圆唇，浅斜腹，平底，饼足。腹上部和内壁均施一层青色釉，釉层易脱落，灰白胎。内底有因垫烧而留下的斑点。轮制。通高6.4、口径14.8、腹深5.2、底径8.6厘米（图二四二，5；图版四五，3）。标本04M10：4，口沿残。敞口，圆唇，浅斜腹，平底，饼足。腹上部和内壁均施一层青色釉，灰白胎。轮制。通高6.4、口径15、腹深5、底径8.8厘米（图二四二，6）。标本04M10：5，敞口，圆唇，浅斜腹，平底。腹上部和内壁均施一层青色釉，灰白胎。轮制。通高5.8、口径14.8、腹深4.4、底径9.4厘米（图二四二，9；图版四五，4）。

盏　2件。标本04M10：1，口沿残。直口，尖圆唇，浅腹外鼓，平底，饼足。唇外饰一道凹弦纹。除饼足外其余均施一层青色釉，釉层均脱落。灰白胎。轮制。通高3.4、口径7.8、腹深2.4、底径4.4厘米（图二四二，7）。标本04M10：7，残。直口，尖圆唇，浅腹外鼓，平底，饼足。唇外饰一道凹弦纹。除饼足外其余均施一层青色釉，釉层均脱落。灰白胎。轮制。通高3.9、口径8.4、腹深2.7、底径4.8厘米（图二四二，8）。

一五、04M12

1. 墓葬形制

04M12位于桂花村五社，当地人俗称“租地包”上的东部，西距04M11约0.9米。开口在耕土层下，距现地表0.2～0.3米。墓葬的构筑是在生土中挖一个比较规整的刀把形土圹坑，土圹壁拍修整齐。而后于土圹之内砌砖壁，在一定高度后再向墓内券砌，形成券顶。墓壁与土圹壁间有0.1米的空隙，内填红褐色五花土。土圹残长5.7、宽2/2.9、残深2米（图二四三）。

04M10平面呈刀把形，方向330°。由墓道、甬道、墓室三部分组成。墓葬在一高坎下，甬道和墓道在坎下的台地上，保留较少；墓室后部在高坎下，保留较多。总长5.4、残高0.8/1.3米。

墓道　斜坡土圹式，两边弧形。残长0.8、宽2、残深0.6米。

甬道　平面呈长方形。甬道南壁与墓室南壁连成一体，北壁作90°北拐，形成墓室北壁。甬道前部有砖封门，堆砌较混乱，砖侧面素面和菱形花纹混乱。甬道两壁为长方形条砖错缝叠砌而成。侧面的菱形几何花纹均朝向甬道内。底为生土地面，稍做修整。长2、宽1.4、残高0.8米。

墓室　平面呈长方形。墓室南、北壁亦为长方形条砖错缝叠砌而成，自下向上第11层起开始向墓室内卷曲，且第11层砖素面朝墓室内，一直延续到墓室。墓室后壁在南北两侧壁外砌成，未与两壁交错咬合，亦为长方形条砖错缝叠砌。墓壁的砖侧面菱形几何纹朝向墓室内。砖

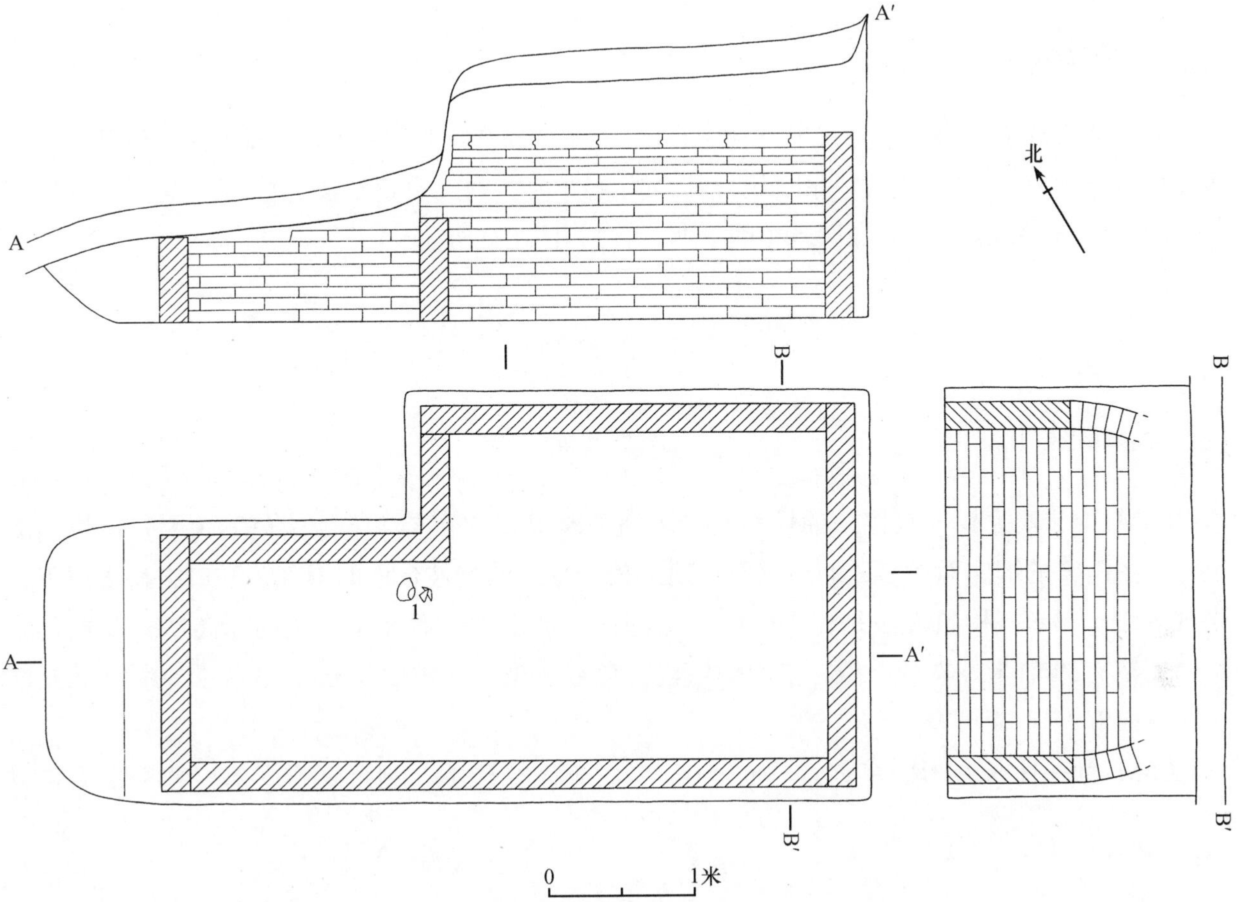

图二四三 04M12平、剖面图
1. 瓷碗

层间垫有一层薄薄的黄褐色黏土。墓室底与甬道底在同一地平，为生土地面。甬道与墓室内现填红褐色黏土、残碎砖块和少量料姜石块。长2.6、宽2.3、残高1.3米。

葬具腐朽无存，尸骨无存，葬式，头向不明。

采集墓砖 1块。标本04M12：01。泥质灰陶。平面长方形，两长侧面薄厚不一呈楔形，两短侧面有子母榫卯结构。较薄侧面饰零星几何纹，菱形中填菱形乳钉，上下面饰绳纹，其余素面。长40、宽18、厚6.5～7厘米（图二四四）。

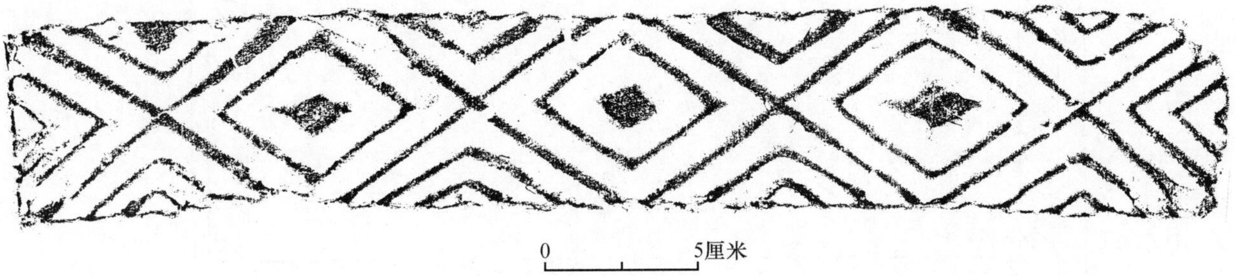

图二四四 墓砖（04M12：01）拓片

2. 随葬器物

随葬器物置于甬道后部，仅出土瓷碗1件。标本04M12：1，敞口，尖圆唇，深腹外鼓，下腹弧内收，平底，矮假圈足。除圈足外其余均施青釉。内底有垫烧支点痕迹。灰白胎。通高8、口径15、腹深6.4、底径8.2厘米（图二四七，1；图版四五，5）。

一六、05M1

1. 墓葬形制

05M1位于高家镇文昌路，油坊沟北岸丰高公路以下的一个叫“烟囱包”（因残留烧制泡菜坛子的陶窑的烟囱而得名）的独立而且顶部较为平坦的缓坡台地的南部。开口在耕土层下，距现地表0.18米。构筑方法是在生土中，先挖长方形土圹，后在土圹之内起砖壁，墓壁与土圹壁间留有约0.1米左右的空隙，空隙内填红褐色五花土。土圹残长3.52、宽1.92、残深0.76米（图二四五）。

05M1为一座长方形砖室墓，方向210°。由于破坏严重，剩余墓室底部。墓室平面长方

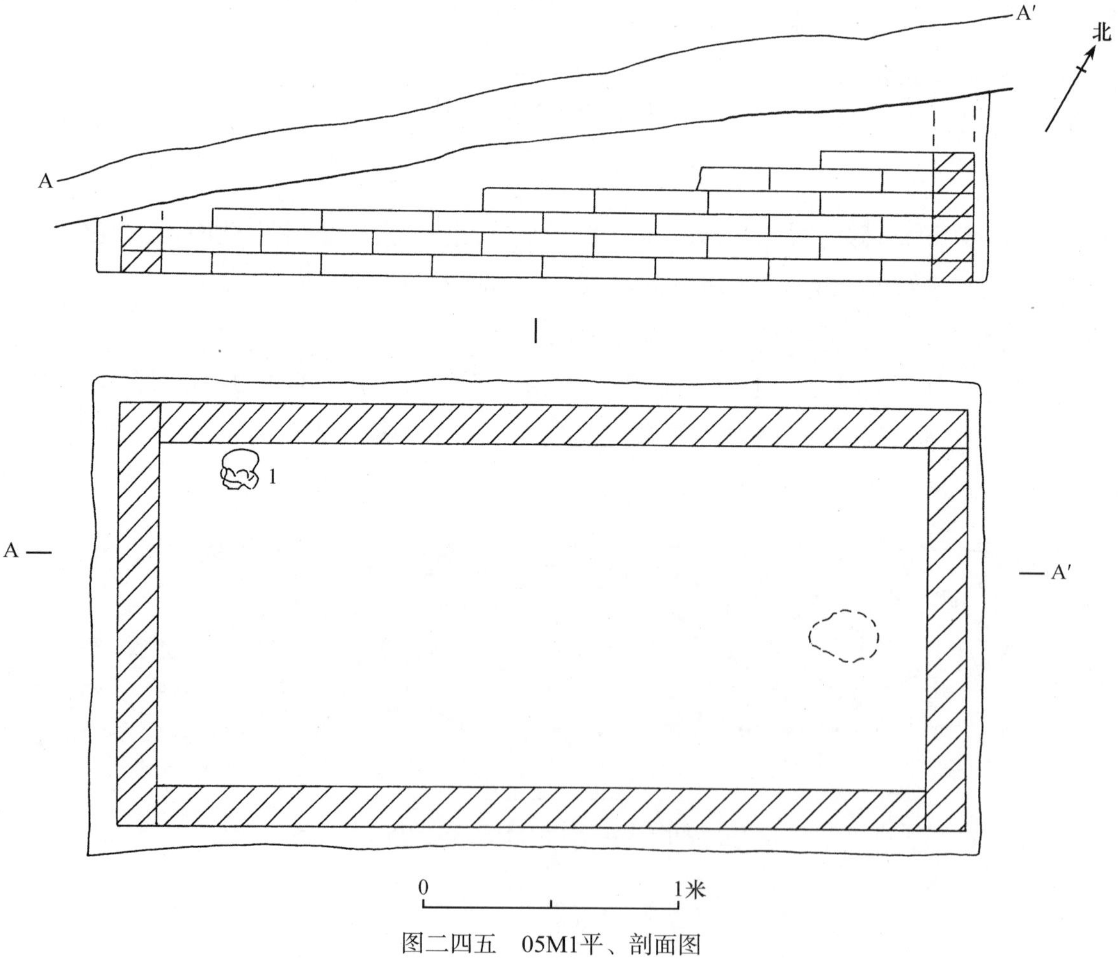

图二四五　05M1平、剖面图
1. 瓷碗

形，长3.05、宽1.38、高0.52米。墓室上部的情况不明。残留四周的墓壁有2或3层砖，采用长方形条砖错缝叠砌而成。砖侧面的菱形几何纹朝向墓室内。砖间有黄褐色黏土。墓内现填褐色黏土、残碎砖块和少量料姜石块。墓室底为生土地面，修理平整。

葬具腐朽无存，尸骨无存，依稀可辨头向西，葬式不明。

采集墓砖　1块。标本05M1：01，泥质灰陶。残少许。长方形，一长侧面饰菱形几何纹，上下面饰绳纹，两短侧面有榫卯结构。长42、宽19、厚6.5厘米（图二四六）。

图二四六　墓砖（05M1：01）拓片

2. 随葬器物

随葬器物置于墓室西北部，仅1件瓷碗。标本05M1：1，修复完整。敞口微敛，圆唇，弧腹，矮假圈足，平底。唇外部饰褐色斑点。底内有烧制过程中留的黑色斑点。下腹以上及器表内均施青釉，下腹及外底部未施釉。表面釉层有些脱落。厚胎，呈青灰色。轮制。通高7.2、口径17.8、底径11厘米（图二四七，2）。

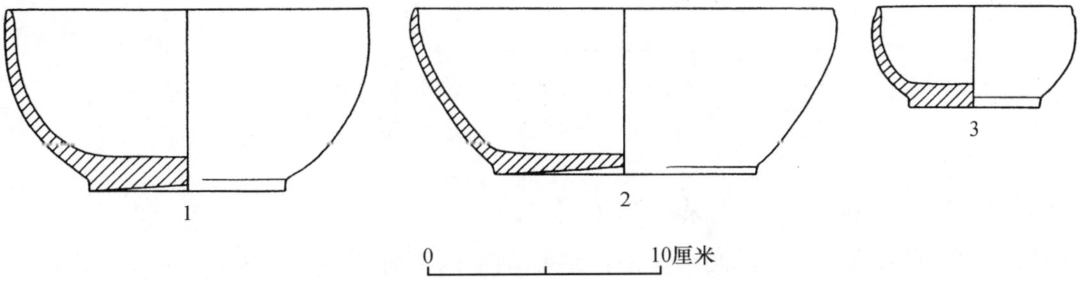

图二四七　04M12、05M1、05M12出土瓷器

1、2. 碗（04M12：1、05M1：1）　3. 盏（05M12：1）

一七、05M12

1. 墓葬形制

05M12位于文溪村二社的“苦竹荡”台地的上部，在05T1内，距离西南侧的05M13约1.2米。开口在耕土层下，距现地表0.1米。构筑方法是在生土中，先挖规整的凸字形土圹，四壁经过修整，而后于土圹之内起砖壁。墓壁与土圹壁间留有约0.1米的空隙，空隙内填红褐色五

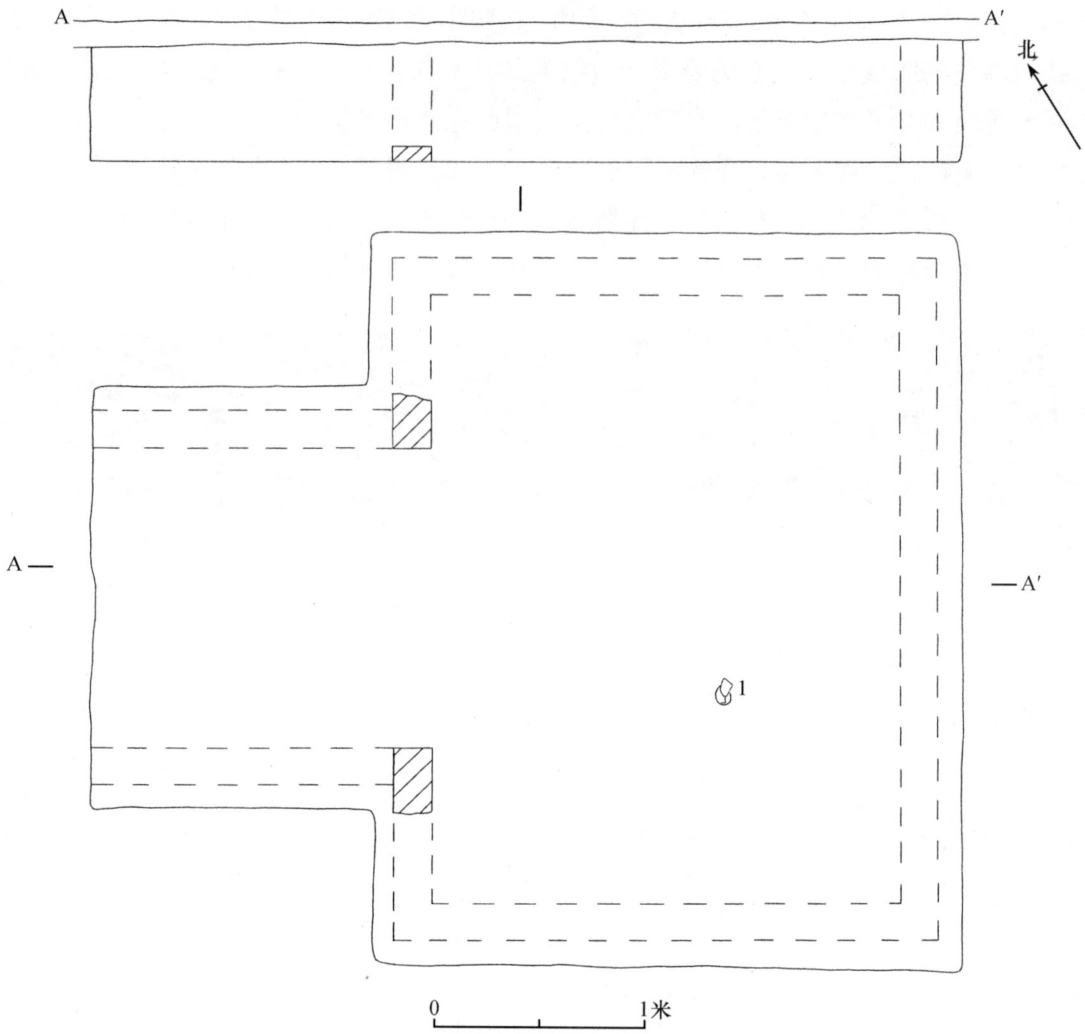

图二四八　05M12平、剖面图

1. 瓷盏

花土。土圹长4.2、宽2.06/3.56、残深0.6米（图二四八）。

05M12平面呈凸字形，方向326°。由甬道和墓室两部分组成。长3.9、残高0.6米。

甬道　平面呈长方形。甬道两壁向东北、西南两方向作90°拐与墓室两壁相连。甬道两壁的砌墙砖被人为挖掘一空。墓底部为生土，稍作修整。长1.64、宽1.46、残高0.6米。

墓室　平面呈长方形。墓室各壁的墓砖也被挖走，仅剩余与甬道相接处两块。墓室地面与甬道处同一地平，为生土地面。长2.26、宽2.94、残高0.6米。

墓内现填灰褐色黏土，土质松散，夹杂大量的碎砖块等物。

葬具、尸骨腐朽无存，葬式、头向不明。

采集墓砖　1块。标本05M12：01，泥质灰陶。残少许。长方形条砖，一长侧面饰菱形纹，在菱形中有菱形乳钉，上下面饰细绳纹。长43.5、宽19.2、厚7.6厘米（图二四九）。

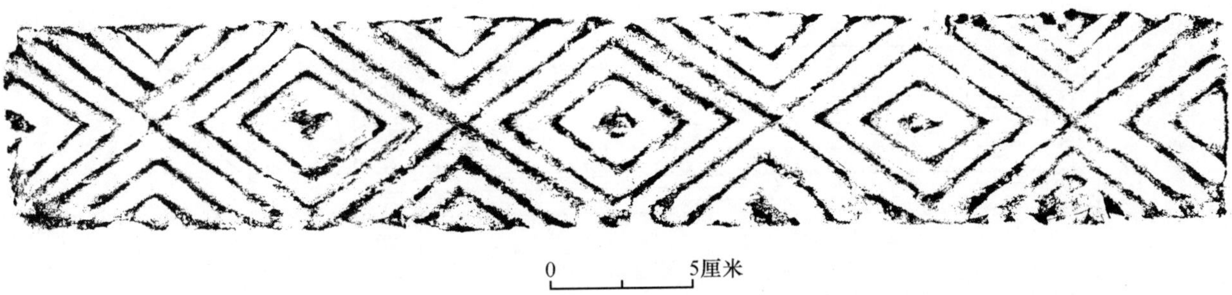

图二四九 墓砖（05M12：01）拓片

2. 随葬器物

随葬器物置于墓室中部，仅出土瓷盏1件。标本05M12：1，残。敞口，尖唇，腹微外鼓，平底，假圈足。通体施青色釉。通高4.4、口径8.4、底径5.6厘米（图二四七，3）。

一八、05M13

1. 墓葬形制

05M13位于文溪村二社的“苦竹荡”台地的上部稍平坦处，在05T1内，距离西北侧的05M12约1.2米。开口在耕土层下，距现地表0.2米。构筑方法是在生土中，先挖规整的刀把形土圹，四壁经过修整，而后于土圹之内起砖壁。墓壁与土圹壁间留有约0.1米的空隙，空隙内填红褐色五花土。土圹长5.9、宽2/3.1、残深1米（图二五〇）。

05M13平面呈刀把形，方向328°。由墓道、甬道和墓室三部分组成。长5.6、残高1米。

墓道 斜坡土圹式，前端呈圆弧状。长1.26、宽2、深1米。

甬道 平面呈长方形。甬道北壁与墓室北壁连成一体，南壁作90°南拐，形成墓室南壁。甬道壁为长方形条砖错缝叠砌而成。砖侧面的菱形几何花纹均朝向甬道内。甬道前端外有砖封门，长1.76、残高0.94米。砖砌较混乱。墓底部为生土，稍作修整。长1.74、宽1.4、残高0.7米。

墓室 平面呈长方形。墓室各壁为长方形条砖错缝叠砌而成。砖侧面的菱形几何纹朝向墓室内。砖间有黄褐色黏土。后壁与南北两壁交错咬合。墓室地面与甬道处同一地平，为生土地面。长2.6、宽2.34、残高0.8米。

墓内现填灰褐色黏土，夹杂大量的碎砖块等物。

葬具、尸骨腐朽无存，葬式、头向不明。

采集墓砖 1块。标本05M13：01，泥质灰陶。残少许长方形，一长侧面饰菱形纹，上下面饰绳纹，两短侧面有榫卯结构。长43、宽17、厚6.5厘米（图二五一）。

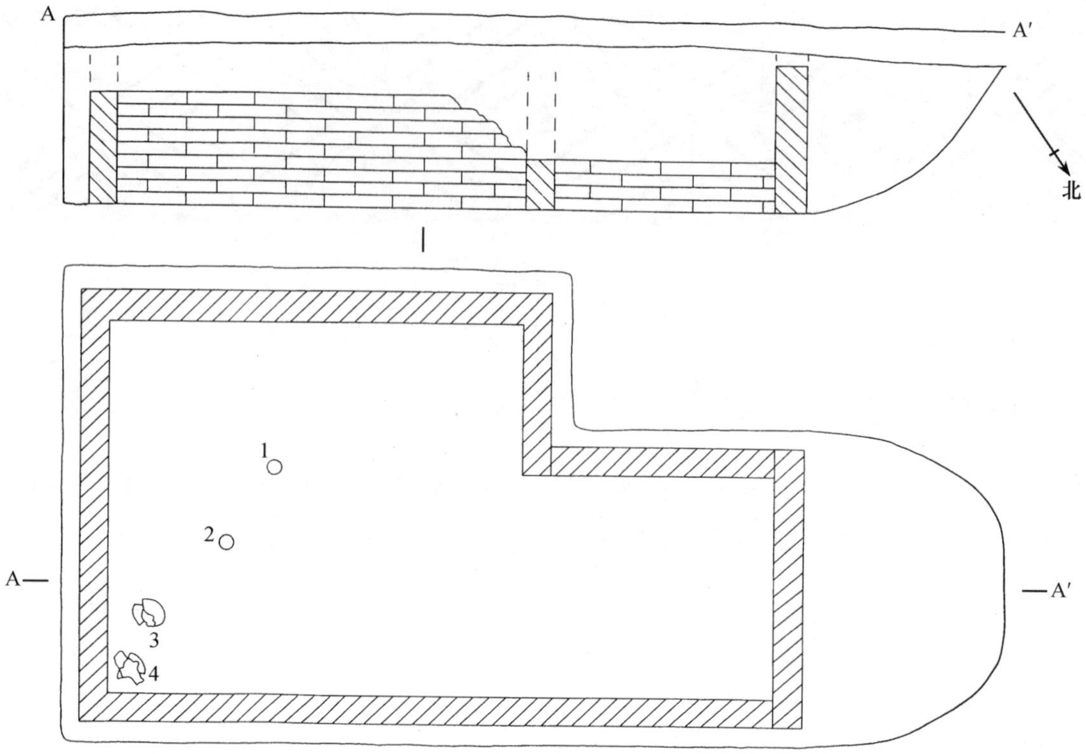

图二五〇 05M13平、剖面图

1、2. 瓷盏 3. 瓷碗 4. 瓷壶

图二五一 墓砖（05M13：01）拓片

2. 随葬器物

随葬器物置于墓室内后部，共4件，均为瓷器。

壶 1件。标本05M13：4，修复完整。盘口，束颈，圆肩，鼓圆腹，平底。肩部有一对桥形纽。颈、肩部各饰一道凹弦纹。盘口及器外表施青色釉，未及下腹和底部。通高18.6、口径11、腹径17、底径10厘米（图二五二，1；图版四五，6）。

碗 1件。标本05M13：3，敞口，圆唇，腹微外鼓，平底。口外饰一道宽凹弦纹。器表施青色釉，未及下腹和底部。通高6.6、口径18、底径10.8厘米（图二五二，2；图版四六，1）。

盏 2件。标本05M13：1，直口，圆唇，浅直腹折内收，小平底。器表施青色釉，未及下腹和底部。釉层脱落严重。口沿部残。通高3.1、口径8.8、底径4.8厘米（图二五二，3）。标

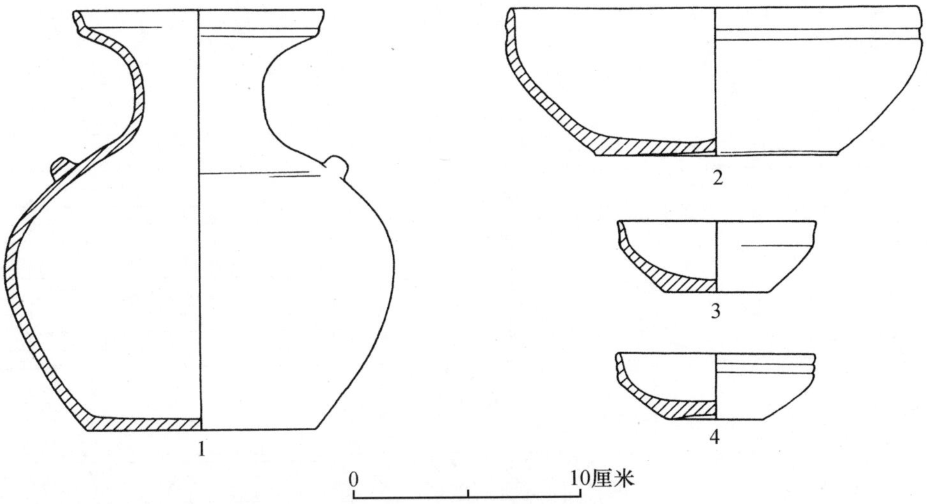

图二五二　05M13出土瓷器

1. 壶（05M13：4）　2. 碗（05M13：3）　3、4. 盏（05M13：1、2）

本05M13：2，直口，圆唇，浅直腹折内收，小平底。器表施青色釉，未及下腹和底部。口沿部残。通高2.9、口径8.8、底径4.4厘米（图二五二，4）。

一九、05M14

1. 墓葬形制

05M14位于文溪村二社的“苦竹荡”台地的西部，在05T1西南角、05T2的西北角。距离东北侧的05M13约5.2米。开口在耕土层下，距现地表0.1米。构筑方法是在生土中，先挖规整的曲尺形土圹，四壁经过修整，而后于土圹之内起砖壁。墓壁与土圹壁间留有约0.05米的空隙，空隙内填红褐色五花土。土圹长4.62、宽1.62/3.34、残深1.34米（图二五三）。

05M14平面呈曲尺形，方向53°。由甬道和墓室两部分组成。长4.38、残高1.04米。

甬道　平面呈长方形。甬道北壁与墓室北壁连成一体，南壁作90°南拐，形成墓室南壁。甬道壁为长方形条砖错缝叠砌而成。砖侧面的菱形几何花纹均朝向甬道内。底部为生土，稍作修整。甬道前端外有砖封门，长1.66、残高0.24米。甬道长1.8、宽1.3、残高0.8米。

墓室　平面呈长方形。墓室各壁为长方形条砖错缝叠砌而成。砖侧面的菱形几何纹朝向墓室内。砖间有黄褐色黏土。后壁与南北两壁交错咬合。墓室地面与甬道处同一地平，为生土地面。长2.9、宽2.3、残高1.04米。

墓内现填灰褐色黏土，夹杂大量的碎砖块等物。

葬具、尸骨腐朽无存，葬式、头向不明。

采集墓砖　1块。标本05M14：01，泥质灰陶。残少许。长方形条砖，一长侧面两边饰菱形几何纹，中部饰十字纹，加四个圆乳钉，上下面饰粗绳纹，其余素面。长42.5、宽17、厚6.6厘米（图二五四）。

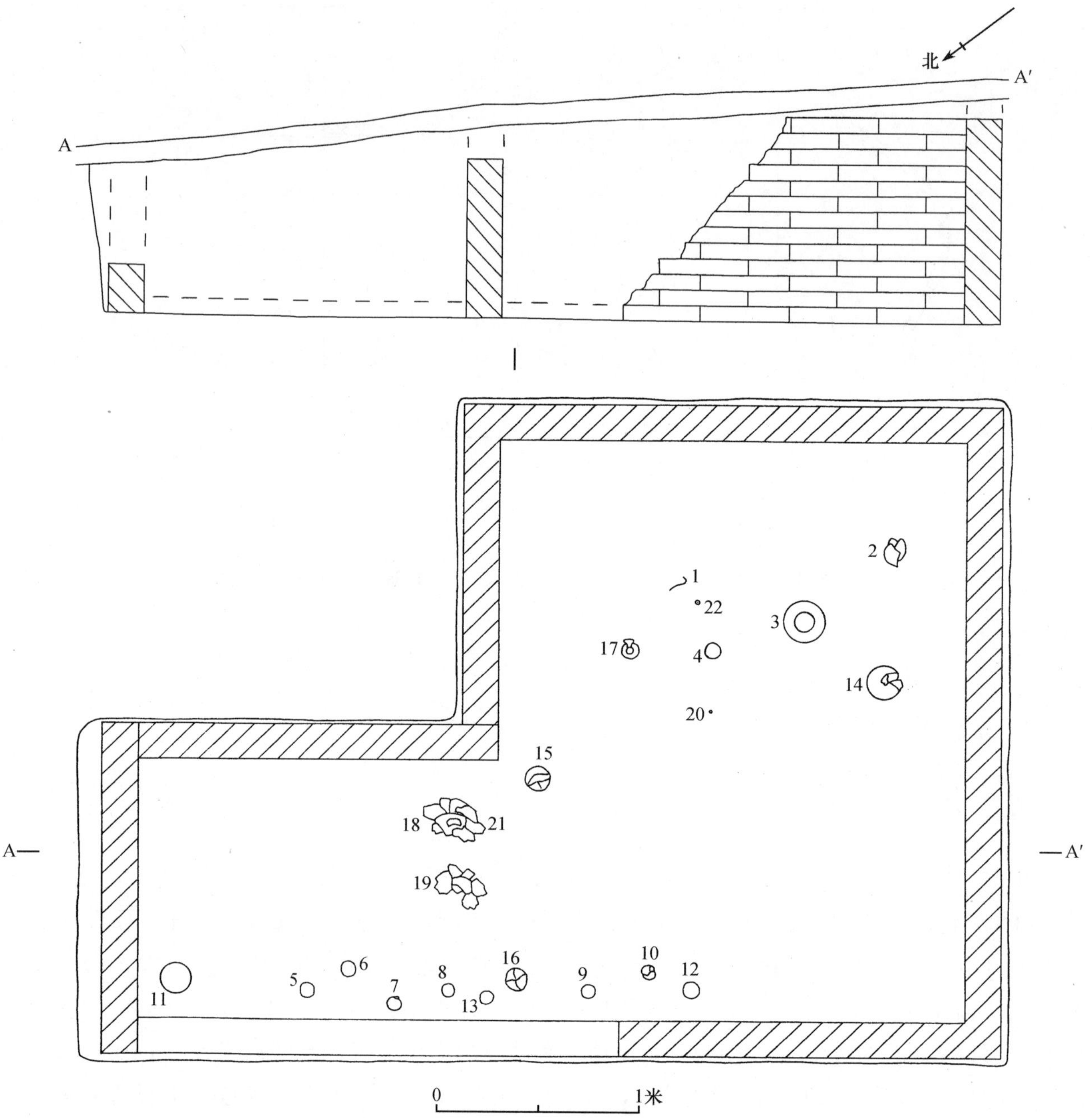

图二五三 05M14平、剖面图

1. 铜笄 2、3、10、11、14～16. 瓷碗 4～9、13. 瓷盏 12. 陶盏 17. 陶灯 18. 陶罐 19. 陶盆 20. 玛瑙珠 21. 瓷壶 22. 铜钱

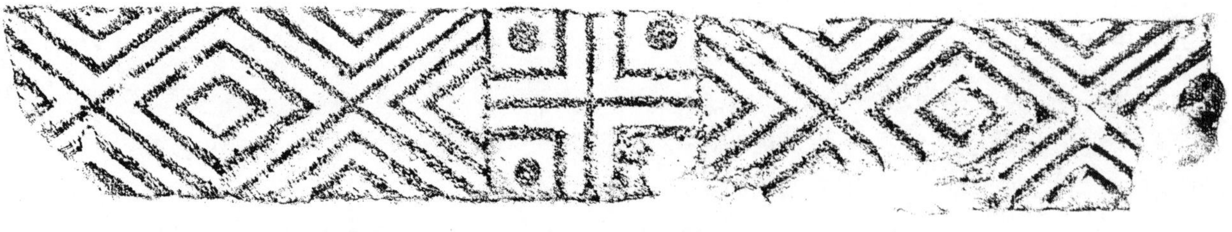

图二五四 墓砖（05M14：01）拓片

2. 随葬器物

随葬器物出土于墓室和甬道内，共22件，分为陶器、瓷器、玛瑙、铜器。

（1）陶器

4件。分别为罐、盆、盏、灯。

罐　1件。标本05M14：18，泥质灰陶。修复完整。敞口，尖唇，卷沿，束颈，鼓肩，深腹，平底。肩部饰半圆形耳，耳内内瘪。通体素面。通高20、口径21、腹径26.2、底径13.4厘米（图二五五，1；图版四六，2）。

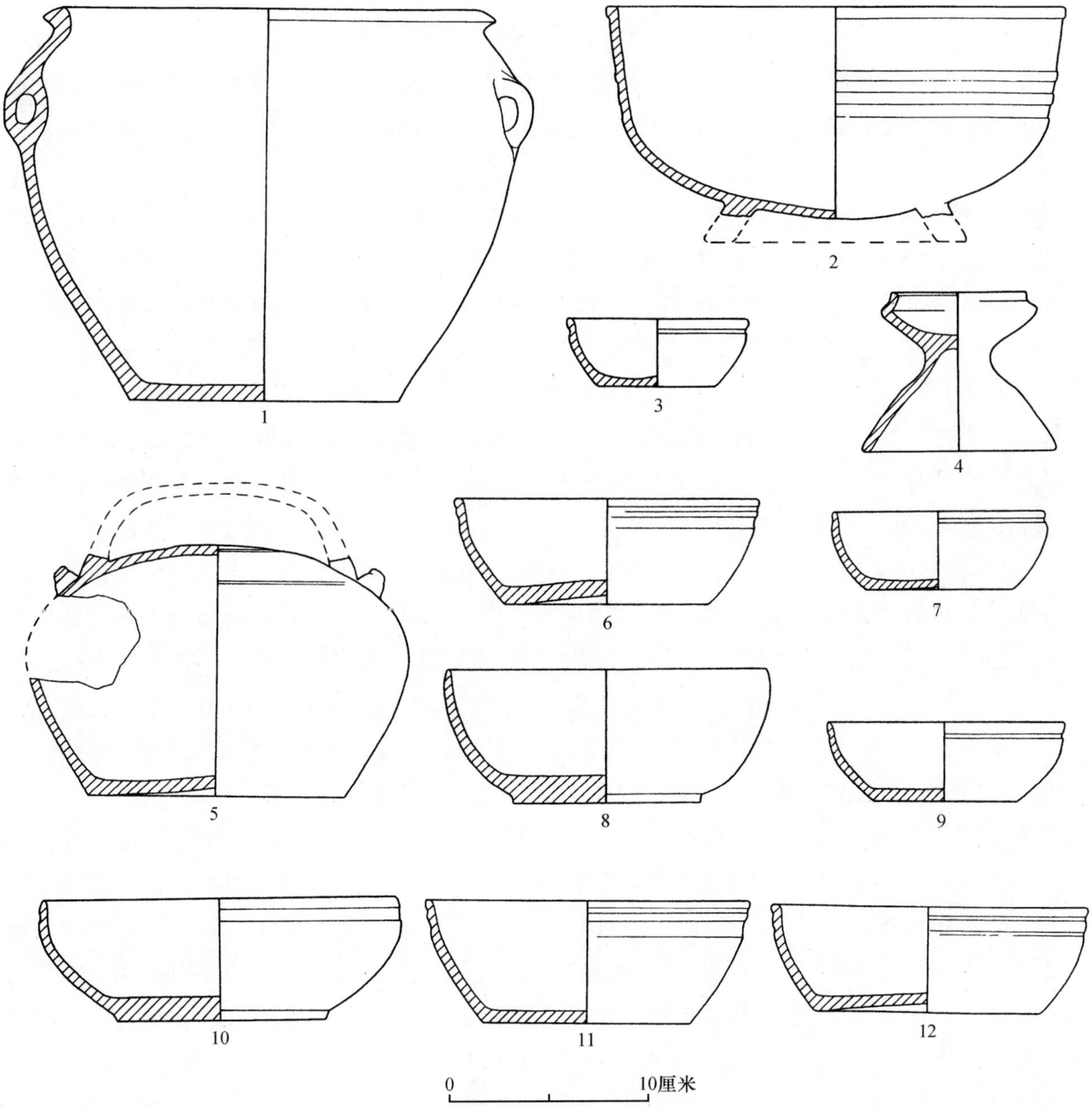

图二五五　05M14出土器物

1. 陶罐（05M14：18）　2. 陶盆（05M14：19）　3. 陶盏（05M14：12）　4. 陶灯（05M14：17）　5. 瓷壶（05M14：21）
6～12. 瓷碗（05M14：2、10、11、14、3、15、16）

盆 1件。标本05M14：19，泥质灰陶。残。直口，圆唇，直腹，圜底，圈足残缺。直腹下部饰三道凹弦纹。残高11、口径23厘米（图二五五，2；图版四六，3）。

盏 1件。标本05M14：12，泥质灰陶。残。敞口，圆唇，弧腹，平底。口外饰一道凹弦纹。色深灰。通高3.4、口径9、底径6厘米（图二五五，3）。

灯 1件。标本05M14：17，釉陶。修复完整。盘状子母口，浅弧腹，束细柄，喇叭状底座。器表点、团状溅施酱黄色釉。通高8.1、口径7.1、底径9.6厘米（图二五五，4；图版四六，4）。

（2）瓷器

15件。分别为壶、碗、盏。

壶 1件。标本05M14：21，残。顶呈弧状稍平，圆肩，鼓腹，平底。顶部与肩部各有柱状残痕，可判定应有提梁。肩部的柱痕外设半圆形纽。器表施青色釉，未及底部。顶部的麻点状，应为釉面经烧制发生变化。通高12.8、腹径19、底径13厘米（图二五五，5；图版四六，5）。

碗 7件。标本05M14：2，口沿残。敞口，圆唇，弧腹，平底。口外饰两道宽凹弦纹。器表的上部施草绿色釉，釉面多脱落。灰白厚胎。通高5.4、口径15、底径10厘米（图二五五，6）。标本05M14：3，口沿残。敞口，尖唇，浅腹，平底。口外饰一道凹弦纹。器内底有烧制过程中留下的褐色斑点。器表施青色釉，不及外底部，釉层均匀。通高6.1、口径17.5、底径10.4厘米（图二五五，10）。标本05M14：10，修复完整。敞口，圆唇，腹部外鼓，平底。口外饰一道凹弦纹。唇部施青色釉。内表及外表下部均未施釉，灰白胎。通高4、口径10.8、底径7厘米（图二五五，7；图版四六，6）。标本05M14：11，口沿残。敞口，圆唇，深腹外鼓，平底，矮饼足。通体施青色釉，釉层均匀。通高6.8、口径16、底径9.2厘米（图二五五，8）。标本05M14：14，敞口，圆唇，鼓腹，平底。口外饰一道凹弦纹。器表施深绿色釉，不及外底。灰白胎。通高4、口径12、底径7.4厘米（图二五五，9）。标本05M14：15，修复完整。敞口，圆唇，弧腹，平底。口外饰两道宽凹弦纹。器表施深绿色釉，不及外底。厚胎呈灰白色。通高6.2、口径16、底径10.4厘米（图二五五，11）。标本05M14：16，修复完整。敞口，圆唇，弧腹，平底。口外饰两道宽凹弦纹。器表上部施深绿色釉，不及内外底。厚胎呈灰白色。通高5.4、口径16、底径11.4厘米（图二五五，12；图版四七，1）。

盏 7件。标本05M14：4，口沿残。直口，圆唇，浅腹，弧底，接实心底座。器表施青色釉，不及外底。通高3、口径8、底径2.4厘米（图二五六，1）。标本05M14：5，口沿残。敞口，尖唇，腹微外鼓，平底。口外饰一道凹弦纹，内底部饰一道凹弦纹。器表施青色釉，不及外底。灰白胎。通高2.9、口径8.8、底径6.2厘米（图二五六，2）。标本05M14：6，修复完整。敞口，圆唇，上腹直，下腹弧内收，弧底，假圈足。口外饰一周凹弦纹，内底饰一道凹弦纹。器表施青色釉，不及内外底。厚胎。通高4.1、口径10.6、底径5厘米（图二五六，3）。标本05M14：7，口沿残。敞口，圆唇，腹外鼓，平底。口外饰一道凹弦纹。器表施青色釉，不及外底。灰白胎。通高3.5、口径8.1、底径4.1厘米（图二五六，4）。标本05M14：8，修复完整。敞口，圆唇，腹微外鼓，平底。口外饰一道凹弦纹，内底饰一道凹弦纹。器表施青色

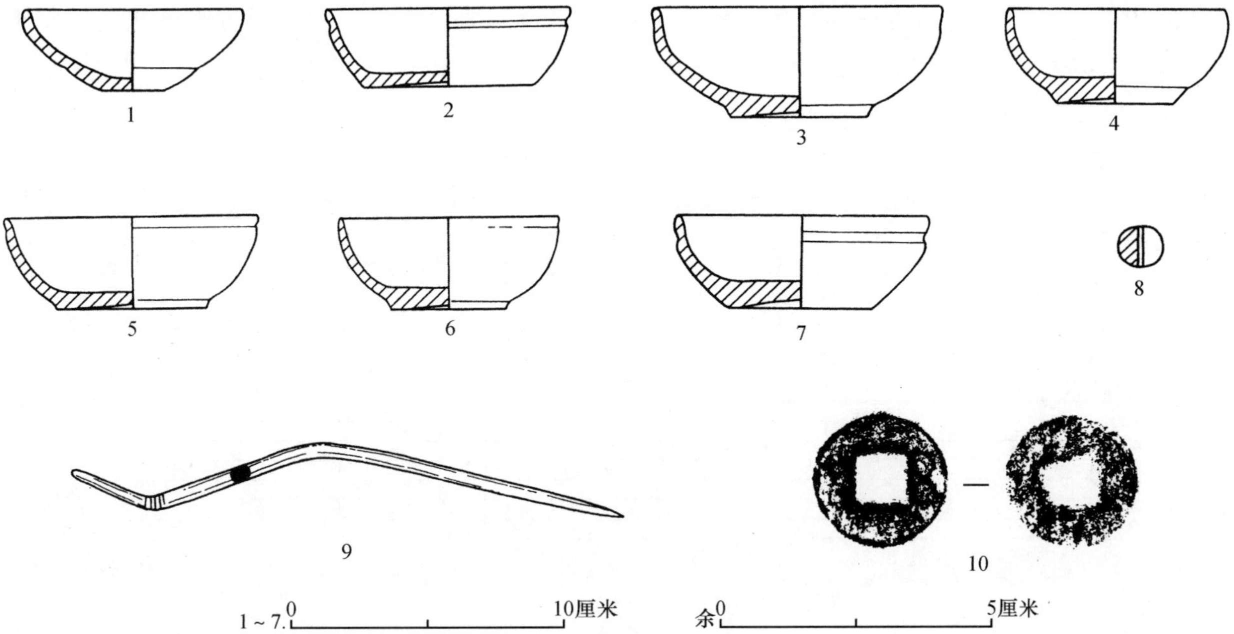

图二五六　05M14出土器物

1～7. 瓷盏（05M14：4～9、13）　8. 玛瑙珠（05M14：20）　9. 铜笄（05M14：1）　10. 铜钱（05M14：22）拓片

釉，釉层脱落。灰白胎。通高3.4、口径9.2、底径5.4厘米（图二五六，5）。标本05M14：9，口沿残。敞口，圆唇，腹微外鼓，平底。口外饰一道凹弦纹。器表施深绿色釉，不及外底。通高3.4、口径8、底径4.2厘米（图二五六，6）。标本05M14：13，口沿残。敞口，圆唇，浅腹上直下内收，平底。器表施青色釉，不及外底。厚胎。通高3.4、口径9.4、底径5.4厘米（图二五六，7）。

（3）玛瑙

珠　1件，标本05M14：20，残。圆球状，正中一细孔洞穿。应是串饰的一小珠。色艳红，体透明。直径0.8厘米（图二五六，8）。

（4）铜器

出土铜器2件，分别为铜笄、五铢钱币。

铜笄　1件。标本05M14：1，铜。完整。略呈“S”状，中部粗，向两端渐变细尖，较短端折弯处有螺旋丝口。长10.1厘米（图二五六，9）。

五铢钱币　1枚，锈蚀。标本05M14：22，边郭不规整，字迹模糊。“五”字中间两笔弯曲。直径2.3、穿径1厘米（图二五六，10）。

二〇、05M18

1. 墓葬形制

05M18位于文溪村二社的“苦竹荡”台地的西南部，在四个相邻探方内，即05T8西南角、05T10西北角、05T11东南角、05T13东北角。开口一部分在05M17下，一部分在耕土层下，距现地表0.2～0.7米。构筑方法是在生土中，先挖规整的刀把形土圹，四壁经过修整，而后于土圹之内起砖壁。墓壁与土圹壁间留有约0.04米的空隙，空隙内填红褐色五花土。土圹长4.14、宽1.94/2.84、残深0.8米（图二五七）。

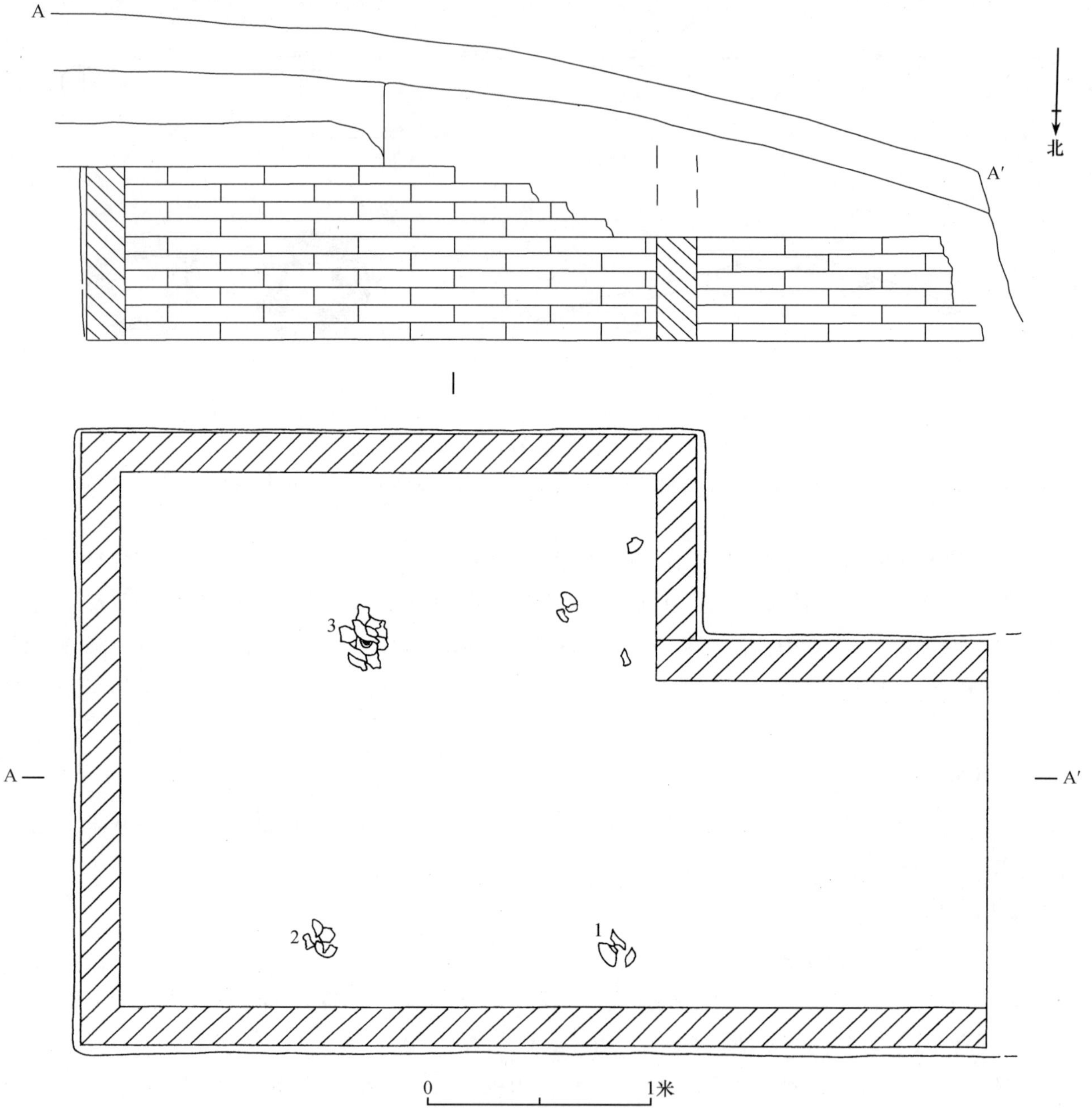

图二五七 05M18平、剖面图
1、2. 瓷碗 3. 陶罐

05M18平面呈刀把形，方向268°。墓道遭破坏不存，墓葬由甬道和墓室两部分组成。残长3.94、残高0.8米。

甬道 平面呈方形。甬道北壁与墓室北壁连成一体，南壁作90°南拐，形成墓室西壁。甬道壁为长方形条砖错缝叠砌而成。砖侧面的菱形几何花纹均朝向甬道内。墓底部为生土地面，稍作修整。长1.5、宽1.5、残高0.5米。

墓室　平面呈方形。墓室各壁为长方形条砖错缝叠砌而成。砖侧面的菱形几何纹朝向墓室内。砖间有黄褐色黏土。后壁与南北两壁交错咬合。墓室地面与甬道处同一地平，为生土地面。长2.44、宽2.44、残高0.8米。

墓内现填灰褐色黏土，夹杂大量的碎砖块等物。

葬具、尸骨腐朽无存，葬式、头向不明。

采集墓砖　1块。标本05M18：01，泥质灰陶。残少许。长方形条砖，一长侧面饰菱形几何纹，其余素面。长43、宽19.5、厚6.5厘米（图二五八）。

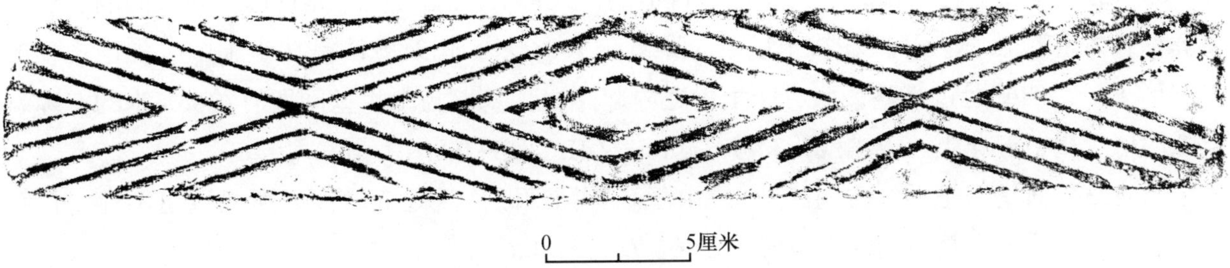

图二五八　墓砖（05M18：01）拓片

2. 随葬器物

随葬器物出土于墓室内，共3件，分为陶器、瓷器。

（1）陶器

罐　1件。泥质灰陶。标本05M18：3，泥质灰陶。修复完整。敛口，卷圆唇，圆鼓肩，上腹外鼓，下腹斜内收，平底。肩部饰一对对称的半圆形耳，耳内内瘪。通高17、口径15.4、腹径23、底径13.2厘米（图二五九，3；图版四七，4）。

（2）瓷器

碗　2件。标本05M18：1，修复完整。敞口，圆唇，浅腹斜内收，平底。口外饰一道凹弦纹，口沿饰褐色斑。器表施青色釉，不及底部。通高5.8、口径18、底径11.6厘米（图二五九，1；图版四七，2）。标本05M18：2，修复完整。敞口，圆唇，浅腹斜内收，平底。口外饰一

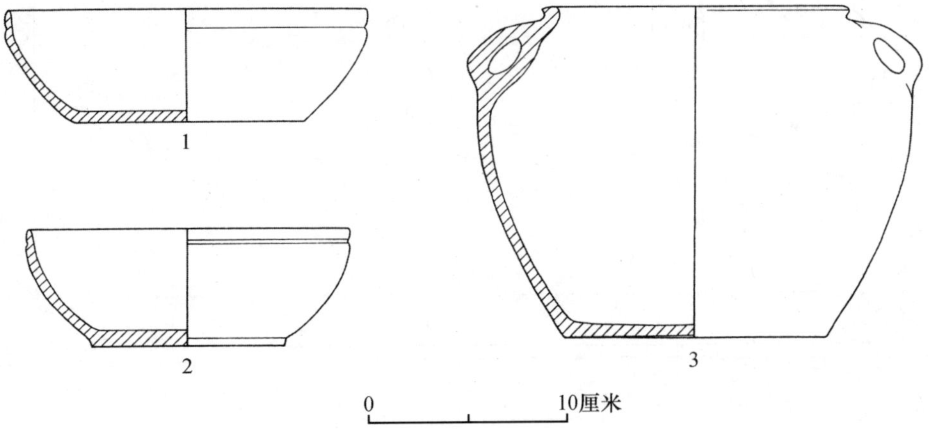

图二五九　05M18出土器物

1、2. 瓷碗（05M18：1、2）　3. 陶罐（05M18：3）

道凹弦纹，内底有烧制过程中留的褐色斑点。器表施青色釉，不及底部。通高6、口径16.2、底径9.8厘米（图二五九，2；图版四七，3）。

二一、05M25

1. 墓葬形制

05M25位于文溪村二社的“杨家包”台地的西北部，距离其他墓葬较远，并且间隔有现代墓葬、树木和芭蕉林。开口在耕土层下，距现地表0.2米。构筑方法是在生土中，先挖规整的刀把形土圹，四壁经过修整，而后于土圹之内起砖壁。墓壁与土圹壁间留有约0.06米的空隙，空隙内填红褐色五花土。土圹残长3.96、宽1.52/2.12、残深0.8米（图二六〇）。

05M25平面呈刀把形，方向305°。由于墓葬前部距离现地表较浅，所以墓道不存，仅存墓葬底部。由甬道和墓室两部分组成。残长3.7、残高0.64米。

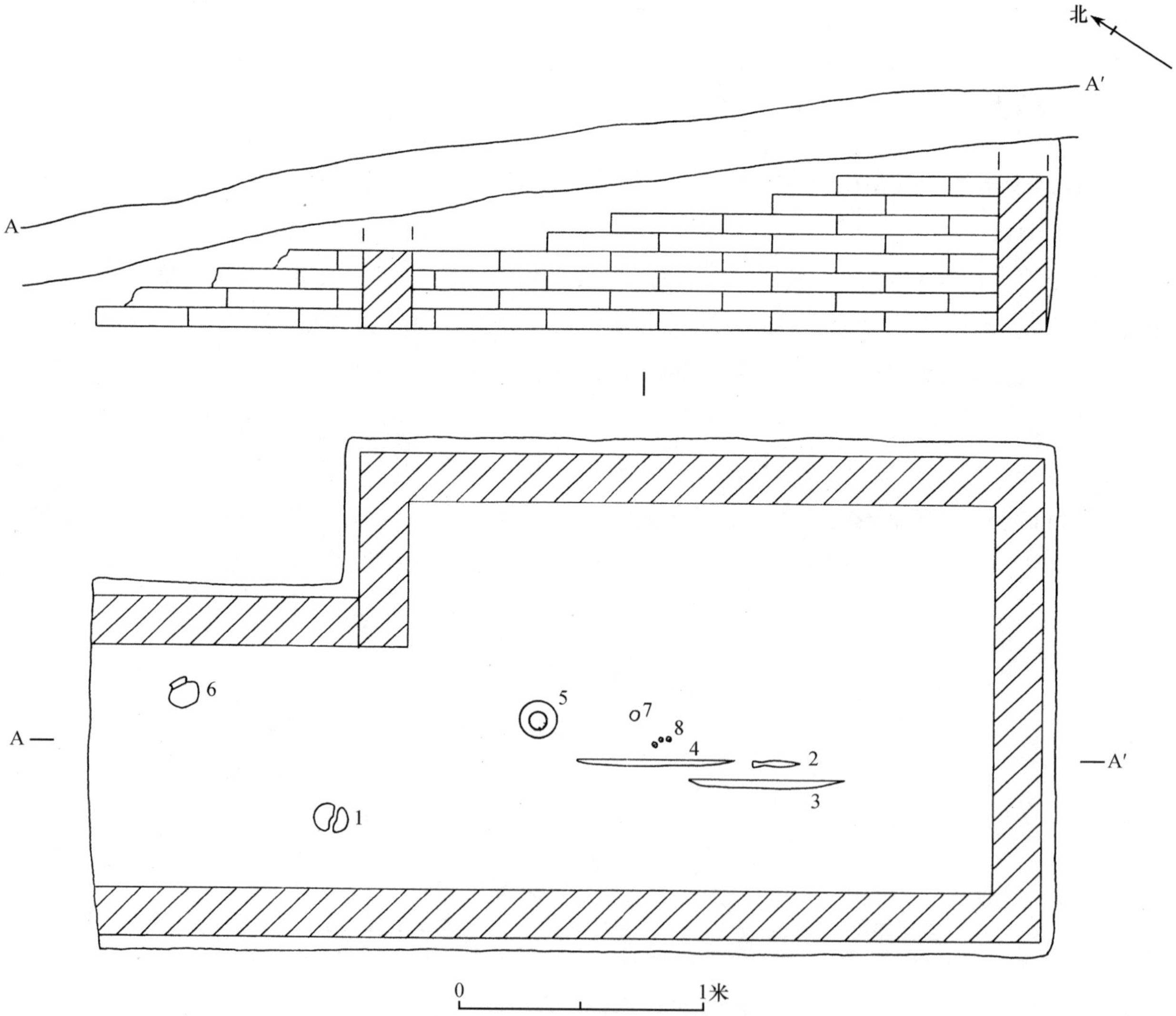

图二六〇 05M25平、剖面图

1. 瓷碗 2. 铁矛 3、4. 铁刀 5、6. 陶罐 7. 陶纺轮 8. 铜钱

甬道　平面呈长方形。甬道南壁与墓室南壁连成一体，北壁作90° 北拐，形成墓室北壁。甬道壁为长方形条砖错缝叠砌而成。砖侧面的菱形几何花纹均朝向甬道内。墓底部为生土地面，稍作修整。残长1.3、宽1、残高0.32米。

墓室　平面呈长方形。墓室各壁为长方形条砖错缝叠砌而成。砖侧面的菱形几何纹朝向墓室内。砖间有黄褐色黏土。后壁与南北两壁交错咬合。墓室地面与甬道处同一地平，为生土地面。长2.4、宽1.6、残高0.64米。

墓内现填灰褐色黏土，在接近墓室底部时有一层小卵石和沙土混合物。

葬具、尸骨腐朽无存，葬式、头向不明。

采集墓砖　1块。标本05M25：01，泥质灰陶。残少许。长方形条砖，一长侧面饰菱形几何纹，菱形中小乳钉，上下面饰绳纹。长37.8、宽17、厚6厘米（图二六一）。

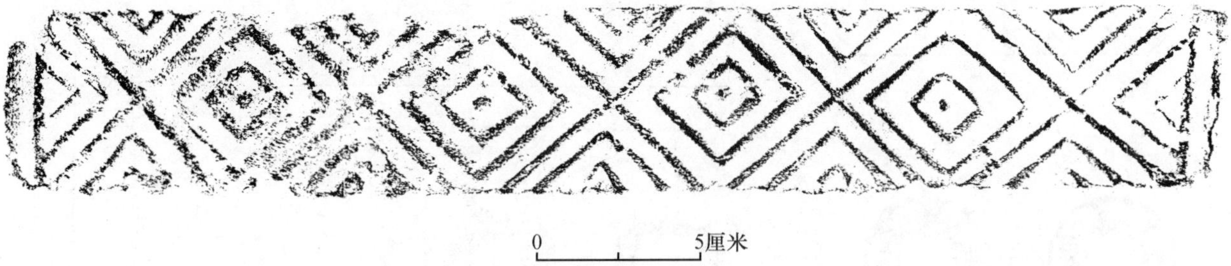

图二六一　墓砖（05M25：01）拓片

2. 随葬器物

随葬器物多出土于墓室中部，共8件（组），分为陶器、瓷器、铁器、铜器。

（1）陶器

3件。分别为罐、纺轮。

罐　2件。均为泥质灰陶。标本05M25：5，修复完整。侈口，圆唇，束颈，圆折肩，鼓腹，平底。肩部饰两道凹弦纹。通高11.5、口径10、腹径15.6、底径8厘米（图二六二，1）。标本05M25：6，修复完整。侈口，圆唇，卷沿，束颈，圆折肩，鼓腹，平底。肩部饰两道凹弦纹，弦纹间饰一周竖向戳划纹。通高12.4、口径10、腹径16.8、底径6.8厘米（图二六二，2）。

纺轮　1件。标本05M25：7，泥质灰陶。小圆饼状轮体，正中细圆孔，穿铁丝。外径4.3、厚1厘米（图二六二，3）。

（2）瓷器

碗　1件。标本05M25：1，修复完整。敞口，圆唇，腹微外鼓，平底。唇部点饰褐色斑点。器表施青色釉，不及下腹部和底部，釉层脱落严重。通高6.2、口径17.4、底径11.4厘米（图二六二，4；图版四七，5）。

（3）铁器

3件。分别为矛、刀。

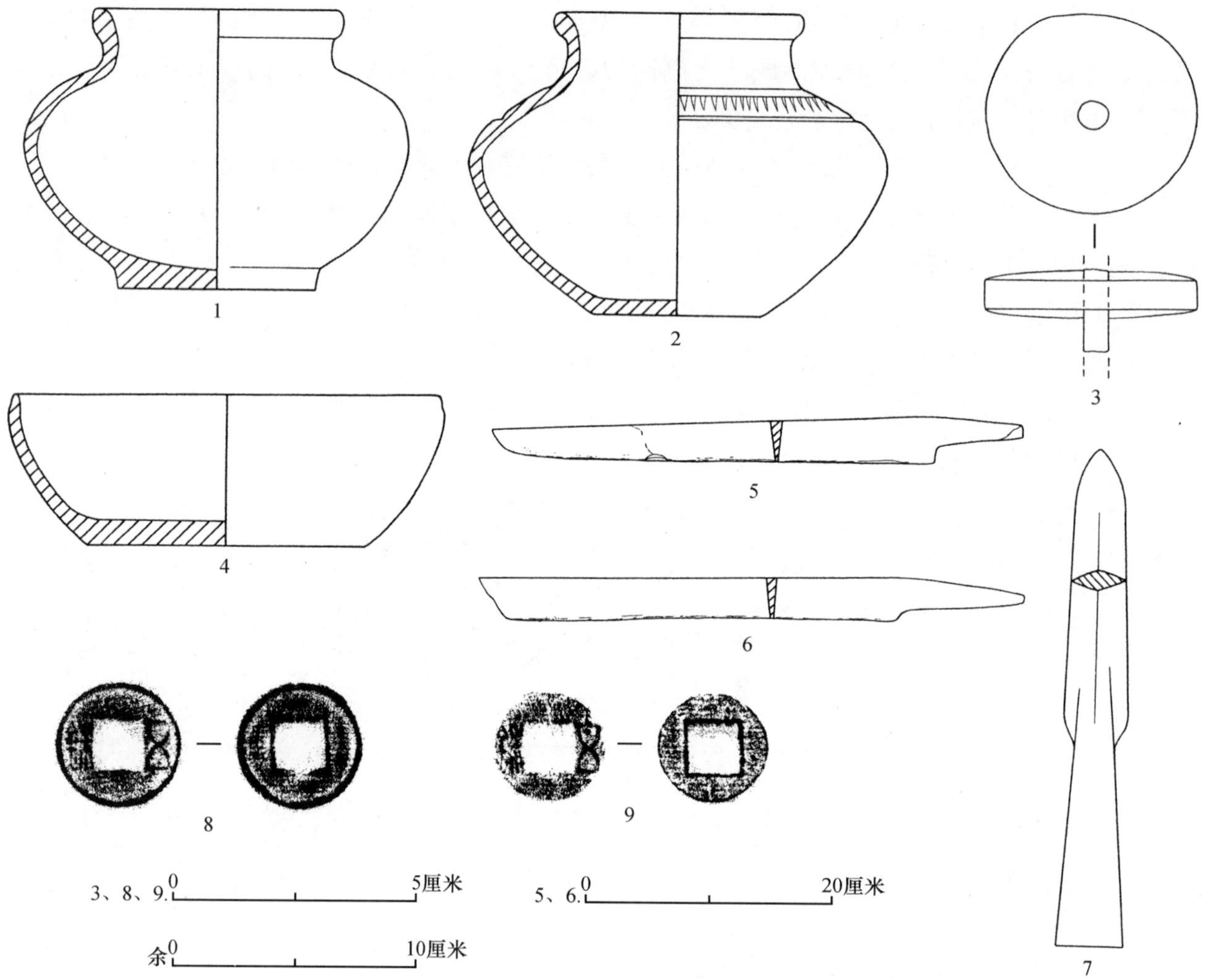

图二六二　05M25出土器物

1、2. 陶罐（05M25：5、6）　3. 陶纺轮（05M25：7）　4. 瓷碗（05M25：1）　5、6. 铁刀（05M25：3、4）　7. 铁矛（05M25：2）　8、9. 铜钱（05M25：8：1、2）拓片

矛　1件。标本05M25：2，圆形銎口，细圆柱状銎部，柳叶形刃部，中起直脊，两侧薄刃，尖锋。表面锈蚀严重，銎口部残。长20.4厘米（图二六二，7；图版四七，6）。

刀　2件。表面锈蚀严重。标本05M25：3，三角柄把，长刃直背，单面薄刃，三角尖锋。刃部残断。长43厘米（图二六二，5）。标本05M25：4，三角柄把，长刃直背，单面薄刃，锋部残。长44厘米（图二六二，6）。

（4）铜器

钱币　1组5枚。为五铢钱，分为二式。

Ⅰ式：标本05M25：8：1，边郭规整，字迹清楚。“五”字中间两笔弯曲；“金”字头似一箭头，“朱”中间竖直，上下圆润，直径2.5、穿径1厘米（图二六二，8）。

Ⅱ式：标本05M25：8：2，边郭被剪掉，字迹清楚。“五”字中间两笔弯曲；“金”字头似一箭头，上下圆润。直径2.1、穿径1厘米（图二六二，9）。

第四节　东　晋　墓

东晋墓4座，分别为02M8、03M12、03M13、05M3，均为砖室墓。共出土随葬器物34件（组），分别有陶器：甑、罐、钵、釜、盂、纺轮、器盖、博山炉盖、俑等；瓷器：壶、罐、盘、碗、盏等；银器：指环；铜器：环、钱币。

一、02M8

1. 墓葬形制

02M8位于规划村四社（原大湾村四社），当地俗称“沙溪嘴”缓坡上一废弃民居房基下，处大湾墓群东Ⅰ区，其东北约100米处有02M3、02M4。紧邻西侧0.3米处有02M7。

仅残留墓室后半部分，墓葬形制不明。墓室南北残长2.1米，东西宽2.9米，墓壁残高0.56米。墓向推测295°。其构造方法：先下挖土圹，土圹壁经拍打修整，再以边纹花砖错缝叠砌墓壁，墓壁与土圹壁间的0.1米空隙内，填以较为纯净的黄色沙土（图二六三）。

未发现葬具与尸骨，无法确定葬式、葬具与头向。

采集墓砖2块，均为泥质灰陶长方形条砖。标本02M8：01，上下面均饰绳纹，一长侧面饰菱形几何纹，间隔车辐纹两个，其余为素面。青色，烧制温度较高。长43.2、宽16.8、厚7.3厘米（图二六四，1）。标本02M8：02，一长侧面饰菱形网格纹规整致密，正中饰一车辐纹，两侧各饰一钱纹，其余为素面。砖体厚重。青色，烧制温度较高。长41.3、宽18.5、厚8.5厘米（图二六四，2）。

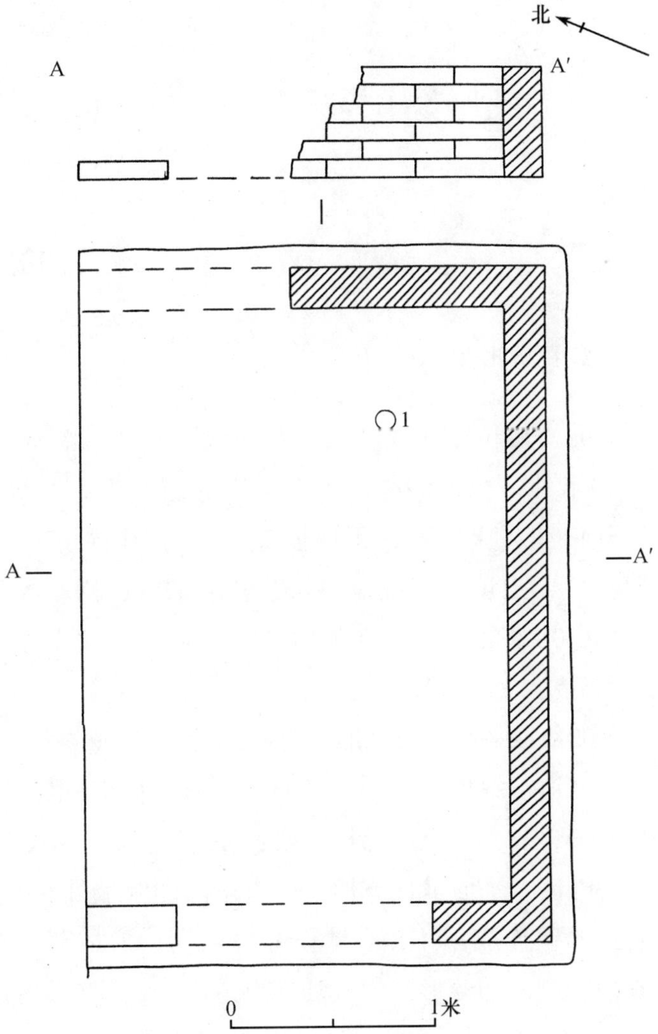

图二六三　02M8平、剖面图
1. 瓷盏

2. 随葬器物

随葬器物瓷盏1件置于墓室东南角。

盏　1件。标本02M8：1，敞口，薄唇，弧腹，饼足。施豆青色釉，釉不

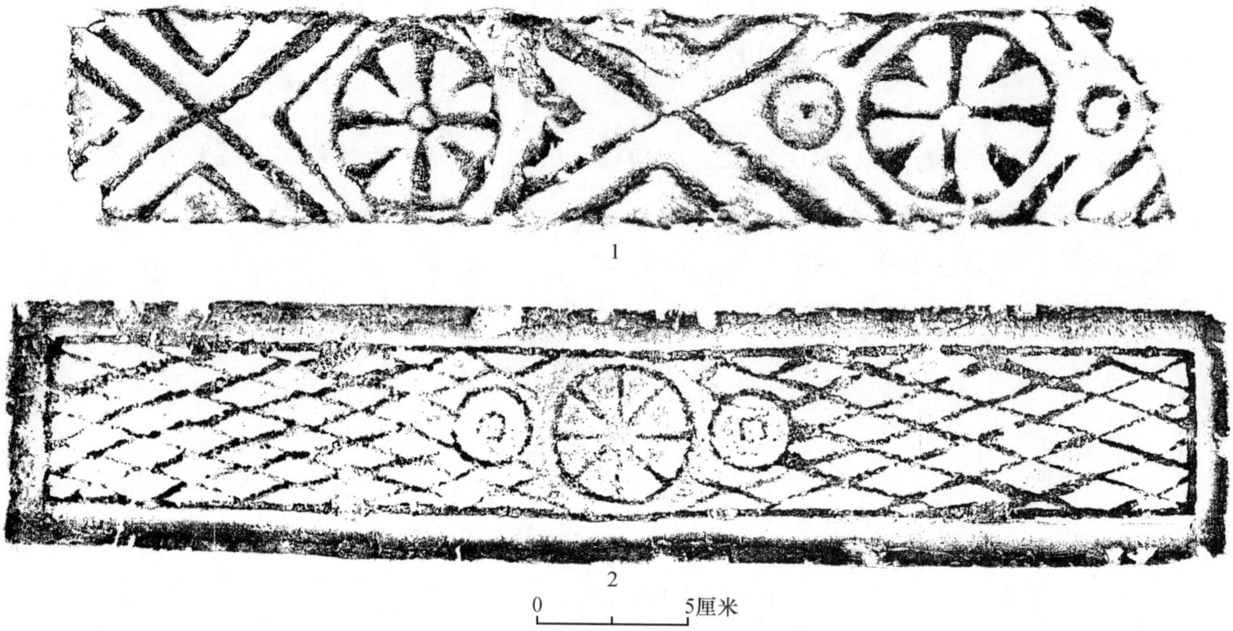

图二六四　墓砖拓片
1. 02M8：01　2. 02M8：02

及足，开细小的裂片。釉层厚薄均匀，晶莹剔透。素面。轮制。通高4.1、口径8厘米（图二六七，1）。

二、03M12

1. 墓葬形制

03M12位于文溪村四社（原大湾村十一社），丰（都）高（镇）公路文溪河大桥东侧向东80米处，当地俗称“黄金包”的缓坡上，处大湾墓群西Ⅶ区。距离03M4东南约50米。墓葬开口在耕土层下，距现地表0.3米。其构筑方法是，直接构筑于生土中，先自地面下挖刀形土圹，土圹开挖规整，四壁经过拍打、修整。而后于土圹之内起砖壁，墓壁与土圹壁间留有约0.08米的空隙，空隙内填红褐色五花土。土圹残长4.76、宽1.66/2.26、残深0.72米（图二六五）。

03M12平面呈刀把形，方向200°。曾遭盗扰。由墓道、甬道、墓室三部分组成。

墓道　斜坡土圹式，平面呈舌形。墓道坡陡且短，底部与口处呈圆弧状，经过修整，填土为黄褐色黏土，土质稀松。残长0.6、宽1.2、深0.48米。

甬道　平面呈长方形。甬道东西两壁端外有砖砌的封门，长1.5、残高0.14米。甬道西壁与墓室西壁连成一体，东壁作90°东拐，形成墓室东壁。甬道两壁采用长方形条砖错缝叠砌而成，砖侧面的菱形几何纹朝向甬道内，砖间铺垫黄褐色黏土。甬道东壁与墓室壁拐角处发现一约0.5米的椭圆形盗洞。填土为黄褐色黏土，夹杂大量砖块，也有带子母榫卯的条砖，推测原应有券顶。底部为料姜石生土地面，稍作修整。甬道长1.54、宽1.14、残高0.48米。

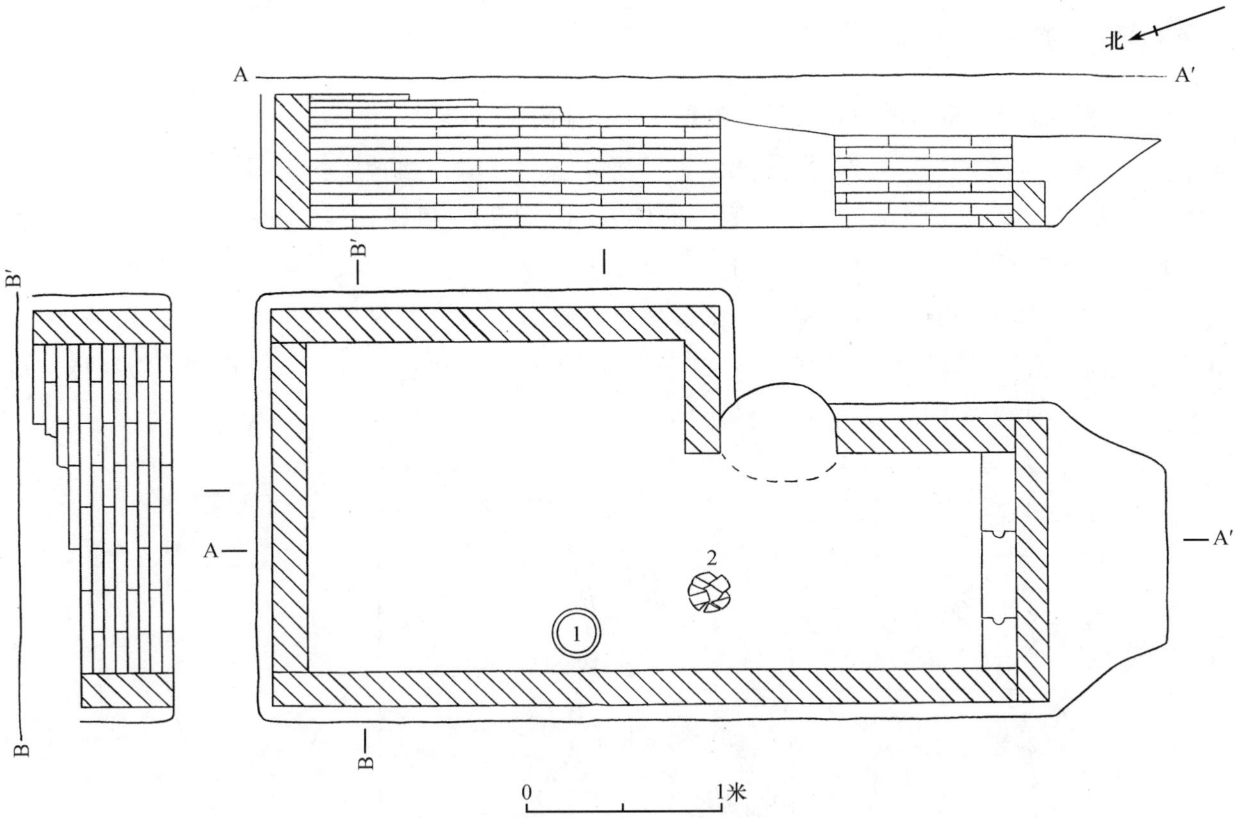

图二六五　03M12平、剖面图
1. 陶釜　2. 陶罐

墓室　平面呈长方形。墓室自地面以长方形条砖错缝叠砌起壁。菱形花纹一侧朝向墓室。砖间填塞黄褐色黏土。墓室东壁自下向上第10层起上部稍有弯曲，并以带子母口的长方形条砖砌起，说明墓室有券顶，券顶破坏坍塌。后壁于东西两侧壁内起墙，不与两壁交错咬合。填土为黄褐色黏土，夹杂大量砖块，也有带子母榫卯的条砖。地面与甬道处同一地平，为料姜石地面。南北长1.98、东西宽1.74、残高0.72米。

葬具腐朽无存，尸骨无存，葬式，头向不明。

采集墓砖　1块。标本03M12：01，泥质灰陶。长方形条砖，上下面饰绳纹，一长侧面两边饰菱形几何纹，正中饰十字纹，四角为四个小圆乳钉，一个残缺。其余素面。深灰色。烧制温度高。长43.5、宽18.5、厚6.5厘米（图二六六）。

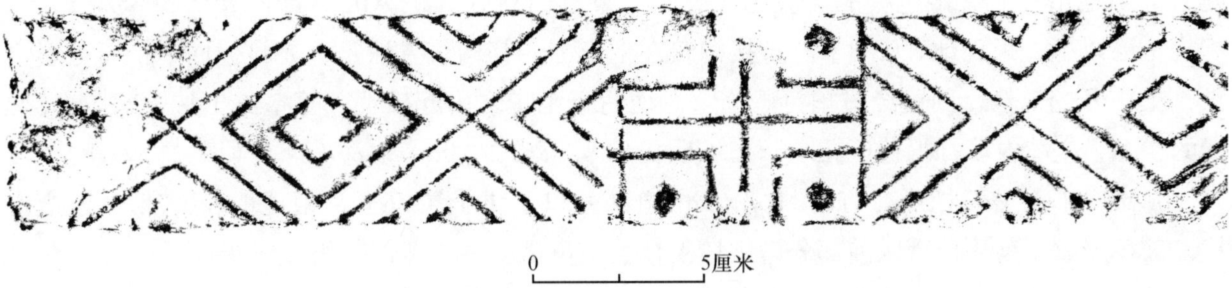

图二六六　墓砖（03M12：01）拓片

2. 随葬器物

随葬器物置于墓室与甬道相接处，2件，均为陶器。

罐　1件。标本03M12：2，泥质灰陶，修复完整。敛口，圆唇，斜折肩较窄，弧腹较直，最大腹径在腹中部，下腹微内收，平底。通体素面。轮制。口径12.4、腹径21.2、底径15.6、高18厘米（图二六七，3；图版四八，1）。

釜　1件。标本03M12：1，夹砂红陶，修复完整。侈口，方唇，宽斜折沿，束颈，鼓腹，圜底。唇面、沿外壁及腹部以下饰粗绳纹。器底有烟炱痕。烧制温度不高，轮制。腹径18、口径19.6、高13.4厘米（图二六七，2；图版四八，2）。

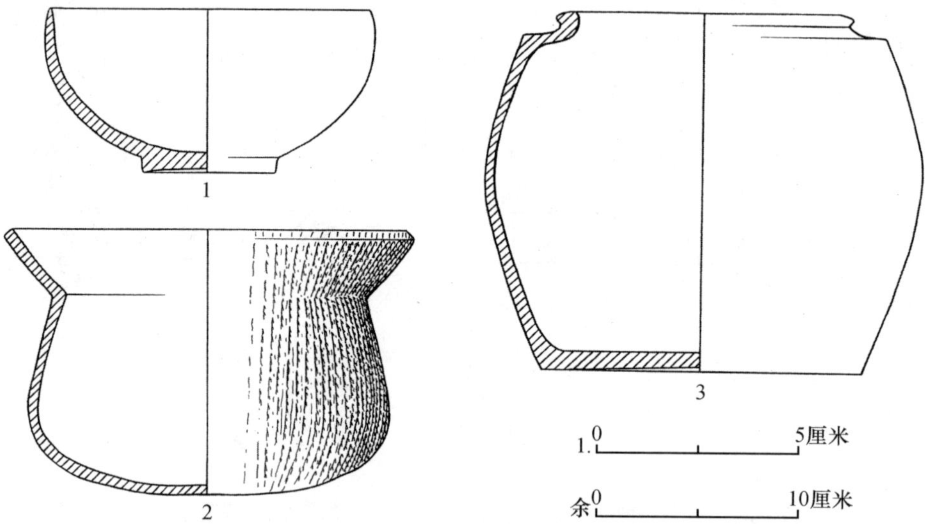

图二六七　02M8、03M12出土器物

1. 瓷盏（02M8：1）　2. 陶釜（03M12：1）　3. 陶罐（03M12：2）

三、03M13

1. 墓葬形制

03M13位于文溪村（原大湾村十一社），丰（都）高（镇）公路文溪河大桥东侧约80米处，即当地俗称“黄金包”的缓坡上。处大湾墓群西Ⅶ区。距离03M4约2米。墓室部分开口于扰土层以下，距现地表0.58米。直接构筑在生土上，其构筑方法是，先自地面下挖刀把形土圹，土圹开挖规整，四壁经过拍打、修整。而后于土圹之内起砖壁，墓壁与土圹壁间留有8厘米的空隙，空隙内填红褐色五花土。土圹残长4.68、宽2.2/2.96、残深0.84米（图二六八）。

03M13平面呈刀把形，方向316°。甬道部开口于耕土层以下，距现地表0.3米。曾遭盗扰，破坏严重，墓葬甬道以前部分遭破坏无存。由甬道、墓室两部分组成。

甬道　平面呈长方形。西壁与墓室西壁连一体，东壁作90°东拐，形成墓室东壁。填土中

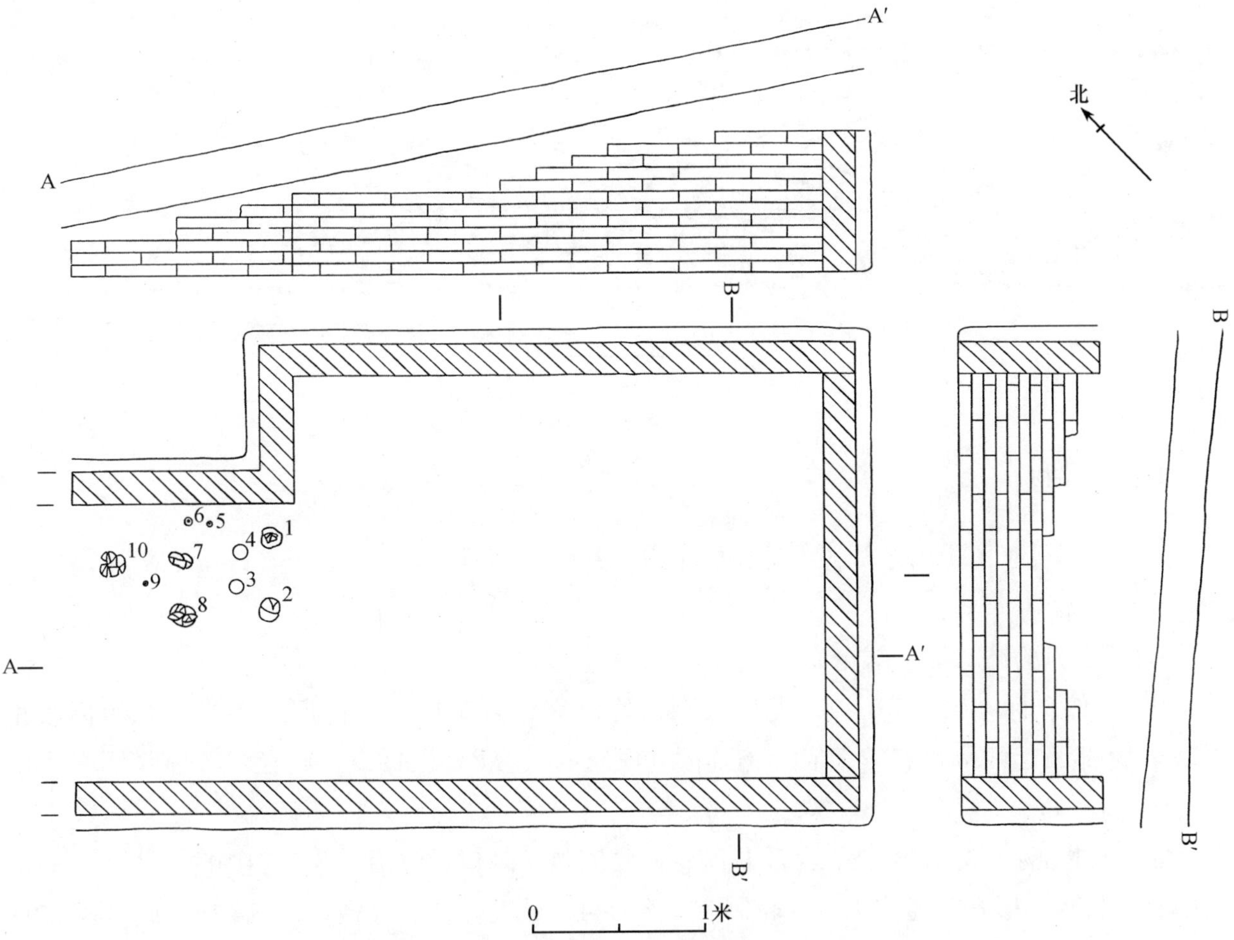

图二六八　03M13平、剖面图

1、2. 瓷碗　3、4. 瓷盏　5、6. 陶纺轮　7. 陶钵　8. 陶甑　9. 铜钱　10. 瓷壶

发现有带子母榫卯的条砖，推测原应有券顶。底部料姜石生土地面，稍做修整，坑洼不平。甬道残长1.3、宽1.65、残高0.45米。

墓室　平面呈长方形。东西两壁均为长方形条砖错缝叠砌起壁，菱形几何纹一侧朝向墓室。砖间填塞黄褐色黏土。后壁在东西两壁内错缝叠砌起壁，菱形几何纹一侧朝向墓室。墓室内填黄褐色黏土，夹杂大量砖块，并有少许残碎的灰陶、红陶片。墓室所用墓砖以长方形条砖为主，杂有少量的带榫卯的条砖，花纹内向。可推测原应有券顶。地面与甬道处同一地平，底部料姜石生土地面，稍做修整，坑洼不平。南北长3.1、东西宽2.4、残高0.84米。

葬具、尸骨腐朽无存。葬具、葬式、头向不明。

采集墓砖　1块。标本03M13：01，泥质灰陶。长方形条砖，上下面饰绳纹，一长侧面饰长方形框内菱形几何纹 ，其余面素面。深灰色，烧制温度高。长41、宽19.5、厚7.3厘米（图二六九）。

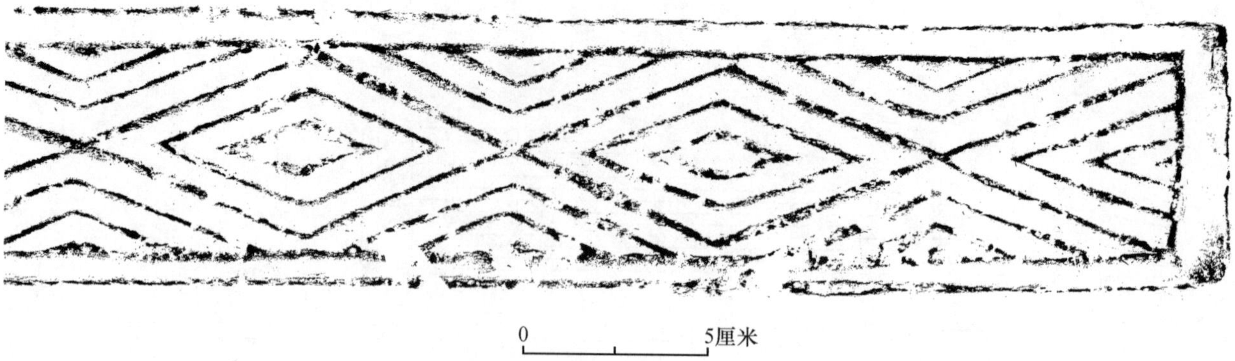

图二六九　墓砖（03M13：01）拓片

2. 随葬器物

随葬器物置于甬道内东侧，共计10件（组），分为陶器、瓷器、铜器。

（1）陶器

4件。分别为钵、甑、纺轮。

钵　1件。标本03M13：7，泥质灰陶，修复完整。敞口，尖圆唇，附沿，弧腹内收小平底。腹部凸起两周圆棱。素面。轮制。口径14.4、最大径15.2、底径5.2、高6厘米（图二七〇，7）。

甑　1件。标本03M13：8，泥质灰陶，修复完整。敞口，卷沿，腹部斜内收，平底。底部正中有一较大圆形孔。通体素面。轮制。口径15.4、最大径19、底径11.8、高16、底口径8.2厘米（图二七〇，1；图版四八，3）。

纺轮　2件，均为泥质灰陶。标本03M13：5，扁圆形，腰部凸起圆棱。上下一细圆孔洞穿。直径3、厚2、孔直径0.6厘米（图二七〇，9）。标本03M13：6，鼓形，上下平齐，腰部凸起，上下一细圆孔洞穿。中穿一细圆柱形锈蚀的铁丝。直径3.8、厚2.3、孔直径0.8厘米（图二七〇，10）。

（2）瓷器

5件。分别为壶、碗、盏。

壶　1件。标本03M13：10，口沿部残。束细颈，圆肩，鼓腹，假圈足，底部内凹。颈的内部以上及器表施豆青色釉，下腹及底部未施釉，露灰白色胎。釉层厚，有细小裂纹。肩部有一捏制的三角锥状假流，对称的肩部的錾残。残高15.2、腹径12.2、底径8.4厘米（图二七〇，2；图版四八，4）。

碗　2件。标本03M13：1，修复完整。敞口，尖唇，浅腹，平底。内外施豆青色釉，器表釉及腹中，下腹及底露灰白色胎，釉层脱落严重。口沿外无规律分布有褐色小斑点，下有一周凹弦纹。厚胎。轮制。口径16.8、最大径17.2、底径9.8、高6.6厘米（图二七〇，5）。标本03M13：2，修复完整。敞口，尖唇，浅腹，平底。内外施豆青色釉，器表釉及腹中，下腹及底露灰白色胎，釉层脱落严重。口沿外无规律分布有褐色小斑点，下有一周凹弦纹。器内底等距离分布的垫烧支点疤痕。厚胎。轮制。口径17、最大径17.6、底径10、高6.8厘米（图

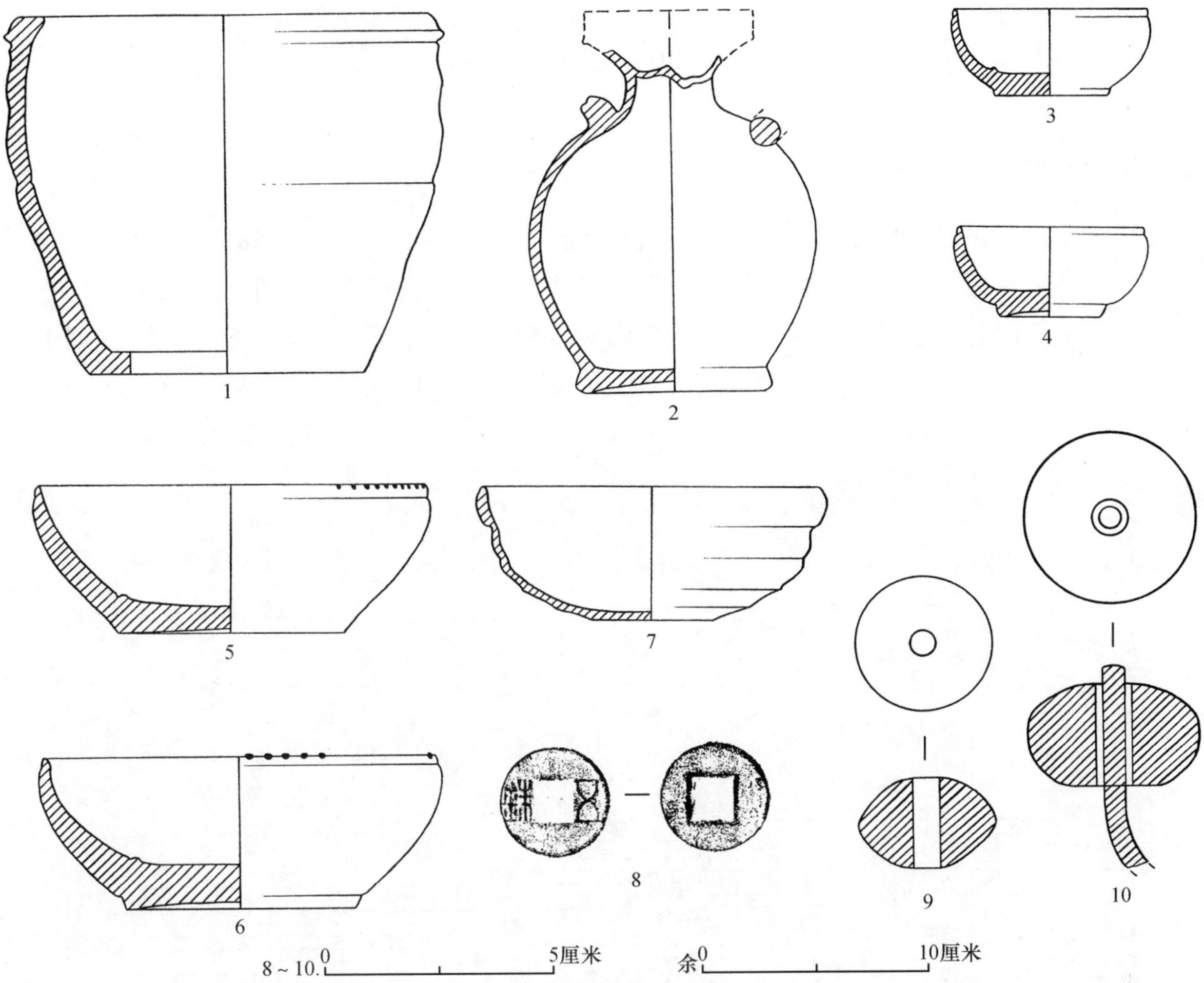

图二七〇　03M13出土器物

1. 陶甑（03M13：8）　2. 瓷壶（03M13：10）　3、4. 瓷盏（03M13：3、4）　5、6. 瓷碗（03M13：1、2）　7. 陶钵（03M13：7）　8. 铜钱（03M13：9）拓片　9、10. 陶纺轮（03M13：5、6）

二七〇，6；图版四八，5、6）。

盏　2件。标本03M13：3，口沿部残。敞口，尖圆唇，弧腹，薄饼足。豆青色釉，开细小的裂片，脱落严重。釉不及底，灰白胎。釉层较薄。口沿外下饰一凹弦纹。轮制。口沿部残。口径8.5、最大径8.7、底径5、高3.9厘米（图二七〇，3）。标本03M13：4，口沿部残。敞口，尖圆唇，弧腹，高饼足。豆青色釉，开细小的裂片，脱落严重。釉不及底，灰白胎。釉层较薄。口沿外下饰一周凹弦纹。素面。轮制。口沿部残。口径8、最大径8.4、底径4.4、高4厘米（图二七〇，4；图版四九，1）。

（3）铜器

钱币　1组2枚，均为五铢钱。标本03M13：9，边郭被剪掉少许，字迹清楚。"五"字中间两笔弯曲；"金"字头似一箭头，"朱"字上端略方折，下端圆润。直径2.5、穿径1厘米（图二七〇，8）。

四、05M3

1. 墓葬形制

05M3位于文昌路油坊沟南岸的“烟囱包”上，缓坡台地的东部。05M3东距05M2约1.6米。开口在近代人回填的土即扰土层下，距现地表0.62米。构筑方法是在生土中先挖规整的刀把形土圹，四壁经过修整，而后于土圹之内起砖壁，再券墓葬顶部。墓壁与土圹壁间留有0.1～0.2米的空隙，空隙内填红褐色五花土。土圹长6.8、宽2.44/3、残深2.16米（图二七一；图版二六，4）。

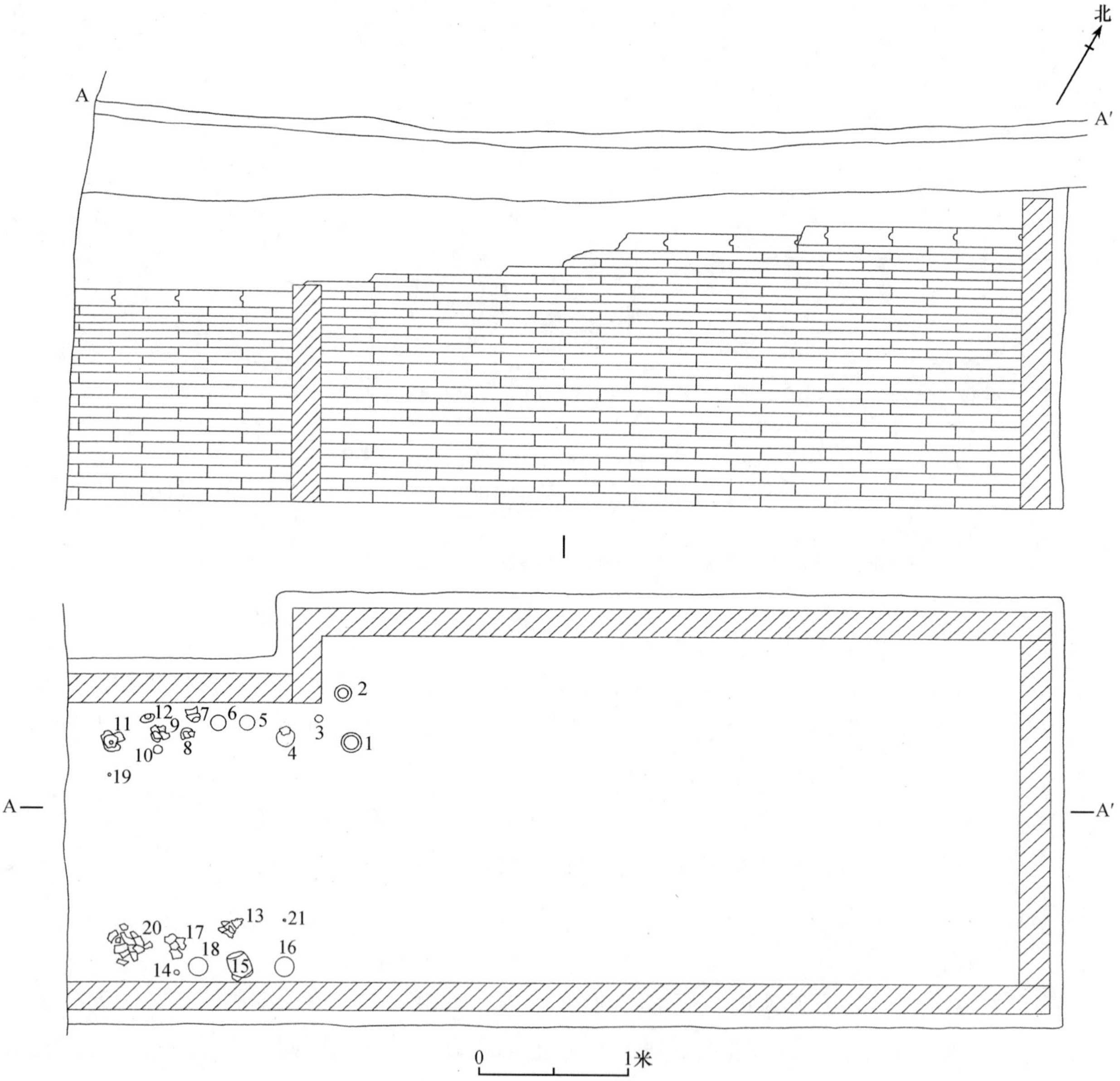

图二七一　05M3平、剖面图

1. 陶钵　2. 陶盂　3、10. 瓷盏　4、5、7、9. 瓷碗　6. 陶博山炉盖　8. 瓷盘　11. 瓷壶　12. 立侍俑　13. 陶猪　14. 铜环　15、17. 陶甑　16. 陶罐　18. 器盖　19. 银指环　20. 瓷罐　21. 铜钱

05M3平面呈刀把形，方向210°。墓葬由甬道、墓室两部分组成。总长6.5、高2.16米。甬道前部和墓道部分被近代修造烟囱时破坏无存。

甬道　平面呈长方形。甬道南壁与墓室南壁连成一体，北壁作90°北拐，形成墓室北壁。甬道南北壁为长方形条砖错缝叠砌而成，在自下向上的第13层砖起开始逐步向内券砌，形成券顶。现券顶部分破坏。砖侧面的菱形几何花纹均朝向甬道内。底部为生土，稍作修整。残长1.74、宽1.94、残高1.46米。

墓室　平面呈长方形。墓室各壁亦为长方形条砖错缝叠砌而成，在自下向上的第13层砖起开始逐步向内券砌，形成墓室券顶。现券顶部分坍塌。砖侧面的菱形几何纹朝向墓室内。砖间有黄褐色黏土。后壁于南北两侧壁内起墙，与两壁交错咬合。墓室地面与甬道处同一地平，为生土地面。长4.75、宽2.4、高2.16米。

墓内现填灰褐色黏土、大量残碎砖块和少量料姜石块。其中砖块多为带有子母榫卯结构的外厚内薄的楔形砖，是墓葬券顶用砖。

葬具、尸骨腐朽无存，葬式、头向不明。

采集墓砖　1块。标本05M3：01，泥质灰陶。残少许。长方形，一长侧面饰菱形几何纹，菱形中加网格纹，上下面绳纹，其余素面。两短侧面有榫卯结构。在砖的中部印有印章，文为"□陶之印"。长46、宽16、厚7.5厘米（图二七二；图版四九，3、4）。

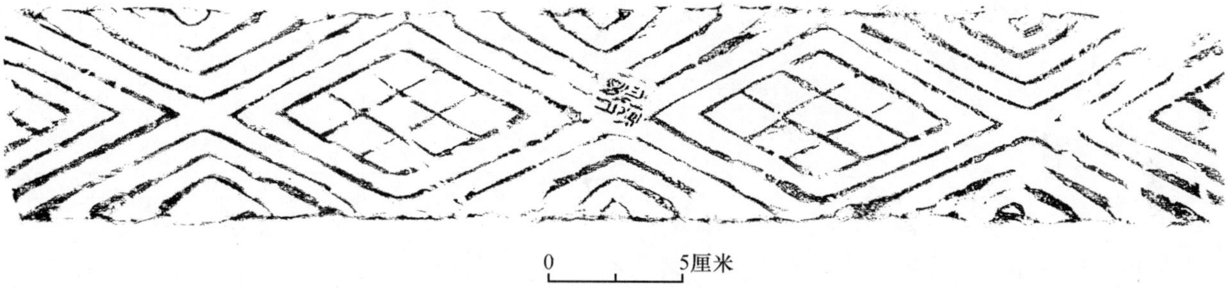

图二七二　墓砖（05M3：01）拓片

2. 随葬器物

随葬器物大多置于在甬道内，共计21件，分别为陶器、瓷器、银器、铜器。

（1）陶器

出土陶器9件，分别为罐、钵、盂、甑、器盖、博山炉盖、俑等。

罐　1件。标本05M3：16，泥质灰陶。修复完整。直口，方唇，附沿，颈部微内收，深腹，腹部微外鼓，平底。通体素面。通高27.2、口径20.4、底径15.8厘米（图二七三，1；图版四九，5）。

钵　1件。标本05M3：1，釉陶。修复完整。敞口，方唇，斜沿，弧腹内折，下腹内收，小平底。口沿部和器物内表施酱黄色釉，外腹及底部素面。通高5.3、口径17.3、底径6.8厘米（图二七三，4；图版四九，2）。

盂　1件。标本05M3：2，釉陶。修复完整。侈口，方唇，卷沿，束颈，鼓腹，平底。肩

图二七三 05M3出土器物

1. 陶罐（05M3：16） 2、3. 陶甑（05M3：15、17） 4. 陶钵（05M3：1） 5. 陶盂（05M3：2） 6. 陶器盖（05M3：18） 7. 陶博山炉盖（05M3：6） 8. 立侍俑（05M3：12） 9. 瓷壶（05M3：11） 10. 瓷盘（05M3：8） 11. 陶猪（05M3：13） 12. 瓷罐（05M3：20）

部饰一道弦纹。口沿上部及腹外部表施酱黄色釉，内表、口沿下及底部素面。通高9.4、口径12.6、腹径13. 8厘米（图二七三，5；图版四九，6）。

甑　2件，均为泥质灰陶。标本05M3：15，修复完整。敞口，圆唇，附沿，弧腹，平底，底部戳6个小穿孔。通体素面。通高12.8、口径17.6、底径10.4厘米（图二七三，2；图版五〇，1）。标本05M3：17，修复完整。敞口，方唇，附沿，深腹微外鼓，平底，底部有5个圆穿孔。通体素面。通高18.8、口径28、底径14.8厘米（图二七三，3；图版五〇，2）。

器盖　1件。标本05M3：18，泥质灰陶。口部残，浅覆盘状，圆形把握。素面。残高3厘米（图二七三，6）。

博山炉盖　1件。标本05M3：6。釉陶。圆乳状，正中上部有小乳钉，偏上部有四个小戳孔，下部饰多层三角山峰状印纹。模制。通高5.8、口径12.4厘米（图二七三，7）。

立侍俑　1件。标本05M3：12，泥质红陶。完整。女性，立姿。头戴帻，面目不清，高鼻，刻细短线为嘴。双乳微凸，身着右衽宽袖长服，束腰。双手抱于胸前。模制前后两半拼接而成。通高19厘米（图二七三，8；图版五〇，3）。

猪　1件。标本05M1：13，泥质红陶。修复完整。立姿。垂首，耸耳，鼓目，上唇上翘，阔嘴。背鬃高耸，长体，肥腹，小短尾。四肢站立，外刻画卷毛。前后肢中间有圆孔，中空。模制左右两半拼接而成。通高11、长15.6厘米（图二七三，11；图版五〇，4）。

（2）瓷器

9件。分别为壶、盘、碗、盏、罐等。

壶　1件。标本05M3：11，壶口部残。束颈，宽圆肩，肩部饰桥形系四个，鼓腹，下腹斜内收，平底。器表施青色釉，未及下腹及底部。釉层脱落严重。灰白胎。残高16、腹径18.7、底径10厘米（图二七三，9；图版五〇，5）。

盘　1件。标本05M3：8，残。敞口，尖唇，浅腹，平底。内底有烧制过程中留的斑点。口外饰一道弦纹。器表施青色釉，不及底部。釉层均匀，有流淌，表光滑。灰白胎。通高5.8、口径19.4、底径11厘米（图二七三，10；图版五〇，6）。

碗　4件。标本05M3：4，修复完整，均为灰白胎。敞口，尖圆唇，弧腹内收，平底。器内底有烧制工程留的灰色斑点。口外饰一道宽弦纹。器表施深青色釉，未及底部。釉层薄且均匀，表面光滑细腻，有少许脱落现象。通高6.6、口径16.2、底径6.6厘米（图二七四，1；图版五一，1）。标本05M3：5，修复完整。敞口，方唇，腹微外鼓，大平底。口外饰两道弦纹。器表施青色釉，油层未及底部，脱落严重。通高6、口径16.7、底径11.4厘米（图二七四，2）。标本05M3：7，口部残。敞口，尖唇，深腹外鼓，平底，假圈足。口外饰一道细弦纹。器表施青色釉，不及底部。釉层薄而均匀，光亮细腻，开细小冰裂纹。通高6.2、口径12.4、底径6.2厘米（图二七四，4；图版五一，2）。标本05M3：9，口微敛，尖圆唇，鼓腹，平底。口外饰一道弦纹。通体施青色釉。通高5.4、口径11.8、底径7.2厘米（图二七四，5；图版五一，3）。

盏　2件。标本05M3：3，口部残。敞口，圆唇，腹微外鼓，平底，假圈足。器表施青色釉，不及下腹和底部。釉层上有斑点，不细腻。灰白胎质。灰白胎。通高4.2、口径8、底径4.8

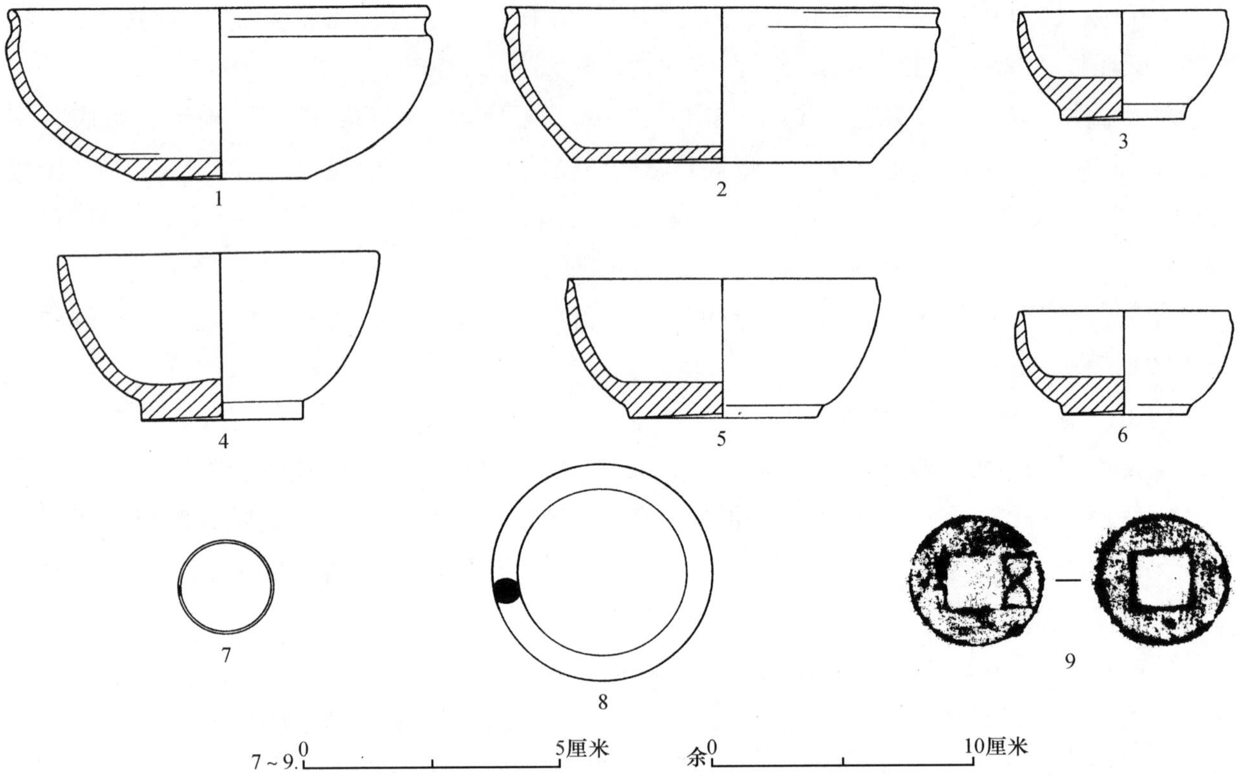

图二七四　05M3出土器物

1、2、4、5. 瓷碗（05M3：4、5、7、9）　3、6. 瓷盏（05M3：3、10）　7. 银指环（05M3：19）　8. 铜环（05M3：14）
9. 铜钱（05M3：21）拓片

厘米（图二七四，3；图版五一，4）。标本05M3：10，口部残。敛口，圆唇，腹微外鼓，平底，假圈足。口外饰一道凹弦纹。器表施青色釉，不及底部。灰白胎。通高4、口径8.2、底径4.8厘米（图二七四，6；图版五一，5）。

罐　1件。标本05M3：20，颈部以上、底部残。鼓腹，下腹内收。上腹部饰向下莲瓣纹。器外表施清色釉，釉面均匀，有小点，开冰裂纹。残高14.6、腹径20.6厘米（图二七三，12）。

（3）银器

指环　1件。标本05M3：19，残。圆形，环体为扁平条状。外径1.8厘米（图二七四，7）。

（4）铜器

2件。分别为环、钱币。

环　1件。标本05M3：14，锈蚀。圆形环体，截面亦圆形。外径4.2厘米（图二七四，8）。

钱币　1枚。标本05M3：21，五铢钱币，边郭整齐，字迹模糊。“五”字中间两笔弯曲；“金”字模糊，“朱”中间竖直，上端圆润，下端方折。直径2.5、穿径1厘米（图二七四，9）。

第五节　南　朝　墓

南朝墓2座，分别为02M7、03M10，均为砖室墓。共出土随葬器物7件，数量较少，主要是壶、碗、盏等瓷器。

一、02M7

1. 墓葬形制

02M7位于规划村四社（原大湾村四社），当地俗称“沙溪嘴”的缓坡上的一废弃民居房基下，处大湾墓群东Ⅰ区，其东北约100米处有02M3、02M4。紧邻东侧0.3米处有02M8。

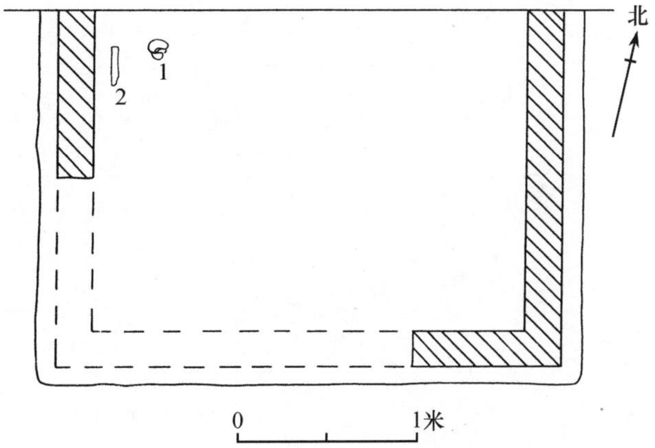

图二七五　02M7平面图
1. 瓷碗　2. 铁刀

由于02M7处于旧房基下，遭受破坏十分严重，由残留部分墓室可知略呈长方形，方向285°。墓壁砖残存4层，皆用长方形菱形几何边纹花砖错缝叠砌而成，花纹一律向内。砖壁与土圹壁间有0.1米左右的空隙，内填有较为纯净的黄褐色沙土。墓底未铺砖，地面为黄色生土，内夹杂少量的料姜石块。墓室东西残长2.4、南北残宽1.8、残深0.36米（图二七五）。

未发现任何葬具与尸骨的痕迹。因此葬具、葬式不明。

采集墓砖　1块。标本02M7：01，泥质灰陶。长方形条砖，上下面饰绳纹，一长侧面饰菱形几何纹，菱形几何纹中填小菱形，其余面素面。青色，烧制温度较高。长44.5、宽20、厚9厘米（图二七六）。

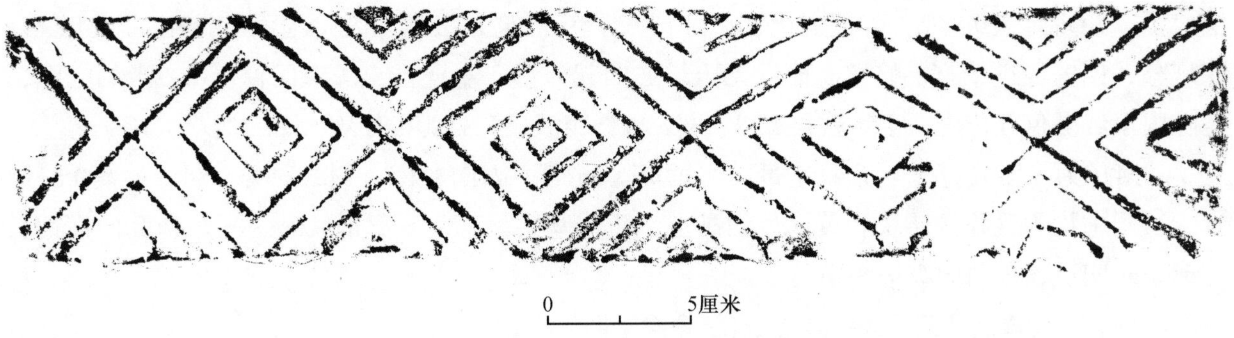

图二七六　墓砖（02M7：01）拓片

2. 随葬器物

随葬器物置于墓室的西北角，共计2件。分为瓷器、铁器。

（1）瓷器

碗　1件。标本02M7：1，青瓷。敞口，薄唇，弧腹，假圈足较高。施豆青色釉，开极细小的裂片，器表上部有圆弧相对的半圆形连珠纹，下部有二周细弦纹。通高7.8、口径13.3厘米（图二七七，1；图版五一，6）。

（2）铁器

刀　1件。标本02M7：2，长条形，直背，窄刃。锈蚀严重。残长22.6、宽4厘米（图二七七，2）。

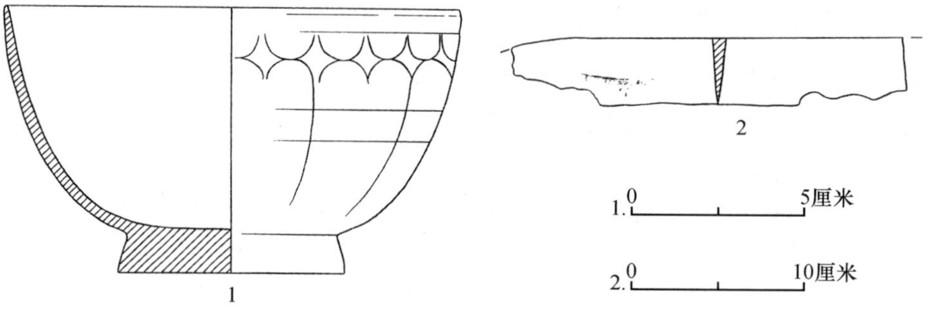

图二七七　02M7出土器物

1. 瓷碗（02M7：1）　2. 铁刀（02M7：2）

二、03M10

1. 墓葬形制

03M10位于文溪村（原大湾村十一社），丰（都）高（镇）公路文溪河大桥东侧向东80米处，即当地俗称“黄金包”的缓坡上，处大湾墓群西Ⅶ区。距离03M4西北约2米。开口于耕土层以下，距现地表0.3米。曾遭盗扰，破坏严重。其构筑方法是，先自地面下挖土圹，土圹开挖规整，四壁经过拍打、修整。而后于土圹之内起砖壁，墓壁与土圹壁间留有0.07米的空隙，空隙内填红褐色五花土。土圹残长2.28、宽2.24、残深最深处为0.81米（图二七八）。

03M10为一座残墓，剩余墓室部分平面略呈方形。方向326°。长2、宽1.84、残高0.81厘米。填土中均为残碎的砖块和黄褐色的黏土，质地坚硬。墓室底部铺底砖，采用南北向横铺长方形条砖四道，东西向纵铺一道。

葬具、尸骨腐朽无存。葬具、葬式、头向不明。

采集墓砖　1块。标本03M10：01，泥质灰陶。长方形条砖，上下面饰绳纹，一长侧面饰菱形几何纹，其余素面。浅灰色，烧制温度不高。长41、宽9.5、厚8厘米（图二七九）。

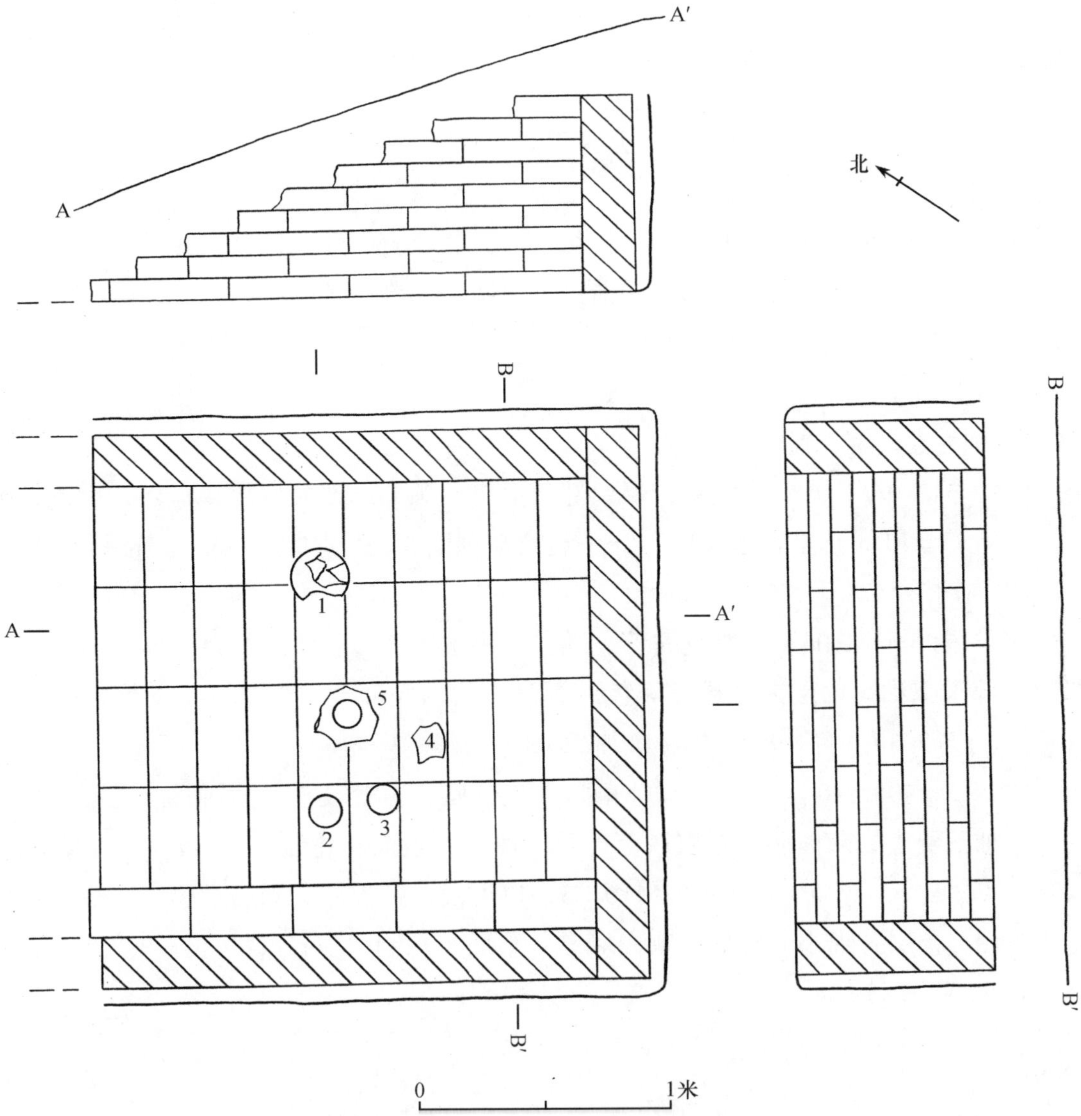

图二七八 03M10平、剖面图

1. 陶釜 2、3. 瓷盏 4. 瓷碗 5. 瓷壶

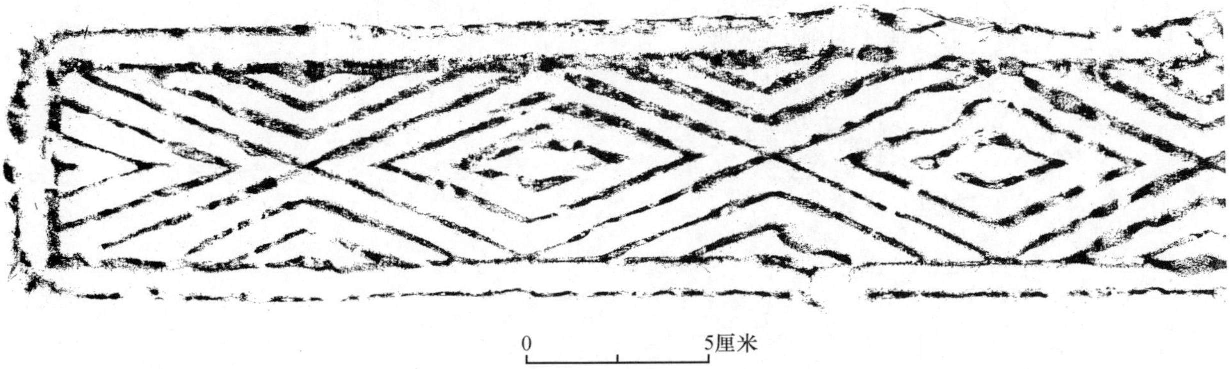

图二七九 墓砖（03M10：01）拓片

2. 随葬器物

随葬器物置于墓室中部，共计5件，分为陶器、瓷器。

（1）陶器

釜　1件。夹砂红陶。标本03M10：1，侈口，方唇，宽斜领内凹，束颈，鼓腹，圜底。唇面、领外壁、腹部及底部均饰粗绳纹。烧制温度不高。轮制。腹径18.2、高20、口径20.6厘米（图二八〇，1）。

（2）瓷器

4件。分别为壶、碗、盏。

壶　1件。标本03M10：5，残甚，仅余部分盘口、颈部、部分肩部。盘口，束颈，圆肩。肩部有桥形纽。盘口部与器表施青釉，开小裂纹，釉面光亮，均匀。厚胎。轮制。残高7.4、残直径17.6厘米（图二八〇，2）。

碗　1件。标本03M10：4，修复完整。敞口，尖圆唇，弧腹，矮饼足。器表原施有釉，惟腹下部和足部未施釉。釉层因酥粉已失色、剥落。器内底部残留垫烧支点的疤痕。素面。轮制。口径13、腹径13.6、底径8.8、高6.4厘米（图二八〇，3）。

盏　2件。标本03M10：2，口沿残。敞口，尖圆唇，腹壁较直，薄饼足。豆青色釉，开细小的裂片。釉不及底，灰白胎。釉层脱落严重。厚胎。素面。轮制。口径8.2、腹径8.6、底径5、高4厘米（图二八〇，4）。标本03M10：3，口沿残。敞口，尖圆唇，弧腹，饼足。豆青色釉。通体施釉。釉层开细小的裂片。灰白胎厚。素面。轮制。口径8.4、腹径8.7、底径5.4、高4.2厘米（图二八〇，5）。

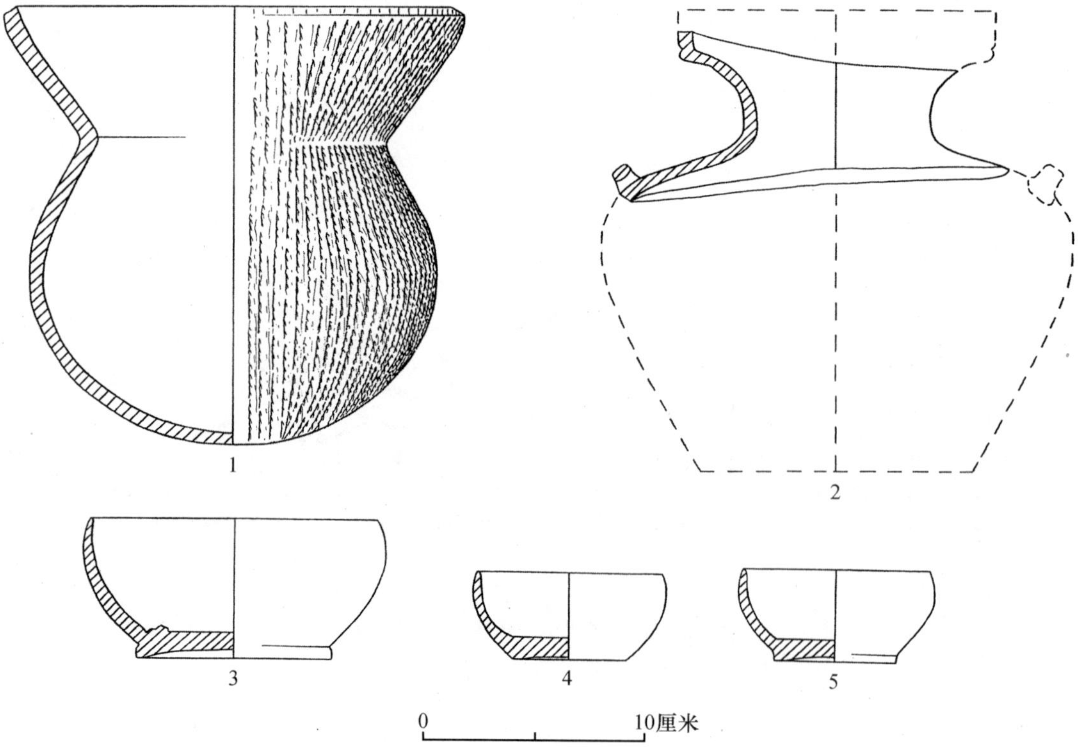

图二八〇　03M10出土器物

1. 陶釜（03M10：1）　2. 瓷壶（03M10：5）　3. 瓷碗（03M10：4）　4、5. 瓷盏（03M10：2、3）

第六节　其他墓葬

除过上述东汉、蜀汉、西晋、东晋和南朝的墓葬外，还有01M7、01M8、02M1、02M2、02M5、02M16、03M3、03M9、04M13、05M7、05M9、05M15、05M21等13座墓葬，这些墓葬均为砖室墓，由于破坏严重，且多不见随葬器物，但是根据墓葬形制和其筑造方式可以判定其时代范围是在东汉至南朝之间。出土随葬器物5件（组），分别为陶勺、器盖、铜饰、铜锁、钱币等。

一、01M7

01M7位于大湾墓群东区01T401内，01M6的北侧，距01M6约2米。

墓葬形制不明。因遭盗扰，仅余一侧壁，墓砖保留3层，长度1.5米。依墓底土质判定，此壁应是墓葬的南壁，在其北侧残余长1、宽1.5米的长方形土圹，方向315°。经过清理，未发现葬具、尸骨以及任何遗物。

采集墓砖　1块。标本01M7：01，深灰色泥质灰陶。长方形，上下两面均饰绳纹，一长侧面饰菱形几何纹，其余侧面无饰（图二八一）。

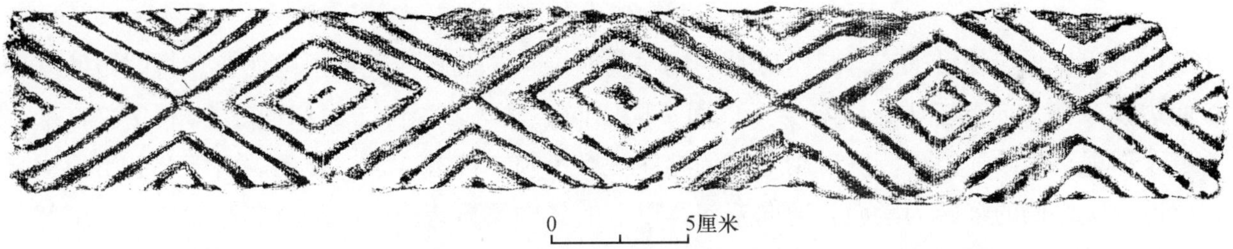

图二八一　墓砖（01M7：01)拓片

二、01M8

01M8位于大湾墓群西Ⅰ区T1内。墓葬开口在②层扰土层下，打破生土，距现地表0.6米，早期遭破坏。其叠压打破关系为：①层（耕土层）→②层唐宋以后的扰乱层→01M8→生土。其构造方法为先下挖刀把形土圹，再用砖砌成墓壁，土圹壁与墓壁之间有0.06～0.1米的距离，后填以黄褐色沙土。墓圹长4、宽2.64米（图二八二）。

01M8平面呈刀把形，方向237°。由墓道、甬道、墓室三部分组成。

墓道　斜坡土圹式，平面呈梯形，口端稍小，坡度较大，两壁修治不甚平齐。墓道底部有较薄的一层踩踏面。残长1.5、宽0.98/1.1米，坡度30°。

甬道　甬道建在墓室前部右侧一端，甬道右壁与墓室右壁连成一线。甬道口有封门，封门

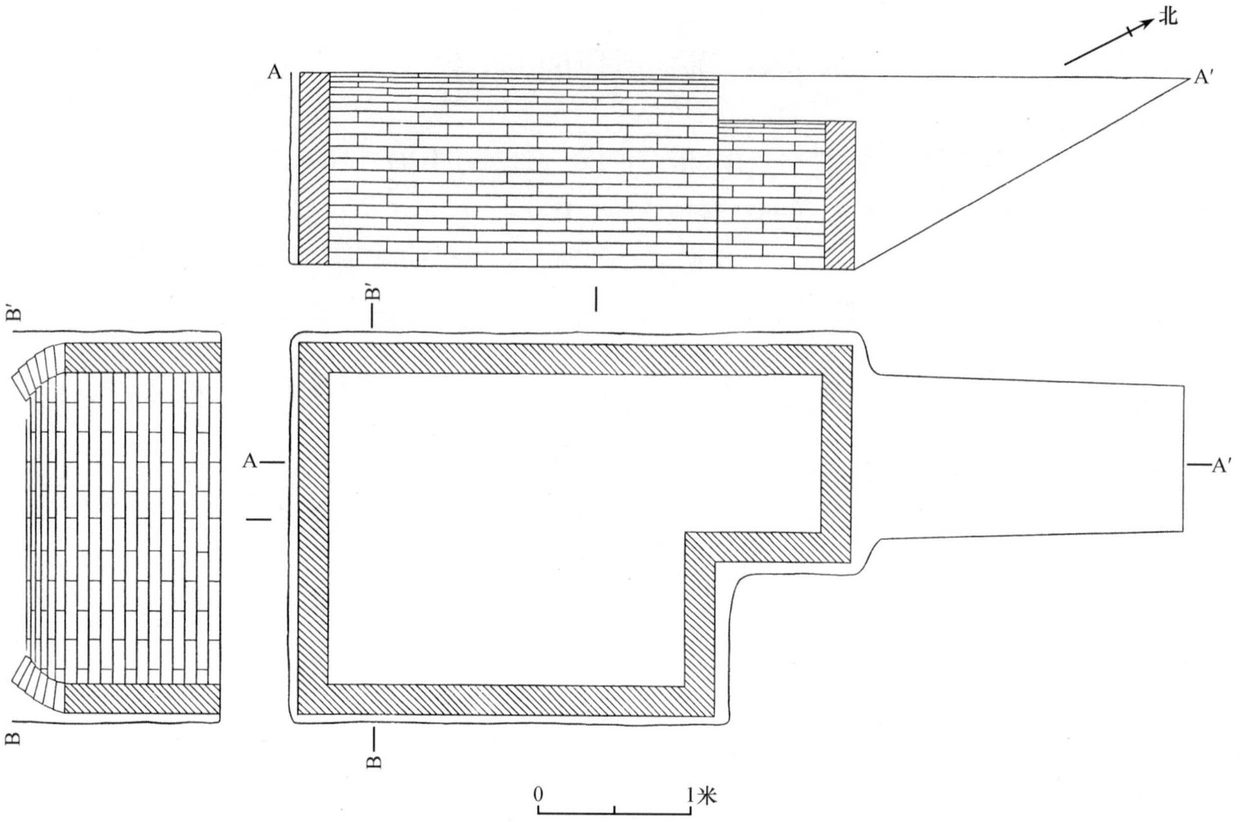

图二八二 01M8平、剖面图

外壁与甬道口顶端外沿平齐。封门应是利用建墓所余条砖及碎砖平铺堆砌而成。封门砖的菱形几何边纹一侧多向墓室内，仅有少量素面一侧内向，显得较混乱。封门面宽1.06、残高1米。甬道顶部坍塌遭破坏，由侧壁砖砌上部的卷曲程度可判定曾有券顶。砖砌层由下至上第13层朝向甬道内壁一侧的墓砖为素面，通向墓室。以上的砖砌层显弯曲，应是自此层起券甬道顶部。甬道与墓室相接拐角处，采取整砖横铺互相压茬垂直砌制，致使拐角两侧的墓砖形成素面与菱形几何纹相隔的现象。甬道长0.9、宽1.06、残高1米。

墓室　平面呈长方形。墓室各壁均为用砖横叠错缝砌成，而且墓砖带花纹的侧面均朝向墓室。只有两侧壁自下而上第13层砖向墓室内素面，与甬道此层砖相接，形成一层素面与菱形花纹相隔的现象。往上的墓壁开始向内卷曲，应是自此向墓室顶部券砌成券顶，顶部已经坍塌。墓室内填满黄色黏土，质地较硬且夹杂大量碎砖块，应是该墓遭扰所形成。墓底未铺砖，直接构筑在生土之上，墓底修治平整。长2.4、宽2.1、残深1.3米。

构筑墓壁的砖有两种，为长方形条砖与子母榫卯长方形条砖。砖的上下两面均有绳纹，一长侧面饰有菱形几何纹构成的图案，筑墓时，花纹向内使用。构砌甬道与墓室直壁的砖为条砖，券顶则使用楔形砖。砖间均以黄细砂质泥合缝。

采集墓砖　2块。标本01M8：01，深灰色泥质灰陶，长方形。有榫头、榫孔，一侧较厚，另一侧略薄，呈楔形。上、下两面饰绳纹，略薄侧面饰两周同心菱形几何纹，内心菱形纹中填一菱形乳钉，其余侧面无饰。长36.5、宽16、厚6.5～7.5厘米（图二八三，1）；标本

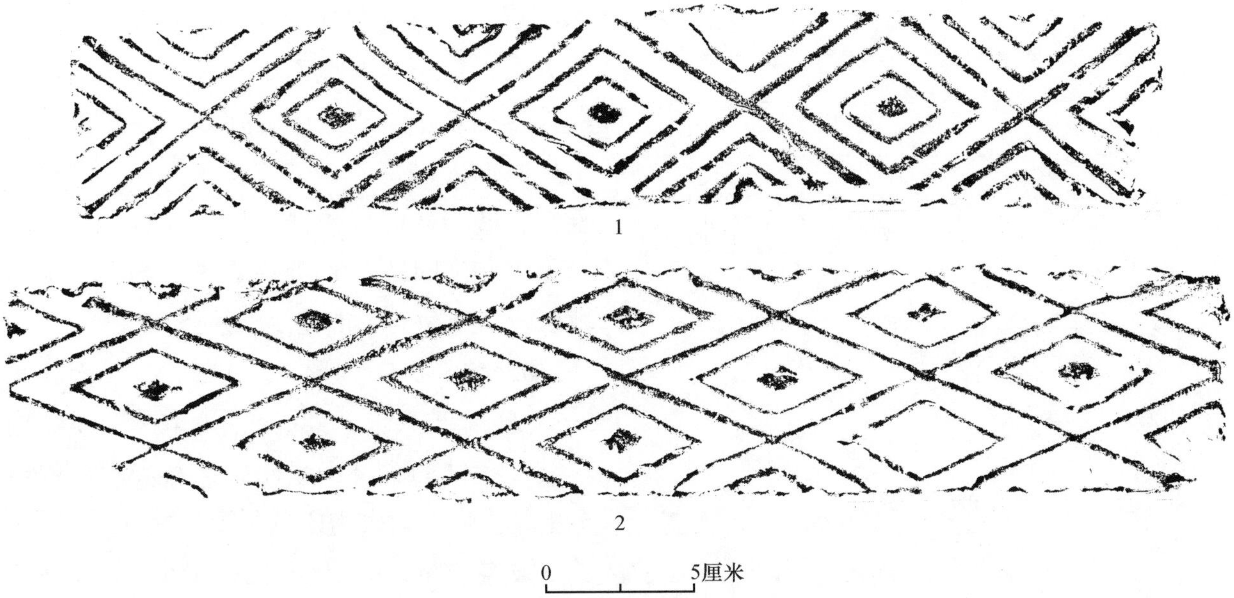

图二八三　墓砖拓片
1. 01M8：01　2. 01M8：02

01M8：02，深灰色泥质灰陶，长方形。上、下两面饰绳纹，一长侧面饰三排菱形几何纹，每一菱形纹中心填菱形乳钉，其余侧面无饰。长42、宽17.5、厚7.5厘米（图二八三，2）。

01M8遭严重盗扰，未发现任何葬具、尸骨以及随葬器物。

三、02M1

02M1位于汶溪村四社（原大湾村六社），当地俗称“大田坝”的丘原上，属长江南岸二级台地，处大湾墓群西Ⅲ区。02M1由残留的土圹和剩余砖砌的墓壁判断，墓室平面呈长方形，方向295°。残长2.1、宽2.2米。未发现任何葬具与尸骨的痕迹，葬式、头向不明。亦无任何遗物出土（图二八四）。

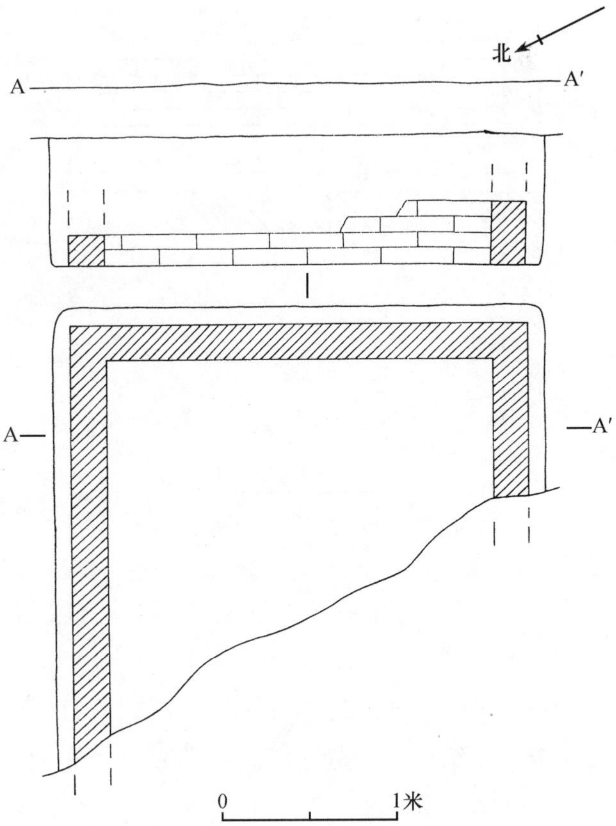

图二八四　02M1平、剖面图

四、02M2

02M2位于汶溪村四社（原大湾村六社），当地俗称“大田坝”的丘原上，属长江南岸二级台地，处大湾墓群西Ⅲ区。墓葬开口于0.2米厚的耕土层之下。曾遭盗扰，破

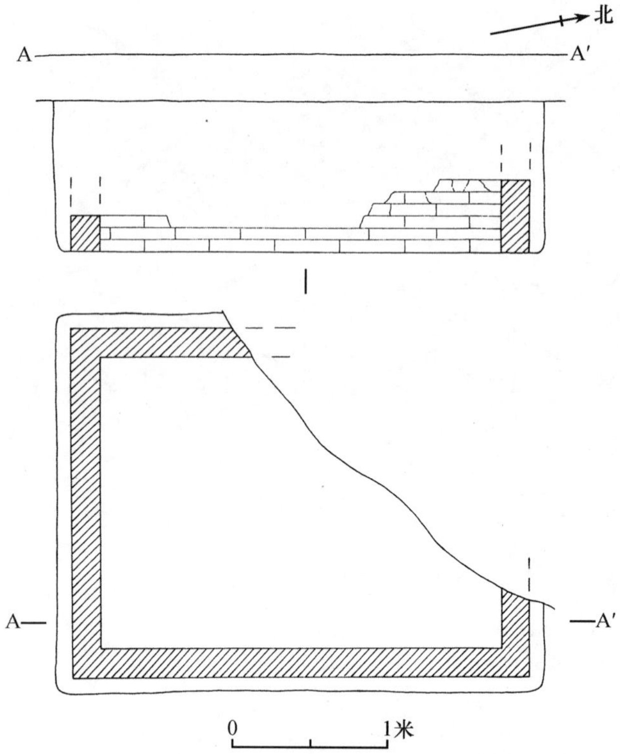

图二八五　02M2平、剖面图

坏严重。仅存墓室部分，余荡然无存。其构造方法为：于当时地面下挖长方形土圹，墓葬直接构筑于生土层中，在靠近土圹壁处自土圹底向上砌墓壁，带花纹的侧面一律朝向墓室，砖与砖间以薄薄一层黄泥合缝。墓壁与土圹壁之间留有0.1米左右的空隙，空隙内填以较为纯净的黄褐色沙土并夯实。

02M2平面长方形，方向282°。南北长2.6，东西宽1.9米，墓壁残高0.48米。墓室内填满经扰乱的含有大量碎砖、料姜石的褐色黏土，土质相对较为松软（图二八五）。

被盗严重，葬具与葬式不明。无任何遗物出土。

五、02M5

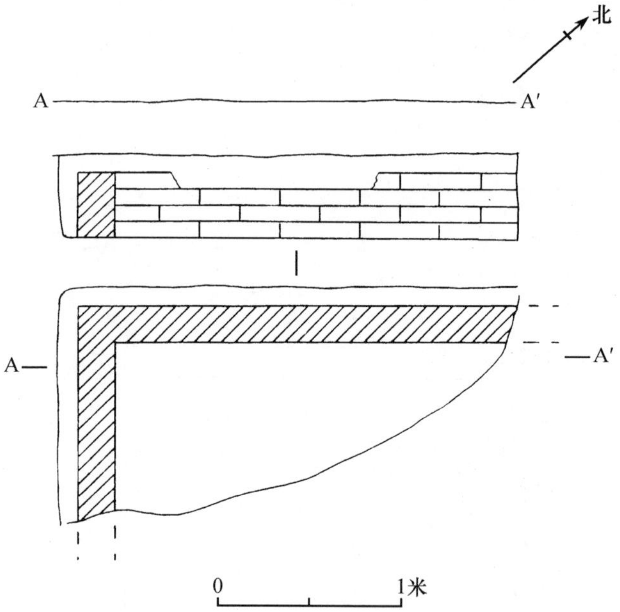

图二八六　02M5平、剖面图

02M5位于规划村四社（原大湾村六社），当地俗称“大田坝”的东高西低的缓坡上，属长江南岸二级台地，处大湾墓群西Ⅲ区。其构造方法为：于当时地面下挖土圹，墓葬直接构筑于生土中，在靠近土圹壁处自土圹底向上砌墓壁，带花纹的侧面一律朝向墓室，砖与砖间以薄薄一层黄泥合缝。墓壁与土圹壁之间留有0.1米左右的空隙，空隙内填以较为纯净的黄褐色沙土并夯实。

02M5曾遭严重盗扰，仅余墓室部分。方向310°。墓室西壁残长2.4米，南壁残长1.2米。墓壁残高0.45米（图二八六）。

未发现葬具、人骨及随葬器物。

六、02M16

02M16位于汶溪村四社（原大湾村六社），当地人称“大田坝”的东高西低的缓坡上，属长江南岸二级台地，处大湾墓群西Ⅲ区。东北与02M15相距约20米。

02M16平面呈凸字形，方向183°。仅残存甬道和墓室下部（图二八七）。

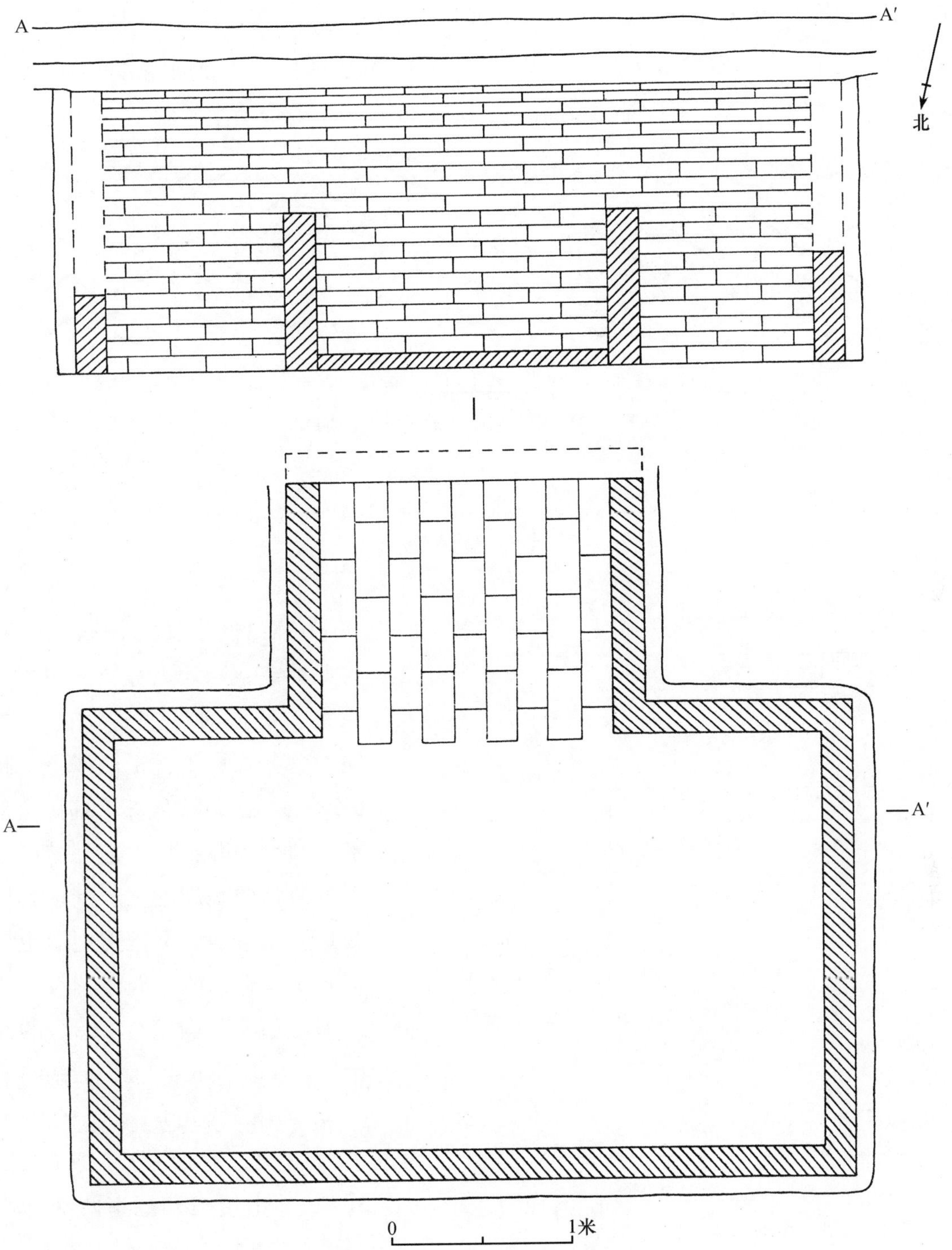

图二八七　02M16平、剖面图

甬道　平面呈长方形，位于墓室南壁正中。东西两壁均用菱形几何边纹花砖错缝叠砌，花纹一律内向。顶部券顶已毁塌。甬道内填黄褐色五花黏土，夹杂大量残砖块。南北向错缝平铺条砖地面。宽1.64、进深1.48、残高0.9米。

墓室　平面呈长方形。顶部已毁，但墓室北壁上部残存有部分券顶，北壁自墓底靠近土圹处起墓壁至第13层（高1.16米），尔后开始自北而南即自墓室的前后两壁南北起券。东西两壁砌在两端的内侧，未与南北两壁咬合接茬。墓室东西面宽4、南北进深2.42、残高1.6米。

未发现葬具、人骨及随葬器物。

采集墓砖　1块。标本02M16：01，泥质灰陶。长方形，一长侧面饰菱形几何纹，上下饰绳纹，其余为素面。青色，烧制温度较高。长46.3、宽16.8、厚8.5厘米（图二八八）。

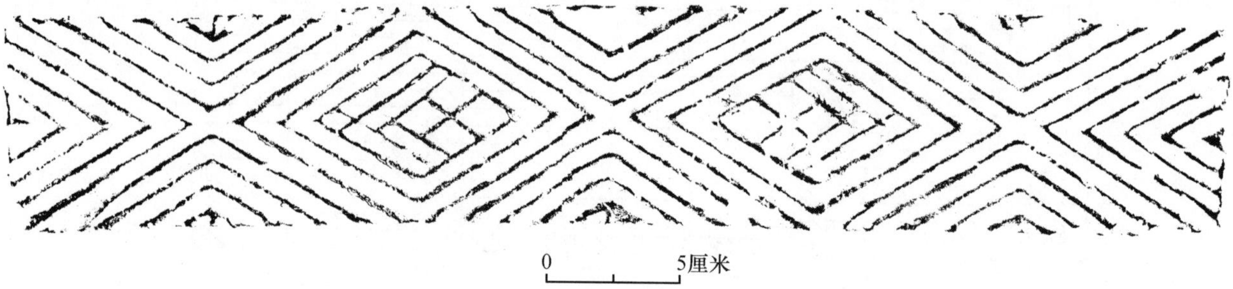

图二八八　墓砖（02M16：01）拓片

七、03M3

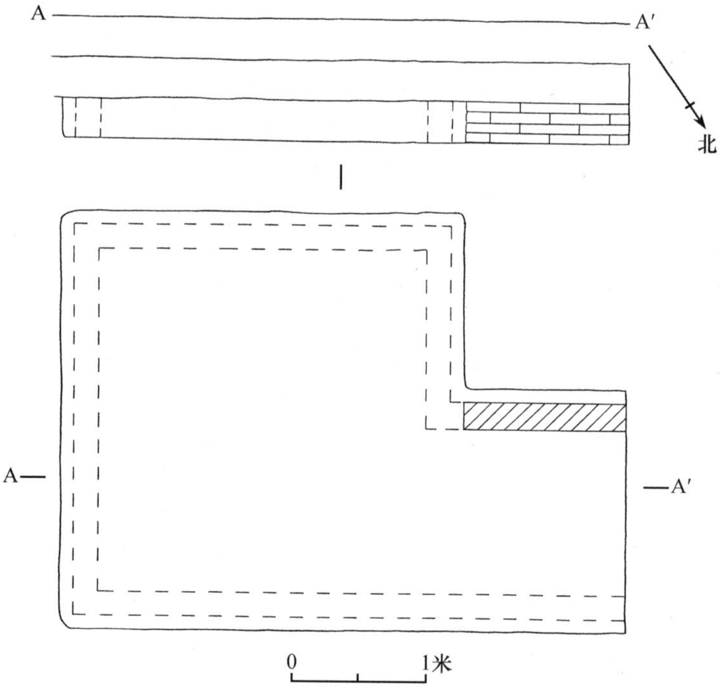

图二八九　03M13平、剖面图

03M3位于文溪村四社（原大湾村九社），当地人称“大田坝”的丘原上，属西Ⅲ区的长江南岸二道坡地。墓葬开口于扰土层以下，距地表0.6米。由于近代破坏，墓砖全部被撬走，而且墓葬土圹，上部被严重扰乱仅剩余墓葬底部的土圹壁。其构筑方法是，先自地面下挖刀把形土圹，土圹开挖规整，四壁经过拍打、修整。土圹与墓葬砖墙壁有0.08米的红褐色土层。土圹残长4.2、宽1.8/3.1、残深0.3米（图二八九）。

03M3平面呈刀把形，方向305°。由甬道和墓室两部分构成，墓道破坏无存。

甬道　平面呈长方形。南壁残留部分一层砖，拐直角与墓室南土圹壁相连。土圹北壁与墓室土圹北壁呈直线。内填杂乱土，包含大量残砖块和料姜石块。被扰乱严重。残长1.2、宽1.8、残深0.3米。

墓室　平面呈长方形。内填杂乱土，包含大量残砖块和料姜石块，扰乱严重。墓室土圹南北长3.1、东西宽3、残深0.3米。

未发现葬具、人骨及随葬器物。

八、03M9

1. 墓葬形制

03M9位于文溪村（原大湾村十一社），丰（都）高（镇）公路汶溪河大桥东侧向东100米处，即当地人称“土地包”的缓坡上，处大湾墓群西VII区。东南距离03M8约4米。墓葬开口于耕土层以下，距现地表0.3米。曾遭盗扰，破坏严重。仅存墓葬刀把形土圹形制，所有的墓砖被当地村民撬掘一空，土圹与原来墓砖墙壁之间有约0.08米的红褐色土层，可以观察到原来墙壁的外沿。土圹残长3.72、宽1.38/2.38、残深最深处为0.6米（图二九〇）。

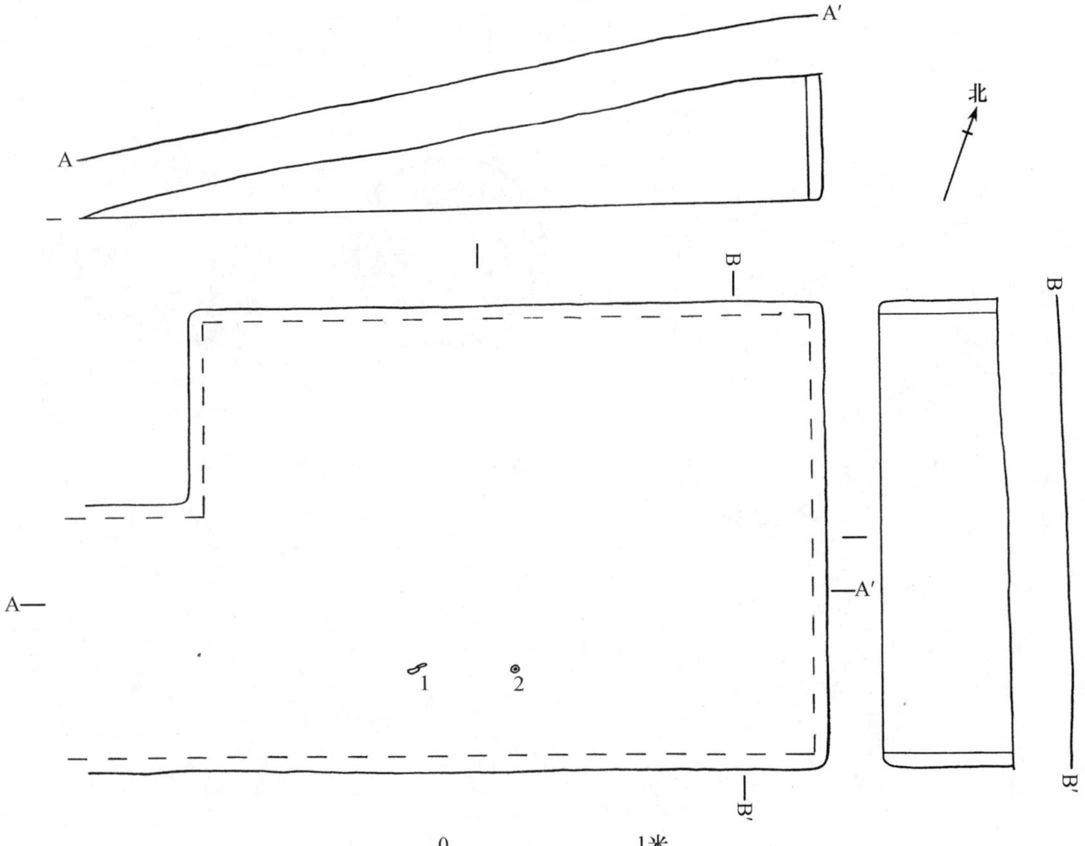

图二九〇　03M9平、剖面图

1. 陶勺　2. 铜钱

03M9平面呈刀把形，方向250°。由甬道、墓室两部分组成。墓葬甬道以前部分遭破坏无存。

甬道　平面呈长方形。甬道前半部分遭破坏。南壁与墓室南壁连一体，北壁作90°北拐，形成墓室北壁。填土中均为残碎的砖块和黄褐色的黏土，质地坚硬。底部料姜石生土地面，稍做修整。甬道的长宽为原来甬道壁外沿之间的长度。残长0.6、宽1.23、残高0.14米。

墓室　平面呈长方形，填土中均为残碎的砖块和黄褐色的黏土，质地坚硬。地面与甬道处同一地平，底部料姜石生土地面，稍做修整，坑洼不平。东西长3.03、南北宽2.23、残高0.6米。

葬具、尸骨腐朽无存。葬具、葬式、头向不明。

2. 随葬器物

出土随葬器物2件（组），分别为陶勺、钱币。

陶勺　1件。标本03M9：1，釉陶，柄部残缺。半圆形勺体，敞口，方唇，浅腹，圜底。柄部斜直，正面平齐，截面为半圆形。勺的正面均施酱色釉。口径5.6、残长9厘米（图二九一，1）。

钱币　1组2枚，均为五铢钱。标本03M9：2。边郭规整，字迹清楚。“五”字中间两笔弯曲；“金”字头呈三角形；“朱”字上下端圆润。直径2.6、穿径1.1厘米（图二九一，2）。

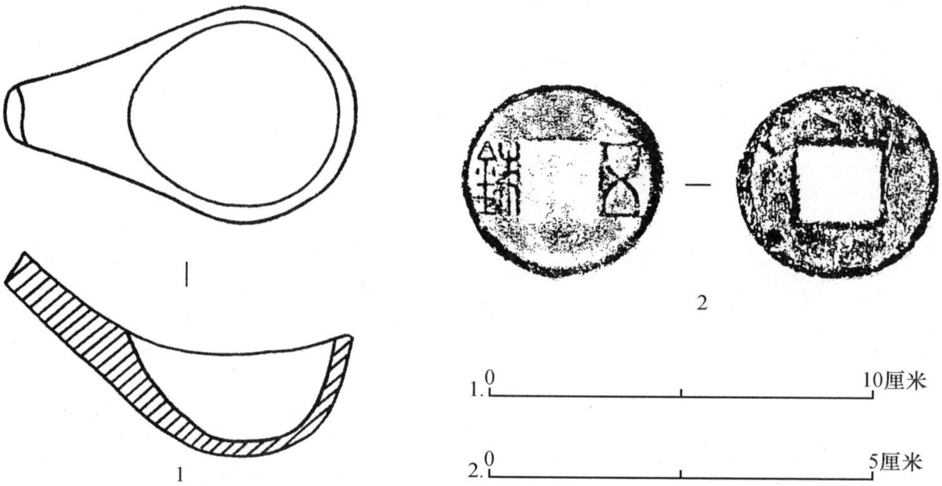

图二九一　03M9出土器物
1. 陶勺（03M9：1）　2. 铜钱（03M9：2）拓片

九、04M13

04M13位于桂花村四社，当地人称“庙儿山”上的东部。东距04M6约8.5米。墓葬开口在耕土层下，距现地表0.2米。墓葬的构筑在生土中，墓壁与土圹壁间有0.1米的空隙，内填红褐色五花土。土圹残长3、残宽1.5、残深0.5米（图二九二）。

04M13破坏严重，形制不明，仅剩余墓室一角。方向307°。墓室残长2.4、残宽1.2、残高0.5米。墓壁为长方形条砖错缝叠砌，墓砖侧面菱形几何纹朝向墓室内。砖层间垫有一层薄薄的黄褐色黏土，墓室底为生土地面。墓室内填红褐色黏土、残碎砖块和少量料姜石块。

葬具腐朽无存，尸骨无存，葬式，头向不明。无随葬器物出土。

采集墓砖　1块。标本04M13：01，泥质灰陶。长方形，两长侧面薄厚不一呈楔形，两短侧面有子母榫卯结构。较薄侧面饰菱形几何纹，菱形中填菱形乳钉，上下面饰绳纹，其余素面。长43、宽18、厚6.5～7.5厘米（图二九三）。

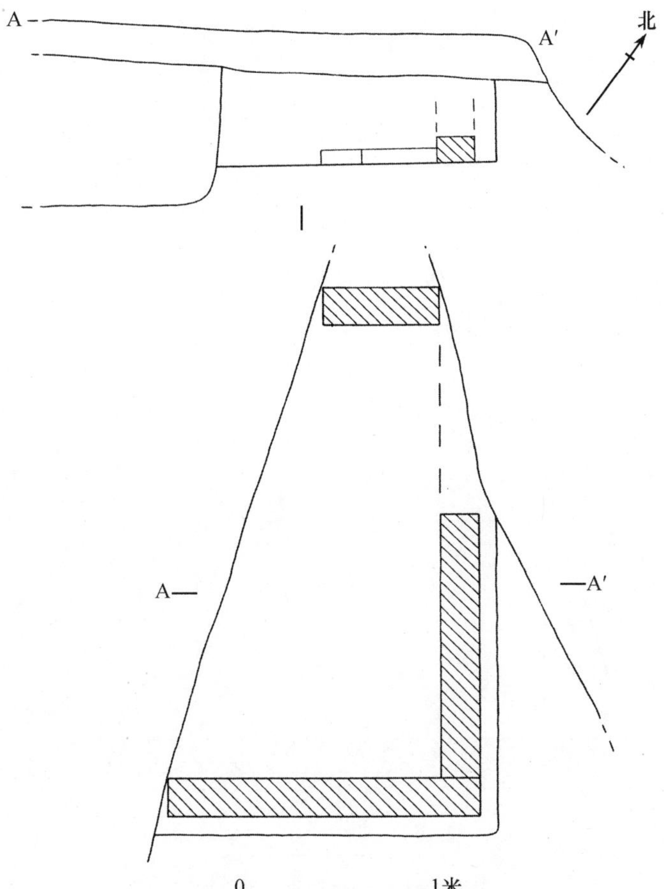

图二九二　04M13平、剖面图

图二九三　墓砖（04M13：01）拓片

一〇、05M7

05M7位于文昌路油坊沟南岸的“烟囱包”上，缓坡台地的北部斜坡处，东南距05M5约9米。墓葬开口在耕土层下，距现地表0.3米。构筑方法是在生土中，先挖规整的土圹，而后于土圹之内起砖壁。墓壁与土圹壁间留有约0.1米的空隙，空隙内填红褐色五花土。土圹长3.2、宽3、残深0.5米（图二九四）。

05M7残留长方形墓室一部分，方向315°。墓室长2.8、宽2.4、高0.5米。墓室各壁亦为长方形条砖错缝叠砌而成。砖侧面的菱形几何纹朝向墓室内。砖间有黄褐色黏土。后壁于东西两

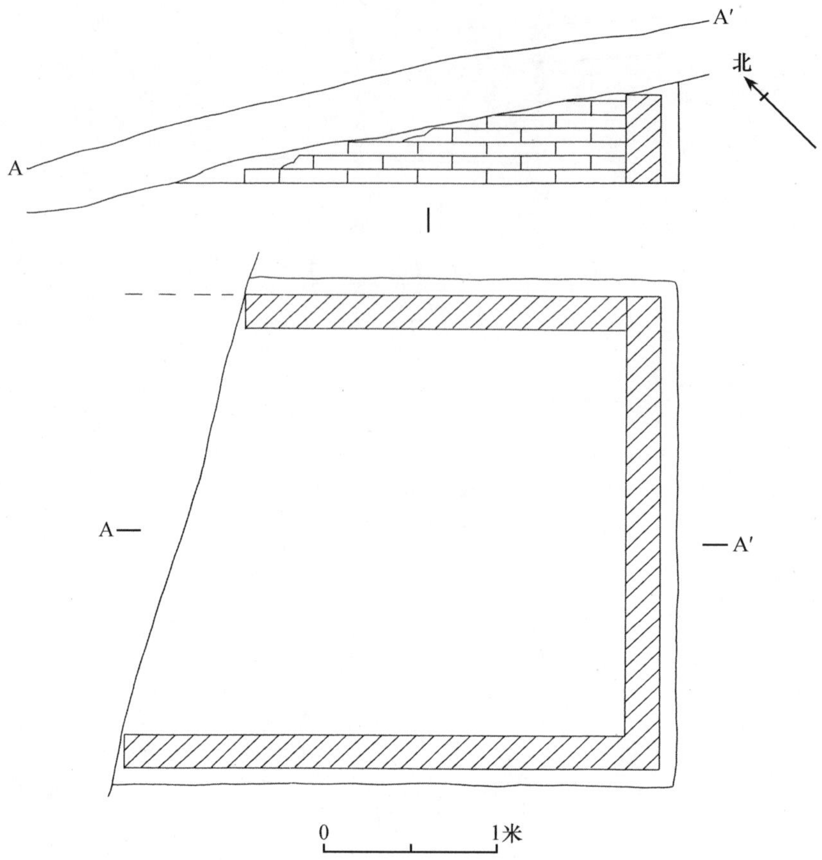

图二九四　05M7平、剖面图

侧壁内起墙，与两壁交错咬合。墓室地面为生土地面。墓内现填灰褐色黏土。

葬具、尸骨腐朽无存，葬式、头向不明。无随葬器物出土。

采集墓砖　1块。标本05M7：01，泥质灰陶，残少许。长方形，一长侧面饰菱形纹，上下面饰细绳纹，两短侧面有榫卯结构。长44.2、宽20、厚6.7厘米（图二九五）。

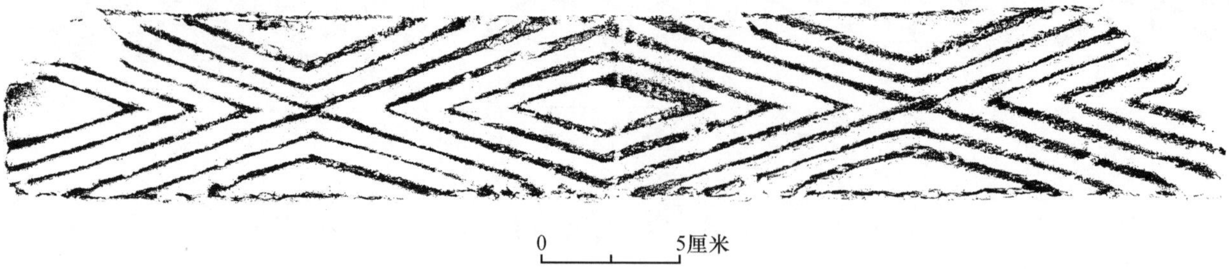

图二九五　墓砖（05M7：01）拓片

一一、05M9

1. 墓葬形制

05M9位于文昌路油坊沟南岸的“烟囱包”上，缓坡台地的南部，距离05M8约4米。墓葬开口在耕土层下，距现地表0.24米。构筑方法是在生土中，先挖规整的刀把形土圹，四壁经过修整，而后于土圹之内起砖壁，再起券顶。墓壁与土圹壁间留有约0.1米的空隙，空隙内填红褐色五花土。土圹残长4.1、宽2.1/2.8、残深1.2米（图二九六）。

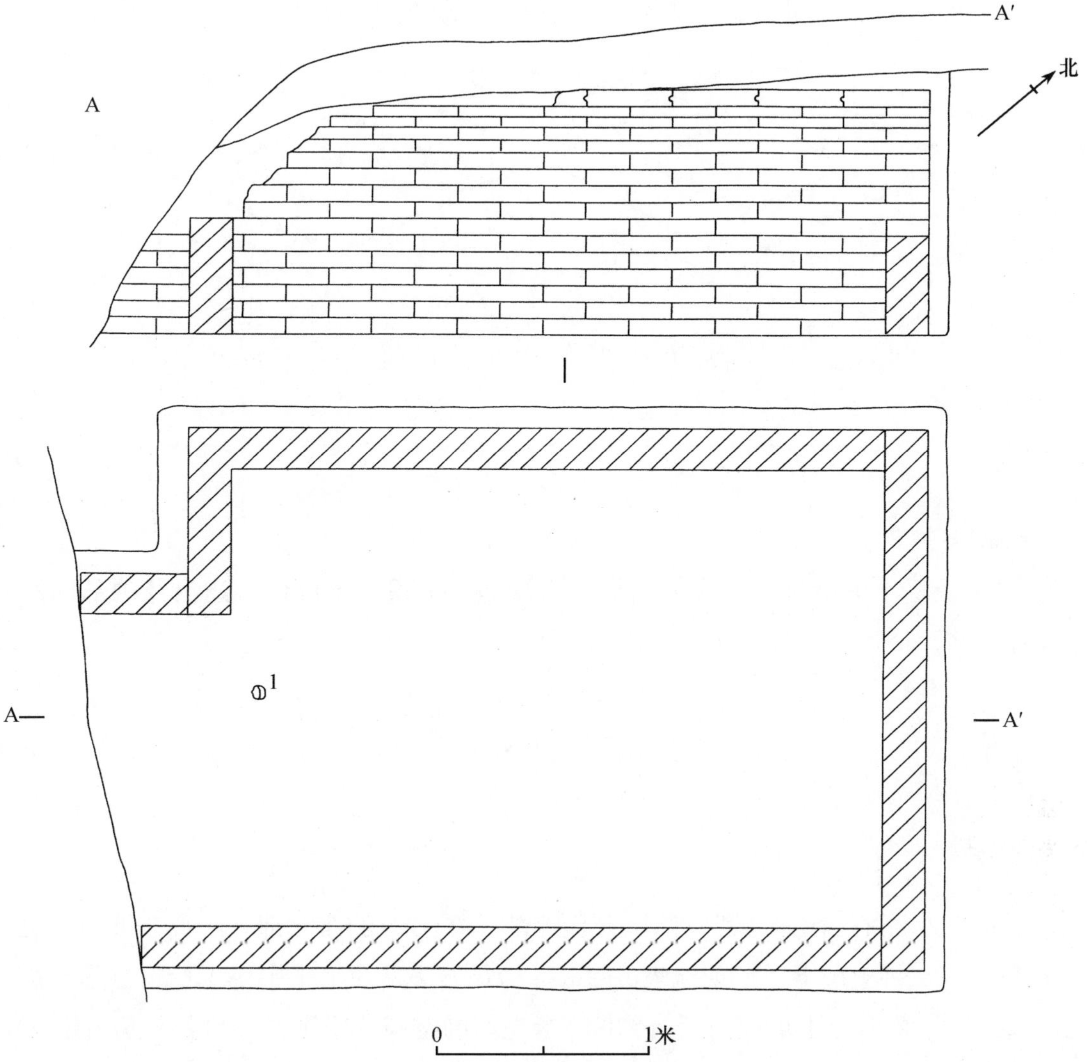

图二九六　05M9平、剖面图
1. 器盖

05M9平面呈刀把形，方向230°。墓葬所处墓道和甬道前半部被破坏，残存甬道后半部和墓室两部分。

甬道　甬道南壁与墓室南壁连成一体，北壁作90°北拐，形成墓室北壁。甬道壁为长方形条砖错缝叠砌而成。砖侧面的菱形几何花纹均朝向甬道内。墓底部为生土，稍作修整。残长0.7、宽1.5、残高0.56米。

墓室　平面呈长方形。墓室各壁亦为长方形条砖错缝叠砌而成，顶部坍塌。砖侧面的菱形几何纹朝向墓室内。砖间有黄褐色黏土。后壁于东西两侧壁外起墙，与两壁未交错咬合。墓室地面与甬道处同一地平，为生土地面。长3.05、宽2.2、高1.2米。墓内填灰褐色黏土、大量残碎砖块、少量料姜石块和少量碎陶片。其中砖块多为带有子母榫卯结构的外厚内薄的楔形砖，应是墓葬券顶坍塌所致。

葬具、尸骨腐朽无存，葬式、头向不明。

采集墓砖　1块。标本05M9：01，泥质灰陶，残少许。长方形条砖，一长侧面饰粗线条菱形几何纹，菱形中小乳钉，上下面饰粗绳纹。长43、宽17、厚6.5厘米（图二九七）。

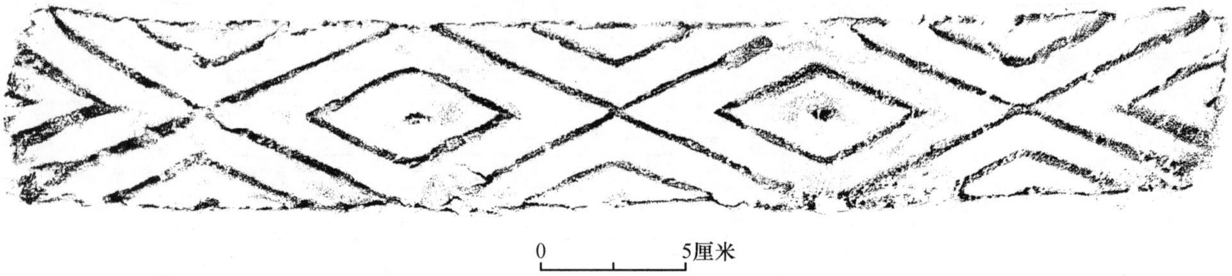

图二九七　墓砖（05M9：01）拓片

2. 随葬器物

出土瓷质器盖1件。

器盖　1件。标本05M9：1，修复完整。覆盘形，平顶，子母口。边沿及中部饰凹弦纹。盖顶部施青色釉，厚胎。通高2、口径10厘米（图三〇〇，1）。

一二、05M15

1. 墓葬形制

05M15位于文溪村二社的“苦竹荡”台地北部，在05T3的西北部。距离东北侧的05M13约4.4米。墓葬开口在耕土层下，距现地表0.13米。构筑方法是在生土中，先挖长方形土圹，后在土圹之内起砖壁，墓壁与土圹壁间留有约0.05米左右的空隙，空隙内填红褐色五花土。土圹长4.28、宽1.86、残深1.28米（图二九八）。

05M15平面呈长方形，方向326°。墓室平面呈长方形，顶部券顶坍塌，两侧壁从下向上第9层砖起向内卷曲，形成券顶。卷曲部采用带有榫卯结构的楔形砖砌起，下部采用长方形条砖错缝叠砌而成。砖侧面的菱形几何纹朝向墓室内。砖间有黄褐色黏土。墓室前端有砖封门，长1.4、高0.16米。墓内现填褐色黏土、残碎砖块和少量料姜石块。墓室底为生土地面，修理平整。长2.8、宽1.4、高0.9米。

葬具腐朽无存，尸骨无存，葬式不明。

采集墓砖　1块。标本05M15：01，泥质灰陶，残少许。长方形，一长侧面饰连续菱形几何纹，小菱形中饰菱形乳钉，上下面饰粗绳纹。长40.5、宽18.2、厚6.5厘米（图二九九）。

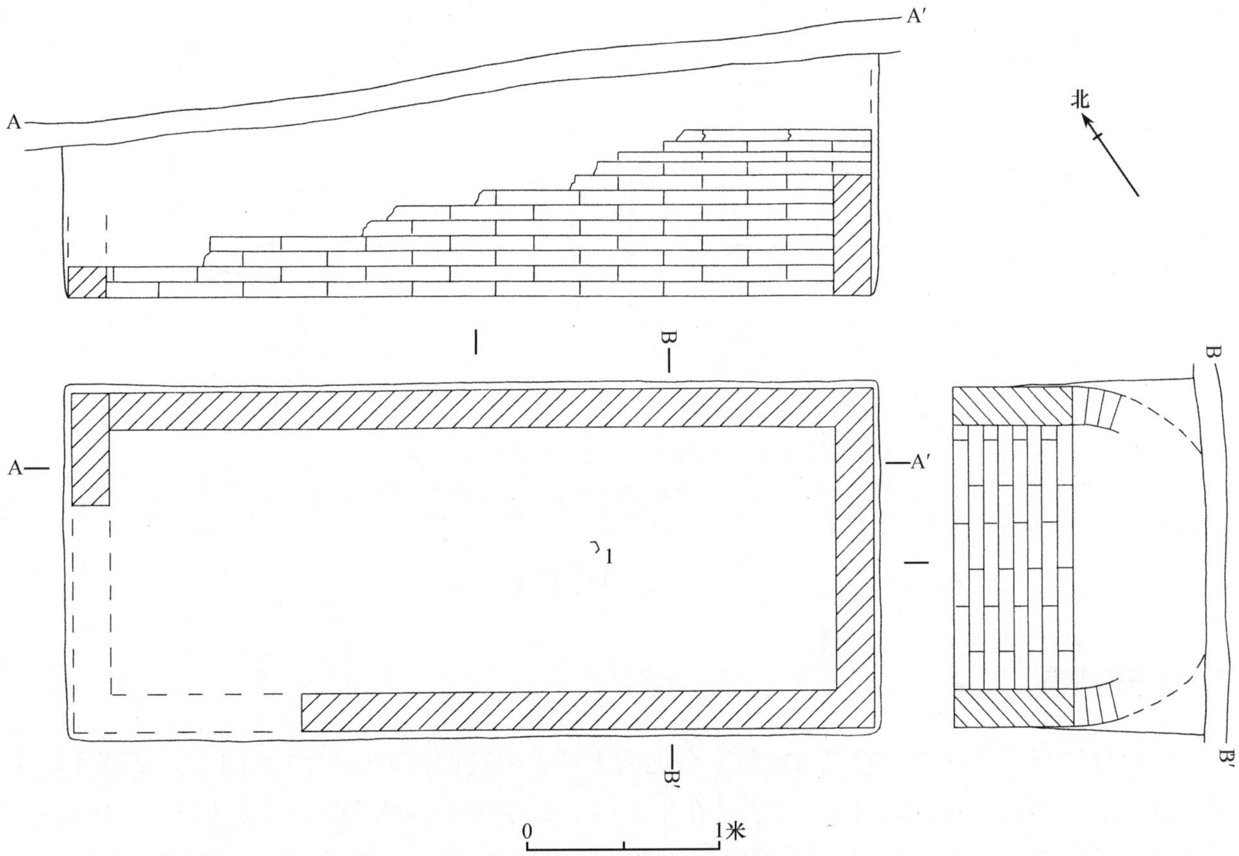

图二九八　05M15平、剖面图
1. 铜饰

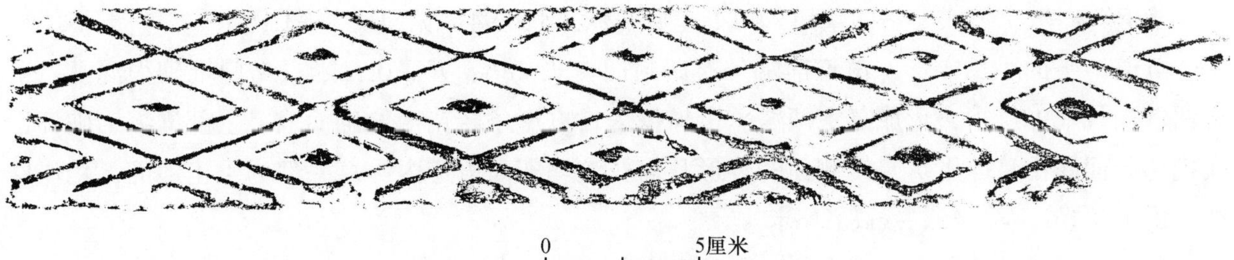

图二九九　墓砖（05M15：01）拓片

2. 随葬器物

墓室中部出土1件铜饰。

铜饰　1件。标本05M15：1，锈蚀。中部圆弧形，两端竖直细柱状，中部扁平。通高3.8厘米（图三〇〇，2）。

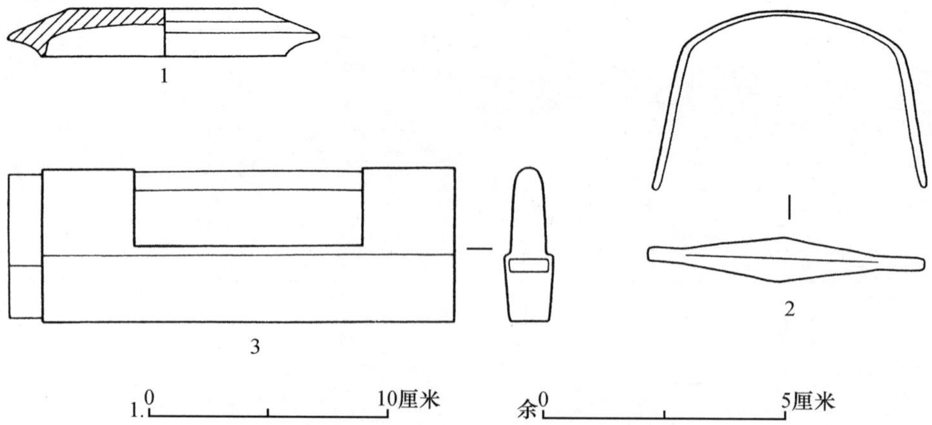

图三〇〇 05M9、05M15、05M21出土器物

1. 陶器盖（05M9：1） 2. 铜饰（05M15：1） 3. 铜锁（05M21：1）

一三、05M21

1. 墓葬形制

05M21位于文溪村二社的“杨家包”台地的东部，距离西侧的05M22有6.4米。墓葬开口在耕土层下，距现地表0.3米。构筑方法是在生土中，先挖规整的凸字形土圹，四壁经过修整，而后于土圹之内起砖壁。墓壁与土圹壁间留有约0.1米的空隙，空隙内填红褐色五花土。土圹长5.6、宽2.04/3.88、残深1.16米（图三〇一）。

05M21平面呈凸字形，方向215°。由墓道、甬道和墓室三部分组成。

墓道 斜坡土圹式，平面墓道入口处呈圆弧状。长0.94、宽2.04、深1.16米。

甬道 平面呈长方形。甬道前端外有砖封门，长1.86、残高0.72米。封门堆砌很混乱。甬道两壁向外作90°拐，形成墓室两壁。甬道壁为长方形条砖错缝叠砌而成，上部遭人为破坏，掏挖墓砖而露出墓葬土圹。砖侧面的菱形几何花纹均朝向甬道内。墓底部为生土地面，稍作修整。甬道长1.6、宽1.45、残高1.16米。

墓室 平面呈长方形。墓室各壁为长方形条砖错缝叠砌而成，上部遭人为掏挖墓砖而露出墓葬土圹。砖侧面的菱形几何纹朝向墓室内，砖间有黄褐色黏土。后壁与南北两壁交错咬合。墓室地面与甬道处同一地平，为生土地面。长2.34、宽3.3、残高0.8米。

墓内现填灰褐色黏土，夹杂大量的碎砖块等物。

葬具、尸骨腐朽无存，葬式、头向不明。

采集墓砖 1块。标本05M21：01，泥质灰陶。残少许。长方形条砖，一长侧面饰菱形几何纹，菱形中加乳钉，上下面绳纹，其余素面。长44.5、宽18、厚6.6厘米（图三〇二）。

2. 随葬器物

仅在墓室后部出土1件铜锁。

铜锁 1件。标本05M21：1，铜，锈蚀。锁体呈长“凹”字形，两凸出部中有细孔穿

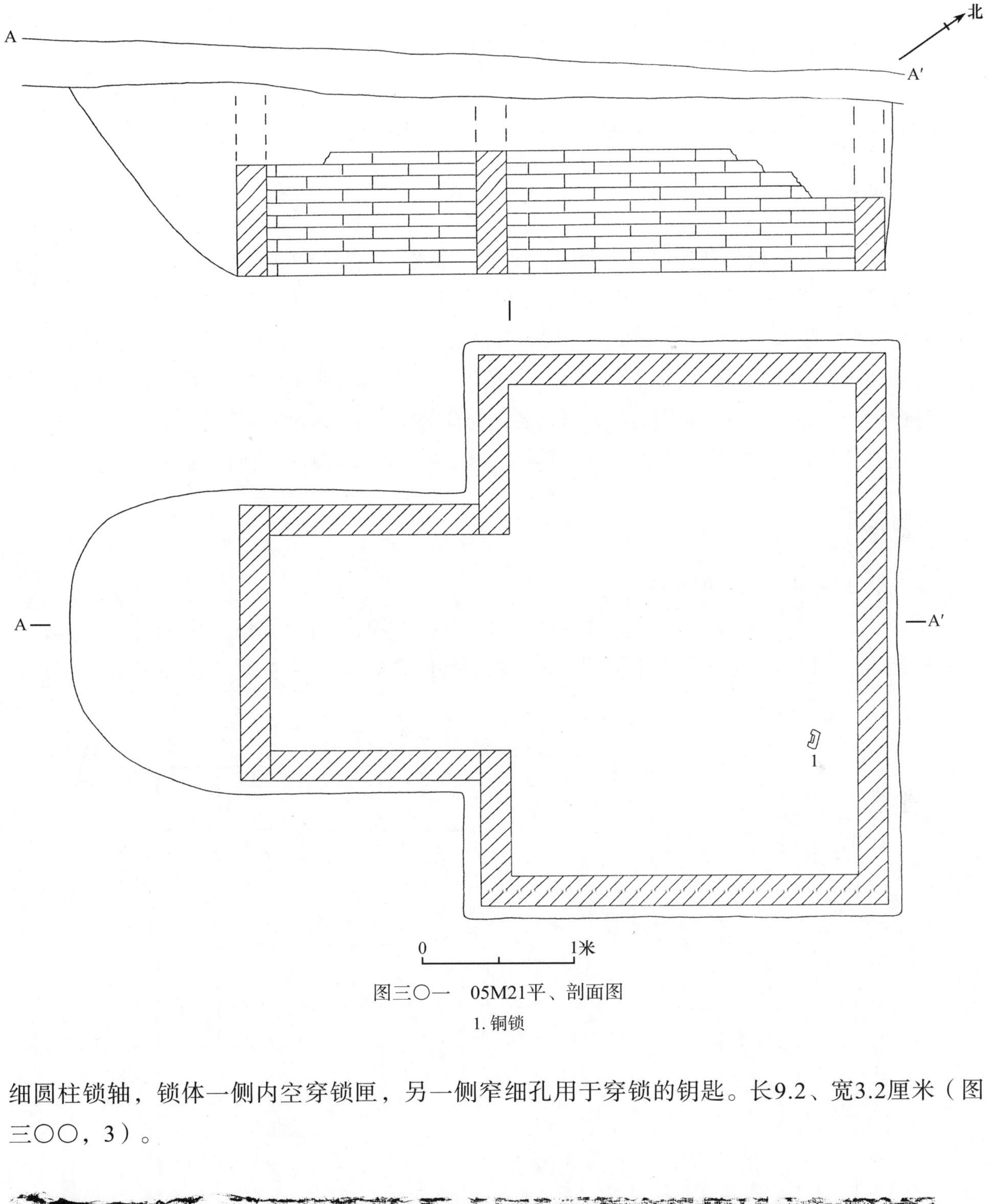

图三〇一　05M21平、剖面图
1. 铜锁

细圆柱锁轴，锁体一侧内空穿锁匣，另一侧窄细孔用于穿锁的钥匙。长9.2、宽3.2厘米（图三〇〇，3）。

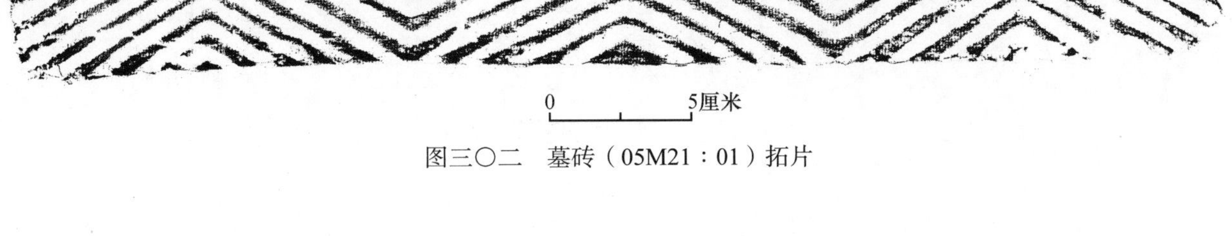

图三〇二　墓砖（05M21：01）拓片

第七节 清　　墓

清墓仅1座，为05M17，是石室墓。随葬器物1件，为瓷枕。

1. 墓葬形制

05M17位于文溪村二社的“苦竹荡”台地的西南部，在05T8西南、05T10西北，05T13东北。05M18的上部，打破05M18。开口在耕土层下，距现地表0.14米（图三〇三）。

05M17平面呈长方形，方向285°。构筑方法在修整地面后，采用石条砌成长方形墓室，上部遭破坏不存，无法了解上部形制构造。石条内为长方形墓室。长3.3、宽1.6、残高0.5米。墓室各壁为长方形石条错缝叠砌而成，石条各边略作修整。墓内现填灰褐色黏土。

墓室内可见木头腐朽痕迹，为木棺葬具。尸骨腐朽无存，葬式、头向不明。

2. 随葬器物

仅出土1件瓷枕在墓室的东端。

枕　1件。标本05M17：1，瓷。残少许。两端圆弧上翘，中部呈锅底状以托人的头部，边沿荷瓣状凸起，两端面上中部和中部圜底正中均刻穿四个椭圆形呈圆形，圆形正中钻一细孔，

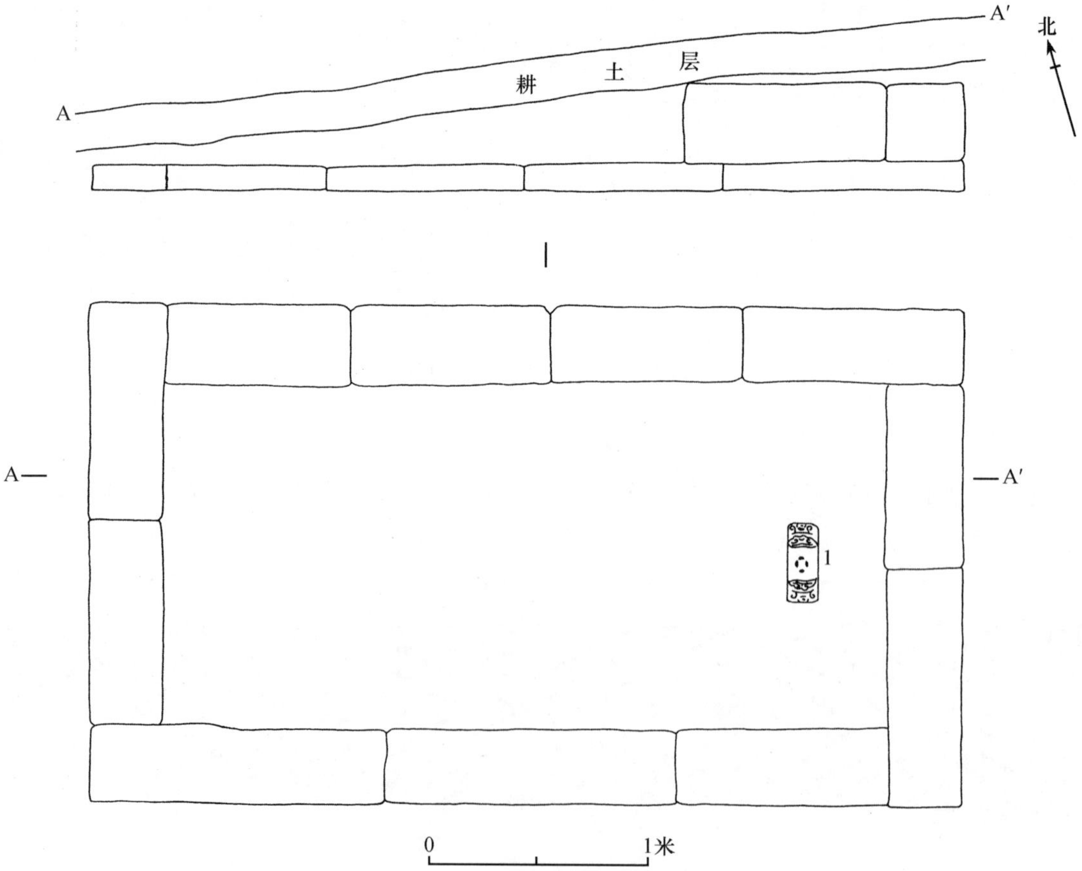

图三〇三　05M17平、剖面图

1. 瓷枕

外饰卷云纹。两端横穿圆孔。平底上穿7个圆穿孔。内空。上表面施绿色和黄色釉。色彩鲜艳，造型奇特。通高10.4、长37、宽15.2厘米（图三〇四；图版五二，1~3）。

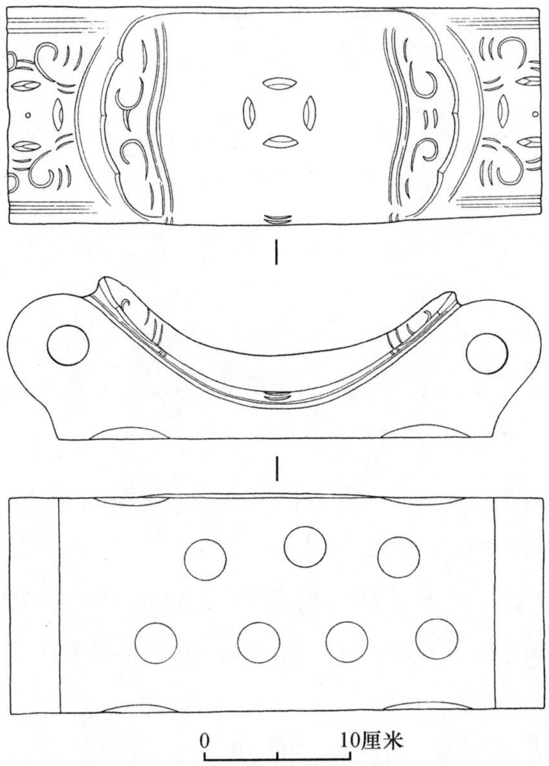

图三〇四　05M17出土瓷枕（05M17：1）

第三章　结　　语

第一节　分期与年代

大湾墓群经历五次发掘，共清理墓葬88座，其中13座墓葬破坏严重，以下依据75座墓葬的形制和随葬器物等资料进行分析研究。

一、墓葬形制

前边已经将88座墓葬按照东汉、蜀汉、西晋、东晋、南朝、清等时代顺序分别进行了具体介绍，下面对各时代的墓葬形制特点做进一步分析。

42座东汉墓，均为砖室墓，所有墓葬均遭受不同程度的破坏和盗扰。但是根据墓葬形制现存状况、依据历年东汉墓葬的发掘资料信息分析，大部分墓葬的形制及其建筑构造方式还是比较明确和清晰的。

墓葬形制按照平面形状可分为刀把形、曲尺形、长方形、凸字形四种形式。42座东汉墓中，刀把形28座，曲尺形2座，长方形6座，凸字形2座，另有形制不完整仅残存墓室部分且有随葬器物出土的墓葬4座。按照已知的墓葬形制38座墓来看，刀把形约占比例74%，曲尺形约占比例5%，长方形约占16%，凸字形约占比例5%。

所有墓葬有一个共同的特征就是具有单独一墓室，也可以称为“单室墓”。

刀把形、曲尺形、长方形、凸字形墓葬的具体差异表现在：曲尺形墓葬与刀把形大致相同，唯一不同的是墓室长、宽摆放位置刚好相反。由于发现的曲尺形墓葬墓室上部破坏严重，无法判别墓室上部券顶的方式是否一致。长方形墓葬是最简单的，刀把形墓大行其道，应该说是主流，而曲尺形和凸字形墓，仅是墓葬的规模稍微有所扩大而已，数量极少。可以反映出当时人们依据自家的力量大小以及财富拥有的多少，小规模或小范围地改变墓葬形制，也是属于比较保守的思维模式。

墓葬开口多为耕土层下，距现地表约0.3米，少部分开口于扰土层之下，距现地表约0.4米以上，最深的距现地表约0.7米（如03M7）。从单室券顶墓的形制特点可以判定墓葬上部应该有封土，至于封土的形制特点等不得而知。对于现在这种普遍开口较浅情况的形成，主要原因是峡江地区的地理环境和水土流失因素，部分也有由于平整土地、修造梯田造成的因素。

主流形制的墓葬均由墓道、甬道和墓室三部分组成。

墓道：发现墓道的墓葬22座，其余墓葬的墓道破坏无存。均为斜坡土圹式，未经过严格修造，不是特别规整。有踩踏痕迹，应为在筑造和下葬过程中来回走动所致。墓道前端圆弧状或舌形，斜坡向下，坡度约在40°。墓道宽度表现不一，多与甬道宽度一致，也有小于和大于甬道的，大于甬道的与甬道土圹的宽度一致。说明墓道的开掘与墓葬的甬道、墓室的开掘是同期进行的。

在墓道底端和甬道外侧之间有封门，砌筑方式大多采用长方形条砖横向平砌而成，大多采用的砖为甬道和墓室修筑剩余的材料，部分还是残砖、榫卯砖，而且砌筑得不规整，不仅封门墙体不竖直规整，墓砖纹饰的朝向不如墓壁统一朝内，比较杂乱。

甬道：单券顶式，平面呈长方形。在甬道土圹两侧砌筑竖直砖墙，采用横向错缝平铺，墓砖纹饰朝向内。两竖直墙壁顶部逐渐内收，采用楔形砖，里薄外厚，逐渐形成半圆形券顶。

墓室：单券顶式，平面多呈长方形，个别呈方形。在墓室土圹两侧砌筑竖直砖墙，采用横向错缝平铺，墓砖纹饰朝向内。两竖直墙壁顶部逐渐内收，采用楔形砖，里薄外厚，逐渐形成半圆形券顶。

墓葬的地面多为较平整的生土地面，仅有6座墓葬为砖铺地，占14%。有甬道的墓葬墓室与甬道为一个地平。

砖室墓在修筑之前，首先是开挖土圹，均为直壁竖穴式，平面形制根据墓葬形制不同而有所区别。墓圹均在生土内，开挖过程中精心修整，表现在土圹壁竖直、平整。土圹与砖墙之间空隙为0.08～0.1米，应是砌墙过程中以细土回填。

5座蜀汉墓，亦均为砖室墓，平面均呈刀把形。21座西晋墓，均为砖室墓，均为单券顶墓室。其中刀把形15座，占71%；曲尺形3座，占14%；长方形1座，占5%；凸字形2座，占10%。3座东晋墓，均为砖室墓。其中刀把形2座，1座形制不明。3座南朝墓，其中刀把形墓葬1座，另外2座墓葬形制不明。上述墓葬早期也遭受不同程度破坏。均为单券顶墓室。其墓葬的构筑方式、墓葬组成、墓壁的砌筑形式等与上述东汉墓基本一致，故不再赘述。说明东汉时期流行的墓葬形制延续至南朝，各时代在墓葬形制上差异不明显，没有显著的时代特征。

唯一1座清墓，为石室墓，平面呈长方形，应属于地面建筑的墓葬。建造墓葬的石料为就近取材，是峡江地区比较普遍的砂岩质石材，其建筑风格和特征一直延续至今。

二、分期与年代

由墓葬形制来看，东汉至南朝期间的墓葬其时代特征具有较大的共性，无法依靠地层关系、墓葬形制等来进行分期研究，只有依靠墓葬内出土的随葬器物进行类型学分析。

1. 东汉墓

42座东汉墓，出土随葬器物590件（组）。以陶器为主，部分墓葬有少量的石器、铁器等，铜器主要以五铢钱币为主。陶器按照用途分为生活用具和祭祀用具为主。生活用具基本为罐、钵、盂、甑、盆、钟、杯、勺、灯等，祭祀用具为模型明器和俑，其中模型明器为案、塘、水井、房屋等；俑为立侍俑、抚耳俑、击鼓俑、庖厨俑、舞俑、胡人吹箫俑、镇墓兽、公鸡、子母鸡、猪、狗、马等。在生活用具中按质地分为两类，一类为泥质灰陶类，以罐、钵、盆、盂、甑、勺等为主，是实用器；另外一类为泥质红陶、釉陶类，以钵、匜、钟、盂、杯、勺等为主，由于质地脆弱，实用功能不是很强，此类应为祭祀的生活用具。

由于墓葬均遭受破坏，随葬器物组合多不完整。仅02M12，虽在墓室券顶发现有盗洞，但是随葬器物组合最完整。02M12的随葬器物是以陶器为主，铜器仅为钱币。陶器分为生活用具、祭祀用具两种，其中祭祀用具中有模型明器和陶俑两类，陶俑进一步可以分为人物俑和动物俑两类。

由于祭祀用具的时代演变特征不甚清晰明显，故对生活用具进行形制分析。器物的选择主要是依据生活用具中使用相对最频繁、最基本的为主，也就是大湾墓群中的代表性器物，绝大多数墓内都有发现。例如：罐、钵、匜、盂、钟、杯等。依据这些器物及其他出土物的演变规律，并参照其他地区的发掘资料和研究成果，对全部墓葬的年代和分期进行讨论，尚存在可能性。

（1）根据墓葬出土的罐、钵、匜、盂、钟、甑、杯等的形制对比研究，发现其形制特点及其演变规律（图三〇五）。

罐

按照口部特征的不同可以分为A、B二型。A型为敛口，B型为侈口。

A型依据形制和用途的不同又可分为a、b二亚型。

Aa型根据器物整体形制的不同分为四式。

Ⅰ式：小口微敛，斜圆唇，矮领，斜广肩，弧腹，平底。如02M20：26。

Ⅱ式：敛口，圆唇，斜矮领，圆弧肩，鼓腹，平底。如02M12：32。

Ⅲ式：敛口，圆唇外卷，斜直领，斜折肩，鼓腹，平底。如05M8：28。

Ⅳ式：敛口，厚圆唇，束领斜直，斜折肩，鼓腹，平底。如04M8：2。

Aa型罐的演变趋势：口部敛的程度逐渐变大，唇部由斜变圆、外卷，到厚圆，领部逐渐变高变斜直，肩部由圆肩变为斜折肩。

Ab型罐，应为水井模型的罐形井。根据形制可以分为二式。

Ⅰ式：敛口，矮领，平折肩，鼓腹，腹下部微收，平底。如02M20：18。

Ⅱ式：敛口，卷窄沿，平折肩，深腹微外鼓，平底。如05M16：27。

Ab型罐的演变趋势：口沿部由矮领变为卷窄沿，腹部外鼓部逐渐向下，器型显得矮胖。

B型侈口罐数量多，肩部饰凹弦纹、戳刺纹、短线纹等。根据器物整体形制的不同分为六式。

Ⅰ式：侈口，圆唇，束颈，广肩，鼓腹，平底。如02M20：19。

Ⅱ式：侈口，圆唇，束颈，鼓腹，平底。如02M12：1。

Ⅲ式：侈口，圆唇，束颈稍高，鼓腹，平底。如02M24：4。

Ⅳ式：侈口，圆唇，束颈，斜肩，鼓腹，下腹弧内收，平底。如04M9：32。

Ⅴ式：侈口，卷圆唇，束颈，溜肩，鼓腹，平底。如05M8：2。

Ⅵ式：侈口，圆唇，束颈，溜肩，鼓腹，平底。如04M8：9。

B型罐的演变趋势：颈部逐渐变高，肩部逐渐变圆，鼓腹部最大径逐渐下移。

钵

根据口部特征分为A、B、C三型，A型直口，B型敞口，C型敞口更大。

A型钵，根据口沿外形制不同分为a、b两亚型。

Aa型钵均为釉陶，表施酱黄色釉，泥质红陶胎，釉层易脱落。口沿或者直腹外饰一道或两道凹弦纹。根据器物整体形制的不同分为六式。

Ⅰ式：直口，方唇，上腹壁直，下腹急收成小平底。如02M20：5。

Ⅱ式：直口，方唇，上腹壁直，下腹急收成小平底。如02M24：8。

Ⅲ式：直口，方唇，浅直腹折内收，小平底。如04M9：1。

Ⅳ式：直口，方唇，浅直腹折内收，小平底。如05M8：13。

Ⅴ式：直口，方唇，直上腹，下腹折内收，平底。如05M16：10。

Ⅵ式：直口，方唇，浅腹，下腹急内收，小平底。如04M8：25。

Aa型钵的演变趋势：直腹由深变浅，下腹部内收由缓变急。

Ab型钵数量较少，多为泥质红陶，直口，口外附圆沿，腹较深，下腹急收成小平底。如02M12：35。

B型钵，根据形制的不同又可分a、b、c三个亚型。

Ba型，均为泥质灰陶，敞口，附沿。根据器物整体形制的不同分为五式。

Ⅰ式：敞口，尖圆唇，附沿，斜弧腹急收成小平底。如02M12：6。

Ⅱ式：敞口，圆唇或尖唇，附沿，弧腹折内收，小平底。如04M9：3。

Ⅲ式：敞口，圆唇或尖唇，附沿，腹内折或折腹，平底。如05M8：6。

Ⅳ式：敞口，圆唇，附沿，斜腹折内收，小平底。如05M16：4。

Ⅴ式：敞口，圆唇，附沿，上腹斜直折内收，小平底。如05M22：10。

Ba型钵的演变趋势：唇部由尖到圆，外附沿由宽厚到窄薄，内腹部由折变弧。

Bb型为泥质红陶，数量较少，敞口，宽斜沿，沿下内束，浅弧腹，下腹部急内收，平底。如02M12：40。

Bc型亦为泥质红陶，数量较少，敞口，圆唇，斜卷沿，沿外内束，鼓腹，下腹急内收，小平底。如04M8：16。

Bd型，釉陶、泥质红陶质地，敞口，窄沿，上直腹，下腹弧内收。根据整体形制的不同分为五式。

Ⅰ式：敞口，方唇，窄平沿，腹壁较直，下腹急收成小平底。如02M12：37。

Ⅱ式：敞口，斜平沿，方唇，上腹较直，下弧腹，平底。如02M15：4。

Ⅲ式：敞口，方唇，窄平沿，沿下内束，鼓腹弧内收或者鼓腹且下腹斜内收，小平底。如04M9：5。

Ⅳ式：敞口，圆唇，窄平沿，沿下内束，上腹外鼓，下腹斜内收，平底。如05M8：30。

Ⅴ式：敞口，圆唇，斜沿，沿下内束，浅腹外鼓，下腹斜内收，小平底。如04M8：28。

Bd型钵的演变趋势：由方唇变为圆唇，由沿下直腹演变为沿下内束、腹部外鼓斜内收。

C型钵，近乎于盘，腹部比盘较深。釉陶、泥质红陶质地。敞口更大，浅腹，窄沿。根据整体形制分为六式。

Ⅰ式：敞口，圆唇，宽平沿稍斜，上腹外斜，至腹中急折收成小平底。如04M1：3。

Ⅱ式：敞口，方唇，斜平沿，浅腹自下部急收成小平底。如02M12：36。

Ⅲ式：敞口，方唇，平沿，浅腹折内收，小平底。如05M8：12。

Ⅳ式：敞口，圆唇，斜平折沿，上腹斜直折内收，小平底。如05M16：5。

Ⅴ式：敞口，方唇，斜沿，浅腹，弧折内收，小平底。如04M8：1。

C型钵的演变趋势：腹部逐渐变深，腹外由弧变折，底部逐渐变小。

匜

釉陶、泥质红陶质，以釉陶居多。按照口部和柄部特征分为A、B、C、D四型，A型为直口、龙首直柄，B型为敞口、龙首曲柄，C型为敞口、直柄，柄端锥状下折，D型为敛口、锥状柄。

A型匜，直口，浅腹，上部较直。直腹外接柄。口沿或直腹外饰一道或两道凹弦纹。按照整体形制分为四式。

Ⅰ式：直口，方唇，上腹较直，下腹弧收成平底。如02M20：6。

Ⅱ式：直口，方唇，下腹急收成小平底。如02M24：28。

Ⅲ式：直口微敛，方唇，浅直腹折内收，小平底。如05M8：10。

Ⅳ式：直口微敛，方唇，上腹直，下腹圆折内收，小平底。如05M16：16。

A型匜的演变趋势：直口逐渐微敛，直腹部逐渐变深，下腹部外部由弧变折。

B型匜，敞口，卷沿，曲柄龙首。按照整体形制分为二式。

Ⅰ式：敞口，圆唇，卷沿，浅腹近直，平底。如02M21：15。

Ⅱ式：敞口，圆唇，卷沿，腹微外鼓，小平底。如05M23：3。

B型匜的演变趋势：腹部由近直变为外鼓。

C型匜，敞口，圆唇，弧腹下底急收成小平底。口沿附接束腰长方形直柄，柄端锥状下折。如02M15：10。

D型匜，敛口，锥状柄。按照整体形制分为三式。

Ⅰ式：敛口，方唇，浅腹外鼓，下腹内收小平底。如04M1：4。

Ⅱ式：口微敛，方唇，浅直腹折内收，小平底。如04M9：9。

Ⅲ式：敛口，圆唇，浅腹，下腹内收，小平底。如04M8：5。

D型匜的演变趋势：由方唇到圆唇，腹部由直腹到外鼓。

盂

泥质灰陶、釉陶质地，以釉陶居多。质地不同、形制也有差异。分为A、B两型。A型均为釉陶质，按照肩部有无乳钉状纽分为a、b两亚型。

Aa型按照整体形制分为三式。

Ⅰ式：侈口，尖圆唇，卷沿，束颈，鼓腹，平底。肩腹有三周凹弦纹，有对称的两乳钉状纽。如02M20：15。

Ⅱ式：侈口，方唇，卷沿，束颈，弧折肩，扁腹外鼓，圜底。肩部两乳钉状纽，折肩处饰两道凹弦纹。如05M8：11。

Ⅲ式：侈口，圆唇，卷沿，束颈，折肩，鼓腹，下腹急内收，圜底。折肩部饰两对称的乳钉状纽，饰两道凹弦纹。如05M16：1。

Aa型盂的演变趋势：口沿逐渐变大，甚至大过最大腹径；束颈逐渐变高；由平底变为圜底。

Ab型按照整体形制分为二式。

Ⅰ式：侈口，方唇，卷沿，束颈，弧折肩，鼓腹，下腹急内收，平底。肩部饰凹纹一周。如04M9：15。

Ⅱ式：侈口，方唇，卷沿，束颈，斜肩，鼓腹，下腹急内收，小平底。肩部饰一道凹弦纹。如04M8：3。

Ab型盂的演变趋势：肩部由弧折肩变为斜肩，平底逐渐变小。

B型，泥质灰陶。侈口，圆唇，斜平沿，鼓腹，平底，最大径在下腹部。口沿沿面上有一周凹弦纹。如02M12：5。

钟

均为釉陶。根据器型及肩部有无浮雕铺首衔环可以分为A、B两型。

A型钟按照整体形制可以分为以下四式。

Ⅰ式：浅盘口，方唇，束高颈，广肩，鼓腹，圜底接高圈足。肩部有浮雕铺首衔环一对，颈肩接合部有凹弦纹二周。如02M20：31。

Ⅱ式：盘口，方唇，束高颈，球形腹，圜底接高圈足。颈、肩接合部饰三道凹弦纹，腹中部饰一道凹弦纹，圈足部饰一道凹弦纹。肩上浮雕铺首衔环一对。有盖，子母口，弧形顶，上中部有三个小乳钉状纽。如05M8：21。

Ⅲ式：盘口，方唇，束高颈，球形腹，圜底接高圈足。颈、肩接合部饰两道凹弦纹，腹中部饰一道凹弦纹，圈足部饰两道凹弦纹。肩上浮雕铺首衔环一对。有盖，子母口，弧形顶，上中部有三个小乳钉状。如05M16：2。

Ⅳ式：盘口，方唇，束高颈，球形腹，圜底接高圈足。颈、肩接合部饰三道凹弦纹，腹中部饰一道凹弦纹，圈足部饰一道凹弦纹。肩上浮雕铺首衔环一对。有盖，子母口，弧形顶。如05M19：16。

A型钟的演变趋势：肩部由弧形变为近似斜直，腹部最大径下移，由圆腹逐渐变为折腹，圈足部外撇逐渐加大。

B型，有盖，子母口，高束颈，球形腹，圜底下接圈足较高。颈肩接合部有三周、肩部有二周凹弦纹。如02M12：18。

甑

均为泥质灰陶。按照器型和腹部有无鋬可以分为A、B型。

A型甑，敞口，圆唇，弧腹较深直，平底。底有6个圆形箅孔，正中心1孔，外围5孔，呈梅花形分布。器壁上腹有二对称的长方形鋬。如02M12：30。

B型甑按照整体形制分为以下四式。

Ⅰ式：敞口，卷沿，弧腹较深，平底。底面有圆形箅孔，正中1个、周边5个呈梅花形分布。器表上部有多道戳刺纹。如02M15：3。

Ⅱ式：敞口，尖唇，折沿，深腹外鼓，下腹斜内收，平底。腹外饰五道齿状戳划纹。底部有10个小圆孔。如04M9：10。

Ⅲ式：敞口，圆唇，卷沿，上腹外鼓，下腹斜内收，平底，底上钻六圆孔。甑出土时置于铁釜上。如05M8：32。

Ⅳ式：敞口，圆唇，窄沿，深腹微外鼓，下腹弧内收，平底。底部十个圆穿孔。上腹部饰三道齿状戳划纹，下腹有拍打的绳纹痕迹。如04M8：17。

B型甑的演变趋势为：唇部由尖变圆，沿部由卷沿到窄沿，腹部外鼓部逐渐上移，器型稍显瘦高匀称。

杯

泥质灰陶、泥质红陶、釉陶质地，以釉陶居多。根据口部、腹外部有无鋬或纽等特征可以分为A、B、C三型。A型口微敛，B口沿外内凹，C型直口有鋬或纽。

A型杯根据整体形制分为以下四式。

Ⅰ式：口微敛，方唇，深腹微弧，平底。口沿下有一周凹弦纹。如02M20：30。

Ⅱ式：口微敛，方唇，鼓腹，平底。口沿下有一周凹弦纹。如02M22：11。

Ⅲ式：口微敛，方唇，直腹微鼓，平底。口沿下有一周凹弦纹。如03M7：7。

Ⅳ式：直口微收，方唇，腹稍鼓，平底。如02M9：3。

A型杯的演变趋势为：由口微敛到直口微收，由弧形外鼓腹到近似直腹的稍鼓。

B型杯均为釉陶，根据整体形制分为以下二式。

Ⅰ式：直口，方唇，深腹微外鼓，平底。口外内凹一周。如04M9：2。

Ⅱ式：口微敛，方唇，下腹部微外鼓，平底。口外一周内凹。如04M8：12。

B型杯的演变趋势：口部由直到微敛，深腹外鼓部下移。

C型杯根据整体形制分为以下四式

Ⅰ式：直口，方唇，深直腹，下部斜收成平底。口沿下有一道弦纹，弦纹处附有一半圆形鋬。如01M9：6。

Ⅱ式：直口，方唇，深腹微外鼓，平底。口外饰两道凹弦纹，且有一乳钉状纽。腹外施酱黄色釉。如05M8：19。

Ⅲ式：完整。直口，方唇，深腹外鼓，平底。口外饰两道凹弦纹，且有一乳钉状纽。器外表施酱黄色釉，不及底部。如05M16：3。

C型杯的演变趋势：腹部由直到外鼓，由鋬简化为纽。

（2）分期与年代

根据上述东汉时期器物形制的分析，依据各器物的演变趋势和规律，按照器物组合特征，可以把墓葬分为三期，各期内特征是有些许不同，但不是特别明显，因此没有刻意分段。

第一期：典型器物的具体特征为：AaⅠ式、AbⅠ式、BⅠ式罐；AaⅠ式、CⅠ式钵；AⅠ

式、DⅠ式匜；AaⅠ式盂；AⅠ式钟；AⅠ式杯。属于本期的墓葬2座，分别为02M20、04M1。

第二期：典型器物的具体特征为：AaⅡ式、BⅡ式、BⅢ式、BⅣ式罐；AaⅡ式、AaⅢ式、Ab型、BaⅠ式、BaⅡ式、Bb型、BdⅠ式、BdⅡ式、BdⅢ式、CⅡ式钵；AⅡ式、BⅠ式匜；AbⅠ式、B型盂；B型钟；A型、BⅠ式、BⅡ式甑；AⅡ式、BⅠ式、CⅠ式杯。

与第一期相比较，罐的形制有延续性，即AaⅡ式、BⅡ式、BⅢ式、BⅣ式；钵的形制除延续AaⅡ式、AaⅢ式、CⅡ式，出现新器形为Ab型、BaⅠ式、BaⅡ式、Bb型、BdⅠ式、BdⅡ式、BdⅢ式；匜延续AⅡ式，出现新器形BⅠ式；盂出现新器形即AbⅠ式、B型；钟为新的形制B型；甑为新的器类，有A型、BⅠ式、BⅡ式；杯延续AⅡ式，出现BⅠ式、CⅠ式。

属于本期的墓葬19座，分别为01M2、01M4、01M5、01M9、02M3、02M11、02M12、02M15、02M21、02M22、02M23、02M24、03M2、03M5、03M7、03M14、04M5、04M9、05M24。

第三期：典型器物的具体特征为：AaⅢ式、AaⅣ式、AbⅡ式、BⅤ式、BⅥ式罐；AaⅣ式、AaⅤ式、AaⅥ式、BaⅢ式、BaⅣ式、BaⅤ式、Bc型、BdⅣ式、BdⅤ式、CⅢ式、CⅣ式、CⅤ式钵；AⅢ式、AⅣ式、BⅡ式、DⅢ式匜；AaⅡ式、AaⅢ式、AbⅡ式盂；AⅡ式、AⅢ式、AⅣ式钟；BⅢ式、BⅣ式甑；AⅢ式、AⅣ式、BⅡ式、CⅡ式、CⅢ式杯。

与第二期相比较，罐的形制继续延续，AaⅢ式、AaⅣ式、AbⅡ式、BⅤ式、BⅥ式；钵延续为AaⅣ式、AaⅤ式、AaⅥ式、BaⅢ式、BaⅣ式、BaⅤ式、BdⅣ式、BdⅤ式、CⅢ式、CⅣ式、CⅤ式，出现新器形Bc型；匜延续二期，AⅢ式、AⅣ式、BⅡ式、DⅢ式；盂亦有延续，AaⅡ式、AaⅢ式、AbⅡ式；钟却延续一期，AⅡ式、AⅢ式、AⅣ式；甑延续二期，为BⅢ式、BⅣ式；杯延续二期，为AⅢ式、AⅣ式、BⅡ式、CⅡ式、CⅢ式。

属于本期的墓葬21座，分别为01M6、02M4、02M9、02M10、02M17、02M18、03M6、03M8、03M11、04M8、04M14、05M4、05M6、05M8、05M10、05M11、05M16、05M19、05M20、05M22、05M23。

各期的时代推断如下：

第一期：02M20出土的BⅠ式罐02M20：19、04M1出土的BⅠ式罐04M1：6与丰都93汇EaⅠ式罐M16：2十分相似，93汇M16时代为新莽时期至东汉初年①。又据02M20出土的王莽时期的大泉五十、五铢等货币，以及04M1出土的货泉，可以判定该期的时代为东汉早期。

第二期：BⅡ式罐02M12：32与丰都镇江二期二段AaⅢ式罐2008FRHNM7：11极为相似，B型杯与丰都镇江二期二段BbⅡ式卮2007FRZDM3：2相似；BⅠ式、BⅡ式甑与丰都镇江二期二段AaⅣ、AaⅤ式甑2005FRTDM3：10、2005FRTDM1：25相似，丰都镇江二期二段的时代为东汉中期②。AaⅡ式、AaⅢ式钵与2001丰都槽房沟M9出土的M9：46、M9：31形制相似，而2001槽房沟M9有确切纪年为延光四年。因此判定此期的时代为东汉中期。

第三期：AaⅢ式罐05M8：28、AaⅣ式罐04M8：2与丰都汇南CⅢ式M15：13相似，后者

---

① 四川省文物管理委员会、四川省文物考古研究所、丰都县文物管理所：《丰都县汇南两汉—六朝墓发掘简报》，《四川文物》1996年增刊。

② 重庆市文物局、重庆市移民局：《丰都镇江汉至六朝墓群》，科学出版社，2013年。

为东汉晚期[①]。盂Aa型Ⅳ式04M8：3与丰都镇江二期三段AaⅢ式2005FRWM12：33相似，匜AⅢ式、AⅣ式与同期同段的AbⅣ式2005FRHNM8：10，BⅡ式05M23：3与同期同段的AaⅠ式2007FRBSM13：40，DⅢ式04M8：5与同期同段的BⅠ式2007FRYZM6：17相似，丰都镇江二期三段的时代为东汉晚期[②]，因此判定此期的时代为东汉晚期。

2. 蜀汉墓

蜀汉墓5座，出土随葬器物77件（组）。主要随葬器物分为三类，日用陶器、祭祀陶器和瓷器，类别与东汉晚期一致，具有一定的延续性。日用陶器为：盂、釜、杯、盏等；祭祀陶器为：博山炉、陶俑等；瓷器为：碗、盏等。日用陶器的特征与东汉晚期相似，祭祀陶器中，陶俑的类别与东汉晚期一致，体形较大，俑的面目清晰，甚至有彩俑出现。瓷器，数量逐渐增加，成套成组的出现碗、盏。

04M4随葬的瓷碗和瓷盏具有厚胎，浅腹平底，釉不及底，是蜀汉时期、西晋早期瓷器风格。出土的陶俑呈现形体一般，却有面目清楚、施朱挂彩、制作精细、风格迥异的特点。彩绘俑在丰都汇南墓群曾出土过，如99FHDM18、M26[③]，但制作粗糙。其中一件抚琴俑（04M4：13）的发饰和头饰与98年云阳故陵东汉墓出土的A型陶女俑（M9：3）的十分相似[④]。04M11出土的瓷碗、瓷盏等有西晋时期特色，同时出土有残俑头面目比较清楚，和04M4出土的陶俑相似。

03M1出土的瓷碗与汇南墓群98FHCM10AbⅠ式碗M10：37相似[⑤]，可推断03M1的时代大致为蜀汉晚期至晋初；另外依据该墓葬出土的钱币均为五铢钱，该种钱币流行于东汉中晚期。所以该墓葬的时代应为蜀汉。

05M2出土的大量陶俑，存在器形偏大迹象，对比以前出土的陶俑，与1993年赤溪发掘的M2内出土的陶俑极为相似[⑥]，该墓大多数器物表现为蜀汉时期特征。

05M5出土的釉陶杯、夹砂灰陶釜、泥质灰陶俑、立侍俑带有东汉晚期特征，同出的瓷器具有蜀汉时期的特点。

蜀汉时期是东汉晚期、西晋早期之间的过渡时期，具体反映在墓葬的随葬器物不仅有日用陶器组合的传承，也有瓷器组合的创立。就是日用陶器是东汉晚期的特点，瓷器具有西晋早期

---

① 四川省文物管理委员会、四川省文物考古研究所、丰都县文物管理所：《丰都县汇南两汉—六朝墓发掘简报》，《四川文物》1996年增刊。

② 重庆市文物局、重庆市移民局：《丰都镇江汉至六朝墓群》，科学出版社，2013年。

③ 四川省文物考古研究所、丰都县文管所：《丰都汇南墓群发掘报告》，《重庆库区考古报告集·1998卷》，科学出版社，2003年。

④ 中国历史博物馆故陵考古队、云阳县文物管理所：《云阳故陵楚墓发掘报告》，《重庆库区考古报告集·1998卷》，科学出版社，2003年。

⑤ 四川省文物考古研究所、丰都县文管所：《丰都汇南墓群发掘报告》，《重庆库区考古发掘报告集·1997卷》，科学出版社，2001年。

⑥ 四川省文物考古研究所：《丰都县三峡工程淹没区调查报告》，《四川考古报告集》，文物出版社，1998年。

的特点。当然，蜀汉墓的随葬器物在保持东汉晚期的特点外，逐渐显现出自己独特的风格。例如体形变大、面目清晰的陶俑，瓷器数量开始增多。

3. 西晋墓

西晋墓21座，出土随葬器物133件（组）。随葬器物中日用陶器数量减少，模型明器和俑类数量也开始变少，瓷器已经成为主流，如壶、碗、盏等，皆为青瓷器。釉色基本呈青灰、青黄色，釉层薄厚不均，附着不牢固，剥落面积很大，开冰裂纹、玻璃质较强，釉不均匀，多泪滴。器外表施釉多不及底，露胎，胎色皆为灰白色。对出土比较典型的瓷器进行分析研究，以期在时代上进行分期。

（1）根据墓葬出土的瓷壶、碗、盏等的形制对比研究，发现其形制特点及其演变规律（图三〇六）。

壶

按照整体形制分为A、B、C三型。其中A型为盘口壶、B型为鸡首壶、C型为提梁壶。

A型按照肩部桥形系的不同分为a、b、c三亚型。

Aa型二系壶，盘口，束颈，圆肩，鼓圆腹，平底。肩部有一对桥形纽。颈、肩部各饰一道凹弦纹。如05M13：4。

Ab型四系壶，按照整体形制分为二式。

Ⅰ式：束长颈，圆阔肩，鼓深腹，下腹斜内收，平底。肩部有四个桥形纽。颈下部饰凹弦纹一道。如04M3：2。

Ⅱ式：浅盘口，尖唇，束颈，广肩，鼓腹。最大颈在上部。肩部有四个桥形系，饰凹弦纹一道。如02M14：1。

Ac型六系壶，束颈，圆肩，鼓腹，下腹斜内收，平底。肩部六个桥形纽，纽间饰一道凹弦纹。如04M2：1。

B型鸡首壶，短束颈，圆广肩，鼓腹，平底。鸡首形短直流。肩部有一对桥形纽并饰凹弦纹一道。如02M19：1。

C型提梁壶，顶呈弧状稍平，圆肩，鼓腹，平底。顶部与肩部各有柱状残痕，应有提梁。如05M14：21。

碗

按照形制、釉色的不同分为A、B、C三型。

A型，敞口，浅腹，施青色釉。依据整体形制的不同分为四式。

Ⅰ式：敞口，尖圆唇，弧腹较深，饼足较矮。如01M1：9。

Ⅱ式：敞口，尖圆唇，深弧腹，圜底，饼足。唇外饰一道凹弦纹。如04M3：1。

Ⅲ式：敞口，圆唇，浅斜腹，平底。如04M10：5。

Ⅳ式：敞口，圆唇，腹部外鼓，平底。口外饰一道凹弦纹。如05M14：10。

A型碗的演变趋势：由尖圆唇到圆唇，腹部由弧到斜，由深到浅，薄饼足逐渐变为平底，底变大。

B型，圆唇，浅腹外鼓，施青色釉。依据整体形制的不同分为二式。

Ⅰ式：口微敛，圆唇，浅腹外鼓，平底，饼足。如04M3：3。

Ⅱ式：敞口，圆唇，深腹外鼓，平底，矮饼足。如05M14：11。

B型碗的演变趋势：口部由微敛到敞口，腹部变深，饼足逐渐变薄。

C型，敞口，圆唇，弧腹，平底。口外饰两道宽凹弦纹。器表的上部施草绿色釉。如05M14：2。

盏

按照口部、腹部以及足部特征分为A、B、C、D四型。A型敞口，腹部圆润，饼足；B型敞口程度大，口外一道凹弦纹，腹部弧内收，饼足较大；C型敞口更大，口外及内地一道凹弦纹，平底无足；D型敞口，腹上部外鼓，下腹急内收，接较高小底。

A型依据整体特征分为四式。

Ⅰ式：敞口，尖圆唇，弧腹，饼足。饼足较大。如02M6：2。

Ⅱ式：敞口，尖唇，浅腹微外鼓，平底，饼足。如04M3：4。

Ⅲ式：直口或敞口，尖圆唇，浅腹外鼓，平底，饼足。如04M10：1。

Ⅳ式：敞口，圆唇，腹外鼓，平底，饼足薄。如05M14：7。

A型盏的演变趋势：唇部由尖圆变为圆唇，由弧腹变为外鼓，饼足由厚及薄。

B型依据整体特征分为三式。

Ⅰ式：敞口，尖圆唇，弧腹，饼足。口沿下有一周浅凹弦纹。如02M6：1。

Ⅱ式：直口，尖圆唇，浅腹外鼓，平底，饼足。唇外饰一道凹弦纹。如04M10：7。

Ⅲ式：敞口，圆唇，上腹直，下腹弧内收，弧底，假圈足。如05M14：6。

B型盏演变趋势：唇部由尖圆变为圆，腹部由弧形变为外鼓，外鼓部逐渐消失，近似斜直内收，底部饼足逐渐变薄。

C型盏，敞口，尖唇，腹微外鼓，平底。口外饰一道凹弦纹，内底部饰一道凹弦纹。如05M14：5。

D型盏，直口，圆唇，浅腹，弧底，接实心底座。如05M14：4。

（2）分期与年代

根据上述西晋器物形制的分析，依据各器物的演变趋势和规律，按照器物组合特征，可以把墓葬分为二期。

第一期：典型瓷器特点：AbⅠ式壶，AⅠ式、AⅡ式、BⅠ式碗，AⅠ式、AⅡ式、BⅠ式盏。属于本期的墓葬有7座，分别为01M1、01M3、01M11、02M6、02M13、03M4、04M3、04M6。

第二期：典型瓷器特点：Aa型、AbⅡ式、Ac型、B型、C型壶，AⅢ式、AⅣ式、BⅡ式、C型碗，AⅢ式、AⅣ式、BⅡ式、BⅢ式、C型、D型盏。

与第一期比较，瓷壶处延续Ab型外，出现Aa型、Ac型、B型、C型；瓷碗A、B型延续外，出现C型；瓷盏瓷碗A、B型延续外，出现C、D型。

属于本期的墓葬13座，分别为01M10、02M14、02M19、04M2、04M7、04M10、04M12、05M1、05M12、05M13、05M14、05M18、05M25。

各期时代推断如下：

第一期：Ab型Ⅰ式壶04M3：2与93丰都汇南（M1：5）极为相似[①]，鉴于同出的陶房为东汉晚期和蜀汉时期的模型明器，因此其时代应为西晋早期。AⅠ式碗01M1：9与丰都汇南98FHCM10：37十分相似[②]，其时代也应为西晋早期。AⅠ式碗03M1：9与汇南墓群98FHCM10AbⅠ式碗M10：37相似[③]，时代应为西晋早期。瓷钵02M13：1与丰都汇南墓群98FHAM10：32十分相似[④]，而02M13：2小口泥质灰陶罐又与忠县涂井崖墓M9：26形制相同[⑤]。02M13年代当与此二墓相当，为西晋初年阶段。A型Ⅰ、Ⅱ式、B型Ⅰ式青瓷盏体小底厚，釉层较厚且薄厚不均，造型有明显的西晋早期的特征。因此第一期的时代为西晋早期。

第二期：02M14出土的瓷器，具有明显的西晋风格，四系盘口壶M14：1体形较矮胖，最大径在肩部，而青瓷盏的造型显得略晚，该墓的时代应在西晋偏晚时期。AbⅡ式壶02M14：1与93汇南M1：5相似，最大径在肩部[⑥]。Aa型壶、Ac型壶、B型壶、C型壶的最大径也是逐步上移，与西晋早期的矮胖和东晋时期的瘦长具有较大区别，因此可以判定其时代比西晋早期晚。而体现在碗、盏上，与西晋早期的尖圆唇、弧腹、厚饼足也有很大不同，圆唇、浅腹，腹下部急内收，薄饼足或者平底，逐步摆脱粗劣、笨拙的特征，形制和制法相对较完善和熟练，推断此类碗、盏的时代应较西晋早期迟后。因此，本期的时代为西晋中、晚期。

4. 东晋墓

东晋墓4座，出土随葬器物34件（组）。墓葬和随葬器物的数量都比较少，与西晋时期的随葬器物特征相同的是逐渐以瓷器为主流，并且在瓷器的形制和组合上有一定的延续，可部分瓷器却具备了东晋特有的特征。

例如：05M3出土的四系瓷壶具有矮胖，最大径在中部以上，西晋特征明显。同时出土的瓷碗也有更多的西晋时期特点。可有1件残瓷罐腹部刻划重线覆莲瓣纹，这种现象只有到东晋晚期才出现的。

---

① 四川省文物管理委员会、四川省文物考古研究所、丰都县文物管理所：《丰都县汇南两汉—六朝墓发掘简报》，《四川文物》1996年增刊。

② 四川省文物考古研究所、丰都县文管所：《丰都汇南墓群发掘简报》，《重庆库区考古报告集·1997卷》，科学出版社，2001年。

③ 四川省文物考古研究所：《丰都县三峡工程淹没区调查报告》，《四川考古报告集》，文物出版社，1998年。

④ 四川省文物考古研究所、丰都县文管所：《丰都汇南墓群发掘简报》，《重庆库区考古报告集·1997卷》，科学出版社，2001年。

⑤ 四川省文物管理委员会：《四川忠县涂井蜀汉崖墓》，《文物》1985年第7期。

⑥ 四川省文物管理委员会、四川省文物考古研究所、丰都县文物管理所：《丰都县汇南两汉—六朝墓发掘简报》，《四川文物》1996年增刊。

03M12出土陶罐（03M12：2）与93汇南墓群M17出土的BⅡ式罐（M17：9）相似[①]。

03M13出土的瓷壶、瓷碗器物具有典型的东晋时期的特征，如：瓷壶的腹部较鼓；瓷碗的口沿上饰以褐色点彩。

02M8出土的青瓷盏敞口，薄唇，弧腹，饼足。施豆青色釉，釉不及足，开细小的裂片。釉层厚薄均匀，晶莹剔透。与丰都汇南98FHHAM2：15有相似之处，但不及其修长[②]。

5. 南朝墓

南朝墓2座，出土随葬器物7件（组）。随葬器物以瓷器为主，瓷器整体形态较两晋石器显得瘦长，与长江中下游南朝瓷器的形制、风格均类似[③]。

例如：02M7出土的瓷碗02M7：1形体修长，假圈足较高且纵截面呈梯形，釉层较薄，晶莹剔透，器表刻划的莲花纹是南朝瓷器最具特征的纹饰。

03M10出土的青瓷碗、盏与汇南墓群98FHAM2出土的青瓷碗、盏均比较相似[④]。

6. 清墓

清墓1座，为05M17，出土随葬器物仅瓷枕1 件。据参与05M17发掘的村民反映，当地曾出土过瓷枕，现收藏于一村民家中。两件瓷枕经过对比，的确较为相似。调查得知，村民收藏的瓷枕出土于“杨家包”上部的东北处的一座石室墓，墓主人谭果泰老孺人，时代为清光绪三十三年，因此我们可以推定05M17的时代应为光绪年间（图版五二，4～6）。

第二节　收获与意义

大湾墓群在长江南岸的山坡上汇集，墓葬规模不大，分布相对集中，排列有序，其时代由东汉晚期至南朝，大致延续了四百多年。从墓葬分布、墓葬形制和随葬器物来看，其文化面貌与三峡其他地区有很多相似之处，同时也有不同之处，体现了本地的区域特色。

首先，墓群由多条冲沟分割而成的若干土包构成，形成了独特的墓地自然环境，与丰都镇江墓群有相似之处[⑤]。在各自独立的土包上，墓葬的分布也有自身规律，与墓葬所在地地形以及家族墓地的布局规律有关系。墓葬按照长江走向平行分布或者按照附近小溪和沟壑的走向分布，应该是此时代段墓葬的排列规划模式。

① 四川省文物管理委员会、四川省文物考古研究所、丰都县文物管理所：《丰都县汇南两汉—六朝墓发掘简报》，《四川文物》1996年增刊。

② 四川省文物考古研究所、丰都县文管所：《丰都汇南墓群发掘简报》，《重庆库区考古报告集·1997卷》，科学出版社，2001年。

③ 重庆市文物局、重庆市移民局：《丰都镇江至六朝墓群》，科学出版社，2013年。

④ 四川省文物考古研究所、丰都县文管所：《丰都汇南墓群发掘简报》，《重庆库区考古报告集·1997卷》，科学出版社，2001年。

⑤ 重庆市文物局、重庆市移民局：《丰都镇江至六朝墓群》，科学出版社，2013年。

其次，墓葬形制的简单统一化，单券顶墓室的形制泛滥化，延续时间长。墓葬的随葬器物成品化或商业化，器物组合规律严谨，时代特征明显，呈现出规律化流行，同时在跨时代的变化中交叉延续，文化面貌的变更等都是与三峡区域文化一致。但是单就时代跨度上，反映在文化面貌上，应是比较迟缓，这与大湾墓群所处位置在当时还是属于比较偏僻和落后的状态有较大关系。同时通过在墓葬形制和随葬器物上的信息反映，可以断定当时此地的居住人群的生活形态是相对比较落后的，墓葬的一致性也反映了墓主人以及生活人群的地位和社会生活相对比较低，可以判定这批墓葬的墓主身份应该是中小地主或者较为富裕的平民。

最后，对于随葬器物有日常用器如泥质灰陶罐、钵、甑等器物，也有祭祀用日常用器如釉陶器盂、钵等器物，以及祭祀用的模型明器如房屋、水塘等，还有随葬陶俑如立侍俑、舞俑、吹笙俑等，强烈反映了当时人们“生有所用，死有所归”或者“事死若生”的思维模式的丧葬文化，催生了随葬器物特别是祭祀用随葬器物的生产和流通，侧面反映了当时的经济生活和文化面貌的繁荣发展。

总之，丰都大湾墓群的发掘，对丰都地区东汉至南朝时期的文化序列的建立和地域文化的研究具有重要意义，为丰都地区乃至整个峡江的汉代—南朝时期考古、历史研究提供了重要资料。

附表一　东汉墓葬统计表

序号	编号	方向	墓葬形制	主要尺寸（单位：米）			随葬器物
				墓道（长×宽）	甬道（长×宽×高）	墓室（长×宽×高）	
1	02M20	285°	刀把形	0.5×1.5	1.75×1.45×0.9	2.7×2.25×1.54	陶罐、陶盆、陶勺、陶杯、陶钵、陶匜、陶盂、陶钟、博山炉、水井模型、立侍俑、吹笙俑、抚琴俑、击鼓俑、舞俑、狗、子母鸡、公鸡、猪、银指环、钱币等34件（组）
2	04M1	220°	刀把形	0.5×1.3	1.1×0.9×0.4	2.4×1.4×0.7	陶罐、陶钵、陶匜、博山炉盖、井台、井架、熊足座、立侍俑、子母鸡、钱币等13件（组）
3	01M2	298°	长方形	1.4×1.3		3×1.3×1.2	陶罐、陶钵、陶盆、陶盂、陶钟、陶勺、陶灯、博山炉、水井模型、立侍俑、击鼓俑、抚耳俑、吹笙俑、子母鸡、狗等23件（组）
4	01M4	290°	刀把形	1.5×1.34	1.96×1.34×1.01	2.76×2.24×1.01	陶罐、耳杯、陶仓、房屋模型、抚琴俑、胡人吹箫俑、庖厨俑、狗、公鸡、钱币等12件（组）
5	01M5	292°	刀把形		1.74×1.48×1.2	2.86×2.44×1.24	陶罐、陶钵、陶盂、陶勺、立侍俑、猪、子母鸡、玻璃器、料器、铜环、钱币等19件（组）
6	01M9	313°	刀把形	1.6×1.76	1.1×1.36×0.84	3.3×2.36×1.08	陶钵、陶杯、器盖、井台、残俑、银指环、玻璃器、钱币等10件（组）
7	02M3	293°	刀把形		1.35×1.45×0.48	2.85×2.4×0.75	陶罐、陶钵、陶盘、博山炉盖、陶塘、房屋模型、井台、立侍俑、击鼓俑、抚琴俑、抱袋俑、提罐持锄俑、镇墓兽、狗、公鸡、马、猪、钱币等25件（组）
8	02M11	290°	不明			2.1×1.7×0.44	熊座灯、残俑、子母鸡、猪等6件（组）
9	02M12	300°	长方形	1.1×1		3.3×1×1.3	陶罐、陶钵、陶盂、陶甑、陶釜、陶盆、陶钟、陶杯、陶勺、灯、水井模型、陶塘、房屋模型、立侍俑、抚耳俑、击鼓俑、庖厨俑、舞俑、胡人吹箫俑、镇墓兽、公鸡、子母鸡、猪、狗、钱币等41件（组）
10	02M15	195°	刀把形	0.3×1.4	1.4×1.5×0.7	2.9×2.35×0.7	陶钵、陶盆、陶甑、陶釜、陶匜、陶盘、勺、陶钟、博山炉、井台、立侍俑、持便面抱物提袋俑、钱币等26件（组）
11	02M21	280°	刀把形	0.7×1.6	1.8×1.4×0.98	2.32×2.32×0.98	陶盘、陶匜、器盖、陶灯、博山炉、井台模型、塘、房屋模型、立侍俑、击鼓俑、抚琴俑、胡人吹箫俑、狗、子母鸡、猪、钱币等17件（组）

续表

序号	编号	方向	墓葬形制	主要尺寸（单位：米）			随葬器物
				墓道（长×宽）	甬道（长×宽×高）	墓室（长×宽×高）	
12	02M22	285°	刀把形	0.75×1.6	1.46×1.38×1.08	2.83×2.44×1.26	陶杯、陶灯、博山炉、立侍俑、吹埙俑、子母鸡、公鸡、狗、猪、钱币等12件（组）
13	02M23	310°	曲尺形	0.55×1.5	1.5×1.5×0.2	3.3×2.36×0.2	钵、钱币等2件（组）
14	02M24	310°	凸字形	0.8×1.2	1.6×1.04×1.08	3.72×2.42×1.8	陶罐、陶匜、陶钵、陶盘、陶灯、博山炉盖、器盖、井台、立侍俑、提袋持便面俑、抚耳俑、胡人吹箫俑、猪、狗、子母鸡、公鸡、镇墓兽、钱币等30件（组）
15	03M2	310°	凸字形		1.44×1.44×0.44	3.35×2.85×0.44	陶罐、陶灯、博山炉、案、井架、抚耳俑、吹埙俑、钱币等8件（组）
16	03M5	300°	刀把形		0.2×0.96×0.32	2.2×1.64×0.56	陶罐、塘等2件
17	03M7	220°	长方形	0.84×0.9		2.34×1.86×0.6	陶罐、陶杯、勺、博山炉盖、井台、残俑、狗、公鸡、子母鸡等11件
18	03M14	270°	刀把形		2×1.42×0.5	2.8×2.44×1.12	陶钵2件
19	04M5	310°	不明			2.4×1.7×0.95	陶钵、陶灯、井台、钱币等8件
20	04M9	310°	刀把形	0.9×2	1.6×1.35×0.8	2.5×2.2×1.3	陶罐、陶甑、陶钵、陶盂、陶匜、陶杯、陶灯、博山炉、博山炉盖、器盖、井台、立侍俑、猪、铜耳杯、钱币等37件（组）
21	05M24	340°	长方形			2.9×1.2×0.64	陶罐、陶钵、陶甑、陶勺、器盖、立侍俑、抚琴俑、击鼓俑、舞俑、庖厨俑、胡人吹箫俑、镇墓兽、猪、狗、公鸡、钱币等21件（组）
22	01M6	310°	刀把形		1.5×1.06×0.15	2.34×1.72×0.15	陶罐、陶钵、陶盂、陶灯、陶勺、博山炉盖、陶塘、房屋模型、立侍俑、钱币等17件（组）
23	02M4	290°	刀把形		1.1×1.4×0.66	2.8×2.4×1.06	罐、钵、器盖、立侍俑、抚琴俑、庖厨俑、镇墓兽、公鸡、砺石、钱币等11件（组）
24	02M9	330°	刀把形	0.45×1.65	1.3×1.25×0.9	2.7×2.25×1.2	陶盂、陶杯、瓷碗等3件（组）
25	02M10	340°	长方形			2.62×1×0.18	
26	02M17	290°	不明			2.2×2.1×0.6	钱币1组

续表

序号	编号	方向	墓葬形制	主要尺寸（单位：米）			随葬器物
				墓道（长×宽）	甬道（长×宽×高）	墓室（长×宽×高）	
27	02M18	290°	刀把形		1.8×1.4×0.64	2.65×2.1×1.72	钱币1组
28	03M6	220°	刀把形	0.9×0.7	1.1×0.9×0.96	2.08×1.3×1.1	陶罐、陶钵、立侍俑、印章、钱币等7件（组）
29	03M8	256°	刀把形		1.35×1.3×0.16	2.4×2.1×0.96	陶钵、井架、钱币等3件（组）
30	03M11	324°	曲尺形		1.01×1.4×0.4	3.85×2.4×0.8	立侍俑、铜鱼等2件
31	04M8	295°	刀把形	0.95×1.95	1.5×1.35×0.8	2.75×2.35×1.3	陶罐、陶钵、陶盂、陶匜、陶甑、陶灯、陶杯、陶勺、博山炉盖、陶案、陶塘、井台、房屋模型、跪侍俑、吹埙俑、童俑、舞俑、猪、子母鸡、公鸡、铜指环、钱币等31件（组）
32	04M14	305°	刀把形	0.9×1.8	1.75×1.2×0.6	2.35×1.9×0.8	陶罐、陶釜、钱币等4件
33	05M4	300°	刀把形	0.24×2.18	1.6×1.4×0.9	2.9×2.2×1.5	陶灯、立侍俑、钱币等6件（组）
34	05M6	300°	刀把形	1×1.6	1.18×1.44×0.4	2.36×1.7×0.7	陶钵、瓷碗、瓷盏等4件（组）
35	05M8	240°	刀把形		1.9×1.45×0.72	3×1.95×0.72	陶罐、陶钵、陶盆、陶甑、陶盂、陶匜、陶钟、陶杯、陶勺、陶灯、博山炉、水井模型、铁釜、铁剑、钱币等37件（组）
36	05M10	230°	刀把形		1.2×1.4×0.36	2.85×2.35×0.75	陶罐、陶灯、熊足座、水井模型、立侍俑、瓷碗、钱币等10件（组）
37	05M11	235°	刀把形		1.3×1.4×0.88	2.8×2.3×0.8	陶罐、钱币等3件（组）
38	05M16	182°	刀把形	1.5×2	3.1×1.4×1.44	3.6×2.6×1.44	陶罐、陶钵、陶盂、陶钟、陶匜、陶杯、陶勺、陶灯、博山炉、器盖、井台、井架、印章、砺石、铁凿、铜环、铜錾、钱币等33件（组）
39	05M19	268°	刀把形	1×1.86	1.82×1.3×1.2	2.84×2.4×1.6	陶罐、陶钵、陶盆、陶钟、陶灯、陶勺、博山炉、方塘、井台、房屋模型、立侍俑、子母鸡、公鸡、铜带钩、钱币等24件（组）
40	05M20	268°	不明			2.8×2.3×0.6	子母鸡1件
41	05M22	335°	长方形			2.6×1.4×0.24	陶罐、陶甑、陶仓、陶钵、陶盘、陶盏、器盖、方塘、立侍俑、抚琴俑、镇墓兽、子母鸡、公鸡、铁钉、石饰、银指环、银手镯、钱币等24件（组）
42	05M23	335°	刀把形		1.7×1.3×0.64	2.6×2.4×1	陶钵、陶匜、陶勺、熊座灯、舞俑、马、印章、钱币等9件（组）

附表二 蜀汉墓葬统计表

序号	编号	方向	墓葬形制	主要尺寸（单位：米）			随葬器物
				墓道（长×宽）	甬道（长×宽×高）	墓室（长×宽×高）	
1	03M1	303°	刀把形		1.34×1.3×0.21	2.4×2.02×0.42	瓷碗、铜指环、钱币等8件（组）
2	04M4	300°	刀把形	1.4×2.1	2.1×1.7×1.3	3×2.3×1.35	陶盂、陶釜、陶杯、纺轮、器盖、博山炉盖、立侍俑、击鼓俑、抚琴俑、跪侍俑、子母鸡、猪、瓷碗、瓷盏、银指环、钱币等23件（组）
3	04M11	325°	刀把形		1.05×1.15×0.6	2.35×1.9×1.3	陶俑、瓷碗、瓷盏、钱币等12件（组）
4	05M2	210°	刀把形	1.3×2.12	1.07×1.48×0.9	2.3×2.14×1.2	陶仓、墓主人俑、立侍俑、持便面提袋俑、持便面抱物俑、胡人吹萧俑、抚耳俑、击鼓俑、庖厨俑、镇墓兽、狗、猪、子母鸡、钱币等20件（组）
5	05M5	315°	刀把形	1.4×2.08	0.94×1.44×0.8	2.82×2.1×0.7	陶釜、陶盏、博山炉、陶杯、立侍俑、女侍俑、持便面提袋俑、瓷碗、瓷盏、铁剑等14件

附表三　西晋墓葬统计表

序号	编号	方向	墓葬形制	主要尺寸（单位：米）			随葬器物
				墓道（长×宽）	甬道（长×宽×高）	墓室（长×宽×高）	
1	01M1	310°	刀把形	1.6×1.6	1.64×1.6×1.06	2.76×2.6×1.06	陶灯、陶案、陶塘、水井模型、房屋模型、立侍俑、抚耳俑、击鼓俑、公鸡、子母鸡、猪、瓷碗、玻璃饰、料饰、钱币等22件（组）
2	01M3	315°	曲尺形	1.3×1.04	0.9×1.05×0.8	2.5×2.8×0.8	陶盂、陶釜、瓷壶等3件
3	01M11	310°	刀把形	0.4×1.28	0.7×1.28×0.06	2.48×2.14×0.4	陶盘2件
4	02M6	320°	凸字形	0.2×1.4	1.95×1.4×1	2.4×2.75×1.44	陶盏、瓷盏、串饰、钱币等9件（组）
5	02M13	300°	刀把形	1.2×0.65	1.4×1.15×1.05	2.4×1.9×1.7	陶罐、瓷钵、串饰等3件（组）
6	03M4	315°	刀把形		1.3×1.45×0.16	2.7×2.27×0.9	陶俑、瓷碗等2件
7	04M3	210°	刀把形	1×1.8	2.15×1.45×1.1	2.85×2.4×1.55	陶钵、陶盏、纺轮、房屋模型、瓷壶、瓷碗、瓷盏、钱币等10件（组）
8	04M6	300°	刀把形	1.45×2.05	1.75×1.3×1.05	2.8×2×1.1	瓷盏、铁剪、铜铃、钱币等4件（组）
9	01M10	316°	刀把形	2.2×1.4	1.02×1.4×1.4	1.02×2.8×1.4	瓷壶、瓷碗、瓷钵等6件
10	02M14	150°	刀把形	0.72×1.4	1.6×1.2×0.9	3.2×2.28×1.1	瓷壶、瓷碗、瓷盏、铜指环、铜器残片等9件
11	02M19	190°	刀把形	0.6×1.45	1.3×1.05×0.63	2.3×2×0.63	陶罐、陶盂、陶甑、胡人吹箫俑、瓷壶等5件
12	04M2	225°	刀把形	1.2×2.1	2.05×1.35×1.35	2.55×2.1×1.6	陶罐、瓷壶、瓷盏、石珠、钱币等7件
13	04M7	310°	刀把形	0.55×1.95	1.9×1.35×0.4	2.75×2.3×1.4	瓷碗、钱币等2件（组）
14	04M10	320°	曲尺形	0.75×2	1.85×1.2×0.6	2.8×2.1×1.2	陶钵、陶盏、瓷碗、瓷盏等9件
15	04M12	330°	刀把形	0.8×2	2×1.4×0.8	2.6×2.3×1.3	瓷碗1件
16	05M1	210°	长方形			3.05×1.38×0.52	瓷碗1件
17	05M12	326°	凸字形		1.64×1.46×0.6	2.26×2.94×0.6	瓷盏1件
18	05M13	328°	刀把形	1.26×2	1.74×1.4×0.7	2.6×2.34×0.8	瓷壶、瓷碗、瓷盏等4件
19	05M14	53°	曲尺形		1.8×1.3×0.8	2.9×2.3×1.04	陶罐、陶盆、陶盏、陶灯、瓷壶、瓷碗、瓷盏、玛瑙珠、铜笄、钱币等22件
20	05M18	268°	刀把形		1.5×1.5×0.5	2.44×2.44×0.8	陶罐、瓷碗等3件
21	05M25	305°	刀把形		1.3×1×0.32	2.4×1.6×0.64	陶罐、纺轮、瓷碗、铁矛、铁刀、钱币等8件（组）

附表四 东晋墓葬统计表

序号	编号	方向	墓葬形制	主要尺寸（单位：米）			随葬器物
				墓道（长×宽）	甬道（长×宽×高）	墓室（长×宽×高）	
1	02M8	295°	不明			2.1×2.9×0.56	瓷盏1件
2	03M12	200°	刀把形	0.6×1.2	1.54×1.14×0.48	1.98×1.74×0.72	陶罐、陶釜等2件
3	03M13	316°	刀把形		1.3×1.65×0.45	3.1×2.4×0.84	陶钵、陶甑、纺轮、瓷壶、瓷碗、瓷盏、钱币等10件（组）
4	05M3	210°	刀把形		1.74×1.94×1.46	4.75×2.4×2.16	陶罐、陶钵、陶盂、陶甑、器盖、博山炉盖、立侍俑、猪、瓷壶、瓷罐、瓷盘、瓷碗、瓷盏、银指环、铜环、钱币等21件（组）

附表五　南朝墓葬统计表

序号	编号	方向	墓葬形制	主要尺寸（单位：米）			随葬器物
				墓道（长×宽）	甬道（长×宽×高）	墓室（长×宽×高）	
1	02M7	285°	不明			2.4×1.8×0.36	瓷碗、铁刀等2件
2	03M10	326°	不明			2×1.84×0.81	瓷壶、瓷碗、瓷盏等5件

附表六　其他墓葬统计表

序号	编号	方向	墓葬形制	主要尺寸（单位：米）			随葬器物
				墓道（长×宽）	甬道（长×宽×高）	墓室（长×宽×高）	
1	01M7	315°	不明			1×1.5	
2	01M8	237°	刀把形	1.5×0.98/1.1	0.9×1.06×1	2.4×2.1×1.3	
3	02M1	295°	不明			2.1×2.2	
4	02M2	282°	长方形			2.6×1.9	
5	02M5	310°	不明			2.4×1.2×0.45	
6	02M16	183°	凸字形		1.64×1.48×0.9	4×2.42×1.6	
7	03M3	305°	刀把形		1.2×1.8×0.3	3.1×3×0.3	
8	03M9	250°	刀把形		0.6×1.23×0.14	3.03×2.23×0.6	陶勺1、钱币1
9	04M13	307°	不明			2.4×1.2×0.5	
10	05M7	315°	不明			2.8×2.4×0.5	
11	05M9	230°	刀把形		0.7×1.5×0.56	3.05×2.2×1.2	器盖1
12	05M15	326°	长方形			2.8×1.4×0.9	铜饰1
13	05M21	215°	凸字形	0.94×2.04×1.16	1.6×1.45×1.16	2.34×3.3×0.8	铜锁1

后　　记

丰都大湾墓群发掘项目系重庆三峡库区文物保护项目之一，承担单位为重庆市文化遗产研究院、宝鸡市考古研究所、丰都县文物管理所。

大湾墓群项目发掘领队邹后曦，执行领队刘军社。田野考古发掘从2001～2005年历时五个年度，先后参加发掘和资料整理的人员按照年度依次为：2001年度，刘军社、王力军、王颢、杨富科、刘军户、张喜文、刘军伟等；2002年度，刘军社、王力军、王颢、李伸前、陈恩乾、刘军户、杨富科、张喜文、孙妮、任新宇、齐荣福、刘银怀等；2003年度，刘军社、王力军、王颢、李伸前、陈恩乾、杨富科、刘军户、张喜文、任新宇、李永忠、张培刚、齐荣福、刘银怀等；2004年度，刘军社、王颢、李伸前、杨富科、陈恩乾、刘军户、张喜文、李永忠、齐荣福等；2005年度，刘军社、王颢、李伸前、杨富科、陈恩乾、刘军户、张喜文、张培刚、齐荣福等。向他们表示致敬，感谢他们的辛勤工作。

发掘期间，重庆市文化遗产研究院院长邹后曦、院长助理杨小刚等同志多次来到发掘现场指导工作，丰都县文物管理所原所长李国洪同志经常现场协调处理有关事宜，时任宝鸡市文物局局长张润棠、副局长刘宏斌同志亲临现场指导工作，并亲切慰问考古队员。同时，重庆市文化广播电视局三峡文物保护工作领导小组办公室、重庆市文化遗产研究院、丰都县文物管理所的工作人员为我们提供了很多工作便利。在此，对各位领导的关心支持、各位同仁的鼎力相助一并表示诚挚感谢。

本报告是在五年的发掘资料和年度报告的基础上编写而成，刘军社、王颢同志拟定编写方案，王颢同志负责各章节文字收集、编撰和撰写，刘军社同志最后审阅、修改、定稿。线图由陈恩乾、刘军户、任新宇、李永忠等绘制，拓片由杨富科、刘军户、张喜文、李伸前等完成，照片由王力军、王颢等拍摄。

报告的编写得到重庆市文化遗产研究院、丰都县文物管理所的大力支持。报告编写期间，资料收集得到重庆市文化广播电视局三峡文物保护工作领导小组办公室李琳同志的帮助。宝鸡市考古研究所辛怡华、冯焱、张程、史勇、胡望林、刘子豪、陈恩乾、杨富科、刘军户、杨和平等以承担图片、线图收集、分担其他日常工作、提供各种保障等不同方式给予了支持和帮助，可以说本报告的出版是重庆、宝鸡两地文物考古工作者合作的成果。

本报告的出版得到了宝鸡市文物旅游局、科学出版社的大力支持，特别是李茜编辑付出了艰辛的劳动，在此表示衷心感谢。

由于水平有限，报告中的错误在所难免，希望得到大家的批评指正。

编　者

2017年7月26日

1. 文溪发掘点远景

2. 文溪发掘现场

2005年度文溪发掘点

图版二

1. 烟囱包发掘点远景

2. 棺包发掘点远景

2005年度烟囱包、棺包发掘点

1. 舞俑（02M20：29）

2. 抚耳俑（02M20：7）

3. 公鸡（02M20：17）

4. 罐（04M1：6）

5. 子母鸡（04M1：5）

6. 匜（04M1：4）

02M20、04M1出土陶器

图版四

1. 马（02M3：3）

2. 胡人吹箫俑（02M3：7）

3. 击鼓俑（02M3：12）

4. 抚琴俑（02M3：14）

02M3出土陶俑

1. 狗（02M3∶1）

2. 镇墓兽（02M3∶23）

3. 子母鸡（02M11∶1）

4. 子母鸡（02M12∶12）

5. 钟（02M12∶18）

6. 水井模型（02M12∶33）

02M3、02M11、02M12出土陶器

1. 房屋模型（02M12∶19）

2. 房屋模型（02M12∶20）

3. 抚耳俑（02M12∶23）

4. 胡人吹箫俑（02M12∶24）

5. 击鼓俑（02M12∶25）

6. 庖厨俑（02M12∶26）

02M12出土陶器

1. 镇墓兽（02M12∶9）

2. 镇墓兽（02M12∶10）

3. 公鸡（02M12∶11）

4. 钟（02M15∶1）

5. 博山炉（02M15∶22）

6. 匜（02M15∶10）

02M12、02M15出土陶器

1. 陶匜（02M21：15）

2. 铜盆（02M21：1）

3. 击鼓俑（02M21：3）

4. 陶狗（02M21：2）

5. 陶猪（02M21：9）

6. 陶子母鸡（02M21：7）

02M21出土器物

1. 立侍俑（02M24：17）

2. 立侍俑（02M24：20）

3. 提袋持便面俑（02M24：23）

4. 镇墓兽（02M24：26）

5. 狗（02M24：12）

6. 公鸡（02M24：25）

02M24出土陶器

1. 猪（02M24：13）

2. 猪（02M24：14）

3. 罐（03M2：6）

4. 案（03M2：7）

5. 抚耳俑（03M2：3）

6. 吹埙俑（03M2：4）

02M24、03M2出土陶器

1. 03M2

2. 05M2出土陶俑

03M2、05M2

图版一二

1.塘（03M5：1）

2.罐（03M7：1）

3.杯（03M7：7）

4. 狗（03M7：3）

5. 公鸡（03M7：2）

6. 子母鸡（03M7：6）

03M5、03M7出土陶器

1. 钵（04M5：2）

2. 钵（04M5：3）

3. 钵（04M5：4）

4. 钵（04M9：5）

5. 甑（04M9：10）

6. 罐（04M9：22）

04M5、04M9出土陶器

1. 钵（04M9：3）

2. 灯（04M9：4）

3. 盂（04M9：15）

4. 盂（04M9：36）

5. 匜（04M9：9）

6. 猪（04M9：19）

04M9出土陶器

1. 内底纹饰

2. 内底纹饰

3. 外底部纹饰

04M9出土铜耳杯（04M9：23）

1. 05M24

2. 05M24出土陶俑

1. 05M24∶1

2. 05M24∶10

3. 05M24∶13

4. 05M24∶14

05M24出土立侍俑

1. 击鼓俑（05M24∶11）

2. 抚琴俑（05M24∶5）

3. 胡人吹箫俑（05M24∶6）

4. 舞俑（05M24∶12）

05M24出土陶俑

1. 庖厨俑（05M24：7）

2. 镇墓兽（05M24：2）

3. 公鸡（05M24：15）

4. 猪（05M24：8）

05M24出土陶俑

图版二〇

1. 狗（05M24：9）

2. 镇墓兽（02M4：5）

3. 立侍俑（02M4：1）

4. 抚琴俑（02M4：2）

05M24、02M4出土陶俑

1. 庖厨俑（02M4：3）

2. 庖厨俑（02M4：4）

3. 立侍俑（03M6：1）

4. 立侍俑（03M6：3）

5. 罐（03M6：2）

6. 罐（03M6：7）

02M4、03M6出土陶器

1. 铜印章（03M6：4）

2. 铜鱼（03M11：2）

3. 立侍俑（03M11：1）

4. 跪侍俑（04M8：7）

5. 吹埙俑（04M8：23）

6. 陶公鸡（04M8：26）

03M6、03M11、04M8出土器物

1. 罐（04M8：2）

2. 罐（04M8：9）

3. 罐（04M8：27）

4. 甑（04M8：17）

5. 钵（04M8：16）

6. 钵（04M8：25）

04M8出土陶器

1. 钵（04M8∶28）

2. 塘（04M8∶20）

3. 房屋模型（04M8∶15）

4. 房屋模型（04M8∶31）

5. 猪（04M8∶18）

6. 釜（04M14∶3）

04M8、04M14出土陶器

1. 陶罐（04M14：1）

2. 陶罐（04M14：2）

3. 陶钵（05M6：3）

4. 陶钵（05M6：4）

5. 瓷碗（05M6：2）

6. 瓷盏（05M6：1）

04M14、05M6出土器物

1. 05M8

2. 05M16

3. 05M2

4. 05M3

05M8、05M16、05M2、05M3

1. 罐（05M8：1）

2. 罐（05M8：2）

3. 罐（05M8：3）

4. 罐（05M8：4）

5. 罐（05M8：5）

6. 钵（05M8：16）

05M8出土陶器

1. 钵（05M8：12）

2. 钵（05M8：13）

3. 钵（05M8：14）

4. 钵（05M8：30）

5. 盂（05M8：11）

6. 盂（05M8：15）

05M8出土陶器

1. 陶盆（05M8：22）

2. 铁釜（05M8：27）

3. 陶钟（05M8：21）

4. 陶水井模型（05M8：24）

5. 陶博山炉（05M8：9）

6. 陶匜（05M8：10）

05M8出土器物

1. 陶罐（05M10：4）

2. 陶灯（05M10：5）

3. 陶塘（05M10：7）

4. 瓷碗（05M10：3）

5. 立侍俑（05M10：1）

6. 立侍俑（05M10：2）

05M10出土器物

1. 立侍俑（05M10：6）

2. 钟（05M16：2）

3. 罐（05M11：2）

4. 盂（05M16：1）

5. 博山炉（05M16：18）

6. 灯（05M16：23）

05M10、05M11、05M16出土陶器

1. 陶杯（05M16：22）

2. 陶杯（05M16：3）

3. 陶钵（05M16：5）

4. 陶钵（05M16：10）

5. 陶钵（05M16：14）

6. 铁凿（05M16：29）

05M16出土器物

1. 石印章（05M16∶31）

2. 铜鋬（05M16∶21）

3. 陶钟（05M19∶16）

4. 陶公鸡（05M19∶13）

5. 陶子母鸡（05M19∶3）

6. 陶盆（05M19∶14）

05M16、05M19出土器物

1. 立侍俑（05M19：6）

2. 立侍俑（05M19：7）

3. 立侍俑（05M19：11）

4. 立侍俑（05M19：1）

5. 陶塘（05M19：17）

6. 铜带钩（05M19：23）

05M19出土器物

1. 房屋模型（05M19：22）

2. 仓（05M22：8）

3. 甑（05M22：17）

4. 钵（05M22：22）

5. 子母鸡（05M22：11）

6. 公鸡（05M22：13）

05M19、05M22出土陶器

1. 抚琴俑（05M22∶1）

2. 立侍俑（05M22∶2）

3. 陶匜（05M23∶3）

4. 铁钉（05M22∶18）

5. 镇墓兽（05M22∶5）

6. 陶马（05M23∶5）

05M22、05M23出土器物

1. 舞俑（05M23：1）

2. 熊座灯（05M23：2）

3. 抚琴俑（04M4：13）

4. 抚琴俑（04M4：13）细部

5.釜（04M4：21）

6.猪（04M4：17）

05M23、04M4出土陶器

1. 04M4

2. 04M10

04M4、04M10

1. 立侍俑（04M4：11）

2. 立侍俑（04M4：11）细部

3. 瓷碗（04M11：4）

4. 瓷碗（04M11：5）

5. 瓷碗（04M11：6）

6. 瓷碗（04M11：2）

04M4、04M11出土器物

图版四〇

1. 吹埙俑（04M4：10）

2. 吹埙俑（04M4：10）细部

3. 击鼓俑（04M4：12）

4. 击鼓俑（04M4：12）细部

04M4出土陶俑

1. 跪侍俑（04M4：14）

2. 抚琴俑（05M2：10）

3. 庖厨俑（05M2：11）

4. 镇墓兽（05M2：12）

5. 猪（05M2：14）

6. 子母鸡（05M2：15）

04M4、05M2出土陶俑

图版四二

1. 墓主人俑（05M2：8）

2. 胡人吹箫俑（05M2：5）

3. 抚耳俑（05M2：6）

4. 击鼓俑（05M2：7）

5. 立侍俑（05M2：1）

6. 狗（05M2：13）

05M2出土陶俑

1. 女侍俑（05M5：4）

2. 持便面提袋俑（05M5：5）

3. 瓷碗（05M5：11）

4. 瓷盏（05M5：1）

5. 瓷盏（05M5：2）

6. 陶釜（05M5：6）

05M5出土器物

1. 瓷碗(03M4:2)

2. 陶房屋模型(04M3:8)

3. 瓷碗(04M3:1)

4. 瓷盏(04M3:5)

5. 瓷壶(02M19:1)

6. 陶罐(04M2:5)

03M4、04M3、02M19、04M2出土器物

1. 壶（04M2：1）

2. 碗（04M10：2）

3. 碗（04M10：3）

4. 碗（04M10：5）

5. 碗（04M12：1）

6. 壶（05M13：4）

04M2、04M10、04M12、05M13出土瓷器

1. 瓷碗（05M13：3）

2. 陶罐（05M14：18）

3. 陶盆（05M14：19）

4. 陶灯（05M14：17）

5. 瓷壶（05M14：21）

6. 瓷碗（05M14：10）

05M13、05M14出土器物

1. 瓷碗（05M14：16）

2. 瓷碗（05M18：1）

3. 瓷碗（05M18：2）

4. 陶罐（05M18：3）

5. 瓷碗（05M25：1）

6. 铁矛（05M25：2）

05M14、05M18、05M25出土器物

1. 陶罐（03M12：2）

2. 陶釜（03M12：1）

3. 陶甑（03M13：8）

4. 瓷壶（03M13：10）

5. 瓷碗（03M13：2）

6. 瓷碗（03M13：2）内底部

03M12、03M13出土器物

1. 瓷盏（03M13：4）

2. 陶钵（05M3：1）

3. 墓砖（05M3：01）

4. 墓砖（05M3-01）印记

5. 陶罐（05M3：16）

6. 陶盂（05M3：2）

03M13、05M3出土器物及05M3墓砖

1. 陶甑（05M3：15）

2.陶甑（05M3：17）

3. 立侍俑（05M3：12）

4. 陶猪（05M3：13）

5. 瓷壶（05M3：11）

6. 瓷盘（05M3：8）

05M3出土器物

1. 碗（05M3：4）

2. 碗（05M3：7）

3. 碗（05M3：9）

4. 盏（05M3：3）

5. 盏（05M3：10）

6. 碗（02M7：1）

05M3、02M7出土瓷器

图版五二

1. 瓷枕（05M17∶1）

2. 瓷枕（05M17∶1）底部

3. 瓷枕（M17∶1）侧面

4. 谭果泰墓出土瓷枕

5. 谭果泰墓出土瓷枕底部

6. 谭果泰墓出土瓷枕侧面

05M17与清代谭果泰墓出土瓷枕

(K-2726.01)
ISBN 978-7-03-055247-1
9 787030 552471 >
定价：420.00元